白话资治通鉴

第十一册

卷第二百四十五至卷第二百六十八
（唐纪六十一至后梁纪三）

〔宋〕司马光 著
萧祥剑 主编

团结出版社

目录

资治通鉴卷第二百四十五　唐纪六十一

起甲寅(公元834年)，止丁巳(公元837年)，共四年。

【题解】本卷记录了公元834年至837年间的史事，当时正值唐文宗太和八年至开成二年，为唐文宗当政中期，朝政更加衰败混乱，宫中宦官当权，外朝小人当道，忠良之臣多被驱逐出朝。宋申锡谋杀宦官失败后，唐文宗即处在被宦官王守澄安插的郑注、李训等奸佞的监视中。郑注、李训投文宗所好，既得皇帝之宠，又得宦官所助，凡不利己者均被斥逐，大批清正之官被贬斥，甚至包括李宗闵、李德裕、路隋三相。同时又用暗杀手段诛杀宦官陈弘志、王守澄，二人一时间声威大震。太和九年，二人欲内外合力诛尽宦官，却因二人异心而失败。宦官仇士良对朝臣大开杀戒，使整个朝廷功臣几乎空了一半，唐文宗也成了宦官的俘虏，他纵有灭宦官之心，却没有这个能力，朝廷大权尽落北司宦官之手。直到昭义节度使刘从谏上奏要声讨仇士良的罪行，宦官才有所收敛，南衙才有了稍许权力。文宗被宦官监视后，忧愁郁闷，不再有什么作为。

文宗元圣昭献孝皇帝中

太和八年(甲寅，公元834年)

春季，正月，文宗的病情稍有好转；丁巳日(初五)，文宗亲临太和殿接见近臣，但精神意识消耗衰减，不能恢复得像从前一样。

二月，壬午朔日(初一)，出现日食。

夏季，六月，丙戌日(初七)，莒王李纾(唐顺宗第五子)去世。

因为天气久旱无雨，唐文宗李昂下诏寻找能降雨的方法。司门员外郎李中敏向文宗上表章，认为："连年大旱，并不是圣上的德政不能普及，而是因为前宰相宋申锡被贬谪的案件太冤屈，郑注的行为奸邪不轨。如今让雨水降下的方法，莫如处死郑注来替宋申锡申冤。”李中敏的奏表被搁置宫中，没有回复。于是李中敏借口身体有病，辞去官职，回到东都。

郯王李经(唐顺宗之子)去世。

起初，李仲言被流放到象州，正赶上大赦天下，李仲言又回到东都。适逢留守李逢吉再入朝担任宰相。李仲言自称与郑注关系很好，李逢吉便让李仲言拿重金向郑注行贿。后来，郑注引荐李仲言去拜见王守澄，王守澄就把他推荐给唐文宗，说李仲言擅长《易经》，唐文宗召见了他。当时李仲言因母丧服孝在身，不能进入宫中，于是文宗便让他穿上平民的服装，号称王山人。李仲言的仪态状貌清秀而魁伟，倜傥不羁而又有侠客之气，擅长文辞，又有善辩的口才，足智多谋。文宗召见他后，非常高兴，认为他是位奇士，对待他一日比一日优渥。

李仲言服丧期满脱去丧服，秋季，八月，辛卯日(十三日)，唐文宗打算任用李仲言为谏官，把他安置在翰林院。李德裕说：“李仲言过去的所作所为，我想陛下都了解，这种人怎么能安排到您的身边做侍从呢?”文宗说：“难道不容许他改正错误吗?”李德裕回答说：“臣听说，只有颜回能不犯相同的错误。颜回犯的错误，只是圣贤之人一时对问题考虑不周全，偏离了中庸之道所犯的错误罢了。至于李仲言的恶念，已存在于他的心底，又怎么改得掉呢!”文宗说：“李仲言是李逢吉向朕推荐的，朕不想食言。”李德裕回答说：“李逢吉身为宰相，却不负责任地向陛下推荐李仲言这种奸人，以达到他危害国家的目的，所以，他也算是罪人了。”文宗说：“那么，朕另外加封他一个官职。”李德裕回答说：“这样也不可以。”文宗就回过头来看王涯的意思。王涯立刻回答说：“这样可以。”李德裕连忙挥手制止他，结果文宗一回头就看见了，脸色变得阴沉起来，很不高兴，就宣布结束商议。起初，王涯听说文宗要任用李仲言，急忙起草了一篇劝阻的上疏，草奏谏疏时情绪极为激愤；后来看文宗任用李仲言的态度十分坚决，又畏惧李仲言的同党势力太大，于是在文宗召集宰相讨论时中途改变了主意。

不久，朝廷任命李仲言为四门助教，给事中郑肃、韩佽封还任命敕书，打算驳回朝廷对李仲言的任命。李德裕离开中书省时，对王涯说："给事中把敕书退了回去，太好了！"王涯听后，随即召来郑肃和韩佽说："李德裕刚才留话说，让二位不要封还敕书。"于是二人就署名把公文发出去了。第二天，郑肃和韩佽把情形告诉李德裕，李德裕非常惊讶地说："我如果不想退回敕书，会当面跟你们说，何必叫人转达！况且给事中行使封驳权，难道还要秉承宰相的意图吗！"二人这时才明白被王涯欺骗，懊恼地离开了。

九月，辛亥日（初三），唐文宗征调昭义节度副使郑注返回京师。王守澄、李仲言、郑注都憎恶李德裕，因为山南西道节度使李宗闵和李德裕有矛盾，他们便向唐文宗引荐李宗闵来对付李德裕。壬戌日（十日），唐文宗李昂下诏从兴元征调李宗闵入京。

冬季，十月，辛巳日（初四），幽州发生叛乱，士兵们驱逐了节度使杨志诚和监军李怀仵，推举兵马使史元忠主持留后事务。

庚寅日（十三日），唐文宗李昂任命李宗闵为中书侍郎、同平章事。甲午日（十七日），唐文宗李昂任命中书侍郎、同平章事李德裕同平章事，充任山南西道节度使。此日，唐文宗李昂任命李仲言为翰林侍讲学士。给事中高铢、郑肃、韩佽，谏议大夫郭承嘏、中书舍人权璩等虽然为此事诤谏，认为不可以，但他们的意见不被唐文宗采纳。郭承嘏是郭晞的孙子，权璩是权德舆的儿子。

乙巳日（十九日），礼部贡院向朝廷奏请进士科考仍然加试诗赋，文宗批准了这一请求。

李德裕谒见文宗，表示不愿意出任山南西道节度使，请求文宗准许他留在京城任职。丙午日（二十日），唐文宗李昂任命李德裕为兵部尚书。

杨志诚被将士从幽州驱逐后，途经太原，河东节度使李载义亲自动手殴打杨志诚，想把他杀掉，由于幕僚的极力劝阻，杨志诚才得免一死，李载义杀了杨志诚的妻子儿女和随从的士卒。朝廷鉴于李载义在平定横海李同捷叛乱中有功，对此事没有追究。李载义的母亲去世后（死字原作兄，依胡三省注改）埋葬在幽州，杨志诚发掘她的坟墓，掠取墓中的陪葬财物。于是，李载义向文宗奏请拿杨志诚的心来祭奠亡母，文宗没有答应。

十一月，成德节度使王庭凑去世，军中推举他的儿子都知兵马使王元逵做留后。王元逵一改父亲骄横跋扈的做法，侍奉朝廷的礼节十分恭敬。

史元忠进献杨志诚私造的衮衣以及各种僭越名位的器物。丁卯日（二十一日），唐文宗李昂下诏将杨志诚流放到岭南，杨志诚走到半路，就被朝廷派人杀死了。

宰相李宗闵向朝廷进言说，朝廷任命李德裕为山南西道的制书已经下达，不应因他自己不愿赴任就中途改变诏令。乙亥日（二十九日），唐文宗李昂下诏再次任命李德裕为镇海节度使，不再兼任同平章事的头衔。当时李德裕、李宗闵各有朋党，互相排挤或援引。唐文宗对这种情形极为忧虑，常常叹息说："消灭河北的强贼容易，但是除去朝廷的朋党实在太难了！"

◆臣司马光说：说到君子和小人的不能相容，就像冰块跟炭火不能同时放在一个容器里一样。所以君子处在高位时一定会排斥小人，小人掌握权势时一定排斥君子，这是很自然的道理。然而，君子能够提拔重用德才兼备的人，摒弃平庸没有才能的人，办事都出自公心并且实事求是；而小人却是善于谄媚逢迎，投他人之所好，去他人之所恶，为人处世都从自身考虑，喜欢歪曲捏造事实。办事出于公心，实事求是的人就被称为正直的君子；而为人处世都从自身考虑，歪曲捏造事实的人就会被称为朋党。到底是中正耿介的君子还是朋党小人，关键在于君主是否能认真辨别。所以，凡是贤明的君主执掌政权，都会根据国家的需要而设置不同的职位，根据官员的才能大小授予他们不同的职务；对于有功的人进行封赏，对于有罪的人进行惩罚；不被奸诈的人所迷惑，不受谄媚逢迎的人影响而改变决定。如果君主能够如此，那么朋党又从何而生呢！至于昏庸的君主就不是这样，他们既是非混淆，处理问题又常常举棋不定，致使奸邪小人和正人君子都被重用；于是毁谤和赞誉也就交相并至；结果，朝廷的大政方针自己不能做主，朝政决策权渐渐被他人掌控。于是谗佞邪慝的人得志，而朋党的争议也就兴起了。

树木腐朽了就会生蛀虫，醋放酸了就会聚集蚊蚋。所以朝廷上有朋党，君主应当首先自我警醒，查找过失，而不应责备群臣百官。唐文宗如果畏惧群臣结党营私，为什么不去核查他们所诽谤和赞誉的情况是事实，还是捏造？那些被进用或摒退的人，是贤能，还是不肖？他们的居心是公正，还是自私？他们是君子，还是小人？如果他们的言行实事求是，举荐推选品才兼优之人，公正地处理政务，那么，他们就必定是君子，朝廷不仅应该采纳他们的建议，而且应当提拔他们。如果他们故意捏造事实，推举平庸无能之辈，从私人利益出发处理政务，那么，他们就必定是小人，朝廷不仅应当排斥这些人的建议，而且还要惩罚他们。如此一来，即使朝廷驱使他们去互结朋党，又有谁敢这样做呢！唐文宗非但没有这样做，反而埋怨群臣百官难以驾驭，这就跟一个农夫不耕耘也不锄草，反而抱怨田地荒芜是一个道理啊。朝廷中的朋党尚且不能清除，何况河北三镇的强贼呢！◆

丙子日（三十日），李仲言向唐文宗请求准许改名为李训。

幽州向朝廷奏报，莫州发生军队叛乱，刺史张元汎不知去向。

十二月，己卯日（初三），唐文宗李昂任命昭义节度副使郑注为太仆卿。郭承嘏屡次向文宗上疏谏言郑注不可任用，文宗都不听从。于是郑注假意向文宗上表坚决辞去官职，文宗派遣中使再次将任命状颁赐给郑注，郑注不肯接受任命。

癸未日（初七），唐文宗李昂任命史元忠为卢龙留后。

起初，宋申锡和御史中丞宇文鼎接到密诏诛杀郑注，于是派京兆尹王璠暗中逮捕郑注。王璠秘密把堂贴（政事堂所发的公文）给王守澄看，郑注因而免于一死，所以他对王璠深深感激。王璠又和李训交好，于是李训、郑注共同向朝廷推荐他，唐文宗把他从浙西观察使征调为尚书左丞。

太和九年（乙卯，公元835年）

春季，正月，乙卯日（初九），唐文宗李昂任命王元逵为成德节度使。

巢公李凑去世，朝廷追赠他为齐王。

郑注向朝廷上书说秦地将有灾难，应该大兴土木工事来禳除灾害。辛卯日（正月无此日），唐文宗征发左、右神策军一千五百人疏浚曲江池和昆明池。

三月，冀王李絿（唐顺宗之子）去世。

丙辰日（十一日），唐文宗李昂任命史元忠为卢龙节度使。

起初，李德裕担任浙西观察使，漳王李凑的女师杜仲阳因受宋申锡案件牵连，被放逐于金陵，唐文宗李昂下诏命令李德裕对她慰问并妥善安置。适逢李德裕已经调离浙西，于是，命留后李蟾按照文宗诏令意思去做。到这时，左丞王璠、户部侍郎李汉向唐文宗奏报说李德裕用贵重财物贿赂杜仲阳，并暗中勾结漳王，想图谋不轨。唐文宗听后愤怒至极，召集宰相及王璠、李汉、郑注等人当面询问此事。王璠、李汉等人言辞一致，都极力诬陷李德裕。宰相路隋说："李德裕不至于到如此程度。如果真像他们所说的那样，臣也应该获罪了！"王璠等人这时才稍微平息下来，不再说话。夏季，四月，唐文宗李昂任命李德裕为宾客、分司东都。

癸巳日（十八日），唐文宗任命郑注担任太仆卿，兼任御史大夫，郑注这时才肯接受这一官职，同时，郑注推荐仓部员外郎李款代替自己原来的职务。他说："李款之前虽然无故弹劾过我，但他这样做也是对陛下竭尽忠诚的表现啊。"（李款有弹劾郑注事，见上卷）当时人们都嘲笑他假装宽容大度。

丙申日(二十一日)，唐文宗李昂任命门下侍郎、同平章事路隋担任镇海节度使，并督促他抓紧时间赴任，并不得向皇上面辞，这是因为之前王璠等人诋毁李德裕时，他曾出面替李德裕辩解。

起初，京兆尹河南人贾餗，性情褊狭，急躁而轻率，与李德裕有嫌隙，而和李宗闵、郑注等人交好。上巳节，唐文宗在曲江赐宴百官。依照惯例，京兆尹应当在门外下马，向御史台官员行礼，然后进门。贾餗依仗自己的地位和权势，乘马直接进入，殿中侍御史杨俭、苏特和他争吵起来，贾餗大骂道："黄脸小儿(骂人语)胆敢如此!"于是，贾餗因罪而被罚俸禄。贾餗自己觉得十分羞耻，请求文宗让自己出任藩镇职务。于是唐文宗李昂下诏，任命他为浙西道观察使，贾餗尚未成行。戊戌日(二十三日)，唐文宗李昂又任命他为中书侍郎、同平章事。

庚子日(二十五日)，朝廷下制，鉴于文宗前不久患病时，王涯招呼李德裕一起去探望文宗病情，李德裕竟然没有前去，又在西蜀征收了逋悬钱(久欠的租税)三十万缗，使得那里的百姓贫困愁苦。于是，唐文宗李昂贬李德裕为袁州长史。

起初，宋申锡获罪后，宦官更加专横跋扈。唐文宗表面上虽然能够包容他们，可是内心里已忍无可忍。此时，李训、郑注已经得到文宗的宠爱，他们揣测到了文宗的心思，李训借进宫讲学之机，屡次用试探性的话语来打动文宗。这时，文宗已看出他的才辩，认为可以和李训谋划大事，而且因为李训、郑注都是王守澄引荐，估计和二人商议，宦官不会疑心，于是，文宗把自己的意图秘密地告诉给二人。李训、郑注等人就以诛灭宦官为己任。二人相互依赖，昼夜商议对策，凡是他们给文宗的建议，文宗没有不采纳的，声势煊赫一时。郑注大多数时间都在皇宫之中，有时休假在家，宾客盈门，送来的礼物堆积如山。外面人只知道李训和郑注依靠宦官的权势擅自作威作福，却不知道他们二人和文宗密谋诛除宦官的事情。

文宗即位登基一事，右领军将军兴宁人仇士良立有功劳，可是王守澄却处处打压他，于是两人有了嫌隙。李训、郑注为文宗所出的计谋是提拔仇士良以分散王守澄的势力。五月，乙丑日（二十一日），唐文宗李昂任命仇士良为左神策中尉，王守澄很不高兴。

戊辰日（二十四日），唐文宗李昂任命左丞王璠为户部尚书，兼理财政。

京城谣言说郑注替文宗配金丹，必须用小孩子的心肝，民间惊恐惶惧，文宗听后十分恼怒。郑注一向厌恶京兆尹杨虞卿，就和李训共谋陷害他，说这番谣言是出自杨虞卿的家人。文宗很生气，六月，把杨虞卿关进御史狱。此前，郑注曾请求担任中书、门下两省职务，中书侍郎、同平章事李宗闵没有答应他，郑注因此在文宗面前诋毁李宗闵。适逢李宗闵极力为杨虞卿辩解，引起文宗的气愤，把他驱逐出朝廷；壬寅日（二十八日），唐文宗李昂将李宗闵贬为明州刺史。

左神策中尉韦元素、枢密使杨承和、王践言在朝中被重用，与王守澄争夺权力而彼此不能协调，李训和郑注趁机劝谏文宗任命杨承和为剑南西川监军，韦元素为淮南监军，王践言为河东监军。

秋季，七月，甲辰朔日（初一），唐文宗李昂贬杨虞卿为虔州司马。

庚戌日（初七），唐文宗李昂下令在曲江营建紫云楼。

辛亥日（初八），唐文宗李昂任命御史大夫李固言为门下侍郎、同平章事。

李训、郑注替文宗谋划达到天下太平的策略，认为应当首先除去宦官，其次收复河、湟，再次肃清河北，对方略的叙述了若指掌。文宗认为他们言之有理，于是对他们二人的宠幸和器重，一天比一天隆盛。

起初，李宗闵担任吏部侍郎，通过驸马都尉沈𥫗而结识了女学士宋若宪和知枢密杨承和而得以担任宰相。等到李宗闵被贬谪明州时，郑注向文宗揭发了这件事，壬子日（初九），唐文宗李昂再贬李宗闵为处州长史。

著作郎、分司舒元舆和李训交好，李训掌权用事时，推荐舒元舆为右司郎中，兼侍御史知杂，负责杨虞卿案件的审理。癸丑日（初十），唐文宗李昂再次提拔舒元舆担任御史中丞。舒元舆是元褒的哥哥。

唐文宗李昂贬吏部侍郎李汉为汾州刺史，刑部侍郎萧浣为遂州刺史，都是因为他们是李宗闵的同党而一起被贬。

当时，李训、郑注接连对李德裕、路隋、李宗闵三位宰相诋毁贬斥，威震天下，接着，所有以前对李训、郑注稍有恩德的人没有不被提拔的，和他们稍有怨恨的人没有不受到报复的 。

李训向文宗上奏章，认为："现在僧尼太多，他们虚耗国家和百姓的财产。"丁巳日（十四日），唐文宗李昂下诏各地测验僧尼背诵佛经，有不合格的，都勒令他们还俗，同时禁止修建新的寺院和私自剃度百姓为僧尼。

当时人都说郑注马上就要担任宰相，侍御史李甘在朝中公开说："只要白麻（诏书）颁布，我一定在朝堂上就把它撕毁！"癸亥日（二十日），唐文宗李昂贬李甘为封州司马。不过，这时李训也嫉妒郑注，不愿让他担任宰相，所以，这件事就被搁置下来。

甲子日（二十一日），朝廷任命国子博士李训为兵部郎中、知制诰，并仍为翰林侍讲学士。

唐文宗李昂贬左金吾大将军沈𬋙为邵州刺史。八月，丙子日（初三），唐文宗李昂又贬李宗闵为潮州司户，还命女学士宋若宪自尽。

丁丑日（初四），唐文宗李昂任命太仆卿郑注为工部尚书，充任翰林侍讲学士。郑注喜欢穿鹿皮衣服，以隐士自居，行踪诡秘，文宗一直把他当作老师、朋友一般看待。郑注刚得文宗宠幸时，文宗曾询问翰林学士、户部侍郎李珏说："卿知道有个叫郑注的人吗？跟他交谈过吗？"李珏回答说："臣不但知道他的姓名，更深深了解他的为人。郑注是一个奸邪小人，陛下如果宠幸他，恐怕很不合适啊。臣忝列为陛下的亲信臣僚，怎敢和这种人交往！"戊寅日（初五），唐文宗李昂贬李珏为江州刺史。再贬沈巑为柳州司户。

丙申日(二十三日),唐文宗李昂下诏,因为剑南西川监军杨承和当年曾对宋申锡所犯罪行进行袒护,淮南监军韦元素、河东监军王践言和前宰相李宗闵、李德裕在朝廷内外相互亲附勾结,接受杨承和、宋申锡等人的贿赂,因此,罢免三人的职务,分别将他们流放到偏远地区,把杨承和安置在驩州,韦元素安置在象州,王践言安置在恩州,诏令给他们套上枷锁,从现在的驻地派人押送到监管地区。杨虞卿、李汉、萧浣都是朋党首领,下诏将杨虞卿贬为虔州司户,将李汉贬为汾州司马,将萧浣贬为遂州司马。不久,唐文宗李昂又派使者追赐杨承和、韦元素、王践言等自尽。当时,前枢密使崔潭峻已经去世,唐文宗李昂下令剖开棺木鞭尸。

己亥日(二十六日),唐文宗李昂任命前任庐州刺史罗立言为司农少卿。罗立言是贪官,因贿赂结交郑注而取得官位。

郑注为翰林侍讲学士时,是由中书舍人高元裕起草的任命诏书,诏书上说郑注曾经凭借医术高明而侍奉文宗。因此,郑注对高元裕十分憎恨,向文宗诋毁高元裕说,李宗闵被贬逐离京时,高元裕曾到郊外为他送行。壬寅日(二十九日),唐文宗李昂贬高元裕为阆州刺史。高元裕是高士廉的六世孙。

当时被李训、郑注所厌恶的朝廷官员,都被指斥为李德裕和李宗闵的党羽,几乎没有一天停止过贬逐,百官的位次都快空了,朝廷中人心恐慌,文宗也得知了这种情况。郑注和李训担心被其他官员控告,动摇他们在朝中的地位,九月,癸卯朔日(初一),他们二人劝谏文宗下诏:“所有李德裕、李宗闵的亲戚朋友,以及他们的学生弟子和原来的部下,除以前贬黜的,其余人等一律不再追究。”于是,人们的情绪才稍微平稳下来。

盐铁使王涯向文宗上奏章,请求改革江淮、岭南地区的茶叶税收办法,增加茶税。

庚申日(十八日),唐文宗李昂任命凤翔节度使李听为忠武节度使，代替杜悰。

宪宗的崩世，大家都说与宦官陈弘志有关。当时陈弘志是山南东道监军，李训替文宗筹谋，建议文宗召陈弘志来京城。陈弘志走到青泥驿，癸亥日(二十一日)，朝廷派人用大杖杀了他。

郑注向文宗请求担任凤翔节度使，门下侍郎、同平章事李固言认为不可授予他官职。丁卯日(二十五日)，唐文宗李昂任命李固言为山南西道节度使，任命郑注为凤翔节度使。李训虽然是通过郑注推荐而被提拔的，但当郑注的职务和权势都已达到顶点时，内心也十分妒忌郑注。他打算以中外协同的势力诛灭宦官，所以向文宗建议让郑注担任凤翔节度使，其实是想等诛灭宦官后，再把郑注也一并除去。

郑注打算征召朝廷中有威望的名门之后作为僚佐，以扩大自己的势力。于是，他拉拢礼部员外郎韦温担任节度副使，韦温没有答应。有人对韦温说："拒绝他的话，他将来肯定要诬陷你。"韦温说："假如做两件事都要遭受灾难的话，那么，就应当选择灾难小些的那件事。现在，我拒绝了郑注的拉拢，最糟糕的也就是被他诬陷贬逐到边远的地方；但如果我答应他的话，恐怕有难以预测的更大灾难。"最终，韦温还是推辞了。

戊辰日(二十六日)，唐文宗李昂任命右神策中尉、行右卫上将军、知内侍省事王守澄为左、右神策观军容使，兼十二卫统军。李训、郑注为文宗出的计谋是：以虚名尊崇王守澄，而实际上已削夺了他的权力。

己巳日(二十七日)，唐文宗李昂任命御史中丞兼刑部侍郎舒元舆为刑部侍郎，任命兵部郎中知制诰、担任翰林侍讲学士的李训为礼部侍郎，并同平章事。同时，命李训仍旧三天两头到翰林院来一次，为文宗讲解《周易》。舒元舆担任御史中丞时，只要是李训、郑注所憎恶的朝官全部弹劾，因此做了宰相。加之文宗也因之前李宗闵、李德裕担任宰相时结交党羽，认为贾餗和舒元舆都是出身寒微，刚刚仕进，所以才提拔舒元舆为宰相，只是希望他们能不结朋党而已。

李训由被流放的罪人而重新被朝廷起用，刚刚一年就被任命做了宰相，而且文宗对他完全信任。李训有时到中书门下办公，有时到翰林院办公，朝政多由他裁断。宰相王涯等人顺承他的心意办事，唯恐违背了他的意愿。从神策军护军中尉、枢密使以至禁军诸将，见到李训都害怕，向他迎拜叩首。

壬申日（三十日），唐文宗李昂任命刑部郎中兼御史知杂李孝本暂代御史中丞。李孝本是宗室之子，依靠李训、郑注而得到进用。

李听倚仗自己是立有战功的老臣，对郑注很不友好。郑注被朝廷任命为凤翔节度使，代替李听的职务，郑注先派牙将丹骏到凤翔慰问将士，然后，向朝廷诬奏李听在担任凤翔节度使时残暴并聚敛资财。冬季，十月，乙亥日（初三），朝廷任命李听为太子太保、分司东都，又任命杜悰为忠武节度使。

郑注常自负有经世济民的才智方略，文宗询问他让百姓富有的办法，郑注一时无法应对，就请求征收茶税。唐文宗李昂于是任命王涯兼任榷茶使，王涯自知茶叶专卖不适宜，但又不敢违背郑注的建议，百姓因此大受其苦。

郑注想得到僧尼对他的支持和赞誉，于是，竭力请求文宗停止对僧尼的淘汰（李训淘汰僧尼事，在七月），文宗同意了他的请求。

李训、郑注秘密向文宗进言，请求诛杀王守澄。辛巳日（初九），唐文宗李昂派遣中使李好古到王守澄的住处，赐给他一杯鸩酒，于是，王守澄被毒死，朝廷追赠他为扬州大都督。李训、郑注原本是依靠王守澄而被提拔重用的，但最后却合谋杀了王守澄，百官都为王守澄因奸佞被杀而欢呼称快，同时，他们更加憎恶李训、郑注的阴险狡诈嘴脸。至此，元和末年暗害唐宪宗的叛贼逆党几乎都被诛杀了。

乙酉日（十三日），郑注前往凤翔镇。

庚子日（二十八日），唐文宗李昂任命东都留守、司徒兼侍中裴度兼中书令，其他职务依旧。李训所奖掖提拔的官员，大多是狂妄险诈之人，但有时也举用一些天下重望的人以顺应人心，如裴度、令狐楚、郑覃都是几朝德高望重之人，但长久以来，他们都被当朝权贵压制，只是担任散官罢了，现在，这些人都被李训举荐而担任要职。因此，不只文宗受到李训的迷惑，甚至士大夫中也有很多人希望他真的能够辅佐天子成就天下太平盛世。但是，一些具有远见卓识的官员看李训在朝中如此骄横，预料他定会招致失败。

十一月，丙午日（初五），唐文宗李昂任命大理卿郭行馀为邠宁节度使。癸丑日（十二日），唐文宗李昂任命河东节度使、同平章事李载义兼侍中。丁巳日（十六日），唐文宗李昂任命户部尚书、判度支（兼理财政）王璠为河东节度使。戊午日（十七日），唐文宗李昂任命京兆尹李石为户部侍郎、判度支；任命京兆少尹罗立言暂代府事。李石是李神符的五世孙。己未日（十八日），唐文宗李昂任命太府卿韩约为左金吾卫大将军。

起初，郑注和李训合谋，郑注到凤翔上任后，挑选几百名壮士，每人携带一根白色棍棒，怀里藏着一把利斧，以亲兵的身份跟随郑注。这一月，戊辰日（二十七日），王守澄在浐水下葬，郑注向朝廷上奏章，请求文宗批准他率领军队维持葬礼秩序，这样他便可以率领亲兵一同前往。同时他向文宗奏请，命神策军护军中尉以下所有宦官都到河旁为王守澄送葬。届时，郑注命令把墓门关闭，让亲兵用利斧将宦官杀死。约定后，李训又和自己的同党商议："如照这样事情成功了，郑注就独占了功劳，不如让郭行馀和王璠以赴镇上任为借口，多招募一些健壮结实的人作为私兵，同时调动韩约率领的金吾兵和御史台、京兆府官吏以及士兵，在郑注之前，在京城杀死宦官，随后，把郑注也杀掉。"郭行馀、王璠、罗立言、韩约以及中丞李孝本，都是李训平时所厚待的，所以把他们都安置在要地，李训就只跟这几个人以及舒元舆商议，其他人都无从知晓。

壬戌日（二十一日），文宗亲临紫宸殿。百官的位次排定后，左金吾卫大将军韩约却不按规矩报平安，而是向文宗奏报说："昨晚，左金吾衙门后院的一棵石榴树上，有人发现有甘露落下，这是祥瑞的预兆，昨晚我已通过守卫宫门的宦官向陛下报告。”于是手舞足蹈(表示快乐)地再次拜倒地上，宰相也率领百官道贺。李训和舒元舆趁此机会劝谏文宗亲往观赏，以承受天赐的吉祥，文宗同意了他们的请求。百官退下，依次排列在含元殿。过了一个时辰，文宗乘着轻便软轿离开紫宸门，登上含元殿升朝。先命宰相和中书、门下两省的官员到左金吾后院察看甘露之事是否属实，过了很久才回来。李训向文宗奏报说：“臣已和众人查验，恐怕不是真的甘露，不可立即对外宣布，以免天下百姓道贺。”文宗说：“怎么会有这种事！”回头暗示左、右中尉仇士良、鱼志弘率领所有宦官前去察看。宦官走后，李训急忙召集郭行馀、王璠，说：“快来接受陛下的圣旨！”王璠紧张得两腿发抖，不敢走上前去，只有郭行馀一人拜倒在含元殿下接旨。这时，二人招募的几百私兵都手握武器，站立在丹凤门外等待命令。李训已经先派人让他们在含元殿前集合，接受文宗诏令诛除宦官。结果，只有郭行馀率领的河东兵来了，王璠率领的邠宁镇兵竟然没有到。

仇士良等来到左仗看甘露，韩约却脸色大变，冷汗直流。仇士良感到奇怪，问他：“将军为什么这个样子呢？”一会儿，风把帷幕吹起，看到手握兵器的人很多，又听到兵器互相碰撞的声音此起彼伏。仇士良等人大惊失色，急忙往外冲去。此时，守门的士兵正打算关门，被仇士良大声呵斥，紧张得门闩都没有闩上。仇士良等人急忙奔向含元殿，把发生兵变的情况向文宗报告。李训看见他们，立刻呼叫金吾卫士说：“到殿上保卫皇上乘舆的人，赏钱百缗！”宦官对文宗说：“情势危急，请陛下马上回宫！”他们随即抬来软轿，迎上前去搀扶文宗上轿，把殿后面的丝网都冲断了，向北急奔。李训攀住软舆大叫说：“臣奏报要事还没完，陛下不可进入皇宫！”这时，金吾兵已经登上含元殿。同时，罗立言率领京兆府担负巡逻任务的三百士卒也从东边冲杀过来，李孝本率领御史台随从二百多人从西边冲杀过来，一齐登上含元殿，迎击宦官。宦官流血呼冤，死伤十余人。李训拉住文宗乘坐的软轿不放，呼喊越来越急促。文宗大声斥责李训，宦官郗志荣趁机挥拳痛击李训胸部，把李训打倒在地。文宗的软轿被抬进宣政门后，大门马上关闭，宦官对着文宗大呼万岁。这时，正在含元殿上朝的百官都大惊失色，四处溃散。李训见文宗已经进入后宫，知道事情不妙，于是，换上随从官吏的绿色官服，骑马逃走。一路上大声扬言："我有什么罪要被贬逐！"因而，人们对他没有产生怀疑。王涯、贾餗、舒元舆回到中书后，互相说："皇上马上会打开延英殿，召我们去计议。"两省官都到宰相那儿去探听是怎么回事。都说："不知道是什么事，诸位自行处理吧！"仇士良等知道文宗也参与了这次计划，都怨愤极了，口出不逊，文宗惭愧害怕得说不出话来。

仇士良等命令左、右神策副使刘泰伦、魏仲卿等各率禁兵五百人，亮出兵刃从紫宸殿冲出讨伐贼党。王涯等人正准备在政事堂聚餐，有人报告说："有兵士从内廷出来，逢人就杀！"王涯等听到这一消息，狼狈逃跑，中书、门下两省和金吾卫的士卒、官吏共计一千多人争相逃向门外。不一会儿，大门被关闭，没来得及逃出大门的六百多人全被诛杀。仇士良等分散军队关闭各宫门，在各司中搜索、捕捉贼党。各司的吏卒和在其中做生意的平民也都被杀，死去的有上千人，横陈的尸体和流出的鲜血，狼藉遍地，各司中的印信和图籍、帐幕、器皿都被拿光。又派遣骑兵各千余人出城追捕逃亡的人，又派兵在城中大肆搜捕。舒元舆换上百姓服装后，一个人骑马从安化门逃出，结果被骑兵追上捉住。王涯步行逃到永昌里的一个茶馆里，结果还是让禁军抓住，把他押送到左神策军中。王涯这时已经七十多岁，脚镣手铐加身，遭受严刑拷打，实在忍受不了，就违心地承认和李训共同谋划作乱，打算拥立郑注做皇帝。王璠回到长兴里的家中后，闭门不出，用招募的私兵守护府邸。神策将来搜查逮捕他，到他家门时，大声呼喊说："王涯等人阴谋作乱，朝廷想要任命您为宰相，护军中尉鱼弘志让我们来向您表示祝贺！"王璠听后非常高兴，于是出门相见。神策将多次祝贺他迁任宰相，最终王璠发现受了欺骗，于是流着眼泪跟随神策将离开。到了左军，见到王涯说：“你参与阴谋作乱之事，为什么要连累我呢？”王涯说：“五弟过去担任京兆尹时，假如没有将宋申锡诛杀宦官的消息向王守澄透露的话，怎么能出现今天的事情呢！”王璠自知理亏，低着头一言不发。接着，又在太平里把罗立言抓住，以及王涯等人的亲属、奴婢，都关进了两军监狱中。户部员外郎李元皋是李训的再从弟（同曾祖的弟弟），李训实际上对他并无恩德，也被抓来杀了。前岭南节度使胡证，家财万贯，禁兵贪图他家财产，假托以搜索贾餗为名，进入他家里，捉了他的儿子胡溵，然后把他杀死了。又到左常侍罗让、詹事浑鐬、翰林学士黎埴等人家中，抢夺财物，一扫而光。浑鐬是浑瑊的儿子。此时，京城的恶少也趁机报私仇，任意杀害，大肆掠夺商人和百姓的财物，互相攻击劫持，闹得尘埃蔽天。

癸亥日（二十二日），百官入朝，直到日出，才打开建福门，宫中传出话说，群臣每人只许带一名随从进入皇宫。宫中禁军手握刀枪，在道路两旁站立、防卫。群臣到宣政门时，大门还没打开。当时也没有宰相御史来主持位次，百官的队列混乱不堪，不成班列。文宗亲临紫宸殿，问道：“宰相怎么没来？”仇士良说：“王涯等人谋反被关在大牢里。”接着，将王涯的供词递呈给文宗，文宗召左仆射令狐楚、右仆射郑覃上前，让他们观看王涯的供词。文宗悲愤得几乎克制不住，对令狐楚等说：“这是王涯的亲笔供词吗？”二人对答说：“是的！”文宗说：“果真如此，那真是死有余辜！”唐文宗李昂命令令狐楚、郑覃留宿在中书，参与决策机密要务。让令狐楚起草制书向中外宣告。令狐楚在诏书中陈述王涯、贾餗谋反作乱的情况时，泛泛而谈而不切关键之处，仇士良等人对此不满，令狐楚因此未能被提升为宰相。

当时，京城街市上的大肆劫掠仍没停止。朝廷命左、右神策军将领杨镇、靳遂良等人各率五百人分别把守街道的主要路口，敲击街鼓对剽掠之人加以警告，同时，朝廷下令将十几个罪犯杀死，这样，局面才安定下来。

贾餗换了衣服在民间潜藏了几夜，料想已经无处可逃，于是穿上素服骑驴到了兴安门，说："我是宰相贾餗，被奸人诬陷，你们把我拘捕，然后送到左、右神策军去吧！"守门的士卒把他送到了西军（右神策军）。李孝本改穿了绿衣服，但身上仍旧系着只有五品以上官员才能穿戴的金带，用帽子遮盖上面容，一个人骑着马直奔凤翔，打算投靠郑注，到咸阳西，被追兵抓捕了。

甲子日（二十三日），唐文宗李昂任命右仆射郑覃为同平章事。

李训一向和终南僧宗密友好，打算前往投靠他。宗密想为李训剃发，把他装扮成僧人，然后藏在寺院中，可是徒弟们不答应。李训离开终南山，想奔赴凤翔，被盩厔镇遏使宋楚擒获，给他戴上刑械送到京师。到昆明池，李训害怕到神策军后遭受毒打凌辱，就对押送他的人说："不管谁抓住我，都会得到朝廷赏赐而享有富贵的！听说禁兵在到处搜捕我，我想你的功劳一定会被别人抢走，不如你现在把我杀死，然后把我的首级送到京城！"押送的人认为他说的有理，就答应了，于是砍下了李训的头送往京师。

乙丑日（二十四日），唐文宗李昂任命户部侍郎、判度支李石同平章事，仍旧兼任判度支。命前任河东节度使李载义恢复旧职。

左神策派兵三百人，用李训的首级引导着王涯、王璠、罗立言、郭行馀，右神策派兵三百人，拥着贾餗、舒元舆、李孝本到太庙和太社献祭，接着，押着他们在东、西两市游街示众，命令百官前往观看。最后在京城独柳树下腰斩他们，将他们的人头挂在兴安门外示众。李训等人的亲属不管亲疏老幼，都被诛杀，连小孩也不留下，妻子、女儿有不死的，也被没为官婢。围观的百姓，都因怨恨王涯征收茶税而诟骂他，更有人用瓦砾投掷他。

◆**臣司马光说**：所有谈论甘露之变的人都认为王涯、贾餗有文学的名声，原先并不知道李训、郑注的谋划，以致横遭灭族之祸。臣却以为不然。如果国家颠危而不加扶持，朝廷又何必重用你做宰相！王涯、贾餗身居高位，饱食重禄；而李训、郑注都是奸诈小人，穷尽自己奸诈阴险之能，才窃取节度使和宰相的职位。王涯、贾餗竟然和他们并肩共谋，却不以之为耻；国家危难，却不以之为忧；苟且偷安，过一天算一天，获得保护自己的万全良策，没有人能和他相比。如果人人都像他们这样尸位素餐，而又不遭受祸患，那么谁不愿意做奸臣呢！所以一旦发生意料不到的祸患，脚被人折断，人也被杀了，我认为，这也是上天对他们的惩罚，仇士良怎么能轻易就族灭他们全家呢？◆

王涯有个远房弟弟名叫王沐，家住江南，年老而且贫穷。听说王涯做了宰相，骑着驴去拜见他，想求得主簿或县尉一类的小官。结果，羁留在长安两年多，才见到王涯一面，王涯对他非常冷漠。很久之后，王沐通过王涯的亲信家奴再次转达自己的请求，王涯这才给了他一个很微贱的小官，从此他早晚都要到王涯的家中去听候差遣。当王涯全家被捕时，王沐正在王涯家中，于是和王涯一起被腰斩了。

舒元舆有个侄子名叫舒守谦，谨慎而聪明，舒元舆很疼爱他，舒守谦跟随舒元舆已经十年，一天，他并没犯错，却突然被责备，从此每天被责斥，舒元舆的奴婢们因此也瞧不起他。舒守谦心里觉得不安，请求回到江南去，舒元舆也没挽留，舒守谦悲叹着离去。傍晚，当舒守谦到达昭应县时，听到舒元舆遭灭族之灾的消息。因此，舒元舆整个家族只有舒守谦一人得以逃脱免祸。

当天，唐文宗李昂任命令狐楚为盐铁转运使，左散骑常侍张仲方暂代京兆尹。在当时那几天里，凡杀、生、除、拜的权力都决定在两中尉手里，文宗也不能提前得知。

起初，王守澄憎恶宦官田全操、刘行深、周元稹、薛士干、似先义逸、刘英諓等人，于是李训、郑注就分别派他们前往盐州、灵武、泾原、夏州、振武、凤翔等地巡察边务，又命翰林学士顾师邕写诏书颁赐给六道（前六地），杀掉田全操等六人。正赶上李训之事失败，六道虽然得了诏书，都废置没有执行。丙寅日（二十五日），仇士良等人认为顾师邕伪造诏书，于是抓捕了他，并将他押送到御史台监狱。

此前，郑注率领亲兵五百人，已从凤翔出发，到了扶风。扶风县令韩辽知道了他的谋划，对他不予接待，携带县印和下属胥吏、士卒逃奔武功。郑注得知李训失败的消息，又率军返回凤翔。仇士良等派人送了一封密敕给凤翔监军张仲清，命令他捉拿郑注，张仲清惶恐不安，不知该怎么办。押牙李叔和劝张仲清说："我借您的名义用好言好语把郑注召来，然后设计使他的亲兵退下，在座席之上把他杀死，叛乱马上就可以平定了！"张仲清同意了他的建议，于是，事先设下伏兵等待郑注前来。郑注依仗他的亲兵，没有怀疑，径直进入凤翔城来见张仲清。李叔和暗地里把郑注的随从士卒带到外面饮宴，郑注和几个随从进到里面。喝完了茶，李叔和抽刀杀死了郑注，随即命手下人关闭外门，杀了郑注带来的所有亲兵。接着，张仲清拿出文宗密敕给众人看，向他们宣布此事。然后，他们杀死郑注的家眷，以及节度副使钱可复、节度判官卢简能、观察判官萧杰、掌书记卢弘茂等人和他们的党羽，总计一千多人。钱可复是钱徽的儿子，卢简能是卢纶的儿子，萧杰是萧俛的弟弟。此时，朝廷还不知道郑注已被杀死，丁卯日（二十六日），唐文宗李昂下诏削夺郑注的官爵，命令邻近各道按兵不动，以观变化。任命左神策大将军陈君奕为凤翔节度使。戊辰日（二十七日）夜晚，张仲清派李叔和等人前往京城献上郑注的首级，朝廷命人将他的首级挂在兴安门上示众。于是，京城人心逐渐安定，禁军诸军开始各回军营。

唐文宗李昂下诏，所有讨伐贼党有功的禁军将士以及追捕逃亡贼党有功者，根据功劳大小各授予官爵和赏赐财物。右神策军在崇义坊捉到韩约，己巳日（二十八日），将他斩首。唐文宗李昂又下令，仇士良等有功宦官，根据功劳大小各升迁阶品和职位。从此，天下大事都由北司宦官决定，宰相只是在文书上例行签名而已。宦官气势更盛，胁迫天子，轻视宰相，凌辱百官如同踩踏草芥一般。每次赶上群臣在延英殿商议朝政，仇士良等人就拿李训、郑注谋反的事情羞辱宰相。郑覃、李石说："李训、郑注确实是祸乱的根源，但究竟是由谁推荐提拔的他们呢？"这时宦官的嚣张气焰才逐渐有所收敛，朝中士大夫都因此依靠郑覃和李石二人。

当时，中书省只有空房破屋，办公用具都没有。江西、湖南两道进献了一百二十个人的衣粮，作为宰相招募随从人员之用。辛未日（三十日），李石向文宗上奏说："宰相如果能忠正无邪，即使是神灵也会对他加以保佑，纵使遇到盗贼，也不能伤害他。但如果宰相心术不正，即使警卫森严，鬼神也会杀死他的。臣希望能尽忠报国，因此，请求陛下按照惯例，由金吾士卒作为导从就足够了。那些两道（江西、湖南）所进献的衣粮，请求停罢退回。"文宗同意了他的请求。

十二月，壬申朔日（初一），顾师邕被流放到儋州，到达商山时，唐文宗李昂下诏将他赐死。

榷茶使令狐楚向文宗上奏章请求停止征收茶税，文宗批准了这一请求。

度支向文宗上奏章请求把郑注家产充公，总共得到绢一百万匹，其他财物还有许多。

庚辰日（初九），文宗询问宰相说："京城街坊和集市是否已安宁？"李石回答说："已逐渐安宁。只是近来天气寒冷，大概是杀人太多的缘故。"郑覃说："罪人的直系亲属目前都已被杀，其余的人就不必再追究了吧。"当时宦官深怨李训等人，凡是与他有关系的亲人，或者一时被他们所推荐提拔过的人，仍不断地被诛杀或贬逐，所以两位宰相才说这番话。

李训、郑注既已被杀，朝廷下令召盐州等六道巡边使入京。田全操对李训、郑注打算谋害自己的事情一直追究，记挂于心，在回京途中扬言说："我入城后，凡是看到穿儒服的，无论地位高贵还是卑贱，都一律杀死！"癸未日（十二日），田全操等乘驿车直入金光门，京城谣传说有强盗来京城了，士民都惊慌得到处奔逃，尘埃四起。中书、门下两省各司官员听到这些谣言，也都溃散奔逃，有人甚至来不及系上带袜就骑马跑掉了。

这时，郑覃和李石正在政事堂办公，看到手下官兵渐渐逃跑。

郑覃就对李石说:“我看情形有异,应该出去暂时躲避一下!”李石说:“宰相地位尊贵崇高,是人心所系,不可轻率逃走!如今虚实还不可知,如果镇守在此,安静办公,也许纷乱很快就可以安定了。反之,如果宰相也跟着其他人逃跑,那么,朝廷内外就真的会大乱了。况且如果真有祸乱发生的话,恐怕我们想逃也逃不了啊!”郑覃认为他说的很有道理。于是,李石正坐批示文案,正气凛然,神态自若。

这时,朝廷敕使不断传达命令说:“快速关闭皇城中各衙司大门!”左金吾大将军陈君赏率领部众站在望仙门下,对敕使说:“等贼来了,再关闭大门也不迟,请让我们慢慢观察情况变化,不应显出畏惧之色!”结果,直到黄昏后,情势才安定下来。当天,坊市中的不良少年都穿着大红和黑色衣服,手拿弓刀翘首北望,一见皇城大门关上,他们就要抢夺财物。要不是李石和陈君赏镇定冷静,泰然自若,京城几乎又要大乱了。当时中书、门下两省值班官员,都认为不可能再回来了,离开家时都和亲属诀别。

甲申日(十三日),唐文宗李昂下令停止修筑曲江亭馆。

丁亥日(十六日),唐文宗李昂诏示:“李训等叛逆之人的所有亲属党羽,除了之前已经被杀和朝廷指名逮捕的人,其余人等一概不加追究。各衙司官吏,曾被胁迫跟随李训因而遭受牵连的人,也全都予以赦免。其他人不得借此再揭发控告,或者加以恐吓。已经逃亡或藏匿的官员,也不必再追捕。三日内让他们各自返回本司办公。”

当时,禁军残暴蛮横,京兆尹张仲方不敢对他们过问,宰相认为他不称职,外任他为华州刺史,让司农卿薛元赏来替代他的职位。薛元赏常到李石府宅拜访,一次,他听到李石正在听事中和一人大声争辩,薛元赏教人去察看,那人报告说有一个神策军将正向李石申诉事情。薛元赏连忙走到厅中,责备李石说:“您作为宰相辅佐陛下,治理天下,现在却不能制服面前的一个军将,竟让他对您这样无礼,还凭什么去使周边的夷戎族慑服呢!”随即快步骑马离去,命左右侍从前去擒拿军将,到下马桥等待命令。薛元赏到时,侍从已经除去了军将的制服，让他跪在地上。军将的同党把此事报告给仇士良，仇士良派宦官召薛元赏前来，说："中尉叫你屈驾前往。"薛元赏说："我这里正有公事，等我把这件事办完后，立刻就去。"接着，就命人杖杀了军将。然后薛元赏穿上待罪的白衣去见仇士良，仇士良说："你这个傻书生，怎敢杖杀禁军大将！"薛元赏说："中尉是国家的大臣，宰相也是国家的大臣，如果宰相的部下对您不以礼相待，那么，该怎么惩处呢？而中尉的人对宰相不以礼相待，难道就能宽容饶恕吗！ 您和朝廷的关系，如同手足，是一个不可分割的整体，应当看重朝廷律法啊。现在，我穿着罪犯的囚衣而来，生死任凭中尉决定！"仇士良知道军将已死，也无可奈何，于是命人端来酒菜，和薛元赏痛饮一场，就作罢了。

起初，刺客暗杀了宰相武元衡后，唐宪宗下诏，命从内库调出弓箭、长刀发给金吾兵，让他们护送宰相，直到建福门才退去；等到李训等人被杀后，这些做法全都免除了。

开成元年（丙辰，公元 836 年）

春季，正月，辛丑朔日（初一），唐文宗李昂亲临宣政殿，大赦天下，改年号为开成。仇士良请求调神策军代替金吾兵护卫殿门，谏议大夫冯定向文宗进言，认为不可，这才作罢。冯定是冯宿的弟弟。

二月，癸未日（十三日），文宗与宰相商议朝政时，对百官和藩镇给朝廷的上奏文字华而不实而表示忧虑，李石回答说："古人因为叙事而重视文采，今人但求文采而妨害叙事。"

昭义节度使刘从谏向文宗上奏章询问王涯等人的罪名，并且说："王涯等人都是读书人出身，享受朝廷赐予的荣华恩遇，谁不希望保全性命，怎么能够造反呢！李训等人实际上是想除去内臣，左、右神策军护军中尉是为自身性命思量，因而杀掉了他们；但是王涯等人却被诬陷为反叛，实际上恐怕他们并没有罪。如果宰相确有异图，也应把他们交给御史台，根据国家法律来处治他们，怎么能够让宦官带着人马随意逮捕杀戮，致使士大夫和百姓都遭到死伤呢！鲜血流遍了宫门各处，僵直的尸体数以万计，接着，他们又以搜捕同党为借口，牵累其他的亲朋好友，朝廷内外，人人担心性命之忧。臣本想亲自到朝廷，面陈是非善恶，又恐也一起遭陷害被杀，祸延子孙，事情反而不成。因此，臣想，最好还是恪守自己的职位，训练士兵，在朝廷之内，充任陛下的亲近之臣，在朝廷之外，充当保卫朝廷的疆吏。如果奸臣确实骄横难以控制的话，臣向陛下保证，誓死率军诛除陛下身边的佞臣！”丙申日（二十六日），唐文宗李昂加封刘从谏检校司徒。

天德军向朝廷奏报吐谷浑三千军帐士卒，来到丰州投降。

三月，壬寅日（初三），唐文宗李昂任命袁州长史李德裕为滁州刺史。

左仆射令狐楚从容不迫地向文宗奏报：“王涯等人已经服罪，家族遭夷灭，遗骸无人管，请求朝廷派人埋葬，以便顺和温暖的春季时令。”唐文宗李昂听后，悲伤很久，命令京兆府派人收集王涯等十一个人的尸体，将他们埋葬在京城西郊，同时，每人各赐葬服一套。仇士良暗中派人掘墓，把他们的骨骸丢进了渭水。

丁未日（初八），皇城留守郭皎向文宗上奏章说：“各衙司的仪仗如果有锋刃的兵器，请求全部上交到军器库使那里。以后，遇有仪仗队列队时，另外发给他们用木头制成的仪刀！”唐文宗李昂批准了他的请求。

刘从谏又派遣牙将焦楚长向朝廷上奏请求辞去检校司徒的官职，称：“臣所陈述的关系国家的大体。如果朝廷采纳的话，那么，就应为王涯等人洗刷冤屈；如果不采纳的话，那么，也不应随便给臣升迁官职。现在，朝廷为什么不去为王涯等含冤而死的官员昭雪，却为臣等活着的人升官加赏呢！”于是，他大肆抨击仇士良等人的罪恶。辛酉日（二十二日），文宗召见焦楚长，对他予以慰劳之后遣他返回。当时仇士良等放恣专横，朝廷中的大臣，每日都担忧会家破人亡。等到刘从谏的上奏送达朝廷后，仇士良等人很是惧怕。从此郑覃、李石稍稍能秉持国政，而文宗也得以仰仗刘从谏而自强。

夏季，四月，己卯日（四月无此日），唐文宗李昂任命潮州司户李宗闵为衡州司马。凡是当初被李训斥责为李德裕、李宗闵党羽的官员，开始逐渐被提拔或官复原职。

淄王李协(宪宗子)去世。

甲午日(二十五日)，唐文宗李昂任命山南西道节度使李固言为门下侍郎、同平章事，命令左仆射令狐楚代替李固言的职位。

戊戌日(二十九日)，文宗与宰相闲谈时讨论到诗的工巧与拙劣，郑覃说："若说诗的工巧，从古至今的优秀诗篇，没有能和《诗经》相提并论的，《诗经》三百篇都是国人作了以讽刺或赞美当时政治的作品，帝王命人采集起来，以便了解民间的风俗和百姓对朝政的意见，帝王自己并不写诗的。《诗经》之后的诗篇，大多华美而非写实，对政事是没有多少助益的。陈后主、隋炀帝都工于诗，但不能免于亡国，对于他们，陛下又有什么值得效法的呢！"郑覃经学造诣深厚，文宗很器重他。

己酉日(四月无此日)，文宗亲临紫宸殿，宰相因为有要事奏报而拜见文宗，之后下拜辞谢，于是外间有人乘机造谣说："天子想命令宰相掌管禁兵，宰相已受命拜恩。"于是中外又相互猜忌，民心不定，士大夫和百姓都不敢脱衣而睡，这种情况持续了好几天。乙丑日(四月无此日)，李石上奏请求文宗召仇士良等当面解释猜忌。文宗为李石召来了仇士良等人，文宗和李石一起向仇士良解释事情的经过，让他不要轻信谣言，猜疑恐惧。这件事才得以平息。

闰五月，乙酉日(十七日)，唐文宗李昂任命太子太保、分司李听为河中节度使。文宗曾经赞叹说："交付给他兵权而不必猜疑，安置他在闲职而不会怨恨的人，只有李听可以如此。"

乙未日(闰五月无此日)，李固言向文宗荐引崔球为起居舍人，郑覃多次劝谏文宗，认为此事不妥，文宗说："对于朝廷的公事，宰相之间不要矛盾太多啊！"郑覃说："如果宰相间的意见都相同，那么其中肯定会有欺骗陛下的人了！"

因为前御史中丞李孝本参与李训诛杀宦官的密谋，他的两个女儿也被株连籍没，分配给右神策军，而文宗命人把她们带进了宫中。秋季，七月，右拾遗魏谟向文宗上奏疏，认为："陛下之前不近音乐美色，常把宫女遣送出宫以许配给鳏夫。但最近几个月来，我私下听说教坊使已经测试并且挑选了一百多个擅长乐舞的宫女，庄宅使至今还在挑选；现在，陛下又召李孝本的女儿进宫，连同宗同姓都不避讳，从而引起群臣议论纷纷，臣私下替陛下痛惜。从前，汉光武帝只是在一次宴会上，多次回头观看画在屏风上的侍女像，大司空宋弘就严肃地对他提出批评，光武帝立即下令撤去屏风，陛下怎能不想想宋弘的谏言，难道甘居在光武之下吗！"于是，文宗立刻把李孝本的女儿送出了宫。文宗提升魏谟为补阙，说："我选取女子，是为了赏赐给诸王罢了。至于李孝本的两个女儿，朕是可怜她们年幼孤独，所以想收养在宫中而已。魏谟对这件事虽然不清楚，但他却能直言尽忠，可见他爱朕之至，真是无愧于他的祖先啊！"文宗命令中书制辞中引用了最优渥的文字来褒奖他。魏谟是魏征的五世孙。

鄜坊节度使萧洪谎称是太后的弟弟，结果，事情败露。八月，甲辰日（初七），萧洪被流放到驩州，在中途被文宗赐死。赵缜、吕璋等都被流放到岭南。

起初，李训已察觉出萧洪的欺诈，萧洪很恐惧，于是把李训的哥哥李仲京安置在幕府中。此前，凡是出任藩镇节度使的神策军将，军中都为他们准备行装。军将上任后，再用三倍的财物来偿还。有一个左神策军将曾出任鄜坊节度使，没来得及偿还完军中为他准备行装的费用就去世了，于是，军中向萧洪征收这些钱，萧洪依仗李训的势力，不给钱。接着，军中又向死者的儿子去征收这笔钱，萧洪又叫这个军将的儿子在半路上拦住宰相进行申诉。李训最终判定这笔钱不再偿还。于是，左神策军护军中尉仇士良开始痛恨萧洪。

萧太后有个异母弟弟在闽中，性情懦弱，因而一直没有向官府申报自己和萧太后的姐弟关系。有一个名叫萧本的福建人，跟随萧太后的弟弟，因而得到了他的内外宗族的名讳，于是，他通过仇士良向文宗奏报，声称自己就是萧太后的亲弟弟，并且揭发了萧洪的阴谋，萧洪因此获罪。文宗以为萧本是太后真正的弟弟，戊申日（十一日），文宗拔擢他为右赞善大夫。

九月，丁丑日（十一日），李石向文宗进谏，认为前宰相宋申锡忠厚正直，因为被奸臣诬陷，遭受贬谪而死在荒远的地方，至今还没有洗刷冤屈。文宗低头沉思很久，流着泪伤心地说："朕很早就知道申锡是冤枉的。当时，奸臣逼迫朕，朕从国家利益大局出发，连自己的兄弟漳王几乎都不能保护，更何况是申锡啊，最终也只能保全他不被腰斩砍头而已。当时，不仅是朝廷内，朝外群臣也有帮助宋申锡的，这件事都是由于朕没有明察秋毫，如果遇上汉昭帝那样的皇帝，就一定没有这种冤屈了！"郑覃、李固言也一起申诉宋申锡的冤情，文宗很痛心，露出惭愧的神情。庚辰日（十四日），唐文宗李昂下诏恢复了宋申锡的所有官爵，任命他的儿子宋慎微为成固尉。

李石任用金部员外郎韩益兼管度支的文案工作，韩益趁机贪污三千多缗钱币，最终被捕入狱。李石说："臣起初认为韩益通晓钱谷的事，所以任用他，哪知他竟如此贪污！"文宗说："宰相只要认为一个人真正有才能，就应当任用他，如果发现他有过失，就一定加以惩罚。这样，真正有才能的人就容易获得。你对所用的人能不掩饰他的过错，可说已十分公正。从前的宰相用人，多用曲辞掩护他的过错，不想被人弹劾，这是最大的弊病啊！"冬季，十一月，丁巳日（十一月无此日），唐文宗李昂贬韩益为梧州司户。

文宗自甘露之变后，便整天闷闷不乐，左、右神策军蹴球的集会也因此而十减六七。即使在出席宴会时，满庭遍布奏乐的伎工，文宗依然没有展露笑颜。文宗闲居时，或徘徊眺望，或独语叹息。壬午日（十七日），文宗在延英殿对宰相说："每次和你们谈论天下大事，我都不免忧愁。"宰相回答说："治理天下不能急于求成。"文宗说："每次读书时，看到古往今来的君臣事迹，我就以做一个碌碌无为的平凡君主而羞耻。"李石说："如今朝廷内外的臣子，有些小人对陛下还有很多猜疑不满，希望陛下以宽厚的态度对待他们，如果他们中间有人能像刘弘逸、薛季稜那样奉公守法，陛下就应加以表彰，以勉励官员奉公守法。”甲申日（十九日），文宗又对宰相说：“我和你们谈论天下大事，有些在目前形势下没办法推行的，退朝后只能饮醇酒求醉！”宰相回答说：“这都是臣子们的罪过。”

司职官吏认为左藏库在管理方面的弊端已经有很长时间了，请求朝廷批准对左藏库中的财物检查核对，并且说依照惯例，掌管库房的官员若在朝廷大赦以前所犯的罪过，请宽宥他们，文宗表示同意。经过检查核对，果然发现掌管库房的官员谎报库中的丝织品受潮大多腐烂，从而趁机贪污，而敕书却下令赦免了他们，给事中狄兼谟退还敕书说：“依朝廷典法，犯贪污罪，依律法来看不可赦免！”文宗对他解释说：“有关部门奏请检查的时候，朕已经同意对他们不再追究。与其让朕失去信用，不如赦免犯罪之人。你能奉守职责，朕十分嘉许！”

十二月，庚戌日（十五日），唐文宗李昂任命华州刺史卢钧为岭南节度使。李石对文宗说：“卢钧任命为岭南节度使时，百官都去道贺。他们以为岭南是富饶的地方，近年来，如果谁想担任此职位，都必须向北司的掌权宦官重金行贿，才能完成心愿；如今北司已不再阻挠朝廷权力，陛下也应该对他们进行褒奖，从而使南衙、北司的官员都能遵守法度，这是达到政治安定的根本途径。”文宗同意了他的奏请。卢钧到岭南赴任后，以对百姓清廉仁惠著称。

己未日（二十四日），溆王李纵（顺宗子）去世。

开成二年（丁巳，公元837年）春季，二月，己未日（二十五日），文宗对宰相说：“举荐人才不必问亲疏远近。我听说窦易直担任宰相时，未曾用过亲戚旧故。如果自己的亲戚朋友真有才能，却为了避嫌，弃置而不用，这也不算是真正的公正啊。”

均王李纬（顺宗子）去世。

三月，有彗星出现在张宿（二十八宿之一），长八丈多。壬申日（初九),唐文宗李昂下诏,撤除乐舞,减少膳食,把自己一天的御膳分成十天来食用。

夏季,四月,甲辰日(十一日),文宗和中书舍人、翰林学士兼侍书柳公权同在便殿,文宗举起衣袖给众人看,说:“这件衣服已经洗过三次了!”群臣都赞美文宗的节俭美德,只有柳公权不说话。文宗就询问他是什么缘故,柳公权回答说:“陛下贵为天子,拥有四海财富,应该进用贤才,撤除或罢免平庸的官员,听取群臣劝谏,赏罚分明,这样,才能实现天下太平的愿望。至于穿洗过的衣服,不过是德行上的细枝末节而已。”文宗说:“朕知道中书舍人是不应当逾越职位规劝天子的,鉴于你有谏臣的风采,所以,朕要让你屈尊担任谏官。”乙巳日(十二日),唐文宗李昂任命柳公权为谏议大夫,仍兼任其他职务。

戊戌日(初五),唐文宗李昂任命翰林学士、工部侍郎陈夷行同平章事。

六月,河阳军叛乱,节度使李泳逃奔怀州。军士焚烧府署,杀了李泳的两个儿子,大肆掠夺数日才停止。李泳是长安坊市中人,在禁军中取得兵籍,通过贿赂当朝权贵,被任命为河阳节度使,所到之处,依靠结交权贵,贪污残暴,骄横不法,部属无法忍受他的命令,因而叛乱。丁未日(十五日),朝廷贬李泳为澧州长史。戊申日(十六日),唐文宗李昂任命左金吾将军李执方为河阳节度使。

秋季,七月,癸亥日(初二),振武军向朝廷奏报党项有三百多营帐士兵在抢夺财物后逃亡。

给事中韦温担任太子侍读,清晨到东宫求见,一直等到中午才见到太子。于是韦温进谏说:“太子应当鸡啼时就起床,向皇上问安,观察皇上的饮食是否正常,不应整天游乐饮宴!”太子没有采纳他的谏言,韦温请求辞去侍读职务。辛未日(初十),韦温被免去太子侍读的职务,仍旧担任给事中。

振武的一百五十帐突厥族士兵作乱抢夺边防的营田(为官方所

耕作之田)。戊寅日(十七日),节度使刘沔把他们打败。

八月,庚戌日(十九日),唐文宗李昂册封昭仪王氏为德妃,昭容杨氏为贤妃。册立敬宗的儿子李休复为梁王,李执中为襄王,李言杨为杞王,李成美为陈王。癸丑日(二十二日),唐文宗李昂册立皇子李宗俭为蒋王。

河阳军士驱逐李泳后,每天相互煽动,准备作乱。九月,李执方抓捕为首的七十多人,并把他们全部斩首,把他们的余党分别派往外镇,河阳叛乱才得以平定。

冬季,十月,国子监的《石经》雕刻完成。

福建向朝廷上奏章称,晋江有个叫萧弘的人自称是太后族人,文宗诏命,派御史台核实情况。

戊申日(十八日),唐文宗李昂任命门下侍郎、同平章事李固言同平章事,充任西川节度使。

甲寅日(二十四日),御史台向文宗奏报萧弘欺诈。唐文宗李昂下诏将萧弘递解送回乡里,并由沿途驿站供给他食宿,没有对他定罪,希望以后能找到萧太后真正的亲人。

资治通鉴卷第二百四十六　唐纪六十二

起戊午（公元 838 年），止壬戌（公元 842 年），共五年。

【题解】本卷记录了公元 838 年至 842 年间的史事，当时正值唐文宗开成三年至唐武宗会昌二年。前三年记述唐文宗晚年执政的情景：唐文宗在甘露之变后，一直被宦官监视，如同被软禁。但文宗也想有一番作为，一心想除掉宦官，所以他晚年任用李石、薛延赏为相，并能纳谏改过，出现较为稳定的局面。文宗痛恨朋党，但却忠奸不分，贬抑郑覃、陈夷行，助长了奸人的气焰，最终在宦官压制下抑郁而终。后两年记述唐武宗即位后的政治新气象：武宗即位后，任用李德裕为相，对其信任不疑，且能虚心纳谏，朝廷出现生机。此时西域黠戛斯兴起，武宗采纳李德裕的安抚主张，分化回鹘，打击乌介可汗，取得成功。同时，又利用外朝力量，逐步削弱宦官的权力，朝政出现了新气象。

文宗元圣昭献孝皇帝下

开成三年（戊午，公元 838 年）

春季，正月，甲子日（初五），李石入京朝见，中途有强盗用弓箭暗杀他，李石受了轻伤。左右侍从吓得四散而逃，李石的马受了惊吓，跑回他的宅第。又有强盗在途中的坊门阻击李石，砍断马尾，李石幸免于难。文宗听说此事后大惊失色，下令神策军和禁军六军派兵防卫，同时诏命朝廷内外迅速捉拿刺客，最终一无所获。乙丑日（初六），百官入朝的只有九人。京城在几天后才安定下来。

丁卯日（初八），朝廷追赐已故齐王李凑为怀懿太子。

戊申日（正月无此日），唐文宗李昂任命盐铁转运使、户部尚书杨嗣复，户部侍郎、判户部李珏并同平章事，判(判户部)、使(盐铁转运使)之职不变。杨嗣复是杨于陵的儿子。

中书侍郎、同平章事李石，继甘露之乱后，在人情危惧，宦官放恣专横之时，为国家不顾惜自身，终日操劳，从而使朝廷的法制初步恢复，朝政运转趋于正常。左神策军护军中尉仇士良因此十分痛恨他，暗中派人刺杀，结果都没成功。李石心中也很害怕，屡次向朝廷上表声称身体有病请求辞去官职，文宗十分了解其中缘故，但也无可奈何。丙子日(十七日)，唐文宗李昂任命李石同平章事，充任荆南节度使。

陈夷行个性耿直，憎恶杨嗣复的为人，两人商议朝政时常争论不休。壬辰日(正月无此日)，陈夷行借脚病请求辞去官职，文宗没有同意。

唐文宗李昂命令起居舍人魏谟进献祖父文贞公魏征的朝笏。郑覃说：关键在于表彰魏征对朝廷忠正直言的精神，而不在于他的笏板。”文宗说：“我怀念魏征，所以，看到他使用过的笏板就自然想起他这个人。这就如同西周时人们怀念召公，因而称颂他曾休息乘凉过的甘棠树一样。”

杨嗣复想向朝廷举荐李宗闵，又担心此事被郑覃阻挠，于是，先让宦官在宫中私下向文宗建议。文宗上朝时对宰相说：“李宗闵被贬到外地多年，应该授给他一个官职。”郑覃说：“陛下若可怜李宗闵在边远之地，可把他向京城方向移近数百里，不应再将他调入朝廷任用，如果陛下任用他，臣请求先辞职。”陈夷行说：“李宗闵从前朋比为党，扰乱朝政，陛下何必爱护这种小人！”杨嗣复说：“处理问题贵在用心公道，不可只凭自己的爱憎。”文宗说：“可授予他一州。”郑覃说：“陛下授给他一州太优厚了，只能授予他洪州司马而已。”因此郑覃与杨嗣复互相攻讦，指斥对方为朋党。文宗说：“授予他一州无妨。”郑覃等人退朝，文宗对起居郎周敬复、舍人魏谟说：“宰相之间如此争论喧哗，朕能允许吗？”二人回答说：“确实不可以。但是郑覃等是由于尽忠而心情激愤，自己没察觉而已。”丁酉日(正月无此日)，唐文宗李昂任命衡州司马李宗闵为杭州刺史。李固言和杨嗣复、李珏交好，所以他们向朝廷引荐李宗闵居于重要地位来排斥郑覃、陈夷行。朝廷每次商议朝政时，双方争论不休，是非竞起，文宗也不能决断。

三月，牂柯侵犯涪州清溪镇，被驻扎在当地的镇兵击退。

起初，太和末年，杜悰为凤翔节度使，朝廷曾下诏令淘汰各地的寺院僧尼。这时，岐山县的天空出现了五色彩云，距离法门寺特别近，民间散布谣传说，这是僧尼知道要被淘汰而惊恐不安，导致法门寺的佛骨显灵来保佑僧尼了。监军准备将此事向朝廷奏报，杜悰说：“云彩变色，也没有恒常的道理！　如果佛真的保佑僧尼的话，那么五色彩云也会出现在京城的上空。”不久，凤翔捕到一只白兔，监军又准备向朝廷奏报，说：“这是代表西方的吉祥瑞物。”杜悰说：“野兽还没驯服，应当暂且畜养。”十天后，这只白兔死了，监军不悦，认为这是杜悰不向朝廷报告祥瑞而掩蔽了圣上的美德，于是，监军独自把五色彩云和白兔画成图画，呈递给朝廷。到郑注代替杜悰镇守凤翔时，奏报天空出现紫色云彩，又向朝廷奉献白色的野鸡。这一年八月，有甘露降在紫宸殿前的樱桃之上，文宗亲自采撷品尝，百官道贺，认为这是祥瑞之兆。同年十一月，就发生了金吾甘露之变。

等到杜悰担任工部尚书、判度支时，河中奏称发现一种不吃其他兽类的驺虞，这是天下祥瑞的象征。于是，百官都向文宗祝贺。文宗对杜悰说：“李训、郑注都是借祥瑞趁机作乱，朕才知瑞物并不是国家祥瑞的征兆。你从前在凤翔时，不向朝廷奏报发现白兔之事，真可谓先知先觉啊。”杜悰回答说：“从前黄河中出图，伏羲用它画出八卦；洛水中出书，大禹用它制定治理天下的九种法则，都是对百姓有助益的，所以这些值得效法。至于禽兽草木这些所谓的祥瑞之物，什么时候没有！刘聪叛逆时，黄龙出现三次；石季龙暴政虐民时，获得十六只苍麟、七只白鹿，用来驾车。照这样看来，瑞物哪里在表现美德！玄宗曾担任过潞州别驾，他登基为帝之后，潞州奏报发现十九种祥瑞之物，玄宗说：'朕在潞州时，只知辛勤从事本职之事，兢兢业业，对于你们禀告的祥瑞之物，完全不了解。'希望陛下全心全意把百姓的富裕安定作为国家的祥瑞之事，其余所谓的祥瑞之物是不足取法的。"文宗对他十分赞许。过了几天，文宗对宰相说："四时和顺，年谷丰盛，这就是上瑞，嘉禾灵芝，对国家又有什么用呢！"宰相也顺着说："孔子在《春秋》中之所以专门记载自然灾害和某些怪异现象，来警示帝王要勤政爱民，而没有书写祥瑞之事，就是因为这个吧！"

夏季，五月，乙亥日（十九日），唐文宗李昂颁下诏告说："各道如果发现祥瑞之物，一律不得向朝廷奏报，也不准下达公文给所司衙门。凡腊月祭献太庙和太清宫，以及正月初一朝廷举行大典时按规定上奏祥瑞的旧制，全部废止。"

起初，灵武节度使王晏平自盗赃款七千多缗，文宗鉴于他的父亲王智兴曾有功于国，因而赦免了他的死罪，把他长期流放到康州。王晏平暗中向魏博、镇州和幽州三位节度使请求，让他们上表文宗替自己雪冤。文宗迫于无奈，六月，壬寅日（十六日），将王晏平改任为永州司户。

八月，己亥日（十四日），嘉王李运（代宗子）去世。

太子李永的母亲王德妃不受文宗宠爱，后因杨贤妃向文宗进谗言诬陷而死。太子十分喜好游乐饮宴，而且亲近身边的小人，杨贤妃日夜在文宗面前毁谤他。九月，壬戌日（初七），文宗亲临延英殿，召集宰相以及中书、门下两省官员，御史台官员和尚书省各司郎官，条陈太子的过错缺失，考虑废除他。文宗说："像他这种人应该做太子吗？"群臣都说："太子年少，应当容许他改正错误。太子作为陛下的继承人，至为重要，岂可轻易更动啊！"御史中丞狄兼谟议论时尤其痛切，甚至流下眼泪。给事中韦温说："陛下只有一个儿子，平时不重视教诲，使他沉陷到如此地步，难道这只是太子的过错吗！"癸亥日（初八），翰林学士六人、神策六军军使十六人再度向文宗上表议论此事，文宗的内心稍微纾解。当晚，太子才得以回到少阳院。如京使王少华等以及宦官、宫女因此事受牵连被流放或处死的有几十人。

义武节度使张璠在任上已经十五年，和他邻接的幽州、镇州两个割据藩镇十分忌惮他。张璠患病时，请求入朝，朝廷还没来得及下令安置，张璠已病势沉重，告诫自己的儿子张元益带全族返回朝廷，不得仿效河北诸镇过去父死子继的旧例。张璠死后，义武的将士打算拥立张元益为节度使，观察留后李士季认为这样做不合适，将士们就把他杀了，同时，他们又杀了十几位大将。壬申日（十七日），唐文宗李昂任命易州刺史李仲迁为义武节度使。义武马军都虞候何清朝独自从军中跑回朝廷，癸酉日（十八日），何清朝被任命为仪州刺史。

朝廷因义昌节度使李彦佐担任节度使时间太久，甲戌日（十九日），任命德州刺史刘约为义昌节度副使，准备让他代替李彦佐。

开成以来，神策军军将和下属官吏升迁，大多不必向天子奏报，而由神策军直接行文到中书省，中书省复核后便予以施行，以至神策军军将和下属官吏迁升官爵，几乎没有停过。癸未日（二十八日），唐文宗李昂才下诏神策将吏改变官职时都必须先行奏报，公文到中书，然后检复校勘后施行。

冬季，十月，易定监军向朝廷奏报，军中将士不接纳新任节度使李仲迁，请求朝廷任命张元益为留后。

太子李永依旧不知悔改，庚子日（十六日），突然暴毙。朝廷赠他谥号为庄恪。

乙巳日（二十一日），唐文宗李昂任命左金吾大将军郭旼为邠宁节度使。

宰相建议派遣军队讨伐易定。文宗说："易定土地狭小人民贫穷，军资半数仰赖贡赋租税。逼急了什么都做得出来，一放松他们自己内部就会发生变故。只需谨慎四境守备以等待它的变化。"于是，唐文宗李昂任命张元益为代州刺史。不久，军中果然产生分歧，他们向朝廷上表李仲迁不适宜担任义武节度使。于是，朝廷免除了李仲迁的官职。十一月，壬戌日（初八日）唐文宗李昂下诏，等张元益从定州出发，到代州赴任后，当初义武所有谋划拥立张元益的将士，都被赦罪而不追究。

唐文宗李昂任命义昌节度使李彦佐为天平节度使，任命刘约为义昌节度使。

丁卯日（十三日），张元益外调定州。

庚午日（十六日），文宗询问翰林学士柳公权，近日朝廷官员有何议论。柳公权回答说："郭旼拜官邠宁节度使，朝廷不少人对此充满疑惑。"文宗说："郭旼是尚父（郭子仪）的侄子，太后（郭太后）的叔父，做官时没犯错，从左金吾大将军调任邠宁这个小地方的节度使，不知朝廷百官有什么疑惑呢？"柳公权回答说："不是说郭旼不应该担任邠宁节度使。听说陛下最近把郭旼的两个女儿选进宫中，有这件事吗？"文宗说："有。是朕让她二人入宫，参见太皇太后。"柳公权说："朝廷百官不知实情，都说郭旼是把女儿纳入后宫，才得到邠宁节度使的职位。"文宗低头考虑了很久说："那该怎么办呢？"柳公权回答说："把她们从兴庆宫遣送回家，那么朝廷百官的议论自然平息了！"当天，太皇太后派遣宦官把郭旼的两个女儿送回家。

文宗喜好诗歌，曾打算设置诗学士。李珏说："现今的诗人行为浮薄，设置诗学士，对朝廷没有益处。"于是罢止这一打算。

甲戌日（二十日），唐文宗李昂任命蔡州刺史韩威为义武节度使。

河东节度使、司徒、中书令裴度因身患疾病请求回东都，十二月，辛丑日（十七日），唐文宗李昂下诏命裴度入朝参与朝政决策，并派宦官前往河东，宣告文宗的圣旨，催促裴度赶紧动身上路。

郑覃屡次向朝廷上表请求辞去官职，丙午日（二十二日），唐文宗李昂下诏：郑覃可以三五天到政事堂办公一次。

这一年，吐蕃彝泰赞普去世，他的弟弟达磨继立。彝泰在位时身体多病，多把朝政托付大臣，所以吐蕃仅可自保疆土不被侵犯，很长时间没有侵扰唐朝边境。达磨即位后，荒淫残暴，国人不肯依顺他的统治，加之灾害和怪异现象接连发生，从此，吐蕃更加衰弱。

开成四年(己未，公元839年)

春季，闰正月，己亥日(十六日)，裴度抵达京师，由于身患疾病而回到家中，未能拜见文宗。文宗对他犒劳慰问，赐赠礼品，宫里派遣的使者络绎不绝。三月，丙戌日(初四)，裴度去世，谥号文忠。文宗奇怪裴度死后竟没有留下表奏，追问他的家人，找到一份没有写完的手稿，手稿中只说自己为皇上没有册立太子而忧虑，没有一句提到自己的私事。裴度身材容貌不过中人，但威望却远达周边的夷蛮各族，夷蛮各族酋长见到唐朝使者，常问裴度年纪多大，是否还得到朝廷重用。他和郭子仪一样，在二十多年的时间里，一直德高望重，是以自己身家性命来维系国家安危的人物。

夏季，四月，戊辰日(十七日)，文宗称誉判度支杜悰的才干，杨嗣复、李珏因而请求文宗任命杜悰为户部尚书，陈夷行说："惠泽百姓的旨意应该由皇上出令，自古以来，国家大凡灭亡，开始无不是大权旁落，而由臣下专权的。"李珏说："陛下曾对臣子说，帝王应当谨慎挑选宰相，却不应当猜疑宰相。"五月，丁亥日(初七)，文宗和宰相谈论国家大事，陈夷行再度提到不应使威福之权落在臣下手中这个建议，李珏说："考虑陈夷行的进表意图，他是怀疑宰相中有人亵渎陛下的权威。我之前多次请求辞去职位，现在，假如我能担任皇子及诸王太傅一职就是幸事了。"郑覃说："陛下在开成元年、二年的施政最完美，三年、四年时已渐不如前。"杨嗣复说："元年、二年郑覃、陈夷行辅助政事，三年、四年臣和李珏共同辅政，这样看来，郑覃认为罪责在臣了！"于是叩头说："我不敢再到政事堂去办公了！"随即急趋而出。文宗派使者召他回来，并加以安慰，说："郑覃失言，你何必如此呢！"郑覃随即起身道歉说："我性情愚笨，刚才说的话不是专指嗣复，没想到他竟如此，这是嗣复不能容下臣子罢了。"杨嗣复说："郑覃认为陛下处理政事一年不如一年，这不仅在说臣子有罪，也对陛下的圣德有所连累。"退朝后，杨嗣复多次上表请辞宰相之位，文宗派遣中使把表又退还回去，召他上朝。癸巳（十三日），杨嗣复才开始上朝。丙申日（十六日），门下侍郎、同平章事郑覃被罢免宰相职务，担任右仆射，陈夷行被罢免宰相职务，担任吏部侍郎。郑覃个性清正俭约，陈夷行也性情耿直，所以杨嗣复等对他们深为痛恨。

文宗认为盐铁推官、检校礼部员外郎姚勖善于审理疑难狱案，命他暂兼方员外郎一职，右丞韦温不同意，上奏章说："郎官历来是朝廷授予那些有名望的士大夫的官职，不应轻易用它奖励有能力的官员。"于是，唐文宗李昂改任姚勖为检校礼部郎中，仍担任盐铁推官。六月，丁丑日（二十七日），文宗拿此事询问宰相杨嗣复，杨嗣复回答说："韦温此举是想澄清官员的出身和等级。如果有能力的官员，只因出身和社会地位不高而不能担任那些有名望的职务，那么天下的事谁替陛下来治理呢！ 这恐怕是晋朝重视出身地位的衰败遗风啊。"然而文宗素来重视韦温，所以没有违背他的奏请。

秋季，七月，癸未日（初四），唐文宗李昂任命张元益为左骁卫将军，任命他的母亲侯莫陈氏为赵国太夫人，赐赠绢二百匹。易定之乱时，侯莫陈氏说服将士，并且告诫张元益顺服朝廷命令，所以得到朝廷赏赐。

甲辰日（二十五日），唐文宗李昂任命崔郸同中书门下平章事。崔郸是崔郾的弟弟。

八月，辛亥日（初二），鄜王李憬（宪宗子）去世。

癸酉日（二十四日），昭义节度使刘从谏向朝廷奏请说："萧本诈称是萧太后的弟弟，朝廷上下都认为萧弘才是萧太后真正的弟弟。但因萧本是左神策军护军中尉仇士良向陛下引见，所以萧弘受到御史台官员的压制。如今，萧弘来拜见臣子，请求臣子把此事报告陛下闻知，臣乞请朝廷召见萧弘，让他和萧本二人当面对证，以辨真伪。"唐文宗李昂颁下诏令，命御史台、刑部和大理寺三司会审。

冬季，十月，乙卯日（初七），唐文宗李昂命起居舍人魏谟把记载朝政大事的《起居注》拿来观看。魏谟认为不妥，说："记注中兼书善恶，用意在儆戒人君。皇上只需戮力为善，不必阅览史料！”文宗说：“朕从前阅览过。”魏谟回答说：“这是从前史官的错误。如果陛下能自己看到史料，那么史官就必定有所讳避，凭什么让后人相信历史呢！”文宗于是作罢。

杨妃请求文宗立自己的弟弟安王李溶为太子，文宗和宰相谋议，李珏认为此举不适宜。丙寅日（十八日），唐文宗李昂册立敬宗少子陈王李成美为皇太子。

丁卯日（十九日），文宗驾临会宁殿观赏音乐杂技，有个童子表演“缘橦”（爬长竿），底下有一人来往如狂奔，对这个童子进行保护。文宗觉得很奇怪，身边侍臣说：“这人是童子的父亲。”文宗悲伤地流下眼泪说：“我贵为天子，却不能保全一子！”于是，文宗召见教坊刘楚材等四人，宫女张十十等十人，斥责他们说：“当初设计陷害皇太子李永的，就是你们这些人。现在朕已重新册立皇太子，难道你们还要构陷他吗？”立刻命人把他们捉起来送交狱吏，己巳日（二十一日），把这些人全都杀了。文宗因此感伤，旧病日益加重。

十一月，三司审讯结果，萧本、萧弘都不是太后真的弟弟。萧本被除去名籍，流放爱州，萧弘被流放儋州。而萧太后的真正弟弟在闽中，始终未能自己申报和萧太后相认。

乙亥日（二十七日），文宗的病稍好一些，坐在思政殿，召来值班学士周墀，赐给他一杯酒，问他说：“朕可以和前代的哪些帝王相比呢？”周墀回答说：“陛下是尧、舜般的君主。”文宗说：“朕哪敢比尧、舜！朕问你的意思是，朕是否能赶上周赧王和汉献帝？”周墀大惊失色，说：“周赧王和汉献帝都是最后亡国的帝王，怎么可以和陛下的大圣大德相提并论呢！”文宗说：“周赧王、汉献帝被各地强大的诸侯牵制，如今朕被宦官家奴操控，照此说来，朕恐怕确实还不如他们呢！”文宗因而流下眼泪，沾湿了衣襟，周墀跪伏在地也泪流不止。从此，文宗不再临朝视事。

这一年，天下有四百九十九万六千七百五十二户。

回鹘的宰相安允合、特勒柴革暗中谋划作乱，彰信可汗把他们斩杀了。这时，宰相掘罗勿正在外统率军队，用三百匹马贿赂沙陀酋长朱邪赤心，联合沙陀兵攻打彰信可汗，可汗兵败自杀。于是，国人拥立特勒为可汗。赶上这年发生瘟疫，天降大雪，羊马大批死亡，回鹘因此逐渐衰落。朱邪赤心是沙陀酋长朱邪执宜的儿子。

开成五年（庚申，公元840年）

春季，正月，己卯日（初二），唐文宗李昂册立颍王李瀍为皇太弟，暂时协助管理军国大事。诏令又说，皇太子李成美年纪还小，没有经过老师的训导，仍封为陈王。当时，文宗病情加重，命令知枢密刘弘逸、薛季棱带着杨嗣复、李珏来到宫中，打算由二人辅佐太子代行天子职权，处理朝政。左、右神策军护军中尉仇士良、鱼弘志因当初册立皇太子时，他们没有一点功劳，于是向文宗进言，说皇太子还年幼，而且身体有病，建议废除，重新册立。李珏说："皇太子的名位已定，岂能中途改变！"于是仇士良、鱼弘志假称文宗诏令，立李瀍为皇太弟。当天，仇士良、鱼弘志带兵到十六宅，迎接颍王到少阳院，百官在思贤殿谒见颍王。李瀍沉毅而决断，喜怒不形于色。他和安王李溶一向被文宗厚待，与其他诸王不同。

辛巳日（初四），唐文宗李昂崩逝于太和殿，朝廷任命杨嗣复暂摄冢宰，主持治丧。

癸未日（初六），仇士良说服皇太弟，赐杨贤妃、安王李溶、陈王李成美自尽。李瀍又下诏令，于十四日举行文宗入棺大殓仪式，所有亲属及百官均按规定穿丧服。谏议大夫裴夷直进言启奏，文宗入棺大殓的日期定得太远了，李瀍没有听从他的建议。当时，仇士良等仍然怨恨文宗，凡得到文宗宠幸的乐工以及内侍，相继遭到诛杀或贬谪。裴夷直再度上书说："陛下以侯王的身份即位做天子，应当外表庄重，心怀伤感，竭尽心力悼念文宗皇帝，迅速举行丧礼，从而能够早日亲理政事，以便安抚天下人心。现在文宗皇帝去世还没几天，就屡次杀戮先帝近臣，使天下百姓都为之惊恐，伤害了先帝的神灵，将使人民在感情上何所瞻仰！国家的体制很重要，如果先帝的亲近臣僚没有犯罪，就不应对他们施加惩罚；如果确实有罪，他们已经处于律法大网之中，没办法脱逃，等十天后先帝入棺大殓结束，再对他们施加惩罚也为时不迟！”李瀍没有听从这一建议。

辛卯日（十四日），文宗的尸体才正式入棺大殓。武宗李瀍即位。甲午日（十七日），武宗李瀍追尊母亲韦妃为皇太后。

二月，乙卯日（初八），唐武宗李瀍下诏大赦天下。

丙寅日（十九日），唐武宗追赠母亲韦太后的谥号为宣懿。

夏季，五月，己卯日（初四），唐武宗李瀍免去门下侍郎、同平章事杨嗣复的职务，任命他为吏部尚书，任命刑部尚书崔珙同平章事兼盐铁转运使。

秋季，八月，壬戌日（十九日），朝廷在章陵埋葬元圣昭献孝皇帝李昂，庙号文宗。

庚午日（二十七日），门下侍郎、同平章事李珏因担任山陵使时，运载文宗皇帝灵柩的龙辇在半路失陷，而被免去宰相职务，担任太常卿。唐武宗李瀍贬京兆尹敬昕为郴州司马。

义武军叛乱，驱逐了节度使陈君赏。陈君赏招募了几百名勇士，率领他们再入军城，最终诛杀了叛乱者。

起初，武宗即位并不是宰相的意思，所以宰相杨嗣复、李珏相继被罢职，朝廷召淮南节度使李德裕入京朝见。九月，甲戌朔日（初一），李德裕抵达京师。丁丑日（初四），唐武宗李瀍任命李德裕为门下侍郎、同平章事。

庚辰日（初七），李德裕入朝谢恩，对武宗说：“处理政务的根本，在于辨别群臣是奸佞还是正直。大凡邪佞与正直两种人，一定不能相容，所以，君子指斥小人邪恶，而小人也指斥君子邪恶，以致让皇上难以辨别。臣认为正直的人像松柏一样，独立而不依倚其他事物；奸佞的人像藤萝一样，不攀附其他事物是不能直立起来的。所以正直的人没有他念，会竭尽心力侍奉天子，而奸邪的人只会争先恐后地结成朋党。先帝深深懂得朋党的祸患，他所信用的官员却大多是朋党的成员，这实在是由于他自己没有主见，所以奸人能够乘虚而入。至于宰相，不可能人人都是忠良，皇上有时发现一个宰相欺骗了自己，心中就开始猜疑其他宰相是否也这样，于是通过身边的侍从和宦官了解宰相的情况。譬如德宗末年，所听信的只有裴延龄辈，宰相只是副署敕命而已，这就是政事所以会日乱的原因。陛下如果真的能小心谨慎地选拔德才兼备的人为宰相，把那些奸邪虚罔的官员马上罢免，同时，凡是朝廷的政令，都由政事堂审定颁布，诚心委任，坚定不移，那么何用忧虑天下不能治理呢！”又说：“先帝文宗皇帝在大臣面前，很注意自己的言行举止，对于群臣小的过失，一般都能容忍。这样小的过失日积月累，以致最终酿成大祸。这实在是一大失误，希望陛下能以此为戒！臣等如果有罪，陛下应该当面指出加以责斥。事情如果不确实，应该允许我们申辩清楚；如果事情确实，我们自然会在申辩时理屈词穷。小过错就容许他改正，大罪状就加以惩罚，甚至诛杀，如此，君主与臣子之间就没有疑虑和嫌隙了。”武宗嘉许并且接纳了他的意见。

起初，李德裕在淮南任节度使时，朝廷曾下诏书召监军杨钦义进京，人们都说杨钦义此次进京会被任命为枢密使，而李德裕对待他并没有特别礼遇，杨钦义怀恨在心。一天，李德裕单独宴请杨钦义，在中堂布置酒席为杨钦义送行，情义和礼节都极为优厚。李德裕又拿出很多珍玩陈列在几张床上，喝完酒后，把那些珍玩全部送给杨钦义，杨钦义大喜过望。当杨钦义走到汴州时，朝廷又敕命他回到淮南，杨钦义又把李德裕赠送的珍玩全部归还李德裕。李德裕说：“这些东西值几个钱！”最终还是赠给了杨钦义。后来，杨钦义终于被任命为枢密使；李德裕被任命为宰相，杨钦义出了很大力气。

起初，在伊吾的西方，焉耆的北方，有个黠戛斯部落，也就是古时的坚昆，唐初的结骨，后来更号黠戛斯。乾元年间，被回鹘打败，从此，由于回鹘阻隔，和唐朝失去联系。黠戛斯的君长称为阿热，在青山建立牙帐，到达回鹘国的牙帐，骑骆驼也要走四十天。黠戛斯人剽悍勇猛，因此，吐蕃、回鹘常常赠送东西给黠戛斯，并授予它官位名号，以此拉拢它。当回鹘国衰落后，阿热开始自称可汗。回鹘派相国率领军队去攻打它，双方接连交战二十余年，回鹘屡次被黠戛斯打败，黠戛斯就大骂回鹘说："你们的运数已尽，我必将取得你们的金帐。"所谓金帐，就是回鹘可汗所住的帐篷。

等到回鹘宰相掘罗勿杀死彰信可汗，拥立特勒为新可汗后，一个名叫录莫贺的回鹘国偏将与黠戛斯勾结，率领十万骑兵攻打掘罗勿，把掘罗勿的军队打得惨败，杀死了𫸩馺及掘罗勿，把回鹘国的牙帐焚烧殆尽，回鹘各部都逃散了。他们的宰相馺职、特勒厖等十五个部落向西逃到葛逻禄，一支逃奔吐蕃，一支逃奔安西。可汗兄弟嗢没斯等以及宰相赤心、仆固、特勒那颉啜各率部众抵达唐朝天德军的边塞一带，通过与杂居此地的各族部落进行物品交换才得以生存下来。同时，他们请求归附唐朝。冬季，十月，丙辰（十四日），天德军使温德彝向朝廷奏报："回鹘国的逃兵进逼西受降城，队伍连绵六十里，看不到尽头。边防居民因为回鹘逃兵大举侵扰，内心恐惧不安。"唐武宗李瀍颁布诏令，命令振武节度使刘沔屯驻云迦关来防备回鹘。

魏博节度使何进滔去世，军中推举他的儿子都知兵马使何重顺为留后。

萧太后迁居兴庆宫积庆殿，尊号称积庆太后。

十一月，癸酉朔日（初一），武宗驾幸云阳狩猎。

依照旧例，新天子即位，两省官共同署名。而武宗即位时，谏议大夫裴夷直的名字被遗漏，因此裴夷直被调出朝廷，担任杭州刺史。

开府仪同三司、左卫上将军兼内谒者监仇士良请求朝廷批准，根据自己的官爵等级，赐予儿子千牛备身的职位。给事中李中敏批文说："根据仇士良的官位品级，确实应该授予他的儿子官位，只是仇士良身为宦官，怎么能有儿子呢？"仇士良既惭愧又怨恨。李德裕也以李中敏为杨嗣复的同党而憎恶他，把他外调为婺州刺史。

十二月，庚申日（十八日），唐武宗李瀍任命何重顺管理魏博留后事。

唐武宗李瀍册立皇子李峻为杞王。

武宗至道昭肃孝皇帝上

会昌元年（辛酉，公元 841 年）

春季，正月，辛巳日（初九），唐武宗李瀍祭祀圜丘（天），下诏大赦天下，并改年号为会昌。

振武节度使刘沔奏报：回鹘国已撤兵。唐武宗李瀍诏命刘沔返还本镇。

二月，回鹘国邻近可汗牙帐的十三个部落拥立乌希特勒为乌介可汗，往南迁移，防卫错子山。

三月，甲戌日（初三），唐武宗李瀍任命御史大夫陈夷行为门下侍郎、同平章事。

起初，知枢密刘弘逸、薛季棱受到文宗的宠爱，仇士良等人憎恶他们。武宗即位，并不是他们二人及宰相的心意，所以杨嗣复被外调为湖南观察使，李珏被外调为桂管观察使。仇士良多次在武宗面前诋毁刘弘逸等人，劝谏武宗把他们诛除。乙未日（二十四日），唐武宗李瀍赐刘弘逸、薛季棱自尽，又派遣中使到潭州、桂州诛杀杨嗣复和李珏。户部尚书杜悰得知这一消息后，急忙骑马去拜见李德裕，对他说："陛下还年轻，又刚刚登基，这件事不应让他任意胡来啊。"丙申日（二十五日），李德裕和崔珙、崔郸、陈夷行三度向武宗上奏，又邀枢密使到中书，请他们入宫向武宗劝谏此事。李德裕等人的奏折说："以前，德宗怀疑刘晏会动摇东宫而杀了他，朝廷内外都认为刘晏是冤枉的，黄河南北割据跋扈的藩镇因而都感到恐惧，并以此为借口，更加骄横跋扈；德宗因此很后悔，录用了刘晏的子孙到朝廷做官。文宗猜疑宋申锡与藩邸勾结，结果，贬逐宋申锡，以至于宋申锡死于异地。事后追悔，为宋申锡冤死而泪流不止。如果杨嗣复、李珏等有罪的话，请求陛下加重贬谪；假如陛下还不能容忍此事，也应当对他们先审问，等他们的犯罪事实清楚后，再把他们处死也不晚。如今陛下不和臣等商议，就派遣使者杀了他们，百官得知此事后，没有不惊骇的。希望陛下开延英殿让我们当面奏对！”傍晚时，武宗才命令开延英殿，召见李德裕等人。

李德裕等人流着泪激动地说：“陛下应慎重对待此事，不要后悔！”武宗说：“朕不后悔。”随即几次命令李德裕等坐下，李德裕等说：“臣等希望陛下免二人死罪，不要让二人死后大家都认为他们冤枉。如今陛下尚未批准，臣等不敢坐。”过了许久，武宗才说：“朕考虑到你们的请求，特此释放他们。”李德裕等人跳下台阶，高兴得手舞足蹈。武宗命李德裕等人向前，让他们坐下，叹口气说：“朕被册立为皇太弟时，当时的宰相哪里曾想到拥立我即位呢！李珏、薛季棱的意图是立陈王李成美，杨嗣复、刘弘逸的意图是立安王李溶。陈王还可说是文宗的临终之意，安王则专门攀附杨妃。杨嗣复常给杨妃写信说：‘姑妈何不仿效武则天临朝听政！’假如安王被立继承帝位，朕怎么会有今日呢？”李德裕等说：“这件事十分暧昧，虚实难知。”武宗说：“杨妃有一次卧病，文宗让她的弟弟杨玄思入宫侍奉了一个多月，因此能够互通心意。杨嗣复就是通过杨玄思向杨妃送传书信的。朕已对宫中宦官详细询问，事实清清楚楚，定无虚构之处。”于是武宗派人把两个使者追回，下诏贬杨嗣复为潮州刺史，贬李珏为昭州刺史，贬裴夷直为欢州司户。

夏季，六月，乙巳日（初六），唐武宗李瀍颁下诏告：“从今以后，凡百官上奏其他官员罪行，应同时奏请将犯罪人交付御史台按察审讯，不得请求在宫中拘押审讯，以杜绝奸臣的诋毁。”

唐武宗李瀍任命魏博留后何重顺为节度使。

唐武宗李瀍命令道士赵归真等人在三殿建造九天道场，亲自接受（授依注改为受）法箓。右拾遗王哲向武宗上奏疏，极力直言劝谏，被贬为河南府士曹参军。

秋季，八月，唐武宗李瀍任命仇士良为观军容使。

天德军使田牟、监军韦仲平想攻击回鹘，以便求取功名，于是奏称：“回鹘国叛将嗢没斯等人侵逼天德边塞，而吐谷浑、沙陀、党项都和他为世仇，请准许我们自己出兵驱逐嗢没斯。”于是，武宗命令朝臣计议，参与议论的官员都认为嗢没斯叛变可汗而来，不可接受，应当批准田牟等人的请求，攻击他们较为有利。武宗以此询问宰相，李德裕认为：“被穷追的飞鸟，撞入怀中，还应当让它活命。何况回鹘屡次建树大功，如今被邻国所破，部落离散，穷迫而无处归依，远来依附陛下，并无一丝一毫侵犯边塞的意思，为什么要趁它困乏而攻击它呢！我认为，朝廷应派使者前往安抚，运送粮食赈济他们，这也是当年汉宣帝之所以能使匈奴呼韩邪单于臣服的策略。”陈夷行说：“李德裕的建议，正如古人所说，是借给叛乱之人兵马，资助盗贼粮食，恐怕对国家不利，不如派遣军队驱逐他们。”李德裕说：“吐谷浑等各个部落，见到利益就会凶猛敏捷地争取求进，形势不利则像鸟兽一样四散而去，各回自己的巢穴，怎么会拼死为国家效力呢！如今天德城兵士才千余，如战争不利，城池必定陷没。不如用恩义来安抚它，让他们在边塞安定下来，一定不会成为国家的祸害。假如回鹘果真要侵扰边塞，也应调用各道军队前去征讨，哪能让天德军独自前去呢！”

当时，唐武宗李瀍下诏任命鸿胪卿张贾为巡边使，让他去察看回鹘敌情的真伪，一直没有返回。武宗询问李德裕说：“嗢没斯等请求投降朝廷，可以确保他们的诚信吗？”李德裕回答说：“朝廷中的人，臣尚且不敢保证，更何况去保证数千里外的戎狄的居心呢！但是如果说他是叛将的话，恐怕不妥。如果可汗还在国中，嗢没斯等率领大军前来投降，从两国关系的大局考虑，的确我朝不能接受。现在，听说回鹘国败乱没有主帅，大将和宰相都四散奔逃，有的归顺吐蕃，有的归附葛逻禄，只有嗢没斯这一部分军队不远千里来投奔我国。臣看了他们请求归附的上表，感觉他们现在的处境确实很窘迫，请求归附的心情也十分恳切，怎么可以称他为叛将呢！何况嗢没斯等自去年九月就到了天德，可是，回鹘国今年二月才立乌介可汗，自然他们没有君臣之间的关系。希望陛下暂时诏令河东、振武军队严密戒备保护边境，等它攻打来犯时，以武力驱除。如果回鹘对吐谷浑等其他部族的部落稍有侵扰，朝廷应该准许他们发动军队报仇，然后让他们相互杀戮，而我朝无须派遣官军助战。可仍诏令田牟、韦仲平不得邀功生事，必须对回鹘进行适当的笼络和安抚，表示朝廷对他们没有失掉诚信，他们虽然是戎狄，也必定知道感恩。"辛酉日（二十四日），唐武宗李瀍诏令田牟约束将士以及杂虏（吐谷浑、沙陀、党项等）不得先去侵犯回鹘。九月，戊辰朔日（初一），唐武宗李瀍诏令河东、振武军队严密戒备。田牟是田布的弟弟。

癸巳日（二十六日），卢龙军叛乱，杀死节度使史元忠，将士推举陈行泰主持留后事务。

李德裕向武宗请求派使者慰抚回鹘，并且运送三万斛粮食赠给他们，武宗对此做法有些疑惑。闰月，己亥日（初三），武宗打开延英殿，召集宰相商议此事。商议开始前，陈夷行在延英门外多次对李德裕说，不能援助回鹘粮食。李德裕说："现今，朝廷征调的各道军队还没抵达前线，天德城正孤立无援，如果朝廷不用这些粮食赈济处于饥饿边缘的回鹘，让他们暂且安定下来的话，那么，一旦天德城被回鹘攻陷，谁来承担这个罪责呢！"陈夷行到武宗面前时，就不敢再进言了。武宗于是答应以二万斛谷子来救济回鹘。

唐武宗李瀍任命前山南东道节度使、同平章事牛僧孺为太子太师。在此之前，汉江发生水灾，毁坏了襄州百姓的房屋，李德裕认为这是牛僧孺的过失，建议武宗罢免他的职务，改任散官。

卢龙军再次叛乱，将士杀了陈行泰，拥立牙将张绛为节度使。

起初，陈行泰驱逐史元忠后，派遣幽州监军的侍从赶赴京师，以军中大将的名义向朝廷上表，请求朝廷任命他为留后。李德裕说："河朔的事态形势，为臣下所熟知。近来朝廷派遣使者赐诏书常常太快，任命被拥立的军将为留后，以致军心稳定下来。如果搁置它数月不闻不问，它们自己就会发生变故。因此，我请求朝廷把幽州派来的监军侍从暂且扣留京城，不派使者前往幽州任命陈行泰，我们静观其变。”果然，将士将陈行泰斩杀，拥立张绛为节度使，张绛再次派人来朝廷请求任命，朝廷依然置之不问。恰逢此时，雄武军使张仲武派遣军队攻打张绛，并且派遣军中官吏吴仲舒携带奏章前来京师，奏称张绛对将士残忍无道，请求朝廷批准派遣本部军队征讨他。

冬季，十月，吴仲舒抵达京师。唐武宗李瀍下诏，命宰相向吴仲舒询问幽州情况，吴仲舒说：“陈行泰、张绛都是外地来幽州的过客，所以士兵都不依附于他。张仲武则是幽州老将，性情忠义，通晓古书，熟习军事，众望所归。过去，张绛刚斩杀陈行泰，召见张仲武，打算把留后的职务让给他。后来，他的亲兵中有一二百人不同意这种做法；于是，张仲武走到昌平县时，张绛又命他返回。如今，张仲武才发动雄武军，而军中已经驱逐张绛了。”李德裕问：“雄武的士兵有多少？”吴仲舒回答说：“士兵有八百人，另外还有不脱离生产的由五百人组成的土团。”李德裕问：“士兵这么少，怎么能攻打幽州取胜呢？”吴仲舒回答说：“关键在于打仗得不得人心。如果不得人心，就是拥有三万大军又能如何呢？”李德裕又问：“一旦不能攻克幽州，该怎么办呢？”吴仲舒说：“幽州的粮食都储存在妫州和北边的七个军镇，如果不能进入幽州，就占据居庸关，断绝他们的运粮通道，幽州自然就被困住了！”

于是，李德裕向武宗上奏章：“陈行泰、张绛都是让军中大将向朝廷上表，威逼朝廷授予他们留后，所以朝廷不能同意他们的请求。如今，张仲武首先自行发兵为朝廷征讨乱贼，同时上奏朝廷，授予他留后，好像还可以说有点名分。”于是唐武宗李瀍任命张仲武为卢龙留后。张仲武不久攻克了幽州。

武宗到咸阳打猎。

十一月，李德裕向朝廷上书说：“如今回鹘已败亡，太和公主不知下落何方。如果不派使者去访查询问，那么戎狄必会说国家将公主下嫁，本来就已不爱怜疼惜，这样既对不起公主，又伤害了与回鹘的友好关系。建议派遣通事舍人苗缜携带陛下的诏书去见嗢没斯，让他转送公主。这样，又可借此探察嗢没斯究竟想叛逆还是顺服的心意。”武宗同意了这一建议。

武宗很喜欢打猎和武术等运动（如球鞠、骑射、手搏等），所以，五坊使下属的当差杂役都凭此在宫中自由出入，武宗常对他们进行丰厚的赏赐。武宗曾到兴庆宫去拜谒祖母郭太后，闲谈中问到做天子的规则，太后劝武宗虚心听取百官劝谏。武宗退朝后，把谏疏全部拿来看了一遍，发现多数是谏阻他游猎的。从此，武宗出猎的次数就渐渐少了，对于五坊的当差杂役也不再随便给予赏赐。

癸亥日（二十七日），唐武宗李瀍任命中书侍郎、同平章事崔郸同平章事，充任西川节度使。

起初，黠戛斯把回鹘打败后，俘获了太和公主，他们自称是李陵的后裔，和唐朝宗室同姓，于是派遣达干十人护送公主返回唐朝。回鹘乌介可汗率领军队在半路偷袭达干兵马，把他们全部杀死，乌介可汗将太和公主当作人质，率军向南方迁徙，越过沙漠，把军队驻扎在天德军北境。太和公主派使者向朝廷呈递表章，说回鹘国新可汗已经继位，请求朝廷册封。乌介又派他的宰相颉干伽斯等上表朝廷，要求借振武这个城镇给公主和可汗居住。十二月，庚辰日（十四日），唐武宗李瀍诏命派遣右金吾大将军王会等前往抚慰回鹘，并赈济二万斛米。接着，唐武宗李瀍又赐乌介可汗一封敕书，说：“你应率领部众，逐渐收复失去的国土。像现在这样四处漂泊，暂时寄居边塞，不是长久之策啊。”又说：“你提出暂借我朝的振武城，但此事前代还没有旧例。如果你们想迁到别处一个较好的地方来请求我朝援助，也必须暂时在漠南驻扎。现在，我准许太和公主来京城会面，以便向她亲自询问有关情况。如果你们的确需要我朝接应，我们肯定准许。”

会昌二年（壬戌，公元842年）

春季，正月，唐武宗李瀍任命张仲武为卢龙节度使。

朝廷因回鹘屯驻在天德、振武的北方边境，唐武宗李瀍就任命兵部郎中李拭为巡边使，前去探查主将能力如何。李拭是李鄘的儿子。

二月，淮南节度使李绅入朝。丁丑日（十二日），唐武宗李瀍任命李绅为中书侍郎、同平章事、判度支。

河东节度使苻澈对杷头烽过去的营垒进行修建，以此来防备回鹘的侵犯。宰相李德裕向朝廷奏请向杷头烽增加兵力，同时对东受降城和中受降城进行修筑，以便策应天德的防务。武宗批准了他的建议。

右散骑常侍柳公权一向和李德裕交好，宰相崔珙向武宗上奏章举荐柳公权为集贤学士、判院事。李德裕认为提升柳公权职位一事不是自己促成的，就借故把柳公权贬为太子詹事。

回鹘再次向朝廷上奏请求赈济粮食，以及寻找被吐谷浑、党项族所掠夺的人口，同时，再次请求暂借振武城。唐武宗李瀍下诏派内使杨观赐可汗书信，说振武城不能借给他们，其余可以帮助处置。

三月，李拭巡视边务后回到京城，报告称振武节度使刘沔很有威严才略，可以担当大任。当时河东节度使苻澈病重，庚申日（二十五日），朝廷下诏让刘沔代替他的职务，任命金吾上将军李忠顺为振武节度使。唐武宗李瀍又派遣将作少监苗缜前往诏命乌介可汗，要求他稍缓动身，暂时在河东驻扎军队，等自己的势力稳固后，再前往册封。后来乌介可汗屡次侵扰边境，苗缜最终不再前行。

回鹘嗢没斯认为宰相赤心桀骜狡黠，内心难以揣测，于是，预先告诉天德军使田牟说："赤心暗中谋划侵犯城塞。"然后，设计诱杀赤心和仆固，那颉啜收集了赤心的士兵七千营帐，往东而去。河东向朝廷上奏章："回鹘的兵马已到横水，杀掠士兵百姓后，如今退兵屯聚在释迦泊东边。"李德裕对武宗说："释迦泊西方距离可汗牙帐有三百里，不知此地兵士是那颉啜所领属，还是由可汗派来。我们就说这部分回鹘兵不听可汗调遣，自作主张侵犯边境。不妨向刘沔和张仲武下达密诏，命他二人先谋划如何处置这部分回鹘兵，如果可以讨伐的话，发兵之事也有名义。只要摧毁他们的一支，可汗必会闻之畏惧的。”

夏季，四月，庚辰日（十六日），天德都防御使田牟向朝廷上奏：“回鹘侵犯边境，扰乱不休，没等朝廷颁旨，已派出三千军队前去征讨。”壬午日（十八日），李德裕向武宗上奏章：“田牟确实不懂用兵之道。戎狄擅长野战，不擅长攻城。田牟只要坚守等待各道兵马齐集即可，如今他率全军出城应战，万一失利，城中空虚，拿什么来防卫呢！希望陛下速派中使前去加以制止。如果双方已经交锋，就请陛下迅速下达诏书，命云州、朔州和天德一带的党项和吐谷浑族发动军队，竭力征讨回鹘，所有缴获的物品，全部归他们所有。回鹘羁留而漂泊在外已经两年，粮食匮乏，军心容易动摇。陛下应诏示田牟引诱招降回鹘军，然后把粮食送给他们，让他们返回太原，不可以将他们留在天德。嗢没斯对朝廷的态度，虽然我们还不能得知，但要及早对他加官赏赐。即使他对我朝没有诚意，也可作为今后讨伐叛乱的理由。并且还要奖励他的忠义，以此来作为讨伐他的名义，使远近各蕃邦都知道，朝廷只是责斥乌介可汗侵犯边境，并非要灭绝回鹘。石雄善战无敌，请陛下任命他为天德都团练副使，辅佐田牟用兵。”武宗完全同意他的看法。

起初，在太和年间，河西党项侵扰边境，文宗在白州召来石雄，隶属振武军，担任裨将，屡次建功，但因王智兴嫉恨他，不太提拔重用他。到这时，因被李德裕荐举而得到任用。

甲申日（二十日），嗢没斯率领他国中的特勒、宰相等二千二百余人前来投降。

武宗信任李德裕，观军容使仇士良却憎恶他。适逢武宗要接受尊号，驾临丹凤楼宣布诏书。有人告诉仇士良，宰相和度支商议起草制书减少禁军衣粮及军马草料。仇士良在大庭广众前扬言说：“如果这样的话，那么到了百官上尊号那天，禁军军士肯定在丹凤楼前聚众喧哗!”李德裕听到这一消息，乙酉日(二十一日)，请求武宗开延英，让自己申诉。武宗了解情况后很是气愤，随即派遣中使向两军宣谕：“赦书中原本并无此事。况且赦书的内容都出自朕的本意，而不是宰相的意思，你们怎么能说这种话呢!”仇士良于是惶恐愧疚地连称自己有罪。丁亥日(二十三日)，群臣为武宗上尊号称仁圣文武至神大孝皇帝。唐武宗李瀍下诏，大赦天下。

五月，戊申日(十四日)，唐武宗李瀍派鸿胪卿张贾去安抚嗢没斯等，任命嗢没斯为左金吾大将军、怀化郡王；他以下的酋长，也根据他们的地位分等级任命官爵进行封赏。同时，赐给嗢没斯部落五千斛米、三千匹绢。

那颉啜率领他的部众从振武、大同，向东沿着室韦、黑沙，向南一直抵达雄武军营垒，窥伺幽州。卢龙节度使张仲武派他的弟弟张仲至率领兵卒三万迎头痛击，大破那颉啜，被杀被捕的敌人不可计数，将七千帐部落全部降服，然后把他们分配到各道加以安置。那颉啜逃走，被乌介可汗擒获并斩首。

当时，乌介可汗的士众虽然已经衰减，还能号称十万，把牙帐驻扎在河东大同军以北的闾门山。杨观出使回鹘回到京城，向武宗转达乌介可汗的上表，请求朝廷赈济粮食和牛羊，并把嗢没斯等人抓捕并送还。唐武宗李瀍回复诏书说：“朝廷准许你们用马匹在振武换取三千石粮食；牛是百姓耕地所不可缺少的，在中国禁止屠宰；羊是中国所少有的，出产于北方杂虏，国家未曾向他们征调，所以，无法给予你们这些。嗢没斯自从国家被攻破，先投奔塞下，没有追随可汗已经两年，因为考虑到乌介可汗的猜疑，在处境艰难日益窘迫的情况下，才来归顺我朝。从前的可汗也正是因为猜忌臣下，残忍暴虐，致使众叛亲离而国破人亡。如今，可汗失去土地，在远地为客，更应该痛改前非。如果依然骨肉相残，那么，可汗身边的亲信大臣个个惶恐，谁能保证自己不受猜疑而遇害呢!朕向来以大爱为念，接受了嗢没斯的归降。这样，对于可汗来说，不致失去兄弟间的恩爱仁慈；对于朝廷来说，也免于亏欠信义，岂不是两全其美，希望你深切领会朕的一番好意!”

嗢没斯入京朝拜。六月，甲申日(二十一日)，唐武宗李瀍下诏，把嗢没斯所属军队编为归义军，任命嗢没斯为左金吾大将军，充任军使。

门下侍郎、同平章事陈夷行被免去宰相职务而担任左仆射。秋季，七月，朝廷任命尚书右丞李让夷为中书侍郎、同平章事。

岚州人田满川占据州城作乱，刘沔征讨并诛杀了田满川。

嗢没斯向朝廷请求在太原安置家族，以便和自己的兄弟们竭尽全力防守边境。唐武宗李瀍下诏命刘沔去慰问安抚他的家族。

乌介可汗再次遣派宰相向朝廷上表章，请求借军队帮助他收复失地，同时再次请求暂借天德城。唐武宗李瀍诏示没有允许他的请求。

起初，乌介可汗率领军队在天德和振武之间游荡，对党项和吐谷浑部落进行抢掠，后来，他又率领军队屯驻在杷头烽的北面。朝廷多次派遣使者督促他返回沙漠以南，乌介可汗拒不听从诏命。李德裕认为:“那颉啜屯扎在山北，乌介畏惧他与奚、契丹联合谋划，在自己返回沙漠时半路拦击，所以不敢远离塞下。希望朝廷敕令幽州节度使张仲武向奚族、契丹族传达朝廷命令，让他们和乌介可汗一起消灭那颉啜，从而消除乌介可汗的后顾之忧，使他能够返回北方。”后来，那颉啜被杀，乌介可汗还是没有离开。朝廷有人认为回鹘是在等待朝廷支付卖马钱。唐武宗李瀍下诏将回鹘和国家交易的卖马钱全部给了他，他还是不离去。八月，乌介可汗率领士卒越过杷头烽南，突袭大同川，抢掠河东杂虏的数万牛马，辗转作战到云州城门。刺史张献节闭城自守，吐谷浑、党项都带着家眷进入山中避难。庚午日(初九)，唐武宗李瀍下诏，征发陈州、许州、徐州、汝州、襄阳等地的军队屯防太原和振武、天德，待来年春天再出兵驱逐回鹘。

丁丑日(十六日)，朝廷赐嗢没斯和他的弟弟阿历支、习勿啜、乌罗思都姓李氏，赐名为思忠、思贞、思义、思礼；国相爱邪勿姓爱，名弘顺；仍任命弘顺为归义军副使。

唐武宗李瀍命久留京城的回鹘人石戒直携带给乌介可汗的书信返回，书信告谕说："自从贵国被黠戛斯灭亡后，你率领残余部落前来边境投靠，朝廷对你们接纳安抚，没有不周的地方。如今可汗仍居住在边塞，不打算返回，甚至还侵犯掠夺云州、朔州等地，攻击抢掠党项、吐谷浑等各族部落。朕遥想你内心的深意，好像依恃姻亲和好的感情（谓质太和公主以邀中国）。但每次观察你的踪迹行事，又确实怀有侵犯我境的谋划。现在，朝廷内外一致奏请要朕对你进行诛讨，但朕仍顾念之前两国的友好关系，宁愿自己忍受委屈，也不忍心看你们遭祸殃。可汗应尽快选择良策，率领部落尽快返回沙漠以南，以免将来悔之晚矣！"

唐武宗李瀍又命李德裕代替刘沔回复回鹘宰相颉干迦斯的书信，信中说："回鹘从远方来依附投靠，应当效法当年匈奴呼韩邪单于投靠汉朝时，派遣儿子进入京城，并且亲自来京城朝拜汉宣帝的榜样。现在，如果可汗同意让太和公主入朝谒见太皇太后，届时请求朝廷怜悯回鹘国破人亡，那么，朝廷救济你们，将无愧于心了。如今竟然窥伺我朝边城，性情暴戾而不自觉，就像在自己的蕃国一般，还提出过多的要求，甚至派军深入我国境内，侵扰掠夺不止，如果是请求援助，继续修好，又怎能如此呢！来信中又说：'胡人容易鼓动，难以靖安，如果使他愤怒，就再也不可制止。'黠戛斯灭亡了回鹘，将相大臣的遗骨被弃之荒野，历代可汗的陵墓相隔天涯，回鹘人不向黠戛斯发泄愤怒，却来藐视我朝，背弃信义，在我朝逞威强横，天地神祇岂容得下你如此作为！过去，匈奴郅支单于不顺从汉朝，结果被消灭。往事的戒鉴，你怎能不永存心怀！"

戊子日（二十七日），宰相李德裕向武宗进言说："遵照陛下前日诏令，命河东等三道严兵防守，等明年春天派军驱逐回鹘。这样，既可趁着回鹘人困马乏的大好时机，又可免除官军冬天出兵不能忍受严寒的痛苦。按照陛下的这个部署，应该命令幽州军队暂且驻扎于本道，以便等待朝廷诏令。假如陛下担忧黄河冻结后，回鹘再次出军侵犯，打算及早驱逐他们，就应在气候不太冷的时候，尽快做出决策，把河朔藩镇的军队征调到河东，让这次作战争取在两个月内结束。如今，听说朝廷议论纷纭，各有不同看法，如果陛下不征求群臣建议，恐怕最终会被某些人不切实际的建议阻止，希望陛下还是召见百官商讨一下！”唐武宗李瀍下诏同意这一建议。当时商议的群臣多数认为应该等待明年春天征讨。

九月，唐武宗李瀍任命刘沔兼招抚回鹘使，在必须驱逐回鹘时，各道行营兵暂时由刘沔指挥。任命张仲武为东面招抚回鹘使，他的本道行营兵以及奚、契丹、室韦等一并由他指挥。任命李思忠为河西党项都将、回鹘西南面招讨使，各道兵马都赶赴太原集中。唐武宗李瀍又命刘沔率兵屯防雁门关。

起初，奚族、契丹族都隶属于回鹘，回鹘在这两个部落中分别设置监使，每年督责他们交纳贡赋，并且探察唐朝之事。这时，幽州节度使张仲武命牙将石公绪管辖奚族和契丹族部落，把回鹘的八百多监使全部诛杀。张仲武打败那颉啜，捕获了室韦酋长的妻子和儿子，室韦派人用金子、丝帛、牛马前来赎回，张仲武拒不接受，说：“只要杀了监使，就放他们回去。”

癸卯日（十二日），李德裕等向朝廷上奏：“河东奏事官孙俦来京，报告说回鹘往南迁移了四十里。刘沔认为这必定是契丹不与回鹘联盟，而回鹘恐惧被契丹偷袭的缘故。根据此种形势，现在正是派军驱除回鹘的大好时机。臣等询问孙俦，如果河东和幽州联合出兵，驱逐回鹘，还需要增加多少兵力。孙俦说不需要增加兵力，只是大同的兵马少，只要得到易定军一千人的援助就足够了。”唐武宗李瀍同意这些建议。诏令河东、幽州、振武、天德各派出大军，把兵营稍微前移，以此来逼迫回鹘。

武宗听闻太子少傅白居易的名声，想任用他为宰相，就询问李德裕。李德裕素来厌恶白居易，就对武宗说，白居易年老多病，不能胜任朝廷重任。白居易的堂弟左司员外郎白敏中，辞章学问都不比白居易差，而且有气度和见识。甲辰日(十三日)，唐武宗李瀍任命白敏中为翰林学士。

李思忠请求率领军队和契苾、沙陀、吐谷浑族六千骑兵联合攻击回鹘。乙巳日(十四日)，唐武宗李瀍下诏，命银州刺史何清朝、蔚州刺史契苾通分别率领河东的蕃兵到振武，接受李思忠的指挥。契苾通是契苾何力的五世孙。

冬季，十月，丁卯日(初七)，唐武宗李瀍立皇子李岘为益王，李岐为兖王。

黠戛斯派遣将军踏布合祖等到天德军，说："我国派遣都吕施合等人护送太和公主返归大唐，但至今音信皆无，不知是已达长安，还是被小人阻隔。如今，我们出兵搜寻，纵使上天入地，也要找到。"又说："将迁徙到合罗川，居住在回鹘的故国，合并已得到的安西、北庭达靼等五个部落。"

十一月，辛卯朔日(初一)，昭义节度使刘从谏向武宗奏称，请求出动本道五千兵力征讨回鹘。唐武宗李瀍下诏不准许。

唐武宗李瀍派遣使者给太和公主送去冬衣，命令李德裕写信给公主，大意说："穆宗皇帝割爱让你下嫁给回鹘可汗，意义在于安定家国，认为回鹘必定能够抵御侵侮，安定边塞城垣。如今，回鹘的所作所为，不遵循常理，经常铁骑南下，侵扰我大唐边境。这样做，难道姑姑就不惧怕高祖、太宗的在天威灵，不考虑太皇太后对你的慈爱吗?您是回鹘的国母，应当能够指使他们。如果回鹘不听你的指挥，就是断绝两国长期和亲的友好关系，从今以后，回鹘不能再以姑姑的名义和朝廷交往了!"

武宗前往泾阳打猎。乙卯日(二十五日)，谏议大夫高少逸、郑朗在紫宸殿中进谏说："陛下近来游猎日渐频繁，离开皇城太远，披星戴月而归，天子的政务都被搁置了。"武宗立即变了脸色，向他们道歉，承认错误。高少逸等退出后，武宗对宰相说："本来设置谏官的目的，就是让他们直言朝政的得失，朕希望能常听到这些谏言。"宰相都来道贺。己未日(二十九日)，唐武宗李瀍提拔高少逸为给事中，提拔郑朗为左谏议大夫。

河东节度使刘沔、幽州节度使张仲武再三向武宗奏称，寒冬季节不可派遣军队出征，请求等待明年春天再发兵征讨回鹘，只有李忠顺向武宗请求与李思忠一起进兵讨伐回鹘。十二月，丙寅日(初七)，李德裕向武宗上奏章，请求派遣李思忠进兵屯驻保大栅。武宗同意了这一请求。

丁卯日(初八)，吐蕃派遣臣子论普热来长安报告达磨赞普的丧事。唐武宗李瀍下诏，命令将作少监李璨为吊祭使。

河东节度使刘沔向朝廷奏报，已率军转移到云州。

振武节度使李忠顺向朝廷奏报攻击回鹘，已经攻破。

丙戌日(二十七日)，唐武宗李瀍册立皇子李峄为德王，李嵯为昌王。

起初，吐蕃有一个靠谄媚阿谀而得宠的大臣，达磨任命他做宰相。达磨去世后，没有子嗣，这个宰相就拥立达磨的妃子綝氏的哥哥尚延力的儿子乞离胡为赞普。赞普即位仅三年，这个宰相就和妃子綝氏联合起来把持朝政，吐蕃的十来个老臣都被排挤打压，不能参与政事。首相结都那参见乞离胡时并不跪拜，说："赞普的宗族很多，但却把綝氏家的人立为赞普，国内百姓谁愿意依从他？如果赞普死了，又有谁愿意祭祀他呢？国家肯定会灭亡的！近年天灾和怪异现象不断增多，就是这个缘故了。老夫没有权力，不能拨正乱事以报答先赞普的恩德，唯有一死而已！"说完，就拔出刀，割破脸，表示对达磨的忠诚和哀痛，然后痛哭着离去。随即把持朝政的宰相就杀了他，灭了他的家族，国人愤怒极了。此时，乞离胡又不派遣使者前去唐朝请求正式册立他为赞普。

吐蕃国洛门川讨击使论恐热，性情勇悍残忍，多诈术计谋，召集他的士兵宣告说："叛贼不拥立达磨赞普的宗族后代为赞普，反而拥立綝氏兄弟的儿子，他们专门坑害朝廷的忠良大臣，然后逼迫群臣，而今新赞普也没有得到大唐皇帝的正式册命，怎么能称为赞普呢！我打算和各位全力发动正义之师，入朝诛杀綝妃以及用事的人以正国家。天道历来帮助正义的一方，所以，我们发动军队讨伐逆贼，一定会成功的。"于是论恐热又说服三个部落，得到一万骑兵。这一年，他和青海节度使同盟大举兵事，自称国相。

论恐热率领军队抵达渭州，适逢宰相尚思罗正在薄寒山屯驻兵马。于是，论恐热率兵进攻尚思罗，尚思罗将军需辎重等尽数丢弃，率军一路向西逃奔松州。接着，论恐热屠戮渭州。尚思罗发动苏毗、吐谷浑、羊同等兵力，集合了八万人，在洮河一带驻扎防守，焚烧桥梁以抵抗论恐热的攻击。论恐热率兵抵达洮河，隔着河水对苏毗等部落说："叛臣使国家纷乱不堪，上天派我领兵诛讨，你们怎么帮助叛贼为恶呢！现在，我已身为宰相，国内的军队都听我指挥调遣，你们如果不听指挥，就将你们的部落消灭！"于是，苏毗等部落顿时对尚思罗产生怀疑，不再帮助他作战。这时，论恐热趁机率领骁勇士兵渡过洮水，苏毗等部落都投降了。尚思罗急忙往西逃窜，被论恐热的追兵擒获并杀死。论恐热兼并了尚思罗的全部兵马，共计十多万人。从渭州到松州，军队所过之地百姓都遭残杀，尸体相互枕藉。

资治通鉴卷第二百四十七　唐纪六十三

起癸亥（公元 843 年），止甲子（公元 844 年）七月，共一年七个月。

【题解】本卷记录了公元 843 年至 844 年七月间的史事，当时正值唐武宗会昌三至四年七月。这段时间，是唐王朝振兴特别有成效的时期。主要政绩有三个方面：一、武宗信任并放权给李德裕，在倚重外朝的同时削弱了宦官的权力；二、武宗任用李德裕御边，针对回鹘、黠戛斯、党项、吐蕃等不同情况，采取不同策略，大展唐朝威望；三、对藩镇采取强力裁制策略，用兵泽潞，取得全面胜利，杜绝了内地军镇自立节度的行为。武宗在李德裕辅佐下，使会昌年间得到了短暂振兴，给衰颓的唐王朝注入新的生机。李德裕在此期间对宦官采取既不依附，又能和谐相处的策略，使上层统治集团的斗争得以缓和，充分展露他的政治、军事才能。但由于他保持朋党积习及心胸不够宽广，为他后期的遭遇埋下了祸根。

武宗至道昭肃孝皇帝中

会昌三年（癸亥，公元 843 年）

春季，正月，回鹘乌介可汗率领兵马侵犯进逼振武，刘沔派遣麟州刺史石雄、都知兵马使王逢率领沙陀朱邪赤心三个部落以及契苾、拓跋的三千骑兵袭击可汗牙帐，刘沔亲率大军继续攻击。石雄率军抵达振武，登城查看回鹘兵马数量，发现回鹘的队伍中有十来辆毡车，在毡车后面跟随的人身穿红色、绿色衣服，像是汉人打扮。于是，石雄派侦察兵前去盘问他们，这些人说："这是太和公主的帐幕。"石雄又派侦察兵去告诉公主说："公主来这里，也算是到家了，应当找一个安全返回的办法。现在，朝廷就要出兵攻打可汗，请公主偷偷和侍从相依照应，毡车原地驻守，不要随意走动！”石雄当即下令部下从城内向城外挖凿十多个地道，半夜领兵从地道冲出，直接进攻可汗牙帐。到了帐下，敌人才发觉。可汗大惊，不知怎么办，抛弃辎重物品逃跑，石雄不停追击。庚子日（十一日），石雄在杀胡山大破回鹘，可汗被枪刺伤，和几百名骑兵惊慌逃窜，石雄迎接太和公主回归。这一仗，石雄斩杀一万多人，招降的部落有两万多人。丙午日（十七日），刘沔上奏朝廷的捷报传达京城。

义军使李思忠来京城觐见天子，自认为是回鹘的降将，恐惧边将猜忌他，向朝廷请求和弟弟李思贞以及爱弘顺等一并回到朝廷。

庚戌日（二十一日），唐武宗李瀍任命石雄为丰州都防御使。

乌介可汗投奔黑车子族以求自保，他的溃败士兵多数前往幽州投降。

二月，庚申朔日（初一），出现日食。

唐武宗李瀍颁布诏令，废除归义军，归义军的回鹘士卒分别隶属各道为骑兵，从优供给衣粮。

辛未日（十二日），黠戛斯派使者注吾合索进献名马两匹，唐武宗李瀍诏命太仆卿赵蕃设宴慰劳他。甲戌日（十五日），武宗接见问话各族使者，命注吾合索在渤海国使者的前面列班。

武宗打算命令赵蕃前去黠戛斯那里获取安西、北庭两地，李德裕等向武宗进言说：“安西远离京师七千余里，北庭也有五千余里，假使得到这两个地方，必当再设置都护，派出唐朝兵力万人戍守。不知道这么多人从哪里征调，军需物资又从哪路运输呢？这实在是损耗大量财力物力去换得收复失地的虚名罢了，我担心此事不合适啊。”武宗于是作罢。

中书侍郎、同平章事崔珙被朝廷免官，唐武宗李瀍任命他为右仆射。

黠戛斯向朝廷请求册命，李德裕向武宗上奏说，希望陛下册封黠戛斯为可汗，与他交好。这样，可以下令让他率军搜捕当年杀死护送太和公主返唐的使者的罪犯，同时命他出兵征讨黑车子族。武宗担心册封黠戛斯可汗后，他不会再对朝廷尊奉君臣之礼，承继回鹘之前的旧例，向朝廷索要丝绢以及卖马交易，所以犹豫不决。李德裕启奏说："黠戛斯已经自封可汗，现在，朝廷如果借助他的势力消灭回鹘残余人马，该不会吝惜一个可汗的封号吧。回鹘有平定安、史的功劳，所以每年赐赠绢二万匹，并且与他通商。然而黠戛斯未曾对中国有过功劳，怎敢立刻请求馈赠财物呢！如果顾虑他不守臣礼，就该和他约定，必须如回鹘般称臣，才能册命；还应该赐以同姓（李姓）使他亲近，使他遵照子孙的礼节。"武宗同意了他的建议。

庚寅日（二月无此日），太和公主抵达京师，改封为安定大长公主，唐武宗李瀍诏示，宰相率领百官在章敬寺前迎接拜谒。公主到光顺门时，脱去华丽的服装，卸下簪珥，对于回鹘辜负朝廷恩泽以及自己前去和亲没有使两国友好而谢罪。唐武宗李瀍派遣中使安慰宣谕，然后公主才入宫。阳安等六（一作七）位公主没有出宫来慰问安定大长公主，各罚俸禄以及绢帛。

唐武宗李瀍赐魏博节度使何重顺名为何弘敬。

三月，唐武宗李瀍任命太仆卿赵蕃为安抚黠戛斯使。命宰相李德裕起草《赐黠戛斯可汗书》，说："贞观二十一年，黠戛斯的祖辈来京师参拜太宗皇帝，太宗封他为左屯卫将军、坚昆都督。自此以后一直到天宝年间，一直向我朝贡奉，最近因为回鹘从中阻扰才中断贡奉。回鹘对周边各藩国欺辱虐待，可汗能够发动军队报仇雪恨，功高绩伟，近古无人可与其比肩。如今回鹘的残败兵力不满千人，散布在山谷，可汗既然和回鹘有深仇大恨，必须尽快把它歼灭，如果留下残余势力，定会产生后患。听说可汗姓氏之源，和我大唐属于一族。大唐是汉朝北平太守李广的后代，可汗是汉朝都尉李陵的后裔。以此推论，我们应该是同族一姓，上下尊卑也就很清楚了。如今朝廷打算册命可汗，特别加封美号，都因未知可汗的心意，姑且表明谕意，等赵蕃回来后，再另遣使者正式加以册封。"自从回鹘亡国后逃到边境，以及黠戛斯来长安贡奉，每次都有诏敕，而武宗多数命令李德裕起草。李德裕请求委托翰林学士起草，武宗说："翰林学士不能完全了解朕的心意，必须你亲自执笔。"

刘沔向朝廷上奏章："归义军回鹘三千余人以及酋长四十三人依诏分别隶属各道，回鹘人得知情况后，都大声喧哗扰攘，聚集并占据滹沱河，不肯听从朝廷诏令，已经把他们全部诛杀。"投降到幽州的回鹘人，前后有三万余人，都已分散隶属各道。

李德裕追论维州悉怛谋事件说："维州位居高山绝顶，三面临江，位置在戎敌平定山川的要冲，是汉地进兵的必经之路。起初，河、陇都陷没了，只有此地能保全。后来，吐蕃暗地里将一个女子嫁给维州的守门人。二十年后，这守门人的两个儿子都长大成人，于是，就在一天夜里，他们两个偷偷打开城门，把吐蕃士兵带进城中，维州因此被吐蕃攻占，称为无忧城。从此他们在西边能够竭尽心力驻守，不再考虑到南方去，凭依山陵险要又接近畿辅要地，让我国历朝为此寝食难安。贞元年间，韦皋想经营河、湟之地，必须以此城作为起始点，动用了上万士兵，精锐完全发动，大举攻打数年，虽然捉住了论莽热，坚固的城池却始终攻不破。

臣当初到西川任节度使时，想的是对外展现国家的威严，对内巩固边防。吐蕃维州守将在清楚臣的治理方法和声名后，放弃壁垒，率领部众前来投降。臣刚接受悉怛谋归降时，南诏国就非常震惊和害怕，之后邛崃山以西八国，都自愿前来归顺。吐蕃国的合水、栖鸡等城，失去维州险峻之地后，必然会主动撤兵。这样，我国可减掉八个地方的戍守军队，而且不费一兵一卒，即可收回一千多里的失地。况且，吐蕃在维州归降的前一年，依然在进攻鲁州，难道他们真有诚意遵守长庆盟约吗？臣在接受悉怛谋归降时，曾经对天盟誓，当面向他保证奏请朝廷，对他进行封赏。当时，朝廷中坚决和我敌对的牛僧孺等人，对我百般攻击。于是，文宗皇帝下诏，命将悉怛谋等人抓捕返还，听凭吐蕃诛杀他们。臣怎么能忍心违背信义，不顾惜他们的性命，苟且自安呢？因而，臣多次向朝廷上表，请求怜悯赦免他们，但朝廷的回复诏书言辞严厉无比，命令必须把他们送还。臣只好捆绑悉怛谋等人，甚至以竹筐装上他们送往吐蕃。即将上路时，悉怛谋等人又申诉冤枉，西川的将士官吏也都流泪哭泣。吐蕃人嘲笑押送的西川将士，说：'悉怛谋既然已经归顺，怎么又把他送回来呢！'不久，悉怛谋等人全部被杀害于汉境内，手段非常残忍，甚至还把婴儿扔向空中，然后用枪尖在下面接着，以便恐吓那些已经对吐蕃愤怒不满的各族部落。朝廷这种处置归顺者的措施，是断绝了今后再有人效忠归降朝廷的路，从而使吐蕃人心大快，自古以来，没有发生过这种事。虽然时间已经过了十二年，但这是千载难逢的机会，请求追奖忠贞的亡魂，每人都加以褒奖封赠！”唐武宗李瀍诏令追赠悉怛谋为右卫将军。

◆臣司马光说：评议此事的人多数怀疑维州事件的取舍问题，不能判定牛、李谁对谁错。臣以为，从前春秋时，荀吴有一次攻打鼓城，城中有人请求举城投降来保全性命，荀吴不答应他们的请求，他说：“如果我国有人以城投降，我肯定对他们充满怨恨；所以别国的人以城投降我，我怎么可能会怜悯他们呢！我不能因为想要攻克鼓城就纵容其投降。”最终还是让鼓城人杀死投降之人，然后修整防备。当时，唐朝刚和吐蕃修好而接纳了维州。从利来说，维州利小而守信利大；以害来说，维州危害较缓，而关中的危害紧急。然而从唐朝来考虑的话，应该何先何后呢？悉怛谋的归降对唐来说是归向王化；但在吐蕃人看来，他仍免不了为叛臣，他的被诛杀，又有什么值得可怜的呢！况且李德裕所考虑的是国家的利益，而牛僧孺所考虑的却是国家的诚信。即使是老百姓对见利忘义的行为都深以为耻，更何况是一个国家的天子呢！打个比方来说，如果邻居家的牛丢了，跑到自己家里来，有人对这家的哥哥说把牛归还给邻居，有人对他的弟弟说把牛留下来。劝还牛的人说：“把牛留下就是不仁义，而且会打官司。”劝强占牛的人说：“他曾经抢我的羊，你又何必拘束于义呢！牛是大的牲畜，卖了可以使家中富有。”如果借用此种道

理，对于牛僧孺和李德裕争论维州事件的是非曲直，可以做出明确的判断了。◆

夏季，四月，辛未日（十三日），李德裕请求退隐而担任清闲的省寺官职，武宗说："你每次请求辞职，都使朕坐立不安十多天啊。如今大事还没完成，你岂能请求辞去！"

起初，昭义节度使刘从谏屡次向朝廷上奏表说仇士良的罪恶，仇士良也说刘从谏有窥伺朝廷的野心。武宗即位后，刘从谏有匹高九尺的马，进献给武宗，武宗没有接受。刘从谏认为是仇士良从中挑拨，一怒之下就把那匹马杀了，从此以后，和朝廷之间相互猜忌怨恨。于是他招集了一批亡命之徒，修造完善各种兵器军械。与昭义邻接的藩镇都暗地里防备他。

刘从谏征收牧马人和商旅的税收，每年收入五万缗钱，又卖铁、煮盐也得了数万缗。刘从谏授予大商人节度使衙前的职务，然后，商人以此身份为掩护到各藩镇去出使，发展双方的友好关系，趁此机会贩卖商品。所以，商人都依赖刘从谏的权势，每到一个地方，就欺负那里的将兵，各个藩镇都憎恶他们。

刘从谏患病时，对妻子裴氏说："我以忠直侍奉朝廷，可是朝廷并不明白我的心意，各道也都不和我友好交往。我死后，如果朝廷另外派人来担任昭义节度使，我们家的香火从此也就断绝了！"于是刘从谏和幕客张谷、陈扬庭谋划仿效河北各镇，让弟弟右骁卫将军刘从素的儿子刘稹为牙内都知兵马使，侄子刘匡周为中军兵马使，孔目官王协为押牙亲事兵马使，以奴仆李士贵为节度使宅十将兵马使，命令刘守义、刘守忠、董可武、崔玄度分别统辖亲兵。张谷是郓州人；陈扬庭是洪州人。

不久，刘从谏病逝，刘稹隐秘此事，不为刘从谏治丧。王协为刘稹谋划说："现在，只要你按照宝历元年刘悟去世后，刘从谏得以世袭而担任节度使那样去做，对监军尊重，对朝廷的使者给予优厚的贿赂，不出兵侵扰周边，只在城中偷偷进行防守就行了。这样，不超过一百天，朝廷任命你为节度使的旌节自然就会送来。”于是，刘稹命押牙向朝廷上奏，请求朝廷派宫廷中的名医前来为刘从谏诊治。于是，武宗派遣宦官解朝政携朝廷医官前往昭义，为刘从谏医治疾病。刘稹又威逼监军崔士康，让他奏请朝廷，谎称刘从谏身患重疾，请求朝廷任命其侄子刘稹担任留后。唐武宗李瀍派遣供奉官薛士干前往宣达圣旨说：“恐怕刘从谏疾病还没痊愈，应该暂时送到东都疗养；等到刘从谏的病逐渐痊愈时，另有任用。并命刘稹到京城觐见天子，朝廷必定优厚地加封官爵。”

武宗就处置昭义一事召集宰相商议，大多数宰相认为：“回鹘的残余势力没有诛除，边境仍要加强防守。现在，朝廷又要征讨昭义，恐怕国家的财政无法支撑。因此，请求任命刘稹暂为昭义留后。”谏官以及群臣凡是上奏章进言的也都是这个意思。只有李德裕说：“泽潞的事理体统和河朔的魏博、成德、幽州三个割据跋扈的藩镇不同。河朔地区割据跋扈已有很长时间，人心很难教化，所以历朝以来，都把它置于法度之外。而泽潞接近心腹之地，这一支军队又一向称得上忠义，曾经打败并赶走了朱滔，生擒了卢从史。近来多数任用儒将为元帅，例如李抱真，当初组建昭义的军队，立下汗马功劳，德宗仍不准许他的儿子李缄世袭父亲的职位，诏令他护送其父灵柩回归东都洛阳。后来，敬宗不处理政事，当时的宰相也没有深谋远虑，因此，在节度使刘悟去世后，敬宗任命刘从谏担任节度使。刘从谏为人飞扬跋扈，朝廷对他难以控制，而且他还屡次上表威逼朝廷，如今他垂死之时，又把兵权擅自交付给自己的侄子。朝廷如果又因循而授予他职位，那么四方各镇谁不想效法他的所为，天子的威严和命令就不再能施行了！”武宗说：“你用何种方法来让他顺服呢？果真能成功吗？”李德裕回答说：“刘稹所依赖的是河朔魏博、成德和幽州三个割据的藩镇。如果成德和魏博不与他勾结，那么刘稹就没有什么作为了。如果陛下能派一位德高望重的大臣前往成德和魏博，向两镇节度使宣达陛下的旨意，阐明从安史之乱以后，历代天子准许他们传位子孙，世袭节度使的情形已经成为旧制，这与朝廷对昭义的措施不同。如今，朝廷要对泽潞用兵，不想再出动禁军前往山东。凡山东三州（邢、洛，磁）隶属昭义军的，交付给两镇征讨。并遍告将士，在贼人平定之日厚加官爵和赏赐。如果两镇能听从诏令，不从旁阻挠官军征讨，那么刘稹必定可以手到擒来！”武宗欣喜地说：“朕和德裕意见完全一致，保证不会后悔的。”于是决心征讨刘稹，群臣中再有谏言，武宗已经不再采纳了。

唐武宗李瀍命令李德裕起草给成德节度使王元逵、魏博节度使何弘敬的诏令，大意说：“昭义和你们两镇的情况不同，你们不必为子孙担忧，而和刘稹勾结叛乱。只要你们在攻打刘稹时立下战功，朝廷必然依从你们两镇的惯例，答应让你们的子孙世袭职位。”丁丑日（十九日），武宗临朝，称赞李德裕语意简要恳切，说：“应该如此直接地告诉他们。”接着，又命李德裕起草给幽州节度使张仲武的诏令，说：“回鹘的残余势力还未消灭干净，北方边境难免遭受他们的侵犯。现在，朝廷专门委任你防备此事。”王元逵、何弘敬接到诏命后，都很恐慌，立刻听命。

朝廷派宦官解朝政出使昭义，解朝政抵达昭义的治所上党后，刘稹面见解朝政，说：“相公病重，没办法出来接受诏令了。”解朝政想趁他不注意时，冲进去看看刘从谏的病情如何，突然看见兵马使刘武德、董可武脚下踩着帘幕站着，解朝政担心有其他变故，急忙快速走了出来。刘稹赠送给他价值数千缗的礼物，再派遣牙将梁叔文进去道谢。薛士干进入昭义境内时，全不探问刘从谏的病情，好像已经知道他死了似的。昭义都押牙郭谊得知后，于是大举出兵，前往龙泉驿迎接薛士干，请他向朝廷上奏，按照河朔藩镇的旧例，任命刘稹为昭义留后。又去见监军，向他表明同样的意图，崔士康懦弱胆怯，不敢违背。于是将吏扶刘稹出来与士卒相见，公开为刘从谏治丧。薛士干最终未能进入昭义节度使的衙门，刘稹也不接受朝廷的敕令。郭谊，是兖州人。解朝政回京复命，武宗闻听大怒，下令杖责解朝政，然后，发配他去守护恭陵，同时下令拘捕了昭义的使者姜崟、梁叔文。

辛巳日(二十三日)，唐武宗李瀍才为刘从谏之死下令停止朝会，追赠他为太傅，诏命刘稹监护丧事，回到东都。武宗又召见刘从素，命令他以书函告谕刘稹，劝他执行朝廷诏令。刘稹还是拒绝，不听从诏令。丁亥日(二十九日)，唐武宗李瀍任命忠武节度使王茂元为河阳节度使，邠宁节度使王宰为忠武节度使。王茂元是王栖曜的儿子；王宰是王智兴的儿子。

黄州刺史杜牧向宰相李德裕上书，自称："曾经询问过淮西将军董重质，以三州士众而在四年之中竟不能破敌的原因，董重质认为，主要是因为朝廷征发各个藩镇的兵力太繁杂，从远地调来的藩镇军士人数较少，不能抵挡敌军，必须依靠当地的藩镇军队。这样，官军各支军队力量孤弱，军心不齐，就经常招致失败了。刚交战的前两年，淮西军逢战必胜，客军多半伤亡惨重。两年后，客军已经很少，只和陈许、河阳两支军队战斗，即使唐州的兵力(李想兵)不能乘虚攻占城池，蔡州的军事力量也支持不住 了。当时朝廷如果让鄂州、寿州、唐州只保守边境，不用进兵作战，只用陈许、郑滑两道的正规军，同时，命宣州、润州的弓箭手防守淮西周围的要道，不出一年，淮西就可平定。如今的上党叛乱，又和淮西不同。当年，淮西割据，大将骄横跋扈差不多有五十年，那里的将士和官吏都亲身体验过割据带给他们的好处，看到割据带给他们的诸多利益，所以，桀骜不驯的风气更加强大，飞扬跋扈的嚣张气焰完全定型了，自认为天下的军队无人匹敌，另外，割据势力勾结串联，发动军队征讨确实困难重重。而上党却不是这样。自从安禄山、史思明南下，它就不太依附(指肃宗时蔡希德攻上党不克)；建中(德宗年号)以后，每每以忠义自强，所以郧公抱真(李抱真封郧公)能使田悦窘迫，赶走朱滔，常以孤穷寒苦的军队大败河朔强大勇猛的士众。由此充分说明，昭义的将士向来是对朝廷效忠的，那里的风俗习惯也未变化。直到后来，昭义节度使刘悟去世后，他的儿子刘从谏向朝廷请求继承父亲的职务，真正支持他的，也不过是之前刘悟从郓州带去的两千亲兵。当时是宝历年间，朝廷正值多事之秋，所以，只好任命他为节度使。到今日才二十余年，风俗尚未改变，过去的将士和官吏也还有不少人在世，虽然刘稹企图威逼他们一起叛乱，他们肯定不会轻易跟从。如今成德、魏博虽然能尽节操效法命令，也不过围一个城，攻一座堡，只是趁机劫掠那里的人口而已。如果朝廷命令河阳派出一万兵力在天井关修筑营垒，阻塞昭义向南的通道，高壁深沟，坚守不与敌人作战。然后，只要以忠武、武宁两军，加上青州五千精锐甲兵，宣、润的两千弓弩手，直捣上党，不超过几个月，定能倾覆刘稹的巢穴。”当时李德裕制定攻打泽潞的策略，采用了不少杜牧的意见。

武宗虽然表面上尊宠仇士良，而内心却十分嫉恨厌恶他。仇士良也逐渐感觉到了，于是，他以年老多病为由，请求辞职担任散官。唐武宗李瀍下诏让他担任左卫上将军兼内侍监、知省事。

李德裕进谏武宗说："所有商讨昭义一事的官员都说，刘悟曾经立过战功，因此不可草率征讨他的孙子刘稹，应当保全朝廷的恩典。臣请求陛下将此事交付百官商讨，以便让群臣充分发表自己的见解。”武宗说："刘悟有什么功劳，当年他起兵诛杀李师道，只不过是惧怕李师道杀他，为了自救罢了，并非早有依顺朝廷的意图。就算是刘悟有战功，父子二人担任将相职务二十多年，国家对他的报答也足够了。如今，刘稹凭什么又要世袭自立呢！朕以为凡是有功就应当明加封赏，有罪也不能幸免。”李德裕说："陛下说的话，确实是治理国家的关键。”

五月，李德裕进谏说："太子宾客、分司东都李宗闵曾和刘从谏交往勾结，不应让李宗闵继续在东都逗留，以免妨碍讨代昭义的军事行动。”戊戌日（初十），唐武宗李瀍任命李宗闵为湖州刺史。

河阳节度使王茂元率领步骑三千镇守万善；河东节度使刘沔率领步骑两千镇守芒车关，步兵一千五百人在榆社驻军；成德节度使王元逵率领步骑三千镇守临洺，进而掠夺昭义的尧山；河中节度使陈夷行率领步骑一千镇守翼城，率步兵五百增防冀氏。辛丑日（十三日），唐武宗李瀍下诏削夺刘从谏以及他的侄子刘稹的官爵，任命王元逵为泽潞北面招讨使，何弘敬为南面招讨使，与陈夷行、刘沔、王茂元联合讨伐刘稹。

此前，凡是河朔地区的藩镇节度使去世，他们的子孙世袭自立，朝廷一般先派出吊祭使，然后任命册赠使、宣慰使相继前往了解军心向背情况。如果确定此人不能担任节度使，就另外授予他官职；如果此人不接受朝廷诏命，不让使者离开，就要派遣军队前去征讨他。所以，从朝廷开始派遣吊祭使到最后派遣军队征讨，往往半年之久，这会使他们做好防守的准备。到现在，宰相还打算暂时派遣使者前去开导规劝刘稹，让他听从朝廷诏令，而武宗立刻命令下诏讨伐刘稹。王元逵接到诏命之日，出师屯驻赵州。

壬寅日（十四日），唐武宗李瀍任命翰林学士承旨崔铉为中书侍郎、同平章事。崔铉是崔元略的儿子。武宗在夜里召见学士韦琮，把崔铉的名字告诉他，令他起草任命制书，宰相和枢密使都不知此事。当时的枢密使刘行深、杨钦义都很谨慎朴实，不敢干预朝政，于是老宦官都责备他们说："这都是刘行深、杨钦义的懦弱畏惧，隳败了旧有风习的缘故。"韦琮是韦乾度的儿子。

唐武宗李瀍任命武宁节度使李彦佐为晋绛行营诸军节度招讨使。河东节度使刘沔从代州返回太原。

唐武宗李瀍下令，在宫中修建望仙观。

六月，王茂元派遣兵马使马继等率领两千步骑在天井关南方的科斗店驻扎，刘稹派卫内十将薛茂卿率两千亲军抵抗。

黠戛斯可汗派将军温仵合向朝廷进贡，唐武宗李瀍赐他一封书信，晓谕他迅速出兵平定回鹘、黑车子。唐朝这才派遣使者正式册命他为可汗。

癸酉日（十六日），仇士良以左卫上将军、内侍监的职位退休。他的同党送他返回私宅，仇士良教给他们保持权力和恩宠的方法，说："不可以让天子有闲暇时间处理政事，应当经常变换花样来让天子游戏玩乐，以便让他沉湎于骄奢淫靡的生活中，逐月加盛，天子就没有闲暇时间再涉及其他的事情，然后，我们就可以得志了。千万不要让他读书、亲近读书人，如果天子喜爱读书，明白了以前各个朝代兴亡更替的经验教训，他就会惧怕丧失大权，就会兢兢业业，那么，我们就会被斥责疏远。"他的同党向他拜谢后离去。

丙子日(十九日)，唐武宗李瀍诏命王元逵、李彦佐、刘沔、王茂元、何弘敬在七月中旬五道齐同并进讨伐刘稹，刘稹如果请求投降，也拒不接受。唐武宗李瀍又诏示刘沔亲自率兵，取道仰车关，逼近昭义边境。

吐蕃鄯州节度使尚婢婢，世代担任吐蕃相国。尚婢婢喜好读书，不喜欢做官，国人都很尊敬他。尚婢婢四十余岁时，彝泰赞普强行召他出来做官，任命他为鄯州节度使。尚婢婢宽厚深沉，勇敢而有谋略，训练的士卒大多精锐而勇悍。

论恐热虽然名为义兵，实际是图谋篡国，因此，他嫉恨尚婢婢，担心尚婢婢偷袭自己的后方，打算先歼灭尚婢婢的军队。这个月，论恐热大举派遣军队攻打尚婢婢，路途上的旌旗、家畜长达一千里，绵延不断。等他们到达镇西时，大风骤起，雷电交加，天火烧死了裨将十余人，杂畜以百计数。论恐热认为这是不祥之兆，心中厌恶，犹豫不敢前进。这时，尚婢婢就对部下说："论恐热这次发兵，把我们当作蝼蚁，认为可以轻易消灭我们。现在，他在途中遇到天灾，徘徊不前，我们不如假装迎接并臣服他，以此让他退兵，让他更加骄横而不加防备，然后趁机消灭他。"于是，尚婢婢派遣使者用金帛、牛、酒犒劳论恐热的军队，并且写信给他说："相公发动义兵以匡救国家危难，全国境内，谁不追随！假使能派遣一人，赐下裁书，我岂能不承受命令！何必远劳士众，亲自来到下藩！我生性愚钝，只是爱好读书罢了。已经去世的彝泰赞普任命我镇守鄯州，我认为自己不称职，日夜惶恐不已，只求能辞去职务回转家园。现在，如果您准许我辞掉职务回家，也就了却了我平生的愿望。”论恐热接到尚婢婢的信后非常高兴，把它拿给所有军将看，说：“尚婢婢只会拿着书卷读书，怎么知道用兵呢！等我得到国家后，应当任命他为宰相，让他坐在家里，也就没有什么用处了。”于是，论恐热就写了封回信，以殷勤优厚的态度来回答他，并且引导兵士返回。尚婢婢听说后，拍着大腿笑道：“我国如果没有君主，就归顺大唐，岂能服侍你这个犬鼠之辈呢？”

秋季，七月，唐武宗李瀍任命山南东道节度使卢钧为昭义节度招抚使。朝廷因卢钧在襄阳宽厚而有德政，深得人心，所以任命他担任昭义节度使，以安抚昭义的将士、官吏及百姓。

唐武宗李瀍命刑部侍郎兼御史中丞李回出使并安抚慰问河北幽州、成德、魏博三个藩镇，诏令幽州趁秋季早日清缴回鹘残部；又诏令成德和魏博两藩镇早日征发兵马平定昭义叛乱。李回是太祖李虎的八世孙。

甲辰日（十七日），李德裕进谏武宗说：“臣子看见往日河朔用兵，各个藩镇都企图派遣军队离开自己管辖的范围，这样就可以要求朝廷度支供给军需物资。有的藩镇甚至与敌军暗中勾结，暂借敌人一个县城或一个营地屯驻军队，然后向朝廷谎报取得战功，坐食朝廷的军需供给，故意拖延时间。现在，请陛下赐诸军诏示，命王元逵攻取邢州，何弘敬攻取洺州，王茂元攻取泽州，李彦佐、刘沔攻取潞州，但不得攻占县邑。”武宗同意了他的建议。

晋绛行营节度使李彦佐从徐州发兵，行动非常缓慢，又向朝廷请求在绛州休养士兵，并请求增加兵力。李德裕向武宗进谏说：“李彦佐现在逗留观望，确实没有讨贼的意思，他所提出的请求，陛下都不能答应，应当颁赐诏书严厉责斥，命令他进军翼城。”武宗同意了他的建议。因此，李德裕请武宗任命天德防御使石雄为李彦佐的副将，等他到达军中后，就命他替代李彦佐。乙巳日（十八日），唐武宗李瀍任命石雄为晋绛行营节度副使，然后诏示李彦佐进军屯驻翼城。

刘稹向朝廷上奏表自我陈述说："伯父刘从谏因为替李训申诉冤情，揭露斥责仇士良的恶行，被朝中得宠的权臣怨恨，他们认为伯父私下怀有反叛之心。这就是臣不敢接受朝廷诏令，带全族人赶赴京城，归顺朝廷的原因。恳请陛下体察上述情况，给我全族人一条活路！"何弘敬也替刘稹上奏章申冤，朝廷都没有下文。李回抵达河朔地区，何弘敬、王元逵、张仲武都到城外迎接，在道路左边站立，恭敬地迎候李回前来。李回到达后，他们请李回在前面走，他们则在后面跟随，也不敢让人为自己牵马。自从安史之乱以来，藩镇节度使对朝廷的使者从来没有如此恭敬过。李回明辨事理而有胆量气度，所以三镇没有不奉行诏命的。

王元逵向朝廷奏报已攻下宣务栅，进击尧山。刘稹派兵马前去援救尧山，王元逵将他打败。唐武宗李瀍下诏，严厉斥责李彦佐、刘沔、王茂元行动缓慢，诏令三人迅速派遣军队逼近昭义边境，并且在诏书中赞美王元逵的功劳来激励他们，又加封王元逵同平章事。

八月，乙丑日（初九），昭义大将李丕来投降朝廷。议论这件事的官员有人认为，刘稹故意命李丕归降，以便迷惑官军。李德裕进谏武宗说："自从朝廷发动军队，至今已有半年时间，一直没有人来归降我朝。如今，李丕来向我朝归降，不管这件事真假与否，都必须给予他丰厚的奖赏，以鼓励再来投降的将士，只要不安置重要地位给他就行了。"

武宗从容地说："文宗喜欢听朝臣的议论，而谏官议事多数不加上自己的姓名，就好比是匿名书信。"李德裕对武宗说："臣不久前在中书担任宰相时，文宗还不是这样。这是李训、郑注有意教文宗用这种权术来驾驭百官，以致形成风气。君主只要诚心任用官员，如果有人欺骗君主，就严刑惩罚，谁又敢欺蒙您呢！"武宗十分赞赏他的见解。

王元逵的前锋部队已进入邢州境内一个多月，何弘敬却还没派出军队，于是，王元逵多次秘密向朝廷上表，奏称何弘敬对朝廷有二心。丁卯日(十一日)，李德裕进谏武宗说:“忠武的军队过去多次立下战功，有很高的声誉。节度使王宰正是年富力强时，谋略超群，受到百姓称颂。请求陛下下诏给何弘敬，就说‘河阳、河东都有山脉(太行山)阻隔险要，不能进军，所以盗贼屡次出兵焚烧劫掠晋、绛。如今派遣王宰率领忠武正规军取道魏博，直达磁州，以分化贼人势力’。何弘敬必会害怕，这是用计谋攻取敌人心理的策略。”武宗同意他的建议。于是，唐武宗李瀍诏命王宰挑选步、骑兵的精锐兵力从魏博的相、魏二州前往磁州。

甲戌日(十八日)，薛茂卿攻破科斗寨，擒获河阳大将马继等人，焚掠了十七个小寨，距离怀州只有十余里。薛茂卿因为没有刘稹的命令，不敢进入怀州。朝廷得知此事，议论纷纷，百官都认为刘悟过去战功卓著，不应讨伐诛灭他的后代子孙。又有人说，刘从谏蓄养十万精锐士兵，储备的粮食可以吃上十年，怎么能轻而易举被攻克呢！于是，武宗也开始怀疑此举，因而询问李德裕，李德裕回答说:“小小失败，是兵家常事。希望陛下不要听信朝臣的议论，征讨昭义一定能够成功!”武宗就对宰相说:“替朕告诉朝廷上的众臣，如果再有人上疏阻止，朕定在叛贼边境上斩杀了他!”群臣的议论就此平息。

何弘敬听说王宰率兵即将到来，担心忠武兵进入魏博境内后，军中发生叛乱，于是仓促间发动军队。丙子日(二十日)，何弘敬向朝廷上奏，已经亲自率领正规军渡过漳水，急趋磁州。

庚辰日(二十四日)，李德裕上奏说:“河阳兵力寡少薄弱，自从科斗店战败后，贼人的势力更加猖炽。王茂元又有病，人情危惧怯弱，准备退兵保守怀州。臣发现，从元和时期以来，朝廷派遣军队征讨叛贼，贼兵常常找到官军的薄弱之处，集中兵力攻打，取得胜利后，集中兵力再进攻别处。现在，魏博军队还没与贼兵交战，西面的官军被高山峻岭阻隔，暂且不宜进攻。因此，贼兵能集中全力向南进军，攻打河阳。如果河阳溃败，不仅官军士气大挫，恐怕还会使东都洛阳震惊。希望陛下能诏告王宰不必再往磁州，赶快率领忠武军去接应援助河阳，这样，不仅可以捍卫东都，而且可以率军控制魏博。如顾虑(原文作令，今依胡三省注改为虑)正规军粮饷难以供给，请求陛下暂且诏令派遣五千先锋前往河阳，以此制造声势。"甲申日(二十八日)，李德裕又奏请武宗，敕命王宰率领正规军继续前进，仍然要急速用器械、缯帛帮助缓解河阳军的窘困匮乏局面。武宗同意了他的请求。

王茂元驻军在万善，刘稹派遣牙将张巨、刘公直等会合薛茂卿一起讨伐他，预期在九月朔日(初一)围困万善。乙酉日(二十九日)，刘公直等人暗地率军从万善南面五里的地方通过，然后将雍店焚毁。张巨随后率领兵马接应他们，经过万善城外时，探察到城中防守薄弱，张巨就想独自获得军功，于是，率兵马攻打。太阳将要落山之时，万善城即将攻克，张巨这才命人转告刘公直等人。这时，义成的军队奉命援助河阳，恰好也赶到这里。王茂元被打得疲惫不堪，情势危急，准备率兵弃城逃走，都虞候孟章劝阻他说："贼兵本来应该共同进退呀。现在，贼兵一半在雍店，一半在这里攻城，可见不过是乱兵而已。义成兵如今刚到这里，饭还没来得及吃，如果知道您率兵溃逃，就会不战而溃败的。希望您暂且留下坚守此地！"王茂元这才留下来。恰好天黑了，刘公直等还没有到，张巨于是带兵退却，刚开始登山(太行山)天空就下起小雨，天色昏暗，士兵自相惊扰说："追兵接近了！"于是他们四处奔走，人马相互践踏，坠下崖谷摔死的人很多。

武宗认为王茂元、王宰两个节度使共处河阳，很不妥当，庚寅日(八月无此日，是九月初四)，李德裕等向武宗上奏："王茂元熟习吏事但事实上并非将才，请陛下任命王宰为河阳行营攻讨使。王茂元病好以后，只让他镇守河阳，即使再病重也没有关系。"九月，辛卯日(初五)，唐武宗李瀍任命王宰兼任河阳行营攻讨使。

何弘敬向朝廷上奏攻取了肥乡、平恩，杀伤很多敌人。同时报告说，缴获刘稹公开张贴的告示，都把官军称为贼兵，说如果遇到官军，就要狠狠地杀戮。癸巳日(初七)，武宗对宰相说："何弘敬攻破两个城邑，已可以化解前次的猜疑(指王元逵密奏何弘敬持两端事)，既然有杀伤，再想采取观望态度，不得罪任何一方，那已经是不可能了。"于是武宗加封何弘敬为检校左仆射。

丙午日(初十)，河阳向朝廷奏报王茂元去世。李德裕向武宗上奏章："朝廷可以准许王宰以忠武节度使的身份管理万善的行营兵，但不能让他兼任河阳节度使，恐怕他不爱护河阳的州县百姓，对他们任意侵扰掠夺。河阳节度使之前也曾兼任怀州刺史，而通常由判官主持州里的政事，朝廷将河南府五个县的税收割让分属于河阳。陛下不如现在把这五个县设为孟州，怀州也可以再任命官员为刺史。等昭义平定之日，再割让泽州隶属于河阳节度，那么太行的险要就不在昭义的范围里了，而河阳成为重镇，东都也没有值得忧虑的了！"武宗采纳了他的谏言。戊申日(十二日)，唐武宗李瀍任命河南尹敬昕为河阳节度、怀孟观察使，王宰率领行营抵抗敌人，尹敬昕只供给运送军粮。

庚戌日(十四日)，朝廷任命石雄代替李彦佐为晋、绛行营节度使，命令石雄从冀氏攻占潞州，同时分兵屯守翼城，以防备昭义军队的侵扰。

这个月，吐蕃论恐热屯驻大夏川，尚婢婢派遣他的大将厖结心及莽罗薛吕率领精兵五万攻打他。到河州南方，莽罗薛吕在险阻之地埋伏士卒四万人，厖结心埋伏万人在柳树林中，然后，率领一千骑兵登上山顶，写了一封辱骂敌人的书信，把信绑在箭上，射向论恐热的军营。论恐热接到信后，非常愤怒，率几万士兵追赶攻击，厖结心假装溃败。逃跑的过程中，不时表现出马匹困乏跑不动的情态。于是，论恐热追击得更加急迫，这样，不知不觉已追出几十里路。这时，埋伏的军队直冲出来，切断论恐热的后路，厖结心和莽罗薛吕前后夹击。恰好此时天又刮起风沙，山谷中的溪水喷薄而出。结果，论恐热大败，士兵尸体横陈，绵延五十里，淹死的士兵更是不计其数。只有论恐热一人骑马逃回。

石雄接替李彦佐为节度使的第二天，就率领兵士越过乌岭，攻破五个寨子，杀死和俘虏上千人。当时，王宰驻扎在万善，刘沔驻军在石会，都在徘徊观望，并不进兵。武宗得到石雄的捷报，非常高兴。冬季，十月，庚申日(初五)，武宗上朝，对宰相说："石雄真是一位良将！"李德裕趁机进言说："几年前，潞州集市上有一个男人蜷曲着身体喊道：'石雄率七千人来了！'刘从谏认为是荒诞不经的妖言，下令将他斩首了。看来，能够攻破潞州的人肯定是石雄了。"唐武宗李瀍诏命赐石雄绢帛等优厚的赏赐，石雄把它们全部放在军门，自己先按士卒应得的份额拿了一匹，其余都分给将士，所以士卒都愿意为他效死。

起初，刘沔攻破回鹘乌介可汗，接回太和公主，幽州节度使张仲武妒忌刘沔的功劳，从此二人产生嫌隙。唐武宗李瀍派李回到幽州促使他们和解，而张仲武心中始终不平。朝廷唯恐他因私人恩怨而坏了大事，辛未日(十六日)，遣调刘沔为义成节度使，任命前荆南节度使李石为河东节度使。

党项进犯盐州，唐武宗李瀍任命前任武宁节度使李彦佐为朔方灵盐节度使。十一月，邠宁向朝廷奏报党项进犯。李德裕向武宗上奏章："党项越来越昌炽，不可不做处置。听说党项分别隶属于各镇，在此地剽窃抢掠后就逃亡到另一个地方。而节度使又贪图于他们驼马的利益，不肯擒拿遣送他们，因此无法禁止。臣屡次进奏，认为不如让一个藩镇管理党项族。陛下认为如果由一个藩镇专门管理的话，给予的权力太大，所以没有准奏。现在，臣请求任命陛下的一个皇子兼领各个有党项族部落的藩镇，从朝廷中挑选一位清廉正直的臣子作为他的副手，居留在夏州，统一处理党项族的诉讼之事，或许比较适宜。"于是，唐武宗李瀍任命兖王李岐为灵、夏等六道元帅兼安抚党项大使，又任命御史中丞李回为安抚党项副使，任命史馆修撰郑亚为元帅判官，命令他送诏书前往安抚党项以及六镇百姓。

安南经略使武浑役使将士修筑城池，将士不满此事而发起叛乱，焚烧城楼，抢夺府库。武浑逃往广州，监军段士则前去安抚作乱的士众。

忠武军素来号称精锐勇敢，节度使王宰管理军队特别严格，昭义人对王宰十分惧怕。昭义衙内十将薛茂卿在科斗寨战役立功后，希望得到提拔。有人对刘稹说："您所企求的是节度使的职位而已，薛茂卿进入河阳境内，杀掉很多官军，让朝廷愤怒不已，这正是朝廷迟迟不对您任命的原因啊。"因此，薛茂卿没有得到奖赏。薛茂卿愠怒怨怼，暗中和王宰勾结谋划，十二月，丁巳日（初三），王宰带兵攻打天井关，薛茂卿假意与他作战，过了一会儿，就率军撤离了，王宰于是攻克了天井关，驻扎军队在此防守。天井关东西两翼的昭义营寨听闻薛茂卿防守失败，也都撤兵了。于是，王宰出动军队将大小箕村都焚烧掠夺一番。薛茂卿退回泽州后，秘密派间谍暗示王宰攻打泽州，表示愿意作为他的内应。王宰对此事猜疑而不敢进兵，过了约定时间仍没到达，薛茂卿捶胸顿足，万分悔恨。刘稹知道了这件事，诱骗薛茂卿到潞州，把他杀了，并且诛灭薛茂卿全族，任命兵马使刘公直代替薛茂卿，命安全庆驻守在乌岭，命李佐尧驻守在雕黄岭，命郭僚驻守在石会，命康良俭驻守在武乡。郭僚是郭谊的侄子。

戊辰日（十四日），王宰进攻泽州，与刘公直交战失利，刘公直乘胜收复了天井关。甲戌日（二十日），王宰率领军队进击并大破刘公直的军队，接着，包围并攻破陵川。河东向朝廷奏报已经攻克了石会关。

洺州刺史李恬是李石的堂兄。李石到太原，刘稹派遣军将贾群去拜谒李石，把李恬的书函交给李石说："刘稹愿意全族归顺效命相公，同时，护送刘从谏的灵柩回东都洛阳埋葬。"李石把贾群拘禁起来，将李恬的书信上奏朝廷。李德裕对武宗说："如今官军四方合势，胜利的文书日日传来，贼军内外受困，所以假装投降我们，借此缓解官军的征讨，就能给他们一些休整兵马的时间，然后找机会再来侵扰我边境。所以，希望陛下颁下诏令，命李石写书信回复李恬说：'以前的信件没敢奏报朝廷。假如刘稹真心改过，那么，就应该反绑上自己和亲族，在边境上投降待罪。这样一来，我就会亲自前往接受他的归降，然后派人把他护送到京城。如果刘稹假意投降，打算借机延缓官军攻打，进而再让朝廷为他申冤，那我肯定不敢拿我宗族一百多人的性命为您替刘稹担保此事。'同时，臣依旧希望陛下能诏示各道，乘刘稹上下离心之际，迅速进兵攻讨，不超过旬月，敌人内部必会自己发生变故。"武宗同意这一建议。右拾遗崔碣向武宗上疏请求接受刘稹投降，武宗大怒，贬崔碣为邓城县令。

起初，刘沔攻破回鹘，留下士兵三千人戍守在横水栅。河东行营都知兵马使王逢向朝廷上奏章请求增加榆社兵力，诏示河东派士兵两千人前往。当时河东没有兵力，守仓库的人以及工匠都是随军人员，李石召集横水戍守的士卒一千五百人，派都将杨弁率领会见王逢，壬午日（二十八日），戍守士卒抵达太原。之前，军士出征时，每人各给绢二匹。刘沔离去时，把府库中的东西都带走了。李石刚到时，军中用品非常匮乏，李石把自己的绢都加进去，每人才有一匹。当时已是岁末，军士请求过了农历正月初一后再出发，而监军吕义忠屡次用文牒催促。杨弁乘士卒怨怒，又得知太原城中空虚，就发动叛乱。

会昌四年（甲子，公元 844 年）春季，正月，乙酉朔日（初一），杨弁率领士众偷窃抢掠城市，杀了都头（军中称都将叫都头）梁季叶，李石逃奔汾州。杨弁占据了军府，释放贾群等被拘禁的人，派遣他的侄子和贾群同往拜谒刘稹，并与刘稹结为兄弟。刘稹非常高兴。石会关的守将杨珍听说太原已发生叛乱，又带着关兵向刘稹投降。

戊子日（初四），河东监军吕义忠派遣使者向朝廷奏报杨弁叛乱之事，百官议论哗然。有人认为朝廷对昭义和河东两地都应停止用兵。这时，王宰又向武宗劝谏说："不久前，臣部下的游弈将收到刘稹送来的奏表，近来，臣又命人前往昭义的泽州，探察贼军确实有归降的诚意。如果朝廷准许臣招降贼军的话，请求陛下下达诏书！"李德裕对武宗说："王宰擅自接受刘稹的疏表，又派人进入贼境中，也不事先报告奏知陛下，观察王宰的意图，好像想要独占招纳安抚的功劳。往昔韩信打败田荣(当作横)，李靖擒住颉利，都是借着对方请降的机会，暗中发兵掩护偷袭。所以，现在只能让王宰对刘稹失信，却不能损害朝廷的威严！官军建立大功，一举平定贼军的机会，就在今日，绝不可由于杨弁在太原的小小骚扰，失掉此次成事的良机。希望陛下立刻派遣供奉官到行营，督导进兵，在毫无戒备时偷袭对方，必须把刘稹和诸将全族都捆绑后，才能接受投降。并兼派供奉官到晋绛行营，秘密告谕石雄，如果王宰接纳刘稹，那么，石雄就没有什么功劳了。石雄现在正处于轻而易举打败昭义的时候，肯定会主动出击，建立大功，不会轻易放弃眼前的良机。"又替相府给王宰书信，说："以前，王承宗虽然背叛朝廷命令，还派弟弟王承恭奉持表章拜见张相乞怜，又派遣他的儿子王知感、王知信入朝，而宪宗还是不答应他们的请求。如今刘稹不去拜见尚书当面接受捆绑，又不派遣至亲血族来乞怜，竟然把章表放置在衢路之间，而游弈军将不立刻把它毁除，实在是很不适宜。况且，刘稹和杨弁狼狈为奸，如此猖狂背叛朝廷，你身为朝廷的将帅，竟然接受他的欺骗。这样做，就是把个人的恩惠施予臣子，而朝廷却落得不予赦免的声名，从朝廷大局来看，恐怕不合适啊。从今以后，如果再有章表，应该在当地就焚毁掉。只有刘稹把自己反绑着前来投降朝廷，才能接受啊。"李德裕又进言说："太原的百姓向来对朝廷很忠心，只是因为一下陷入困顿，士兵得到的赏赐太少，才引发了造反。况且，区区一千五百士兵怎么能成事呢？因此，陛下千万不要纵容杨弁。而且，如今朝廷正派遣军队征讨昭义，如果姑息放纵杨弁，恐怕又有人会效法作乱。不久前，张延赏被张朏驱逐，逃奔到汉州，回到了成都。希望陛下能诏示李石、吕义忠回到太原行营，召集四旁邻近的士兵征讨摒除叛乱的人。"武宗都同意了他的谏言。

当时，李石已经抵达晋州，朝廷诏命他再回到太原。辛卯日(初七），唐武宗李瀍诏示王逢把太原士兵全数留下来守护榆社，用易定的一千骑兵，宣武、兖海的三千步兵讨伐杨弁。又诏告王元逵率领步骑五千人从土门进入，以接应王逢的军队。忻州刺史李丕向朝廷上奏："杨弁派人来游说，臣已把来人杀了，并且阻断了他往北而出的道路，并派遣军队征讨他。"

辛丑日（十七日），武宗和宰相商议太原叛乱一事，李德裕说："如今太原的兵力都在外，为乱的只有千余人，诸州镇必然没有响应的人。估计不到几天就能翦灭，只是应赶快诏告王逢进军，到城下时刘稹内部必定自己会有变化。"武宗说："幽州节度使张仲武看到成德、魏博征讨昭义立下大功，心里一定很羡慕，如果朝廷命令他前去征讨杨弁，你觉得怎样呢？"李德裕回答说："成德进兵攻打太原，距离最近，也是最为便利的。去年，张仲武征讨回鹘时，和前河东节度使刘沔争夺功劳，我担心他发动军队不加管束士卒的话，会让百姓受祸害。"于是调张仲武的事就作罢了。

唐武宗李瀍派遣中使马元实到太原，晓谕叛乱的士卒，并且窥探他们的强弱。杨弁和他酣饮了三日，并且贿赂他。戊申日（二十四日），马元实从太原返回京城，唐武宗李瀍派遣宰相和他商议情况，马元实在宰相面前夸大其词地说："你们应当早日任命杨弁为节度使啊！"李德裕说："这样做是什么缘故呢？"马元实说："从牙门到柳子列的十五里地都是穿着金光明亮、长可曳地的铠甲的士兵，这么强盛的兵力，怎么能征讨平息呢？"李德裕说："李相正因为太原没有兵力，所以发动横水兵开赴榆社。府库中的兵甲已全在行营中，杨弁为何能立刻招到如此多的士卒呢？"马元实说："太原人强悍，每个人都可以为士卒，杨弁是招募才得来的吧。"李德裕说："招募兵士必须保障财物，李石只因欠士兵一匹丝绢罢了，就导致军队叛乱。而杨弁又能从哪里得到财物呢？"马元实被他问得哑口无言。李德裕说："就算杨弁拥有十五里的曳地光明甲，也必须诛杀这个叛贼！"于是，向朝廷上奏说："杨弁卑贱贼人，绝对不能宽恕。如果朝廷顾虑昭义和太原两处正在打仗，国家财力不足以支撑的话，那么，宁可将刘稹赦免。”河东士兵戍守在榆社的，听说朝廷命令客军攻取太原，恐怕妻子儿女被屠杀，于是拥护监军吕义忠，主动出兵攻取太原。壬子日（二十八日），吕义忠攻克太原，生擒杨弁，把乱卒都杀了。

三月，甲寅朔日（初一），出现日食。

乙卯日（初二），吕义忠奏报攻克了太原。丙辰日（初三），李德裕进言武宗说：“王宰早就应当出兵进攻昭义的泽州，但到现在此事已拖延有两个月了。原因是他和石雄素来有矛盾，如果王宰攻克了泽州，那么距离昭义的治所上党还有二百里，而石雄现在驻守之地距离上党只有一百五十里。王宰担心攻克泽州后昭义的军队会受到制约，那么石雄就会乘机进攻上党，独享大功。此外，王宰有一个儿子名叫王晏实，王宰的父亲王智兴对王晏实很疼爱，把他当自己的儿子一般对待。王晏实现在担任昭义磁州刺史，被刘稹作为人质扣押。王宰之所以观望迟迟不敢发兵征讨，也可能是由于这个原因吧。”唐武宗李瀍于是诏命李德裕起草诏令给王宰，催促他赶紧发兵讨伐。并说：“朕看这低贱的贼人，终究难逃刑罚。朕也知道晏实是你最疼爱的儿子，为了伸张大义，总要压抑私情。”

丁巳日（初四），唐武宗李瀍任命李石为太子少傅、分司，以河中节度使崔元式为河东节度使，石雄为河中节度使。崔元式是崔元略的弟弟。

己未日（初六），石雄攻下了良马等三塞一堡。

辛酉日（初八），太原向朝廷献上杨弁和他的同党五十四人，都在狗脊岭斩首。

壬申日（十九日），李德裕对武宗说：“有些事往往必须激励才能成功：陛下命令王宰急趋磁州，而何弘敬出兵对敌；遣客军征讨太原，而戍守的士兵却先擒下了杨弁。如今王宰久久不肯进军，请迁调刘沔镇守河阳，仍命令他率领义成精锐士卒两千人，直抵万善，处在王宰的肘腋之下。如果王宰清楚朝廷的意图，肯定不敢再继续观望徘徊不发兵了；如果他马上派出军队征讨，刘沔统率的精锐之师在南面也可对他给予援助。”武宗说：“太好了！”戊寅日（二十五日），唐武宗李瀍任命刘沔为河阳节度使。

王逢攻击昭义军大将康良佺，将他打败。康良佺弃守石会关，退兵屯驻在鼓腰岭。

黠戛斯可汗派遣将军谛德伊斯难珠等人来京城进献物产，说可汗准备迁居原回鹘国可汗居住的牙帐，同时向朝廷请示出兵平定回鹘乌介可汗的日期，以及和唐朝军队会合的地点。唐武宗李瀍给黠戛斯可汗颁下诏书，告谕说：“今年秋天可汗攻击回鹘、黑车子时，朝廷会命幽州、太原、振武、天德四镇出兵驻守在交通要道上，对逃逸的回鹘进行拦截，随即依照过去册命回鹘的旧例，正式举行册命可汗的典礼。”

朝廷因回鹘衰微，吐蕃内乱，商议收复河、湟四镇十八州。于是唐武宗李瀍任命给事中刘濛为巡边使，让他先准备器械及干粮，并侦察吐蕃守兵的多寡。又命天德、振武、河东训练士卒，砥砺兵器，以待秋天黠戛斯攻击回鹘时，拦截向南方逃亡的回鹘溃败士众，所有事情都委任刘濛和节度团练使详细商议后，向武宗报告。刘濛是刘晏的孙子。

朝廷任命道士赵归真为右街道门（道宗）教授先生。

吐蕃国论恐热的部将岌藏丰赞憎恶论恐热为人残酷无道，主动向鄯州节度使尚婢婢投降。论恐热派军前往鄯州攻打尚婢婢，尚婢婢把自己的军队分成五部分，分别抗击论恐热。论恐热撤兵驻扎在河州的东谷。尚婢婢命令将士伐木修筑栅栏，围困论恐热，同时，派人将论恐热的水源切断。论恐热率领一百多名骑兵突围逃跑，驻守薄寒山，其余将士都投降了尚婢婢。

夏季，四月，王宰进攻泽州。

武宗喜好神仙方术，道士赵归真因此得到宠爱，谏官屡次就此事提出谏言。丙子日（二十三日），李德裕也进谏说：“赵归真是敬宗朝的罪人，不适宜亲近！”武宗说：“朕只不过在宫中闲暇之时和他谈论道教，以此解除心中烦闷罢了。对于朝政，朕肯定要和你及其他宰相、次对官商讨，就算有一百个赵归真，也不可能让我受迷惑啊。”李德裕说：“小人看到势利所在，就奔走趋前，如同夜蛾投向烛火一般。听说十几天来，赵归真的府宅门口，车马聚集，希望陛下深深戒备此事！”

戊寅日（二十五日），唐武宗李瀍任命左仆射王起同平章事，充任山南西道节度使。王起认为自己是文官，并没有担任过宰相，现在，直接被任命为使相，这种事例以前还不曾有过，因此，坚决推辞这一任命。武宗说：“作为宰相，无论是在朝廷执掌大权，还是到藩镇担任节度使，都不会有区别，如果朕有过失，你也可以立即上表禀告！”

宰相李德裕认为州县中佐官人员太多，向武宗上奏命令吏部郎中柳仲郢裁减。六月，柳仲郢奏报裁减一千二百一十四员。柳仲郢是柳公绰的儿子。

宦官中有人揭发仇士良以前犯下的罪行，朝廷命人去他家搜查，找到几千件兵器。于是，唐武宗李瀍下诏，将仇士良的官爵削除，没收他的全部家产。

秋季，七月，辛卯日（初十），武宗和李德裕商议，任命王逢率领军队在翼城屯驻，武宗说：“听说王逢治理军队法度太严厉，可有这回事？”李德裕回答说：“我曾当面询问过他，他说：‘军队作战眼前面对的是尖刀长枪，如果治军法度不严明，哪个士兵愿意拼死向前冲呢！’”武宗说：“这样说也有他的道理，不过，你要再召见他，告诫他还是不要对将士太严苛了。”李德裕趁机进谏说：“陛下对刘稹一定不能赦免。”武宗说：“那是自然。”李德裕说：“过去，李怀光叛乱没被平定时，京城一带相继有蝗灾和旱灾出现，结果一斗米价钱涨到一千钱，国家太仓的米供给天子和六宫几十天的储备都不够。于是，德宗召集百官，让他们商议征讨李怀光一事能否继续，随后，派宦官马钦绪去询问讨论结果。左散骑常侍李泌拿一张桐叶用掌打破，交给马钦绪让他呈现给德宗看。德宗把他召来询问其中的道理，他回答说：'陛下和李怀光之间的君臣背离，就如同这片叶子，不可以再复合了！'从此，德宗才打定了主意。平定李怀光后，就任命李泌为宰相，让他掌管朝廷政事数年。”武宗说：“李泌也确实是个大奇士！”

武宗听说扬州的倡女最擅长酒令，于是命令淮南监军选十七人进献。监军请节度使杜悰一同来选，并且想更进一步选择良家美女，经过教导后再进献。杜悰说：“监军已经自行接受敕命，我不敢通过参与此事来了解敕中所命令的事！”监军再三请他，他还是没有答应。监军非常愤怒，把杜悰的情况奏报武宗，武宗看后一言不发。左右侍从请求武宗颁下诏令，命杜悰和监军一起去挑选美女，武宗说：“诏令各藩镇挑选歌女送入宫中，这种做法难道是圣明的天子应该做的事吗？杜悰不对监军的意见曲从，与他大臣的身份是吻合的，他真是具有宰相的才能啊。朕感到很惭愧啊！”马上敕令监军把挑选歌女一事取消。甲辰日（十三日），唐武宗李瀍任命杜悰为同平章事，兼度支、盐铁转运使。杜悰向武宗谢恩时，武宗安慰他说：“你不曲从监军的请求，朕知道你有爱护朕的心意。今日朕以你为相，就如同得到了一位魏征。”

资治通鉴卷第二百四十八　唐纪六十四

起甲子(公元844年)闰月，止己巳(公元849年)，共五年六个月。

【题解】本卷记录了公元844年闰七月至849年，共五年零六个月间的史事，当时正值唐武宗会昌四年至唐宣宗大中三年，记述了两朝皇帝交替更迭间的史事。前两年多的时间是会昌中兴政治的延续，共有两大事件：一是平定泽潞之乱，二是唐武宗灭佛。后来，唐武宗因好神仙之术，服用金丹，年仅三十三岁就中毒身亡。李德裕因四面树敌，最终也断了自己的前程。其后为宣宗即位后的史事：宣宗即位后斥逐李德裕，大肆兴佛，会昌之政被全盘推翻。

武宗至道昭肃孝皇帝下

会昌四年(甲子，公元844年)

闰月，壬戌日(十一日)，唐武宗李瀍任命中书侍郎、同平章事李绅同平章事，充任淮南节度使。

李德裕向武宗奏报："镇州派遣来朝廷的奏事官高迪，秘密向朝廷陈述两条建议：第一，'泽潞叛贼擅长用偷兵术对付官军，他们偷偷将各处的军队抽调，聚集在一起，官军往往到他聚集兵马的地方攻打追击，以致大多时候失败而归。过一两个月后，叛贼又偷偷将军队转移，聚集到其他地方。官军应该早些了解这些情况，如果贼众没有主动来攻掠城堡栅寨，就应谨慎小心，按兵不动，不与贼军交战。贼军在聚屯处停留不会超过三天，就会分散回归他们原来的驻扎地，这样往返多次，总是出击又空归，必然会影响军心士气，士兵都会变得垂头丧气。官军这时就可以暗中派遣侦察，探知贼军调出兵马的地方，趁敌军空虚时偷袭他们，定能大胜。'其二，'朝廷派遣的藩镇军队如镇州、魏州兵虽然屯驻很多，但最终不能分化叛贼的军势。究竟是什么原因呢？主要是安扎的营地都不离开旧有地点，每三两个月深入敌方一次，烧杀抢掠之后就走了。叛贼只要固守其城栅寨，军队就不会有什么损失，而对于城外百姓来说，叛贼肯定也不会顾惜什么。朝廷应该诏令镇州、魏州诸藩镇进一步派遣军队占据要害之处安营扎寨，逐渐逼近叛贼大本营。如果仅仅只是像现在这样的做法，叛贼当然不会感到恐惧害怕。'希望陛下能下诏，让诸将使每个人都了解这些情况。"

刘稹的心腹大将高文端投降朝廷，说贼军缺乏粮食，命令妇人用双手搓挼稻穗，舂去皮糠以补给军队。李德裕又向高文端询问，求取打败敌人的良策，高文端认为："官军如果现在就直接攻打泽州，恐怕造成大批士卒伤亡，而不能轻易攻破城池。泽州大约有一万五千兵马，叛贼经常分出一大半兵力，在山谷之间偷偷埋伏，如果探听到官军攻城没有成功，正在疲惫不堪之时，伏兵便会从四周聚集在一起，回救城下，官军因此必遭挫败。如今，请朝廷命令陈许军渡过乾河立下营寨，自寨城延伸筑成包夹城墙，环绕泽州，每日派遣大军在城外布阵以抵御救兵。贼人看到围城的攻势即将会合，必定出城大战，等到敌军失败，我们就可乘势攻取。"李德裕上奏请武宗诏示王宰。

高文端又说："固镇寨的四方都是陡峭崖壁，势必不能进攻。但是寨中没有水，都饮用涧水，山涧在寨东约一里的地方。应该命令王逢率官军进一步攻打敌军，将固镇寨贼军的水道切断，这样不到三天，贼军必定丢弃固镇寨奔逃，官军就可以跟随追击。固镇寨前面十五里外可以到达青龙寨，这地方也在四崖悬绝的山上，水源也在寨外，可以依照同样的方法攻取。青龙寨的东方十五里就是沁州城。"李德裕上奏请武宗诏示王逢。

高文端又说："都头王钊率领一万士兵戍守洺州，刘稹已经把薛茂卿全族都杀了，又杀了邢洺救援兵马使谈朝义兄弟三人，王钊从此疑心畏惧；刘稹派遣使者召王钊前来，王钊不肯进入潞州城，士卒们也都喧哗吵嚷，可知王钊一定不会被刘稹任用。但王钊及部下的家眷都在潞州，此外，士卒们担心投降后会被官军杀死，所以要招谕的话，他们肯定不敢前往。只有向王钊宣示上谕，让他率领军队到潞州攻取刘稹，事情成功后，承诺让他担任别道节度使，并给予优厚的赏赐，或许王钊肯听从诏命。”李德裕上奏请武宗诏示何弘敬暗中派人去传达这个意思。

刘稹年轻又懦弱，由押牙王协、宅内兵马使李士贵执掌大权，二人专以聚敛财货为能事，使府库财货堆积，对部下将士却有功不赏赐，因此人心背离，怨恨不已。刘从谏的妻子裴氏是裴冕的庶孙，担忧刘稹即将失败，而她的弟弟裴问，在山东掌握兵权，裴氏想召裴问回来管理昭义镇的军政。李士贵担心裴问到来后会夺取自己的大权，且让自己的作奸之事泄露，便向刘稹进言说：“太行山以东的军政大事全依赖五舅裴问，如果您将裴问召回，三州之地将无法控制。”于是，刘稹打算召裴问回来管理昭义镇军政的事就此罢止。

昭义军府押牙王协推荐王钊担任洺州都知兵马使。王钊很得军心，而其部众却大都不尊从节度使府的约束。同王钊共事的高元武、安玉说他有二心。刘稹召见他，王钊推辞说：“到洺州后未曾建立微功，内心实在羞惭，乞求再留任几个月，然后再回节度使府效劳。”刘稹答应了他的请求。

王协又请刘稹向商人征税，每州派遣军将一人主持收税事宜，名义上说是收税，实际上却是把所有百姓的财产都登记在簿，以至于连家庭日用器具都不遗漏，全都估价为绢匹，按其价值十分中取其二分，有时还将价值估高，多收税钱。百姓就是竭尽了浮财以及干粮都输送进了府库，还是不能足数，于是都喧扰不安。

军将刘溪特别贪婪残忍，以前刘从谏对他弃置不加任用，刘溪就用厚币贿赂王协。王协认为邢州富商最多，任命刘溪为邢州主税官。当时裴问所率领的兵将号称“夜飞”，大多是富商子弟，刘溪到邢州担任主税官，把他们的父兄全部抓捕。夜飞军士向裴问申诉此事，裴问为他们向刘溪求情，并请求释放士兵家属，刘溪不答应，还用极不礼貌的话语回答裴问。裴问大怒，暗中和部下谋划杀掉刘溪后归顺朝廷，并告诉刺史崔嘏，崔嘏也赞同。丙子日（二十五日），崔嘏和裴问将邢州城关闭，杀了城中四员大将，向王元逵请求投降。当时高元武在党山，听说后，也跟着投降。

此前，昭义节度使府曾赐给洺州军士布匹，每人都会分得一端，不久使府又下公告，要把这一端布折充为冬赐。恰逢此时，使府派遣的税商军将抵达洺州，导致士兵心里惶恐，王钊趁机向军士鼓动说："留后刘稹年纪轻轻，军政命令并不是由刘稹颁布的。如今，军府仓库财货充足，足可供给军队十年的用度开支，他们怎么就不能稍微拿出一些，用以慰劳辛苦备至的士兵呢！我们不能听从节度使府的命令。"于是，带人擅自打开仓库，分给士卒每人一匹绢、十二石谷，士兵欢喜无比。王钊趁势关闭洺州城门，请求向魏博节度使何弘敬投降。安玉在滋州，闻知两州都已投降，也以磁州请降于何弘敬。尧山都知兵马使魏元谈等向王元逵投降，王元逵因为魏元谈据守的尧山曾久攻不下，所以就把魏元谈等人都杀了。

八月，辛卯日（十一日），镇、魏两节度使向朝廷上奏邢、洺、磁三州都已投降，宰相入朝称贺。李德裕说："昭义的根本都在山东，三州都已投降，那么上党不久定会有变故。"武宗说："郭谊一定会斩了刘稹的首级来自行赎罪。"李德裕说："定如圣主所料。"武宗说："现在来看，应该先处置哪件事更适宜呢？"李德裕请求任命卢弘止为三州留后，说："万一镇、魏请求占领三州，朝廷很难表示同意还是不同意。"武宗同意了他的建议。唐武宗李瀍诏命山南东道兼昭义节度使卢钧乘驿车赶赴镇治。

潞人听说三州都已投降，非常恐惧。郭谊、王协谋划杀掉刘稹以自行赎罪，刘稹的远房堂兄中军使刘匡周兼押牙，郭谊对他有所顾忌，对刘稹说："十三郎（刘匡周行十三）在牙院，诸位大将都不敢谈论政事，恐怕被十三郎猜疑而获罪，因此失去山东。如今若能确保十三郎不在押牙办公处，那么诸位军将才敢尽情说话，在众人中采纳好的意见，一定可以获得高明的策略。”刘稹听后召刘匡周晓以道理，让刘匡周宣称有病而不进入牙院。刘匡周勃然大怒说：“正由于我在牙院中，诸将领才不敢有其他图谋；如果我出了牙院，刘家必遭破灭！”刘稹坚持请求，刘匡周不得已，愤愤弹指而去。

郭谊又指使刘稹所信任的董可武游说刘稹说：“太行山以东三州的叛变，事由您的五舅裴问发起，现在上党城中谁敢保护您！您今天想怎么办？”刘稹回答说：“目前上党城中尚有五万人，应当紧闭城门坚守吧。”董可武说：“这不是良策。留后不如约束自己，归服朝廷，像张元益那样，还不会失去刺史一职。暂且任命郭谊为留后，等得到朝廷任命之日，慢慢地侍奉太夫人及携带家室、金帛回到东都，这不也很好吗？”刘稹说：“郭谊怎肯如此做呢？”董可武说：“我已与郭谊立下重誓，必定不会背负誓约。”于是引郭谊入见刘稹。刘稹和他密约确定后，才告诉母亲，母亲说：“回朝虽然是好事，但遗憾的是已经晚了。我弟弟裴问尚不忠于你，又如何能保证郭谊不背负于你呢？你自己打算吧！”刘稹于是穿着白色丧服出门，以母亲之命任命郭谊为都知兵马使。此时，王协已告诉诸将排列在外厅戒备，郭谊拜谢刘稹完毕，出来和诸将相见，刘稹在内厅整理行装。李士贵听说后，率领后院的数千名士兵攻击郭谊。郭谊向后院兵大喊道：“你们为何不各自求取赏物，难道想与李士贵同死吗？”军士这才后退，一起杀了李士贵。接着，郭谊更换将吏，部署军士，一个晚上都安排稳当了。

第二天，郭谊又派董可武入室谒见刘稹，说：“郭公请您前去商讨公事。”刘稹说：“为何他不到此对我讲呢？”董可武说：“恐怕惊动了太夫人。”于是在前面引导刘稹步行出了使府牙门，来到使府北面的别宅，摆设酒宴痛饮作乐。当喝到酣畅之时，董可武对刘稹说：“今天的事就是想保全您祖父太尉刘悟传下的一家人，但您必须自己决定去留，这样朝廷才会同情和照顾您的家属。”刘稹说：“如你所说，这也正是我的心意。”董可武就上前抓住刘稹的手，崔玄度从后面把他杀死了，接着，收捕刘稹的宗族，从刘匡周以下到襁褓中的幼子都被杀了。又杀了与刘从谏父子关系深厚的张谷、陈扬庭、李仲京、郭台、王羽、韩茂章、韩茂实、王渥、贾庠等共计十二家，连他们的儿子、侄子、外甥、女婿也一并杀了。李仲京是李训的哥哥；郭台是郭行馀的儿子。王羽是王涯的从孙；韩茂章、韩茂实都是韩约的儿子；王渥是王璠的儿子；贾庠是贾餗的儿子。甘露之乱时，李仲京等逃亡归顺刘从谏。

刘从谏抚养他们成人。凡军中与郭谊稍有嫌隙的人，郭谊都将其诛杀，以致每天都要杀人，血流在地上碾成了血泥。大局稳定后，郭谊将刘稹的首级封装在一个盒子里，派遣使者带着表文和书札，向王宰投降。刘稹的首级经过泽州，刘公直及其营垒的将士痛哭失声，也一同投降王宰。

乙未日（十五日），王宰将情况写成状子奏告朝廷。丙申日（十六日），宰相入朝称贺。李德裕上奏：“如今不须再设置邢、洺、磁留后，只要派遣卢弘止去宣慰三州以及成德、魏博两道。”武宗说：“郭谊应该如何处置呢?”李德裕说：“刘稹只是痴呆的小子罢了，依恃兵势抵抗命令，都是郭谊替他谋划做主。等到刘稹势单力薄时，郭谊又出卖刘稹以求奖赏。对这种人不加以诛除，又如何能说是惩治罪魁祸首。应趁各路征讨大军还在潞州境内，将郭谊等人全部诛除!”武宗说：“朕也认为这样处置为好。”于是下诏，命石雄率领七千人进入潞州，以和先前的谣言相应。杜悰则以军饷运输困难，不能供给为由，声言郭谊等人应该赦免，武宗对其奏议没有理会。李德裕说：“今年春天泽潞还没平定，太原又扰动，如果不是圣主的明断坚定，两个寇贼如何可以平定!朝廷议论如果在先朝，像郭谊这种情况早就被赦免了。”武宗说：“你不知道文宗的心意与你不相合，怎么能议到一处去呢!”于是，唐武宗李瀍罢除卢钧山南东道节度使的职务，让他专任昭义节度使。

戊戌日(十八日)，刘稹的首级被传送到京师。唐武宗李瀍诏示："昭义五州免除一年赋役，为攻打刘稹，官军行军所过的州县也免除今年秋季的税收。昭义镇所辖之境自刘从谏以来，所增加的无理赋税，全部予以免除。抽调平民组建的土团一律遣放回去务农。诸道将士中有功劳的，按立功等级加以封赏。"

郭谊杀了刘稹之后，每日盼望朝廷赐予留后的旗子和符节，很久了还没消息，就说："必须迁移其他城镇。"于是检视鞍马，整治行装。当听说石雄就要来时，恐惧得变了脸色。石雄到达，郭谊等人参贺完毕，颁布皇帝诏书的敕者张仲清说："都知兵马使郭谊的委任状过几天就会送过来，其他各位大将的委任状在我这里，晚上等牙院参拜时前来接受任命!"于是调河中镇军队包围球场。到晚上牙院参拜时，郭谊等人纷纷赶到，张仲清一一点了名字，将他们一个个引入球场，凡是狡猾凶残曾死命抗拒官军的将领，全都逮捕，装上囚车送达京师长安。唐武宗李瀍又加封何弘敬为同平章事。丁未日(二十七日)，唐武宗李瀍诏示发掘刘从谏的尸体，暴露在潞州市场上三天，石雄取来刘从谏的尸体放置于球场斩杀并剁成碎块。

戊申日(二十八日)，唐武宗李瀍加封李德裕太尉、赵国公，李德裕坚决恳辞。武宗说："只恨没有适宜的官位赏赐给你了!你如果不该得，朕必定不会轻易赏给你的。"

起初，李德裕认为："自韩全义以来，将帅出征屡屡失败，它的弊病有三：第一，诏令下达到军队的前方，一日中有三四次，宰相多数不能预先知道；第二，监军各以意见指挥军事，将帅不能专统作战进退；第三，每军各有宦官为监使，把军中骁勇的士卒数百人都选为牙队，那些在阵中战斗的，都是胆怯懦弱的士卒。每次作战，监军自己拥有指挥进退的信号旗，骑马登高观察，并让牙队保护自己，见军队稍稍向后撤退，便立刻带着旗帜先行奔逃，其他军队也跟着后退，阵势于是溃散。"李德裕与枢密使杨钦义、刘行深商议约定，监军不得干预军政，军队每一千人听任监军选取十人保护自己，有战功时监军照例可按规定得到奖赏。两位枢密使都认为有道理，表示赞同，于是奏告武宗下诏执行。从抵御回鹘到泽潞兵事结束，都遵守这一制度。中书绝不参加诏书起草的意见，更没有其他诏书是由中书省发出的。号令简明统一后，将帅们也就得以施展他们的谋略，所以每战都所向无敌，立有战功。

自从用兵以来，河北三镇每每派遣使者到京师，李德裕时常当面告谕他们说："河朔兵力虽然强大，但是不能自立，必须依借朝廷官爵的威严命令才能安定军情。回去告诉你的节度使：与其使大将要挟宣慰敕使以求得官爵，不如自己奋勇杀敌对朝廷忠义，建立丰功伟业，为明主所了解，使恩典出于朝廷，不也是很光荣的吗？就以我自己耳闻目睹来说，李载义当年在幽州，为国家尽忠平定沧景之乱，后来被幽州军队驱逐，朝廷没有忘记他的功劳，仍然让他担任节度使，后调迁镇守太原，职位一直升到宰相。杨志诚派遣大将，挡住朝廷所派敕使的坐马，请求授予官爵，后来他被所率领的军队驱逐，朝廷最终没有赦免他的罪行。这两个人的荣辱福祸就足使你们了解了。"李德裕又把这番话报告武宗，武宗说："就应该像这样明白地告诫他们。"从此，河北三镇不敢趁朝廷对泽潞用兵而有异志。

九月，唐武宗李瀍诏示把泽州划归河阳节度使管辖。

丁巳日（初七），卢钧抵达潞州。卢钧平素待人宽厚慈爱，刘稹还未平定时，卢钧已领昭义节度使衔，襄州士卒在征讨行营与潞州人作战时，常对阵喊话，宣扬卢钧的美德。到卢钧赴镇上任后，进入天井关，昭义溃散士卒归附卢钧的，卢钧都善意安抚，对待他们十分仁厚，人心大为欢洽，昭义镇于是安定下来。

刘稹的大将郭谊、王协、刘公直、安全庆、李道德、李佐尧、刘开德、董可武等被押送到京师后，都被杀死。

◆臣司马光说：唐宪宗时董重质在淮西叛乱，今郭谊又在昭义叛乱，其淮西镇主吴元济和昭义镇主刘稹，实际上如木偶般被操纵在耍把戏人的手掌上。董重质、郭谊二人起初劝主人作乱，最后又都卖主谋求私利，他们当然是死有余辜。可是先是宪宗重用他们，后来是武宗诛杀他们，臣认为以上两种处置都有不当。为什么这样说呢？唐宪宗赏赐奸贼董重质，是不义；唐武宗杀死已降的郭谊，是不守信用。失去义和信，如何能治好国家呢！往昔，汉光武帝对待王郎、刘盆子，除留他们一条命外，没有任何赏赐，这是因为知道他们不是力量衰竭是不会投降的。樊崇、徐宣、王元、牛邯这些人，难道就不是帮助叛乱的人吗？但是汉光武帝没有杀他们。大概是因为既已接受他们的投降，就不可以再诛杀。如果已被赦罪而再度逃亡叛乱，那么他的死也就无话可说了。武宗对待郭谊等人，免他们死罪，流放到远方，到老也不让他们归还，不是也可以吗？杀了他们，确实是错了。◆

王羽、贾庠等已被郭谊杀死，李德裕再下诏说："逆贼王涯、贾餗等人的子孙已在昭义被杀。"宣告朝野内外，有见识的人对此颇有非议。刘从谏的妻子裴氏也被赐死。又命令昭义镇的降将李丕、高文端、王钊等人揭发昭义镇将士中与刘稹共同作恶者，将他们全部诛灭，被杀的人很多。卢钧疑心他过分枉滥，向武宗上奏请求对他们从宽发落，武宗没有同意他的请求。

昭义的属城中有曾经对王元逵无礼的人，王元逵找到二十余人，把他们都杀了。其余的士众都畏惧不已，又关闭城门自为守备。戊辰日（十八日），李德裕等上奏武宗："叛寇余孽既然全部平定，昭义所属城垒现已尽为国家的城镇，怎么可以任王元逵随意穷兵攻讨！希望陛下派遣宦官，赐昭义所属城堡内的将士敕书，招安他们，并且下诏书命令王元逵率领成德镇的军队归还本镇，再下诏书给卢钧，让他自己派遣使者进行安抚。"唐武宗李瀍下诏同意这一建议。

乙亥日（二十五日），李德裕等请求给武宗上尊号，并且说："自古以来的帝王，成大功时必定要告祭天地。另外，宣懿太后祔祭祖庙时，皇上也未曾亲往谒拜。"武宗惊异地说："郊庙的大礼，实在应该立刻举行，至于美称，不是我能担当的啊。"李德裕等人共上了五次表，武宗才同意。

李德裕向武宗上奏："依据幽州奏事官说：探知回鹘上下离心，可汗想到安西，而他的部落说亲戚都在唐朝，不如归顺唐朝。加上回鹘与室韦已经失和，估计过不了几天，回鹘会来投降，或者回鹘内部将自相残杀，自我毁灭。希望陛下派遣识事知情的宦官使者前往幽州赐给张仲武诏书，告谕说镇州、魏州藩镇军队已协助朝廷讨平昭义叛乱，只有回鹘尚未消灭，张仲武还带着北面招讨使的职衔，应尽早想到立功报国。"

李德裕怨恨太子太傅东都留守牛僧孺、湖州刺史李宗闵，于是对武宗说："刘从谏占据上党十年，太和年间入朝时，牛僧孺、李宗闵执政，不扣留刘从谏，反而给他加上宰相头衔，放纵他归还上党，以致形成今天的祸患，竭尽天下人力物力才将上党攻取，这都是牛僧孺、李宗闵二人的罪过。"李德裕又派人到潞州索求牛僧孺、李宗闵和刘从谏交往的书信，却毫无所得，就命孔目官郑庆说刘从谏每次得到牛僧孺、李宗闵的书信，都亲自焚毁。唐武宗李瀍诏令追查郑庆，把他交下御史台按查询问，中丞李回、知杂郑亚认为确实可信。河南少尹吕述也给李德裕写信，声称刘稹被剿灭的捷报传到东都洛阳时，牛僧孺发出叹惜声，有怨恨之言。武宗得知后勃然大怒，将牛僧孺降为太子少保、分司东都，李宗闵降为漳州刺史。戊子日（九月无此日），唐武宗李瀍再贬牛僧孺为汀州刺史，李宗闵为漳州长史。

武宗驾临鄠县狩猎。

十一月，唐武宗李瀍又贬牛僧孺为循州长史，李宗闵长期流放到封州。

十二月，唐武宗李瀍任命忠武节度使王宰为河东节度使，河中节度使石雄为河阳节度使。

武宗驾临云阳狩猎。

会昌五年（乙丑，公元 845 年）

春季，正月，己酉朔日（初一），群臣为武宗献上尊号，称仁圣文武章天成功神德明道大孝皇帝，尊号中起初没有"道"字，后来宫中发出武宗谕旨命令加上。庚戌日(初二),武宗入谒太庙。辛亥日(初三),武宗祭祀昊天上帝,下诏大赦天下。

唐武宗李瀍下诏在南郊建筑望仙台。

庚申日(十二日),义安太后王氏崩逝。

唐武宗李瀍任命秘书监卢弘宣为义武节度使。卢弘宣性情宽厚,处理政事态度严谨,人们不敢对他冒犯,为政比较简易,受到部下称赞。按河北的法规,军中互相私语就要斩首。卢弘宣来到义武镇后,废除了这种残酷的制度。唐武宗李瀍下诏赏赐给义武三十万斛粟米,存放在飞狐的西面,而从飞狐将这些粟米运至义武镇,需要的费用远远超过粟米本身的价值,卢弘宣于是派遣官吏前往飞狐仓去看守那些米。适逢春季大旱,卢弘宣命令义武军民随意前往飞狐仓领取粟米,使粟米全部被运入义武辖境,卢弘宣又与得到粟米的军民约定,等到秋天粮食丰收时,再向官府偿还。当时成德、魏博都闹饥荒,只有易定境内没有造成灾害。

淮南节度使李绅弹劾江都令吴湘盗用程粮钱(计行程以给粮,折合为钱,犹今之粮票),强娶所属百姓颜悦的女儿,将他家的资产衣装估价来作为赃款,论其罪当判处死刑。吴湘是吴武陵哥哥的儿子,李德裕向来就憎恨吴武陵。议论此案的人都声称吴湘是冤枉的,谏官于是向武宗请求重新审理此案,于是,唐武宗李瀍颁下诏书,派遣监察御史崔元藻、李稠复审此案。崔元藻、李稠经过复查后回报武宗说:“吴湘盗用程粮钱的确有实据。颜悦本是衢州人,曾任职青州牙推,妻子也是士族,与前番狱讼不同。”李德裕认为崔元藻和李稠办事模棱两可,没有给吴湘定重罪论死刑,二月,武宗贬崔元藻为端州司户,李稠为汀州司户。对吴湘没有再寻究,也不交付法司详加理断,就照李绅所奏,处吴湘死刑。谏议大夫柳仲郢、敬晦都上疏争论此案,他们的建议不被武宗接纳。李稠是晋江人,敬晦是敬昕的弟弟。

李德裕提拔柳仲郢担任京兆尹,柳仲郢一向和牛僧孺友善,于是向李德裕道谢说："想不到李太尉对我如此厚待，为报答您的厚德，我怎敢不像对待奇章公牛僧孺那样对待您呢！"李德裕并不以此为嫌恶。

夏季，四月，壬寅日（二十六日），唐武宗李瀍任命陕虢观察使李拭为册命黠戛斯可汗特使。

五月，壬戌日（十六日），唐武宗李瀍命将唐穆宗恭僖皇后安葬于光陵的柏城之外。

门下侍郎、同平章事杜悰被武宗罢官担任右仆射，中书侍郎、同平章事崔铉被武宗罢官担任户部尚书。乙丑日（十九日），唐武宗李瀍任命户部侍郎李回为中书侍郎、同平章事，依旧兼管户部。

祠部上奏朝廷，全国有佛教寺院四千六百座，兰若（梵言阿兰若，意谓空静处，即寺庙）四万，僧尼二十六万〇五百人。

唐武宗李瀍诏示，册封黠戛斯可汗为宗英雄武诚明可汗。

秋季，七月，丙午朔日（初一），出现日食。

武宗对蠹虫似的耗费国家财物的和尚和尼姑很是憎恶，打算将他们罢废，让他们还俗。道士赵归真等人又竭力劝谏武宗废弃佛教。于是，唐武宗李瀍下诏令，先拆毁山野的寺庙，上都长安和东都洛阳的左、右两街各保留两所佛寺，每所寺院留三十个僧人；天下的各藩镇，凡是节度使、观察使的治所以及同州、华州、商州、汝州各留一所佛寺。把佛寺分为三等：上等的可留二十名僧人，中等的可留十名僧人，下等的可留五名僧人。其余僧人、尼姑以及大秦穆护（摩尼教）、祆教僧人全都勒令他们还俗。寺院不是必须保留的，立下期约，命令所在官署把它毁坏拆除，并派遣御史分别到各道督促。寺院的财货田产一并由官方没收，寺院的建材用来修葺公署、驿舍，佛教铜像、钟磬等器物熔化后用以铸造钱币。

唐武宗李瀍任命山南东道节度使郑肃担任右仆射、同平章事。

唐武宗李瀍诏命，调拨昭义骑兵五百、步兵一千五百戍守振武，昭义节度使卢钧出城行至裴村为戍卒送行。潞州士卒一向骄横跋扈，惧怕到远地戍守，乘着喝醉酒之际，举旗返回上党城，把城门关闭，大声喧嚷，卢钧向潞城奔逃以躲避军队叛乱。昭义监军王惟直亲自出来对乱军晓以大义，进行劝导，乱兵竟然对其拳打脚踢，王惟直被打伤，十天后就死去了。李德裕向武宗上奏："请诏命河东节度使王宰率领步骑一千人镇守石会关，三千人自仪州路占据武安，以切断邢、洺的通路。又命令河阳节度使石雄带兵镇守泽州，河中节度使韦恭甫动员步骑千人戍守晋州。这样，叛贼必定无所作为。"武宗接受了这些建议。

八月，李德裕等上奏朝廷："东都九庙的神主二十六座，现今贮存在太微宫的小屋，请用废置的寺院建材修复太庙。"

壬午日(初七)，唐武宗李瀍诏示陈述释教的弊害，宣告中外。在全国范围内拆毁了四千六百余座佛寺，勒令还俗的僧侣、尼姑有二十六万〇五百人，还包括两千余大秦穆护(摩尼教)、祆教僧人，又拆毁大小佛祠四万余座。从寺院收取数千万顷良田，十五万奴婢。其余所留下的僧侣都统一归属尚书省礼部主客郎中管理，不再归属于尚书省礼部祠部郎中。对于上述处置，百官都奉上表奏称贺。不久唐武宗李瀍又诏令东都只保留僧侣二十人，其他诸道保留僧侣二十人的都减半，保留十人的减三人，保留五人的改为不留。

五台山的僧侣多数逃奔到幽州。李德裕召来幽州进奏官，告诉他说："你赶快去告诉本道节度使，用五台山的僧侣为将一定不如幽州将，用五台山僧侣为卒一定不如幽州卒，为何要无缘无故地留下个收容僧侣的恶名，而成为人家说你的话柄！你没看见不久前刘从谏招纳收聚无数闲散之人，最终有什么好处呢！"幽州节度使张仲武于是将两把刀封好交付给居庸关守将，宣称："若有游僧进入幽州之境，一概斩首。"

主客郎中韦博认为毁佛之事不应做得太过分，李德裕很厌恶他，就外调韦博为灵武节度副使。

昭义乱兵推戴都将李文矩挂师，李文矩不答应，乱兵也不敢伤害他。李文矩趁机对乱军进行劝导，把祸福的道理讲给他们听，乱兵渐渐都听从了他的命令，于是，李文矩派人到潞城向卢钧谢罪。卢钧回到上党，又派他们前去戍守振武。走过一处驿站，卢钧暗中挑选士兵追赶这些叛乱的士卒。第二天，至太平驿追赶上他们，将曾参与叛乱的士兵全部杀死。卢钧又把事情经过向武宗禀告，并把在昭义边境驻守的河东、河阳兵解职，武宗同意了这一请求。

九月，唐武宗李瀍诏示修筑东都的太庙。

李德裕向朝廷请求设置备边库，命令户部每年缴入钱帛十二万缗匹，度支盐铁每年缴入钱帛十二万缗匹，第二年减收三分之一，凡各道所进帮助军需的财货都收入，任命度支郎中掌理。

王才人在后宫中最受武宗宠爱，武宗准备立她为皇后。李德裕认为王才人出身寒微，并且没有子嗣，恐怕不符合天下人的意愿，因而向武宗进言对此事加以劝阻，武宗于是放弃了这一想法。

武宗服食方士的金丹，性情更加急躁，喜怒无常。冬季，十月，武宗询问李德裕朝外的事情，李德裕回答说："陛下的威严判断不可测度（喜怒无常），所以朝外人人十分惊惧。往昔，寇贼叛逆暴横，固然应该用威严来制服他们，如今天下已经平定，希望陛下能用宽缓的办法治理百姓，如果能使犯罪的人服罪无怨言，为善的人不感到惊慌恐怖，那就能称得上为政宽容了。"

唐武宗李瀍任命衡山道士刘玄静为银青光禄大夫、崇玄馆学士，赐号广成先生，为他修建崇玄馆，并署置吏员，铸有印章。刘玄静坚决推辞，乞求让他回衡山继续修道，武宗同意了。

李德裕秉持政事时日已久，办事喜好顺从自己的爱憎，怨恨他的人越来越多。自从杜悰、崔铉被罢去宰相之位后，宦官和左右之人都说李德裕太专横，武宗也很不高兴。给事中韦弘质向武宗上疏，声言宰相的权力太重，不应该再掌管户部、度支、盐铁三司的钱谷。李德裕为此也上奏武宗，声称："任用官员本是陛下的权柄。韦弘质受人教唆，竟然对陛下赋予宰相的权力妄持异议，真是地位卑贱的人企图诬陷掌有权柄的大臣，这些话哪里是韦弘质这种人可以妄说的呢?”十二月，韦弘质被贬官，从此众人更加愤怒。

自进入秋冬以来，武宗就感觉身体上有病，而道士却认为是陛下在换骨的阶段。武宗就把疾病隐瞒起来，宫廷之外的臣子都很惊讶武宗近来很少游猎了，宰相入朝奏请事情也不敢停留太久。唐武宗李瀍诏命罢止来年正旦的朝会。

吐蕃论恐热再度纠合诸部攻打尚婢婢，尚婢婢派厖结藏率领五千士兵抗击，论恐热大败，与数十骑逃遁而去。尚婢婢向河、湟地区传达檄文，一一点数论恐热的残忍暴虐罪行，说：“你们本来是大唐的臣民，吐蕃没有了国王，你们应该联合起来，归顺唐朝，不要像狐兔般被论恐热猎杀。”于是河、湟地区跟从论恐热的汉人诸部民，都逐渐离去。

这年，天下有四百九十五万五千一百五十一户。

朝廷虽然为招抚党项设置了三处使职，但党项部族仍然对唐边境侵扰不已，攻占了邠、宁、盐州边界的城堡，在叱利寨驻扎军队。宰相请求派遣使者去宣慰，但武宗坚决要发动军队讨伐他们。

会昌六年(丙寅，公元846年)

春季，二月，庚辰日(初九)，唐武宗李瀍任命夏州节度使米暨为东北道招讨党项使。

武宗的疾病久久没有痊愈，他认为汉朝属于火德，光武帝刘秀因而把洛阳的“洛”改成了“雒”；唐朝属于土德，不可以王气超过皇帝的名字，三月，唐武宗李瀍颁下诏书，昭告将自己的名字改为李炎。炎从火，火能生土。

武宗从正月乙卯日(十三日)起不再登朝视事，宰相请求面见也没有被准许，朝廷内外深感忧惧。

起初，宪宗把李锜的妾郑氏收入宫中，生了光王李怡。李怡小的时候，后宫中的人都认为他不聪慧，文宗太和年间以后，李怡更是刻意隐藏锋芒，在大庭广众前游乐交往时，从不轻易发表言论。文宗到十六宅集会诸王并为诸王设宴，喜欢引逗李怡说话来把他作为笑料，戏称“光叔”。武宗性格强韧豪迈，对光王李怡更不以礼相待。武宗危病后，十来天不能说话，于是，诸宦官暗中在宫禁内策划拥立新皇帝。辛酉(二十日)，禁中传出以武宗名义颁发的诏书称：“皇子们都太年幼，必须选择贤德的皇族成员继承皇位，光王李怡可以册立为皇太叔，将他的名字改了，称李忱，所有军国政事可让他暂时处理。”太叔接见百官，满面哀戚之容；裁决众多事务，都合于事理，于是大家才知道他有藏匿不露的美德。

甲子日(二十三日)，武宗崩逝，李德裕受命兼任冢宰办理后事。丁卯日(二十六日)，宣宗李忱即位。宣宗一向憎恶李德裕的专权，即皇帝位那天，李德裕奉上册命文书。册立仪式后，宣宗对左右陪侍官员说：“刚才靠近我的是不是李太尉呢？每看我一眼，都使人毛骨悚然。”夏季，四月，辛未朔日(初一)，宣宗才开始听政。

唐宣宗李忱下诏尊奉母亲郑氏为皇太后。

壬申日(初二)，唐宣宗李忱改任门下侍郎、同平章事李德裕同平章事，充任荆南节度使。李德裕秉持权柄日久，地位尊崇而有功劳，众人想不到他会突然被罢官，听到消息时，没有人不感到惊骇。甲戌日(初四)，唐宣宗李忱贬工部尚书、兼盐铁转运使薛元赏为忠州刺史，贬他的弟弟京兆少尹、暂理府事的薛元龟为崖州司户，他们都是李德裕的同党。

唐宣宗李忱下令用棍棒打杀道士赵归真等数人，流放罗浮山人轩辕集前往岭南。五月，乙巳日(初五)，唐宣宗李忱颁下诏书大赦天下。又诏告上京长安两街除以前留下的两座佛教寺庙外，再允许各街增设八座寺庙；佛教僧侣、尼姑依照之前的规定归属于左、右街功德使，不归属于尚书省礼部主客郎中，这些寺庙所度的僧侣、尼姑都可由祠部发给度牒，准许他们出家。

唐宣宗李忱任命翰林学士、兵部侍郎白敏中同平章事。

辛酉日(二十一日)，唐宣宗李忱册立皇子李温为郓王，李渼为雍王，李泾为雅王，李滋为夔王，李沂为庆王。

六月，礼仪使奏报“请在太庙恢复祭祀代宗神主，以敬宗、文宗、武宗同为一代，在庙的东厢增设两室，而为九代十一室”。宣宗同意了这一请求。

秋季，七月，壬寅日（初三），淮南节度使李绅去世。

回鹘国乌介可汗的部众日渐减少，有些归降朝廷，有些四散奔逃，还有些受冻挨饿而死，剩下的兵马已不足三千人。回鹘国相逸隐啜在金山杀死乌介可汗，拥立乌介可汗的弟弟特勒遏捻为可汗。

八月，壬申日（初三），宣宗及朝臣将至道昭肃孝皇帝李炎葬于端陵，庙号为武宗。起初，武宗病危时，望着王才人说：“朕死了，你该怎么办？”王才人说：“我愿意随陛下一起到九泉之下！”武宗马上命人送给她一条绫巾。等到武宗驾崩后，王才人随即用绫巾自缢而死。唐宣宗李忱听说后，对王才人深感同情，追赠她贵妃的名号，葬在端陵柏城之内。

唐宣宗李忱任命循州司马牛僧孺为衡州长史，任命流放到封州的李宗闵为郴州司马，任命恩州司马崔珙为安州长史，任命潮州刺史杨嗣复为江州刺史，任命昭州刺史李珏为郴州刺史。牛僧孺等五位宰相都是被武宗贬逐，到此时，同一天北迁。李宗闵还未离开封州就去世了。

九月，唐宣宗李忱任命荆南节度使李德裕为东都留守，解除平章事；任命中书侍郎、同平章事郑肃同平章事，充任荆南节度使。

唐宣宗李忱任命兵部侍郎、判度支卢商为中书侍郎、同平章事。卢商是卢翰的族孙。

武宗派出册封黠戛斯可汗的使者李拭等，因为赶上国丧而没有前往，有人认为黠戛斯是偏僻遥远的小国，没有能力与朝廷对抗。回鹘国对朝廷的侵犯还没有平定，不应马上有所建置。唐宣宗李忱于是下诏请百官来商讨此事，册封黠戛斯可汗的事就此搁置下来。

南蛮进犯安南，经略使裴元裕率邻道的士兵前去征讨。

唐宣宗李忱任命右常侍李景让为浙西观察使。

起初，李景让的母亲郑氏，性情严明，早年守寡，家境贫寒，居住在东都。所有的孩子都还年幼，由母亲亲自教导。李景让家住宅后面的古旧墙壁因下雨而塌陷，得到的钱能装满一船，奴婢们很高兴，跑来向李景让的母亲禀告。李母赶来看了看，然后焚香祷告，说："我听说不劳而获，会招致自身的祸患。一定是因为我去世的丈夫生前积了功德，所以老天同情我家境贫寒才赐给我们这些钱财，但希望孩子将来学业有成就，才是我丈夫的心愿啊，这些意外得来的钱财我不敢随意据为己有！"于是命人把这些钱埋在原来的地方，并重新修筑好那道墙壁。三个儿子景让、景温、景庄，都以进士及第。李景让在官场显达时，已经是满头斑白，但是稍微有些过失，还免不了遭受母亲的捶打。

李景让在浙西为官，部下左都押牙违背他的意旨，李景让竟然举杖将左都押牙活活打死。军中将士愤慨，兵变眼看就要爆发。李景让的母亲郑氏听到这一消息，当时李景让正在官厅办理公事，郑氏走出来在厅堂端坐，命李景让在庭院中站立，叱骂说："天子把镇守一方的重任交托给你，朝廷赋予你的权力，怎么能成为自己喜怒的凭借，可以随你心意地任意杀害无罪的人呢！一旦造成这里军队叛乱，岂只是辜负了朝廷的托付，就是垂暮的我也要跟你羞愧而死啊，你还有什么脸去见你的先人前辈呢？"说完，命令左右之人脱去他的上衣，让他坐在那儿，准备鞭挞他的后背。将佐都为李景让向老夫人求情，并跪拜下来以至哭泣流泪，郑氏很久才放过李景让，军中因此安定下来。

李景庄多年进入贡院参加科举考试，每次考不上被黜退时，母亲郑氏就用鞭子抽打李景让。然而李景让却始终不肯向主考官谄媚亲附，说："朝廷科举取士自然应该是公平的，我怎么能跟别人一样去疏通关系呢！"过了很久，宰相对知贡举的主司说："李景庄今年科举考试时不能不录取呀，就算可怜他的哥哥每年都要受母亲鞭打吧！"

于是，李景庄才得以进士及第。

冬季，十月，礼院上奏，在祭祀的祝文上，就穆宗及其儿子敬宗、文宗、武宗四室来说，宣宗辈分并不比他们低，所以奏请宣宗在祝文上只是自称“嗣皇帝臣某昭告”，宣宗表示同意这一建议。

甲申日（十月无此日），唐宣宗接受衡山道士刘玄静的《三洞法箓》。

十二月，戊辰朔日（初一），出现日食。

宣宗元圣至明成武献文睿智章仁神聪懿道大孝皇帝上

大中元年（丁卯，公元847年）

春季，正月，甲寅日（十七日），唐宣宗李忱祭祀上天，大赦天下，改年号为大中。

二月，庚午日（初四），唐宣宗李忱加封卢龙节度使张仲武同平章事，是为了奖赏他屡次破回鹘的功劳。

癸未日（十七日），宣宗因为天下正闹旱灾，就减少自己的膳食，并撤除了歌舞，将后宫宫女释放回家，将宫廷中养的鹰和鹘放飞，并废止修缮宫廷之事，命令中书侍郎、同平章事卢商与御史中丞封敖对关押在京城监狱中的罪犯进行审查清理。大理卿马植奏请宣宗说：“卢商等人按照旨意审查清理罪犯时，尽力做到宽大处理，凡是必须偿命处以极刑的，全部免除死罪。有些获罪官员由于贪赃犯罪以及故意杀人，即使是遇到大赦天下也不能免罪，现在因为卢商等人的审查清理而都得到赦免，这样做必定使贪官污吏得不到应有的惩罚，会使他们更加肆无忌惮，不怕触犯法律，而被无辜杀害的人含冤无告，因为没有人为他们主持公道，这恐怕不是消除旱灾，导致天下和谐的好办法啊。往昔，周朝饥馑，灭亡暴虐的殷朝以后，就年成丰盛；卫国旱灾，征讨了邢国以后就天降大雨。所以说诛杀罪人，戮灭奸邪，是符合天意的，雪洗冤屈，决断淹滞，是合乎陛下的圣心的，乞请重加裁定。”唐宣宗李忱诏命两省五品以上官吏（给事中，中书舍人以上）商议此事。

起初，李德裕执掌政事，提拔白敏中为翰林学士。等到武宗崩逝，李德裕失势，白敏中乘朝廷上下都对李德裕愤怒之时，竭力排挤他，指使李德裕的党羽李咸向朝廷揭发李德裕执政时的罪行，李德裕因此由东都留守贬为太子少保、分司东都，成为闲官。

左谏议大夫张鹭等进谏宣宗说：“陛下因为天下发生旱灾而审查清理被关押的罪犯，并为冤情和滞留案件而深深忧虑。现在陛下所宽宥的犯有死罪的罪犯，本来没有冤屈可以洗雪，恐怕因为这件事，凶残奸诈却又心存侥幸的罪犯常希望发生水旱灾害，所以陛下应该听从马植的奏请。”唐宣宗李忱诏命同意这一建议，把罪犯都依法宣判，任命马植为刑部侍郎，充任盐铁转运使。

马植平素以有文学才能和善理政事而闻名于当时，李德裕对他不加重用。到白敏中秉持政事，凡是李德裕所轻视的，都破格提拔重用他们。任命卢商为武昌节度使，以刑部尚书、判度支崔元式为门下侍郎，任命翰林学士、户部侍郎韦琮为中书侍郎，三人并同平章事。

闰三月，唐宣宗李忱颁下诏令：“凡是会昌五年所废弃的佛寺，如果僧人有能力修缮或建造，听凭他们处置，官府不得以任何理由制止他们。”当时的君主、宰相都一心想要改变会昌时的政事，所以僧、尼的弊害，全部恢复了原来的样子。

己酉日（闰四月无此日），文宗的母亲积庆太后萧氏驾崩。

五月，幽州节度使张仲武大破诸奚。

吐蕃论恐热趁武宗崩逝之时，引诱党项以及回鹘的剩余士众侵犯河西，唐宣宗李忱诏命河东节度使王宰率领代北各军进击他们。王宰任命沙陀族酋领朱邪赤心为前锋，从麟州渡过黄河，与论恐热在盐州交战，将论恐热击败并将他赶跑。

六月，唐宣宗李忱任命鸿胪卿李业为册封黠戛斯英武诚明可汗的特使。

宣宗对白敏中说："朕以前为宪宗发丧，前往陵墓的途中恰逢风雨交加，朝臣百官和六宫妃主都四散而逃找地方躲避风雨，只有一个长得高大、胡须浓密的山陵使扶着宪宗的灵柩车驾没有躲避，你知道此人是谁吗？"白敏中回答说："此人是令狐楚。"宣宗说："他有儿子吗？"白敏中回答说："他的长子叫令狐绪，如今担任随州刺史。"宣宗说："令狐绪能担当宰相吗？"白敏中回答说："令狐绪年少时得了风湿病。令狐楚的次子叫令狐绹，是前任湖州刺史，很有才气。"唐宣宗李忱立即拔擢令狐绹为考功郎中、知制诰。令狐绹入朝致谢，宣宗询问他元和时的旧事，令狐绹能条理清楚又十分详细地对答，宣宗大为喜悦，就有任用他为宰相的意思。

秋季，八月，丙申日（初三），唐宣宗李忱任命门下侍郎、同平章事李回同平章事，充任西川节度使。

安葬贞献皇后萧氏于穆宗光陵旁侧。

宣宗为了与兄弟们和睦友爱，在十六宅中建造了雍和殿，曾几次临驾此处，准备酒席，与兄弟诸王饮酒，又一起游戏，尽情玩乐。诸王患病时，宣宗也常亲自到患病亲王的卧室内加以慰问，忧虑的表情会不自觉地流露出来。

突厥抢夺漕运米粮以及行旅商人，振武节度使史宪忠把他们打败。

九月，丁卯日（初五），唐宣宗李忱任命金吾大将军郑光为平卢节度使。郑光是润州人，是郑太后的弟弟。

乙酉日（二十三日），前永宁尉吴汝纳诉说他的弟弟吴湘所犯罪行不至死刑，而说是"李绅和李德裕内外相合，欺骗武宗，枉杀了臣子的弟弟，求请召江州司户崔元藻等人来对质申辩"。丁亥日（二十五日），唐宣宗李忱颁下敕书给御史台，令调查出真实情况向上汇报。冬季，十二月，庚戌日（十九日），御史台奏报宣宗，依据崔元藻所列举吴湘被冤屈的相关情况，正如吴汝纳所说。戊午日（二十七日），唐宣宗李忱下令贬太子太保、分司东都李德裕为潮州司马。

吏部向宣宗奏报：在会昌四年所裁减的州、县官中，又恢复了三百八十三位官吏。

大中二年（戊辰，公元 848 年）

正月，甲子日（初三），群臣给宣宗献上尊号，称为圣敬文思和武光孝皇帝；宣宗为此大赦天下。

起初，李德裕担任宰相，把持朝政，有人推荐丁柔立，说他为人清廉正直，可以担任谏官，李德裕对他没有重用。宣宗即皇帝位后，任命丁柔立为右补阙。李德裕被贬至潮州后，丁柔立向宣宗上疏为李德裕申诉冤屈。丙寅日（初五），朝廷以丁柔立阿附李德裕而将他贬为南阳尉。

西川节度使李回、桂管观察使郑亚因以前不能裁断吴湘受冤屈的案子而获罪，乙酉日（二十四日），李回被调任湖南观察使，郑亚被贬为循州刺史，李绅虽然去世，但是也被追夺三任委任状。中书舍人崔嘏因起草李德裕制诏时没有把他的罪行全部说出而获罪，己丑日（二十八日），崔嘏被贬为端州刺史。

回鹘遏捻可汗依赖奚王石舍朗供应所需物品。张仲武大破奚王士众后，回鹘已无处可以得到粮食，部众日益减少，纷纷溃散，到这时，所留下的贵族以下人员还不满五百人，于是转而投靠室韦部族。回鹘派遣使者入唐朝来祝贺正旦这个好日子，经过幽州时，张仲武让那个使者回去捉拿遏捻可汗等人。遏捻可汗得知这一消息，趁夜与妻子葛禄、儿子特勒毒斯等九人骑马向西奔逃，回鹘余众追赶遏捻可汗没能追上，相对痛哭流泪。室韦把回鹘余众分成七部分，由室韦的七支部姓一起支配。过了三天，黠戛斯派遣他的辅相阿播率领各部胡兵，号称七万之众，进攻回鹘，大破室韦，俘虏回鹘全部余众后返回漠北。还有数个帐落的人，偷偷躲进山林，经常出来抢掠诸胡部落。回鹘族的别部庞勒，起先在安西，也自称可汗，在甘州居住，总领沙漠以西各个城镇，这时回鹘部落势力已很衰落，于是时常派遣使者入唐贡奉，朝见唐皇帝。

二月，庚子日(初十)，唐宣宗李忱任命知制诰令狐绹为翰林学士。宣宗曾经拿太宗所撰著的《金镜》一书给令狐绹，教他阅读，当读到“政事最紊乱时，未尝不重用不贤的人；政事最清明时，未尝不重用忠贤的人”时，宣宗阻止他说：“凡是要达到国家太平，应当以这句话为首要信条。”宣宗又将《贞观政要》书写于屏风之上，经常严肃地拱手细读其中令人警醒的句子。宣宗想了解朝廷百官的姓名和数目，令狐绹说：“六品以下官员，地位低下，人数众多，都交给尚书省吏部注册拟定授予官职。五品以上官员，就交给中书门下政事堂控制并授予官职，他们分别都有名籍，叫作具员。”唐宣宗李忱诏令宰相撰写《具员御览》五卷，宰相撰修完后呈奏宣宗，宣宗将其经常放置于桌上，以备查考。

唐宣宗李忱册立皇子李泽为濮王。宣宗准备在大明宫建造五王院，用来给皇子中年幼的孩子居处，召来术士柴岳明，让他观察风水。柴岳明启奏说：“一般臣子百姓的家，常迁徙不定，所以有的可能从向阳的房子迁到朝阴面的房子，有的从朝阴的房子迁进向阳的房中去。阴阳家所称道的三刑祸福，五行相克，是有这样的说法，只是陛下您修筑起高大宏伟的路寝正殿，受到万神的拥戴守护，而阴阳家称道的说法是不能预测帝王之家的。”宣宗很赞许他这番话，赏赐他五匹帛，然后派人送他回去。

夏季，五月，己未朔日(初一)，出现日食。

门下侍郎、同平章事崔元式被唐宣宗李忱罢职而担任户部尚书；唐宣宗李忱任命兵部侍郎、判度支、户部周墀以及刑部侍郎、盐铁转运使马植一并同平章事。

起初，周墀是义成节度使，征召韦澳为判官，等到做了宰相，周墀对韦澳说：“我的能力实在很低，而承担的责任很重，你准备怎样帮助我呢?”韦澳回答说：“希望您没有掌握大权。”周墀听后感到很吃惊，不明白韦澳说的是什么意思。韦澳向他解释说：“对于官员的赏赐和惩处，您应该与天下百姓持有一致的看法，不要拿自己的爱憎喜怒来改变百姓的议论，这样天下自然就能被治理得很好，又有什么必要去谋求权力呢!”周墀对他说的话十分赞同。韦澳是韦贯之的儿子。

己卯日(二十一日)，太皇太后郭氏在兴庆宫崩逝。

六月，礼院检讨官王皞被贬为句容县令。

起初，宪宗崩逝时，宣宗怀疑郭太后参与了筹划谋害宪宗一事。另外，郑太后原本是服侍郭太后的婢女，她们之间有长久的怨恨，因此，宣宗即皇帝位后，对郭太后的礼遇非常微薄。郭太后为此而闷闷不乐。有一天，她登上勤政楼，准备跳楼自杀。宣宗知道了这件事，大怒，郭太后当晚就崩逝了，宫禁外的人对此有很多议论。

宣宗因为郑太后，不想把郭后与宪宗合葬。有司请把郭后葬在景陵的外园，而王皞上奏认为应该将郭太后与宪宗同葬于景陵，郭太后的神主像也应该和宪宗的神主像配置在同一室。王皞的奏状呈递上去，宣宗看后非常生气。于是白敏中召来王皞质问并指责他。王皞说:“太皇太后是汾阳王郭子仪的孙女，宪宗在东宫时郭太后就是正妃娘娘，成为顺宗的媳妇。宪宗驾崩的那一晚，好像死得有些莫名其妙。但是太皇太后郭氏是天下之母，已经历了穆、敬、文、武及今朝共五朝，怎么可以因为莫名其妙的事就突然废止按正宫嫡妻安葬的礼仪呢!”白敏中愤怒得不得了，而王皞的言辞更加严厉。当时，所有宰相聚宴，周墀站在白敏中的门口等他。白敏中教人婉谢说:“刚才正为一个书生所困扰，您请先走一步。”周墀进入白敏中的厅事，询问发生了什么事，只见王皞正争辩得厉害，周墀不由得举手按住脑门，赞叹王皞为人孤介耿直。第二天，王皞因此被贬官。

秋季，九月，甲子日(初八)，宣宗将潮州司马李德裕再贬为崖州司户，将湖南观察使李回再贬为贺州刺史。

前凤翔节度使石雄来到中书门下政事堂，向宰相们陈说自己在黑山、乌岭立下的战功，请求担任一个藩镇的节度使一直到死。当朝执政的宰相认为石雄是李德裕推荐的，于是对石雄说:“根据你以前的战功，朝廷已经让你统辖蒲州、孟州、岐州三镇，算是给你的酬劳，已经足够了。”于是任命石雄为左龙武统军。石雄抑郁而死。

十一月，庚午日（十四日），万寿公主下嫁起居郎郑颢。郑颢是郑絪的孙子，进士及第，担任校书郎、右拾遗内供奉，以文才出众、风度儒雅而著称于士林。而万寿公主是宣宗最疼爱的女儿，所以宣宗选郑颢做驸马，迎娶万寿公主。有关部门的礼官请求遵循旧制用银子装饰马车，宣宗说：“朕正打算用朴素节俭来教化天下万民，所以这件事应当从朕的亲人开始啊。”于是唐宣宗李忱下诏，命令依照外命妇的礼制用铜装饰车子。诏命公主遵守为人媳妇的礼节，一律依照平民的礼法，并且告诫她不得轻视夫婿的宗族，不得干预时事。又用手诏重申说：“如果你违背朕给你的告诫，必然会有当年太平公主、安乐公主那样的灾祸。”郑颢的弟弟郑顗曾经患有重病，情况十分危急，宣宗派遣使者去探视，回宫后，宣宗问道：“万寿公主在什么地方？”使者回答说：“在慈恩寺观戏场。”宣宗听后很是愤怒，叹息说：“朕一直奇怪士大夫家族为何不想与皇家联姻，现在看来是有原因的啊！”立即命令召万寿公主入禁宫，让她站立在庭殿台阶之下，看也不看她一眼。万寿公主感到很惊慌，泪流满面地向父皇谢罪。宣宗责备她说：“哪里有小叔生病，你不去探视，竟去看戏的道理呢！”命人把公主再送回郑氏家。因此宣宗在世的这段日子，贵戚之家都戒慎地严守礼法，像崤山以东以礼法门风相尚的世族一样。

壬午日（二十六日），懿安皇后下葬在景陵的旁侧。

唐宣宗李忱任命中书侍郎、同平章事韦琮为太子宾客、分司。

十二月，凤翔节度使崔珙向朝廷奏报攻破吐蕃，攻克清水。清水之前隶属秦州，因为本州还没有收复，所以宣宗诏命它暂时隶属凤翔。

宣宗凡是看到宪宗朝公卿大臣的子孙，多半要提拔任用他们。刑部员外郎杜胜上朝参加次对，宣宗询问到他的家世，杜胜回答说：“臣父黄裳，首先提议请求宪宗管理国家政事。”唐宣宗李忱立即任命杜胜为给事中。翰林学士裴谂是裴度的儿子，宣宗驾临翰林院，当面提升裴谂为翰林学士承旨。

吐蕃论恐热派遣他的大将莽罗急藏率领两万士兵在西方边陲攻城略地，尚婢婢派遣他的大将拓跋怀光在南谷阻击莽罗急藏，大破莽罗急藏，于是，莽罗急藏投降。

大中三年(己巳，公元849年)

春季，正月，宣宗与宰相议论，元和时地方上循职守法的官吏谁为第一。周墀说："臣曾在江西守土(时为江西节度使)，听说观察使韦丹的功德远播于八个州(洪、江、鄂、岳、虔、吉、袁、抚)，死后四十年，老老少少还讴歌思念，就像韦丹还活着似的。"乙亥日(二十日)，唐宣宗李忱诏示史馆修撰杜牧撰著《丹遗爱碑》来作为对韦丹的纪念，并且拔擢韦丹的儿子河阳观察判官韦宙为御史。

二月，吐蕃论恐热驻军河州，尚婢婢驻军在河源军。尚婢婢的诸将打算攻击论恐热，尚婢婢说："不可轻易出战。我军突然间获得胜利就会产生轻敌情绪，而敌军因为战败走投无路，只有拼死战斗才有生还的机会，所以现在打仗对我军一定没有好处。"各位将领不相信，不肯听从他的建议。尚婢婢知道部将出战一定会失败而归，于是，他据守河桥以等待败军的归来，诸将果然失败。尚婢婢聚集剩余士众，焚烧桥梁，返回鄯州。

吐蕃占领的秦、原、安乐三州以及石门等七座关隘派遣使者向唐朝投降。唐宣宗李忱任命太仆卿陆耽为宣谕使，诏命泾原、灵武、凤翔、邠宁、振武都出兵接应。

河东节度使王宰入朝，用财货结交当权被宠幸的大臣，求他们劝说宣宗让自己以使相的身份担任宣武节度使。刑部尚书、同平章事周墀向宣宗上疏商讨此事，王宰于是又返回河东镇。驸马都尉韦让向朝廷请求担任京兆尹一职，周墀奏称，京兆尹这个官职，没有才能和威望的人不能够担任，韦让的请求最终没有实现。周墀又劝谏并阻止宣宗开拓边境，攻取河西，因而触犯了宣宗的旨意。夏季，四月，唐宣宗李忱任命周墀为东川节度使；任命御史大夫崔铉为中书侍郎、同平章事，任命兵部侍郎、判户部魏扶同平章事。

癸巳日（初八），卢龙向朝廷上奏节度使张仲武去世，军中拥立张仲武的儿子节度押牙张直方继续掌管卢龙军政。

翰林学士郑颢对宣宗说："周墀以直言进谏入朝担任宰相，也以直言而罢去宰相职位。"宣宗听后深为感动而醒悟，甲午日（九日），周墀入朝谢恩，唐宣宗李忱加封他检校右仆射的官衔。

戊戌日（十三日），唐宣宗李忱任命张直方为卢龙留后。

五月，徐州军叛乱，驱逐节度使李廓。李廓是李程的儿子，在藩镇时不处理政事，右补阙郑鲁曾向宣宗告发他的情况，并且说："臣恐怕等不到新麦丰收，徐州的军队就已经发生变乱了，请求陛下赶快派遣一位优秀的统帅，来解救这一方要遭大难的百姓。"宣宗未能省察其中之事。结果，徐州果然发生叛乱，此时，宣宗想起郑鲁的话，就提拔他为起居舍人。

唐宣宗李忱任命义成节度使卢弘止为武宁节度使。武宁的士卒一贯骄横残暴，其中银刀都将尤其凶暴，多次驱逐主帅。卢弘止抵达武宁，都虞候胡庆方企图趁机叛乱，被卢弘止诛杀，卢弘止安抚其他兵士，以忠义之理向士卒们训导，武宁军府逐渐安定下来。

六月，戊申日（二十六日），唐宣宗李忱任命张直方为卢龙节度使。

泾原节度使康季荣掠取了原州以及石门、驿藏、木峡、制胜、六磐、石峡等六关。秋季，七月，丁巳日（初六），灵武节度使朱叔明攻取长乐州。甲子日（十三日），邠宁节度使张君绪攻占萧关。甲戌日（二十三日），凤翔节度使李玭攻取秦州。唐宣宗李忱颁下诏书命邠宁节度使暂将军队在邠宁移驻，以便接应河西地区。

八月，乙酉日（初四），朝廷改长乐州为威州。

河西、陇右地区的老幼百姓一千余人抵达长安。己丑日（初八），宣宗登上延喜门楼接见他们，河西、陇右百姓欢呼雀跃，脱下胡人服装，戴上唐人的冠带，围观的人都高呼万岁。唐宣宗李忱为此颁发诏书，宣告："招募百姓开辟耕垦河西、陇右三州、七关土地农田，五年免收租税，自此以后，凡京城长安的罪人应发配流放的，全都发配到这三州、七关之地；泾原等四道将领官吏能在戍守的地方经营田地者，由官府供给耕牛和种粮。温池县所收的盐利可以供给边陲之地，委托度支制定办法，凡三州、七关镇守戍卫的士卒，都加倍供给衣粮，仍旧两年换防一次。在道路上建置城堡栏栅，有商旅往来贸易以及戍军士兵的子弟寄家信的，据守关、镇的官员不得滞留刁难。凡山南、剑南的边境，有被吐蕃所占领的州县，也命令他们衡量自身兵力情况把它们收复。"

冬季，十月，朝廷把备边库改为延资库。

西川节度使杜悰向朝廷奏报已经攻占维州。

闰十一月，丁酉日（十七日），宰相以收复河、湟为名请宣宗加尊号，宣宗说："宪宗常有收复河、湟的心愿，只因中原正在用兵，结果心愿未能实现就崩殂了，如今才算完成先人的志愿。应该商议加给顺宗、宪宗二庙的尊谥，以昭示先辈的功业。"

卢龙节度使张直方，暴横残忍，喜好游猎。军中将要叛乱，张直方知道了这件事，假装说出外狩猎，带着全族奔逃回京师长安，卢龙军中推举牙将周綝担任留后。张直方抵达京师，被任命为金吾大将军。

甲戌日（闰十一月无此日），宣宗君臣给唐顺宗追赠谥号为至德弘道大圣大安孝皇帝；给唐宪宗追赠谥号为昭文章武大圣至神孝皇帝。并据新谥号改题唐顺宗和唐宪宗的神主。

己未日（闰十一月无此日），崖州司户李德裕去世。

山南西道节度使郑涯向朝廷奏报已攻取扶州。

资治通鉴卷第二百四十九　唐纪六十五

起庚午(公元850年),止己卯(公元859年),共十年。

【**题解**】本卷记录了公元850年至859年间的史事,当时正值唐宣宗大中四年至大中十三年,这十年基本囊括了宣宗一朝的政事(宣宗在位总计十三年)。按惯例宣宗不能为帝,但因他善于隐藏自己,从小就显出一副愚钝的样子,宦官认为他真的痴呆并且对之前两位皇帝心怀不满,于是破例立他为帝。宣宗即位后,一改之前的愚钝之相,处事果决,大家才知他之前的伪装。宣宗的精明独断加上武宗留下的大好形势,使其朝政保持了十三年的太平景象,而周边也平静下来。本该大有作为之时,可惜宣宗心胸狭隘,为了报复文、武二宗,就株连郭太后,以证明自己是皇位的合法继承者;李德裕为武宗信任,此时也被定为逆臣,宣宗施政不问缘由,不管对错,把会昌之政全部推翻。后来,宣宗又走了文、武二宗的老路,沉迷于长生之道,最后因服丹而中毒身亡。僖宗继位后,政权又回到了宦官之手。

宣宗元圣至明成武献文睿智章仁神聪懿道大孝皇帝下

大中四年(庚午,公元850年)

春季,正月,庚辰朔日(初一),唐宣宗李忱颁诏大赦天下。

二月,朝廷将秦州隶属于凤翔。

夏季,四月,庚戌日(初二),唐宣宗李忱任命中书侍郎、同平章事马植为天平节度使。宣宗被册立为皇帝,宦官左神策军中尉马元贽出了很大力,于是,宣宗对他的恩遇超过其他宦官。马植就与马元贽攀亲,叙为马姓宗族,宣宗赐给马元贽金宝腰带,马元贽转赠给马植。马植系上宝带上朝，被宣宗看见并认出来，马植当即面露惊慌之色，不敢隐瞒此事。第二天，唐宣宗李忱罢免马植宰相官位，逮捕了马植的亲信胥吏董侔，把他送交御史台加以审问，将马植与马元贽内外结交的情况全部查清，于是又贬马植为常州刺史。

六月，戊申日（初二），兵部侍郎、同平章事魏扶去世。唐宣宗李忱任命户部尚书、判度支崔龟从同平章事。

秋季，八月，唐宣宗李忱任命白敏中兼管延资库。

卢龙节度使周琳去世，军中将领上表请求朝廷任命押牙兼马步都知兵马使张允伸为留后。九月，丁酉日（二十三日），宣宗同意这一请求。

党项为患边陲，朝廷派遣各道兵马前去征讨，连年没有战功，而戍边的给养却不断运送。右补阙孔温裕向宣宗上疏进行劝谏，言辞沉痛恳切。宣宗听后很气愤，将孔温裕贬为柳州司马。孔温裕是孔戣哥哥的儿子。

吐蕃论恐热派遣僧侣莽罗蔺真率领士兵在鸡项关南造桥，准备用来攻打尚婢婢的军队，论恐热驻军在白土岭。尚婢婢派遣大将尚铎罗榻藏率领士兵据守临蕃军以抵御论恐热的军队，但是，交战很不顺利，尚婢婢又派遣磨离罴子、烛卢巩力率领军队据守氂牛峡以阻击论恐热的进攻。烛卢巩力请求“按兵不动，据守险要，不与敌军交战，而是出奇兵断绝敌军的粮道，使论恐热进不能作战，退又不得返回，不出几个月，敌军必然溃败”。磨离罴子却不同意这个建议。烛卢巩力说：“我宁可成为不被重用的人，也不能成为败军的将领。”于是，假称自己生病，返回了鄯州。磨离罴子迎战，结果战败而死。尚婢婢粮食匮乏，命令拓跋怀光留守鄯州，自己率领部落三千余人接近甘州西方有水草的地方。论恐热听说婢婢放弃了鄯州，于是，亲自率领轻骑五千追击。到了瓜州，听说是拓跋怀光戍守鄯州，于是率领军队大肆劫掠河西、鄯、廓等八州，将青壮年男子杀死，将老弱者以及妇女的鼻子和膝盖骨割去，用长矛刺婴儿作为游戏，焚烧居民的住房，使河西五千里之内几乎成了一片赤地。

冬季，十月，辛未日（初七），唐宣宗李忱任命翰林学士承旨、兵部侍郎令狐绹同平章事。

十一月，壬寅日（二十八日），唐宣宗李忱任命翰林学士刘瑑为京西招讨党项行营宣慰使。

唐宣宗李忱任用卢龙留后张允伸为节度使。

十二月，唐宣宗李忱任用凤翔节度使李业、河东节度使李拭一同兼任招讨党项使。

吏部侍郎孔温业向执政宰相请求到地方担任外官，白敏中对同列宰相说："我们这些当朝宰相应该在言行上检点一些，孔吏部已经不肯在朝廷做官了。"孔温业是孔戣弟弟的儿子。

大中五年（辛未，公元851年）

春季，正（一作二）月，壬戌日（二月十九日），天德军向朝廷奏报，代理沙州刺史张义潮派遣使者前来投降。张义潮是沙州人，当时吐蕃大乱，张义潮暗中结交豪杰，谋划凭借自己的力量攻占沙州，向唐朝投降。一天早晨，张义潮率领部众全副武装在州门前喧噪鼓动，原属唐朝的汉族人全都响应他们，吐蕃族守将都惊慌失措地四散奔逃，张义潮掌管沙州军政事务，奉持奏表来归降唐朝。唐宣宗李忱任命张义潮为沙州防御使。

唐宣宗李忱任命兵部侍郎裴休为盐铁转运使。裴休是裴肃的儿子。自从太和年间以来，每年运到江、淮的稻米不过四十万斛，由于路上遭受官吏和士卒的偷盗侵吞以及遇到船沉没于河底的情况，运米船到达渭仓的不到十分之三四，这种情形使刘晏创立的漕运之法遭到极大的破坏。裴休坚决追究漕运的弊病，订立漕法十条，使每年运到渭仓的米高达一百二十万斛。

宣宗十分清楚，党项之所以造反，是由于边地统帅贪图它的羊马之利，数次欺骗抢夺，有的甚至任意加以诛杀，党项不胜愤怒和怨恨，所以被迫叛乱。于是，唐宣宗李忱任命右谏议大夫李福为夏绥节度使。从此，朝廷不断选拔儒臣以代替边镇贪暴的将帅，临行前宣宗还要当面告诫和勉励戍边的文臣，于是党项的叛乱得以安定。李福是李石的弟弟。

宣宗因为南山、平夏党项久久未能平定，对用兵之事十分烦恼。崔铉建议，应派朝中大臣前去镇压招抚，如此才能有成效。三月，唐宣宗李忱任命白敏中为司空、同平章事，充任招讨党项行营都统、制置等使，南北两路供军使兼邠宁节度使。白敏中请求援用裴度过去的惯例，选择朝廷大臣作为将帅佐僚，宣宗同意了他的请求。夏季，四月，任命左谏议大夫孙景商为左庶子，充任邠宁行军司马；任命知制诰蒋伸为右庶子，充任节度副使。蒋伸是蒋系的弟弟。

起初，唐宣宗李忱命令白敏中替万寿公主挑选佳婿，白敏中推荐郑颢。当时郑颢已经和卢氏结婚，郑颢走到郑州时，被宰相府的堂帖追回，为此，郑颢对白敏中很不满意，经常在宣宗面前诋毁白敏中。白敏中将赶赴边镇时，对宣宗说："郑颢不愿娶万寿公主，所以对臣的怨恨已经深入骨髓了。臣子在政事堂，他对臣无可奈何；如今臣外调边镇，郑颢一定会诋毁臣子，臣之死期恐怕临近了！"宣宗说："朕早就知道了，你为什么这么晚才提醒朕！"于是命左、右近侍从宫禁中取出一个红柳木盒子，交给白敏中说："这里面都是郑郎中伤诋毁你的书信，朕如果相信，哪里能重用你到今天呢！"白敏中回家后，把柳木小盒子放在佛前，焚香膜拜。

白敏中在邠宁州驻扎军队，壬子日（十日），定远城使史元在三交谷击破党项族九千余帐，白敏中向朝廷奏告，称党项已被平定。辛未日（二十九日），唐宣宗李忱颁下诏令："平夏党项部族现已安定顺服，听说南山党项部族有些出山的帐落，因为饥寒交迫，仍然在到处抢掠，而被平夏党项部驱逐，穷困得无处投奔。命李福向南山党项部安抚告谕，在银州、夏州境内赐予他们一些闲置的田地。如果他们能洗心革面，听从教化，不再四处抢掠，就应该像对待赤子一样抚慰他们，即使之前他们作恶多端，现在对他们所做之事一概不加追究，如果有的帐落有冤屈需要申诉的话，可让他们自已随时到所在军镇向主管官吏投牒申诉。如果他们再来侵犯疆界，或者再次窜入山林，不接受朝廷教化命令，一律征讨诛杀，绝不宽赦。将吏中有功的甄选奖励，死伤的优先抚恤，灵、夏、邠、鄜四道百姓，免除三年赋税，邻近各道也酌情免除租税。过去，由于边将贪污，致使党项怨恨而叛乱，从今以后，更应选择清廉良吏来安抚他们，如果再使得他们侵边叛变，应当首先降罪边将，然后再讨伐寇虏。”

吐蕃论恐热残酷暴虐，所统领的部落多数叛变。拓跋怀光派人游说引诱他们，他的部众有的分散回到部落（原文居字一作归），有的向拓跋怀光投降。论恐热的势力越来越孤单，于是向其部众扬言说：“我现在要朝拜大唐天子，向唐朝借兵五十万来诛讨不服从我的人，然后将渭州当作国都，请大唐皇帝册封我为吐蕃赞普，谁敢不服从我呢！”五月，论恐热入朝，唐宣宗李忱派遣左丞李景让到礼宾院询问论恐热有什么要求。论恐热神气容色都非常骄横傲慢，说话更是荒诞夸大，他请求担任河渭节度使，宣宗不答应，召他到三殿对话，一如对待平常的胡族宾客，慰劳赏赐后，遣送他回去了。论恐热没有达到目的，怏怏不乐而去，回到落门川，聚集旧时的部众，企图作乱，成为唐朝的边患。适逢此地久雨，缺乏粮食，士众渐渐散去，只剩下三百余人，于是，论恐热逃奔到了廓州。

六月，唐宣宗李忱册立皇子李润为鄂王。

进士孙樵向宣宗进言：“百姓中，男的耕种，女的织布，仍不能自得温饱，而许多僧侣却安稳地坐在华美的屋舍中，穿美好的衣服，吃精致的食品，大抵十户人家还不能供养一个僧侣。武宗对僧侣不劳而食、蠹耗国家而感到愤慨，勒令十七万僧侣蓄发还俗，使得天下一百七十万农户得以喘息复苏。陛下即位以来，修缮恢复了废弃的寺院，让天下营造斧斤的声音久久不断绝，剃度的僧侣几乎都已恢复到原来的数量。陛下纵使不能像武宗那样排除积聚的弊端，也不能把已经废止的再复兴起来吧！近日您想修缮长安城东门，谏官进谏对此事劝阻，您立即就废止了这项工程。而目前陛下对恢复寺庙一事，怎么比修复东门的工程更加急迫呢？恢复寺庙所花费的用度及人员，怎能比修缮东门的更少呢？希望陛下尽早降下圣明的诏书，命令凡是没有恢复身份的僧尼都不准再恢复，还没有修复的寺庙也不准许再修复了，或许劳苦的百姓为此还可以获得一丝喘息的机会吧。”秋季，七月，中书门下奏报宣宗：“陛下崇奉佛教，让群臣百姓无不奔走膜拜，唯恐财力有所不足时，因为推奉佛教而引发事端，骚扰百姓，希望陛下能命令掌管佛事的有关官吏，对修建寺庙的费用适当加以节约。所剃度的僧侣，也委任长吏选择有德行学业的人来做，如果让凶暴粗鲁的人为僧，那么更不是敬佛之道。乡村间的小佛舍，请等到收复河、湟，罢兵后再修建。”宣宗同意了这一建议。

八月，白敏中奏报朝廷，南山党项也请求投降。当时用兵已经很久，国家的资用十分匮乏，宣宗诏示命令对南山党项部族一并赦免，使他们能安居乐业。

冬季，十月，乙卯日（十七日），中书门下奏报宣宗：“如今边境的兵事已平息，而州府的诸多寺院尚未完工，希望能下命令完成。凡大县离州府较远的，准设一座寺院，至于乡村则不得再设置佛舍。”宣宗同意了这个建议。

戊辰日（三十日），唐宣宗李忱任命户部侍郎魏谟同平章事，仍旧兼管户部。当时宣宗年寿已高，还没有册立皇太子，群臣没有谁敢提这件事。魏谟入朝向宣宗谢恩，趁机进言：“现在海内已经太平无事，只是陛下至今还没有册立储君来让正直的官员加以辅导，臣心里对此事深感忧虑。”随即就开始哭泣，当时的人们因为此事十分敬重他。

蓬州、果州的群盗以鸡山为根据地，侵扰掠夺东川、西川、山南西道三川地区，唐宣宗李忱任命果州刺史王贽弘担任三川行营都知兵马使以便征讨群盗。

宣宗诏制因为党项已被平定，罢免白敏中都统之职，只以司空、平章事充任邠宁节度使。

张义潮调发军队基本上平定了沙州近旁的瓜、伊、西、甘、肃、兰、鄯、河、岷、廓十州之地，派遣他的兄长张义泽奉十一州地图名籍入朝觐见宣宗，于是河、湟之地全部归入唐朝版图。十一月，宣宗在沙州设置归义军，以张义潮为节度使、十一州观察使；又以张义潮的判官曹义金为归义军长史。

唐宣宗李忱任命中书侍郎、同平章事崔龟从同平章事，充任宣武节度使。

右羽林统军张直方因外出游猎，很多天未返回宿卫宫城，玩忽职守，被贬为左骁卫将军。

大中六年(壬申，公元852年)

春季，二月，王贽弘讨伐鸡山盗贼，把他们剿平。

这时，山南西道节度使封敖奏报称，巴南的贼人对朝廷出言特别无礼，言辞傲慢，宣宗愤怒极了。崔铉说："这些人都是陛下的孩子，为饥寒所迫，在山谷之间抢夺财物并与您的军队戏弄罢了，实际上并不会玷辱陛下的强盛之师，陛下只要派遣一个使者就可以将他们平定。"于是，宣宗派遣京兆少尹刘潼到果州去抚慰晓谕他们。刘潼向宣宗进言，请求不要派遣军队去征讨，并说："今天臣用太阳和月亮的光明去照亮那群愚昧迷惑之众的心灵，让他们向陛下叩头归顺，做到这一点不难啊。臣所顾虑的，只是武臣看不起不战而胜的功劳，而议论的人却要求立刻见效罢了。"刘潼到了山中，强盗们都弯弓满弦地等着他，刘潼摒退左右之人而一直往前走。说："我已经当面接受天子的诏命，赦免你们的罪，让你们重新做回百姓。听说你们的木弓能射二百步的距离，现在我距离你们只有十步之遥，你们如果真想叛乱的话，现在就可以将我射杀！"之后，贼寇都丢弃弓箭，排列队伍向刘潼跪拜，请求向朝廷投降。刘潼回到馆舍，而王贽弘与中使似先义逸带着兵已经到了山下，竟然进击已经投降的贼寇，将他们都杀死了。

三月，唐宣宗李忱诏命先赐右卫大将军郑光所在的鄠县以及云阳的庄院一律免除赋税徭役。中书门下向朝廷奏报，认为：“赋税徭役的法律，天下都相同。陛下多次颁发意旨，要使中外整齐划一，如今唯独先赦免郑光的赋税徭役，似乎与之前的意思稍微相背离。虽然这是一件微不足道的小事，但牵涉的问题却很多。”宣宗敕命说：“朕认为郑光是朕的元舅，身份尊贵，打算赐给他优厚的待遇，所以赦免他的租税，当初朕没有考虑周全。况且，亲族之间的事，正是别人难以干涉的，你们如果不是爱戴朕，岂能向我进谏如此好的意见呢！凡事若都能如此，天下又何需担忧不能治理好呢！有始有终，应当君臣共同来遵守。按照你们所奏请的去办吧。”

夏季，四月，甲辰日（初八），唐宣宗李忱任命邠宁节度使白敏中为西川节度使。

湖南向朝廷奏报，团练副使冯少端征讨衡州贼帅邓裴，已将其剿平。

党项再度侵扰边境，宣宗打算选择一位可做邠宁主帅的人，而难以找到适合的人选，便从容地与翰林学士、中书舍人须昌人毕諴商议边境的事情，毕諴援引古今之事例，向宣宗陈述征讨党项的一整套对策。宣宗欣喜地说：“朕正要选择统帅，想不到廉颇、李牧就近在朕的宫廷啊。您愿意为朕出征边镇吗？”毕諴高兴地表示愿意领命前往征讨。宣宗想加重他的资历，六月，壬申日（六月无此日），先任命毕諴为刑部侍郎；癸酉日（六月无此日），再任命他担任邠宁节度使。

雍王李渼薨逝，朝廷追谥为靖怀太子。

河东节度使李业放纵吏民侵扰掠夺杂虏，又无故杀了投降的人，由此北方边境骚扰动荡。闰月，庚子日（初六），唐宣宗李忱任命太子少师卢钧为河东节度使。李业因为在宫内有所依凭，群臣不敢上疏陈述他的过失，只有魏谟请求宣宗将李业贬黜罢免官职。宣宗没有答应这一请求，只将李业迁为义成节度使。

卢钧向宣宗奏请任命度支郎中韦宙为副使。韦宙到塞下各处访问，把所有酋长召来，告诉利害祸福，又下令阻止唐朝百姓，告诉他们不许进入胡人居住地侵占掠夺，有违抗者立即斩杀，各个与胡人杂居的部落由此安定下来。

掌书记李璋对一牙将处以杖刑，第二天，一百多牙将来向卢钧申诉此事，卢钧用棍杖打其中为首的牙将，把他贬到外镇守卫，其余的人都受到了惩罚。卢钧说："边境之镇，百余人无理申诉的事件，必须对这些事抑制。"李璋是李绛的儿子。

八月，甲子日（初一），唐宣宗李忱任命礼部尚书裴休同平章事。

獠人侵犯昌、资二州。

冬季，十月，邠宁节度使毕諴向朝廷上奏，招谕党项都来投降。

骁卫将军张直方屡次因奴婢犯小过错而杀了他们，因而获罪，被贬为恩州司户。

十一月，唐宣宗李忱册立宪宗的儿子李惴为棣王。

十二月，中书门下向宣宗奏报："剃度的僧侣并非精良，会败坏佛教的戒律；毫无节制地修建寺庙，会过多地损耗资财。请求从今以后，诸州在之前朝廷诏命所准许设置的寺庙之外，准许在有名胜古迹的地方修复寺庙，准许在人口稠密、车马来往频繁的县设置一所寺院。严禁私自给僧侣、尼姑剃度。如果官府剃度的僧侣、尼姑人员不足的话，可以选出适合的人补上缺额，但仍要向祠部申报发给他们度牒。对于那些远游异地寻找师父的僧侣，也必须持有本州发下的公文，以便到达目的地时，由当地官府对照验证。"宣宗同意了这一请求。

大中七年（癸酉，公元853年）

春季，正月，戊申日（十七日），唐宣宗李忱祭祀昊天，大赦天下。

夏季，四月，丙寅日（初六），唐宣宗李忱敕命："从今以后执法机关惩罚罪人时，用惯常所用之杖。杖击脊部一次，折合常用的臀杖十次；打臀部一次，折合笞刑五次，这些诏令让官吏执行法律时有了一定的依据。"

冬季，十二月，左补阙赵璘请求废止来年的元会（元月的朝会），让宣宗只到宣政殿接见朝臣。宣宗拿此事询问宰相，宰相们回答说：“元会是重要礼节，不可以废止。何况如今天下相安无事。”宣宗说：“最近华州奏报有盗贼肆无忌惮，在白天竟敢劫掠下城，而关中地区今年下雪太少，这都是朕所忧虑之事啊，怎能说没事呢！纵使让朕驾临宣政殿举行典礼，恐怕朕也不可以这样做呀。”

宣宗侍奉郑太后非常恭谨，平日不住在其他宫殿，朝夕奉养。舅舅郑光历任官职为平卢节度使和河中节度使，宣宗与他商议为政之道，郑光应对时表现得鄙陋而浅薄，宣宗对他很不满意，于是赐郑光在朝廷担任右羽林统军，让他便于在朝堂上请奏事情。太后几次跟宣宗谈及郑光家里贫穷的情况，宣宗于是赐给他丰厚的金帛，却始终没有恢复他担任治民的官职。

度支向朝廷上奏：“自从河、湟被平定后，每年天下所纳的钱币有九百二十五万余缗，其中五百五十万余缗是租税，八十二万余缗是公卖酒的收入，二百七十八万余缗是盐利。”

大中八年（甲戌，公元 854 年）

春季，正月，丙戌朔日（初一），出现日食。唐宣宗李忱下诏废止元会。

宣宗自从即皇帝位以来，对宪宗时期的逆臣、宦官、外戚甚至东宫的官属都加以整治甚至杀戮，很多人因此事遭受株连，被诛杀或被流放的人非常多。因为担心造成人心不安，丙申日（十一日），唐宣宗李忱颁布诏书宣称：“长庆初年的乱臣贼子，前段时间搜捕他们的余党，对他们已经依罪流放，其余与罪犯比较疏远的亲族，全都不予追究。”

二月，中书门下向宣宗奏报，拾遗、补阙缺少员额，请求再增补。宣宗说：“谏官关键在于称职，人不必很多，像张道符、牛丛、赵璘等几人，能使我每日听到一些听不到的事就足够了。”牛丛是牛僧孺的儿子。

过了很久，牛丛自司勋员外郎外调为睦州刺史，他入朝谢恩，宣宗赐给他紫衣。牛丛谢恩后，走上前去说：“臣现在穿的绯衣，是刺史的依凭。”宣宗随即说：“那朕就再赐给您一件绯衣吧。”宣宗看重、珍视象征官员身份与地位的官服，有关部门经常制备好几套这样的绯衣、紫衣在宣宗身旁跟随，以备随时赏赐给官员，但有时半年时间用不到一件，所以当时人们都把能穿绯衣、紫衣当作很荣耀的事。宣宗信任又看重翰林学士，但翰林学士职位升迁时，宣宗一定要核对他们任官的年月，看他们是否任期届满，是否有足够的资历迁升新的职位，认为不可以随心所欲地将官爵私下赏赐给身边亲近的臣子。

秋季，九月，丙戌日（初四），唐宣宗李忱任命右散骑常侍高少逸为陕虢观察使。有一位宦官敕使路过硖石县时，因为驿馆供给他食用的饼太黑而生气，就用鞭子抽打驿吏，打得流血。高少逸把这块饼封缄起来进呈给宣宗看。敕使还朝后，宣宗责斥他说：“深山之中，如此的食物岂是容易得到的呢？”将他降职，发配守卫恭陵。

唐宣宗李忱册立皇子李洽为怀王，李汭为昭王，李汶为康王。

宣宗亲临苑北狩猎，遇到一个樵夫，询问他的县籍，他说：“是泾阳人。”宣宗问：“县令是谁呢？”他说：“李行言。”宣宗问：“他的政事处理得如何？”樵夫回答说：“李行言性格特别执拗。有几个强盗在县监狱被囚禁，宦官掌管的北司禁军来县府准备将这些强盗带走，李行言始终不放，硬是将这几个强盗全部处死了。”宣宗回朝后，把书写着李行言名字的帖子粘在寝殿的柱子上。冬季，十月，唐宣宗李忱任命李行言为海州刺史，于是李行言入朝谢恩，宣宗赐给他金紫衣，问他：“你知道为什么赐给你紫衣吗？”李行言回答：“不知道。”宣宗于是命人取下殿柱上的帖子给他看。

宣宗认为在甘露之变中，只有李训和郑注应该被处死，其余像王涯、贾餗等人无罪，于是下诏都雪洗了他们的冤屈。

宣宗召翰林学士韦澳前来，假借讨论诗文，摒退左右和他商议说：“近日，禁宫外对内侍宦官的权势有哪些说法呢？”韦澳回答说：“臣子们都说陛下对宦官的惩治严厉而果断，前朝皇帝都不能与您相比。”宣宗闭着眼摇头说：“完全不是这样，完全不是这样！朕对宦官的畏惧尚存在。你说说看有什么好计策对付他们呢？”韦澳回答说：“如果与宫廷之外的宰相大臣谋议诛除宦官的话，恐怕会有像太和年间那样的变故发生，不如在宦官中选择一些有才识的人，与他们来谋划此事。”宣宗说：“这是下策。当朕给他们升职，赐给他们黄色衣裳、绿色衣裳，以至绯衣时，他们都对朕感激涕零，如果朕赐给他们紫衣时，他们就与为首作恶的宦官勾结在一起，不再听朕的调遣了。”宣宗还曾经与令狐绹谋划把宦官杀尽，令狐绹恐怕滥及无辜，秘密奏报说：“陛下只要惩治有罪的宦官就可以了，这样宦官有缺额不加补给，数量自然会逐渐耗减，终会消失。”宦官偷看到了他的奏疏，于是宦官与外朝士大夫彼此更加交恶，南衙朝官与北司宦官就像水火般不相容了。

大中九年（乙亥，公元855年）

春季，正月，甲申日（初四），成德军向朝廷奏报节度使王元逵去世，军中推立他的儿子节度副使王绍鼎。癸卯日（二十三日），唐宣宗李忱任命王绍鼎为成德留后。

二月，唐宣宗李忱任命醴泉令李君奭为怀州刺史。起初，宣宗在渭上狩猎，有十几位父老聚集在佛祠。宣宗询问他们，他们回答说：“我们是醴泉的百姓。县令李君奭有优异的政绩，任期届满当免除此官，我们到官府请求让他在此地留任，为此在佛祠祷告，希望能满足我们的心愿。”当怀州刺史出缺时，唐宣宗李忱亲笔诏令任命李君奭担任，宰相对任命李君奭一事无从测知。李君奭入朝谢恩，宣宗把从父老那里听来的话告诉他，以此勉励李君奭，众人这才明白李君奭破格提升的缘故。

三月，唐宣宗李忱诏命邠宁节度使毕諴回到邠州。起初，因为河、湟刚归附，党项尚未平定，而调遣邠宁军到宁州。到此时，南山、平夏都已安定，威、盐、武三州军粮充足，所以宣宗命令毕諴回到治所。

夏季，闰四月，唐宣宗李忱诏命："州县对民户调发的差役不均衡，从今以后，每县官府根据当地百姓的贫富情况，以及差役的轻重制作差科簿，递交州刺史检查签署完毕后，再到县令衙署收藏存档，每有徭役和朝廷分派下来的差役，就以差科簿为依据确定当差的人。"

五月，丙寅日（十九日），唐宣宗李忱任命王绍鼎为成德节度使。

宣宗聪慧，精于观察，记忆力很强，宫中担任洒水扫地的厮役，宣宗都能认识并且记得他们的姓名，并熟悉这些人的性格及特长，所以招呼他们干活，从来没有叫错过，也没有差误。天下各个地方官府奏告给朝廷的狱吏小卒的姓名，宣宗也是一看就记得清清楚楚。有一次，度支奏报中有"渍污帛（被水浸湿污染的布帛）"，把"渍"字误写为"清"字，枢密承旨孙隐中认为宣宗不会发现这小错误，立即将错字改正，然后交付中书门下，奏状经宰相府官员签署后再送入宫内，宣宗发现奏状有被改动的痕迹，大为恼怒，对此进行追究，将擅自修改章奏的人都惩处并降职。

宣宗暗中命令翰林学士韦澳依次将各州境内的疆土风俗物产以及各种利害关系编纂成一本书，韦澳写完后立即呈递宣宗，就连他的子弟也不知晓这件事，给这本书命名为《处分语》。有一天，邓州刺史薛弘宗入朝谢恩，他离开时对韦澳说："陛下对邓州的事务了解得特别清楚，分析和处理让人惊叹。"韦澳询问其中谈到的一些情况，结果都是《处分语》中所写的事。韦澳在翰林院，宣宗有时派宦官宣布诏令，由他起草诏书。有些事韦澳认为处理得不妥当，就对传达旨意的宦官说："此事必须陛下亲笔写下字据，我才敢根据它来草拟诏书。"于是这件事就一直拖延至第二天清晨，韦澳再上疏向宣宗详细陈奏，宣宗大多数会同意他的建议。

秋季，七月，浙东军队叛乱，他们驱逐了观察使李讷。李讷是李逊弟弟的儿子，性情躁急，对部下将士不以礼相待，所以军队作乱。

淮南饥荒，百姓多数流亡在外，节度使杜悰游宴过多，不理政事。唐宣宗李忱知道后，甲午日（七月无此日），任命门下侍郎、同平章事崔铉同平章事，暂代淮南节度使；丁酉日(七月无此日)，唐宣宗李忱任命杜悰为太子太傅、分司。

九月，乙亥日(二十九日)，唐宣宗李忱贬李讷为朗州刺史，监军王宗景受杖刑四十下，发配去守卫恭陵。接着，唐宣宗李忱下诏："从今以后武臣不守律法，监军一并坐罪。"任命礼部侍郎沈询为浙东观察使。沈询是沈传师的儿子。

冬季，十一月，唐宣宗李忱任命吏部侍郎柳仲郢为兵部侍郎，代盐铁转运使。有一位叫刘集的医生在民间四处行医，通过关系与宫廷之人结交，唐宣宗李忱颁下诏书任命刘集为盐铁补场官。柳仲郢向宣宗进谏："医工刘集医术精湛，可以补任为医官，如果让他管理铜盐事务的话，拿什么来考核他的政绩，评判他的好坏呢？况且，盐铁补场官是品阶低微的小官，本来不是由陛下颁诏令亲自任命的，臣不敢接受陛下的诏命。"宣宗随即批道："赐给刘集一百匹绢，打发他回去吧。"几天后，宣宗召见柳仲郢，慰劳他说："你所上奏的刘集一事很好。"

宣宗曾以无法进食为苦，召医生梁新诊视脉搏，医治了几天，病况好转，梁新趁机自己开口向宣宗要求赏赐一个官位，宣宗没有答应，只是下诏，命令盐铁使每月给梁新三千缗钱罢了。

右威卫大将军康季荣从前担任泾原节度使，擅自动用了二百万缗官钱。事件被发觉后，康季荣向朝廷请求用自己的私人财物偿还。宣宗因为康季荣有开辟河、湟的功劳，就准许了他的请求。给事中封还诏令，谏官也向宣宗进言劝谏，认为此事不可。十二月，庚辰日(初五)，唐宣宗李忱贬康季荣为夔州长史。

江西观察使郑祗德因儿子郑颢娶了公主而通达显贵，一再向朝廷请求得到一个散官的头衔。甲午日(十九日)，唐宣宗李忱任命郑祗德为太子宾客、分司东都，担任闲职。

大中十年(丙子，公元 856 年)

春季，正月，丁巳日(十三日)，唐宣宗李忱任命御史大夫郑朗为工部尚书、同平章事。

宣宗让裴休知无不言地议论朝廷重大事情，裴休请求宣宗及早册立皇太子。宣宗说："如果册立皇太子的话，朕就将成为无用的闲人了。"裴休听了，就不敢再说什么了。二月，丙戌日(十三日)，裴休假借生病请求辞去职位，宣宗没同意他的请求。

三月，辛亥日(初八)，唐宣宗李忱诏示认为："回鹘对国家有功，世代有婚姻关系，自居臣子，奉献贡物，使北方边境无须警戒。会昌年间，回鹘王廷丧乱，可汗流浪奔逃，当时正赶上奸臣李德裕把持大唐中枢朝政，于是实施对回鹘残部全部诛灭的措施。近来，有归顺我朝的回鹘人说，如今，已厖历已做了回鹘可汗，目前在安西地区寓居，等他收复失地并返回原先回鹘王廷所在的牙帐时，朕将正式册命他为回鹘国可汗。"

唐宣宗李忱因京兆地区长期没有治理好，夏季，五月，丁卯日(二十四日)，任命翰林学士、工部侍郎韦澳为京兆尹。韦澳为人公平正直，视事以后，强横奸猾的贵戚都有所收敛，不敢再胡作非为。郑光的庄吏(掌主家田庄收租之吏)恣纵横暴，几年不缴租税，韦澳把他拖来，上了刑具。宣宗在延英殿询问韦澳，韦澳将逮捕郑光庄吏的原委全部向宣宗陈奏，宣宗说："你准备如何处置他呢?"韦澳说："臣准备依法处置。"宣宗说："郑光特别喜爱这位庄吏，怎么办呢?"韦澳回答说："陛下在内廷把臣任命为京兆尹，准备清除京畿的积留弊端。如果郑光的庄吏常年为非作歹，却能得到宽容而免受刑法处置的话，那么陛下所制定的法律，看来只是用来管制贫困百姓的，我实在不敢再奉陛下诏命处理政事了。"宣宗说："确实如你所奏，只是郑光无休无止地纠缠朕啊，你只需给他痛打一顿，免了他死罪可以吗?"韦澳回答说："臣不敢不遵奉诏示，只是希望陛下能让臣暂且把他拘系，等到他把租税交足后再释放他。"宣宗说："这样显然可行。朕因为郑光而阻挠你依法处置，觉得非常惭愧。"韦澳回府后，立刻对郑光的庄吏处以杖刑，督促他交满数百斛租税后，才把庄吏送归给郑光。

六月，戊寅日（初七），唐宣宗李忱任命中书侍郎、同平章事裴休同平章事，暂代宣武节度使。

司农卿韦廑想向朝廷请求担任夏州节度使，有一个术士了解到韦廑的心思，就前往他家拜访，说："我擅长占星术，替别人求取官职没有不实现的。"韦廑相信了他的话，当天夜晚，在庭院摆设好占星用具。术士说："请您在纸上书写您想要的官阶。"术士拿到韦廑手写的求官字条后，就对着天空大声呼喊："韦廑有叛乱之心，让我为他祭告天神啊！"韦廑惊恐极了，全家向术士哭泣着跪拜请求，说："希望山人给百口之家留一条活路吧！"然后把家中的财产珍玩全部献给术士。巡逻的人听到呼喊声，对术士穿着花色鲜美的衣服很惊奇，把他看成强盗抓了起来。术士情急之下，说："韦廑教我祭天，我要控告他，他用家财来求我把这件事隐瞒下来。"此事被宣宗知道了，秋季，九月，宣宗召韦廑当面诘问他，得知了他的全部冤情，就对宰相说："韦廑是京城之南门第最高的世族，被奸人诬陷，不要让狱吏再侮辱他。"立刻把术士交付给京兆府治罪，杖刑打死，贬韦廑为永州司马。

户部侍郎、判户部、驸马都尉郑颢，谋求担任宰相职位的心情十分迫切。他的父亲郑祗德写给他一封信说："听说你已掌判户部事务，这将是我必死之年；又听说你打算求得宰相的官职，这更将是我必死之日！"郑颢深感畏惧，屡次上表请求辞去户部的繁重事务。冬季，十月，乙酉日（十五日），唐宣宗李忱任命郑颢为秘书监。

唐宣宗李忱派遣使者前往安西去镇守并抚慰回鹘部族。使者抵达灵武时，适逢回鹘可汗派遣使臣入唐朝进贡。十一月，辛亥日（十二日），唐宣宗李忱册封回鹘可汗为嗢禄登里罗汨没密施合俱录毗伽怀建可汗，任命卫尉少卿王端章充任册封使者。

吏部尚书李景让向宣宗上书说："穆宗是陛下的哥哥，敬宗、文宗、武宗是陛下哥哥的儿子，陛下拜哥哥还可以，拜侄儿可以吗？这样一来，会使得陛下上不能亲自侍奉七庙，应该把四主（穆、敬、文、武的神主）迁出太庙，把代宗以下还归太庙。"唐宣宗李忱下诏百官商议此事，群臣没有统一意见，此事也无法裁定，最后也就作罢，当时的人对李景让迎合宣宗的这种做法表示鄙夷轻蔑。唐宣宗李忱颁下诏令："在灵感、会善两座寺庙里安设戒坛，填补空缺的僧侣和尼姑，然后交付长老僧来进行挑选，之后，官府发给他们证书。

让他们前往灵感、会善两坛接受佛教戒律，两京长安、洛阳各选出能持戒行的大德和尚十人主持受戒之事。有不能忍受戒律的就罢除他的僧、尼身份，能接受佛教戒律的把度牒颁发给他，让他们返回本州。各地寺院如果看不到灵感、会善二寺发给的公家度牒，不得私自将任何僧、尼留下。要以原有的僧、尼作为优先选择的对象，如果原来的僧、尼没有适合的人选，再选择其他人。"

壬辰日（十一月无此日），唐宣宗李忱任命户部侍郎、判户部崔慎由为工部尚书、同平章事。唐宣宗李忱每次任命宰相时，身边没有一个人知道。在前一天，宣宗先命令枢密宣谕旨意给学士院，任命兵部侍郎、判度支萧邺同平章事。枢密使王归长、马公儒立刻向宣宗复奏道："萧邺现在所担任的判度支一职是否应该罢免呢？"宣宗认为王归长等人是打算在内廷帮助萧邺，立即手写崔慎由的名字及新的任命交付翰林学士院，然后说道："不再兼任户部事务。"萧邺是萧明的八世孙。

内园使李敬寔遇到郑朗时，没有避开郑朗的马，郑朗于是将此事奏告宣宗。宣宗拿此事责备李敬寔，李敬寔回答说："服侍陛下的宦官按照旧例可以不避宰相的马。"宣宗说："如果你奉朕的敕命办公事，骄横也还可以，但怎能在私人外出时而不避宰相呢！"于是诏令李敬寔脱去标志他内官身份地位颜色的服饰，把他发配到南衙服劳役。

大中十一年（丁丑，公元857年）

春季，正月，丙午日（初七），唐宣宗李忱任命御史中丞兼尚书右丞夏侯孜为户部侍郎、判户部事。以前，判户部有缺，京兆尹韦澳上朝向宣宗奏事，宣宗想让韦澳补任判户部这一官职。韦澳推辞说："臣这些年身体精神都衰老损耗太多，确实难以再处理繁杂艰巨的事务，臣好几次向陛下请求去管理一个小镇，陛下却一直没有准奏。”宣宗听了这些话后很不开心。韦澳回到家中，外甥柳玭担心韦澳说错了话，很是忧虑。韦澳说：“陛下不与宰辅官商议任用我，私下里却想任命我，人们必定会议论，说我是通过其他关系谋取的官职，这样，事情还怎么说得明白呢！你知道如今的政治情势越来越差吗？这都是由于我们这些当权者贪图名利地位所导致的呀。”丙辰日（十七日），唐宣宗李忱任命韦澳为河阳节度使。柳玭是柳仲郢的儿子。

宣宗准备亲临华清宫，谏官们极力上言加以劝阻，宣宗为此而罢止。宣宗乐于听人规谏，凡是谏官们论事、门下省封驳，只要符合事情本身的道理，宣宗大都能虚心接受，愿意听从臣子的建议；得到重臣呈奏的奏折，一定先焚香洗净双手，然后阅览。

二月，辛巳日（十三日），唐宣宗李忱任命门下侍郎、同平章事魏谟同平章事，兼西川节度使。魏谟担任宰相在宣宗前商议政事时，其他宰相大多不敢直言进谏，有时只是委婉含蓄地劝谏几句，只有他敢直言进谏，没有避讳。宣宗每次听了魏谟的直言劝谏之后，总是赞叹说：“魏谟有他的先祖魏征的遗风，朕从心里佩服敬重他啊。”然而，魏谟最终还是因为刚直不阿而遭受令狐绹嫉恨，被排挤出朝廷，外任节度使一职。

岭南地区的溪洞蛮人多次侵犯边境，盗取财物。夏季，四月，壬申日（初五），唐宣宗李忱任命右千牛大将军宋涯为安南、邕管宣慰使。五月，乙巳日（初九），唐宣宗李忱任命王涯为安南经略使。容州军队叛乱，驱逐了经略使王球。六月，癸巳日（二十七日），唐宣宗李忱任命王涯为容管经略使。

甲午日（二十八日），唐宣宗李忱册立皇子李灌为卫王，李漼为广王。

秋季，七月，庚子日（初五），唐宣宗李忱任命兵部侍郎、判度支萧邺同平章事，仍旧兼判度支。

宫廷教坊里有一个名叫祝汉贞的优人，为人滑稽又思维聪敏，宣宗有时随意指着一个事物，让祝汉贞当场表演口戏，祝汉贞立刻能够根据宣宗所指事物编出一段故事或一个笑话，而且滔滔不绝，就好似之前已经编排好的一样，听故事的人没有不捧腹大笑的，因此受到宣宗的宠爱，受宠程度超过其他优人。有一天，祝汉贞在宣宗面前拍着手掌讲诙谐戏，引人大笑，话题多涉及外朝政事。宣宗表情严肃地说："我畜养你们这些人，只是供作戏笑罢了，怎能谈论到朝廷政事呢！"从此就对他疏远了。适逢此时，祝汉贞的儿子因贪赃获罪，被杖刑而死，宣宗把祝汉贞流放到天德军。

宫廷乐工罗程，擅长弹奏琵琶，在唐武宗当政时期已得到恩宠。宣宗素来通晓音律，所以他对罗程就更加宠爱。罗程依仗皇帝的恩宠残暴狂横，有人只对他瞪一眼，他便将人杀死，京兆府将他逮捕入狱。宫廷诸乐工想乞求宣宗赦免罗程的罪行，借着宣宗驾临后苑听音乐演奏时，特意为罗程安设了一个虚座，上面摆放着罗程的琵琶，然后他们一起在庭前跪拜，痛哭不止。宣宗问他们为何痛哭，乐工们回答说："罗程有负陛下的恩宠，确实应该判处死刑，但罗程的琵琶演奏是天下无双的绝艺，我们深深惋惜，恐怕以后在陛下的宴会和游乐中，再也听不到他精妙的演奏了。"宣宗说："你们所惋惜的是罗程的才艺，我所珍视的是高祖、太宗的律法。"最终，还是用杖刑处决了他。

八月，成德节度使王绍鼎去世。王绍鼎沉湎于酒色，喜欢攀上高楼用弹丸射人来取乐，士兵早就想把他驱逐。正巧此时，他病死了，军中便拥立他的弟弟节度副使王绍懿。戊寅日（十四日），唐宣宗李忱任命王绍懿为成德留后。

九月，辛酉日（二十七日），唐宣宗李忱任命太子太师卢钧同平章事，兼山南西道节度使。

冬季，十月，己巳日（初五），唐宣宗李忱任命秦成防御使李承勋为泾原节度使。李承勋是李光弼的孙子。之前，吐蕃酋长尚延心率领河、渭二州的部落前来投降，朝廷授予他武卫将军的官职。李承勋贪图尚延心部众的羊马等物品，于是把尚延心引诱到凤林关，让他们居住到秦州以西地区。李承勋与部下各位大将又谋划擒获尚延心，诬陷他有造反之意，将他的财物全部掠夺过来，并将他的部众迁移到荒凉的边外地区。尚延心了解到李承勋的计谋后，借参加李承勋军中宴饮的机会，在座中对李承勋说："河、渭两州，土地空旷，人口稀少，因为常常发生饥荒和瘟疫，唐人大多数已向内迁徙到三川去了，而吐蕃全都到叠、宕的西方隐藏行迹，两千里之间，荒凉没有人烟。我尚延心想拜见天子，向朝廷请求能率领所有部下将士分别迁移到内地，成为大唐的百姓，让西方边境永远没有狼烟四起的战争警报，这种功劳也许不会赶不上张义潮吧。"李承勋打算将此功劳归于自己，心里犹豫不决，没有给尚延心承诺。尚延心又说："我打算归顺唐朝，将部落迁移到内地，只是遗憾秦州不再有所凭借了。"李承勋听后与部下各位大将对望，没有什么话说了。第二天，诸将向李承勋进言说："您首先在秦州开垦营田，设置防御使府，坐拥万人的军队，朝廷度支还会供给军饷，将士们没有打仗守御的辛苦，却能收到耕垦交易的丰厚利益。如果我们应允了尚延心的谋划，则西方边境没有战事，朝廷必然会撤除使府，节省戍守兵力，把秦州归还，让它隶属凤翔，那么我们就再没什么指望了。"李承勋认为说得很对，立刻向朝廷奏报，请求任命尚延心为河、渭两州都游弈使，让他统率其部众在这两州地方居住。

中书侍郎、同平章事郑朗以疾病为由请求辞掉职务。壬申日（初八），唐宣宗李忱任命郑朗为太子太师。

宣宗晚年十分喜好神仙之术，派遣中使（宦官）在罗浮山迎接道士轩辕集。

王端章册立回鹘可汗，因道路被黑车子堵塞，没有到达目的地就返回了。辛卯日（二十七日），王端章被贬为贺州司马。

十一月，壬寅日（初八），唐宣宗李忱任用成德军留后王绍懿为节度使。

十二月，萧邺罢除判度支。

大中十二年(戊寅，公元 858 年)

春季，正月，唐宣宗李忱任命康王傅、分司王式为安南都护、经略使。王式有才干谋略，到达交趾后，种植艻木作为栅栏，可以支持数十年。在栅寨外挖掘深深的壕堑，以便使城中的水排流出来，又命人在壕堑外种上竹子，让贼寇不能轻易进犯。仔细挑选士兵然后加以训练，从而使军队极其精锐。不久，南诏蛮军前来侵犯，距离交趾只有半日的路程，王式却神情安然闲适，派遣翻译前往南诏军营中，晓谕他们唐军早已经做好防御准备，形势对蛮军很不利。南诏蛮军听到消息在一个晚上就撤离了，并派人向王式道谢说："我们是前来追捕反叛的獠族人的，并没打算侵扰大唐边境。"安南都校(犹都将)罗行恭，对都护经略使府的政事独断专行，专横跋扈很久了，麾下的精锐士卒(精一作积)有两千人，而都护中军只有羸弱的士兵数百人。王式来到安南，用棍杖打罗行恭的后背，惩罚他的专横，并将他贬黜到边境去。

起初，户部侍郎、兼度支刘瑑为翰林学士，宣宗很器重他。当时他担任河东节度使，被宣宗用手诏征召回朝廷，刘瑑向宣宗奏称，军队已从河东出发，朝外百官才知道这件事。戊午日(二十五日)，唐宣宗李忱任用刘瑑为同平章事。刘瑑是刘仁轨的五世孙。

刘瑑和崔慎由在宣宗面前商讨政事。崔慎由说："应该甄别官员的等级辈分，陛下根据这些内容赐予官员相应的职位。"刘瑑说："过去，西晋的王夷甫崇尚浮华，胡乱将官员分为清浊流品，结果酿成大祸，让中原地区成了一片废墟。如今，朝廷圣明，应当依据名义而责求事实，让百官各司其职，如果陛下为政把甄别群臣的品流作为第一要务，我不知道何时才能等到国家得到治理那一天啊！"崔慎由无言以对。

轩辕集到了长安，宣宗将他召进宫中，向他询问说："长生不老可以学习得到吗？"轩辕集回答说："帝王必须摒弃嗜欲而崇尚德行，自然能得到长久的福分，哪里还用到什么地方去求得长生不死呢？"

轩辕集在宫中居留了几个月后，坚决请求返回罗浮山，宣宗派人把他送了回去。

二月，甲子朔日（初一），唐宣宗李忱罢除公卿朝拜光陵以及忌日行香的礼制，又命令将全部宫人转移到诸皇帝的陵墓前居住，让他们早晚供奉。

戊辰日（初五），唐宣宗李忱任命中书侍郎、同平章事崔慎由为东川节度使。

宣宗准备亲临丹凤门楼颁下诏令赦免有罪之人，令狐绹进谏说："陛下亲临一次丹凤楼耗资巨大，做这件事必须找一个名义，况且，对犯人赦免减罪的次数不能太多。"宣宗听后很不开心，说："对于朕来说，登楼大赦罪犯以什么名义最合适？"崔慎由说："陛下还没有册立太子，所以天下人瞩目而翘望。如果举行册立皇太子典礼的话，那么就是举行郊祀也是可以的，更何况陛下登楼大赦天下这样的事情呢！"当时，宣宗吃了方士所炼的丹药，心里已感觉急躁焦渴，而外人并不知道这一情况，宣宗对臣子的猜忌怀疑也已经很严重了，听了崔慎由的话，宣宗低头不再说什么。几天后，崔慎由就被罢除宰相职位。

渤海王李彝震去世。癸未日（二十日），唐宣宗李忱立李彝震的弟弟李虔晃为渤海王。

夏季，四月，唐宣宗李忱任命右街使、驸马都尉刘异为邠宁节度使。刘异所娶的安平公主是宣宗的妹妹。

庚子日（初九），岭南都将王令寰发动叛乱，将节度使杨发拘囚。杨发是苏州人。

戊申日（十七日），唐宣宗李忱任命兵部侍郎、盐铁转运使夏侯孜同平章事。

五月，丙寅日（初六），工部尚书、同平章事刘瑑去世。刘瑑在病重时，仍然给唐宣宗手写疏奏议论政事，宣宗对他的死深感痛惜。

唐宣宗李忱任命右金吾大将军李燧为岭南节度使，已经命令中使赐给他符节，而给事中萧倣却把诏书封缄归还。当时，宣宗正在欣赏奏乐，没有空闲时间再召宦官中使完成此项任务，于是就派身边的一名优人前去追回符节，岭南节度使的符节在刚刚送达李燧家门口时才被追回。萧倣是萧俛的堂弟。辛巳日（二十一日），唐宣宗李忱任命泾原节度使李承勋为岭南节度使，调派与岭南相邻的几道军队，讨伐王令寰的叛乱，最后把他们剿平。

这一天，湖南军队发生叛乱，都将石载顺等人将湖南观察使韩悰驱逐出境，把都押牙王桂直杀死。韩悰没有对部下将士以礼相待，所以遭此叛乱。

六月，丙申日（初六），江西军队发生叛乱，都将毛鹤驱逐了观察使郑宪。

起初，安南都护李涿（或作琢），治理政事贪婪残忍又暴虐，迫使蛮人把马牛卖给他，而一头马或一头牛只给一斗盐，还杀死蛮人的酋长杜存诚。所有蛮人对他又气愤又怨恨，于是蛮人交结南诏国的军队一起侵扰唐朝边境。

安南都护府管辖的峰州有个地方叫林西原，原来有六千防冬兵，在林西原旁边有七绾洞蛮，他们的酋长叫李由独，常常协助大唐守卫边境，并向唐朝州县送缴赋税。掌峰州行政的地方官向李涿进言，请求撤离林西原六千戍守的防冬兵，把守卫边境驱逐蛮寇的任务交付李由独。因为李由独势力孤弱，不能独自占据一方，于是，南诏国的拓东节度使给李由独送去一封书信，引诱并劝说他背叛大唐，并许诺把外甥女嫁给李由独的儿子，让李由独担任南诏国的拓东押牙，于是，李由独率领其部众向南诏王称臣。从此，安南开始有了蛮患。这一月，南诏蛮军侵犯安南。

秋季，七月，丙寅日（初七），宣州都将康全泰叛乱，驱逐了观察使郑薰，郑薰逃奔到扬州。

丁卯日（初八），右补阙内供奉张潜向朝廷上奏疏，认为："藩府办理移交时，都奏报仓库储存积蓄的数量，把盈余多作为课征的成绩，朝廷也因此而擢拔奖励。臣私下考虑，藩府的财富，它的来源是固定的，如果不是对所管辖的百姓聚敛赋税过重，以及克扣所率领将士的军饷，减扣将士的衣服，那朝廷规定上缴的税额之外的余额又是从哪里得到的呢？近来，南方几个藩镇常常发生叛乱，不得安宁，大概就是这个原因。如果有变故发生，使府仓库储备的财物全部被劫掠，而朝廷又征调军队前去征讨，军队所需费用更是使府仓库储备财物的百倍，这么来看，对朝廷又有什么好处呢？臣请求朝廷从今天起，藩府长吏不增加赋税的征收，不准许减少所部将士的衣粮，并且控制府帅大将游乐宴饮的资费，节省一切浮华的开支，如果这样做，在朝廷规定缴纳的赋税数额之外还有余额的话，当然可以得到奖赏。”宣宗嘉许并且采纳了他的意见。

容管向朝廷奏报都虞候来正谋划叛变，经略使宋涯把他擒住杀死了。起初，忠武军的精锐士兵都以黄巾包着头，号称黄头军。李承勋率领一百人平定了岭南，宋涯命令部下的精兵效仿忠武黄头军的衣服，也平定了容州。

安南有一群冥顽不化的刁民，多次发动叛乱，听说宋涯率领黄头军平定了容州，无比惊慌地呼喊：“黄头军横渡大海来攻打我们了！”于是，他们聚集一起在夜晚包围了交趾城，击鼓喧哗大叫：“希望把都护送回北方去，我们必须占据这座城来抵御黄头军。”王式正在吃饭，有人劝他到外面躲避一下。王式说：“我只要一挪动脚走了，交趾城就会被攻占。”于是，他慢慢地吃完饭，穿上甲胄，率领身边士兵登上城墙，竖起大将的旗帜，坐在那里斥责叛乱的人，迫使他们扭头跑了。第二天，王式把叛乱的人全部擒拿，并将他们杀掉。有个叫杜守澄的人，他的家族从南朝齐、梁以来率领宗族部众占据溪洞，官府都不能制服他。王式就采取离间杜氏宗族亲党的妙计，故意让杜守澄逃跑并被打死。安南地区因为饥荒和叛乱相继发生，所以有六年时间没有向京师运送钱帛，都护府军中也没有钱财犒赏将士。王式到这里后才开始再次运送贡赋，犒赏将士，让这里安定下来。占城、真腊也都重新派来使者与唐朝通使。

淮南节度使崔铉向朝廷上奏已派出兵士征讨宣州贼人。八月，甲午日（初六），唐宣宗李忱任命崔铉兼宣歙观察使。己亥日（十一日），唐宣宗李忱任命宋州刺史温璋为宣州团练使。温璋是温造的儿子。

河南、河北、淮南发生洪灾，徐州、泗州地方的洪水深达五丈，漂走淹没了几万人家。

冬季，十月，建州刺史于延陵入朝向宣宗辞行，宣宗问他："建州距离京城有多远呢？"于延陵回答说："八千里。"宣宗说："你到那里治理政事的好坏，朕都会知道，不要认为距朝廷太远就可以任意胡为！即使是远达万里也像是在这台阶前一样，你明白吗？"于延陵吓得惊恐至极，应对错乱。宣宗抚慰他一番后，就把他送走了。于延陵到任后，最终因为不称职被贬为复州司马。

令狐绹打算任用李远为杭州刺史，宣宗说："我听到李远的诗说：'漫长白日只够消遣一局棋（长日惟消一局棋）。'这样一个棋迷怎么能治理好一方百姓呢？"令狐绹说："诗人写诗，假托下棋以尽情抒发自己的情趣，把下棋作为一件高兴的事情罢了，李远未必真是这样啊。"宣宗说："姑且让他去担任这一官职看看吧。"

唐宣宗李忱颁下诏令，命令各州刺史不能随意迁徙到外地为官，必须前往京城朝见天子，由天子当面考核其能否胜任此职务，然后加以委任。令狐绹曾把与自己有交情的官员升迁为州刺史，这位官员还没有抵达京城就顺道去自己的任所就任了。宣宗看见这位刺史呈上的谢恩奏疏后，拿这位官员赴任时未到京城朝见天子一事责问令狐绹，令狐绹回答说："因为此官员赴任的治所比较遥远，所以没有来京城朝见，以便省去一些迎接欢送方面的礼节。"宣宗说："朕因为看到天下各州的刺史大多数才能与职位不相称，成了一方百姓的祸害，所以才打算对任命官员一一召见，向他们当面询问赴任后将要采取的治理方略，从而了解他们的才华优劣好坏，以便对他们进行提拔或贬黜。可是，朕的诏令已颁布了很久，你却将之抛弃，搁在一旁不采用，看来宰相把持大权真是让人恐怖的事啊！”当时天气很是寒冷，可是令狐绹竟然吓得汗流浃背，好几层衣服都湿透了。

宣宗登基处理朝政时，接见对待群臣就犹如对待宾客一样很有礼节，哪怕是身边之人以及亲近狎习之人，从没见他有怠慢的神色。每当宰相奏请朝政时，宣宗旁边不站立一人，但是他威严的态度让人不敢抬头直视。等臣子奏报事情完毕后，宣宗会一下子和颜悦色地说："我们可以聊些闲事了！”于是就询问一些民间的琐细事情，或者畅谈宫中游猎饮宴的事情，没有不谈的话题。大约一刻钟后，宣宗神色又归于严肃，训诫宰相们说："你们几位要竭尽忠心，好好干，朕常常担心你们会辜负朕的期望，以致以后不能君臣相见啊。”遂起身去往宫中。令狐绹对人说："我主持朝廷政事已经十年了，最能得到陛下的恩宠信任，但每次我前往延英殿奏报政事时，从来都是汗水浸湿了衣服啊！”

起初，山南东道节度使徐商因为掌管的疆域险峻而宽广，有很多盗贼出没，所以就挑选出几百名精锐士兵另外编成队伍进行培训，这支队伍号称“捕盗将”。湖南发生驱逐节度使的叛乱时，唐宣宗李忱就颁布诏令任命徐商率领军队前去平定乱军。于是徐商接受诏命派遣二百名捕盗将剿灭了湖南叛乱。

崔铉向宣宗奏报已攻占宣州，斩杀了康全泰以及他的党人四百余人。

宣宗因为光禄卿韦宙的父亲韦丹主持江西政务时取得很好的业绩，任命韦宙为江西观察使，并征调与江西相邻道的军队一起征讨毛鹤。

崔铉因为宣州已经平定，向朝廷上奏请求辞去宣歙观察使一职。十一月，戊寅日(二十一日)，唐宣宗李忱任用温璋为宣歙观察使。

兵部侍郎、兼户部蒋伸态度从容地向宣宗进谏说："近来，官位很容易得到，所以人人都想侥幸得到官职。”宣宗吃惊地说："如果这样的话，朝政就乱了！”蒋伸回答说：“还不会到朝政混乱的地步，但朝中心存侥幸的官员非常多，朝政混乱是很容易发生的。”宣宗对蒋伸的进言倍加称赞。蒋伸起身要退出时，宣宗竭力挽留他，说：“以后不能再单独与你一起应对了。”蒋伸不明白宣宗的心意。十二月，甲寅日（二十七日），宣宗任命蒋伸为同平章事。

韦宙向朝廷奏报已攻取了洪州，杀了毛鹤以及他的同党五百余人。韦宙路过襄州，徐商派遣都将韩季友率领捕盗将跟随韦宙赴任征讨贼人。韦宙到江州时，韩季友请求在夜间率领部众从陆道小路进军。到了第二天，天亮就赶到了兴州城下，城里人丝毫没有察觉，当天毛鹤叛军就被征讨平定。韦宙奏请朝廷将二百捕盗将留在江西，朝廷任命韩季友为都虞候。

大中十三年（己卯，公元 859 年）

春季，正月，戊午朔日（初一），唐宣宗李忱下诏大赦天下。

三月，分割河东的云、蔚、朔三州隶属大同军。

夏季，四月，辛卯日（初五），唐宣宗李忱任命校书郎于琮为左拾遗内供奉。起初，宣宗打算将永福公主嫁给于琮，后来废止了这个想法。宰相询问其中的缘故，宣宗说：“朕近来和永福公主一起用膳，她在朕的面前就折断了汤匙和筷子。像她这种性情，哪里可以做士大夫的妻子呢！”于是，改把广德公主嫁给于琮。二位公主都是宣宗的女儿。于琮是于敖的儿子。

武宁节度使康季荣对士卒既不慰问也不体恤，士卒们聚集起来，骚动不止，还将康季荣驱逐出武宁。宣宗因为左金吾大将军田牟曾经在徐州镇守过，当地百姓又称赞他很有才干，于是诏令再次任命田牟为武宁节度使，徐州一方这才安定下来。康季荣被宣宗贬黜到岭南。

六月，癸巳日（初七），唐宣宗李忱加封宪宗的儿子李惕为彭王。

起初，宣宗长子郓王李温，没有受到宠爱，住在十六王宅，而其余的儿子都居住于皇宫。夔王李滋是宣宗的第三个儿子，宣宗很疼爱他，打算册立他为皇太子，因为李滋之上有兄长，按照礼法来看，轮不到李滋为皇太子，所以宣宗很长时间没有册立东宫太子。

宣宗服食医官李玄伯、道士虞紫芝、山人王乐的丹药，结果后背上生了疽疮。八月，宣宗的疽毒又严重了，以致卧床不起，宰相和朝士都不能朝见陛下。宣宗偷偷把夔王托付给枢密使王归长、马公儒、宣徽南院使王居方，让他们拥立夔王为皇太子。三人以及右军中尉王茂玄，都是宣宗平时特别恩遇厚待的人。只有左军中尉王宗实平素不和他们一条心，于是三人一起谋划这件事，把王宗实外调为淮南监军。王宗实在宣化门外已接受诏命，正准备从银台门离去，左军副使亓元实对王宗实说："陛下卧床不起已经有一个多月了，中尉您只是在门外询问陛下的起居如何，如今陛下改任你为淮南监军的诏命，是真是假难以辨别呀。你怎么不等到当面朝见陛下之后再赴任呢？"王宗实有所震动，猛然醒悟，于是再次进入宫中，皇宫各个大门已按旧规矩增派人员防守。亓元实保护引导着王宗实径直来到宣宗的寝殿，这时宣宗已经驾崩，身边的侍者都在放声痛哭。于是，王宗实大声责斥王归长等人假借诏命将他遣离此地，他们都捧足（回鹘礼）请求王宗实宽恕。王宗实于是派遣宣徽北院使齐元简前去十六宅迎接郓王李温进宫。壬辰日（初六），王宗实等以宣宗的名义颁布诏书，册立郓王为皇太子，暂且主持军务，并将名字改为李漼。接着，又命人擒拿王归长、马公儒、王居方，将他们全部处死。癸巳日（初七），宣布宣宗遗诏，任命令狐绹代冢宰。

宣宗的性格聪颖细心，沉稳而果敢，做事依据律法，没有偏袒之心，愿意接受群臣的谏言，重视并珍惜官爵的赏赐，为人恭敬谨慎而生活上崇尚节俭，爱护百姓的生命和财产。所以大中年间的政事，直到唐朝灭亡为止，百姓仍旧怀念并且歌颂他，称宣宗为"小太宗"。

丙申日（初十），懿宗即位。癸卯日（十七日），懿宗尊皇太后为太皇太后。颁下诏命任命王宗实为骠骑上将军。给宣宗食用丹药的李玄伯、虞紫芝、王乐都被处以死刑。

九月，唐懿宗李漼追尊自己的母亲晁昭容为元昭皇太后。

唐懿宗李漼颁下诏令，加封魏博节度使何弘敬兼中书令，幽州节度使张允仲加同平章事衔。

冬季，十月，辛卯日（初九），唐懿宗李漼下诏，大赦天下。

十一月，戊午日（初七），唐懿宗李漼任命门下侍郎、同平章事萧邺同平章事，暂代荆南节度使。

十二月，甲申日（初三），唐懿宗李漼任命翰林学士承旨、兵部侍郎杜审权同平章事。杜审权是杜元颖弟弟的孙子。

浙东盗贼首领裘甫率领贼兵进攻象山县，官军多次被裘甫贼兵打败，明州的城门白天都紧紧关闭着，裘甫又带领贼兵攻打剡县，他率领的贼兵有一百人，使浙东地区陷入骚动不安之中。浙东观察使郑祗德派遣讨击副使刘勍、副将范居植率领三百军队，联合台州军队征讨裘甫贼军。

司空、门下侍郎、同平章事令狐绹掌握大权已经很久了，他嫉恨才华地位超过自己的官员，遭到朝廷内外官员的憎恨，他的儿子令狐滈又多方获取权力，接受他人的贿赂。宣宗驾崩后，向懿宗进言的官员争着对令狐绹的缺点进行攻击。丁酉日（十六日），唐懿宗李漼任命令狐绹为同平章事，充任河中节度使。任命前任荆南节度使、同平章事白敏中守司徒、兼门下侍郎、同平章事。

起初，韦皋主持西川军政事务时，开辟青溪道来沟通南诏诸蛮族，让他们可以通过新开辟的道路由蜀地向朝廷进献贡物。韦皋又从南诏诸蛮族人的子弟中挑选出一批人，让他们聚居在成都，派人教他们读书算数，打算以这种安抚的方式取得他们的欢心而笼络他们，诸蛮族人的子弟学有所成之后就返回家园，其他的子弟再继续前来成都读书学习。这样一来，五十年过去了，在成都读书学习的南诏群蛮子弟将近上千人，西川军府对供给这些子弟资财粮食方面的事情越来越感到厌烦。另外，蛮地使者入朝进贡，都贪图朝廷赏赐的好处，所以前往时带领的随从仆役日渐增多。杜悰担任西川节度使后，上奏朝廷请求节省并减少供给的数量，懿宗下诏赞同。南诏王丰祐非常愤怒，他的贺冬使者把贺表留下交给巂州府就返回了。丰祐又向杜悰要回在成都读书求学的子弟，送交给杜悰的牒文言语也很不谦逊。从此，南诏不再按时向唐朝进献贡物，还经常骚扰唐朝边境。正赶上宣宗崩逝，唐懿宗李漼派遣宦官充任使者前去南诏国告知丧事，当时南诏国王丰祐刚巧也去世了，丰祐的儿子酋龙即位，他气愤地说："我国也有国丧，唐朝廷为什么不派使来吊祭呢？而且还把诏书赐给故去的国王，真是太不像样了。"于是把唐朝使者安置在外馆，对待的礼节十分微薄。唐朝使者返回后，把这些情况全部汇报给懿宗。懿宗因为酋龙不派使者入朝告丧，而且酋龙的名字与玄宗李隆基的讳字读音相近，所以也不给酋龙行册封为南诏国王的仪礼。酋龙就自行称帝，国号大礼，改年号建极，并派军队攻占了唐朝的播州。

资治通鉴卷第二百五十　唐纪六十六

起庚辰(公元 860 年),止丁亥(公元 867 年),共八年。

【题解】本卷记录了公元 860 至 867 年共八年的史事,当时正值唐懿宗咸通元年至咸通八年,是他执政前期八年的政事。唐懿宗李漼无德无能,原本未被立为太子,依靠宦官拥立才即帝位。因此,懿宗即位后宠信宦官,疏于政事,游宴无度,滥赏无节。懿宗笃信佛法,全国僧尼剧增,在宫中设讲坛,亲自唱经开讲。此时唐朝政治日趋下滑,朝官与宦官的矛盾不断上升,由于杜悰对枢密官的开导,才使一场血腥杀戮得以避免。这时唐朝无论上层还是下层,都处在各自的矛盾之中,整个社会处在动荡的前夜。王式对裘甫起义的镇压,使朝廷得到了喘息之机。但边患又起,当时宦官当政,致使军镇无可御敌之将领,大唐屡遭败绩。

懿宗昭圣恭惠孝皇帝上

咸通元年(庚辰,公元 860 年)

春季,正月,乙卯日(初四),浙东军与裘甫在桐柏观前交战,范居植战死,刘勍只保全了性命。乙丑日(十四日),裘甫率领上千兵马攻取剡县,开放府库,招募强壮的百姓,兵马逐渐达到几千人,越州听闻非常惊恐。

当时,两浙地区长期安定无战事,当地百姓不习惯作战,盔甲兵器都腐烂锈钝了,正在服役的士兵不足三百人。浙东观察使郑祗德再次征募新兵来充实队伍,但是军吏往往接受贿赂,招募上来的新兵几乎全是孱弱的。郑祗德派遣部将沈君纵、副将张公署、望海镇将李珪率领五百新军前去攻打裘甫军。二月,辛卯日(初十),五百新军与裘甫军在剡县以西交战，裘甫军在三溪南面设下埋伏，并在三溪北面摆下虚镇，派兵堵住溪水上游，这样，溪水下游就可以涉水渡过。两军开战后，裘甫军队假装战败而逃，五百官军跟在后面追击，在溪水下游，当官军一半的人马渡过溪水时，贼军就将上游的堵水闸挖开，大水突然喷薄而下，官军惨败，三位领兵大将都战死，部下官军几乎全部死在那里。

因为裘甫大败浙东官军，于是，山上海上的各地贼盗以及其他道的无赖亡命之徒，纷纷云集，军队多达三万人，裘甫把他们分为三十二队。其中小将，论智谋当属刘晊，论勇猛有力气当属刘庆和刘从简。各地贼盗都从远地向裘甫送来书信和物资，请求归从裘甫部下。这时，裘甫自称天下都知兵马使，改元为罗平，命人在铸造的大印上刻上天平二字。然后大量囤积资财粮草，雇请手艺好的工匠，制造军队需要的兵甲器械，声震中原。

丙申日（十五日），懿宗率领群臣将圣武献文孝皇帝李忱安葬在贞陵，并给他定庙号为宣宗。

丙午日（二十五日），白敏中上朝，不慎从马上摔下，伤到腰部，懿宗命人用轿子把他抬了回去。

郑祗德多次向朝廷上表奏报情况紧急，并且向邻道请求援助。浙西派遣牙将凌茂贞率领四百人，宣歙派遣牙将白琮率领三百人前往援救。郑祗德起初命令士兵驻守在郭门以及东小江，不久又将他们召回府中来自我防卫。郑祗德又对援军大加犒赏，所赏赐的财物比朝廷度支赐予的还要多十三倍，可是宣州、润州的将士仍然不满足。宣、润的将士请求让当地军队作为前锋，然后与贼寇交战。但当地将领有的推说患病，有的假装坠马摔伤，其中也有愿意出发攻打的，但一定要先授予军职、勋级，以致最终军队竟然没能派遣出去。裘甫贼军的游骑抵达平水以东的小江，城中的百姓准备船只，捆包粮食，从晚上一直等到天亮，各自谋划准备逃亡。

朝廷知道郑祗德胆小懦弱，商议派遣武将来代替他。夏侯孜说:“浙东有高山与大海作为阻隔,很是幽静偏僻,我们可以使用计谋掠取,但很难使用武力攻获。朝中没有称得上智谋超群的武将。前安南都护王式,虽然是儒家文士的儿子,却在安南让当地汉人夷人都归顺他,威严与勇武的声名远近皆知,可以任命他前往浙东讨伐裘甫等贼寇。”诸位宰相都认为夏侯孜说得很对。唐懿宗李漼任命王式为观察使,征召郑祗德为宾客(太子宾客)。

三月,辛亥朔日(初一),王式入朝应对,懿宗向他询问征讨贼寇的策略。王式回答说:“只要将军队交给臣号令,贼军一定可以被打败。”有个宦官在懿宗身旁侍奉,就说:“动员军队,耗费资财很大啊。”王式说:“陛下为国家珍惜费用不是这样来计算的。朝廷征派的军队多,那么贼寇消灭得就迅速,所使用的军费反而可以节省下来。如果调派的军队少,不能战胜贼军,或者还会将战事延长至几月甚至几年,这样贼军的势力越来越强大,江、淮之间的盗贼就会纷纷造反,响应贼军。而国家的用度完全仰赖江、淮等地,如此阻绝不通,那么上自九庙,下到小军,都无法供给资财,耗费的资财又哪里能计算得过来呢!”懿宗回头看了宦官一眼说:“朕应该将军队交给他。”于是诏令,征派忠武、义成、淮南等诸道军队交给王式号令。

裘甫派遣军队分别进攻衢州、婺州。婺州军府押牙房郅、散将楼曾、衢州十将方景深等人率领军队据守险要地势,贼军没有办法攻进来。于是裘甫又分出一部分兵马攻讨明州,明州的民众聚集在一起谋划此事说:“贼军一旦攻入城中,我们的妻子儿女都会被剁成肉酱,更何况家中的财产货物,就更加难以留下了!”于是全都把自己的资产捐献出来招募勇猛的士兵,制造盔甲器械,竖起栅栏,疏通壕沟,截断桥梁,为坚决守卫城池做好一切准备。贼寇又派遣军队进攻台州,攻取了唐兴县。己巳日(十九日),裘甫亲自率领一万余兵马攻打上虞县,并将县城焚烧。癸酉日(二十三日),裘甫率领军队攻取余姚县,杀死了县丞和县尉,又向东攻克了慈溪县,向奉化县进发,又率军抵达宁海县,杀死宁海县令,并占据了宁海县城,又派出一部分军队围攻象山县。裘甫军队又在所经之地虏获年轻力壮的百姓，对剩下的老弱病残进行蹂躏摧残，之后又将他们全部杀死。

当王式任浙东观察使的委任文书颁下后，浙东人心才稍稍安定。裘甫正和士兵饮酒，听到后特别不高兴。刘暀叹息说："有如此多的兵马而谋划却没确定，实在是可惜的事呀！如今朝廷派遣王中丞率领军队前来，听说此人智勇无人可敌，不超过四十天他一定会到达这里。兵马使应该赶快率领军队攻取越州，依恃城郭，占据府库，派兵五千人前去防守西陵，沿着浙江建筑堡垒来抵御官军，同时要大量收集各种船舰。如果获得时机，就率大军长驱攻取浙西，渡过长江，夺取扬州的货物财宝来充实自己的军资费用，然后将军队调回，修缮石头城坚守，这时宣歙、江西地区必定会有人纷纷起来响应我们。您再派刘从简率万人沿海向南进军，袭取福建。如此，国家贡赋收支的要地就全部被我们占据了。只怕子孙不能守住东南半壁山河，我们一辈子可以不必担忧了。"裘甫说："你醉了，明天再商议吧！"刘暀因为裘甫不采用他的话而恼怒，假装酒醉而离开了。有个叫王辂的进士在贼军之中，贼人对他很是善待。王辂对裘甫说："像刘副使的谋划，是孙权所使用的办法。但孙权是趁着天下大乱的时机，因而他能保有并占据江东；如今中原没有战事，据守长江称帝的功业很难成功啊。不如依靠士众凭据险要地势以自我防守，在陆地上耕作，在大海上捕鱼，情势危急时就逃入海岛，这是万全的良策。"裘甫惧怕王式，因此仍是犹豫不决。

夏季，四月，王式来到柿口，义成军纪律不整，王式要把领兵的将领杀了，过了很长时间才放了他，从此，军队命令统一，队伍整齐，经过某些地区就像没有人经过一样。王式到达西陵，裘甫派使者请求投降，王式说："他必然没有投降的心意，实际上是想探察我的举动，并想用投诚的态度让我军骄傲自满，从而警惕之心松懈。"于是对使者说："如果裘甫能双手捆绑在后背前来投降，那么我一定会免他死罪。"

乙未日（十五日），王式到了越州，把政务交代以后，为郑祗德备办酒宴，说："因为我要掌管军政事务，不能陪大家畅饮，监军以下的将校可以与众宾客尽情畅饮。"到了晚上，继续点起烛火畅饮，王式说："有我在这里，贼寇怎么能妨碍我们欢饮呢？"丙申日（十六日），在远郊为郑祗德饯行，又再次畅饮而归。然后王式开始重新修订军令，先前宣告军饷用度不足的人不敢再发言，声称患病卧床不起的人也开始工作，请求先提拔官职然后再出征作战的人也不再说什么。

贼寇中的别帅洪师简、许会能率领部属投降，王式说："你们投降在此，应当建立功劳以展现确实与过去不一样。"于是，命令他们率领士众作为前锋，当他们和贼寇作战立下功劳后，才奏请封给他们官职。

此前，贼寇的间谍进入越州，军吏把他们隐藏起来，并且供给他们饮食。州府文武将吏往往暗中与裘甫军队沟通消息，以此来保障贼寇攻克城池后，能免除一死并保全妻子儿女的性命。有人假装带着裘甫手下的将领来投降，实际上是来窥探城中虚实，城中官军的作战谋划以及交流信息的暗号，裘甫军队全都知晓。王式暗中将此事调查清楚后，把这些人都搜捕起来，全部杀死了。对特别残暴骄横狡猾的将吏都进行了惩处，严厉执行城门出入的科禁，没有证件的人不能进出，晚上的警戒也十分周密，贼寇这才不了解官军的行动了。

王式命令各县开启仓库，赈济贫困的百姓，有人说："裘甫贼寇还没被消灭掉，军粮正是急需的时候，不能散发给百姓。"王式说："这不是你们所能了解的事情。"

官军中缺少骑兵，王式说："吐蕃、回鹘最近被配置到江、淮来的士兵，都习惯于险阻，熟习鞍马，可以重用他们。"于是到官府将他们的名籍查出来，得到骁勇强健的吐蕃族、回鹘族一百多人。这些胡虏背井离乡，被流放管束了很长时间，管束他们的军吏对他们既凶残又狠毒，而王式还接济他们的父母妻儿，他们感激欢呼并哭着跪拜，都愿意为王式拼死效力，王式将他们分派为骑兵，让骑兵将领石宗本统率他们。凡是在越州管辖境内的吐蕃、回鹘族被流放之人，均按这种办法征用并召集在一起，又向朝廷请奏，求得汝州龙陂监二百匹好马，于是骑兵的实力就很充足了。

有人请求王式用烽火狼烟来警示敌人的远近和多少，王式笑而不答。王式又将胆小的士兵挑选出来，让他们骑着强壮的战马，只配给他们很少的武器，担任侦察骑兵，部下将士感到此做法很奇怪，但谁也没有质疑。

于是，校阅各营现有士卒以及土团的子弟，共计得到四千人，让他们引导军队分成几路讨伐贼寇。而府中已没有守卫的士兵，又征派了土团中千人补足兵力。于是，王式命令宣歙的大将白琮、浙西的大将凌茂贞率领本军，北方来的大将韩宗政等率领土团，聚合了千人，石宗本率领骑兵为前锋，从上虞直攻奉化，解除了象山的包围，号称"东路军"。又命令义成大将白宗建、忠武将游君楚、淮南大将万璘率领本军和台州唐兴的军队联合，号称"南路军"。王式又下令说："无论是艰险还是容易，各军不要对部署的任务进行抢夺，不准焚毁百姓的房屋茅舍，不准屠杀平民百姓增加报功首级。被胁迫加入贼军的平民百姓，一定要招募他们，允许他们归降。缴获贼寇的金帛财产，官府不加过问。擒获的俘虏，都是越州本地人，要放他们回家！"

癸卯日（二十三日），南路军攻下了贼人的沃州寨，甲辰日（二十四日），攻取新昌寨，大破贼将毛应天，进兵抵达唐兴。

白敏中三度上表请求辞去职务，懿宗没有同意。右补阙王谱上疏，认为："陛下即皇帝位没有多久，治理天下政事，还是经验不足，正是宰相竭尽心力辅佐之时，宰相职位不可暂缺。白敏中从正月卧病不起，现在已经是四月了，陛下虽然可以和他坐着商谈政事，却未曾超过三刻，天下的大事太多了，陛下哪里还有和他商讨的闲暇时间呢！希望陛下批准白敏中辞职的请求，另外寻访有才能德望的人，来帮助您更加圣明。"己酉日（二十九日），唐懿宗李漼将王谱贬为阳翟县令。王谱是王珪的六世孙。五月，庚戌朔日（初一），给事中郑公舆把贬王谱的敕书封缄退了回去。唐懿宗李漼命令宰相商议此事，宰相都认为王谱是有意诋毁白敏中，最终懿宗还是把王谱贬谪了。

辛亥日(初二),浙东东路军在宁海击败裘甫部将孙马骑率领的军队。戊午日(初九),南路军在唐兴南谷大破贼将刘暀、毛应天,并斩杀了毛应天。

起初,王式认为士兵数目太少,上奏章请朝廷再动员忠武、义成军以及请调昭义军,唐懿宗李漼下诏同意他的请求。忠武、义成、昭义三道军队抵达越州,王式命令忠武军将领张茵率领三百人在唐兴县驻守,从而阻断裘甫军向南奔逃之路。命令义成军将领高罗锐率领三百人,加上台州地方的军队,直接前往宁海县,进击裘甫贼军的老巢。命令昭义将领跌戣率领四百人,为东路军增援,阻断贼寇进入明州的通道。庚申日(十一日),南路军在海游镇大破贼兵,贼人逃入甬溪洞。戊辰日(十九日),官军在洞口屯扎,贼寇出洞交战,官军又把他们打败。己巳日(二十日),高罗锐偷袭并攻占了贼寇别帅刘平天的山寨。从此各军和贼人有十九次交战,而贼人连连战败。刘暀对裘甫说:“如果您能听从我的谋划,进攻越州,哪会陷入如今的境地呢?”王辂等几个唐朝科举入第的进士都穿着绿衣担任小官,刘暀把他们全部斩杀了,说:“破坏我谋划的人,就是你们这些青虫。”

高罗锐收复宁海,收留共计七千多逃亡失散的百姓。王式说:“贼寇既困窘又饥饿,一定会逃亡到海上,如果贼寇逃入海岛,那么几个月或一年都无法抓住他们了。”于是命令高罗锐在海口驻军以阻击贼军。又命令望海镇将云思益、浙西将王克容率领水军在海边巡查。云思益等在宁海东遇到贼将刘从简,贼寇没想到水军会突然前来,都弃船逃到山谷之中,云思益的水军缴获裘甫军队十七条船,全部烧毁。王式说:“贼军已没有什么地方可以奔逃了,只有黄罕岭可以进入剡县,遗憾的是那里没有派兵驻守。即使这样,裘甫贼军也是可以擒获的!”裘甫丧失宁海之后,率领所部军队在宁海县西南六十余里处的南陈馆下屯驻,部队仍然有一万余人。辛未日(二十二日),东路军在上䣄村大破贼将孙马骑,贼将王皋畏惧,请求向朝廷投降。

壬申日(二十三日),右拾遗内供奉薛调向朝廷进言,认为:“自从朝廷征派军队讨伐以来，征收的赋税没有节制，所以地方上各路贼盗，多半都是交不上赋税而逃亡的农户，这些贼寇诚然应该被歼灭，但他们的处境也值得怜悯，令人悲伤啊。希望陛下向各州县颁布诏令，除了朝廷规定的正税以外，不得再有其他赋税名目，并且诏令有关部门官员，对税目进行严格的纠察监督。”懿宗同意了他的请求。

袁王李绅崩逝。

戊寅日（二十九日），浙东东路军在南陈馆大破裘甫，斩杀了几千首级，贼军将缯帛丢弃得满路都是，想以此让追击的士兵放慢速度。跌戣命令士卒说：“谁敢再左顾右盼不向前冲，眷恋路上的财物，立即斩杀。”没有一个士兵敢违犯军令。贼军果然从黄罕岭逃走了。六月，甲申日（初五），再度进入剡县。贼军诸将没有找到裘甫，不知道他在什么地方，唐义成镇将张茵在唐兴县曾虏获一名贼兵，准备对他用刑时，这个俘虏说：“贼军已进入剡县。你如果放了我，我愿替官军当向导。”张茵答应了他的要求。张茵比裘甫晚一天抵达剡县，在他的东南方扎营。官军府探知这一情报，异常惊恐，王式说：“裘甫贼军不过是来束手就擒罢了！”于是命令东、南两路军到剡县会合，辛卯日（十二日），官军围困剡县。贼军守护城池态度坚决，官军虽然不断进攻，仍不能攻破。王式部下诸将商议阻断溪水，将城内贼军渴死，裘甫贼军了解官军要断绝他们的水源，于是出城与官军交战。三天内共交战八十三次，虽然贼军被打败，但官军也非常疲惫。裘甫贼军向王式请求投降，王式部下诸将禀告此事，王式说：“裘甫贼军企图以此得到一点休整军队的时间，我们要更加小心谨慎地守备，胜利就在眼前了。”贼军果然再度出兵，双方又交战三次。庚子日（二十一日）夜晚，裘甫、刘暀、刘庆率领一百多人出来投降，和诸将遥遥相对着谈判，当他们离开城池几十步的时候，官军立刻冲上前，阻断了他们的后路，并把这些人活捉了。壬寅日（二十三日），裘甫等人被送往越州，王式把刘暀、刘庆等二十多人都腰斩了，把裘甫加上刑械递送京师。

剡城仍然没有攻取，官军诸将认为裘甫已被擒住，不再部署守备。刘从简率领五百壮士突围逃走。官军诸将一直追赶到奉化县西北的大兰山，刘从简在山上据险防守。秋季，七月，丁巳日（初九），官军诸军将领率领所部士兵进攻大兰山，最终攻克。台州刺史李师望招募贼军士兵，让他们去杀死还没有投降的同伙，以赎免自己犯下的罪，又迫使几百贼军投降，并得到刘从简的首级，献给上司。

诸将率领军队返回越州，王式大摆酒席。诸将向他请教说："我们这些人生长在军中，长时间经历行伍营阵，今年能够追随您打败贼军，但私下有件不能理解的事，请问您刚到这里时，军中对粮食的需求很急切，然而您竟用它来救济贫乏百姓，这是为什么呢？"王式说："这道理容易明白。裘甫贼众屯聚谷米来引诱饥饿的百姓，我分发给百姓粮食，饥民就不会受到裘甫的引诱而成为贼寇。况且各县都没有驻守的士兵，裘甫贼军到达各县，官府仓库的谷米正好成为贼寇的粮食，为贼寇所享用。"诸将又问："不设置烽火台，又是什么缘故呢？"王式说："设烽火台是为了获取援军，我手下的军队都已安排了任务，越州城中没有军队可作为援兵，设烽火台不过是白白浪费时间，而且惊扰居民，只会让我军自乱溃败罢了。"诸部将领又问："您派胆小的士兵充当侦察骑兵，而且给他们配备很少的武器，这是什么原因呢？"王式回答说："如果挑选勇猛又好斗的士兵担任侦察骑兵，并把锋利的兵器给他们，遇到敌军，他们可能会自不量力地冲杀搏斗，最终战死，就没有人返回报告消息了，我们就不了解贼军是否来了，这样的侦察兵又起到什么作用呢？"诸将都说："您的智慧不是我们能赶得上的！"

唐懿宗李漼封宪宗的儿子李愊为信王。

八月，裘甫被押送到京师，在东市被斩首。唐懿宗李漼加封王式检校右散骑常侍，各将都有不同的官爵赏赐。起初，懿宗经常以越地的盗贼为忧患，夏侯孜说："王式才干有余，过不了几天就会传来捷报。"夏侯孜给王式的书信上说："您全心全意以捉拿裘甫为职责，军中所需要的补给，我这里会竭尽全力应办。"所以，王式所奏报的请求没有不应允的，因此能成功剿灭贼寇。

卫王李灌去世。

九月，白敏中五度上表请求辞去相位。辛亥日（初四），唐懿宗李漼任命白敏中为司徒、中书令。

癸酉日（二十六日），右拾遗句容人刘邺对懿宗说："李德裕父子担任宰相时，很有政绩，但自从李德裕被流放以来，他的亲属几乎全部被流放远地，如今，李德裕已经去世，陛下应该对他哀怜同情，追赠他一个官爵。"冬季，十月，丁亥日（十一日），唐懿宗李漼诏命恢复李德裕的太子少保、卫国公公爵，赐左仆射。

己亥日（初四），唐懿宗李漼任命门下侍郎、同平章事夏侯孜同平章事，暂代西川节度使。任命户部尚书、判度支毕諴为礼部尚书、同平章事。

安南都护李鄠又收复了播州。

十一月，丁丑日（十三日），唐懿宗李漼祭祀上天，下诏大赦，改年号为咸通。

十二月，戊申日（十四日），安南土著蛮族带领南诏兵共三万多人乘虚进攻交趾，而且攻陷了交趾。都护李鄠和监军逃奔到武州。

咸通二年（辛巳，公元861年）

春季，正月，唐懿宗李漼下诏动员邕管以及邻近各道士兵援救安南，攻打南蛮。

二月，唐懿宗李漼任命中书令白敏中兼中书令、充任凤翔节度使，任命左仆射、判度支杜悰兼门下侍郎、同平章事。

有一天，两位宦官枢密使来到中书门下政事堂，宣徽使杨公庆接着也来到这里，他只对着杜悰作揖行礼，让杜悰接受诏命。毕諴、杜审权、蒋伸三位宰相立刻站起来走出门去，在西面客厅暂且回避。杨公庆拿出一札斜封的文书交给杜悰，杜悰打开信封看了一下，原来是宣宗病重时，请求郓王李温监管国家的奏疏。几个宦官说："请查看这些奏疏，凡当时在位的没有题名的宰相，都应该按照谋反罪惩治。”杜悰反复地读了很久，说：“圣明的君主登基称帝，天下各处百姓正高兴地拥戴天子。今天的这份文书，不是臣子应该看的。”把文书又封起来交给了杨公庆，说：“陛下如果要治宰相的罪，应该在延英殿上当面颁示旨意，公开进行诛杀或责斥。”杨公庆离去后，杜悰又和两枢密同坐，对他们说：“禁宫内外的臣子，同样是服侍辅佐陛下，宰相和枢密使更是共同参与商讨国家政事。如今，陛下登基时间不长，对万般朝中政事还不熟悉，需要宫内宫外的大臣齐心协力进行辅佐，我们处理政事应把仁爱放在第一位，把惩治刑法放在其次，怎么能在陛下即位不久就赞成诛杀宰相的事呢！如果陛下把杀人当成一种习惯，那么中尉、枢密在宫闱中都是手握重权的，怎能不为自己的生命担忧呢！ 我杜悰受到六朝的恩宠，所盼望的是使陛下成为尧、舜一样贤明的君主，而不希望朝廷用爱憎作为行使法令的依据。”两枢密相视，一时静默，然后慢慢地说：“一会儿我们会把您所说的话全部转告陛下，如果不是您德高望重，哪能够想得这么深远？”二人惭愧悚惧地退去。三位宰相又来见杜悰，悄悄地询问诏令中的意旨，杜悰没有说什么。三位宰相惶恐不安，请求能保全家族。杜悰说：“你们不要有其他顾虑。”以后就沉寂，再没有其他宣布了。等开延英殿时，懿宗的脸色非常愉悦。

此时，士大夫最憎恨宦官，凡事如果稍微牵涉宦官，士大夫就一起唾弃他们。建州进士叶京曾参加宣武军的宴会，认识了监军。后来考中之后，在长安和同年外出游玩，在路上与监军相遇，于是二人就在马上互相拱手招呼，此事引起了大多数臣子的责斥诋毁，以致叶京因此事一辈子抬不起头，终日沉默在家。士大夫和宦官间的不融洽已经到了如此程度。

福王李绾崩逝。

夏季，六月，癸丑日（初十），唐懿宗李漼任命盐州防御使王宽为安南经略使。当时，李鄠从武州招募当地土军，征讨群蛮，收复了安南，朝廷斥责李鄠没有守住安南，将他贬为儋州司户。李鄠刚到安南时，杀了蛮族首领杜守澄，于是杜守澄的宗党引诱群蛮攻取交趾，朝廷因为杜氏宗族势力强大，对他们尽量使用姑息政策，希望杜氏的巨大影响力能为朝廷所用，于是赠给杜守澄的父亲杜存诚金吾将军的名号，又提到李鄠杀死杜守澄的罪行，将李鄠长年流放于崖州。

秋季，七月，南诏（一作蛮）攻打邕州，邕州失陷。之前，广、桂、容三道共动员士兵三千人戍守邕州，三年轮换一次。经略使段文楚请求用三道的衣粮自行招募土军来替代，朝廷允许了他的请求，但所募的士兵只有五百多人。段文楚调回朝廷任金吾将军，新任经略使李蒙贪图兵员缺额后剩余的衣粮，将它们据为己有，停止遣送三道戍守士兵，只让自己招募的士兵驻守。这样一来，比原有军队人数减少了十分之七八，所以南诏蛮人趁着官军兵力空虚，大举侵犯。这时，李蒙已经去世，经略使李弘源到此地赴任仅十天，没有军队可以抗击南诏蛮人的侵犯，结果蛮军攻破城池，李弘源与监军从邕州城脱身奔赴峦州，二十多天后，南诏蛮军才撤退，李弘源等人才得以返回邕州。为此，李弘源被贬为建州司户。段文楚当时是殿中监，再被任命为邕管经略使，到治所时，城邑中的居民已剩下不到十分之一。段文楚是段秀实的孙子。

杜悰对懿宗说："南诏仰慕中国实行以德治理百姓的策略已七十年，蜀中已停息战事，群蛮相继归顺。如今西川的士兵和粮食都不充足，不能轻易和他们断绝关系，应该派遣使者前去吊祭，向南诏清平官等宣讲我朝的大义，告诉他们南诏新国王的名字冒犯了我玄宗皇帝的庙讳，因此才没有颁下册命给他，等到新国王改换名字并向大唐皇帝表达谢意之后，我们定会派遣使者前去主持册命大礼，陛下这样处置，也许更能顾全大局。"唐懿宗李漼同意了他的建议。命令左司郎中孟穆为吊祭使。孟穆还未出发，适逢南诏入侵巂州，攻打邛崃关，孟穆便没能成行。

冬季，十月，唐懿宗李漼任命御史大夫郑涯为山南东道节度使，十一月，又加封他同平章事。

咸通三年(壬午,公元862年)

春季,正月,庚寅朔日(正月庚午朔,庚寅日当是二十一日),朝廷大臣给懿宗上尊号,称睿文明圣孝德皇帝,懿宗为此大赦天下。

唐懿宗李漼任命中书侍郎、同平章事蒋伸同平章事,兼河中节度使。

二月,棣王李惴崩逝。

南诏再度侵犯安南,唐安南经略使王宽几次上表向朝廷禀告军情紧急,朝廷派前湖南观察使蔡袭代替王宽担任安南经略使,并且征发许州、滑州、徐州、汴州、荆州、襄州、潭州、鄂州等诸道军队共计三万人,把这些军队交给蔡袭统一指挥,来抗拒南诏蛮军的进攻。唐军兵力强盛,南诏蛮军了解这种情形后就率军撤退了。邕管经略使段文楚因为改变惯例而被降罪,降职为威卫将军、分司。

左庶子蔡京,个性贪婪,残忍暴虐而又诡计多端,当时,宰相认为他有处理政事的才干,向懿宗上奏派遣他处置岭南事宜。三月,蔡京返回长安,奏事时迎合懿宗的旨意,唐懿宗李漼再次提拔他担任权知太仆卿,充任荆襄以南宣慰安抚使。

夏季,四月,己亥朔日(初一),唐懿宗李漼敕命在两街(京城左、右街)、四寺(慈恩、荐福、西明、庄严)各设置戒坛,剃度俗人三七日(二十一日)。懿宗过度信奉佛教,处理朝政事务却怠慢松懈,曾在禁宫内咸泰殿修建戒坛,为弃俗出家当尼姑的宫女受戒,长安两街的僧侣、尼姑都参加了。懿宗又在宫中设置了佛经讲席,自己在那里唱佛经,并且亲手抄写梵文贝叶经。懿宗还多次驾临各大寺庙,毫无节制地施舍财物。吏部侍郎萧倣呈递疏奏,认为:"玄祖老子,以慈爱节俭为第一宗旨,素王孔子的教化,也把仁义作为第一位的事情,他们垂留下来的典范传颂了百代,后人必定不能超越他们。所谓佛,是抛弃声名地位而出家,割舍了爱中最难舍弃的感情,取得了灭度后世上所特有的尊荣,这不是帝王所应该追慕的。希望陛下能经常打开延英殿召见宰相与之应对,与四辅官商讨朝廷政事,竭尽全力免除百姓疾苦，诚心诚意侍奉宗庙。如果总是想要赐给寺院不该赏赐的财物，又对百姓滥用刑法，必然会招致祸患；如果陛下懂得实行仁政减免刑罚的道理，那比崇尚信奉佛有价值的多啊，定会得到更多的福运。请求陛下除去与僧尼讲经用的宫廷讲席，多用些心思与群臣商讨军国政事。”懿宗虽然对萧倣的进言给予嘉奖，但最终没能按萧倣所说的去做。

岭南在旧时分成广、桂、邕、容、安南五管，都隶属岭南节度使。蔡京向朝廷上奏章请求分岭南为两道节度，懿宗同意了他的建议。五月，唐懿宗李漼敕命广州为东道，邕州为西道，又割桂管的龚、象二州，容管的藤、岩二州隶属于邕管。不久，唐懿宗李漼任命岭南节度使韦宙为东道节度使，任命蔡京为西道节度使。

蔡袭率领各道军队在安南驻扎下来，蔡京对他的做法极为猜忌，担心他独揽大功，于是向懿宗奏称：“南诏蛮军已经逃跑得无影无踪，边境地区已无危险，一些武将为了向朝廷邀取战功，总是虚妄地禀告军情从而扩充部下戍兵的数目，这样，朝廷耗费很多军用物资，也耗费了大量的往来运费。或许因为处在荒远之地，距离京城遥远，朝廷对这些武将呈报上的情形很难去查看检验，所以这些武夫的奸计往往得逞。请求陛下撤走安南的戍守军队，让他们各自返回本道。”朝廷同意了他的建议。蔡袭屡次向朝廷上奏，陈述群蛮窥伺我边境已久，不可没有守备，请求保留五千戍守军队，朝廷没有听从他的建议。蔡袭认为蛮寇一定会来进犯，交趾的兵器和粮食都很缺乏，谋略、兵力都很衰竭，于是写了十道必死的文书呈递中书门下进行申诉。当时宰相一味贪求节省运输军需的费用，他们只信任蔡京，对蔡袭所呈报的安南危险情形置之不理。

秋季，七月，徐州军作乱，驱逐了节度使温璋。

起初，王智兴抵达徐州后，招募了英勇剽悍的士卒二千人，号称银刀、雕旗、门枪、挟马等七军，他还经常用三百余人自己防卫，士兵们露出兵刃坐在两边庑廊的夹幕之下，每月更换一次侍卫。他之后的节度使大多是文臣，银刀等七军士兵日渐骄纵蛮横起来，他们稍有不满意的地方，只要一人举起胳膊大喊一声，其他士兵就应和他，节度使就被迫从后门逃跑躲藏起来。前徐州节度使田牟为了安抚这些骄纵蛮横的士兵，甚至与他们杂坐在一起饮酒，士兵与节度使手挽着手，背挨着背，有时田牟还为士兵们边敲竹板边唱歌。节度使府用来赏赐士兵的费用，日以万计，遇到刮风下雨或严寒酷暑之日，节度使还要对他们加倍安慰，即便如此，银刀等七军士兵仍然时常吵嚷闹事，要求节度使犒赏，贪婪之心无止境。田牟死后，温璋代替他担任节度使，骄横的士兵早已听说温璋性格严肃，心中都很恐惧。温璋真诚地安慰他们，而骄横的士兵始终对他怀着猜忌，赏赐他们的酒和食物都不吃一口，一日，士兵竟然聚集喧嚷把节度使驱逐了。朝廷知道温璋是无辜的，乙亥日（初八），唐懿宗李漼任命温璋为邠宁节度使，任命浙东观察使王式为武宁节度使。

唐懿宗李漼任命前任西川节度使、同平章事夏侯孜为左仆射、同平章事。

忠武、义成两军跟从王式征讨裘甫的士卒仍驻扎在浙东，唐懿宗李漼诏命王式率领军队前往徐州，徐州骄横的士兵听到后十分恐惧。八月，王式抵达大彭馆，银刀等七军兵将才出来迎接拜见。王式视察政事三天，然后为忠武、义成两镇军队摆下酒宴，准备遣送他们返回本镇，两镇士兵穿着铠甲，手拿锋利的兵器，全副武装，不久，王式突然对两镇士兵下令，将徐州银刀等七军士兵重重包围，全部斩杀，银刀都将邵泽等几千人全被杀死。甲子日（二十八日），唐懿宗李漼敕命把徐州先隶属淄青道，自李洧归附朝廷以来，才设置徐海使的名额。到张建封以威名被宠信重任，特别增加濠、泗两个州。当时本打算让他管制防守淄青、光蔡。自从贼寇余党全被歼灭，徐州武宁军就成了主要混乱的根源。如今，朝廷将徐、泗、濠节度使改为徐州团练使，隶属兖海节度使统辖，将濠州依然归属淮南道，在宿州设置宿泗都团练观察使，保留三千将士驻守徐州，其余军队分别隶属兖海和宿泗两镇。此外，仍任命王式为武宁节度使，兼任徐州、泗州、濠州、宿州制置使。委托王式和监军杨玄质把将士分别配发诸道，分派完毕后，再将忠武、义成两藩镇军队调至汴州、滑州，各自遣送归属本道，王式完成这些任务后，再赶赴京城禀告。徐州银刀等七军逃跑藏匿在外的士兵，一个月之内前来自首的话，之前的一切罪行不再追究。

岭南西道节度使蔡京处理政事苛刻残忍，设置了炮烙的刑罚，使全境的百姓怨恨不满，最终被邕州的军士驱逐，逃奔到藤州，蔡京伪造诏书以及征讨使的大印，招募乡丁及邻侧的士兵攻打邕州。蔡京召来的军队都是不堪一击的部众，一与敌军交战就四散溃逃，根本不能作战，蔡京只好投奔依附桂州，桂州百姓对分割桂管巡属归岭南西道统领一事深深怨恨，不肯接受他，蔡京没有容身之地。唐懿宗李漼颁布诏令，贬黜蔡京为崖州司户。蔡京不愿前往崖州任职，于是擅自返回朝廷。当他到达零陵时，唐懿宗李漼颁诏命他自尽，任命桂管观察使郑愚为岭南西道节度使。

冬季，十月，丙申朔日(初一)，唐懿宗李漼册立皇子李佾为魏王，李侹为凉王，李佶为蜀王。

十一月，唐懿宗李漼册立顺宗儿子李缉为蕲王，宪宗儿子李愦为荣王。

南诏率领群蛮五万人侵犯安南，安南都护蔡袭向朝廷禀告军情紧急，唐懿宗李漼颁布诏令调派荆南、湖南两道军队二千人，又征发桂管应募参军的子弟三千人，前往邕州接受郑愚的统领。

岭南东道节度使韦宙向朝廷上奏：“蛮人的进犯必然直逼邕州，如果不先防守此地，贸然远征，恐怕蛮人在后路乘虚阻断我们的运粮之路。”于是，唐懿宗李漼敕命蔡袭屯驻海门，郑愚分出兵力守备防御。十二月，蔡袭又向朝廷请求增调军队，唐懿宗李漼颁布诏令：山南东道征调一千弓弩手前去援救。这时南诏军队已将交趾城围困，蔡袭关闭城门坚决防守，唐朝救兵不能即刻赶往城里。

翼王李纁去世。

这一年，嗢末开始向朝廷入贡。嗢末是吐蕃中奴仆的称号。吐蕃王国每次征调军队，富裕的人家往往有奴隶跟随前往，而富户往往有奴隶十几人，所以，吐蕃军队的士兵数目很多。到论恐热叛乱时，奴隶大多失去了自己的主子，于是自发联合，汇聚成部落，散布在甘州、肃州、瓜州、沙州、河州、渭州、岷州、廓州、叠州、宕州之间，一些势力衰微的吐蕃奴隶主反而要依附他们生存。

咸通四年（癸未，公元 863 年）

春季，正月，庚午日（初七），唐懿宗李漼祭祀天帝，下诏大赦天下。

这一天，南诏攻占交趾，安南都护蔡袭身旁侍卫全被杀死，他仍然徒步奋力与敌人厮杀，身中十余箭，还打算爬上监军的船，结果船已离开岸边，于是投海自尽。蔡袭的幕僚樊绰携带都护大印渡过马门江。荆南、江西、鄂岳、襄州戍边的四百将士，抵达交趾城东临海处，荆南虞候元惟德等对众人说："我们没有船只，到海里也只有一死，不如返回城去与蛮人死战，如果每人能用自己一命换蛮人两条命，也死得划算了。"于是，他们返回城中，进入东罗门。蛮兵没有戒备，元惟德等率领士兵大肆杀死蛮人二千多人。等到晚上，蛮将杨思缙才从城内的小城中出兵营救，元惟德等都战死。南诏两次攻陷交趾，所杀俘虏将近十五万人。留下两万士兵，让杨思缙占据交趾城，谿洞夷、獠无论远近，都向杨思缙投降。唐懿宗李漼颁布诏命，调遣赴安南的诸道军队全部返回，分别驻扎于岭南西道进行防守。

懿宗游玩宴饮没有节制，左拾遗刘蜕上奏疏说："现在，我朝西面的凉州请求修建城堡，陛下因为游乐宴饮没有闲暇时间，对筑城的奏议没有给出裁定，南面蛮人正在进犯，大批军队在路上来回调派。近十天以来，国家不是没有大事啊。陛下不在外表上做出哀悯的情态，让远近臣民看到，又怎能激励将士们奔赴疆场拼死效力呢！希望陛下节制娱乐游玩之类的活动，等到远方百姓都安定无事后，再娱乐也为时不晚。”懿宗没有听从这一建议。

二月，甲午朔日（初一），懿宗遍拜了十六座陵墓（献陵、昭陵、乾陵、定陵、桥陵、泰陵、建陵、元陵、崇陵、丰陵、景陵、光陵、庄陵、章陵、端陵、贞陵）。

唐朝廷在秦州设置天雄军，把成、河、渭三州隶属于秦州，唐懿宗李漼任命前任左金吾将军王晏实为天雄观察使。

三月，归义节度使张义潮向朝廷上奏章，称他自己率领由蕃族、汉族七千人组成的军队，收复了凉州。

南蛮侵犯左、右江，渐渐进逼邕州。岭南西道节度使郑愚内心惊恐不安，自称文臣没有大将的才能谋略，请求朝廷任命武臣担任节度使。唐懿宗李漼诏令义武节度使康承训前往长安，打算让他前往邕州代替郑愚，懿宗下诏让他选择义武军中的将校数人、士卒几百人跟随。

中书侍郎、同平章事毕諴因为同僚多数徇私枉法，所以他假借疾病要辞职去任。夏季，四月，唐懿宗李漼罢去毕諴的相位，任为兵部尚书。

庚戌日（十八日），一群强盗攻进徐州，杀了官吏，刺史曹庆讨平了强盗。

康承训抵达京师，被任命为岭南西道节度使，朝廷调发荆州、襄州、洪州、鄂州四道军队一万人，由康承训率领赶赴邕州。

五月，戊辰日（初六），唐懿宗李漼任命翰林学士承旨、兵部侍郎杨收同平章事。杨收是杨发的弟弟。他和左军中尉杨玄价因攀同宗关系相结识，所以才能做到宰相。

乙亥日（十三日），朝廷废除容管，将其隶属于岭南西道，再将龚州、象州二州隶属于桂管。

戊子日（二十六日），唐懿宗李漼任命门下侍郎、同平章事杜审权同平章事，代镇海节度使。

六月，朝廷废除安南都护府，在海门镇权设交州治所，派右监门将军宋戎代交州刺史，派康承训兼管安南和诸军行营。

闰月，唐懿宗李漼任命门下侍郎、同平章事杜悰同平章事，代凤翔节度使，任命兵部侍郎、兼度支河南曹确同平章事。

秋季，七月，辛卯朔日（初一），出现日食。

朝廷在行交州再次设置安南都护府，任命宋戎担任安南经略使，征调崤山以东诸道军队一万人前往安南镇守。当时援救安南的各道军队都聚集驻扎在岭南，江西、湖南为大军运送军需粮饷的人都沿湘江进发，经渠水进入漓江，船夫特别疲惫辛苦，但运费很少，都不愿干这个差使，因此在岭南的诸道军资粮饷匮乏。润州人陈石向朝廷进言，请求修造能装载上千石粮食的大船，从福建运米渡海，不超过一个月就能到达广州，进言得到朝廷的批准，于是岭南的军粮就很充足了。但是有司以招募民夫为名义，抢夺商人的船只，把他们的货物丢弃在岸边，船只到了海上，有的遇到大风浪而沉没了，有关官员就抓住押船运粮的官吏和船夫，逼迫他们偿还米价，让沿海一带的船主船夫对此怨声载道。

八月，岭南东道节度使韦宙上奏朝廷，说南诏蛮军必定会向邕州进犯，请求分兵于容州、藤州屯驻。

夔王李滋去世。

唐懿宗李漼敕命派阁门使吴德应等做馆驿使。御史台和谏官向懿宗进言劝谏：按照旧制，两京由御史一人主持馆驿事务，称为“馆驿使”，不应由宫中宦官来取代御史。懿宗宣称诏令已经颁布，不能再改动了。左拾遗刘蜕进言：“春秋时期楚国把陈国灭掉，将陈国设置为楚国的一个县，申叔以一言劝谏，楚王就把陈国恢复了。过去，太宗征派役卒修建乾元殿，听了张玄素的谏言，当天就停止了这项工程（见前一百九十三卷贞观四年）。从古至今，圣明的君主所推重的，是从善如流，哪里有不肯更改自己做过事情的呢？况且敕命由陛下颁布，再由陛下更改，怎能说不可以呢？”懿宗不听他的谏言。

黠戛斯派遣他的臣子合伊难支向朝廷上表，请求赐予唐朝的经籍文书给他们，并要求每年派遣使者往来，还请求颁布大唐的历法，又希望讨伐回鹘，让安西广大地区全部归属唐朝，懿宗没有答应他的请求。

冬季，十月，甲戌日（十五日），唐懿宗李漼任命长安尉、集贤校理令狐滈为左拾遗。乙亥日（十六日），左拾遗刘蜕向懿宗进言说："令狐滈治家缺失官家子弟的家法，任命他左拾遗就好比让百姓行使宰相的权力。"起居郎张云说："令狐滈的父亲令狐绹任用李涿做安南都护（见宣宗大中十二年），导致南蛮到现在仍作梗妨碍我朝，由于令狐滈接受李涿的贿赂，致使他的父亲也背上了不好的名声。"十一月，丁酉日（初八），张云又进谏懿宗说："令狐滈的父亲令狐绹在执政时，人们称他为'白衣宰相'。"令狐滈因为舆论的指责，也向懿宗上表请求引退躲避，于是懿宗将令狐滈改任为詹事府司直。

辛巳日（十一月无此日），朝廷撤销宿泗观察使，再以徐州为观察使府，把濠、泗隶属其中。

十二月，南诏进犯西川。

昭义节度使沈询的仆役名叫归秦，与他的婢女通奸，沈询想把归秦处死，还没来得及杀掉。乙酉日（二十七日），归秦与牙将勾结叛乱，进攻节度府衙门，杀了沈询。

咸通五年（甲申，公元 864 年）

春季，正月，唐懿宗李漼任命京兆尹李蠙为昭义节度使，李蠙赴任后，把归秦的心肝挖出，用来祭奠沈询。

淮南节度使令狐绹替他的儿子令狐滈申辩冤情。唐懿宗李漼将张云贬为兴元少尹，贬刘蜕为华阴令。下诏命说："虽然正直的忠心值得嘉许，但粗疏轻率的责任是难以逃避的。"

丙午日（十九日），西川向朝廷上奏疏说，南诏进犯巂州，刺史喻士珍打败了南诏军队，俘获千余人。唐懿宗李漼颁布诏令，调遣五千右神策军以及各道军队前去西川镇守。忠武镇大将颜庆复请求修筑新安、遏戎二座城堡，懿宗批准了他的请求。

唐懿宗李漼派容管经略使张茵兼管交州事务，增加海门镇的兵力达到二万五千人，命令张茵进军攻取安南。

二月，己巳日（十二日），唐懿宗李漼任命刑部尚书、盐铁转运使李福同平章事，代理西川节度使。

甲申日（二十七日），唐懿宗李漼降调西川节度使萧邺为山南西道观察使。

三月，丁酉日（十一日），有彗星从娄宿飞出，长约三尺。己亥日（十三日），司天监奏称："按《星经》记载，这颗彗星的名字含有荣耀之意，是一颗预示祥瑞的彗星。"懿宗听后非常高兴。司天监又奏称："请陛下把彗星预示祥瑞之事向朝廷内外昭示，并在史书上记载下来。"懿宗同意了他的请求。

岭南西道节度使康承训抵达邕州，南诏蛮军进犯更加猛烈，唐懿宗李漼颁下诏书调遣许州、滑州、青州、汴州、兖州、郓州、宣州、润州八道军队交付康承训统领指挥。康承训没有设置哨兵，南诏军率群蛮近万人进犯邕州，快到边境时，康承训才派遣六道军队共计一万人前去抗击敌军，康承训又让獠人作为向导，结果受到獠人欺骗。蛮军攻打过来，唐军一点防备都没有，五道军队八千人全被歼灭，只有天平军晚一天赶到这里，得以免祸。康承训知道消息后，惶恐不安，不知道怎么办才好。节度副使李行素率领士众在整治壕沟、木栅，刚整治完，蛮军已把他团团围住。蛮军在城下待了四天，修造攻城器械，即将完工时，城内唐军诸将请求康承训趁着晚上分几路偷袭蛮军大营，康承训没有批准他们的请求。有天平军小校竭力劝说，康承训才同意了。小校率领三百勇士，夜晚悬城而出，士兵四散焚烧蛮营，斩首五百多蛮人。蛮军大惊，只停留了一天即解围而去。康承训这时才派遣诸道军几千人追杀，所杀的俘虏不到三百级，都是些被胁迫而顺从的溪獠人。康承训立即向朝廷上表奏告胜利，声称大破南诏蛮寇，朝廷内外齐声道贺。

夏季，四月，唐懿宗李漼任命兵部侍郎、兼户部萧置同平章事。

萧置是萧复的孙子。

唐懿宗李漼加派康承训为检校右仆射，奖赏他大破蛮兵的功劳。其余奏请因功受赏的，都是承训的子弟和亲近的人，而烧南诏蛮军营帐的天平军小校却没升迁一级，于是军中怨恨愤怒，流言蜚语到处传播。

五月，敕命："徐州当地风俗雄迈刚劲，士兵精明强悍，最近因为罢废节度使府，很多人都逃亡躲藏起来，所以下令徐泗团练使选拔招募三千军士前往邕州戍守边境，等岭外的事态安定了，立即派军队替代他们并将他们遣还。"

秋季，七月，西川奏报两林部落的大鬼主截击南诏蛮军，并且打败了他们，杀戮俘获了很多人。南诏所署的保塞城使杜守连拒不接受蛮军命令，率领部众到黎州归降唐朝。

岭南东道节度使韦宙对康承训的所为完全了解，写信告知当朝宰相。康承训自己也感到疑虑恐惧，多次向朝廷上表请求辞去官职回家养病，于是，唐懿宗李漼就任命康承训为右武卫大将军、分司。任命容管经略使张茵为岭南西道节度使，再以容管四州另置经略使。

当时南诏得知邕州已经空虚，也就不再进犯，张茵久久不敢进兵攻打安南。夏侯孜推荐骁卫将军高骈代替张茵，唐懿宗李漼任命高骈为安南都护、本管经略招讨使，把张茵所率领的军队都交给他指挥。高骈是高崇文的孙子，世代在禁军。高骈读过不少书，喜欢谈古论今，左右神策两军中的宦官多数都称赞他，他经过多次升迁担任右神策军都虞候。党项族叛乱后，高骈率领禁军一万人在长武防守，多次建立战功，被升迁为秦州防御使，又因立下战功，被委以经略安南的重任。

冬季，十一月，唐懿宗李漼任命门下侍郎、同平章事夏侯孜同平章事，兼河东节度使。

壬寅日（十九日），唐懿宗李漼任命翰林学士承旨、兵部侍郎路岩同平章事，当时路岩三十六岁。

咸通六年(乙酉，公元865年)

春季，正月，丁巳日(正月无此日)，懿宗准许将懿安皇后的神位配放在宪宗神主像的庙室。当时王皞再度担任恩礼院检讨官，重新申诉以前议论之事，朝廷最终同意了他的建议。

地方诸道向朝廷进献阉割的小孩，以闽中的孩子为最多，所以宦官大多出自闽地。福建观察使杜宣猷每当寒食的时候，都要派遣官员分别前往宦官祖先的坟墓旁拜祭，宦官们对他特别感激，经常在懿宗面前为杜宣猷美言几句，庚申日(正月无此日)，唐懿宗李漼任命杜宣猷为宣歙观察使，当时人称他为"敕使墓户(敕命派遣为宦官祭墓的人户)"。

三月，中书侍郎、同平章事萧置去世。

夏季，四月，唐懿宗李漼任命前任东川节度使高璩为兵部侍郎、同平章事。高璩是高元裕的儿子。

杨收向懿宗建议，认为"南诏蛮寇的侵扰多年不能被平定，两河军队在偏远的岭南戍守，因瘴气和水土不服，死去的有十分之六七，请求陛下在江西屯积军粮，招募强壮有力的弓弩手三万人，用来应对岭南的军事所需，江西距离岭南也比较近，军队调派起来也更加便捷，并且，在江西建节设军镇，以加大江西镇守统帅的权力。"懿宗对此准许。五月，辛丑日(二十一日)，朝廷在洪州设置镇南军。

巂州刺史喻士珍贪婪狡猾，对两林蛮人部落进行劫掠，迫使他们拿黄金来赎回。当南诏蛮军再次进犯州城时，两林蛮人打开城门将南诏军接进来，南诏蛮军进入州城，杀光所有的唐士兵，喻士珍向南诏蛮军投降。

壬寅日(二十二日)，唐懿宗李漼任命桂管观察使严谠做镇南节度使。严谠是严震的从孙。

六月，高璩去世。

唐懿宗李漼任命御史大夫徐商为兵部侍郎、同平章事。

秋季，七月，唐懿宗李漼册立皇子李侃为郢王，李俨为普王。

高骈在海门整治军队，还没有进兵。宦官监军李维周憎恶高骈，想把高骈排挤出去，于是故意多次催促高骈，要他赶快向安南进发军队。高骈派五千人先渡海进击，并且与李维周约定好，让他派遣军队前去援助。高骈率军出发后，李维周接管剩余戍守在海门的军队，却没有派遣任何士兵继续跟随进军。九月，高骈抵达南定，峰州蛮人士众将近五万人，适逢他们正在收割田谷，高骈突然袭击，大破蛮军，得到蛮人所收获的稻米，用来供应军粮。

冬季，十二月，壬子日（初五），太皇太后郑氏驾崩。

咸通七年（丙戌，公元 866 年）

春季，二月，归义节度使张义潮向朝廷奏报北庭回鹘固俊攻陷了西州、北庭、轮台、清镇等城。

论恐热寄居在廓州，集合了旁侧诸部，想进犯边界，诸部落都不听从他的指挥。四周部落都是论恐热的敌人，这种处境让论恐热走投无路。其仇人又把论恐热的处境禀告给鄯州的拓跋怀光，拓跋怀光率领军队将论恐热部击败。

三月，戊寅日（初二），唐懿宗李漼任命河东节度使刘潼为西川节度使。起初，南诏围困巂州，东蛮浪稽部竭尽全力协助南诏军队，于是攻占并屠杀州城，卑龙部族对南诏蛮军杀害他们父兄的事情怨恨无比，就引领唐忠武镇戍守军队偷袭浪稽部落，把浪稽部消灭了。南诏因此怨恨唐朝。

南诏派遣清平官（南诏自尚书至宰相都称清平官）董成等抵达成都，节度使李福以盛大的仪卫接待他们。按照惯例，南诏使者拜见节度使时，必须拜伏在庭上，董成等说："南诏骠信已顺应上天与民众的心愿，自称君主，我拜见贵国节度使应当在礼节上坚持平等的原则。"彼此的话语不断来回传递，从早晨到中午仍没能决定。将士们都愤怒不已，李福就命人抓起董成的头发对他进行殴打，并加上刑械押在狱中。刘潼来到西川镇治成都，把董成等人释放，并奏请懿宗遣送董成等人返回南诏国。唐懿宗李漼颁下诏书，召董成等人前去京师长安，在别殿接见他们，对他们进行丰厚的赏赐，慰劳后遣送回国。

成德节度使王绍懿，在镇任职已经十年，为政宽宏简明，军民都称赞他。当他患病时，召见哥哥王绍鼎的儿子都知兵马使王景崇对他说：“哥哥因为你幼小，所以把军政大权交托给我。如今，你已长大成人，我把军政交托给你。你要努力把军政处理好，对上忠诚朝廷，对下与四邻藩镇友好相处，不要败坏了我哥哥的基业，这就是你的大功了。”说完就去世了。

闰月，吐蕃军队侵犯邠宁镇，邠宁节度使薛弘宗率领军队抗击，将吐蕃军队赶走。

夏季，四月，唐懿宗李漼将前任西川节度使李福贬为蕲王傅。

五月，将孝明皇后安葬在宪宗的景陵旁边，将她的神主像安置在另外一个庙室。

六月，魏博节度使何弘敬去世，军中拥立他的儿子左司马何全皞为留后。

唐懿宗李漼任命王景崇为成德留后。

南诏酋龙派遣善阐节度使杨缉思（思字依《新唐书·南诏传》加），协助安南节度使段酋迁戍守交趾，任命范昵些为安南都统，赵诺眉为扶邪都统。监陈（陈音阵，派在军中的宦官，通称监军）敕使韦仲宰率领七千人抵达峰州，高骈的军队由此得到扩充，于是征讨南诏蛮军，多次大败南诏军队。高骈告捷的奏表送往海门，李维周将其全部收藏起来，致使朝廷好几个月得不到高骈的任何音讯。懿宗对此事感到奇怪，派遣中使就此事询问李维周，李维周奏称高骈在峰州驻扎军队，他只是与南诏蛮军周旋，不敢派遣军队交战。懿宗听后非常气愤，任命右武卫将军王晏权代替高骈镇守安南，并召高骈返回朝廷，打算对高骈重加贬谪。王晏权是王智兴的侄子。这个月，高骈在交趾大破南诏蛮军，杀戮俘获的敌人很多，而且包围了交趾城。

秋季，七月，唐懿宗李漼任命何全皞为魏博留后。

冬季，十月，甲申日（十三日），唐懿宗李漼任命门下侍郎、同平章事杨收为宣歙观察使。杨收的本性喜好奢靡，门吏、僮奴多倚仗他做奸邪贪利的事情。杨玄价的兄弟接受藩镇贿赂，对杨收多次进行请托，杨收不能完全听从他的请托。杨玄价对此很生气，认为杨收这样做是背叛自己，就在懿宗面前诋毁他，还将杨收赶出朝廷。

拓跋怀光率领五百骑兵攻入廓州，活捉了吐蕃酋领论恐热，先将他的四肢砍断，然后历数他的罪状，最后将他处死，并将论恐热的头颅送往唐朝京城长安。论恐热的部众向东逃窜奔向秦州，遭到吐蕃部族酋领尚延心的攻打，被其打败，尚延心将此事奏告朝廷，请求将论恐热余众全部迁移到岭南地区。吐蕃从此衰落以至于灭绝，吐蕃的乞离胡君王和臣子也都不知下落，更不知他们的结局如何。

高骈包围交趾十几天，南诏蛮军困乏极了，城池几乎要被攻克。恰巧此时得到王晏权的通牒，说他已经和李维周率领大军从海门出发。高骈马上把军务交给韦仲宰管理，和部下一百多人返回北方。最初是韦仲宰派了小使王惠赞，高骈派了小校曾衮进入京城禀告交趾的捷报，他们走至海中，望见有挂着大旗的船队从东而来，于是询问在海上划船的船夫，船夫说那是新任经略使与监军的船队。王惠赞与曾衮商量，说："李维周必定会夺取我们告捷的奏表，并将我们扣押。"于是他们在海岛间藏起来，等李维周的船队驶过去，就赶往京师长安，唐懿宗李漼这才得到高骈和韦仲宰的告捷奏表，喜出望外，立即加封高骈检校工部尚书的官衔，恢复高骈镇讨安南的军职。高骈到达海门，收到懿宗的新任命，又返回交趾。

王晏权为人昏庸又胆怯，一切军政事务都听从监军李维周处置。李维周生性凶残贪暴，诸将领都不愿听从他的调遣，于是交趾城的重围得以被冲开，南诏蛮军得以逃出大半人马。高骈到达后，再次督导激励将士攻城，于是攻下此城，杀死段酋迁以及替南诏做向导的土蛮朱道古，斩获三万多首级，南诏士兵奔逃而去。高骈又打败了归附南诏的土蛮二洞，把它们的酋长处死，土蛮率士众来投降归顺的有一万七千人。

十一月，壬子日（十一日），唐懿宗李漼诏令大赦天下。下诏安南、邕州、西川诸军各保守疆域，不再攻打南诏。唐懿宗李漼还委任西川节度使刘潼告谕南诏国，如果南诏国能再与大唐修复原来的友好关系，唐朝将对南诏过去的侵犯罪行一概不再追究。

朝廷在安南设置静海军节镇，任命高骈为节度使。自从李琢为安南都护，误杀蛮酋杜存诚而激起叛乱以来，南诏蛮军趁机侵扰边境，造成安南边患差不多有十年，到此时才平定。高骈营建了安南城，周长三千步，建造房屋四十余万间。

十二月，黠戛斯派将军乙支连几入朝进献贡物，向懿宗奏称已派遣鞍马迎接唐朝的册立使，并请求颁发给他们第二年的年历。

唐懿宗李漼任命成德留后王景崇为节度使。

懿宗喜欢音乐及饮宴游乐，殿前供奉的乐工经常接近五百人，每个月设宴达十余次，山珍海味一应俱全，听音乐观赏优戏，不知疲倦，赏赐给乐工优伎的钱动不动就达到上千缗。曲江、昆明、灞浐、南宫、北苑、昭应、咸阳等处的禁苑离宫，懿宗想要去游玩就会即刻启程，不等派人去这些地方先行准备布置，有关官吏经常准备好乐器、饮食用具和小帐篷，以备懿宗随时使用，诸亲王也都备好马随时准备陪同懿宗前往游玩。懿宗每次巡幸，内外各衙司随从的就达十余万人，所花费的钱财更是无法计算。

咸通八年（丁亥，公元 867 年）

春季，正月，唐懿宗李漼任命魏博留后何全皞为节度使。

二月，归义节度使张义潮入朝觐见，被任命为右神武统军，唐懿宗李漼命令他的族子张惟深镇守归义。

从安南到邕、广一带，海路上多暗礁，常使舟船翻覆，于是，静海节度使高骈招募工匠凿开暗礁，使海上漕运不再受到阻碍。

西川邻近的六姓蛮（蒙蛮、夷蛮、讹蛮、狼蛮、勿邓蛮、白蛮），常在唐朝与南诏之间摇摆不定，南诏蛮军不来侵扰时就声称对唐朝效忠顺服，来侵犯时又常常充任南诏的先锋军。只有蛮族卑笼部竭尽全力效忠唐朝，与群蛮各族姓世代结仇，所以朝廷赐它李姓，授予刺史官职。节度使刘潼派遣将领率领军队前去协助他，讨伐其他六姓蛮，烧毁了他们的部落，斩获五千多首级。

乐工李可及擅长创作新声，三月，唐懿宗李漼任命李可及为左威卫将军。曹确向懿宗进谏说："唐太宗当年确定朝廷文武官六百余名，对房玄龄说：'朕将官爵授予天下贤能之人，工匠商人伎巧等杂流人物不可授予官爵。' 大和年间，唐文宗想任命伎乐尉迟璋为王府率，拾遗窦洵当面直言进谏，唐文宗当时就将尉迟璋改派到地方，让他担任光州长史。臣请求陛下按照两朝的旧例，另封李可及的官职。"懿宗没有答应这一请求。

夏季，四月，懿宗身体不舒服，群臣很少能进宫拜见。

五月，丙辰日（十八日），朝廷对关押罪犯的案件普遍进行审理，如果不是罪大恶极的重大案犯，都依次减刑一等。

秋季，七月，壬寅日（初五），蕲王李缉去世。

怀州百姓因为旱灾申诉，刺史刘仁规张贴榜文禁止百姓申诉灾情，百姓很气愤，联合发动叛乱，驱逐了刘仁规。刘仁规逃到村舍中躲藏起来，百姓冲进他的州宅，抢了他的家财，登上城楼击鼓，很久才平定下来。

甲子日（二十七日），唐懿宗李漼任命兵部侍郎、兼诸道盐铁转运等使、驸马都尉于琮同平章事。

宣歙观察使杨收经过华岳庙，施舍衣物，让巫士为自己祷告，华阴县令将杨收的行为看作是犯罪，奏告朝廷，右拾遗韦保衡又在朝堂进言说，杨收之前担任宰相时，派严譔担任江西节度使，收受他人贿赂达百万，又设置掌管造船的事务，有人告他侵占藏匿公家财物。八月，庚寅日（二十四日），唐懿宗李漼贬杨收为端州司马。

九月，懿宗的病痊愈。

冬季，十二月，信王李憪去世。

唐懿宗李漼加封岭南东道节度使韦宙同平章事。

资治通鉴卷第二百五十一　唐纪六十七

起戊子(公元 868 年)，止乙丑(公元 869 年)，共二年。

【题解】本卷记录了公元 868 年至 869 年间的史事，当时正值唐懿宗咸通九至十年。这两年爆发了一个重大政治事件就是徐州兵乱，危害淮河两岸，虽然最终被消灭，却使唐王朝遭受了沉重打击。在平定兵乱的过程中，辛谠、杜慆两位忠义之士当立首功，他们表现出的忠勇与爱国之情与朝廷内如令狐慆类的食肉者形成鲜明对比。中原战乱，南诏又进一步祸乱西疆，在这种内忧外患的情况下，唐懿宗依然荒淫游宴，不知醒悟，朝政掌握在肉食者和宦官之手，唐朝正一点点走上灭亡之路。

懿宗昭圣恭孝文宗皇帝中

咸通九年(戊子，公元 868 年)

夏季，六月，凤翔少尹李师望向懿宗进言说："嶲州可控制南诏，是西川地区抗击南诏蛮军的要冲，成都道路遥远，难以对嶲州进行有效节制。希望陛下建置定边军，在邛州屯驻大批军队，把嶲州作为定边军的治所。"朝廷认为确实如此，就设置了定边军，任命李师望为州刺史，充任定边军节度使，眉、蜀、邛、雅、嘉、黎等州观察使，统辖管理诸蛮，并统率诸道行营、制置等使。李师望为方便专门掌控一方军政大权，所以才上奏建议此项举措。其实邛州距离成都仅一百六十里，嶲州距离邛州达千里之遥，李师望欺骗朝廷竟到了如此地步。

起初，南诏攻克安南，唐懿宗李漼诏命徐、泗招募士兵两千前往支援，分配八百人另外戍守在桂州，最初约定三年更换一次军队。

徐泗观察使崔彦曾是崔慎由的侄子，处理政事严厉苛刻。朝廷因为徐泗士兵骄纵狂横，所以诏命他去镇守。都押牙尹戡、教练使杜璋、兵马使徐行俭等掌权用事，遭到军中将士的怨恨，当时戍守桂州的徐泗士兵已在此地戍守了六年，他们屡次请求轮换，让他们回乡去。尹戡向崔彦曾进言，军府帑藏本就空虚，再调遣军队前往桂州轮换替代，所需费用太多，请让桂林戍卒再戍守一年，崔彦曾听从了尹戡的建议。戍守的士卒知道这一情况后，都气愤极了。

都虞候许佶、军校赵可立、姚周、张行实等之前都是徐州的强盗，州县没办法征讨他们，因而将他们招顺，用以扩充军队，让他们担任牙职。适逢桂管观察使李丛调派到湖南，新任的观察使还未到。秋季，七月，许佶等作乱，杀死都将王仲甫，推举拥戴粮料判官庞勋为统帅，将府库中的器械抢掠一番，返回北方，所经之地必定劫掠抢夺财物，州县也不能抗御。朝廷得知这一消息，八月，派遣高品宦官张敬思前来赦免这些士卒，由官府出资帮助他们回归徐州，戍卒才停止沿途抢劫之事。

唐懿宗李漼任命前静海节度使高骈为右金吾大将军。高骈请求朝廷派侄孙高浔替代自己镇守交趾，懿宗同意了这一请求。

九月，戊戌日（初八），唐懿宗李漼任命山南东道节度使卢耽为西川节度使。因为有定边军，所以不兼办统领签押诸蛮安抚等使的职务。

庞勋率领徐泗戍卒等抵达湖南，宦官监军用计谋诱骗他们，让他们将武器全部交出。山南东道节度使崔铉派兵严守要害之地，徐泗戍卒不敢北上进入其地盘，于是乘船沿长江东下。许佶等相互谋划说：“我辈所犯之罪比银刀军还重，而朝廷赦免我等的原因，是顾虑我们沿路攻城劫掠财物，或者四散溃逃终究成为祸患罢了，如果我们到徐州的话，必定要被剁成肉酱！”于是各用私人财产制造盔甲兵器和旗帜。经过浙西，进入淮南，淮南节度使令狐绹派遣使者赶来慰劳，给予粮草。

都押牙李湘对令狐绹说："徐州士卒擅自还归，势必作乱，虽然没有陛下敕令诛杀讨伐他们，但藩镇大臣应当遇事时制定权宜之计。高邮的江岸高山险峻，江水深并且港口狭窄，请让我率一支奇兵在江岸边做好埋伏，把装着柴草的船只烧了，以此来堵住徐泗戍卒前行的水路，派强劲勇武的将士在后面追击，可把他们全部抓住。如果不这样做，放过他们，让他们渡过淮河，返回徐州，从而与心怀积怨的民众会合，那么对国家造成的祸患就更严重了。"令狐绹素来懦弱胆小，又没有懿宗的诏书，就说："他们在淮南只要不做暴力乱行的事情，就任凭他们经过，其他就不是我们该管的事了。"

庞勋招集银刀军等逃窜藏匿的人及亡命之徒在船中躲藏，多达千人。丁巳日(二十七日)，到达泗州，刺史杜慆在球场为戍卒们安排酒宴，有唱戏的优人致辞。徐泗戍卒认为这种做法是讥笑自己，抓住优人就要杀了他，在座的宾客都吓得四散而逃。但是杜慆早已做好充分准备，徐泗戍卒也不敢过分地任意而为，于是就此作罢。杜慆是杜悰的弟弟。

起初，朝廷几次诏命崔彦曾安慰抚问擅自归乡的戍卒，不要让他们担心恐惧。于是崔彦曾派使者把诏命的意思告诉他们，诏命传送络绎不绝。庞勋也相继表明态度，文辞礼节都十分恭敬。戊午日(二十八日)，庞勋等前行到达徐城县，决定与官府对抗，庞勋与许佶等人对部众宣称："我等自作主张归来，就是因为想念妻子儿女，日夜盼望能和他们相见。如今听说，已有天子的密诏到了徐州军府，前去徐州，我们将被肢解灭族！大丈夫与其主动走进罗网，被天下人耻笑，还不如我等勠力同心，赴汤蹈火干下一番功业。这样不仅可以免遭祸患，还可得到荣华富贵！更何况徐州城内的将士都是我们的父兄子弟，我们只要在门外大叫一声，他们定然会在城内响应。然后遵照王智兴侍中之前所作所为去治理，五十万缗赏钱，指日可待了。"大家都欢呼雀跃，拍手称好。只有将士赵武等十二人担心恐惧，准备逃走，结果都被砍了脑袋，庞勋派使者把人头送给崔彦曾，并且呈递申诉状说："勋等远戍在外已经六年，对乡里确实特别想念。而赵武等人借着士众内心不安，就萌发奸计，哄骗我们返回故乡。将士等都知道会被欺骗连累，怎么敢冒着整个家族被灭掉的风险不听府使的命令呢？如今我等已经蒙受朝廷恩泽而被谅解，于是一起杀了作恶之首来弥补所犯的过失。"冬季，十月，甲子日（初四），使者到了彭城，崔彦曾把他捉住讯问，得知了全部实情，就把他拘禁起来。丁卯日（初七），庞勋再次向使府呈递申诉状，宣称："将士们背负大罪，人人都怀有疑虑，今天已抵达苻离，还没有解下身上穿的厚厚战甲。这是因为徐州军府将领尹戡、杜璋、徐行俭等人生性狡诈多疑，必定对我等充满疑虑和嫌隙，乞求观察使暂且罢去尹戡等三人的职务，以便能让军心安定。同时，请求把从桂州返回的戍守将士专门编成两个营，由一个将领统领。"

当时戍守的士卒距离彭城仅有一百二十里，全城很恐惧。崔彦曾召集诸将商议此事，诸将都流着泪说："近来，因为银刀军凶猛剽悍，使一军都蒙受恶名，以致被杀死或流放或逃窜，其中不少兵卒是冤枉无辜的。如今哀号喊冤的声音还没有止息，桂州戍卒又再次猖狂起来，如果放纵他们进城，一定会叛逆作乱，如此一来，徐州全境就要尸横遍野了！不如趁他们远来疲惫，出兵攻打他们，这样我方安逸而对方劳顿，将无往而不胜。"崔彦曾犹豫不能决断。团练判官温廷（一作庭）皓再次对崔彦曾说："全城的安危情况，已呈现在眼前，得失与否，全在于今天的决策。目前，讨击桂州戍卒有三大困难，而舍弃他们不加讨伐又有五大害处：陛下既已颁下诏书释免戍卒的罪行，我们却擅自追击，这是第一大困难。我们率领戍卒的父兄，去追讨他们的子弟，人情上难以违逆，这是第二大困难。戍卒获罪，牵连的各枝党羽多而复杂，追究起来判刑和处死的人必然很多，这是第三大困难。但是，本道戍边的士卒擅自归还，不诛讨就会使其他道戍边的士卒纷纷叛乱效仿，让朝廷的法制失去效力，不能平定叛乱，这是第一大危害。大将是一军的首长，而桂林戍卒竟敢杀害都将王仲甫，那么所有做大将的人，将凭什么发号命令士卒？这是第二大危害。桂林戍卒所到之处剽窃抢夺，私自制造铠甲武器，招募接纳亡命之徒，如此行为却不加以讨伐，又如何惩戒恶人呢？这是第三大危害。军中将士都是他们的亲属，银刀军的余党，还潜藏在山泽，如果内外勾结一起叛乱，又怎么来掌控徐州的局势？这是第四大危害。桂州戍卒竟然胆敢威胁徐泗军府，希望按他们的愿望诛杀他们所怨恨的三名将领，真是嚣张跋扈，又请求把他们编在一起，自己成立营队，如果准许他们的请求，那么当年银刀等七军叛乱的祸患又将重演，如果不应允他们，戍卒就会把这件事当作借口，展开叛乱，这是第五大危害。希望明公排除三大困难，杜绝五大危害，早定大计，以满足众人的期望。”

当时城中有兵卒四千三百人，崔彦曾就命令都虞候元密等率领士兵三千人去讨伐庞勋，一条条列举庞勋的罪行以号令众人，并且说：“他不仅使百姓涂炭，实际上也污染了将士的声名。如果让朝廷调集军队来讨伐他们，恐怕就要两败俱伤，叛贼会牵连我们跟着获罪！”又说：“凡是他们的亲属，都不用担心疑惧，罪责只牵涉他们自己，一定不会让家人连坐。”于是，命令宿州派遣军队前往苻离，泗州派遣军队前往于虹截击他们，并且奏报他们的情状。崔彦曾告诫元密不要伤害到敕使。

戊辰日（初八），元密从彭城率军进发，军容十分盛大。诸将到任山以北几里时，停止进发，共同谋划营救宦官敕使的办法，打算等贼人进入馆中时，再驱使士兵攻打他们，派人改换衣服背负薪柴探察贼人动向。傍晚，贼人已抵达任山，见馆中空无一人，又没有物资供给，心中疑虑。看见背着薪柴的人，就把他捉来拷问，经追问，果然获得了官军设伏的情况。于是戍卒们制作木偶人，排列在山下，然后全部潜逃而去。到晚上，官军才发觉，唯恐贼兵潜伏在山谷而从小道来偷袭，所以又率领军队退守在城南住宿，第二天清晨才进兵追击。

当时贼兵已抵达苻离，宿州的驻军五百人出城在濉水上作战，官军闻风溃逃，叛贼于是进逼宿州。当时宿州刺史职位空缺，观察副使焦璐管理州政事务，城内不再有军队。庚午日（初十），贼兵攻陷城池，焦璐逃走而得免一死。贼兵把城中财货都聚集起来叫百姓随意拿取，一天之中，远在四方的人像云朵般聚集在一起，等他们拿了财货后，贼兵就开始选募他们当兵，如有不愿意的人，立刻把他杀头，从早到晚，招募了几千人。于是分派士兵登上城楼，分关把守，庞勋自称兵马留后。

又过了一夜，官军才到，而贼人防守已经很严密，不能再发动进攻了。之前，焦璐听说苻离战败，挖断了汴水用来隔断北路，贼兵抵达时，水还很浅可以涉水而过，等官军到这里时，水已经很深了。壬申日（十二日），元密率领士兵渡水，准备围攻此城，适逢刮起狂风，贼人用火箭射城外的茅屋，使大火一直烧到官军军营，官军士卒向前冲杀就要冒着城上投下的矢石，向后撤退又受到水、火的控制，叛贼于是抓紧时机猛烈攻击，杀死官军近三百人。元密等人认为叛贼必定会坚决防守宿州城，所以只思考攻城的策略。

叛贼夜晚让妇女做击鼓打更的事情，抢夺了城中的三百艘大船，装满军资粮食，顺着汴水向下运输，打算流入江湖成为盗贼，又赠给宦官中使张敬思千匹丝绢，派遣骑兵将他护送至汴州境的东边，放他西归长安。

第二天清晨，官军知道贼兵已经离去，才狼狈不堪地前去追击，士卒都没有吃东西，等追赶上时，已经饿得一点力气没有了。贼兵在堤下把船只朝着岸排列得整整齐齐，而在堤外布下阵势，在船中埋伏了千人，官军快到时，阵中的人都走进泽障之中。元密认为他们害怕自己，于是派军队追击他们；贼兵从船中冲杀出来，两面夹攻，从午时直打到申时，官军惨败。元密带着残兵撤退，陷入荷花泥泽中，叛贼追赶上来，元密等徐泗诸将及监阵的宦官中使全被杀死，士卒也被杀了上千人，其余人全向叛贼投降，没有一个返回徐州城。叛贼向投降的士卒询问彭城内的民情和官府的部署情况，了解城中并没有戒备，于是有了攻占彭城的意图。

乙亥日（十五日），庞勋率领士兵向北渡过濉水，越过山岭直趋彭城。当晚，崔彦曾才知道元密战败，于是写信请求相邻道派遣军队救援。第二天，崔彦曾紧闭城门，挑选城中年轻男子参加军队守备城防，城内外一片震惊惶恐之态，没有人愿意坚守城池，都打算逃跑。有人劝崔彦曾逃奔兖州，崔彦曾愤怒地说："我是元帅，城如果被攻克，只有战死罢了，守城是我的职责所在！"马上杀了劝说的人。

丁丑日（十七日），贼兵抵达城下，士众有六七千人，鼓噪之声使大地震颤。住在城外的百姓，贼人对他们反加以安抚慰问，对他们没有一点侵犯骚扰，因此，百姓争相归顺，不到一个时辰，攻占了罗城（大城）。崔彦曾退守到子城（城内小城）以求自保，而百姓竟帮助贼兵攻打该城，推来草车塞住城门点燃起来，城池失陷。叛贼将崔彦曾抓获，在大彭馆将他囚禁，又擒住尹戡、杜璋、徐行俭，将他们的肚子剖开，把他们剁成肉酱，并将这些人的家属全部杀死。庞勋坐在徐州观察使府处置军政大事，卫兵排列得整齐有序，文武将吏向他行跪拜礼，没有谁敢抬起头注视厅堂上的主帅庞勋。当日，城中愿意附顺服从的就有一万多人。

戊寅日（十八日），庞勋召见温庭皓，命令他起草表章，请求徐州节度使的符节斧钺，温庭皓说："这件事关系重大，不是一时之间可以完成的事情，请允许我回家慢慢为您起草吧。"庞勋答应了他的请求。第二天早晨，庞勋派人催促，温庭皓来拜见庞勋说："昨天没有即刻拒绝您的原因，是想和妻子儿女见最后一面而已。如今已和妻子儿女诀别，特地前来就死。"庞勋仔细地端详温庭皓，微笑着说："一个书生竟敢这样做，难道不怕死吗？我庞勋既然能攻取徐州，难道还怕找不到人为我起草表文吗？"于是把温庭皓释放了。

有个叫周重的人，常常凭借才略自命不凡，庞勋把他待为上宾。周重替庞勋起草表章，大意是说："臣的军队，是来自汉代王室兴起的所在地(汉高帝起于沛，沛县属徐州)，近来，因为节度使苛刻又侵吞军府士兵的粮饷，刑罚、奖赏丧失公正，才导致士卒驱逐节度使一事。六年前陛下削夺徐州的军号，消灭了一镇的将士，我银刀等军将士有的被处以死刑，有的被发配流放他乡，含冤而死的士兵没有办法计算。如今，听说本道又打算诛杀将士，我们更是无比气愤，于是众人推举臣暂时掌管军政事务，姑且担任兵马留后，来抵制十万大军，慰问安抚徐、宿、濠、泗等四州。臣听说因势利导，不能丧失良机，这才是成为帝王的凭借。臣看到利益没有让它丧失，遇到良机没有任何迟疑。诚恳地希望陛下大发慈悲之心，赐给臣节度使的符节和旗帜。不然的话，臣就统率几万大军，攻进长安，这并不是一件难事啊!”庚辰日(二十日)，庞勋派遣押牙张琯奉表抵达京师。

庞勋任命许佶为都虞候，赵可立为都游弈使，朋党各补牙职，分别统领诸军。又派遣老将刘行及率领一千五百人在濠州驻扎，李圆率领两千人在泗州屯驻，梁丕率领一千人在宿州屯驻，其余将士占据要害县镇，都修缮甲胄武器，做好戍守准备。徐州人传言，朝廷赐给庞勋的节度使符节旌旗不超过半个月就会送到，所以愿意献策效力的人不管远近云集而来，以至于光州、蔡州、淮州、浙州、兖州、郓州、沂州、密州等地的一些贼盗，也都不远千里来投奔归附，致使徐州城里城外充满了人，十天多时间，一斗米的价钱就涨到二百缗。庞勋又伪造了崔彦曾请求剪灭徐州的表奏，其中大意说:“全军都是暴乱的士卒，都该剪除，五县(彭城、萧、丰、沛、下邳)的愚民，都应该配作奴隶。”又伪造皇帝的诏书，宣称皇帝已批准了崔彦曾的请求，此消息在境内传布。徐州人相信了，都把怨恨归向朝廷，说:“没有桂州将士的反叛，我们都已成为案板上的鱼肉了!”

刘行及率领军队到达涡口，在沿途响应并跟随的人成倍增加，而濠州的士兵才几百人，刺史卢望回平时从不设防，一时不知怎么办才好，于是打开城门，准备牛肉、酒菜来迎接。刘行及进了城，囚禁卢望回，自己管理刺史的职务。泗州刺史杜慆听说庞勋叛乱，就修治城内守备器械，等待叛军来攻打，并向江、淮地区的官军请求援救。李圆派遣精锐士卒一百人先攻入泗州，查封州府的仓库。杜慆派人前去迎接慰劳他们，把这一百叛兵诱骗进泗州城，然后将他们全部杀死。第二天，李圆到达后，立刻率领军队包围城池，城上箭矢有如雨点般落下，死亡的贼兵达几百，李圆就收兵在城西屯驻。庞勋因为泗州是江、淮的第一要冲，增调军队来援助李圆攻城，士众多达万余人，但是始终不能把城攻下。

起初，朝廷听说庞勋从任山撤回军队直奔宿州，就派遣高品宦官康道伟带着天子的诏敕对他加以抚慰。十一月，康道伟到了彭城。庞勋来到郊外迎接他，从任山到子城（城内小城）有三十里路，穿戴整齐盔甲的士兵沿途整齐地排列，号令金鼓的响声在山谷回荡，城中的丁壮男子，都被驱赶着登上城墙。庞勋在球场设宴招待康道伟，又派人假扮投降的群盗，多达几千人，各寨来传捷报的人有几十批。庞勋这样做是想在朝廷派遣的使者面前展示自己已牢牢控制了徐州的局面。庞勋再次让人草拟请求担任徐州节度使的表文，让康道伟带回朝廷，向懿宗转达。

起初，辛云京的孙子辛谠，在广陵寄居，喜欢行侠仗义，年已五十仍没有做官，和杜慆有深厚的交情。听说庞勋作乱，就来到泗州，劝杜慆全家躲避。杜慆说："平安时享受禄位，危难之时，我抛弃朝廷委托我管理的城池，这是我干不出的事情！况且人都拥有自己的家，谁不爱惜自己的家呢？我独自一人逃走苟全性命，如何来使部众的心安定呢！我发誓与将士同生共死，要死也在泗州城一起战死！"辛谠说："您要是这样做的话，那么我也与您一同战死在城里吧！"于是他返回广陵，与自己的亲人诀别。壬辰日（初三），辛谠又前往泗州。当时百姓躲避战乱，扶老携幼，把道路都阻塞了，遇见辛谠，都阻止他说："大家都往南逃亡，只有你朝北走，就算战死，又有什么意义呢？"辛谠没有回答。抵达泗州，贼兵已临城下，辛谠急忙划了小船进去，杜慆当即任命辛谠为团练判官。城中因为形势危急，人人感到惊恐不安，都押牙李雅有勇有谋，为杜慆布置守备，率领部众击鼓喧噪，出城四处袭击叛贼，贼军被迫撤退，于徐城屯驻，徐州城内百姓才稍微安定下来。

庞勋招募百姓当兵，人们贪图剽掠所得的财利，争先恐后地赶来参军，甚至父亲遣送儿子，妻子勉励丈夫，都砍断了锄头而把它磨得特别锋利，拿着去应征当兵。

邻道听说庞勋占据了徐州，各派军队据守要害之地，然而官兵仍然数目很少，而贼人数量却越来越多，官军几次作战失利，贼兵最终攻破了鱼台等近十县。宋州的东方有座磨山，百姓都逃到上面藏匿起来，庞勋派了他的大将张玄稔包围了磨山，适逢遭遇旱灾，山泉枯竭，几万人都被渴死了。

有人劝庞勋说："留后您如果只是想求得节度使的符节斧钺，就应当对当朝天子恭敬顺从，竭尽礼节，对外让士卒安定，不达到骚乱不堪的程度，对内安抚百姓，不让百姓恐慌，或许可以获得节度使的职位。"庞勋虽然没有采用这个建议，但是在国家忌日时，还是设斋焚香，丰厚地犒赏将士时必定先向西方眺望着朝廷的宫阙跪拜谢恩。癸卯日（十四日），庞勋听说朝廷派来的宦官敕使已抵达徐州境内，认为肯定是天子赐予节度使的符节旌旗，部众都向他表示祝贺。第二天，敕使到达，只是一直责备崔彦曾和监军张道谨，贬斥了他们的官位。庞勋非常失望，于是囚禁敕使，不让他回返京城。

唐懿宗李漼下诏任命右金吾大将军康承训为义成节度使、徐州行营都招讨使，任命神武大将军王晏权为徐州北面行营招讨使，任命羽林将军戴可师为徐州南面行营招讨使，征发诸藩镇大批军队交给三位统帅指挥。康承训向懿宗奏请，请求派沙陀族三部落使朱邪赤心以及吐谷浑、达靼、契苾等族酋长各自率领其部众，跟随他一起讨伐徐泗，懿宗下诏同意此建议。

庞勋因为李圆攻打泗州久久没能攻取，派他的大将吴迥去代替李圆。丙午日（十七日），贼军再次攻打泗州，日夜不停地进攻。当时宦官敕使郭厚本率领淮南军队一千五百人前来救援泗州，抵达洪泽镇，害怕贼军强大的威势，不敢继续前进。辛谠请求前往求援，杜慆同意了他的建议。丁未日（十八日）夜晚，辛谠乘着小船偷偷渡过淮水，到达洪泽，游说郭厚本，郭厚本不听他的建议，等天亮时，辛谠返回。己酉日（二十日），贼兵进攻城池更加猛烈急促，准备烧毁水门，城中几乎已不能抵抗。辛谠请求再往洪泽援救。杜慆说："之前去了是无功而回，今番再去又有什么好处呢？"辛谠说："此行搬来救兵，我就活着回来，搬不到救兵就死在那里。"于是，杜慆和他哭泣着诀别。辛谠再乘小船背着门扇突围而出，拜见郭厚本，向他述说战况。郭厚本打算答应他的请求时，淮南都将袁公弁说："贼兵形势如此，我们自保恐怕力量都不充足，哪有多余的兵力救别人呢？"辛谠拔出宝剑，怒目对袁公弁说："叛贼从四方奔来攻打泗州，泗州城早晚之间就会被攻克。您受天子的诏命率领军队前来救援，却在此徘徊不前，难道只是在上对不起朝廷的恩遇吗？如果泗州城没有坚守住的话，淮南就将成为贼寇的地盘，您哪里能够独自保全呢？我现在先把你杀死，然后自尽！"于是他站起来，举剑追逐袁公弁，要杀了他。郭厚本急忙起身抱持辛谠，袁公弁免被剑伤。辛谠就回头向着泗州城眺望，大哭一整天，士卒们也都被他感动，纷纷落泪。郭厚本这才答应分派给他五百人，然后询问将士意愿，将士都表示愿意跟随前往。辛谠离位起身向将士叩头表示感谢，于是率领士卒抵达淮水南岸，看到贼寇正在攻打泗水城，有一个军吏说："观察贼人形势，好像已经进城了，我们返回比较有利呀。"辛谠在他后面追逐他，抓住了他的发髻，举起剑来要杀他，士兵们都来请求赦免他，说："他是一千五百人的判官，不可以杀死。"辛谠说："面临敌人阵营竟如此蛊惑军心，一定不能宽容！"众人一看请求不成，就一起来抢他手中的剑，而辛谠向来力气大，众人都没办法夺下。辛谠说："只要将士登上船，我就宽恕此人。"于是，将士竞相登上船，辛谠这才放了那位军吏。船上士卒只要有谁回头看，辛谠就用剑砍谁。把士兵驱使到淮北后，辛谠就率领士卒向贼寇发动攻击。杜慆在城墙上部署兵力和辛谠里应外合，贼兵最终被打败，士兵都喧嚣呼喊着追逐贼兵，直到傍晚才返回。

庞勋派遣大将刘佶率领精锐士兵几千人帮助吴迥攻打泗州，刘行及从濠州派遣大将王弘立带兵去与他会合。戊午日（二十九日），镇海节度使杜审权派都头翟行约率领四千人前去援助泗州。己未日（三十日），翟行约率兵赶到泗州，贼军在淮河南岸阻击镇海军，将翟行约等重重包围，泗州城内士兵太少，不能出城相救，翟行约及部下全部战死。起初，淮南节度使令狐绹派遣李湘率领军队数千人前往泗州救援，与宦官敕使郭厚本、都将袁公弁会和军队在都梁城驻扎，与泗州城隔着淮河相望。十二月，甲子日（初五），李湘等率领军队出战，大败，贼兵于是攻克都梁城，活捉了李湘和郭厚本，把他们送到徐州，占据了淮口（泗水入淮之口），阻断了河上的运输道路（东南漕驿入上都）。

康承训在新兴驻军，贼将姚周在柳子驻扎，出兵攻打官军。当时各道军队在新兴会合的只有一万来人，康承训因为军队人数少，难以抗敌，便撤军在宋州驻扎。庞勋认为官军已不足惧怕，于是分别派遣部将丁从实等人各率数千人向南进犯舒州、庐州，向北进犯沂州、海州，攻克沭阳县、下蔡县、乌江县、巢县，并攻克滁州，将滁州刺史高锡望杀死。庞勋又进犯和州，刺史崔雍派人送去牛羊酒菜犒劳士兵，然后带着贼兵登上城楼一起畅饮，命令和州官军解除甲胄，崔雍指着所喜爱的两个人，说是自己的子弟，请求保全他们的性命，其余的人就听凭贼兵处置。贼兵于是在城中大肆劫掠，杀掉士兵八百多人。

泗州的援兵已经阻断，粮食也将吃完，每人都只能吃稀粥。闰月，己亥日（初十），辛谠对杜慆请求准许他出城到淮、浙去请求援兵。当夜，辛谠率领敢死士卒十人，拿着长柄斧头，乘着小船，偷偷砍断贼军水寨栅围逃出去。第二天早晨，贼军才发觉此事，于是派出五艘船追击辛谠的小船，又派出五千军队沿着河岸追击。贼军的船大体积重，行动迟缓，辛谠的船小轻便灵活，划得非常快，这样，双方奋力追打了三十余里，辛谠终于突出贼军的围攻。癸卯日（十四日），辛谠到扬州，见到淮南节度使令狐绹。甲辰日（十五日），到润州，见到镇海节度使杜审权。当时泗州已经很长时间没有消息，有传言说已经失陷，辛谠到达之后，杜审权就派遣押牙赵翼率领武装精良的两千士兵，携带淮南运送过来的大米五千斛、盐五百斛，前往泗州救援。

戴可师率领三万士兵渡过淮水，转战进发，贼兵完全放弃了淮南的防守。戴可师打算先攻下淮口，然后援救泗州。壬申日（闰十二月无此日），戴可师包围都梁城。城中贼兵很少，在城上跪拜着说："正准备和都头商议出城投降。"戴可师自恃打了胜仗没加防备，这天下起大雾，贼将王弘立率领数万军队走便捷的小路偷袭官军，官军来不及列阵抗敌，于是惨败，官军将士有的被贼军斩杀，有的跳入淮河溺水而死，活下来的只有几百人，他们丢弃的军械武器、军资粮食、车马以万来计算，贼军又割下戴可师及宦官监军、将校的人头，送达彭城。

庞勋自认天下无人可敌，撰写报捷文书（露布），把告示散发到各寨以及村落，于是淮南的士兵百姓震惊恐惧，纷纷渡过长江到江南避祸。令狐绹怕他们来侵犯，派使者去拜见庞勋，并对他加以劝说晓谕，同意为庞勋向朝廷奏请节度使的旌节斧钺。庞勋对此深信不疑，于是停止作战等待诏命。淮南这才稍得一些时间，得以整治溃散的士卒，修缮守备。

当时通往汴京的路已阻断，江、淮间的往来，都取道寿州，贼兵已经打败了戴可师，乘胜包围寿州，劫掠诸道进献以及商人的财货，于是这条道路再度断绝。庞勋更加骄纵，每日从事游猎宴饮。周重进谏说："从古至今，骄奢淫逸往往会使到手的江山很快丧失，成就的功业也就此失去，这样的事情太多了，您应该以之为鉴，况且您还没有取得天下，更没成就什么功业，哪里值得骄傲满足呢！”

诸道兵力大量在宋州聚集，徐州贼党才开始感到惧怕，响应招募加入贼军的人数一天天减少，而贼党诸营寨相继请求增加兵力。庞勋于是派遣部下分散进入村子，驱使村民加入贼军。又因军队已达数万人，所用物资和粮草将用完，于是聚敛劫掠富人及商旅财物，十户就有七八户遭到抢掠，因为藏匿自己的财物而被灭掉宗族的有几百家之多。此外，和庞勋在桂州同时叛乱的将领更加骄横残暴，抢夺财产，掳掠妇女，庞勋也没法控制。因此境内的百姓都憎恨他们，以此为苦，没办法生活下去！

王晏权的军队屡次打败仗，朝廷就命令泰宁节度使曹翔代替王晏权担任徐州北面招讨使。前任天雄节度使何全皞派他的大将薛尤率兵一万三千人征讨庞勋，曹翔在滕、沛驻军，薛尤在丰、萧驻军。

这一年，江、淮发生旱灾，蝗灾。

咸通十年(己丑，公元869年)

春季，正月，康承训率领各道军队七万多人在柳子西边驻军，从新兴直到鹿塘三十里间，营寨连续不断。徐州兵则分别戍守在四方边界上，城中不到几千人，庞勋这时才开始感到恐慌。城中居民大多挖地洞在里面藏身，庞勋派人前去挖掘地洞搜查居民，抓这些居民当兵，每天仅仅抓住二三十人。

庞勋的大将孟敬文在丰县驻守，狡诈剽悍而且兵力充足，他打算背叛庞勋，自己私下制造符谶。庞勋听闻此事，适逢魏博攻击丰县，庞勋派遣心腹大将率领三千人辅助孟敬文防守丰县。孟敬文与援军将领相约一起袭击魏博的军队，并且称赞援军将领勇敢威猛，让他担任先锋，结果援军与魏博军交战之后，孟敬文却率领军队悄悄撤走，致使援军全部被歼。庞勋因此事派遣使者前去欺骗孟敬文说：“王弘立已将淮南攻取，留后想亲自去淮南镇守抚慰将士，请各位将领都往徐州共商大事，希望能挑选出可以镇守徐州的将领。”孟敬文听后非常高兴，立刻骑马奔驰赶往彭城。距离徐州几里时，庞勋提前安排好士兵埋伏，他们看到孟敬文前来，就一起冲向前，擒住孟敬文，辛酉日（初三），杀了他。

丁卯日（初九），同昌公主下嫁右拾遗韦保衡，唐懿宗李漼任命韦保衡担任起居郎、驸马都尉。同昌公主是郭淑妃所生，懿宗特别宠爱她，宫廷中的珍宝古玩几乎全部作为嫁妆，在广化里赐给公主府邸，门窗之上都装饰上各种珍宝，连井栏、药臼、槽柜都用金银制成，用金缕编织箕筐，赐给五百万缗金钱，其他财物不计其数。

徐州贼兵侵扰海州，当时在海州戍守的诸道兵力已有几千人，他们偷偷锯断了贼兵必经桥梁的桥柱，而不使它完全断裂，以等待贼军过桥时陷落河中，又在要害处设下埋伏。贼军到了这里，桥崩塌陷落，士兵们惊恐地四散奔逃，官军伏兵一起进攻，将贼军全部消灭。庞勋派遣攻打寿州的贼兵也被南方淮、浙诸道兵打败，斩首虏获了几千人。

辛谠率领浙西军队抵达楚州，宦官敕使张存诚率领船队前来援助。徐州的贼兵在水陆部署兵力，用铁锁阻断了淮河的水道，浙西军惧怕他们的强盛，不敢进发，辛谠说："我来担任前锋，战胜他们，你们就继续前进，我战败了你们就先逃走。"张存诚还是不肯进军。辛谠于是募选了军中不怕死的几十个士兵，用公文写下每个人的职位姓名，先驾驶三艘装米船、一艘装盐的船，乘风逆流前进，直接冲向泗州城，贼军在两岸夹击他们，箭头射在船板上，好像猛烈的雨点一般，船运行到贼军封锁河道的铁锁前时，辛谠率领士兵奋力死战，用大斧将铁锁砍断，船这才通过。城上人喧闹大喊之声响彻天地，杜慆和将佐们都眼含热泪迎接。乙酉日（二十七日），城上望见水师扬帆从东方前来，辨认它的旗帜，原来是浙西军；距离泗州城十余里时，徐州贼军排列火船对浙西军进行阻击，逼迫浙西船队拉下船帆没办法前进。杜慆命令辛谠率领敢死队出去迎战，乘着战舰冲破贼阵而过，看见张存诚带着九艘载米船停在那儿。张存诚大声说："将士们害怕贼军不敢向前行驶，在河道中逗留，我几次以自杀相逼，他们才将船行驶到这里，现在他们又不敢向前了。”辛谠大声说：“贼兵数量不多，我们很容易对付。”于是，率领士众高举旗帜，鼓噪着往前推进，贼兵看到他们来势凶猛，都避让了，他们最终进入城中。

二月，端州司马杨收被长期流放驩州，不久，唐懿宗李漼又赐他自尽，他的同僚部属以及朋党亲友也受到牵连，被流放到岭外的有十几人。

起初，尚书右丞裴坦的儿子娶杨收的女儿为妻，嫁妆极为丰盛，日常用具都用犀牛角和玉石来装饰。裴坦看见这些器物，大怒说：“一定会使我家门风败坏的！”随即命令把器用都毁掉。不久，杨收终于因收受贿赂而身败。

康承训派朱邪赤心率领沙陀三千骑兵为前锋，陷阵退敌，十镇（义成、魏博、鄜延、义武、凤翔、横海、泰宁、宣武、忠武、天平）的士卒都敬佩他的勇猛善战。康承训曾带麾下一千人渡过涣水，贼人埋伏士兵围攻他，朱邪赤心带着五百骑兵高举马鞭冲破层层包围，救出了康承训，贼人如弱草遇疾风，无不纷纷溃败，官军乘机夹击，将贼军打败。康承训多次与贼军交战，贼军屡遭失败。

王弘立因为淮口的胜利而深感骄傲，请求独自率领部属三万人去攻打康承训，庞勋同意了他的请求。己亥日（十一日），王弘立带兵渡过濉水，当晚，攻击鹿塘寨，黎明时，已形成包围。王弘立和诸将莅临观察，自认为建功只是片刻间的事。但沙陀骑兵左右突围，在贼军中往来如飞，使贼军不能摆成阵势，士兵纷纷躲避沙陀铁骑的践踏，沙陀骑兵驱马踩踏贼军，鹿塘寨的各道官军也竞相出动奋力抗击贼军，贼军惨败。官军追击他们到濉水，淹死的贼兵不计其数，从鹿塘直到襄城，尸体绵延了五十里，斩下两万多首级。只有王弘立一人骑马逃脱，得以幸免，贼军驱使或抢掠来的平民四散奔逃到山谷中，不再归营，丢弃的军资粮饷、兵器堆积如山。唐懿宗李漼颁布诏令，诸道官军进击贼军时，所有虏获的平民，全部释放免除死罪，于是每次贼军与官军相遇交战，贼军中被虏获驱遣的平民就自主散去。

庞勋、许佶因为王弘立骄横懈怠造成贼军惨败，准备杀了他，周重为此向庞勋请求："王弘立多次战胜官军，没有给予奖赏，现在只败了一次，就要遭到诛杀，不记录他的战功而专门挑他的过错，这就相当于为敌人报仇雪恨，这样做让我部诸将都感到惊恐不安，不如宽恕王弘立，让他戴罪再立战功，用战功弥补过失，以观后效。"庞勋因此放了王弘立。王弘立收编溃散士卒，只聚集了几百人，向庞勋请求以攻取泗州来弥补自己的罪过，庞勋给他补充军队，派遣他出征。

三月，辛未日（十三日），唐懿宗李漼任命起居郎韦保衡为左谏议大夫，权充翰林学士。

唐懿宗李漼改封郢王李侃为威王。

康承训打败王弘立以后，进逼柳子，与姚周在一月之间大战了几十次。丁亥日（二十九日），姚周带兵渡过涣水，官军迅速攻击他，姚周撤退逃走，官军在后面追击，最终包围了柳子。恰逢此时，大风骤起，官军趁势在四面放起大火，贼军丢弃营寨奔逃，沙陀族率领精锐骑兵在半路围攻阻击，将贼军几乎全部杀掉，从柳子直到芳城，死尸一个个躺倒在地，姚周部将刘丰也被斩杀在路上。姚周率领部下数十人投奔宿州，宿州的贼军守将梁丕素来与姚周有私人恩怨，打开城门让姚周进城，然后擒拿斩首。

庞勋得知此事后非常惊恐，和许佶商议对策，准备亲自率军出战。而周重对庞勋哭泣着说："柳子地势重要，士兵精良，而姚周既勇敢又有谋略，如今很快遭到覆灭，形势已经危急到极点了，不如就此设立名号，聚集所有军队自四方攻击官军，与之决一死战。"周重又劝庞勋将崔彦曾杀死，以断绝城里人对崔彦曾抱有的一线希望。

术士曹君长也说："徐州的山川容不得两位主帅，现在观察使崔彦曾仍然活着，所以留后您没有兴盛起来。"叛贼同党都认为应该这样做。夏季，四月，壬辰日（初五），庞勋杀了崔彦曾以及监军张道谨、宣慰使仇大夫，僚佐焦璐、温庭皓，连同他们的亲属、宾客、仆妾也都被杀死。砍断淮南监军郭厚本、都押衙李湘的手脚，并把其手脚给康承训的军队看。然后，庞勋聚集士卒高声说："勋当初希望得到朝廷恩遇，赐予节度使的旌旗斧钺，也许可以为朝廷保持臣节。现在，形势很清楚，我之前的期望已全部成空。从此后，我与诸位是真正开始叛乱了，这就要聚集徐州全境军队，同心协力与官军厮杀，从而扭转败局，取得胜利，这才是我们的生存之路。"众人都拍手称好。庞勋命令城中男子都到球场集合，又分别派遣诸将挨家挨户大肆搜索，敢藏匿一个男子的就灭其全家。选拔壮丁，获得三万人，重新制造旗帜，发给士兵精锐兵器。许佶等人共同推戴庞勋为天册将军、大会明王。庞勋拒绝王爵不肯接受。

此前，辛谠再从泗州率领骁勇士卒四百人到扬、润去接应粮食，贼兵在沿岸攻打他们，辗转交战了百里多路程，才脱离夹击而出。抵达广陵后，留宿在公家馆舍，不敢回家，船中载了两万石盐米，一万三千缗钱，乙未日（初八），抵达斗山。贼军将领王弘芝率领一万余人，将辛谠阻挡在盱眙县，贼军在淮河密密排列一百五十艘战船，用来堵塞淮河水道，又放火船冲撞辛谠的船队。辛谠命令将士用长杈将火船托运走，从卯时作战到未时，因为势单力薄难以抗敌，官军处境极为不利。贼兵把木板绑缚在战舰上，向旁边伸出一座四五尺的战棚，辛谠命令勇敢的士兵乘小船钻入战棚下，使刀箭都不能碰触，用枪挑起火牛（用草编成，点火烧敌）来焚烧船只，战舰都烧起来了，于是贼兵四散溃败，官军才能渡过，进入城中。

庞勋任命父亲庞举直为大司马，和许佶等人在徐州留守。有人说："将军正在显示军威，不能因为父子亲情，而失去上下君臣的礼节。"于是，庞勋命令庞举直急趋到庭前跪拜，庞勋高坐在椅子上接受跪拜。当时魏博多次围攻丰县，庞勋打算先调集军队攻打魏博军，丙申日（初九），庞勋率领士兵从徐州出发。

戊戌日（十一日），唐懿宗李漼任命前任淮南节度使、同平章事令狐绹为太保、分司。

庞勋在夜晚抵达丰县，偷偷进了城，魏博军都不知道这一情况。

魏博分成五个寨，接近城的寨子屯聚了几千人，庞勋纵兵将这个营寨层层围困，其他四个官寨赶来援救，庞勋在要道上设下埋伏，杀死两千官军，其余的官军都返回本寨。贼军没能攻取魏博军营寨，到夜晚，就撤了包围离开了。官军担心贼兵众多，又听说庞勋亲自率军而来，诸寨都趁机溃散了。当时，曹翔正在围攻滕县，听说魏博败退，便率军退到兖州来防守。贼军将官军的栅墙全部拆毁，将官军丢弃的物资粮草运走，传送檄文到徐州，大大地夸耀一番，说官军是国家的蠹贼等。

马举率领三万精兵援救泗州，乙巳日(十八日)，把军队分成三道渡过淮水，到达水中央后，士兵大声喧哗，声音传出几里远。贼兵非常吃惊，不知道官军多少，于是收兵驻扎在泗州城西寨。马举率军进攻包围贼军，放火将贼军营寨的栅栏烧毁，贼军惨败，被斩首士兵达数千人，王弘立战死，吴迥退兵占据徐城，泗州的围困此时得以解脱。泗州城被围共计七个月，守城的官军不能入睡，脸上和眼睛上都生了疮。

庞勋在丰县停留几天后，准备带兵前往西面去攻打康承训，有人说："此时已快要暑夏，养蚕收割麦子的农事正忙，不如暂时停止打仗聚集粮食，然后再进一步谋划。"也有人说："将军派遣军队作战已经数天，剿灭了敌人七万兵力，使西军(康承训之军)惊惧惶恐，乘着这种声势，使敌人溃败逃窜是必然的，良机不可失啊。"庞举直写信劝庞勋乘胜进军，庞勋的心意才坚决。丁未日(二十日)，从丰县出发，庚戌日(二十三日)，贼军抵达萧县，约请襄城、留武、小睢诸营寨的贼军来会合，共聚集了五六万人，相约在二十九日黎明时进攻柳子。庞勋军中的淮南俘虏兵逃到康承训的营帐，告诉庞勋贼军来进攻的日期，康承训于是得以事先做好充分准备，喂饱战马，叫军队排列整齐，设下伏兵，等待贼军前来攻打。丙辰日(二十九日)，襄成等营寨的贼兵先抵达柳子，遭到官军伏击，溃败而逃。庞勋错过了约定时间，于是他在贼兵溃败之后立即率领军队从三十里外赶来。来到柳子，看到诸寨贼军已经败下阵来，庞勋所率领的贼兵都是无赖之徒，见官军兵力强大，没交战就溃散奔逃。康承训命令诸将迅速追击，用骑兵阻击他们的先锋，用步兵逼迫他们的后卫，使贼兵狼狈不堪，不知逃向哪里，于是自相践踏，僵毙的尸体绵延数十里，死了几万人。庞勋脱去铠甲，穿上布制短衣逃走，聚集溃散的士卒，清点人数后，只有三千人，返回彭城，派他的大将张实分领诸寨士兵驻扎在第城驿。

庞勋当初叛乱时，下邳县土豪郑镒聚集三千民众，自备钱粮兵器军械响应庞勋，庞勋任用郑镒为大将，把他所率领的民兵称为义军。五月，沂州官府派遣军队围攻下邳县，庞勋命令郑镒前去援助，郑镒却率领部下义军投降了官军。

六月，陕地百姓叛乱，驱逐了观察使崔荛。崔荛凭借气韵风度自以为了不起，不亲自处理政务，百姓向他申诉旱灾，他却用手指着庭院中的树说："树上还长着树叶，哪有什么旱灾？"命人杖责百姓。百姓气愤，所以就驱逐了崔荛。崔荛逃到民舍，口渴极了，请求居民给他水喝，百姓就拿尿给他喝。为此崔荛被贬官为昭州司马。

唐懿宗李漼任命中书侍郎、同平章事徐商同平章事，暂时充任荆南节度使。癸卯日（十七日），唐懿宗李漼任命翰林学士承旨、户部侍郎刘瞻同平章事。刘瞻是桂州人。

马举从泗州带兵攻打濠州，攻克了招义、钟离、定远。刘行及在城外设下寨子抵抗坚守，马举先派轻骑出去挑战，贼兵看他士卒很少，争先恐后出寨向西攻打官军，马举率领几万大军从另外一条道路进攻贼营东南面，焚烧贼军营寨。贼军进入濠州城坚决防守，马举在濠州城的三面挖壕沟对贼兵进行围困，而北面就是淮河，贼军仍然可通过淮河与徐州取得联系。庞勋派吴迥协助刘行及守卫濠州，屯扎军队在北津用来相互接应。马举派其他大将渡过淮水攻击，斩获几千人，剿平了寨子。

曹翔在退守兖州时，留下四千沧州兵戍守鲁桥，士卒却擅自归还，曹翔说："因为庞勋叛乱，所以讨伐他，今天沧州士卒不服从约束，是自谋叛乱。"于是曹翔率兵迎击逃卒，将沧州士卒围困于兖州城外，抓出违抗命令的两千士兵，全部处死。朝廷听说魏博军战败，任命将军宋威为徐州西北面招讨使，率兵三万在丰、萧之间驻扎，曹翔又带兵去与他们会合。

秋季，七月，康承训攻克临涣，杀了上万俘虏，终于攻取了襄城、留武、小睢等寨。曹翔攻克滕县，又攻打丰、沛。贼人各寨的戍守士兵，多数相携逃走或躲藏，脱离庞勋，占据山林，凡有贼军到山林旁劫掠，马上被他们杀掉，五八村最厉害。有一个名叫陈全裕的人，是五八村逃兵首领，凡是从庞勋贼军处叛逃的人都投奔到他的旗下，部众达数千人，战争守备用具都很完备。五八村方圆几十里，贼兵不敢靠近。康承训派人来招安他们，于是陈全裕率领士卒投降，贼兵因此更加孤单薄弱。蕲县的土豪李兖杀了贼兵守将，全城投降康承训。沛县守将李直前往彭城与庞勋谋划攻守等事情，部下副将朱玫带领全城士众投降了曹翔。李直从彭城返回后，朱玫率军阻截李直，赶走了李直，于是，曹翔派遣官军戍守沛县。朱玫是邠州人。庞勋派遣大将孙章、许佶各率几千人攻打陈全裕和朱玫，都没有取胜就回去了。康承训乘胜长驱攻击，攻克了第城，进击贼军到宿州西方，修筑起城墙防守。庞勋忧虑烦躁，不知怎么办才好，只是祈祷神灵保佑，供斋饭给僧侣而已。

起初，庞勋对梁丕擅自杀害姚周一事很气愤，就把他贬黜了，任命徐州旧将张玄稔代替他来治理州中事务，派党羽张儒、张实等率领宿州城中的几万军队抵抗官军。张儒等人在宿州城外排摆几重营寨，依水而设，以此稳固军营；康承训率官军围攻张儒军队。张实趁着夜晚派人偷偷越过包围，带给庞勋一封密信，说："如今官军都驻扎在宿州城下，西部地方一定空虚，将军您应趁敌不备，辗转千里，攻打宋州、亳州的郊外，敌军必然解散宿州之包围向西而去，将军您在要害处设下埋伏，在前面迎击敌军，我等率宿州城中的军队在敌军身后追逼，必能击破敌军。”当时曹翔派朱玫攻取了丰城，乘胜再攻徐城、下邳，也都攻克，斩获俘虏以万计算。庞勋正在担忧恐惧，打算退却之时，却得到张实的书信，马上遵从他的策略而行，派庞举直、许佶防守徐州，自己率领军队往西而去。

八月，壬子日（二十七日），康承训派人焚毁宿州城外贼军的营寨，张儒等人入宿州城据守外城，官军攻城，几千人战死，不能攻入城中，康承训为此深感忧虑，派能言善辩之人到城下去招安谕告。张玄稔曾戍守边地有战功，虽然被贼人胁迫屈服，心中却时常忧愤，当时率领部属守卫内城（子城），夜晚，召集亲信数十人谋划归顺朝廷，于是稍稍把自己的心意告知他人，结果有意与他同行的人很多。于是张玄稔派心腹张皋在夜间出城，把城内的情形禀告康承训，约定日期，把贼将杀死，率领全城士兵投降，等到约定的日子，请求竖起青色旌旗作为接应信号，让士卒不起疑心。康承训非常高兴，立刻同意这个建议。九月，丁巳日（初三），贼将张儒等人在柳溪亭饮酒，张玄稔派部将董厚等人在亭西部署军队，自己先骑着马向前冲，大声叫喊：“庞勋已在康承训的营寨中被枭首示众，张儒这些鼠辈怎么能在这里苟且偷生！”士卒们争先恐后蜂拥而前，包围张儒等人，于是把张儒等数十人斩杀。宿州城内突然之间秩序混乱，士卒惊恐不安，张玄稔于是向众人宣告归降朝廷的打算，到傍晚城内才安定下来。戊午日（初四），张玄稔打开城门出来投降。张玄稔拜见康承训时袒露左臂用膝爬行，痛哭着谢罪。康承训安慰他们，并立刻宣告诏命，任命张玄稔为御史中丞，赐给的财物也相当丰厚。

张玄稔又进言说：“如今我举宿州城投降朝廷，远方贼兵还不知道，请让我假装城被攻克，率部众前去苻离和徐州，贼将同伙不会对我起疑心，可将他们全部抓获。”康承训赞同。宿州还有三万兵力，康承训增援了几百骑兵，都加以赏赐犒劳后派遣出去。张玄稔再次进城，到黄昏时，仍旧点燃平安火，像平时一样。己未日（初五）天刚亮，张玄稔堆积起几千束薪柴，点火燃烧，像城池被敌军攻克的样子，率领军队径直奔向苻离城。苻离贼军接纳了张玄稔。入城后，张玄稔率军斩杀苻离贼军守将，向城中军民宣布号令，众人都听从他的命令；于是聚集苻离城中兵力，再获得一万人，向北进发徐州。庞举直、许佶得知张玄稔叛变后，据城坚守。

辛酉日（初七），张玄稔抵达彭城，率军包围了彭城，却按兵不动，先晓谕城上的人说："朝廷只杀叛逆同党，不伤害善良无辜的百姓，你们何必替贼将守城呢？如果还有疑虑，那么转瞬之间，就要和贼军一同被当作鱼肉了。"于是守城的人都偷偷脱下盔甲，放下兵器，奔下城楼。崔彦曾的旧吏路审中开门接纳了官军，庞举直、许佶率领部下党羽撤退到内城拒守。太阳偏西时，庞举直等贼党从北门逃出，张玄稔派遣军队追击，把庞举直、许佶的首级砍下，其余党羽大都跳到水里溺死，张玄稔将桂州叛乱的戍卒亲属家族全部抓捕，处以死刑，有好几千人被杀，徐州于是被平定。

庞勋率兵两万从石山往西进发，所过之处，都被焚烧抢夺得干干净净。庚申日（初六），康承训才知道这一情况，带了步骑八万人向西追击庞勋，派朱邪赤心率领几千骑兵做前锋。庞勋进袭宋州，攻取了南城，刺史郑处冲据守北城。庞勋等知道城里官军有防备，立即放弃宋州，渡过汴水，向南攻掠亳州，结果被沙陀骑兵追上。庞勋率领军队沿涣水向东奔逃，企图返回彭城，由于沙陀骑兵的追逐，庞勋率军日夜奔逃，吃饭都没有时间。抵达蕲县后，准备渡河，李衮砍断桥梁，让官军摆好阵势殊死抵抗。庞勋及其部众没有办法渡河，恐惧迷茫不知去往何处。转至蕲县西面，大批官军赶到这里，派遣军队进击，杀死贼军近万人，其余都跳河溺水而死，投降的只有一千人。庞勋也战死了，但没有人认识他，几天后，才找到他的尸体。贼人的宿迁等各寨士兵，都杀死守将投降。宋威也攻取了萧县，只有吴迥独守濠州没有被攻取。

冬季，十月，唐懿宗李漼任命张玄稔为右骁卫大将军、御史大夫。

马举攻打濠州，从夏天一直到冬天都没有攻下，城中粮食吃完，就把人杀了来吃，而官军挖了深沟设置重围把守。辛丑日（十七日）夜晚，吴迥突破包围逃跑，马举率领军队追击，几乎杀掉和俘虏了全部叛贼，吴迥在招义死去。

唐懿宗李漼任命康承训为河东节度使、同平章事，任命杜慆为义成节度使。唐懿宗李漼嘉赏朱邪赤心的功劳，把大同军设置在云州，任命朱邪赤心为节度使。懿宗召见他后，又将他留下担任左金吾上将军，赐姓名叫李国昌，犒赏十分丰厚。唐懿宗李漼任命辛谠为亳州刺史。辛谠在泗州时，突围接应兵粮，往返共计十二次，当授官亳州时，他上表陈奏说："突围出城迎取粮食，如果没有杜慆是不能成功的。"唐懿宗李漼又赐和州刺史崔雍自尽，他的家属被流放到康州，兄弟五人都被贬官流放至远地。

懿宗沉溺于宴乐，不亲自处理政事，把事务都委托给路岩。路岩生活奢侈糜烂，经常接受他人的贿赂，身旁小人也参预处理政务。至德县令陈蟠叟为此上书给懿宗请求召对，说："请陛下将边咸一家抄没，抄得的财物可用以赡养国家军队两年之久。"懿宗问他："边咸是谁呢？"陈蟠叟说："是路岩亲近信任的小吏。"懿宗听后极为气愤，将陈蟠叟流放爱州，自后没有人再敢进言此事。

起初，南诏派遣使者杨酋庆来唐朝，拜谢懿宗从监狱里释放董成，定边节度使李师望想激怒南诏以求取功劳，就杀了杨酋庆。西川大将怨恨李师望曾分裂西川巡属邛、巂等州别立定边军，所以暗中派人将自己的意图传给南诏闻知，让南诏入侵。李师望贪婪又残忍，聚敛的私人财物以百万计算，戍守的士卒都对他埋怨愤恨，准备把他活剥生吃了，李师望用计谋辞去定边军节度使的职位。朝廷征召他返回，又任命太府少卿窦滂代为定边军节度使。窦滂贪婪冷酷比李师望更厉害，所以南诏蛮寇还没到来，定边军就已混乱不堪了。

这一月，南诏骠信酋龙率领全国之兵入侵，带数万士众进攻董春乌部（西川附塞蛮），将他打败。十一月，蛮军进犯巂州，定边的都头安再荣把守清溪关，蛮军攻打他，安再荣撤退屯驻在大渡河北，和蛮军隔着河水互相射箭，持续了九天八夜。蛮军暗中分开军队砍伐树木开辟道路，越过雪山，偷偷抵达沐源川，窦滂派兖海大将黄卓率领五百人前往迎击，结果全军覆没。十二月，丁酉日（十四日），南诏蛮军穿上兖海镇士兵的衣服，装扮成逃归的败兵，到江岸呼叫渡船，渡过河后，士众才惊觉上当，于是南诏蛮军趁机攻克犍为，放纵军队焚烧并劫掠陵州、荣州。几天后，南诏蛮军在陵云寺大批聚集，与嘉州隔岸相望，刺史杨忞和定边监军张允琼率兵抵抗。蛮军派遣奇袭部队从东津渡河，夹击官军，杀死忠武都将颜庆师，其余士兵都溃散了，杨忞和张允琼脱身逃走。壬子日（二十九日）蛮军攻陷嘉州。颜庆师是颜庆复的弟弟。

窦滂亲自带兵在大渡河抵御蛮兵，南诏骠信假装派遣几位清平官前往窦滂处请求订立和约，窦滂与南诏清平官的谈话还没结束，南诏蛮军就乘坐木筏竞相渡河，忠武军、徐宿军摆好阵势进行抵御。窦滂很恐惧，就在帐篷里自缢而死，徐州大将苗全绪把绳索解下，说："都统何必如此呢！"苗全绪和安再荣以及忠武将带兵出战，窦滂单独一人骑马在夜里逃走了。三位将领商议说："如今敌我兵力悬殊，明天清晨如果再战，我们一定全军覆没，不如趁着夜晚去攻击，使他们惊慌错乱，然后我们突破重围而去。"于是在夜间，他们进攻蛮军，弓箭乱发，蛮兵非常吃惊，三将这才保全军队率军离去。蛮兵进而攻取黎、雅，百姓逃窜躲藏到山谷中，战败的唐军却在所过之处烧杀抢劫。窦滂逃奔至导江县。邛州的军用物资全部落入乱兵之手，蛮兵到达时，城已空空如也，可以畅通无阻了。

唐懿宗李漼颁下诏书令左神武将军颜庆复率领军队前去救援。

资治通鉴卷第二百五十二　唐纪六十八

起庚寅（公元 870 年），止丙申（公元 876 年），共七年。

【题解】本卷记录了公元 870 年至 876 年共七年间的史事，当时正值唐懿宗咸通十一年至唐僖宗乾符三年，七年史事中两代皇帝各占三年半。懿宗晚年不求变革，依然如故，游宴、滥赏毫无节制，尤其厚葬其长女同昌公主时，极尽挥霍之能事。当时朝廷内部宰臣互相争斗，外臣不听朝命，南诏寇又一度进逼成都，朝政已到了岌岌可危的地步。僖宗年少继立后，只知逸乐，不知治国，朝政掌握在宦官手里。朝廷本想倚仗高骈抗击南诏，高骈却滥杀无辜，制造了骇人的冤狱，目无国家纲纪。百姓生活在水深火热之中，再也无法忍受败坏到极点的朝政，在僖宗即位初期的乾符元年、二年终于爆发了王仙芝、黄巢领导的农民大起义。

懿宗昭圣恭惠孝皇帝下

咸通十一年（庚寅，公元 870 年）

春季，正月，甲寅朔日（初一），唐朝群臣给皇帝李漼上尊号，称为睿文英武明德至仁大圣广孝皇帝，唐懿宗李漼大赦天下。

西川百姓听说南诏蛮军将要到来，都竞相躲避灾难，奔逃至成都。当时成都只有内城，连护城壕都不曾设置，每人平均只占一席之地，由于没有住房，下雨时，百姓只能戴斗笠和木盆来躲避雨水。这里饮水又匮乏，人们只好收取摩诃池的泥汁，等沉淀之后清澈了再拿来饮用。

将士不熟习打仗的武备，节度使卢耽召彭州刺史吴行鲁前来代理参谋，和前任泸州刺史杨庆复共同整饬这里的武备，选拔将校，划分各自职务，竖立战棚，准备炮檑(自城上滚下用以压敌的檑木)，制造器具装备，严密警戒巡逻。之前，西川将士中很多是虚设的职位，也没有粮饷给养。到这时，揭榜公开招募将士，招揽勇猛的士兵来补充军队数目的不足，充实军官队伍，供给丰厚的粮饷，应征的人非常多。杨庆复对应征者教导说："你们都是军中的好男儿，年轻有为，智勇双全，平时天下安定，没有施展出自己的才能，现今贼寇侵犯我朝，欺压凌辱我百姓，此时正是你们效忠国家、获得功名富贵的时候，与诸位共同勉励，千万不要错过好机会啊！"众人都欢呼雀跃。于是杨庆复把武器排列在庭上，让他们选取所擅长的兵器练一练，让两两互决胜负，观察他们是勇敢还是胆怯，从而决定任用还是罢退，最终精选出三千士兵，号称"突将"(冲锋陷阵的将士)。吴行鲁是彭州人。

戊午日(初五)，蛮兵到了眉州，卢耽派遣同节度副使王偃等送书信去见蛮人任事大臣杜元忠，和他缔结和约。杜元忠称："我军的行止，一定尊重贵方。"

路岩、韦保衡进谏懿宗说："康承训征讨庞勋时，徘徊不前，不仅没能消灭庞勋的余党，反而贪图抓住贼将的功劳，动不动就向朝廷上表求取战功。"辛酉日(初八)，唐懿宗李漼贬康承训为蜀王傅、分司；不久将他再贬为恩州司马。

南诏进军到新津，这里是定边北方的边境。卢耽派遣同节度副使谭奉祀送书信给杜元忠，质问南诏军侵犯我朝的目的。杜元忠却把谭奉祀扣押了。卢耽于是派遣使者向朝廷禀告此事，希望朝廷派遣使臣和南诏议和，从而缓解目前边境的危机。朝廷任命知四方馆事、太仆卿支详为宣谕通和使。蛮兵因为卢耽对待他们十分恭敬，所以进军速度放慢，而成都城内的守备由此得以大体完工。

甲子日(十一日)，蛮兵长驱向北进攻，攻克双流县。庚午日(十七日)，卢耽派遣节度副使柳槃前往谒见，杜元忠交给柳槃一封书信，信中写有"关于此次通和之后，我南诏骠信与贵节度使府相见的礼仪"，信中言辞特别骄横狂傲，而其信中所规定的礼仪，更是处处以王者自居。又派人背着彩幕(杂彩所制的帐幕)到城南，说要安置在蜀王厅给骠信居住。

癸酉日(二十日)，朝廷废除定边军，又把七州(邛、眉、蜀、雅、嘉、黎、巂)隶属西川。

这天，蛮军抵达成都城下。前一天，卢耽派先锋游弈使王昼前往汉州打探援军情况，并且催促他们。当时有兴元军队六千人、凤翔军队四千人已经抵达汉州，适逢此时，窦滂率领忠武、义成、徐宿的四千人从导江直奔汉州，靠近援军以使自己得以保全。丁丑日(二十四日)，王昼率领兴元、资州、简州的士兵三千余人在毗桥驻扎，与蛮军前锋遭遇，交战失利，退守汉州。当时成都天天期盼援军到来，而窦滂因为自己失去守地(失定边军)，打算让西川相继沦陷来让别人分摊自己的责任，每次援军从北方前来，就劝说他们："南蛮军队人数比官军多出几十倍，官军不远千里而来，旅途劳顿，很是疲乏，最好不要贸然前去攻打。"援军将领听后都犹疑不定，不敢进军。成都十将李自孝私下与南诏军互通消息，打算烧毁城东仓给蛮军当内应，被城中军民发觉，就把他抓住斩首了。过了几天，蛮军果然前来攻打，进攻很长时间，见城中始终没有响应就停止了攻城。

二月，癸未朔日(初一)，蛮军聚集了云梯冲车从四面攻打成都，城上用钩环把云梯拉近，扔下火把，把油浇下来烧他们，攻城的士兵都战死了。卢耽派遣杨庆复、摄左都押牙李骧，各率突击将士出城迎战，杀死杀伤蛮军两千多人，到傍晚时，把他们攻城的三千多件工具烧毁才回来。蜀人向来胆怯，而"突将"却是最近精选出来的勇士，加上给他们丰厚的奖赏，所以这些士兵都英勇百倍，未能出城杀敌的士兵，也纷纷请求出战，为自己不能出战杀敌而恼火忧郁。几天后，南诏军又从百姓那里取来篱笆，用水把它们浇湿后编成一个个竹篷，兵将躲在下面，举着进逼城下，一时间城上矢石不能对付他们，用火也烧不起来。南诏军在竹篷的掩护下挖掘城墙，杨庆复下令士兵将熔铸的铁汁往城下倒，结果把城下的蛮军全部烧死。

乙酉日（初三），支详派使者和蛮军议和。丁亥日（初五），蛮军也收兵请和。戊子日（初六），南诏派使者迎接支详。当时颜庆复认为援军即将到达，因此，支详没有前往南诏军中，并对使者说："我接受诏令前去定边城请和，而你们却在攻打成都，这种做法和我前不久接受的诏旨完全不同。况且我朝议和的目的，是希望你们不要侵扰成都，如今你们早晚矢石相攻，哪能说是议和呢？"蛮军见议和使者没有到来，庚寅日（初八），再度发起攻击，辛卯日（初九），城中派兵迎击蛮军，蛮军才退去。

起初，韦皋把南诏引来，目的是攻破吐蕃，事后蛮军申说兵甲弓弩匮乏，于是韦皋派出匠人教他们制造，几年后，蛮军中的兵甲弓弩都很精锐锋利。此外，东蛮的苴那时、勿邓、梦冲三部曾帮助韦皋打败吐蕃军队，对唐朝有功，后来，唐朝的边境官吏却对他们敲诈勒索，招致东蛮怨恨，对南诏亲附，经常跟随南诏军侵扰唐朝边境，为南诏竭尽全力，凡是抓获唐朝人，都任意虐待直至杀死。

朝廷将窦滂贬为康州司户，任命颜庆复为东川节度使，凡是援蜀各军，都受颜庆复统管。癸巳日（十一日），颜庆复抵达新都，蛮人分散兵力来抗击。甲午日（十二日），蛮军和颜庆复遭遇，颜庆复大胜蛮军，杀死两千多人，蜀地几千百姓竞相拿着芟刀（割草用）、白色大杖来帮助官军，呼喊之声震动原野。乙未日（十三日），蛮军步骑几万又来进攻，适逢右武卫上将军宋威率领忠武军两千人赶到这里，和各军联合大战，蛮军惨败，死了五千多人，撤退到星宿山防守。宋威进军抵达沱江驿，距离成都三十里。蛮军派遣大臣杨定保去见支详请求议和，支详说："你们应该首先解除围攻，将守军撤回。"杨定保返回后，蛮军依旧包围城池。城中并不知道援军已抵达，只看到蛮军三番五次来请求议和，知道援军肯定是战胜了。戊戌日（十六日），蛮军再度请求议和，使者往返十次，城中也不做确切答复。南诏军见唐援军就在成都附近，更加猛烈地攻打城池，骠信以下军官都亲自在矢石之间站立。庚子日（十八日），官军抵达城下和蛮军交战，夺下了升迁桥，到了夜晚，南诏军烧毁其攻城装备后悄悄逃走，第二天早晨，官军才发觉此事。

起初，朝廷派颜庆复去援救成都，命令宋威驻扎在绵、汉作为后继。宋威乘胜先抵达城下，破蛮军的功劳占得最多，因此颜庆复很嫉妒他。南诏蛮军乘夜逃走后，宋威令士兵赶紧吃饭，打算追逐蛮军，成都城中的将士也想与自北而来的官军联合出兵攻击蛮军，颜庆复给宋威发了一道公文，把他的兵权夺取，命令宋威返回汉州据守。蛮兵抵达双流，被新穿水阻断，造桥没有成功，狼狈得失去了常态。三天后，桥造成，他们才得以渡河，破坏桥梁后离去。其兵甲器物衣服很多都遗弃在路上，蜀中人士对颜庆复不准宋威追击蛮军的举动特别痛恨。黎州刺史严师本收聚了几千失散的士兵，保卫邛州，蛮军把它包围，两天后，仍然攻不下，就舍弃它离去。

颜庆复开始教蜀人构筑壅门城（城门之外，另筑垣墙以遮城门，今人谓八卦墙），贯通沟堑，把水引进来注满，竖立起鹿角似的木椿，分别建起寨屋和瞭望小屋，让士卒驻守。南诏知唐军守备严密，从此不敢再进犯成都。

之前，西川牙将虽有其职而无其官，及至击退南诏蛮军后，有四人以功授官为监察御史，据政事堂的书署规定，每人要交给政事堂例钱三百缗，贫穷的官员每以此为苦。

三月，唐懿宗李漼任命左仆射、同平章事曹确同平章事，暂时充任镇海节度使。

夏季，四月，丙午日（二十四日），唐懿宗李漼任命翰林学士承旨、兵部侍郎韦保衡同平章事。

徐州庞勋余党仍然在民间聚集在一起结为盗贼，散布在兖、郓、青、齐之间，唐懿宗李漼下诏命徐州观察使夏侯瞳招安告谕他们。

五月，丁丑日（二十六日），唐懿宗李漼任命邛州刺史吴行鲁担任西川留后。

光州百姓驱逐了刺史李弱翁，李弱翁逃到新息。左补阙杨堪等进谏懿宗说："刺史贪婪暴虐，让百姓冤狱遍地，百姓应当及时申诉于朝廷，按朝廷刑典进行处置，怎么可以民众群党相聚，擅自驱逐刺史，扰乱上下的区别呢！这种风气恐怕不能助长，应该严厉惩罚以警戒未来有此举动的人。"

唐懿宗李漼命令百官商议处置徐州的合适方法。六月，丙午日（二十五日），太子少傅李胶等进奏疏，认为"徐州虽然多次发生祸乱，但是不见得所有人都是凶狠顽劣的，只是因为管理百姓的官员不能胜任其职，致使奸诈之人趁机起来作乱。如今，虽然将节度使降为观察使，但士兵人数仍然很多，将这些军队交由郡来统一管理，郡又没有办法提供足够的粮饷；将其交由别的藩镇来统辖的话，军士们必定不顺服，也许会和之前的怨恨混为一谈，造成更大的祸乱。只有泗州向来因为攻守关系，与其他州结怨已深，应再另行设置，或许能对彼此有利。"唐懿宗李漼下诏赞同，诏命徐州仍旧设置观察使，统辖徐、濠、宿三州，泗州置团练使，从此徐州隶属淮南。

唐懿宗李漼加封幽州节度使张允伸兼任侍中。

秋季，八月，乙未日（十五日），同昌公主去世。懿宗痛心不已，杀了翰林医官韩宗劭等二十多人，把他们的亲族共计三百多人拘捕，囚系在京兆的狱中。中书侍郎、同平章事刘瞻召来谏官进言，而谏官中没有人敢说话，于是刘瞻自行向懿宗上言，认为："一个人生命的长短都有定数。日前，公主患了疾病，受到陛下特别的宠爱，医官韩宗劭等为公主诊断治疗疾病时，只是希望能治好公主，采用多种医术和药方，不能说没有尽力，可是人的祸福定数难以改变，最终没能救治好公主，采用的各种医术没能达到效果，当时医官们的境况，也是令人同情的。但陛下因此责怪医官，用刑具抓捕医官们的家属老幼三百余人，导致朝野议论之声不断，人心喧腾，在路上也常听到人们的叹惋之声。为什么陛下这样通达道理知晓天命的国君，却遭到恣肆残暴不明事理的诋毁呢？大概就是在安定时不考虑危难，怨恨时没有考虑艰难的缘故吧。臣私下盼望陛下稍微回心转意，宽宥释放囚禁的人。”懿宗看到奏疏后特别不高兴。刘瞻又和京兆尹温璋在懿宗面前竭力劝谏，懿宗非常愤怒，把他们骂了出去。

魏博节度使何全皞年纪轻轻，骄傲残暴，喜好杀人，又克扣将士的衣服粮食。于是，将士作乱，何全皞独自骑马逃走，被将士追上杀死了。将士又推举大将韩君雄为留后。成德节度使王景崇替韩君雄请求留后的旌旗节钺。九月，庚戌日（初一），朝廷任命韩君雄为魏博留后。

丙辰日（初七），唐懿宗李漼任命刘瞻同平章事，暂为荆南节度使，贬温璋为振州司马。温璋叹息说：“生不逢明时，死去又有什么可惜的！”当晚，服毒自尽。而唐懿宗李漼为此颁下诏命：“如果不是蠹害，怎么能到这种程度呢！温璋确实是恶贯满盈，死有余辜，三天内暂且将尸体埋在城外，待朝廷有恩赦宽宥时，才准许归葬，让朝廷内外人心大快，奸恶之人懂得畏惧害怕。”己巳日（二十日），唐懿宗李漼将右谏议大夫高湘、比部郎中知制诰杨知至、礼部郎中魏筜等都流放到岭南，这些人都因平时与刘瞻友善，因而遭到韦保衡的贬逐。杨知至是杨汝士的儿子，魏筜是魏扶的儿子。韦保衡又和路岩共同向懿宗奏报刘瞻，说他和医官暗中谋划，误下毒药。丙子日（二十七日），唐懿宗李漼贬刘瞻为康州刺史。翰林学士承旨郑畋起草刘瞻罢相的诏书中说：“在几亩的居宅安住，这样的地方却不是自己所有的。把四方的贿赂之财退回，只怕被别人知道自己不廉洁。”路岩对郑畋说：“侍郎这是在表彰举荐刘相啊！”于是郑畋也获罪，被贬为梧州刺史。御史中丞孙瑝是被刘瞻引荐重用的，因此也获罪，被贬为汀州刺史。路岩平素与刘瞻商谈政事意见多有分歧，刘瞻被贬至康州，路岩觉得贬得还不够远，心里仍然感到不痛快，翻看《十道图》，认为欢州距离长安有一万里，再贬刘瞻为欢州司户。

冬季，十月，癸卯日（二十五日），唐懿宗李漼任命西川留后吴行鲁为节度使。

十一月，辛亥日（初三），唐懿宗李漼任命兵部尚书、盐铁转运使王铎为礼部尚书、同平章事。王铎是王起哥哥的儿子。

丁卯日（十九日），朝廷又把徐州设置为感化军节度。

十二月，唐懿宗李漼加封成德节度使王景崇为同平章事。任命左金吾上将军李国昌为振武节度使。

咸通十二年（辛卯，公元871年）

春季，正月，辛酉日（十四日），将文懿公主（同昌公主谥文懿）下葬。在韦氏的家中设下祭台，韦氏家人争先恐后地收取庭祭后的灰，把里面的金银淘出来。公主的服装珍玩，每种都装了一百二十车，送葬时把锦绣、珠玉作为仪卫、明器，五彩斑斓的送葬队伍长达三十余里。懿宗又赐一百多斛酒，装了四十骆驼的饼，给抬灵柩的役夫享用。懿宗和郭淑妃终日思念公主，命令乐工李可及做《叹百年曲》一首，乐声凄凉哀婉，舞蹈的宫女有几百人，懿宗赐给他们内库所藏的各类宝器作为首饰，用类似布的粗细八百匹做成地衣（犹今之地毡），一支舞跳完后，珠玑宝玉落满地。

唐懿宗李漼任命魏博留后韩君雄为节度使。

门下侍郎、同平章事路岩和韦保衡里应外合，权倾天下。后来彼此争夺权力，渐渐产生矛盾，韦保衡就向懿宗揭路岩的短处。夏季，四月，癸卯日（二十七日），唐懿宗李漼任命路岩同平章事，充任西川节度使。路岩出京城时，街道上的百姓用瓦砾扔他。暂代京兆尹的薛能是路岩提拔的，路岩对薛能说：“我临行时，讨厌受到瓦砾的饯行！”薛能缓缓地举起朝笏对路岩说：“向来宰相出城时，京兆府司没有派兵防卫的惯例。”路岩惭愧极了。薛能是汾州人。

五月，懿宗驾临安国寺，赐予佛僧重谦、僧澈两个用沉香、檀香木制作的讲座，各高二丈，设下了万人食用的斋饭。

秋季，七月，唐懿宗李漼任命兵部尚书卢耽同平章事，暂时充任山南东道节度使。

冬季，十月，唐懿宗李漼任命兵部侍郎、盐铁转运使刘邺为礼部尚书、同平章事。

咸通十三年(壬辰，公元872年)

春季，正月，幽州节度使张允伸患了中风病，请求解除军政职务前去就医治疗。懿宗答应了他的请求，派他的儿子张简会执掌留后。张允伸病重时，又派遣使者上表朝廷请求交还节度使的旌旗节钺。丙申日(二十五日)，张允伸去世。张允伸镇守幽州二十三年，勤劳节俭又恭谨，边境上从没有战事告警，上下都很安定。

二月，丁巳日(十七日)，唐懿宗李漼任命兵部侍郎、同平章事于琮为山南东道节度使，任命刑部侍郎、兼判户部奉天人赵隐为户部侍郎、同平章事。

平州刺史张公素，平时很有威望，被幽州百姓信任叹服。张允伸去世后，张公素率领平州军队前去幽州奔丧。张简会惧怕张公素将会对自己不利，三月，奔逃至京城，被朝廷任命为诸卫将军之一。

夏季，四月，唐懿宗李漼册立皇子李保为吉王，李杰为寿王，李倚为睦王。

唐懿宗李漼任命张公素为平卢留后。

五月，国子司业韦殷裕来到宫廷阁门，告发郭淑妃的弟弟内作坊使郭敬述所做都是卑鄙肮脏的事情，唐懿宗李漼大怒，命人用杖刑打死了韦殷裕，没收了他的家产。乙亥日(初六)，阁门使田献铦被削夺紫衣(为三品以上之法服)，改任桥陵使，只因他接受韦殷裕所上诉状。韦殷裕的岳父太府(一作仆)少卿崔元应、妻子的从兄中书舍人崔沆，叔父韦君卿都被贬官流放到岭南，给事中杜裔休因为和韦殷裕友善而获罪，也被贬为端州司户。崔沆是崔铉的儿子，杜裔休是杜悰的儿子。

丙子日(初七)，唐懿宗李漼贬山南东道节度使于琮为普王傅、分司。这也是由于韦保衡的诋毁。辛巳日(十二日)，唐懿宗李漼又贬尚书左丞李当、吏部侍郎王沨、左散骑常侍李都、翰林学士承旨兵部侍郎张杨、前中书舍人封彦卿、左谏议大夫杨塾等人的官职。癸未日(十四日)，唐懿宗李漼贬工部尚书严祁、给事中李贶、给事中张铎、左金吾大将军李敬仲、起居舍人萧遘、李渎、郑彦特、李藻，命他们都到湖南、岭南的南方边，只因他们和于琮交谊厚善。李贶是李汉的儿子，萧遘是萧置的儿子。甲申日（十五日），唐懿宗李漼贬前平卢节度使于琄为凉王府长史、分司，前湖南观察使于瑰为袁州刺史。于瑰、于琄都是于琮的哥哥。不久，唐懿宗李漼再贬于琮为韶州刺史。

于琮的妻子广德公主是懿宗的妹妹，与于琮一同前往韶州，在路上走时，广德公主与于琮的轿子门相对，她坐时也要牵着于琮的衣襟，所以于琮得以保全性命。当时唐的各位公主大多骄横放纵，只有广德公主一举一动严守法度，对于氏全家以及宗亲，无论身份尊卑都能以礼相待，受到朝廷内外的称赞。

六月，唐懿宗李漼任命卢龙留后张公素为节度使。

韦保衡打算任用他的党羽裴条担任郎官，又惧怕左丞李璋为人刚正严厉，不会赞同裴条赴省担任职务，于是事先派人向李璋表达心意。李璋说："朝廷官员的升迁任命等事，不应向我询问。"秋季，七月，乙未日（二十七日），唐懿宗李漼任用李璋为宣歙观察使。

八月，归义节度使张义潮去世，沙州长史曹义金代替他统领军府。唐懿宗李漼下诏，任命曹义金为归义军节度使。从此，中原地区就有了很多变故，朝廷的诏令不能及时地传送至边疆，于是甘州被回鹘攻占，归义军隶属的其余诸州也多数被羌人、胡族占据。

冬季，十二月，唐懿宗李漼诏令朝臣追加宣宗谥号为元圣至明成武献文睿智章仁神聪懿道大孝皇帝。

振武节度使李国昌，依仗自己立下大的战功，放肆骄纵，擅杀长吏，朝廷对此特别不满，于是将李国昌调任大同军防御使，李国昌拒绝接受朝廷诏命，竟然谎称生病不赴任。

咸通十四年（癸巳，公元873年）

春季，三月，癸巳日（二十九日），唐懿宗李漼派敕使前往法门寺迎佛骨，群臣中谏止此事的人很多，甚至有人提到宪宗迎佛骨后不久就驾崩的事情。懿宗说："朕如果在世时能一睹佛骨，就算死了也没有遗憾了!”于是大肆命人建造寺庙、宝帐、香舆、幡花、幢盖(旌幢上有盖如伞)迎取佛骨，并且在这些上面都装饰上金玉、锦绣、珍珠、翡翠。从京城直到寺庙距离三百里之远，道路上来往的车马，日夜不断。夏季，四月，壬寅日(初八)，佛骨被送达京城，迎接队伍以禁军兵仗为前导，公家和私人的音乐之声响成一片，欢迎的人到处都是，接连不断达几十里。盛大的仪仗护卫，都超过了郊祀，元和之时的盛况也比不上。富有人家夹道搭起彩楼和无遮会(印度国俗常举行的法会，圣贤道俗贵贱，可一律参与，宽容无阻，所以称无遮会)，相互竞争着展现自己的豪奢。懿宗驾御安福门，走下楼，膜拜(胡礼)，泪水打湿了胸前的衣襟，赐给僧侣以及曾经见过元和年迎佛骨之事的京城耆老金子和玉帛。懿宗将佛骨迎入皇宫，三天后又把佛骨运出来，安放在安国崇化寺。宰相以下的官员争先恐后布施金帛，数目无法计算。于是唐懿宗李漼颁布德音(诏敕之外，颁布以加惠字内的恩诏)，减降中外系囚者的罪刑。

五月，丁亥日(二十四日)，唐懿宗李漼任命西川节度使路岩兼任中书令。

南诏侵犯西川，又进犯黔南，黔中经略使秦匡谋因军士寡不敌众而战败，抛弃城池逃奔到荆南。荆南节度使杜悰把他拘禁起来，之后送往京师。六月，乙未日(初二)，唐懿宗李漼诏命，斩杀秦匡谋，没收他的财产，应该受到株连获罪的亲友及宗族，诏令有司搜捕告知。秦匡谋是凤翔人。

唐懿宗李漼任命中书侍郎、同平章事王铎同平章事，充任宣武节度使。当时韦保衡依恃懿宗的恩宠，玩弄权术，由于刘瞻、于琮在他之先担任宰相之职，对自己不够恭谨，于是向懿宗进谗言诋毁他们，最终贬逐了他们。王铎在韦保衡及第时担任礼部校文主司，萧遘是同年的进士，二人一向蔑视韦保衡的人品，于是，韦保衡将他们也都排斥贬逐了。

秋季，七月，戊寅日(十六日)，懿宗病重，左军中尉刘行深、右军中尉韩文约拥立少子普王李俨继承皇位。庚辰日（十八日）唐懿宗李漼颁诏："册立李俨为皇太子，暂时掌管军国政事。"辛巳日（十九日），懿宗在咸宁殿驾崩，立下遗诏让韦保衡摄冢宰。当天，唐僖宗李俨登基。八月，丁未日（十五日），唐僖宗李俨追尊母亲王贵妃为皇太后，刘行深、韩文约都被加封为国公。

关东、河南发生水灾。

九月，有关部门给已去世的皇太后王氏进献谥号，称惠安太后。

司徒、门下侍郎、同平章事韦保衡的仇家控告他的一些阴私之事，唐僖宗李俨贬韦保衡为贺州刺史。

乐工李可及被流放岭南。李可及受到懿宗恩宠信任，曾经在给儿子娶媳妇时，懿宗赐给他两银壶酒，打开一看，里面并没有酒，而是实心的银壶。右军中尉西门季玄多次向懿宗进谏，而懿宗不听他的建议。懿宗曾经用丰厚的财物封赏李可及，这些赏赐都用官府的车子运回他的府邸。西门季玄对人说："李可及今后必定败坏家门，这些财物必定还会用官府的车子还回去的。赐给他这么多财物我倒觉得不可惜，可惜的是白白损耗了拉车的牛的脚力罢了！"等到李可及被流放岭南，收没其家中所有财产，果然像西门季玄之前预言的一样。

唐僖宗李俨任命西川节度使路岩兼任侍中，加封成德节度使王景崇中书令的官职，并加封魏博节度使韩君雄、卢龙节度使张公素、天平节度使高骈等人同平章事的职位，均担任使相。又赐韩君雄的姓名为韩允中。

冬季，十月，乙未日（初四），唐僖宗李俨任命左仆射萧倣为门下侍郎、同平章事。

韦保衡再被贬为崖州澄迈县令，不久被赐自尽。唐僖宗李俨又贬逐他的弟弟翰林学士、兵部侍郎韦保义为宾州司户，贬与他交好的翰林学士、户部侍郎刘承雍为涪州司马。刘承雍是刘禹锡的儿子。

癸卯日（十二日），唐僖宗李俨下诏大赦天下。

西川节度使路岩，沉溺于音乐美色，游宴也没有节制，把军府的政事交托给亲信的官吏边咸、郭筹等人，边咸、郭筹处置军政事务时都是先自己处理了政事，然后才申报路岩知道，朝廷上下的官吏对二人十分惧怕。曾经有一次军府议事，二人讨论政事，常常将结果写在纸上，互相看过后就烧掉，军中认为他们有谋夺国家的二心，所以慌乱惊惧心神不安。唐僖宗李俨听说此事后，十一月，戊辰日(初七)，将路岩调任为荆南节度使。边咸、郭筹私下里也得知路岩改官的缘故，于是匆忙逃走。

僖宗任命右仆射萧邺同平章事，兼河东节度使。

十二月，己亥日(初八)，唐僖宗李俨下诏将佛骨送回法门寺。

唐僖宗李俨再贬路岩为新州刺史。

僖宗惠圣恭定孝皇帝上之上

乾符元年(甲午，公元 874 年)

春季，正月，丁亥日(二十七日)，翰林学士卢携向僖宗进谏，认为："陛下刚即大位，应该在心里考虑百姓疾苦。国家拥有百姓，就像草木拥有根须，如果能在秋冬培植浇灌，那么春夏时一定生长繁茂。臣私下里看见关东去年发生的旱灾，从虢州以东到大海，麦子才有一半的收成，秋天地里几乎没有庄稼，冬天的蔬菜更是少得可怜，贫穷的百姓磨蓬草的种子当面粉吃，储存槐树叶做菜吃。有些老弱病残的百姓，连草籽、槐叶也没有能力采集到。之前遇到收成不好的时节，老百姓就逃散到附近的州县乞讨，而如今各地都在闹饥荒，百姓没有可以投奔的去处，只好坐守本地，等饿死了就把尸体扔到山沟里，太悲惨了。朝廷下诏免除灾区的额外税收，实际上是没有税可征收了，但州、县官吏因为有进奉的税钱以及户部、转运、盐铁三司要向朝廷交纳钱财，所以依旧急切地催促百姓上交粮食和财物，动辄捶打鞭挞无法上交的百姓。百姓就算把房屋拆了，把建材伐为薪木，或者把妻子作为雇工，把儿子卖掉，也只能供给税吏的酒饭之用，一文钱也到不了官府的仓库。有时在租税以外，还有其他的徭役。朝廷如果再不对百姓加以安抚慰问，他们实在没有活路了。请陛下诏命外县，把所有百姓拖欠的余税，全部停止征收，等到蚕麦丰收的时候再缴纳。还应打开各地的义仓，赶快赈济百姓。等到深春以后，生长了菜叶木芽，百姓再继续植桑采葚，这样就逐渐有了能吃的东西。最近几个月，特别是百姓困窘危急之时，应立刻采取这种办法，不可拖延。”唐僖宗李儇下诏遵从他的建议去做，然而有司最终没有实行，只有空文罢了。

路岩走到江陵时，又得到僖宗诏令，削去所有官爵，长期流放到儋州。路岩姿仪美好，被囚禁在江陵狱中，过了两晚，须发全白。不久，唐僖宗李儇又赐他自尽，没收了他的家产。路岩担任宰相时，曾秘密进奏，“凡三品以上官员被赐死罪时，都应让使者将死者结喉三寸处喉骨剔下，把它交付有关部门，从而验证此人已经死去，没有任何怀疑。”如今，他也遭受杀身大祸。处死路岩的地方正是之前杨收被赐死的同一张床。边咸、郭筹也相继被抓捕，都被杀了。

起初，路岩辅佐崔铉，在淮南担任支使，崔铉测知路岩日后必定大富大贵，对他说：“路十最终将官至宰相的高位。”不久后，路岩就调到朝廷，担任监察御史，以后逐步升官，都没有离开京城，十年后升任宰相一职。当路岩由监察御史晋升翰林学士时，崔铉仍然在淮南担任观察使，听到路岩升了翰林学士，就说：“路十今日已升到翰林院，这怎么能够得以终老?”结果全部像崔铉所预言的一样。

唐僖宗李儇任命太子少傅于琮为同平章事，充任山南东道节度使。

二月，甲午日(初五)，将昭圣恭惠孝皇帝葬在简陵，庙号为懿宗。

唐僖宗李儇任命中书侍郎、同平章事赵隐同平章事，充任镇海节度使，任命华州刺史裴坦为中书侍郎、同平章事。

唐僖宗李儇任命虢州刺史刘瞻为刑部尚书。刘瞻被贬谪时，朝中无论贤愚，没有一人不替他痛恨惋惜。等到他返回京城，长安东西两市百姓花钱雇百戏来欢迎他。刘瞻听说此事，恐怕百姓花钱，于是，更改进入长安的日期，并且改走其他的道路进入京师。

夏季，五月，乙未日(初八)，裴坦去世。唐僖宗李儇任命刘瞻为中书侍郎、同平章事。起初，刘瞻被贬官南迁，刘邺与韦保衡、路岩亲附，共同诋毁刘瞻。等到刘瞻担任宰相，刘邺心中恐惧。秋季，八月，丁巳朔日(初一)，刘邺迎请刘瞻，在盐铁院置办酒席，刘瞻回去后就生病了，辛未日(十五日)，去世，当时人们都认为刘邺毒杀了刘瞻。

唐僖宗李儇任命兵部侍郎、判度支崔彦昭为中书侍郎、同平章事。崔彦昭是崔群的侄子。兵部侍郎王凝是王正雅的侄孙，他的母亲是崔彦昭的从母(母的姐妹，即是姨母)。王凝和崔彦昭同时举进士，王凝先及第，曾穿着便服会见崔彦昭，并且对崔彦昭开玩笑说："你还不如去参加明经科的考试呢!"崔彦昭被戏弄挖苦后十分气愤，于是表兄弟俩结下了深仇大恨。等到崔彦昭担任宰相，他的母亲吩咐服侍她的婢女说："给我多做些袜子和鞋子，我儿子一定会将王侍郎母子二人贬斥到很远的地方，我打算跟随妹妹一同前去。"崔彦昭听到这件事后赶忙给母亲跪下并哭泣，对母亲说："儿一定不会任意胡为的。"王凝因此才能免遭贬逐。

冬季，十月，唐僖宗李儇任命门下侍郎、同平章事刘邺同平章事，充任淮南节度使。任命吏部侍郎郑畋为兵部侍郎，翰林学士承旨、户部侍郎卢携守本官，一并为同平章事。

十一月，庚寅日(初五)，冬至，群臣为僖宗奉上尊号为圣神聪睿仁哲孝皇帝，改年号为乾符。

魏博节度使韩允中去世，军中拥立他的儿子节度副使韩简为留后。

南诏侵犯西川，建造浮桥，渡过大渡河。防河都知兵马使、黎州刺史黄景复等他们走到一半时，派兵攻打，蛮兵败逃，砍断了浮桥。蛮兵在中军中增加了许多旗帜，将它们在阵前排列，又分出兵力偷偷离开上、下流各二十里路。到夜晚，又建起浮桥，天刚亮时，都渡过了河，然后偷袭，攻破了各城的栏栅，又来攻黄景复。黄景复率唐军竭尽全力死战三天，然后假装战败而逃，南诏蛮军全力进击，黄景复设下三处伏兵等待他们，等蛮军三分之二通过伏击地点后，发动伏兵进攻，南诏蛮兵被打得惨败，杀死蛮军两千余人，黄景复率军一直追到大渡河南面才带兵返回，并修整好城栅进行防守。南诏蛮军战败归国，到之罗谷后，遇到南诏国派出的救援军队，两军联合在一起，锣鼓声传到数十里外。于是蛮军再次进犯大渡河，与唐兵隔水在两岸驻扎，欺骗说是求和，又从上下游暗中渡河，与黄景复率领的唐军连日激战，由于西川的救援军队没能前来，而南诏蛮军兵力日渐增强，黄景复抵挡不住蛮军的攻击，唐军溃散败亡。

十二月，党项、回鹘进犯天德军。

感化军（治所在徐州）向朝廷奏报群盗侵犯抢掠（群盗指庞勋余党），州县没办法禁止，唐僖宗李儇敕命兖、郓等道动员兵力前往讨伐。

南诏乘胜攻克黎州，派遣军队进发邛崃关，再进攻雅州。大渡河败逃溃散的士兵冲入邛州，成都军民慌乱恐惧，百姓争先恐后逃入城内，或者向北面逃奔其他州。成都城中更加强防守，修筑的堑壕与堡垒比之前更加坚固。南诏骠信派遣官员给唐节度使牛丛送了一封信，声称："我们不敢进犯唐边境，只是打算入朝觐见唐天子，当面申诉几十年来南诏被奸诈之人挑拨离间遭受的冤屈，如果唐天子能施以恩泽同情和体恤我们，我们将与牛尚书永远和睦友好地相处。如今借道抵达贵军府，希望能暂借成都城内的蜀王厅居住几天，然后我们就向东前往京城。"牛丛向来懦弱胆小，准备答应他们的请求。杨庆复认为不能答应，便斩杀了来使，留下两人，交给他们一封书信，让他们送回去，书信中竭力指责蛮人的罪行，更大骂凌辱他们，蛮兵到了新津就返回了。牛丛担心蛮兵会再次前来，事先将成都城外的居民房屋全部烧光，这一做法使蜀地百姓很是怨恨他。唐僖宗李儇颁下诏书征调河东、山南西道、东川的军队前去援救成都，并且诏令天平军节度使高骈前往西川部署和指挥对南诏蛮军的作战事宜。

唐僖宗李俨任命韩简为魏博留后。

商州刺史王枢因为军府库和州府库物资都很匮乏，下令减少德宗的以税物折算钱财，让民户缴纳已经升值的钱纳税，引起百姓作乱。农民一个个拿着铁棍殴打王枢，并打死两个官吏。朝廷更换刺史李诰抵达官府任职，抓捕了李叔汶等三十多个百姓，把他们处决了。

起初，回鹘几次请求朝廷册命，唐僖宗李俨下诏派遣册立使郗宗莒前往回鹘国。正赶上回鹘被吐谷浑、吐蕃唱末部攻克，回鹘君主不知逃到哪里，唐僖宗李俨诏命郗宗莒将玉册、国信交给灵盐节度使唐弘夫掌管，并诏命郗宗莒返回京师。

僖宗年纪轻轻，政事裁决都在权臣之手，而南牙、北司又互有冲突。自从懿宗即位以来，豪奢之风气越来越严重，而战事从未止息，赋敛征收却越来越急迫。关东连年闹水旱灾，州县官员又不将实情禀告朝廷，上下相互欺瞒，百姓流浪饿死，无处申诉痛苦，于是聚集起来成为强盗，各地贼寇蜂起。州县兵力不足，加上过了很长一段时间的安定日子，士兵也很久没有经历战事，每次遭遇盗贼攻击，官军多半被他们打败。这年，濮州人王仙芝开始招揽数千人，在长垣县作乱造反。

乾符二年(乙未，公元875年)

春季，正月，丙戌日(初三)，唐僖宗李俨任用高骈为西川节度使。

辛巳日(正月无此日)，唐僖宗李俨祭天，大赦天下。

高骈抵达剑州，先派使者驱马打开成都各城门。有人说："蛮敌已直逼成都，而您距离还很远，一旦蛮兵像野猪般乱冲乱撞，该怎么应付？"高骈说："我在交趾挫败了蛮军二十万人，蛮兵若听到我前来，逃跑唯恐来不及，哪里敢马上进犯成都！如今天气转暖，几十万人躲藏在城中，活人死人在一起，污秽难闻之气聚集蒸发，将会产生瘟疫，所以打开城门一事已不能拖延！”使者到了成都，打开城门让百姓出来，恢复自己的职业，据守城头的人也都下城来摘下盔甲，百姓特别欢喜。南诏蛮军正在攻打雅州，听说高骈前来，成都戒备解除，也遣使请和，率领军队返回本国。高骈因此又向朝廷进奏：“南蛮小辈对付起来很容易。目前西川新兵、旧兵已有很多，原来被征调来救援的长武、鄜坊、河东军队远道赶来，只是白白损耗军饷，请求让这些军队返回原地。”朝廷收到高骈奏文后，只是诏令河东兵归镇而已。

僖宗为普王时，小马坊使田令孜最得宠爱，僖宗即位后，任命田令孜知枢密使，这时更将他提拔为管理禁兵的神策军中尉。僖宗当时十四岁，一心沉湎游乐，政事一律委托田令孜处理，叫他“阿父”。田令孜读了很多书，十分擅长术数，招揽权势，接受贿赂，任命官员以及赐予紫衣之事都不禀告僖宗。每次面见僖宗，经常准备两盘果食，和僖宗饮酒而食，总要聊很长时间后才告退。僖宗又和内园的小儿亲近玩乐，赏赐给乐工、伎儿的钱币，每次以万计数，府藏为之匮乏枯竭。田令孜又给僖宗献上计策，令籍没长安东西两市商旅的财货，将他们全部收入府库，谁胆敢申诉，立即逮捕，交付京兆府杖毙。宰相以下的群臣对此事都不敢进行劝谏。

高骈抵达成都，第二天，派出步骑五千人前去追击南诏，直追到大渡河，杀死的士兵非常多，并且活捉了酋长等几十人，送到成都，将他们斩杀。重修邛崃关以及大渡河各城栏栅，又在戎州马湖镇构建城墙，号称平夷军；又在沐源川营造城池，这都是蛮人进攻蜀地的要道，安置几千士兵来戍守。从此以后，蛮人不敢再来侵犯。高骈召来黄景复，斥责他大渡河失守之责，把他腰斩了。高骈又奏请朝廷亲自统率西川兵以及天平、昭义、义成等军共六万人进攻南诏。僖宗诏命不准许此事。

此前，南诏的督爽（官名，总三省）几次派送公文给中书，言语之间充满怨恨，中书没有答复他们。卢携奏报说：“如果对他们这样不理睬，南蛮必定更加骄横，认为我朝无言以对，朝廷应该一一举出南诏十代以来接受我朝恩惠的事来斥责他们。但是如果由中书发出通牒，就有看重敌人为匹敌的嫌疑，请赐给高骈以及岭南西道节度使辛谠诏令，让他们记录下诏书的正文，通知给南诏。”僖宗同意了这一建议。

三月，唐僖宗李儇任用魏博留后韩简为节度使。

去年，感化军派遣军队到灵武去防御匈奴，正赶上南诏进犯西川，唐僖宗李儇诏命感化军前往救援。蛮军退兵后，诏令将感化军遣还；等他们抵达凤翔，却不肯前往灵武守卫边防，打算擅自返回徐州。军中宦官内养王裕本、都将刘逢将其中提议作乱的头目胡雄等八人擒获斩杀，士众才安定下来。

起初，南诏围攻成都，杨庆复用很高的官位和丰厚的待遇招募将士来抗击南诏，成都因而得以保全。等高骈抵达时，命令这些将士全部交回职牒。又借口蜀中多次遭到蛮兵侵扰，百姓还没有恢复生产，而将他们的粮食供应断绝，这些突击将士都气愤怨恨。高骈喜好妖术，每次派遣军队追击蛮军，都在晚上插上旗帜，排列队伍，面对将士焚烧纸画的人和马，遍撒小豆，说：“蜀中士兵懦弱胆小，现在我要派遣玄女神兵在前面引领。”成都军中将士听后都觉得羞耻。高骈又搜索境内出身于胥吏的官员，将他们罢免。又命令百姓全部使用足陌钱进行交易，凡是使用陌数不足的都要遭受抓捕，以行贿罪受到审查，而且全部以死刑论处。因为刑罚特别严厉残酷，蜀中百姓都内心不安。

夏季，四月，突击将士开始作乱，他们大声喧哗着冲进府庭。高骈逃到厕所里躲藏起来，突击将士四处搜寻，没有找到他。天平都将张杰率领几百部下穿着盔甲进入府中攻击这些突击将士，而突击将士手握节度使牙前仪队的兵器，没有兵器的士兵就手握木棒，挥动拳头，怀着一腔愤怒拼杀，天平军无法抵御，逃奔营中。突击将士追逐他们，而此时营门已关闭，冲不进去。监军派人安抚晓谕他们，许诺恢复他们的官职和俸禄，过了很久，他们才答应回营。天平军又将营门打开冲出，做出追逐的样子，追到城北，正巧有几百个役夫在修建球场，天平军竟然把这些役夫全部杀死，砍下人头，送到节度使府，谎称已将作乱者诛杀光。高骈出来接见他们，给天平军丰厚的金、帛作为赏赐。第二天，用公告向突击将士致歉，将他们的职位、粮食都恢复了。从此以后，高骈命令各道中跟随自己来的人轮流到府中值班，让士兵严加防守。

唐僖宗李俨加封成德节度使王景崇兼侍中。

浙西狼山镇遏使王郢等六十九人立下战功，浙西节度使赵隐只赏给他们虚职，却不赏赐衣服粮食，王郢等人对此怒不服从，上诉论理没有结果，于是抢了府库的兵器进行叛乱，聚集近万人，攻克苏州、常州。乱军乘船在长江大海之中来来往往，转而到浙东和浙西抢劫，最南到达福建，成为这一带百姓的大患。

五月，唐僖宗李俨任用太傅、分司令狐绹同平章事，充任凤翔节度使。

司空、同平章事萧倣去世。

六月，唐僖宗李俨任命御史大夫李蔚为中书侍郎、同平章事。

辛未日（二十日），高骈私下里抄下突击将士的姓名，派人在夜晚趁其不备将他们捉住，然后把他们的家包围，捣毁墙砸了门窗进入，把老幼以及孕妇生病的家人，都驱赶出来杀死，有的婴儿被扑杀在台阶上，有的被击杀在石柱边，血流似河，哀号哭泣之声震动天地，被杀的有几千人，晚上，用车子把这些尸体投进江中。有一妇人，临刑时挥舞双手大骂：“高骈！你毫无缘由削夺有功将士的职位、衣粮，激起众怒。你侥幸保住一命，不知醒悟自责，还变本加厉使用欺诈之术滥杀近万无辜之人，天地众鬼神，怎能容忍你如此恶行！我一定到天帝面前控告你，让你将来像我这般全家遭到杀戮而灭绝，像我一样遭到凌辱，像我一样遭受惊吓和恐惧！”说完，向天跪拜，从容赴死。不久之后，有的突击将士从戍役处归来，高骈又想将他们举族杀光，有一个叫王殷的跟随高骈多年的亲吏劝阻说："高相公信奉道教，应该敬重生命，憎恶杀人作恶。这些突击将士在外戍守服役，当初并没有参与叛乱之事，如果将他们也全部诛杀，恐怕会导致人人自危，反而不利于军府的管理！"高骈认为他说得对，这才罢止此事。

王仙芝和他的党羽尚君长攻克了濮州、曹州，部众达到数万人，天平军节度使薛崇派遣军队去攻打他们，被王仙芝打败。

冤句人黄巢也聚集士众几千人响应王仙芝的叛乱。黄巢年少时和王仙芝都是靠贩卖私盐生活，黄巢擅长骑马射箭，喜欢侠义行为，粗略地读过一些书传，几次考进士没有考中，于是做了贼寇，和王仙芝进攻劫掠外县，在山东横行无忌，凡被朝廷重税逼迫的人都争相归顺到他那里，几月之间，部下民众达到数万。

卢龙节度使张公素，性情残暴，军士多不顺服他。大将李茂勋本来是回鹘阿布思族人，回鹘战败后投降张仲武，张仲武派他戍守边塞，因多次立下战功，赐予他李茂勋的姓名。纳降军使陈贡言是幽州的一员得力战将，受到将士们的信任敬重，李茂勋偷偷将陈贡言杀死，却打着陈贡言的旗号率领军队攻打蓟州。张公素与之交战，战败而逃，奔赴京师，李茂勋率军攻入幽州城，将士们才知道并非陈贡言叛乱，只是被逼无奈，只得推举拥立李茂勋，朝廷因而任命李茂勋为留后。

秋季，七月，蝗虫从东方飞向西方，把太阳都遮住了，它们所过之处即刻变成草木粮食不生的赤地。京兆尹杨知至向朝廷上奏："蝗虫抵达京畿，没吃农作物，都抱着荆棘死去。"于是宰相都上朝庆贺此事。

八月，朝廷任命李茂勋为卢龙节度使。

九月，右补阙董禹劝阻僖宗游玩打猎以及乘驴击球之事，僖宗赐给他金帛作为褒奖。邠宁节度使李侃向僖宗上奏替他的义父华清宫使李道雅请求赐给官位，董禹又上疏对此事提出异议，其上奏的表文有一些触犯宦官的话。枢密使杨复恭等人在僖宗面前对这些内容一一举出加以申诉。冬季，十月，董禹获罪被贬郴州司马。杨复恭是杨钦义的养孙。

昭义军作乱，大将刘广驱逐了节度使高湜，自己做了留后。唐僖宗李儇任命左金吾大将军曹翔为昭义节度使。

回鹘部族抵达罗川，十一月，派遣同罗榆禄为使节向唐朝进献贡品。唐僖宗李儇赐给他们万匹绢，来帮助回鹘。

贼寇一天天增加，劫掠了十几个州，他们到淮南时，部众达到千余人，少的也有几百人。唐僖宗李儇下诏淮南、忠武、宣武、义成、天平五军节度使、监军对这些贼寇加紧征讨追捕以及招抚。十二月，王仙芝进犯沂州，平卢节度使宋威上表请求率领步骑五千另为一使，兼率本道军队在所管辖地区征讨贼人。朝廷于是任命宋威为诸道行营招讨草贼使，并调发禁兵三千人、铁甲骑兵五百人交给宋威指挥。又给河南方镇颁下诏令，命令各镇派遣的讨贼军都头一起接受宋威的部署调遣。

乾符三年(丙申，公元876年)

春季，正月，天平军向朝廷上奏派遣将士张晏等前去救援沂州，返回时，抵达义桥，听说北方边境又有贼寇作乱，要把他们留下抗击贼寇。张晏等人不服从指挥，喧闹着奔赴郓州。郓州都将张思泰、李承骑马出城，扯下衣袖与张晏等人共同盟誓，并用他们的薪俸买酒菜安抚劝慰张晏众人，让此事得到平息。僖宗下诏本军一定要晓谕抚慰，满足他们的一切要求，并且不得彻查追问他们。

二月，唐僖宗李儇诏命福建、江西、湖南各道观察、刺史，都对士兵进行训练，又命令各乡村储备弓刀鼓板来抵御群盗。

朝廷给兖海节度赐以泰宁军的称号。

三月，卢龙节度使李茂勋向朝廷请求派他的儿子幽州左司马李可举担任留后，自己请求退休。唐僖宗李儇诏令李茂勋以左仆射退休，任命李可举为卢龙留后。

门下侍郎、同平章事崔彦昭被罢免职务担任太子太傅；任命左仆射王铎兼任门下侍郎、同平章事。

南诏派使者向高骈求和，可是进犯边境的战斗却没有停止，高骈杀了南诏使者。南诏在懿宗咸通六年攻克交趾时，曾虏获唐安南经略判官杜骧的妻子李瑶。李瑶是唐宗室的远亲。于是南诏把李瑶送回唐朝，让她带给高骈一封木夹信，信中称呼"督爽牒西川节度使"，其信言辞极其狂傲无礼。高骈将李瑶送往京城长安。甲辰日（二十六日），再给南诏发下通牒，列举他们辜负唐天子恩遇，暴虐地进犯唐朝边境，以及进犯唐失败返回后的欺诈罪行，并用安南、大渡两次战败的情形来羞辱他们。

原州刺史史怀操贪婪残忍，夏季，四月，史怀操手下军士作乱，史怀操被驱逐。

朝廷赐宣武、感化节度使、泗州防御使密诏，挑选数百精锐士兵在巡区内巡游防守，防守东南纲运往上都的船只，每五天就要向朝廷呈递一次奏疏，汇报上供的钱米是否平安。

五月，昭王李汭（宣宗子）去世。

唐僖宗李儇任命卢龙留后李可举为节度使。

六月，抚王李纮（顺宗子）去世。

雄州发生地震，地表裂开缝隙，水喷涌而出，毁坏州城，使城内房屋全部遭毁。

秋季，七月，唐僖宗李儇任命前任岩州刺史高杰为左骁卫将军，兼沿海水军都知兵马使，以征讨王郢。

鄂王李润（宣宗子）去世。

唐僖宗李儇加封魏博节度使韩简同平章事。

宋威在沂州城下攻打王仙芝，把他打得大败，王仙芝逃跑。宋威向朝廷上奏说王仙芝已死，请将诸道讨贼军队遣还，自己返回青州。朝廷百官听说王仙芝已被宋威打死，都向僖宗道贺。过了三天，州县奏报朝廷，王仙芝还没死，依然像原先一样攻城略地。当时诸道兵刚开始休养军队，即刻又接受诏命前去追剿贼寇，士兵接二连三地调转迁移，也都愤怒怨恨想要造反。八月，王仙芝攻克阳翟、郏城，唐僖宗李儇诏命忠武节度使崔安潜发动军队攻击。崔安潜是崔慎由的弟弟。唐僖宗李儇又命令昭义节度使曹翔率领步骑五千以及义成军队守卫东都宫，派左散骑常侍曾元裕担任招讨副使，戍守东都，又诏令山南东道节度使李福选步骑两千人防守汝、邓的交通要道。王仙芝率军进逼汝州，唐僖宗李儇诏令邠宁节度使李侃、凤翔节度使令狐绹精选一千步兵、五百骑兵镇守陕州、潼关。

唐僖宗李儇加封成德节度使王景崇兼任中书令。

九月，乙亥朔日（初一），出现日食。

丙子日（初二），王仙芝攻占汝州，擒住了刺史王镣。王镣是王铎的叔伯堂兄弟。这一消息传来，东都惊恐，士民都携家带眷逃出城。乙酉日（十一日），唐僖宗李儇诏命赦免王仙芝、尚君长的罪行，授予他们官职，来招安并慰问他们。王仙芝攻下阳武，又攻打郑州，昭义监军判官雷殷符在中牟屯驻军队，攻打王仙芝，王仙芝战败而逃。冬季，十月，王仙芝往南进攻唐、邓。

西川节度使高骈在成都修建外城，派僧人景仙筹划此事，罗城方圆二十五里，并将管辖的州县县令全部召来，让他们将各县的赋税全部上缴，并让各县派遣役夫，县吏接受贿赂超过百钱以上的一律处死。蜀中的土质松软，于是命人先把土制成砖块，在环城十里的范围内取来泥土，取完泥土后又挖小丘的土把原取土的地方填平，不允许破坏田地造成坑洼从而损害农家耕作。各县派去的役夫不过十天就可被替换一次，所以这些役夫认为派役很公平，都愿意接受，不用皮鞭驱使而做工效率很高。从八月癸丑日（初九）开始修建，到十一月戊子日（十五日）工程就结束了。

工程刚开始时，高骈担心南诏会宣言进犯，虽然不一定进犯，但役夫必定会因此受到惊吓，于是上奏朝廷，派遣僧人景仙假称云游四方进入南诏境内，劝说南诏骠信归顺我朝，并且许诺他与公主和亲一事。景仙与南诏骠信谈论两国的礼节，针锋相对，商议很久也没有决定下来。此时高骈又宣言要到边地巡视，早晚传递烽火消息，抵达了大渡河，而实际上并没有行军，蛮军听到此消息很恐慌。因此，直到工程结束，边境没有一点儿关于战事的警报。之前，西川将吏进入南诏时，骠信都是坐着接受他们的参见，高骈却因为南诏有重视佛教的风俗，特意派遣僧人景仙前去，由于景仙是得道高僧，南诏骠信果然率领大臣迎接参拜景仙，并坚信景仙所说的话，采纳景仙的计策。

王仙芝攻打郢、复二州，攻了下来。

王郢通过温州刺史鲁寔请求投降，鲁寔多次为王郢向朝廷上表，唐僖宗李俨诏命让王郢前往京城朝见。王郢率军拖延时日，半年还没有入朝参见，并请求担任望海镇使。朝廷没有准许，任命王郢为右率府率，仍旧命令左神策军给他安置重要职位，他先前劫掠的财物，诏令全部归他所有。

十二月，王仙芝攻打申、光、庐、寿、舒、通等州。淮南节度使刘邺上奏朝廷请求增加兵力，唐僖宗李俨敕命感化节度使薛能挑选几千精兵援助。郑畋因为进献的谋略不被采纳，托词患病请求离职逊位，僖宗不准许，于是他进言："自从沂州奏上捷报后，王仙芝更加肆无忌惮，屠杀攻占了五六个州，毁坏了几千里土地。宋威年老多病，自从谎报战事以后，各道更加不服从他的指挥，如今又在亳州屯驻，一点没有进兵讨伐的意思。招讨草贼副使曾元裕于蕲州、董州一带屯驻军队，更是只想着闻风而退。如果让贼寇攻克扬州，江南地区就会脱离朝廷的掌控，后果无法想象。我认为崔安潜的声威名望超过其他人，张自勉是骁勇宿将，宫苑使李瑑是西平王李晟的孙子，为人严肃而有胆识。请求陛下任命崔安潜为行营都统，李瑑为招讨使代替宋威，张自勉为副使代替曾元裕。"僖宗采用了他的大部分进言。

青州、沧州军队远戍安南，返回原籍时，抵达桂州，将桂州观察使李瓒驱逐。李瓒是李宗闵的儿子。朝廷为此任命右谏议大夫张禹谟为桂州观察使。

桂管监军李维周傲慢骄横，李瓒曲意迎合他，局势逐渐无法控制。桂管有军队八百人，防御使只有一百人，其余都归属监军。监军李维周又参与了驱逐观察使李瓒的行动，并逼迫观察使和防御使上交使印，独断专行补选下属为知州官，劫夺昭州送给本道的送使钱。为此，唐僖宗李儇下诏让禹谟审理此案。张禹谟是张彻的儿子。

招讨副使、都监杨复光向朝廷上奏尚君长的弟弟尚让攻占了查牙山，官军撤退驻守邓州以求自保。杨复光是杨玄价的养子。

王仙芝进攻蕲州。蕲州刺史裴渥是王铎主持试务时所提拔的进士。王镣被俘后，帮王仙芝用书信劝说裴渥。裴渥和王仙芝约定，各自撤军不再交战，许诺替他奏报朝廷请求赐官，王镣也告诉王仙芝，会依照誓约去做。裴渥于是打开城门请王仙芝和黄巢等三十多人进城，设置酒宴，摆放了大量财货赠送给他们，并且上表陈述事件经过。诸宰相都说："先帝没有赦免庞勋，一年后将他处死。如今王仙芝只是一个小小贼寇，并不是庞勋之类，如果赦免其罪而任命官职，将助长奸贼的反叛气焰。"王铎再三请求，僖宗才准许。唐僖宗李儇于是任命王仙芝为左神策军押牙兼监察御史，派中使以告身（任命状）前往蕲州颁诏授官。

王仙芝被授官后很高兴，王镣、裴渥都前来道贺。贺客还没有退去，黄巢因为自己没有被授予官职，就恼怒地对王仙芝说："我与你曾共同盟言，要纵横天下，今天你一个人被朝廷授官就要奔赴长安担任禁军左军军官，那我们五千多弟兄怎么办呢？"于是殴打王仙芝，打伤了他的头，其他贼寇也吵嚷不停。王仙芝惧怕激起众怒，于是不敢接受诏命。接着，王仙芝率领贼寇大肆劫掠蕲州，城中的民众，一半被驱逐，一半遭杀戮，并烧毁了屋舍。裴渥逃奔到鄂州，敕使逃奔到襄州，王镣被贼寇囚禁。叛贼把他们的军队进行分割，王仙芝以及尚君长率领三千多贼寇，黄巢率领两千贼寇，各自分道离去。

资治通鉴卷第二百五十三　唐纪六十九

起丁酉（公元877年），止庚子（公元880年）十月，共三年十个月。

【题解】本卷记录了公元877年至880年，共计三年〇十个月的史事。当时正值唐僖宗乾符四年至广明元年，这期间最重要的事件就是围剿王仙芝及黄巢的农民军，当时他们的军队几乎辗转大半个中国进行作战。公元878年，唐朝廷军在黄梅大破王仙芝军，王仙芝被杀。公元879年，黄巢开始转战东南，在蕲州渡长江大败后，在朝廷军的放纵下东走。公元880年，黄巢军又回到河南，朝廷军望风而逃。这时，沙陀人李国昌、李克用父子又在代地谋反。唐僖宗在朝政濒于灭亡的情况下依然游宴玩乐，随意任用大将，朝政大权被宦官田令孜所握，唐王朝处于风雨飘摇之中。

僖宗圣恭定孝皇帝上之下

乾符四年（丁酉，公元877年）

春季，正月，王郢把鲁寔诱骗到船上，抓住了他，追随鲁寔的将士都四散奔逃。朝廷知道此事后，任命右龙武大将军宋皓为江南诸道招讨使，除先征发诸道军队以外，又征调忠武、宣武、感化三道士兵和宣州、泗州二州士兵，新旧共计调集军队一万五千余人，全部接受宋皓的调遣。二月，王郢率军攻克望海镇，劫掠明州，转而攻克台州；台州刺史王葆退到唐兴防守。唐僖宗李俨下诏令浙东、浙西和福建各调发水师乘船追讨王郢。

王仙芝攻克鄂州。

黄巢攻克郓州，杀死节度使薛崇。

南诏自酋龙即位以来，成为边境大患将近二十年，朝廷为抵御其进犯已经导致府库空虚，而南诏国中也因连年作战而疲敝不堪。酋龙死后，谥号景庄皇帝；他的儿子法即位，改年号为贞明承智大同，国号为鹤拓，又号称大封人。

法喜好狩猎宴饮，把国家政事交给大臣处理。闰月，岭南西道节度使辛说奏报朝廷，南诏派陁西（南诏官名，如判官）段瑳宝等人来请和，并且说："我各道军队在邕州戍守多年，粮饷费用已让朝廷疲惫不堪，请准许与南诏议和，使贫困的百姓得到喘息的机会。"唐僖宗李俨诏令准奏。辛说派遣大将杜弘等带着书信和钱物，护送段瑳宝返回南诏，只留下荆南、宣歙几支军队在邕州戍守，其余各道兵力也减了十分之七。

王郢在浙西横行无忌，镇海节度使裴璩休整军队，不和他交战，暗地里收买他的党羽朱实来降，致使王郢徒众六七千士兵溃散，朱实又向裴璩缴送军用装备二十余万件，船只、粮食布帛等的数量也很多。唐僖宗李俨诏命让朱实担任金吾将军。这样王郢一党更加离散。王郢聚集剩余士兵，往东抵达明州，甬桥镇遏使刘巨容用筒箭射死了王郢，残余的士兵都被剿灭。裴璩是裴谞的从曾孙。

三月，黄巢攻陷沂州。

夏季，四月，壬申朔日（初一），出现日食。

贼帅柳彦璋在江西抢掠。

陕州军队作乱，驱逐了观察使崔碣。唐僖宗李俨贬崔碣为怀州司马。

黄巢与尚让联合军队据守查牙山。

五月，甲子日（二十四日），唐僖宗李俨任命给事中杨损为陕虢观察使。杨损赴任后，首先诛杀了带头叛乱的人。杨损是杨嗣复的儿子。

起初，桂管观察使李瓒处理政事有错误之处，观察支使薛坚石多次劝说指正，李瓒不听他的建议。等到李瓒被士兵驱逐，薛坚石暂时代管留守事务，他发下文牒送到邻道，将乱兵控制，禁止他们再作乱，让桂州一带得以安定。唐僖宗李儇下诏提拔薛坚石为国子博士。

六月，柳彦璋派军袭击并攻取了江州，擒拿了刺史陶祥，让陶祥向朝廷上表，柳彦璋也将一份乞降表文一起呈递。唐僖宗李儇颁诏任命柳彦璋为右监门将军，并诏令柳彦璋将部众解散后前往长安为官；任命左武卫将军刘秉仁为江州刺史。柳彦璋不服从任命，用百余艘战舰坚守湓江作为水寨，仍然在这里抢劫。

忠武都将李可封从戍边之地返回许州，到了邠州，胁迫大帅，索要之前拖欠的粮食和食盐，在此逗留了四天，全州百姓震惊恐惧。秋季，七月，李可封返回许州，节度使崔安潜将他们全部逮捕杀死。

庚申日（二十一日），王仙芝、黄巢进攻宋州，三道兵（平卢、宣武、忠武）和王仙芝、黄巢交战，战事不利，贼寇把宋威包围在宋州。甲寅日（十五日），左威卫上将军张自勉率领忠武士兵七千人援救宋州，杀死贼兵两千多人，贼军解除围攻离去。

王铎、卢携打算让张自勉把率领的军队交给宋威管理，郑畋认为宋威和张自勉之间已经有猜疑怨恨，如果将张自勉的军队归属宋威管理，他一定会被宋威杀死，所以不肯在奏状上签名。八月，辛未日（初三），王铎、卢携在僖宗面前控诉郑畋的所作所为，请求僖宗将郑畋罢免官职；庚辰日（十二日），郑畋请求回四川养病，僖宗对两方的请求都没批准。

王仙芝攻克安州。

盐州军队作乱，将刺史王承颜驱逐，唐僖宗李儇下诏高品牛从珪前往安慰晓谕士兵，贬王承颜为象州司户。王承颜和崔碣向来有为政的声誉，只因治军严厉被骄横的士兵驱逐，朝廷把他们和那些贪婪残酷而导致作乱的官员全部罢黜，当时人们都为他们感到惋惜。牛从珪从盐州返回，军中请求任命大将王宗诚为刺史。唐僖宗李儇下诏召王宗诚前往京城，盐州作乱的将士全都不予追究，反而赐予优厚的供给。

乙卯日(八月无此日),王仙芝攻占随州,擒住刺史崔休征。山南东道节度使李福派他的儿子率兵去随州救援,结果战死。李福上奏朝廷请求调派援兵,朝廷派遣左武卫大将军李昌言率领五百凤翔骑兵赶往随州。王仙芝转而进攻复州、郢州。唐忠武军大将张贯等四千人与宣武军赶往襄州,没想到他们却从小路自申州、蔡州返归原籍。唐僖宗李俨诏令忠武节度使崔安潜、宣武节度使穆仁裕派人告诫张贯等将士,命他们奔赴襄州救援。

冬季,十月,邠宁节度使李侃向朝廷上奏,已派遣军队征讨王宗诚,并将王宗诚斩杀,残余党徒全部缴平。

郑畋和王铎、卢携在僖宗面前争论怎么派军队讨伐王仙芝等政事,郑畋争论没有取胜,退朝后,郑畋再上奏,认为:"自从王仙芝开始作乱,崔安潜首先请求联合军队征讨,接着派遣士兵,耗尽了钱财粮食。贼兵仍然横行千里,让各州民不聊生,贼寇唯独不敢进犯崔安潜所驻守的地方。崔安潜又将本道军队交给张自勉统领,让宋州之围得以解散,江、淮漕运得以畅通,东南财富也没有流入贼寇手中。现在,陛下又将张自勉所统率的七千军队全部交给张贯统管,归属于宋威。却让张自勉一个人返回许州,宋威又上奏诬陷诋毁张自勉。张自勉有功却蒙受如此玷辱,臣心中很是悲哀。崔安潜出动军队作战以来,前后打败敌人的捷报何止一次,假如把精锐的军队全部交给他人,让良将独自返回,一旦强敌突然袭击,我们怎么支撑并与之抵抗呢!臣请求陛下把忠武四千人交给宋威管理,其余三千人交由张自勉统领,防守边境,这样既不会侵占宋威的大功,又可避免让崔安潜惭愧受到羞辱。"当时,卢携对此建议不以为然,僖宗不能裁断。郑畋再次进谏僖宗说:"宋威欺骗朝廷,被王仙芝打得狼狈不堪。又听说王仙芝七次献上奏表请求投降,宋威却不替他向上呈递传报。朝野群臣咬牙痛恨,认为应对他军法处治。他能做出如此欺瞒陛下之事,不应再让他掌握兵权,希望能和内廷大臣考虑商议此事,及早把他罢免。"僖宗没有同意这一建议。

河中军队叛乱，驱逐了节度使刘侔，乱军放纵士兵四处烧杀抢夺财物，没人能阻止此事。朝廷任命京兆尹窦璟为河中宣慰制置使。

黄巢进犯并抢掠蕲、黄二州，曾元裕打败了他，斩杀贼寇四千首级。黄巢逃走。

十一月，己酉日(十二日)，唐僖宗李儇任命窦璟为河中节度使。

招讨副使、宦官都监杨复光派遣使者前去王仙芝处劝说，王仙芝派遣尚君长等为代表向杨复光请求投降，宋威企图向朝廷邀取功劳，于是派遣军队在路上将尚君长等人劫走。十二月，宋威上奏说与尚君长等在颍州西南交战，将他们活捉后献给朝廷。杨复光向朝廷奏报说尚君长等人实际上是主动投降，并不是被宋威所捉。唐僖宗李儇诏令侍御史归仁绍等进行审查，竟然没办法查明真相。于是在狗脊岭杀了尚君长等人。

黄巢攻克匡城，然后攻占濮州。唐僖宗李儇诏令颍州刺史张自勉率领诸道军队前去攻打。

江州刺史刘秉仁乘驿车赴任，乘一只小舟进入柳彦璋的水寨，贼寇都感觉非常意外，立即迎出去拜见，刘秉仁斩杀柳彦璋，把他的士兵都解散了。

王仙芝进犯荆南。节度使杨知温是杨知至的哥哥，凭借文学才华做了官，不懂打仗之事，有人禀告他盗贼来犯，杨知温以为是捏造的谣言，没有设防。当时正赶上汉水浅并且河道狭窄，贼军于是从贾堑渡过汉水。

乾符五年(戊戌，公元878年)

春季，正月，丁酉朔日(初一)，天降大雪，杨知温正在接受将兵的祝贺，而贼寇已抵达城下，很快攻占了外城。荆南将佐齐心协力将内城修整以便抗击贼寇，天黑后，杨知温仍然没有从节度使府走出来。将佐们请杨知温出来安抚慰问士兵，杨知温没有穿戎装，戴着纱帽，穿着皮衣就走出来，于是将佐们又请杨知温将盔甲穿戴好以防暗箭流矢。士兵们都在抗敌，杨知温仍在赋诗给幕僚们欣赏，又派遣使者向山南东道节度使李福禀告军情危急，李福召集部下全部骑上战马，亲自率领军队前来救援。当时有沙陀军五百人驻守襄阳，李福与他们会和，抵达荆门时，与贼寇遭遇，沙陀放车骑与之殊死搏击，打败贼兵。王仙芝听到这一消息，在江陵焚烧抢掠一番离去。江陵城外原有居民三十万户，这次战争死了十分之三四。

壬寅日(初六)，招讨副使曾元裕在申州东方把王仙芝打得惨败，杀死万人，招降遣散的贼兵也有万人。唐僖宗李俨敕命因宋威病了很久，罢免他招讨草贼使的职务，让他返回青州本镇。任命曾元裕为招讨使，任命颍州刺史张自勉为招讨副使。

庚戌日(十四日)唐僖宗李俨任命西川节度使高骈为荆南节度使兼盐铁转运使。

振武节度使李国昌的儿子李克用担任沙陀副兵马使，在蔚州戍守。当时河南盗贼蜂拥而起，云州沙陀兵马使李尽忠和牙将康君立、薛志勤、程怀信、李存璋等谋划商议说：“现在天下混战不息，朝廷诏令已不能在天下施行，此时正是英雄建功立业取得富贵的时候。我们虽然各自拥有军队，但振武节度使李国昌功劳大职位高，声名天下皆知，他的儿子也在各军中勇猛无比，如果我们辅佐他来发动叛乱，平定代北是没什么难的。”众人都觉得他说的有道理。康君立是兴唐人，李存璋是云州人，薛志勤是奉诚人。

适逢此时，大同防御使段文楚兼任水陆发运使，代北连年闹饥荒，漕运又无法继续，段文楚就大大减少军士的衣服和粮食；再加上施用刑法稍显严厉，军士对他怨恨憎恶。李尽忠暗中派遣康君立前去蔚州劝说李克用发兵，除掉段文楚然后取而代之。李克用回答说：“我父亲驻守振武，等我禀告此事后再决断。”康君立说：“如今此等机密大事已经泄露，叛乱迟缓恐怕有意外出现，哪还有时间奔赴千里禀告此事并等待命令呢？”于是，李尽忠连夜率领牙兵攻占牙城，将段文楚及其判官柳汉璋抓捕并囚禁在监狱，自己暂且管理州中事务，并派人召李克用前来主持政务。李克用率领军队奔赴云州，一边行军一边招收兵马。二月，庚午日(初四)，李克用率领他的部众抵达城下，军队已近万人，在斗鸡台下驻扎。壬申日(初六)，李尽忠派使者奉送符印，请李克用担任防御留后。癸酉日(初七)，李尽忠给段文楚等五人戴上刑械，押往斗鸡台下，李克用下令军士割下他们的肉来吃掉，用车马踩踏他们的尸骨。甲戌日(初八)，李克用前往府舍办公，命令将士呈递表章请求册封；朝廷没有准许。

李国昌进言："请求朝廷尽快任命大同防御使。倘若李克用抗拒朝廷任命，臣请求率领本道军队征讨他，决不会因为爱惜儿子而背叛朝廷。"朝廷本打算让李国昌前去劝说李克用，正巧看到他的奏疏，于是，唐僖宗李儇任命司农卿支详担任大同军宣慰使，并下诏命李国昌与李克用交代，要求李克用以常规礼节迎接支详，朝廷答应赐予李克用官职，并且一定会让他满意。又任命太仆卿卢简方为大同防御使。

唐僖宗李儇贬杨知温为郴州司马。

曾元裕上奏朝廷说在黄梅把王仙芝打得惨败，杀死五万多贼寇，追斩了王仙芝，正向京城传送他的首级，余党也已溃散而去。

黄巢率军正攻打亳州，还未攻下时，尚让率领王仙芝余党前来归顺，兵合一处，众人一起推举黄巢担任盟主，号"冲天大将军"，改年号为王霸，委任官吏。黄巢进而攻占沂州、濮州。后来多次被官军打败，于是黄巢给唐天平节度使张裼送去一封请降信，请求代向朝廷奏请此事。于是，唐僖宗李儇诏命黄巢为右卫将军，命令他到郓州解除武装；而黄巢最终没有前往。

唐僖宗李儇加封山南东道节度使李福同平章事，加赏他救援荆南的功劳。

三月，群盗攻取朗州、岳州。曾元裕驻扎在荆、襄，黄巢从滑(一作濮)州进犯宋、汴，朝廷于是让招讨副使张自勉充任东南面行营招讨使。黄巢率军攻打卫南县，接着攻打叶县、阳翟等县。唐僖宗李儇下诏征调一千河阳士兵奔赴东都洛阳，与两千宣武、昭义士兵共同守卫皇宫；又任命左神武大将军刘景仁充任东都应援防遏使，统领河阳、宣武、昭义三镇的军队，同时让他在东都招募两千士兵。刘景仁是刘昌的孙子。唐僖宗李儇又诏命曾元裕率军径直返回东都，发动三千义成士兵防守轘辕、伊阙、河阴、武牢。

王仙芝的余党王重隐攻占洪州，江西观察使高湘逃往湖口。贼兵转而进犯湖南，别将曹师雄劫掠宣、润。唐僖宗李儇下诏曾元裕、杨复光率领大军援助宣、润。

湖南军作乱，都将高杰将观察使崔瑾驱逐。崔瑾是崔郾的儿子。

黄巢率领贼寇渡过长江，攻占虔、吉、饶、信等州。

朝廷下诏任命李克用据守云中，夏季，四月，朝廷任命前大同军防御使卢简方为振武节度使，任命振武节度使李国昌为大同节度使，自以为如此安排，李克用一定不会反对。

唐僖宗李儇诏令，因东都洛阳军粮储备不充足，向商人富户借钱财粮食，以此来供给几个月的费用。于是拟好五份委任状，赐予空名殿中侍御史，十份监察御史委任状，把这些赐给能拿出较多家财捐资给国家的人。当时连年闹旱灾、蝗灾，再加上盗贼横行，耕种农桑大半毁坏，连赋税都很难凑足，各家各户财力枯竭，竟然没有人出来捐资，兵部侍郎、判度支杨严多次上表申述自己才能不足，无法办理此事，乞求辞职，言辞十分悲痛诚恳，僖宗诏令不准许。

曹师雄进犯湖州，镇海节度使裴璩派遣军队打败了他。王重隐死去，他的部将徐唐莒占据并把守洪州。

饶州大将彭幼璋联合义营军队攻占了饶州。

南诏派遣酋望（官名）赵宗政前来向朝廷请求和亲，手中并没有求亲表文，只命令督爽（官名）上牒文给中书门下，请求以弟自称而没有称臣。唐僖宗李儇诏令百官商议此事，礼部侍郎崔澹等人认为："南诏王骄纵，超越臣子的礼仪，确实太无礼，西川节度使高骈不识大体，反而听信一个僧人的办法，就几句话引诱来南诏国的使者，如果听凭南诏请求，恐怕会遭后人耻笑。”高骈听说这件事，呈上奏表和崔澹辩论，唐僖宗李俨下诏劝说化解了他们的争斗。崔澹是崔玙的儿子。

五月，丙申朔日（初一），郑畋、卢携商议南诏的事情，卢携主张和亲，郑畋坚决认为不可以。卢携气愤，拂袖而起，衣襟碰到了砚台，将砚台摔落在地，砚台摔破。僖宗听说后，说：“大臣相互对骂指责，怎么能成为天下人的榜样呢！”丁酉日（初二），郑畋、卢携都被罢免职务担任太子宾客、分司。唐僖宗李俨任命翰林学士承旨、户部侍郎豆卢瑑为兵部侍郎，任命吏部侍郎崔沆为户部侍郎，并同平章事。

当时有喜好施舍的宰相，常让人把布袋装上钱跟在自己身后，施舍乞丐，所以他每次出门，穿着破烂的人都挤满了道路。有的朝士上书劝说宰相：“现在天下百姓困苦不堪，贼寇横行各地，相公本应举荐贤能，整顿朝纲，竭尽所能处理日常政务，把不急需的钱财捐献，堵塞徇私舞弊的门路，使人和物各得其所，那么家家富裕户户富足，自然没有困苦不堪的人了，何须如此专门去做小恩小惠的事情呢！”宰相听后很生气。

邕州大将杜弘送段瑳宝到达南诏，一年后才返回。甲辰日（初九），辛谠又派遣摄巡官贾宏、大将左瑜、曹朗出使南诏。

李国昌打算父子俩一起据守两镇，收到僖宗任命的大同节度使诏书后，竟然把诏书撕毁，还杀死监军，拒绝接受卢简方来代替他的职位；又与李克用联合军队攻克遮虏军，然后进攻宁武及岢岚军队。卢简方前往振武，到达岚州时去世。

丁巳日（二十二日），河东节度使窦浣发动百姓挖掘晋阳护城河。己未日（二十四日），唐僖宗李俨任命都押牙康传圭为代州刺史，又派遣一千土军前去代州。土军抵达城北时，修整队伍却不再进军，向朝廷请求丰厚的赏赐。当时库府早已财物空虚，窦浣派马步都虞候邓虔前往抚慰晓谕他们，土军就剐了邓虔，用床抬着他的尸体进入府中。窦浣和监军亲自出来抚慰晓谕，给每人三百钱、一端（六丈）布，士军才安定下来。押牙官田公锷给乱军发放钱和布，士兵们劫持了田公锷，让他担任都将，前往代州。窦浣又向商人借了五万缗钱来资助军队。而朝廷竟然认为窦浣没有才能。六月，唐僖宗李儇任命前昭义节度使曹翔为河东节度使。

王仙芝的余党在浙西偷盗抢掠，朝廷因为荆南节度使高骈之前在天平已有赫赫声名，并且王仙芝的党众大多数是郓人，于是升任高骈为镇海节度使。

沙陀人将唐林、崞县焚毁，进军到忻州境内。

秋季，七月，曹翔抵达晋阳。己亥日（初五），抓住土师中杀害邓虔的十三个人，把他们都杀了。义武兵抵达晋阳，不肯解除武装，吵嚷着请求给予丰厚的赏赐，曹翔将十将中的一人杀死，局势才安定下来。朝廷发动义成、忠武、昭义、河阳的军队在晋阳会和，以抵抗沙陀。八月，戊寅日（十五日），曹翔率领军队救援忻州。沙陀族军队攻打岢岚军，将外围罗城攻克，又在洪谷打败唐朝官军，晋阳将城门关闭严防死守。

黄巢进犯宣州，宣歙观察使王凝率领军队抵抗，在南陵战败。黄巢很长时间没有攻克宣州，就率兵进攻浙东，开辟了七百里山路，攻取福建各州。

九月，平卢军向朝廷奏报节度使宋威去世。

辛丑日（初九），唐僖宗李儇任命诸道行营招讨使曾元裕兼领平卢节度使。

壬寅日（初十），河东节度使曹翔突然暴亡。丙午日（十四日），昭义军队大肆抢掠晋阳，街坊市民主动联合起来攻打他们，杀死千余人，昭义军队才溃散而去。

中书侍郎、同平章事李蔚被罢免官职，担任东都留守，唐僖宗李儇任命吏部尚书郑从谠为中书侍郎、同平章事。郑从谠是郑馀庆的孙子。

唐僖宗李儇任命户部尚书、判户部事李都同平章事兼河中节度使。

冬季，十月，唐僖宗李儇诏令昭义节度使李钧、幽州节度使李可举和吐谷浑酋长赫连铎、白义诚、沙陀酋长安庆、萨葛酋长米海万，联合军队前往蔚州讨伐李国昌父子。十一月，岢岚军翻越城墙与沙陀应和。丁未日（十月无此日），唐僖宗李儇任命河东宣尉使崔季康为河东节度、代北行营招讨使。沙陀军进攻石州，庚戌日（十九日），崔季康率兵奔赴石州救援。

十二月，甲戌日（十三日），黄巢攻克福州，观察使韦岫丢弃城池而逃。

南诏使者赵宗政返回本国。唐中书门下对南诏督爽的牒文没有直接答复，而以西川节度使的名义回复一封信，让崔安潜以地方官的身份前去答复南诏。

崔季康和昭义节度使李钧与李克用在洪谷大战，结果两镇军队被打败，李钧战死沙场。昭义军撤退至代州，士兵四处劫掠，代州百姓把他们差不多消灭光了，残兵从鸦鸣谷返回上党。

王郢叛乱时，临安人董昌因使用土师讨伐贼寇立下大功，补任石镜镇将。这年，曹师雄进犯二浙，杭州招募各县乡兵各千人讨伐，董昌和钱塘人刘孟安、阮结、富阳人闻人宇、盐官徐及、新城人杜稜、馀杭人凌文举、临平人曹信等各率部下土团出战，担任都将，号称“杭州八都”，董昌为总统领。后来闻人宇战死，钱塘人成及代替他。临安人钱镠凭借骁勇而为董昌效力，依靠战功担任石镜都知兵马使。

乾符六年（己亥，公元 879 年）

春季，正月，魏王李佾（懿宗子）崩逝。

镇海节度使高骈派遣手下大将张璘、梁缵分道进攻黄巢，多次打败他们，招降了黄巢将领秦彦、毕师铎、李罕之、许勍等几十人；黄巢于是直奔广南。秦彦是徐州人；毕师铎是冤句人；李罕之是项城人。

贾宏等还没有抵达南诏，就相继在路上死去，跟从的人也死去大半。当时，辛谠已经患了风痹之症，于是把代理巡官徐云虔召来，拉着他的手说："谠已经奏报朝廷派使者前往南诏，但是使者一个个死去，怎么办呢？先生既然为官，就应时时想着以身为国尽力，您能执行这次出使的大任吗？谠只是遗憾得了这个病，不能起身向您拜谢罢了。"于是悲痛得泪流不止。徐云虔回答说："士为知己者死！既然您能信任重用于我，我一直遗憾没有机会回报恩德，怎么敢不遵照您的吩咐行事呢？"辛谠听后心里十分高兴，为徐云虔备办了行装和丰厚的钱物，让他担任使者出使南诏。

二月，丙寅日（初六），徐云虔抵达善阐城，南诏骠信拜见徐云虔却不肯行礼，徐云虔只好接受副使以下的官员行礼。己巳日（初九），骠信派遣慈双羽、杨宗到使馆对徐云虔说："贵府文牒，想让骠信俯首称臣，呈递表章进献各地物产，骠信已命人从西川入唐，与唐朝皇帝结为兄弟，要不就约定成为舅甥。无论是兄弟还是舅甥，都是书信往来或运送钱币罢了，哪有上表以及进献贡物的说法！"徐云虔说："骠信既然有做弟为甥的想法，而骠信是景庄（酋龙谥景庄皇帝）的儿子，景庄怎么能够没有兄弟，他们对骠信来说是伯叔父，骠信身为国君，那么各位伯叔父都应称臣子，更何况是弟弟和外甥呢！况且骠信的祖先，本是接受唐的恩惠，才能六诏联合结为一国，对你们施予的恩德够深厚了，相处之中虽然有小的矛盾，罪责是南诏和西川相争的缘故。如今骠信有重修旧好的想法，怎能违背祖先制定的惯例呢！ 顺从祖先的惯例，可谓是孝；侍奉我大唐，可谓是义；停止交战，可谓是仁；仔细修正名分，可谓是礼。这四方面，都是最高的德行，难道就不能尽力实行吗？"骠信于是以优厚的礼节对待徐云虔；徐云虔在善阐城停留十七天才返回京城。南诏骠信将两片木夹交付徐云虔，一片是交中书门下的书信，一片是交给岭南西道的牒文，但是最终没有呈递表章称臣进奉贡物。

辛未日（十一日），河东军到达静乐，士卒作乱，杀死孔目官石裕等人。壬申日(十二日),崔季康逃奔晋阳。甲戌日(十四日),都头张锴、郭咄率领行营士兵攻打东阳门,冲进府中,杀死崔季康。辛巳日(二十一日),唐僖宗李儇任命陕虢观察使高浔为昭义节度使,任命邠宁节度使李侃为河东节度使。

三月,天平军节度使张裼去世。牙将崔君裕自行管理州中事务,淄州刺史曹全晸讨伐并且诛杀了崔君裕。

夏季,四月,庚申朔日(初一),出现日食。

西川节度使崔安潜到任后不责问强盗的事情,蜀人对此多有责怪之声。崔安潜说:“盗贼如果没有捕盗官吏的纵容是没有什么作为的,现在要追究的话担心株连的人太多,进行大肆抓捕只能是徒增烦恼。”甲子日(初五),崔安潜拨出一千五百缗库钱,分别安置在三市(蚕市、药市、七宝市),张贴榜文说:“能告发而抓获一个强盗的人,奖励钱五百缗。贼盗不能独自作案,必有同伙,如果同伙揭发,可以免除他的罪行,和平常百姓一样奖赏。”过了不久,有人抓来了强盗,可是强盗不服气,说:“我们一起做强盗十七年,赃物都是平均分配,你哪能抓我呢?我和你会一同被斩首的。”崔安潜说:“你既然已经清楚我张贴榜文,又为什么没有捉他来呢?那样的话他就应该被处死,而你会获得奖励。而你既然被他先抓住,被处死还有什么话说呢?”马上命令拿给捕盗的人奖赏,并且让强盗看到,然后在市上将强盗割肉行刑,并且诛杀他全家。于是强盗与他们的同伙互相猜疑,在成都没有安身之处,没等第二天天亮,就连夜奔逃,西川境内连一个强盗都没有了。

崔安潜认为蜀兵胆小怯懦,上奏朝廷请求派遣大将送文牒前往陈、许招募勇猛士兵,和蜀人交杂在一起,对他们进行训练后编成一支军队,共获得三千士兵,把他们分成三军,每人头戴黄帽,号称“黄头军”。又上奏朝廷请求派遣洪州的弓弩手,教给蜀人用弓弩射丸的本领,从中精选一千弓弩手,号称“神机弩营”。蜀兵从此逐渐强盛。

凉王李侹(懿宗子)去世。

僖宗因为群盗无比猖獗而十分担忧，王铎说：“臣是宰相，在朝廷没有为陛下分忧，现在请求亲自督导诸将前去讨伐群盗。”唐僖宗李俨任命王铎守司徒兼侍中，充任荆南节度使、南面行营招讨都统。

五月，辛卯日（初二），唐僖宗李俨诏命赐河东军士银币。牙将贺公雅掌管的士兵作乱，焚烧劫掠三城（东城、中城、大明城）并将孔目官王敬抓捕押送到马步司，河东节度使李侃与宦官监军亲自出来安抚劝导，无奈乱军威逼，只好在牙门将王敬斩杀，乱兵这才安定下来。

泰宁节度使李系是李晟的曾孙，仅有口才而事实上并没有勇气和计谋，王铎因他家世代都是忠良大将，上奏朝廷加封他为行营副都统兼湖南观察使，派遣他率领精锐士兵五万和土师一起在潭州驻扎，来阻断通往五岭以北的道路，抗拒黄巢。

河东都虞候每夜偷偷抓捕贺公雅掌管的曾参加作乱的士兵，抓到后就杀死他的全家。丁巳日（二十八日），乱军余党近百人自称“报冤将”，在晋阳三城大肆劫掠，焚烧马步都虞候张锴、府城都虞候郭昢的府宅。河东节度使李侃因为军府混乱不宁，曲意迎合乱军的做法，竟然下令将张锴、郭昢抓捕在牙门斩首，并将他们的家属驱逐；任命贺公雅为马步都虞候。张锴、郭昢在被斩首前，哭泣着对众兵说：“所斩杀的人都是捕盗司暗中申报的，今天受冤枉死去，就没有勇士来救我们吗？”于是，军士再度大肆喧闹，将张锴、郭昢救下刑场，送回都虞候衙门。不久，李侃下令恢复二人原有官职，并且将他们的家属召回；收捕盗司元义宗等三十几家全部诛杀。己未日（三十日），任命马步都教练使朱玫等担任三城斩斫使，率兵分别逮捕“报冤将”，把他们全部斩杀，军城这才安定。

黄巢给浙东观察使崔璆、岭南东道节度使李迢送去书信，请求授予天平节度使；二人替他将此事上奏朝廷，朝廷不准许。黄巢又向朝廷上表请求授予广州节度使的官职，僖宗命满朝大臣对此事商议。左仆射于琮认为：“广州有市舶司，每年蕃船来来往往，聚集着大批珍宝，这样重要的地方怎么能让盗贼掌控呢?”于是僖宗又没有批准黄巢的乞求，而让大臣们商议赐予黄巢其他职位。六月，宰相们提出可让黄巢担任率府率，僖宗准许。

河东节度使李侃因为军府几次叛乱，所以假称患病，请求辞官医治。唐僖宗李俨诏命代州刺史康传圭为河东行军司马，调任李侃返回京城。秋季，八月，甲子日(初七)，李侃从晋阳出发奔赴京城。不久，唐僖宗李俨任命东都留守李蔚以同平章事，充任河东节度使。

镇海节度使高骈向朝廷奏报:“请任命暂代舒州刺史郎幼复为镇海军留后，防守浙西，派遣都知兵马使张璘率领五千兵马前去郴州据守险要之地，兵马留后王重任统率八千大军在循州、潮州阻挡黄巢贼寇，臣亲自率领一万军队翻过大庾岭直奔广州征讨黄巢。黄巢如果知道我前来，定会北逃，请朝廷命令王铎带领所统管的三万军队在梧州、昭州、桂州、永州等四州据守险要之处。”僖宗下诏不同意此建议。

九月，黄巢收到率府率的委任状，非常气愤，痛骂当朝宰相，并率军迅速攻打广州，当天就将广州攻克，擒拿了广州节度使李迢，并率领军队转而劫掠岭南地区各州县。黄巢命令李迢草拟表文叙述内心感受，李迢说:“我世代受朝廷厚待，亲族遍布朝廷，手腕可以被折断，表文却不能起草。”黄巢就把他杀了。

冬季，十月，唐僖宗李俨任命镇海节度使高骈为淮南节度使，充任盐铁转运使，任命泾原节度使周宝为镇海节度使，任命山南东道行军司马刘巨容为节度使。周宝是平州人。

黄巢在岭南，士卒患瘴疠瘟疫而死的，有十分之三四，他的党羽劝说他返回北方谋划大事，黄巢很是赞同。于是从桂州编制几十只大木筏，借着洪水沿湘江顺流行军，穿过衡州、永州，癸未日(二十七日)，到达潭州城下。李系命人关闭城门不出城迎战，黄巢猛烈进攻一天，将城攻克，李系逃奔朗州。黄巢将潭州士兵全部斩杀，将尸体抛入湘江顺水漂流，以致尸体把江面都遮盖住了。尚让乘胜逼近江陵，号称五十万军队。当时，各道士兵还没有汇集，江陵士兵不足一万，王铎命他的大将刘汉宏据守江陵，亲自率领军队直奔襄阳，前去联合刘巨容的军队。王铎离开后，刘汉宏大肆抢掠江陵，焚烧抢夺殆尽，士民逃窜到山谷中躲藏。正赶上天降大雪，冻僵的尸体遍布山野。十多天后，黄巢的军队才到达这里。刘汉宏是兖州人，这时率领其部队向北奔逃，成为贼寇。

闰月，丁亥朔日(初一)，河东节度使李蔚患病，让供军副使李邵暂时担任观察留后，监军李奉皋暂时担任兵马留后。己丑日(初三)，李蔚病逝。都虞候张锴、郭昢签署奏疏将李邵罢黜，让少尹丁球担任知观察留后。

十一月，戊午日(初三)，唐僖宗李俨任命定州已来制置使万年人王处存为义武节度使，任命河东行军司马、雁门关已来制置使康传圭为河东节度使。

黄巢前往北方直奔襄阳，刘巨容和江西招讨使淄州刺史曹全晸联合军队在荆门屯扎抗拒黄巢。贼寇来攻打时，刘巨容在林中埋伏好士兵，曹全晸率领轻骑迎战，假装战败而逃。贼兵追逐，伏兵发动进攻，贼兵大败，官军乘胜追击，一直追赶到江陵，虏获并斩杀了十之七八的贼寇。黄巢与尚让聚集残兵渡江向东而逃。有人劝说刘巨容追杀这些贼寇，将他们杀光。刘巨容说："朝廷常出尔反尔，有危难时就安抚将士，不吝惜官位，赐予将士，等危难被平定，就将我们弃之不顾，有的人甚至因功招致大祸；不如留下贼兵作为我辈求取富贵的凭借。"士众这才作罢。曹全晸渡江追讨贼兵，正赶上朝廷派遣泰宁都将段彦谟代为招讨使，于是曹全晸也停止追击。因此贼兵势力再次大振，进攻鄂州，攻克了外城，转而抢掠饶、信、池、宣、歙、杭等十五州，士众多达二十万。

康传圭自代州奔赴晋阳，庚辰日(二十五日)，抵达乌城驿；河东都虞候张锴、郭昢出城迎接，康传圭命令部下用刀将两人砍死，进入河东军府后，又将他们的家族亲属全部诛杀。

十二月，唐僖宗李儇任命王铎为太子宾客、分司。

起初，兵部尚书卢携曾举荐高骈担任都统，如今，高骈的大将张璘等人多次打败黄巢，于是，朝廷又任命卢携为门下侍郎、同平章事，所有关东各镇的节度使，由王铎、郑畋所委任官职的，多被罢职改任。

这一年，桂阳贼寇陈彦谦攻克郴州，杀死了刺史董岳。

广明元年(庚子，公元880年)

春季，正月，乙卯朔日(初一)，改年号为广明。

沙陀攻入雁门关，进犯忻、代二州。二月，庚戌日(二十六日)，沙陀两万余人进逼晋阳，辛亥日(二十七日)，攻占太谷。朝廷派遣汝州防御使博昌人诸葛爽率领东都防御军救援河东。

河东节度使康传圭，专门对部下施以威压动用酷刑，结下很多仇怨，强占富人的财物。康传圭派前遮虏军使苏弘轸在太谷攻打沙陀，抵达秦城时，遭遇沙陀军队，结果战败而回，康传圭非常生气，斩杀了苏弘轸。当时沙陀已返回代北，康传圭派遣都教练使张彦球率领三千士兵前去追击。壬戌日(二月无此日)，张彦球抵达百井，军队发生叛乱，士兵很快返回晋阳。康传圭关闭城门，将乱军关在城外，乱兵从西明门冲进去，把康传圭杀死。监军周从寓亲自出来安慰劝导，才使局势安定下来，于是让张彦球为府城都虞候。朝廷听说这些情况后，派遣使者宣慰说："大家杀死节度使，事出突然，迫不得已，各自都应该安心，不必再担忧恐惧了。"

左拾遗侯昌业认为盗贼在潼关以东横行猖獗，可僖宗却不亲自处理政事，全部心思都在游戏玩乐上，对臣子的赏赐丝毫没有节制，宦官田令孜专擅朝政，无视天子，让天象发生变化，国家将要危险，因而向僖宗极力进谏。僖宗非常生气，召侯昌业前往内侍省，赐自尽。

僖宗喜好骑马射箭、剑矛、算学，甚至音律、蒲博(古博戏)，没有一项不精通的；喜欢蹴鞠、斗鸡，与诸王赌鹅，一只鹅赌价高达五十缗。尤其擅长击球，曾经对优人石野猪说："朕假如参加击球进士的考试，定会考中状元。”石野猪回答说：“假如陛下遇到尧、舜担任礼部侍郎的话，恐怕免不了要被贬黜啊。”僖宗听了，只是笑笑罢了。

度支官因国库费用不充足，上奏朝廷请求向富户和胡商借一些财产、货物；僖宗诏命令富户、胡商将一半财货借给国家。盐铁转运使高骈向僖宗进谏说：“天下盗贼蜂拥而起，都是因为饥寒所逼迫，只有富户和胡商没有造反了。”僖宗于是罢止这种做法。

高骈上奏朝廷请求将杨州留后所居的杨子院改为发运使。

三月，庚午日（十七日），唐僖宗李儇任命左金吾大将军陈敬瑄为西川节度使。陈敬瑄是许州人，是田令孜的哥哥。

起初，崔安潜镇守许昌，田令孜替陈敬瑄请求兵马使一职，崔安潜没有答应。陈敬瑄又通过田令孜获得左神策军的军籍，几年后，迁升为大将军。田令孜看到关东群盗一天天猖獗起来，暗中为将来逃奔西蜀做准备，于是上奏请求让陈敬瑄和他的心腹左神策大将军杨师立、牛勖、罗元杲镇守三川。僖宗命令四人击球赌三川，陈敬瑄获得第一筹，僖宗就任命他为西川节度使，代替崔安潜。

辛未日（十八日），唐僖宗李儇任命门下侍郎、同平章事郑从谠同平章事，充任河东节度使。康传圭死后，河东士兵更加骄横无礼，所以僖宗派遣宰相前去镇守，让他能自已挑选跟随前往的僚佐。郑从谠上奏朝廷任命长安令王调为节度副使，前兵部员外郎、史馆修撰刘崇龟为节度判官，前司勋员外郎、史馆修撰赵崇为观察判官，前进士刘崇鲁为推官。当时人称之为“小朝廷”，是所谓名士特别多的意思。刘崇龟、刘崇鲁是刘政会的七世孙。当时，正是晋阳刚刚发生叛乱之后，每天都出现杀人抢掠之事，郑从谠外表温和可是心里刚硬，擅长谋划决断事情，有想要作乱的将士，郑从谠总是事先就发觉，将他杀掉，让心术不正的人以此为戒。郑从谠对善良的人安抚信任从不会怀疑，比如张彦球很有谋略，百井之乱并不是他的本意，郑从谠只是将谋划作乱的头目查出来斩杀，而将张彦球召来安慰劝导，并把所有兵权委托于他，军中逐渐得以安定。因此，张彦球为郑从谠竭尽全力效劳，始终受到重用。

淮南节度使高骈派遣大将张璘等人进攻黄巢并且屡传捷报，卢携上奏朝廷任命高骈为各道行营（兵马）都统。高骈于是传檄文召集天下兵马，并且扩大招募范围，获得土兵（淮南之兵）和客兵（诸道之兵）共计七万人，声威大振，朝廷非常器重他。

安南军队作乱，节度使曾衮逃出城躲藏，诸道戍守邕管的士兵纷纷擅自返回原籍。

夏季，四月，丁酉日（十四日），唐僖宗李儇任命太仆卿李琢为蔚、朔等州招讨都统、行营节度使。李琢是李听的儿子。

张璘渡江进攻贼帅王重霸，逼迫他投降；还几次打败黄巢的军队。黄巢退兵占据饶州以求自保，他的部下别将常宏率几万人投降朝廷。张璘攻打饶州，攻克饶州城，黄巢又率领士兵撤退。这时江、淮间诸官军多有打败贼寇报捷的奏文呈递，但几乎全不是真实情况，宰相以下的官员得到不真实的捷报，都向僖宗上表祝贺，朝廷便自以为局势很稳定。

唐僖宗李儇任命李琢为蔚朔节度使，仍然充任都统。

唐僖宗李儇任命杨师立为东川节度使，牛勖为山南西道节度使。

唐僖宗李儇任命诸葛爽为北面行营副招讨。

起初，刘巨容返回襄阳后，荆南监军杨复光派遣忠武都将宋浩暂时管理军府事务，泰宁都将段彦谟率领军队守城；唐僖宗李儇诏令宋浩为荆南安抚使，段彦谟以位居宋浩之下而倍感羞耻。宋浩禁止军士任意砍伐道路旁的槐树、柳树，而段彦谟的属下士兵却违反了禁令，于是，宋浩用杖击打违反禁令士兵的后背。段彦谟特别气愤，怀藏利刃骑马冲入军府，将宋浩及其两个儿子杀死。杨复光上奏朝廷称宋浩对将士残忍冷酷，被激愤的将士杀死；唐僖宗李儇诏命段彦谟为朗州刺史，任命工部侍郎郑绍业为荆南节度使。

五月，丁巳日（初四），唐僖宗李儇任命汝州防御使诸葛爽为振武节度使。

刘汉宏的党羽势力逐渐壮大，侵犯抢掠宋、兖；甲子日（十一日），朝廷征召东方诸道士兵前去征讨。

黄巢在信州驻扎，正赶上疾病瘟疫，士兵大多数病死。张璘迅速进攻他，黄巢于是用黄金来贿赂张璘，并且写信给高骈请求投降，求他举荐呈递奏表。高骈想把他引诱来，所以同意替他请求斧钺。当时，昭义、感化、义武等军队都抵达淮南，高骈担心这些军队瓜分自己的功劳，于是上奏朝廷说贼寇很快就会被剿灭，不用烦劳诸道军队前来，请求将诸道军队全部遣返本镇；朝廷准许了他的请求。贼寇探知各道军队已向北渡过淮水，就和高骈断绝交往，并且请求交战。高骈非常生气，命令张璘征讨，结果张璘战败身死，黄巢的势力再次大振。

乙亥日（二十二日），唐僖宗李俨任命枢密使西门思恭为凤翔监军。丙子日（二十三日），朝廷任命宣徽使李顺融为枢密使。对这些宦官的委任，都由阁门出案降白麻，与朝廷官员将相任命官职的手续一致。

西川节度使陈敬瑄一向官位低微，让他掌管西蜀的消息一经传出，蜀中人士都倍感震惊，不知道陈敬瑄是什么人。有个青城的妖人（以邪法异说惑众的）借助陈敬瑄的声势，带领其党羽谎称是陈仆射，停留在旅舍，呼唤巡虞候，十分紧急地索要白马。马步使瞿大夫发觉了他的虚妄，将他抓捕，用狗血浇他，他就认罪了，他及其党羽全部被杀。六月，庚寅日（初八），陈敬瑄抵达成都。

黄巢的别将攻克睦州、婺州。

卢携得了风痛病不能走路，向朝廷请假在家中休养；己亥日（十七日），他才入朝应对，僖宗诏命他无须跪拜，并且派遣两个黄门太监扶着他。卢携在朝廷之内仰仗着宦官田令孜的权势，在朝廷之外倚仗高骈的军事力量，再有僖宗对他特别宠爱信任，所以专擅朝政，政事无论大小都由他裁定。现在他已病倒，精神状态不好，政事交给他的亲吏杨温、李修来裁定，这些人公然收受他人的贿赂。豆卢瑑没有什么杰出的才能，只一心一意亲附卢携。崔沆常有奏对禀告之事，经常受到豆卢瑑的阻挠。

庚子日（十八日），李琢向朝廷奏报两千沙陀士兵前来投降。李琢当时率领军队万人在代州驻扎，和卢龙节度使李可举、吐谷浑都督赫连铎一起讨伐沙陀。李克用派遣大将高文集戍守朔州，他亲自率领部众在雄武军抵抗李可举。赫连铎派人劝说高文集归顺朝廷，高文集抓获李克用部将傅文达，然后与沙陀酋长李友金、萨葛都督米海万、安庆都督史敬存等人都向李琢投降，打开城门迎接大唐官军。李友金是李克用的族父。

庚戌日（二十八日），黄巢进攻宣州，宣州陷落。

刘汉宏率领军队前往南方攻打劫掠申州、光州。

赵宗政返回南诏时，当时的西川节度使崔安潜上表朝廷，指出崔澹所说的对付南诏蛮人的政策是对的，并且声称："南诏本是小蛮，原本是云南的一郡之地；现在派遣使者和他们议和，他们会认为我朝懦弱，如果他们得寸进尺请求娶公主和亲时，将怎么来回绝呢？"僖宗诏令宰相们商议此事。卢携、豆卢瑑进谏僖宗说："大中末年，府库费用充足。自从咸通以来，南诏蛮军已经两次攻陷安南、邕管，一次攻打到黔中，四次进犯西川，征召军队运输粮食，已让天下百姓疲惫不堪，如今过去了十五年，还有大半租赋不能送入京城，度支、户部、盐铁三使和皇宫内库由此空虚，将士因为蛮荒之地的瘴气瘟疫纷纷病死，百姓因为贫困不堪呼告无门而结伙做了盗贼，致使中原地区只剩下些榛子和杞柳，这都是南诏蛮人入侵的缘故。前年冬季，蛮人没有进犯我大唐边境，是因为赵宗政还没有返回国家。去年冬季，蛮人没有进犯，是因为徐云虔回复命令，蛮人还有觊觎之心。现在，安南的外城已被作乱的士兵占据，节度使（曾衮）又长久没有攻打下来，其余的士兵，大多已擅自返归原籍，邕管军统领的外地军队，又减少了一半。冬季即将到来，如果南诏蛮军来犯我边境，将如何应对！不如现在就派使者去复命，即使不能让他们称臣，进献贡物，也不会让他们对我大唐王朝怀有更深的仇恨，而坚决要侵犯我边境，如果能达到这样的目的也就可以了。”于是唐僖宗李儇作诏书，赐给陈敬瑄，准许与南诏和亲，南诏也不用称臣，命令陈敬瑄记录诏书正文，将书信一起交给南诏，并且增加对南诏赏赐的金帛。唐僖宗李儇任命嗣曹王李龟年为宗正少卿，充任使者，任命徐云虔为副使，另外派遣内使，一同送往南诏。

秋季，七月，黄巢从采石渡过长江，围攻天长、六合，军队声势浩大。淮南大将毕师铎对高骈说：“朝廷倚仗明公安定大局，现在数十万贼寇乘胜奔驰而进，好像进入无人之境，如果不占据险要地势攻打他们，等他们越过长淮，就无法控制局面了，必然会成为中原的大祸。”高骈因为诸道援军已被遣返回去，张璘又战死，感到无法阻止黄巢北进，恐惧的心理加上胆怯让他不敢派出军队攻打，只是命令诸将加强防守戒备，采取自保之策罢了，同时上表朝廷禀告军情危急，声称：“黄巢贼寇六十余万驻扎在天长，距离我城不到五十里。”之前，卢携扬言：“高骈有文武大才，如果把兵权全都交付给他，剿灭黄巢将不费力气。”朝野中虽然有人认为高骈不值得托付依靠，但对他还存有几分期望。等到高骈表奏抵达京城，朝廷上下都倍感失望，人心惶惶。朝廷颁下诏书斥责高骈遣散各道军队，导致贼寇趁唐军毫无准备之时渡过长江。高骈上表说：“臣上奏建议遣归各道军队，不能算是擅自专权。今天臣竭尽全力守卫一方，必定是能办到的事情，只是担心贼众浩浩荡荡渡过淮河，陛下应立即诏令东面诸道将士加强防守，竭力抗拒才是。”于是高骈称说自己得了风痹病，不再出去应战。

唐僖宗李儇诏令河南诸道发动军队在溵水屯驻，泰宁节度使齐克让在汝州驻扎，以防备警戒黄巢。

辛酉日（初九），唐僖宗李儇任命淄州刺史曹全晸为天平节度使，兼东面副都统。

刘汉宏向朝廷请求投降，戊辰日（十六日），唐僖宗李儇任命他为宿州刺史。

李克用率领军队从雄武军朔州进击高文集，李可举派遣行军司马韩玄绍在药儿岭进行阻击，大败李克用军队，杀死七千多人，李尽忠、程怀信都战死；李克用大军又在雄武军境内被打败，上万人被杀。李琢、赫连铎率军攻打蔚州，沙陀李国昌战败，他的军队全部溃败逃散，独自和李克用以及宗族向北逃奔鞑靼部落。唐僖宗李儇颁布诏令任命赫连铎为云外史、大同军防御使；吐谷浑白义成为蔚州刺史；萨葛米海万为朔州刺史；加封李可举兼侍中。

鞑靼本来是靺鞨的一个部落，在阴山居住。之后几个月，赫连铎偷偷对鞑靼进行贿赂，让他们抓捕并将李国昌父子遣返回京城，李克用了解他们的计谋后，就常常与鞑靼豪帅进行狩猎活动，将马鞭、木叶或悬针放在很远的地方作为靶子，每一次都正中靶心，让鞑靼豪帅很是敬佩。李克用又安排酒宴与鞑靼豪帅畅饮，喝到酣畅之时，李克用说："我得罪了大唐皇帝，希望为唐效忠却报国无门，如今听说黄巢军队向北进发，一定会成为中原的祸患，假如唐天子赦免我的罪行，我一定能够与各位进军南方一起建功立业，这难道不是让人痛快的事情吗？人生有多少时日啊，怎么能老死在沙漠之中呢？"鞑靼明白李克用没有留下的打算，也就罢止了杀李克用一事。

八月，甲午日（十三日），唐僖宗李儇任命前任西川节度使崔安潜为太子宾客、分司。

九月，东都向朝廷上奏："汝州所招募的士兵李光庭等五百人从代州返回京城，经过东都时，焚烧安喜门冲入洛阳坊市，在坊市大肆烧杀劫掠，然后从长夏门奔逃。"

黄巢兵马号称十五万，曹全晸率领部下士兵六千人与黄巢大战，杀伤并虏获很多贼兵；只因寡不敌众，撤军在泗州驻扎，以待各道援军前来，一起围攻黄巢的贼兵。然而高骈竟然没有前往援救，贼兵于是进击曹全晸，泗州城被攻克。

徐州派遣军队三千人前往溵水，途经许昌。徐州士兵素来以凶悍不讲道理闻名，节度使薛能声称之前曾经镇守彭城，对徐州人有恩遇，于是将士兵安置在球场宿营。等到深夜，徐州士兵大声喧哗，薛能登上内城楼询问缘由，徐州士兵回答说宿地条件太差，又缺少供应的物品，薛能安慰了很久，士卒的情绪才稳定。许昌人闻知后无比恐惧。当时忠武军也派遣大将周岌率兵前往，还没走出多远，听说城中徐州士卒聚众作乱，就率领军队返回，到第二天天亮，忠武军冲入许昌城偷袭徐州军队，将徐州士兵全都杀死；而且还埋怨薛能对徐州士兵太仁慈了，把他也驱逐了。薛能打算逃奔襄阳，被乱兵追上杀死，全家都没有幸免。周岌自称留后。汝、郑把截制置都指挥使齐克让只是担心被周岌偷袭，率领军队返回兖州，在溵水驻扎的诸道军队都四散溃败。因此黄巢能带领全部贼众渡过淮水，所到之处都不让士兵抢夺百姓财物，只挑选一些强壮的男丁来加强兵力。

此前，朝廷征召振武节度使吴师泰为左金吾大将军，任命诸葛爽代替他。吴师泰看到唐朝廷有很多变故发生，私下让军民呈递表文挽留自己。冬季，十月，唐僖宗李儇又任命吴师泰为振武节度使，任命诸葛爽为夏绥节度使。

黄巢攻取申州，进犯颍、宋、徐、兖境内，所到之处官吏百姓都四散奔逃。

群盗攻克了澧州，杀死刺史李询、判官皇甫镇。皇甫镇参加科举进士考试达二十三次，都没有考中，被李询征召进入幕府。黄巢军攻陷州城，皇甫镇逃奔出城，向出城的人询问："李使君逃出城了没有？"有人告诉他说："刺史李询已被贼寇擒拿。"皇甫镇说："我受到他优厚的对待，即使逃走了，又能逃到何处呢？"于是他返回贼寇的驻扎地，和李询一同赴死。

资治通鉴卷第二百五十四　唐纪七十

起庚子(公元 880 年)十一月，止壬寅(公元 882 年)四月，共一年六个月。

【题解】本卷记录了公元 880 年十一月至 882 年四月，共计一年〇六个月的史事。当时正值唐僖宗广明元年十一月至中和元年四月。在这期间，黄巢农民军一路凯旋，于公元 880 年十二月入长安称帝，创建国号大齐，黄巢军呈现不可挡之势。十二月五日，田令孜携僖宗逃奔成都。田令孜在其兄陈敬瑄的支持下，驱良为盗，为害四川，把朝廷的腐朽之象带到了蜀地。僖宗入蜀后，敕令凤翔节度使郑畋阻击黄巢军，一度攻入长安，但因军纪败坏，入京后所行与诸寇无别，致使黄巢军趁机再入长安，大肆杀掠。唐王朝日趋衰败，黄巢又不得民心，各地拥有强大兵力的藩镇开始心怀野心，纷争割据局面正在酝酿之中。

僖宗惠圣恭定孝皇帝中之上

广明元年(庚子，公元 880 年)

十一月，河中都虞候王重荣发动叛乱，把坊市商铺劫掠一空。

宿州刺史刘汉宏抱怨朝廷赏赐太少。甲寅日(初四)，唐僖宗李儇任命刘汉宏为浙东观察使。

唐僖宗李儇诏令河东节度使郑从谠将本道兵马交给诸葛爽以及代州刺史朱玫掌管，命令他们向南讨伐黄巢。乙卯日(初五)，唐僖宗李儇任命代北都统李琢为河阳节度使。

起初，黄巢准备渡过淮水，豆卢瑑向僖宗请求将天平节度使的旌节授予黄巢，等到黄巢前去赴任时，再前往讨伐。宰相卢携说：

“贼寇都是贪婪成性不知满足的，即使赐予黄巢旌节，也不一定能阻止他到处劫掠，不如立即征调诸道军队据守泗州，任命汴州节度使为都统，率领军队阻击黄巢贼兵。黄巢向前进军无法进入关中，必然转而进攻淮、浙等地，逃入大海里去苟延残喘了！”僖宗准许了这一建议。不久，淮北等地相继向朝廷告急，于是卢携宣称身染重病，不再上朝商议政事，京城上下都很恐慌。庚申日（初十），东都向朝廷奏报，黄巢已经攻入汝州境内。

辛酉日（十一日），唐僖宗李儇任命王重荣暂时担任河中留后，任命河中节度使、同平章事李都为太子少傅。

汝郑把截制置都指挥使齐克让向朝廷上奏，黄巢已自称天补大将军，并写牒文转送给唐诸镇军，宣称：“你们各军都应守卫营垒，不要冒犯我的锋芒！我即刻攻入东都，立即抵达京邑，打算亲自向朝廷问罪，请各镇不要从中干涉。”僖宗召见宰相商议此事。豆卢瑑、崔沆请求发动关内各镇以及两神策军防守潼关。壬戌日（十二日），冬至，僖宗打开延英殿，对着宰相流泪。观军容使田令孜上奏说：“请陛下挑选左、右神策军中的弓弩手前去防守潼关，我亲自担任都指挥制置把截使，前去抗拒贼兵。”僖宗说：“神策军都不熟习军中战事，朕担心他们不能加以重用。”田令孜说：“当年安禄山叛乱时，玄宗驾临蜀地躲避灾祸。”崔沆说：“安禄山兵马才五万人，与黄巢是不能相提并论的。”豆卢瑑说：“哥舒翰率领十五万军队都不能防守潼关，如今，黄巢有六十万兵马，而潼关又没有哥舒翰的兵力。如果说田令孜真为大唐社稷考虑的话，蜀中三川帅陈敬瑄、杨师立、牛勖倒都是田令孜的可信之人，可以前往西川暂避，这和玄宗时的灾祸相比，当然可以说是有备无患了。”僖宗不高兴，对田令孜说：“卿就替朕派出军队守卫潼关。”这一天，僖宗驾临左神策军，亲自校阅将士。田令孜举荐左军马军将军张承范、右军步军将军王师会、左军兵马使赵珂。唐僖宗李儇召见三人，任命张承范为兵马先锋使兼把截潼关制置使，王师会为制置关塞粮料使，赵珂为句当寨栅使，田令孜为左右神策军内外八镇以及诸道兵马都指挥制置招讨等使，飞龙使杨复恭为副使。

癸亥日（十三日），齐克让向朝廷奏报："黄巢已攻入东都境内，臣撤军退保潼关，在关外安营扎寨。将士经过几次交战，早已资粮储备匮乏，州县残破荒芜，人烟几乎绝迹，东西南北都看不到陛下的官吏，官军挨饿受冻，兵械武器又钝又劣，士兵们思念家乡，恐怕很容易就四散溃败了，乞请朝廷尽快将资粮运来，将援军派来。"唐僖宗李儇诏令挑选左、右神策军弓弩手共计两千八百人，令张承范等大将率领奔赴潼关。

丁卯日（十七日），黄巢攻占东都，留守刘允章率领百官迎接拜见；黄巢进入城中，只是慰劳百姓罢了，乡里都很安定。刘允章是刘迺的曾孙。田令孜上奏招募街坊市井几千人来补充两军数目。

辛未日（二十一日），陕州奏报朝廷东都已经沦陷。壬申日（二十二日），唐僖宗李儇任命田令孜为汝、洛、晋、绛、同、华都统，率领左、右神策军前往东都征讨黄巢贼军。当天，贼兵攻克虢州。

唐僖宗李儇任命神策大将罗元杲为河阳节度使。

唐僖宗李儇任命周岌为忠武节度使。起初，薛能将牙将上蔡人秦宗权调往蔡州，秦宗权闻知许州军士作乱，借口平定叛乱，挑选招募蔡州人来当兵，然后将蔡州刺史驱逐，据守蔡州城。当周岌担任节度使时，就任命秦宗权为蔡州刺史。

乙亥日（二十五日），张承范等率领神策军弓弩手从京师出发。神策军士都是京城的富家子弟，贿赂宦官篡改姓名而在军籍中留名，享有丰厚的廪粮赏赐，只知道穿华服，骑骏马，仰仗权势嚣张跋扈，从未经历过打仗陷阵；听说要奔赴前线，父子相拥抱头痛哭，许多人用金帛雇佣居住在病坊的贫苦人代替自己出行，而这些人往往不能手握兵器打仗。当天，僖宗驾临章信门城楼为他们饯行。张承范进言说："听说黄巢据有几十万贼众，敲着鼓向西行进，齐克让带着饥饿的一万士兵在关外死守，今天又派臣率两千余士兵在潼关驻守，也没有听说给我们调拨粮饷的事情，就这样让我们去与强贼作战，确实让臣心寒。希望陛下调遣诸道精兵及早做我们的后援大军。”僖宗说:“卿辈只管放心先行前往杀贼,援兵很快就会派遣的。”丁丑日(二十七日),张承范等抵达华州。适逢此时,华州刺史裴虔馀迁任宣歙观察使,军民全都逃奔华山,城中空无一人,州库只剩下尘埃和老鼠行迹,幸运的是粮仓中还有千余斛米,军士们带上三天的粮食继续前行。

十二月,庚辰朔日(初一),张承范等抵达潼关,在茂密的草丛中搜寻,找到了一百多个村民,命令他们搬运石头,汲水,为守城做好准备。这时张承范军与齐克让的军队都已断粮,士兵个个没了斗志。这一天,黄巢的前锋部队抵达潼关下,白旗遍布原野,看不到尽头,齐克让和他们交战,贼兵稍微退却一些,不久黄巢大军赶到,全军齐声呼喊,声音震撼黄河、华山。齐克让拼力与他们交战,从午时一直战到酉时才停止,士兵饥饿极了,就喧嚷起来,烧掉营垒而四散溃败,齐克让逃奔关中,潼关边有一座山谷,平时禁止百姓在谷中出入,以便征收商税,人们称这个山谷为“禁坑”。黄巢大军突然前来,官军没有防备,溃败的士兵从山谷逃入禁坑,谷中的灌木、寿藤(万岁藤)像蛛网一样繁茂,一夜之间都被踩踏成平坦的小路。张承范把随军携带的辎重和私人的背囊都发给士兵,派遣使者向僖宗呈递表文,报告军情紧急,说:“臣离开京城六天,士兵没有增加一人,馈饷不见影踪。到达潼关的那天,浩荡的贼寇已经来到,臣用两千士兵抗拒六十万贼军,关外齐克让的军队,由于饥饿而四散溃败,践踏开了禁坑。如果臣据守潼关失守,就是处以下油锅的极刑也甘心情愿;但是朝廷的宰相谋臣,羞惭之色又将寄托在哪里?听说陛下已经商议打算西巡去蜀中,假如陛下的金銮轿一出动,恐怕朝廷上下将土崩瓦解。臣斗胆在战死之前,说句冒死之言,希望陛下与亲近宦官及宰相大臣仔细商议此事,即刻征调军队来救援潼关,如果潼关能据守,那么我大唐高祖、太宗创立的基业或许还可以保持,让黄巢步安禄山的后尘遭到灭亡,而微臣即使战死也要比哥舒翰强得多啊!”

辛巳日(初二)，贼兵猛烈进攻潼关，张承范拼尽全力抵抗贼军，从寅时一直打到申时，潼关城的箭矢用完，就投掷石块来攻击。关外有天然的堑壕，贼兵驱赶一千多个百姓进入里面，挖掘土壤将其填塞，没过多久，就将它填平了，于是，率领兵马渡过天堑。夜晚，放一把火，把关地的城楼都焚毁了。张承范分派出八百士兵，派王师会在禁坑守护，当王师会率军赶到禁坑时，黄巢军已经过去了。壬午日(初三)清晨，贼军夹攻潼关，守卫士兵纷纷溃败，王师会自杀，张承范身穿便服率领残余士兵逃奔长安。走到野狐泉时，与相继到来的两千奉天援兵相遇，张承范对他们说："你们来迟了!"于是一起撤退返回。博野镇和凤翔镇的军队撤退到渭桥，看见田令孜招募的新军身穿新衣皮裘很气愤，说："这些家伙凭什么能穿这样好的衣服，我们拼死作战却要受冻挨饿!"于是将他们的衣裘抢夺，然后替黄巢贼兵担任向导，急速前往长安。

当贼军进攻潼关时，朝廷派前任京兆尹萧廪为东道转运粮料使；萧廪声称身体有病，请求朝廷罢免自己的官职，僖宗将他贬为贺州司户。

黄巢攻占华州，将他的大将乔钤留在那里守卫。河中留后王重荣向贼军请求投降。癸未日(初四)，唐僖宗李儇颁下诏令任命黄巢为天平节度使。

甲申日(初五)，唐僖宗李儇任命翰林学士承旨、尚书左丞王徽为户部侍郎，任命翰林学士、户部侍郎裴澈为工部侍郎，并同平章事。任命卢携为太子宾客、分司。田令孜听说黄巢已经攻破潼关，恐怕僖宗责备自己，于是把罪责施加给卢携而将他贬黜，向僖宗推荐王徽、裴澈为宰相。当晚，卢携饮毒药死去。裴澈是裴休的侄子。群臣退朝，听说贼军已经进城，都分路逃跑躲藏。田令孜率领神策兵五百人侍奉僖宗从金光门出去，只有福、穆、泽、寿四王以及嫔妃几人随行，群臣都不知道此事，也不清楚皇帝去了哪里。僖宗昼夜不停地向前奔跑，随从官员大多不能跟上。僖宗的车驾远去后，长安城中的军士及坊市百姓争先恐后闯入皇家府库抢夺金帛。

黄昏时，黄巢的前锋部将柴存进入长安，金吾大将军张直方率文武官员几十人在灞上迎接黄巢。黄巢坐着用黄金装饰的肩舆；他的手下都披散着头发，用红色缯巾绑束着，穿着锦绣衣服，手执兵器跟随，身穿铠甲的骑兵如流水之多，运送的辎重器物堵塞道路，绵延千里，连续不断。百姓在道路两旁围观，尚让在所过之处，都宣告说："我黄王发兵，原本是为了天下百姓！不会像唐朝皇帝那样不爱护你们，你们只管安居乐业，不要惊恐慌乱。"黄巢在田令孜家留宿，他的部下将士做盗贼已经很长时间，特别富有，看到贫穷之人，往往对之施舍财物。但居住几天后，又各自出动大肆劫掠，焚烧坊市，到处杀人，满街尸骨，黄巢也没有办法阻止；他们尤其痛恨官吏，只要抓到就都杀死。

僖宗奔赴骆谷，凤翔节度使郑畋在道路上拜见僖宗，请求车驾在凤翔留驻。僖宗说："朕不想与巨寇太接近，暂且驾幸兴元，征召军队以谋求恢复大业。你留在此地向东抵抗贼军的兵马，向西招抚各蕃族，聚集邻道军队，尽自己最大能力建立一番功业吧。"郑畋回奏说："这一带道路堵塞，向陛下上奏机要之事，消息难以传递，请求给臣便宜行事的权力。"僖宗当即表示赞同。戊子日（初九），僖宗抵达婿水，召见牛勖、杨师立、陈敬瑄，晓谕他们由于京师失守，暂且驾幸兴元，如果贼军势力仍然强盛，就打算驾幸成都，你们应该提前做好准备筹划。

庚寅日（十一日），黄巢将留在长安的唐朝宗室全部杀死。辛卯日（十二日），黄巢才进入皇宫。壬辰日（十三日），黄巢称帝，在含元殿即皇帝位，制作称帝的礼服，敲响几百只战鼓代替金石音乐，作为登基的礼仪。黄巢登临丹凤楼，颁布诏书：定国号为大齐，改年号为金统。自认为"广明"这个号，是删去唐字下半部（丑、口）而加上黄家的日月，作为自己的符瑞。唐三品以上官员全部禁止任用，四品以下官员职位照旧。封自己的妻子曹氏为皇后，任命尚让为太尉兼中书令，任命赵璋兼侍中，崔璆、杨希古一并同平章事，任命孟楷、盖洪为左右仆射、知掌左右军事，任命费传古为枢密使。任命太常博士皮日休为翰林学士。崔璆是崔邠的儿子，当时刚刚罢免浙东观察使的职务，居住在长安，所以黄巢能得到他而任用他为宰相。

唐将诸葛爽率领代北行营兵屯驻在栎阳，黄巢部下大将砀山人朱温率军在东渭桥驻扎，黄巢让朱温劝说诱降诸葛爽，于是诸葛爽向黄巢请求投降。朱温年少丧父且家境贫寒，与哥哥朱昱、朱存跟随母亲王氏依靠萧县刘崇家谋生，刘崇多次用鞭子抽打并侮辱朱温，只有刘崇的母亲怜爱朱温，告诫家人说："朱三不是平凡之辈，你们要好好待他。"黄巢任命诸葛爽为河阳节度使，诸葛爽前往镇守时，罗元杲派遣军队来抗击他，可是士卒都抛弃铠甲兵器前去迎接诸葛爽，罗元杲逃往行在(皇上巡幸所在)。

郑畋抵达凤翔，召集将佐商议抗拒贼兵的办法，大家都说："贼人气焰正盛，应该从容等待各道军队汇集，再商议谋图收复失地。"郑畋说："各位想劝说我郑畋做一个贼臣吗?"因而气结昏倒在地，被砖瓦碰伤了脸，从中午一直到第二天早上，都没办法说话。恰巧此时，黄巢派使者携带赦免各军的诏书赶到，监军彭敬柔与众将佐对黄巢使者都很恭敬，并草写降书在众人面前宣示，代替郑畋签上名字，对黄巢的赦免深表感谢。彭敬柔为黄巢派来的使者安排宴会，奏起音乐，将佐以下士兵都失声大哭；使者感到很奇怪，节度使府幕客孙储对他解释说："因为军府相公郑畋患病不能参加宴会，所以大家感到很悲痛。"民间百姓闻知此事后没有不流泪的。郑畋听到这些后说："我早就知道人心还没有背弃大唐，贼军交出首级的日子不会太远了!"于是他刺破手指，写了一封血书，交给亲信从小路送往行在，然后召集将士，告谕他们谋逆和归顺大唐的道理，大家都听从他的命令，又歃血为盟，然后修整城墙沟堑，修缮兵器军械，训练士兵，并秘密邀请邻道联合军队征讨黄巢。邻道也都许诺派遣军队，一起前往凤翔会合。当时神策军八镇军队分别坐镇于关中的还有几万人，听说天子驾幸蜀地，没有去处，郑畋派遣亲信去招纳他们，于是，他们都前往归顺了郑畋，郑畋分别赠送给他们钱物，来笼络人心，于是军队威势大振。

丁酉日（十八日），僖宗车驾抵达兴元，诏令各道派遣全部兵马收复京师长安。

己亥日（二十日），黄巢下令，凡是到赵璋府邸投递名衔的官员，一律恢复原来的官职。豆卢瑑、崔沆以及左仆射于琮、右仆射刘邺、太子少师裴谂、御史中丞赵濛、刑部侍郎李溥、京兆尹李汤等因为没来得及跟随僖宗车驾离开，在民间躲藏，被黄巢贼军搜捕到，都被杀死了。广德公主说："我是唐宗室之女，发誓与于仆射一起赴死！"她抓着贼人的刀刃不松手，贼人也把她一起杀死了。黄巢军又将卢携的坟墓挖开，将他的尸体放在大街上砍杀。唐将作监郑綦、库部郎中郑系坚守臣子气节，不肯向黄巢军投降，全家自杀。唐左金吾大将军张直方虽然向黄巢投降，但多收容奔逃之人，将唐公卿大臣藏在私宅夹壁中，被黄巢杀死。

起初，枢密使杨复恭向僖宗推荐河间处士张濬，授予太常博士官职，迁任度支员外郎。黄巢进逼潼关时，张濬到商山躲避战乱。僖宗驾幸兴元，道路上缺少供给和安置之所，汉阴令李康用骡子载了几百驮（一百斤）粮食献给僖宗，随从的军士才有饭吃。僖宗问李康："你只是一个县令，怎会有如此本事？"他回答说："我实在没有这种本事，是张濬员外教我这样做的。"僖宗于是召张濬前往行营，任命他为兵部郎中。

义武节度使王处存听说长安失守，痛哭了好几天，没有等待僖宗诏令，就率领全军前去救援，调遣军队两千人走小道到达兴元，以便护卫僖宗的车驾。

黄巢派遣使者前往河中征调军粮，使者前后去了几百人，河中吏民没有办法负担此事，困苦不堪。王重荣对众人说："当初我屈节侍奉贼寇，本想缓解军府急患，如今黄巢不断来征调军粮，又要征召士兵，我们迟早要死在他手上，不如发动军队抵抗黄巢。”大家都认为他说得对，于是把黄巢派遣的使者全部杀死。黄巢派部将朱温从同州发动军队，弟弟黄邺从华州发动军队，两军联合攻打河中。王重荣派出军队迎战，大破黄巢贼军，缴获粮食武器等四十多船。王重荣派遣使者前去与王处存订立盟约，率领军队前往渭北驻扎。

陈敬瑄听说僖宗车驾驾临，派遣步骑三千前去奉迎，上表请僖宗到成都暂住。当时跟从僖宗车驾的士兵已经逐渐增多，而兴元的储备不充足，田令孜也劝谏僖宗，僖宗答应了他的请求。

中和元年（辛丑，公元881年）是年七月始改年号为中和。

春季，正月，僖宗车驾从兴元出发。

僖宗加封牛勖同平章事。陈敬瑄因为随从的人骄横放纵难以控制，有内园小儿（给役于坊厩及内园者）先抵达成都，在行宫中游玩观赏，笑着说：“人们说西川人是蛮人，现在来看，倒也不算可恶！”陈敬瑄将他抓住并乱棍打死，于是随从人员都严守法规。陈敬瑄赶往鹿头关奉迎僖宗。辛未日（二十二日），僖宗驾临绵州，东川节度使杨师立请求觐见。壬申日（二十三日），唐僖宗李儇任命兵部侍郎、判度支萧遘同平章事。

郑畋与前朔方节度使唐弘夫、泾原节度使程宗楚约定共同征讨黄巢。黄巢派遣部将王晖送诏书召见郑畋，郑畋把王晖杀死，派自己的儿子郑凝绩前往行在，郑凝绩在汉州追上了僖宗。

丁丑日（二十八日），僖宗车驾驾临成都，留驻西川府舍。

唐僖宗李儇派（中）使催促高骈前去征讨黄巢，虽然使者在路上来往不断，高骈却始终没有派出军队。僖宗驾临成都，仍然对高骈寄予希望，希望他能讨贼成功，颁下诏书给高骈，所有在他巡辖境内的刺史和各位将领讨伐贼兵有功劳的，可用墨敕赐予从监察御史到散骑常侍的官职，听任高骈对他们先任命然后再向朝廷奏报即可。

裴澈从贼军处奔逃至僖宗所在。当时百官都还没有聚集到这里，没有人草拟诏书，右拾遗乐朋龟拜见田令孜而后向他行参拜之礼，于是被提拔担任翰林学士。张濬在之前已参拜过田令孜。田令孜曾召集宰相和朝廷贵戚畅饮，张濬觉得在大庭广众面前向宦官田令孜下拜是件羞耻的事，于是在宴会前先拜见田令孜，并且推辞饮酒。等到宾客全部到来，田令孜说："我田令孜与张郎中分别管理内外朝廷之事，清浊虽不同流，但如今一起敬酒，确实是值得高兴的事情，如果觉得和宦官一起饮酒辱没了身份，又何必要改时间在宴会之前来拜见我呢？今天张郎中于隐蔽之处向我推辞饮酒，这怎么可以呢？"张濬羞愧害怕得无处容身。

二月，乙（当作己）卯朔日（初一），唐僖宗李儇任命太子少师王铎守司徒兼门下侍郎、同平章事。

丙申日（十八日），唐僖宗李儇加封郑畋同平章事。

唐僖宗李儇加封淮南节度使高骈东面都统，加封河东节度使郑从谠兼侍中，依旧保留前职行营招讨使。代北监军陈景思率领沙陀酋长李友金和萨葛、安庆、吐谷浑诸部发动军队援救京师。军队进发到绛州，准备渡过黄河，绛州刺史瞿稹也是沙陀族人，对陈景思说："黄巢贼众威势正盛，你我所率军队兵力太少，不可轻易进军，不如暂且回到代北再招募一些新兵。"于是瞿稹和陈景思都回到雁门。

唐僖宗李儇任命枢密使杨复光为京西南面行营都监。

黄巢任命朱温为东南面行营都虞候，命他率兵进攻邓州；三月，辛亥日（初三），邓州城失陷，刺史赵戎被擒，黄巢军于是戍守邓州以掌控荆、襄之地。

壬子日（初四），唐僖宗李儇加封陈敬瑄同平章事。甲寅日（初六），陈敬瑄呈递奏表派遣左黄头军使李铤率军进攻黄巢。

辛酉日（十三日），唐僖宗李儇任命郑畋为京城四面诸军行营都统。又颁布诏书给他："凡是我朝军队，不管是蕃族，还是汉族的将士奔赴战场讨伐贼兵有战功的，都可以用墨敕先赐予其相应官职。"郑畋奏报僖宗任命泾原节度使程宗楚为副都统，任命前任朔方节度使唐弘夫为行军司马。黄巢派遣部将尚让、王播率领士众五万人进犯凤翔。郑畋命令唐弘夫在要害之地埋伏士兵，亲自率领几千士兵，悬挂了很多旗帜，在高冈上稀疏地排列开。黄巢军队认为郑畋只是一个读书人，特别瞧不起他，敲着战鼓蜂拥进军，军队连严整的队形都没有，向前乱冲乱杀，突然唐弘夫埋伏的士兵从四面冲杀过来，黄巢军在龙尾陂惨败，两万多人被斩首，倒在路上的死尸长达几十里。

有人在尚书省大门前写诗来讽刺贼军，尚让很生气，对省官以及门卒进行报复，把他们眼睛挖出，悬挂起来；在城中大肆抓捕能写诗的人，全部杀死，让认得字的人做一些下贱的役使工作，共杀死三千多人。

唐将瞿稹、李友金抵达代州，十多天后，招募到三万士兵，都是北方杂胡，在崞县西边驻扎。这些胡族士兵粗犷剽悍，残暴狂横，瞿稹和李友金都没有办法掌控他们。李友金于是劝说陈景思："现在虽然有好几万士兵，但是如果没有威信极高的将领率领他们，最终是没办法成功的。我的兄长司徒李国昌与他的儿子李克用，都有超越一般人的勇气和谋略，被士兵信服；陈骠骑如果能向天子奏请赦免他们的罪行，任命他们为统帅，就可以让代北诸胡士兵纷纷起来响应，贼寇再猖狂也不难剿平了！"陈景思认为他说的有道理，派使者到天子行在禀告此事。唐僖宗李俨下诏批准他的请求。李友金派五百骑兵送诏书到鞑靼去迎接李克用，李克用率领达靼各部落一万人前往。

群臣中追随僖宗车驾的人都渐渐在成都聚集，南北司掌朝仪的官员将近二百人，各道以及四夷贡奉呈献的物品连续不断，蜀中的府库很充足，和京城没有什么区别，赏赐不缺，士兵很是高兴。

黄巢抓住了王徽，逼迫他做官，王徽假装成一个哑巴，不肯听从他的要求；一个月后，王徽逃奔到河中，派人从小路将写在绢上的表文送到成都行宫。唐僖宗李俨下诏任命王徽为兵部尚书。

唐前夏绥节度使诸葛爽自河阳呈递奏表给朝廷，表明要弃暗投明，归顺大唐，唐僖宗李俨于是任命他为河阳节度使。

宥州刺史拓跋思恭，原本是党项的羌人，聚集夷、夏军队，在鄜州联合鄜延节度使李孝昌，结成同盟共同讨伐黄巢贼军。

奉天镇使齐克俭派使者拜见郑畋，请求为他效力。甲子日（十六日），郑畋传送檄文给天下各藩镇，联合军队讨伐贼军。当时僖宗在蜀地，诏令不能传达，都传言唐王朝不能再复兴重振了，这时得到郑畋的檄文，都争着派遣军队响应命令。黄巢对于这种形势感到很恐慌，不敢再派遣军队觊觎长安以西的地方。

夏季，四月，戊寅朔日（初一），唐僖宗李俨加封王铎兼侍中。

唐僖宗李俨任命拓跋思恭暂时担任夏绥节度使。

黄巢任命部将王玫为邠宁节度使，邠州通塞镇将朱玫率领军队起义杀死王玫，让别将李重古担任州节度使，自己率领军队征讨黄巢贼军。

当时，唐弘夫在渭北驻扎，王重荣在沙苑驻扎，王处存在渭桥屯驻，拓跋思恭在武功屯驻，郑畋在盩厔屯驻。唐弘夫趁着在龙尾陂打胜仗的余威，逼近长安。

壬午日（初五），黄巢率军从长安城向东方撤退，唐将程宗楚率军首先从延秋门攻入长安城，唐弘夫紧接着率领军队赶到这里，王处存率领五万精锐士兵在晚上也进入长安。长安坊市居民十分高兴，争先恐后地出来迎接官军，欢呼声响成一片，有的人还用瓦砾投掷黄巢贼军，也有人把箭头收整好供给官军。程宗楚等担心诸将分占了他的功劳，没有禀告凤翔、鄜夏已入城的消息，军士放下武器，冲到宅舍中，劫掠金帛、妓妾。王处存命令军士系上白色的缯头作为标记，而街坊市井少年有人就窃取他们的名号来抢人，劫掠货物。贼军在霸上露宿，打探到官军军纪不严明，而且各军又不能互相援救，于是带兵掉转头来偷袭，从各城门分别攻入，在长安城中大战，程宗楚、唐弘夫战死，军士们因为东西带得太多，逃脱不了，因此惨败，死者十之八九。王处存聚集剩余士兵返回营地。

丁亥日（初十），黄巢再度攻入长安，对长安居民帮助官军感到特别气愤，于是放纵士兵进行屠杀，长安城血流成河，称之为洗城。

于是唐各路军队全部撤退，黄巢贼军的声势更强盛。

贼军所任命的同州刺史王溥、华州刺史乔谦、商州刺史宋岩听说黄巢放弃守卫京城时，都率领士兵逃奔到邓州，朱温将王溥、乔谦斩首，而将宋岩释放，让他率军返回商州。

庚寅日（十三日），拓跋思恭、李孝昌和贼军在土桥作战，最终失利。

唐僖宗李儇任命河中留后王重荣为节度使。

贼兵们奉上黄巢的尊号为承天应运启圣睿文宣武皇帝。

有一双雉鸟在广陵府屋舍上栖息，占卜的人认为野鸟来栖息，是城邑即将变成空城的预兆。高骈对此事感到憎恶和害怕，于是传布檄文给各地，声称打算入关中征讨黄巢，调发所巡辖地境全部八万士兵、两千艘船，挥舞旌旗，军势强盛。五月，乙（当作己）未日（十二日），大军出动在东塘驻扎。诸将几次请示高骈发兵的日期，高骈借口被风涛阻碍，或者说是日期不吉利，始终没有派出军队。

李克用给河东节度使府发送牒文，声称奉唐僖宗诏命率兵五万讨伐黄巢，请求节度使府沿道准备酒饭犒劳士兵，并设置邮驿。河东节度使郑从谠关闭城门对李克用严加戒备。李克用率领军队在汾东驻扎，郑从谠派遣手下前去慰劳，并将一些军资粮草送给李克用，而李克用停留了很多天没有发兵。李克用亲自来到城下大声叫嚷，要求与郑从谠见面，郑从谠登上城楼婉转拒绝了。癸亥日（十六日），李克用再次请求发给军士赏赐和给养，郑从谠才给他们送了一千缗钱、一千斛米。甲子日（十七日），李克用放纵沙陀军劫掠居民，城中居民特别惶恐。郑从谠向振武节度使契苾璋请求救援，契苾璋率领突厥、吐谷浑前来救援，攻破沙陀两个寨，李克用率领大军迎战，将契苾璋军队一直追赶到晋阳城南，契苾璋率领军队进入晋阳城，李克用率领沙陀军队对阳曲、榆次劫掠一番后北归。

黄巢攻克长安后，忠武节度使周岌投降。周岌曾经在晚上宴请客人，紧急召见监军杨复光，左右说："周公已经向黄巢投降，恐怕会对您不利，不能轻率前往。”杨复光说：“事情已经到了这种地步，在道义上已经不容许我考虑自身的安危。”然后马上赴约前往。喝酒到酣畅时，周岌提及大唐王朝，杨复光流下眼泪来，很久才说：“大丈夫最感念的是恩义！你从一个布衣逐渐位至公侯，为何要抛弃建国已十八代的大唐，而向黄巢贼军俯首称臣呢?”周岌听此言后也泪流满面，说：“我不能孤军抵抗贼寇，所以表面上向黄巢称臣，而心里时刻在谋划抗拒黄巢的办法呀！今天召你来此，正是为了商议此事。”于是以酒洒地共结盟誓。当晚，杨复光派了他的养子杨守亮在驿所杀死贼军的使者。

当时，秦宗权据守蔡州，不听从周岌的命令，杨复光率三千忠武士兵前往蔡州，游说秦宗权共同发兵讨伐黄巢。秦宗权派遣部将王淑率领三千人跟随杨复光前去征讨邓州，而王淑徘徊不肯进兵，杨复光杀死王淑，合并他的军队，把忠武兵八千人分成八都，派牙将鹿晏弘、晋晖、王建、韩建、张造、李师泰、庞从等八人率领。王建是舞阳人，韩建是长社人；鹿晏弘、晋晖、张造、李师泰都是许州人。杨复光率领八都军队与黄巢部将朱温大战，将朱温打败，攻取邓州，向北追逐朱温残余军队，到了蓝桥才率军返回。

昭义节度使高浔联合王重荣攻打华州，攻克了华州。

六月，戊戌日(二十二日)，唐僖宗李俨任命郑畋为司空兼门下侍郎、同平章事，依旧担任都统。

李克用赶上大雨，带兵返回北方，攻取忻、代二州，于是在代州留驻。郑从谠派教练使论安等在百井驻军来戒备李克用。

邠宁节度副使朱玫在兴平屯驻，黄巢部将王播围攻兴平，朱玫撤退后驻守奉天和龙尾陂。

西川黄头军使李铤率领一万士兵，巩咸率领五千士兵，在兴平屯扎，把军队分为两寨，和黄巢交战，多有斩获；西川节度使陈敬瑄派遣神机营使高仁厚率领两千人增援李铤、巩咸二军。

秋季，七月，丁巳日(十一日)，改年号为中和，大赦天下。

庚申日(十四日),唐僖宗李儇任命翰林学士承旨、兵部侍郎韦昭度同平章事。

论安擅自由百井率军返回晋阳,河东节度使郑从谠非常气愤,来不及脱靴子和外衣,就杀了论安,并诛灭其家族。改派都头温汉臣率兵在百井驻扎。契苾璋率领军队返回振武。

起初,僖宗车驾抵达成都,蜀军每人赏赐三缗钱。田令孜担任行在都指挥处置使,每当天下进贡金帛时,就颁赐给随从车驾的各路军队,没有空过一月,现在却不再赏赐蜀军,蜀军多有怨言。丙寅日(二十日),田令孜宴请土军、客军的都头,用金杯饮酒,并且把金杯赠送给他们,各位都头跪下接受。只有西川黄头军使郭琪不肯接受,他站起来说:"诸将按月接受俸禄物品,繁多并有剩余,时常觉得没有什么回报的,怎么敢不满足呢?看到蜀军和其他各军一样担任宿卫,却赏赐差别很大,颇多怨言,恐怕会导致军士作乱。希望军容能减少诸将的赏赐以把它们平均分给蜀军,使土军客军获得的赏赐一致,那么上下都能平安无事!"田令孜听罢沉默无言,好一会儿才问郭琪说:"你曾经立过什么战功?"郭琪回答说:"我生长在崤山以东地区,并不是蜀地人,曾在边远地区作战戍守,率领军队与党项交战十七次,与契丹作战十多次,满身都是疮疤,还曾与吐谷浑作战,被击破肚皮,肠子都流出来了,用线缝合后马上又加入战斗。"田令孜于是拿另外一个酒杯亲自倒满酒赐给郭琪。郭琪知道酒已经下了毒药,无可奈何,再次跪拜饮下毒酒。后来,他回到家中后,杀死一个婢女,吮吸她的血来解毒,结果吐出好几升黑色的毒液,于是他率领部下作乱。丁卯日(二十一日),烧毁抢劫街坊商肆。田令孜侍奉僖宗逃奔保东城,关闭城门登上城楼,命令诸军攻打郭琪所率领的乱军。郭琪率领军队回到营地,陈敬瑄命令都押牙安金山率兵进攻,郭琪趁着夜色突围而出,逃奔到广都,随从的士兵都溃散逃跑,只有厅吏一人跟随他来到江畔歇息。郭琪就对厅吏说:"陈公知道我是无罪的,然而军府受到惊吓骚动,肯定会除掉我而使军府安定。你追随我能竭尽忠诚，现在我有一个办法可以回报你。你可拿着我的官印和利剑去向陈公报告，就说：‘郭琪渡江逃走，我用剑将他杀死在水中，尸体顺着急流冲下，只找到他的官印和剑，呈献给陈公。’陈公必然会根据你所说，在坊市张贴榜文，然后悬挂印、剑以安定人心。你将会得到丰厚赏赐，而我全家人也可保全性命。我从这里奔赴广陵，归顺高骈，再过几天，你可以暗中把真相告诉我的家人。”说完，他解下印、剑交给厅吏而走。厅吏把它献给陈敬瑄，陈敬瑄果然免去了郭琪家人死罪。

僖宗日夜都与宦官共处，商议天下大事，而对待宫外的朝臣越来越疏远，恩遇也越来越差。庚午日（二十四日），左拾遗孟昭图上疏，认为：“治理太平之世，远近都要同心协力；国家多难时期，朝廷内外更应该团结一致。去年冬天，陛下车驾巡幸西方，没有告知南司（宰相），致使宰相、仆射以下官员都被贼兵所杀，只有北司（宦官）平安无事。何况现在朝臣能到这里来的，都是冒着死亡的危险经过重重磨难，远来侍奉天子，我们应该从此休戚与共。前晚黄头军作乱时，陛下只和田令孜、陈敬瑄以及诸内臣关闭城门，登上城楼，并不召见王铎以及朝臣进入城中；第二天，又没有召见宰相商议此事，也不宣慰朝臣。臣处在谏官之列，到现在也不知陛下是否安全，更何况疏远与离散的臣子呢！ 假如群臣不顾念陛下，他们固然该被诛杀；如果陛下不安抚体恤群臣，在道义上也说不通啊。大唐天下是高祖、太宗创立的，并不是北司宦官创建的；大唐天子是四海九州百姓的天子，也不是北司宦官的天子。北司宦官未必人人都可以信任，司朝官也未必人人都能重用。怎么说天子与宰相一点关系没有，朝臣都被看作路人！长此下去，恐怕收复长安的时间，还要劳烦陛下费心，而尸位素餐之人，却能尽情享用酒宴。臣受到陛下的恩宠信任担任谏臣，职责就是上言直谏，以期对国家有益，虽然臣未必尽到凡事直谏的职责，但有后来者可以继续谏诤。”他的奏疏送进去后，田令孜把它扔在一边没有奏报。辛未日（二十五日），田令孜假借诏令贬孟昭图为嘉州司户，派人把他沉溺在蟆颐津中；听到此事的人都义愤填膺，敢怒而不敢言。

鄜延节度使李孝昌、权充夏州节度使拓跋思恭在东渭桥驻扎，黄巢派朱温去攻打。

唐僖宗李儇任命义武节度使王处存为东南面行营招讨使，又任命邠宁节度副使朱玫为邠宁节度使。

八月，己丑日（十三日）夜晚，天空流星如梭交织，有的像杯子般大，有的如碗般大，直到丁酉日（二十一日）流星才停止。

武宁节度使支详派牙将时溥、陈璠率五千人入关讨伐黄巢，二人都是支详奖掖提拔的。时溥抵达东都，谎称支详的命令，将军队召回与陈璠聚兵一处，在河阴大肆杀戮，劫掠郑州后向东而去。到了彭城，支详迎接慰劳他们，给以丰厚的犒赏。时溥派自己的亲信游说支详说："由于众人的逼迫，要求你解下节度使的大印授予时溥。"支详没有办法阻止此事，只好搬出军府，居留在大彭馆。时溥于是掌管武宁军留后事务。陈璠对时溥说："支仆射对徐州百姓有恩惠，你不杀他的话，一定会后悔的。"时溥没有答应，送支详回朝。陈璠在七里亭埋伏甲兵，杀死支详及其家属。唐僖宗李儇诏命时溥为武宁留后。时溥上表请求任命陈璠为宿州刺史，陈璠赴任后贪婪又残暴，于是时溥另外任命都将张友替代陈璠，陈璠返回徐州后被时溥杀死。

杨复光向僖宗奏请将蔡州升为奉国军，任秦宗权为防御使。寿州的屠户王绪与妹夫刘行全聚集五百余人，占据寿州，一个月后，又攻克徐州，自称为将军，手下士兵扩充到一万余人。秦宗权向僖宗上表举荐他为光州刺史。固始县佐王潮和弟弟王审邽、王审知都凭借才气闻名，王绪让王潮为军正，典掌物资和粮草，巡视并检阅士兵，兵卒对他十分信任。

昭义节度使高浔率官军与黄巢部将李详于石桥交战，高浔战败，逃奔河中，李详乘胜又攻取了华州。黄巢任命李详为华州刺史。

唐僖宗李儇任命暂代夏绥节度使的拓拔思恭为节度使。

宗正少卿嗣曹王李龟年从南诏返回，南诏骠信呈递表文表示愿意诚心归附大唐，请求完全遵照僖宗诏命去办。

九月，李孝昌、拓拔思恭和尚让、朱温在东渭桥大战，李孝昌等没有取胜，率军离去。

起初，淮南节度使高骈与镇海节度使周宝都出身于神策禁军，高骈称周宝为兄，对周宝很恭敬。后来高骈首先富贵，立有军功，逐渐瞧不起周宝甚至对之不恭敬。随后二人各担任节度使，他们管辖的地境相邻，常常因为小事发生争执，于是两人就有了嫌隙。高骈发下檄文召周宝率领军队援助京师，周宝准备好舟师待命，而高骈很久不成行，他感到很奇怪；于是向幕客请教，有人说："高公希望朝廷多发生变故，他有吞并江东的野心，宣扬说派兵援救京师，实际上就是虚张声势，想趁机谋划吞并我们！应对他加强防备才是。"周宝起初不相信这些话，派人前往高骈军中刺探，发觉高骈始终没有北上援救的意思。适逢高骈派人邀约周宝在瓜州会面商议政事，周宝才觉得之前幕客所言是真的，就借口生病推辞不肯前往，并且对使者说："我并不是李康，高公又想凭借家族功勋来欺骗朝廷吗？"高骈大怒，又派使者斥责周宝说："你怎敢轻视侮辱大臣呢？"周宝也责骂他说："你我在夹江的两岸担任节度使，你是大臣，我难道就是坊门的守卒吗？"于是从此结下深仇大恨。

高骈屯兵留居东塘一百多天，僖宗屡次下诏书催促他率领军队援救京师，高骈向僖宗呈递奏表，借口周宝和浙东观察使刘汉宠将成为后患而不派兵前往。辛亥日（九月初六），高骈又从东塘罢兵返回广陵军府。其实，高骈并没有北上赴难的意思，只是想要避让双雉齐集军府的灾异罢了。

高骈召石镜镇大将董昌前往广陵，准备和他一起进攻黄巢。董昌的部将钱镠对董昌说："观察高公并没有讨伐贼军的意思，不如以捍御乡里为托词离开这里。"董昌按照他所说的去做了，高骈任凭董昌回去。适逢杭州刺史路审中准备前去赴任，刚走到嘉兴，董昌从石镜率领军队先进入杭州，路审中感到恐惧而返回。于是董昌自称杭州都押牙、知州事，派遣将军文吏向周宝请求官位。周宝没有能力阻止此事，只好上表任董昌为杭州刺史。

临海贼寇杜雄攻克了台州。

辛酉日（八月无此日），唐僖宗李儇册立皇子李震为建王。

昭义军十将成麟杀死高浔，率领士兵占据潞州，天井关戍将孟方立起兵攻打成麟，将他杀死。孟方立是邢州人。

忠武监军杨复光在武功驻兵。

永嘉贼寇朱褒攻克温州。

唐凤翔行军司马李昌言率本部军队在兴平驻守。当时凤翔仓库已枯竭空虚，给军士的犒赏跟之前相比少了很多，并且军粮不能接续。李昌言知道凤翔节度使府士兵很少，故意以粮饷减少为由激怒其部下士兵。冬季，十月，李昌言率领本部军队返回凤翔，偷袭军府。凤翔节度使郑畋登上城楼向城下的士兵喊话，士兵们都下马向郑畋下拜，说："郑相公确实没有亏待过我们。"郑畋说："行军司马如果能管束士兵不抢劫而爱护百姓，替国家剿灭贼兵，即使得到节度使旌旗也可以说是顺利地守城了。"于是把留守事务都委托给李昌言，自己立即出发西赴成都行宫。

天平节度使、南面招讨使曹全晸与贼军交战而死，军中推立他哥哥的儿子曹存实为留后。

十一月，乙巳日（初一），孟楷、朱温袭击在富平的鄜、夏两军，两军战败，逃归本道。

郑畋抵达凤州，屡次向僖宗上表辞职；唐僖宗李儇诏命他为太子少傅、分司；任命李昌言为凤翔节度行营招讨使。

唐僖宗李儇任命门下侍郎、同平章事裴澈为鄂岳观察使。

唐僖宗李儇加封镇海节度使周宝同平章事。

遂昌贼寇卢约攻取处州。

十二月，江西将领闵勖戍守湖南，返回江西时，路过潭州，将潭州观察使李裕驱逐，自己任潭州留后。

唐僖宗李儇任命感化留后时溥为节度使。

唐僖宗李儇赐给夏州定难军的称号。

起初，高骈镇守荆南，递补武陵蛮雷满为牙将，统率蛮军，跟随高骈前往淮南，后来却逃了回去，聚集上千士兵，袭击朗州，杀死刺史崔翥。唐僖宗李儇下诏书任命雷满为朗州留后。这年，雷满仍然率军侵犯荆南三四次，进入荆南城外围的大城，放火焚烧并大肆劫掠而去，成为荆南地区的大患。

陬溪人周岳曾经和雷满一起狩猎，为了争野兽而打斗起来，想要杀死雷满，没有成功。听到雷满占据朗州后，也聚集兵众袭击衡州，将唐衡州刺史徐颢驱逐，唐僖宗李儇下诏书任周岳为衡州刺史。石门蛮向环也聚集夷獠几千人攻占了澧州，杀死刺史吕自牧，自称刺史。

王铎见高骈身任诸道军队都统却没有心思征讨黄巢贼兵，认为自己身为宰相，就在僖宗面前慷慨发誓，请求统领军队讨伐贼军，言辞恳切真挚，以至泪流满面。他再三恳求，僖宗最终准许了他的请求。

中和二年（壬寅，公元 882 年）

春季，正月，辛亥日（初八），唐僖宗李儇任命王铎兼中书令，充任诸道行营都都统，暂且担任义成节度使，等罢兵后再返回政事堂任宰相。高骈只统领盐铁转运使，罢免了他的都统以及诸使的职务。任凭王铎自行征召将佐，任命太子少师崔安潜为副都统。辛未日（二十八日），唐僖宗李儇任命周岌、王重荣为都统左右司马，任命诸葛爽和宣武节度使康实为左右先锋使，任命时溥为催遣纲运租赋防遏使，任命右神策观军容使西门思恭为诸道行营都都监。又任命王处存、李孝昌、拓跋思恭为京城东北西面都统，任命杨复光为南面行营都监使。又任命中书舍人郑昌图为义成节度行军司马，任命给事中郑畯为判官，直弘文馆王抟为推官，司勋员外郎裴贽为掌书记。郑昌图是郑从谠的从祖兄弟；郑畯是郑畋的弟弟；王抟是王玙的曾孙；裴贽是裴坦的儿子。又任命陕虢观察使王重盈为东面都供军使。王重盈是王重荣的哥哥。

黄巢任命朱温为同州刺史，让朱温前去攻取同州后上任。二月，同州刺史米诚逃往河中，朱温占据同州。

己卯日（初六），唐僖宗李儇任命太子少傅、分司郑畋为司空兼门下侍郎、同平章事，召他前往行在，关于军务之事都向他咨询。任命王铎兼行户部事。

朱温进犯河中，王重荣把他打败。

唐僖宗李儇任命李昌言为京城西面都统，任命朱玫为河南都统。

泾原节度使胡公素去世，军士向都统王铎请求任命新的节度使，王铎承用诏书任命大将张钧为泾原军留后。

李克用进犯蔚州，三月，振武节度使契苾璋上奏朝廷将与天德、大同军共同讨伐李克用。唐僖宗李儇诏令郑从谠与他们互相联络接应。

陈敬瑄派人到各地县、镇刺探秘密之事，称为"寻事人"，这些人到各地后向地方官多有索求，搜刮财物。有两个寻事人到达资阴镇，却没有获得财物。镇将谢弘让在路上邀请，仍然没有前来。谢弘让担心得罪他们，晚上，逃往群盗中。第二天早晨，两个寻事人离开，谢弘让实际上没有犯什么罪。捕盗使杨迁诱使谢弘让出来自首，却把谢弘让抓住押到西川节度使府，声称经过讨伐将谢弘让抓获，来求取封赏。陈敬瑄也没有追问缘由，用杖打了谢弘让脊背二十下，将他钉在西城上十四天，用煎热的油往他身上泼洒，又用胶麻刺破他的疮口，残酷刑罚都用尽了，看到的人都为他喊冤。还有邛州牙官阡能，因为耽误了公事，为了免遭杖刑，逃跑做了强盗。杨迁又引诱他。阡能正要出来自首，听说谢弘让的冤屈之事，于是痛骂杨迁，愤而成为强盗，驱逐并劫掠善良的百姓，不顺从他的，就杀死全家，过了一个月，手下士兵达到万人，建立队伍，设置各级军官，在邛州、雅州一带横行无阻，攻陷城镇乡村，所过之处，死尸遍地。之前，蜀中盗贼很少，从此以后，盗贼蜂拥而起，州、县官吏不能控制。陈敬瑄派遣牙将杨行迁率领三千人，胡洪略、莫匡时各率领两千人，到处征讨贼军。

唐僖宗李儇任命右神策将军齐克俭为左右神策内外八镇兼博野、奉天节度使。

唐僖宗李儇赐鄜坊军号称为“保大”。

夏季，四月，甲午日（二十二日），唐僖宗李儇加封陈敬瑄兼侍中。

赫连铎、李可举和李克用作战，失利。

起初，高骈喜好神仙之术，方士吕用之因为参与妖党事情败露而逃奔到高骈处，高骈厚待吕用之，给他补以军职。吕用之是鄱阳茶商的儿子，在广陵寄居很长时间，对广陵城中的人情世故很是熟悉，在炼制丹药的闲暇时间，常常谈论公家和私人间的利弊得失之事，这让高骈越加感到奇异，因此渐渐对他信任。高骈的旧将梁缵、陈珙、冯绶、董瑾、俞公楚、姚归礼向来受到高骈厚待，吕用之为了专权，逐渐用谋略把他们都加以排挤了。高骈于是夺取了梁缵的兵权，将陈珙全族诛杀，冯绶、董瑾、俞公楚、姚归礼也都被他疏远。

吕用之又推荐他的同伙张守一、诸葛殷一起用道术来迷惑高骈。张守一原本是住在沧、景二州的村民，通过道术拜见高骈，并没有受到重用，贫穷到了极点，吕用之对他说：“只要和我一条心，不必担忧得不到荣华富贵。”于是把他引荐给高骈，高骈对他的恩宠厚待，和吕用之一样。诸葛殷从鄱阳初来广陵，吕用之提前对高骈说：“玉皇大帝因为高公职事太繁重，选出其左右尊神一人来辅助您，帮您治理政事，您一定要厚待他，如果想让他长久留在身边，也可以将人间的重要职位赐给他，留住他不至于离开。”第二天，诸葛殷前来拜见高骈，满口诡辩之词，鬼话连篇，高骈以为他真是神仙，给诸葛殷补以盐铁的重要官职。高骈平时特别爱干净，他的外甥、侄儿辈从没有和他坐过一条凳子。诸葛殷生有风疽疮，身上奇痒无比，整天用手不停地抓挠，手上都是脓血，高骈却与他同席紧挨着坐着，用手传送酒杯瓷器饮酒吃饭。左右的侍从为此劝说几句，高骈就说：“神仙拿这个来试探我罢了！”高骈养了些狗，狗闻到腥秽的气味，都来接近诸葛殷，高骈觉得很奇怪，诸葛殷笑着说：“殷曾在玉皇大帝面前见过它们，如今和它们分别已经几百年了，还能相识啊。”高骈和郑畋有矛盾，吕用之对高骈说：“宰相派了一个剑客要刺杀您，今晚就会来到！”高骈非常恐惧，请求他想个计谋。吕用之说：“张先生（守一）曾经学过这种法术，可以对付刺客。”高骈就去向张守一请求，张守一答应了他的请求。于是就叫高骈穿上女人的衣服，藏在另外的房间，而张守一代替高骈睡在床榻中。晚上张守一把铜器扔到阶上，让它发出铿然的响声，又暗中把皮囊装上猪血，洒在庭院中，好像曾经打斗过的样子。等到了清晨，张守一笑着对高骈说：“刺客差一点就落在我手上了！”高骈流着泪感谢说：“先生对我高骈来说，有再造之恩啊！”于是用贵重的珍宝酬谢他。有个叫萧胜的人，贿赂吕用之，请求担任盐城监，高骈面露难色，吕用之说：“我并不是为萧胜求取官职，最近得到上仙的一封信，信上写着在盐城的井中有一把宝剑，必须找有灵气的官员才能取出，萧胜是上仙身边之人，我是想让他去为您取剑呀。”高骈这才答应了。萧胜担任盐城监几个月后，用盒子装着一把铜匕首来呈献给高骈。吕用之见到后，装模作样地稽首鞠躬说：“这是北帝佩戴的剑，谁要是得到它，那么百里之内五兵（戈、殳、戟、酋矛、夷矛）不能入侵。”高骈就把它用珠玉进行装饰，常常放在自己的座椅旁边。吕用之自称是磻溪真君，说张守一是赤松子，诸葛殷是葛将军，萧胜是秦穆公的女婿。

吕用之又在青石上刻上奇怪的文字：“玉皇授予白云先生高骈。”命令左右随从偷偷放在道院烧香用的香案上面。高骈得到青石后，特别惊喜。吕用之说：“玉皇大帝因您焚香修行功德卓著，打算授予您真官，估计鸾鹤很快就会降临此地。我和张守一、诸葛殷是神仙下凡，在人间的时日已满，必定要和您同归上清宫做神仙了。”后来，高骈在道院庭中刻了木鹤，时常穿着羽服骑着木鹤，白天黑夜地斋戒醮祭，炼制金丹，花费资财以巨万计算。

吕用之地位低贱时，在江阳县后土庙居住，每有举动就首先祷告。等到他得势后，劝说高骈扩建后土庙，于是挑选最好的江南工匠和材料，用来建造土庙，以后每当有军队出征等事，就用牲畜祭祀祷告。吕用之又说神仙喜欢在楼房居住，说服高骈建造迎仙楼，花费资财十五万缗，又建造延和阁，高八丈。

吕用之经常在高骈面前呼风唤雨，对天拜揖，说某个神仙从云端经过。高骈马上也随之跪拜。吕用之也经常厚赂高骈身边之人，让他们窥探高骈的一举一动，一起对他欺骗隐瞒，高骈始终没有醒悟。高骈左右的人如果对神仙稍有异议，立即就会被吕用之置于死地，所以他们只能抚胸弹指，嘴上却不敢说什么。高骈倚重吕用之就像左右手一般，无论公私还是大小事情都由吕用之裁决，斥退贤达君子，举荐不肖之徒，滥施刑罚，又过度赏赐，淮南的政事由此受到极大的破坏。

吕用之心里清楚军府上下对自己早有怨恨之言，恐怕有人暗中揭发自己，于是请求高骈设置巡察使一职。高骈立即任命吕用之掌管这件事，召集百余阴险奸猾之人，在闾巷间横行无忌，称为“察子”（巡察的人），就连百姓呵斥妻子，责骂儿子，也没有不知道的。吕用之又想侵占百姓的财货，劫掠妇女，凡被他看中的就把那家人诬为叛逆贼寇，让他们屈打成招，捏造口供，杀死后掠取财货或美女，被他灭掉的有几百户人家，道路上的百姓，都对他侧目而视，将吏士民虽然住在家中，都脚步轻微屏住声息，惧怕极了。

吕用之又想用兵权胁迫掌控诸将，向高骈请求挑选各军中骁勇的士兵两万人，号称左、右莫邪都。高骈就任命张守一和吕用之为左、右莫邪都军使，可以和节度使府一样自己部署将领，他们的兵器军械精良而锋利，衣服装束华丽而洁净，每次他们出入时，引导随从的士兵都将近千人。

吕用之的侍妾有一百多人，他的日常用度非常奢侈腐败，如果用度不够，就将户部、度支、盐铁三司所发送给朝廷的贡赋运往自己家中。

吕用之还担心有人会泄露他的奸谋，就对高骈说："神仙是不难请到的，只是遗憾学仙的人不能摒除世俗的牵累，所以神仙才不肯降临罢了！"于是，高骈摒退宾朋，谢绝人间诸事，宾客（一作姬妾）将吏都没办法见到他；即使有不得已而必须见的将吏，也让他们先沐浴洗澡，行斋戒祛除秽气，然后才接见他们，刚刚跪拜完起身，就被高骈请出去。因此，吕用之能够独断专行，作威作福，以致淮南节度使巡境之内不再有人知晓高骈。

王铎率领两川、兴元的军队在灵感寺屯扎，泾原军队在京西屯驻，易定、河中军队在渭北屯驻，邠宁、凤翔军队在兴平屯驻，保大、定难军队在渭桥屯驻，忠武军在武功屯驻，官军从四面云集而来。黄巢的势力已经日渐窘迫，发布的号令只能传达到同、华二州。百姓为了避祸都跑到深山中筑起栏栅以求保命，致使农事全都荒废，长安城中一斗米值三十缗钱。黄巢部下只好卖人来得到些粮食，有的官军也抓捕山寨的贫民来卖钱，每人值几百缗钱，进行贩人交易时竟然以肥瘦来论价格。

资治通鉴卷第二百五十五　唐纪七十一

起壬寅(公元882年)五月，止甲辰(公元884年)五月，共二年一个月。

【题解】本卷记录了公元882年五月至公元884年五月，共计两年零一个月的史事。当时正值唐僖宗中和二年五月至中和四年五月，正是唐朝廷进剿黄巢的重要时期。黄巢虽然入都建号，但各藩镇都不服从，于是藩镇间互相攻伐，一片混战局面。当时勤王之师四集，李克用为剿灭黄巢的重要力量。李克用进军关中，黄巢部将朱温投降，这是黄巢军衰败的一个转折点。李克用收复长安，声震全国。黄巢退出长安后，向东逃窜，开始为祸河南，黄巢大将孟楷战死后，黄巢怒围陈州近一年。又是李克用南下解围，才使陈州军民免遭涂炭。后来也是李克用大败黄巢军。李克用在回师途中，受到朱全忠暗算，朱李开始交恶。朱李敌对后，宦官田令孜得宠专权，勾结外臣；蔡州秦宗权也乘机兴起称帝，国家将无安宁之日。

僖宗惠圣恭定孝皇帝中之下

中和二年(壬寅，公元882年)

五月，唐僖宗李儇任命湖南观察使闵勖代理镇南节度使。闵勖屡次向僖宗请求在湖南安设节度使，朝廷担心各道观察使效仿他，因此没有准许他的请求。之前，王仙芝到江西一带劫掠，高安人钟传招纳蛮獠的本地百姓，依据山势修建营垒，兵众多达一万。王仙芝攻占抚州而不能据守，钟传率领众人占据抚州，唐僖宗李儇即刻颁下诏书，任命钟传为抚州刺史。到此时，钟传又将江西观察使高茂卿驱逐，据守洪州。朝廷因为闵勖原本是江西的牙将，所以又设置了镇南军，任命闵勖来兼管。如果钟传不答应更换职位，就诏令闵勖趁机讨伐他。闵勖明白朝廷的意图，是想让两个盗贼自相残杀，所以对任命推辞没有前往。

唐僖宗李俨加封淮南节度使高骈兼侍中，罢免他盐铁转运使的官职。高骈已经丧失兵权，现在又被免除可获取利益的大权，因此愤怒叫骂，卷起袖子举起手臂，让他的幕僚顾云起草表文，申诉自己的情况，措辞傲慢不逊，大意是说："这是陛下不重用臣，而绝不是我辜负了陛下。"又说："奸臣没有醒悟，陛下还在被迷惑，宗庙遭焚毁不忧愁，园陵被打开毁坏也不痛惜。"表文又说道："王铎在江陵战役中战败，崔安潜在四川贪婪狂放，这两个儒士怎么能率领大军呢？"又说："如今朝廷所重用的官员，从统帅到一般将领，如果让我谋划管理，可以坐着就把他们都抓获。"表文还说："不要使百代留有抱恨终生的臣子，不要让千秋岁月留下像汉朝淮阳王那样的刮席耻辱。臣只担心贼寇横行无忌的东方，将出现刘氏复兴国家那样的人，那么就好比秦子婴在轵道投降的灾祸变故，怎么会只发生在以前的时代呢？"又说："如今贤达的人才在荒野闲居，贪图利益的奸臣充满朝廷，以至于让您成为亡国之君，这样，您打算怎么办呢？"唐僖宗李俨诏令郑畋起草诏书狠狠地斥责他，大意是说："说到统管的利益，就是手中掌管制盐的大权，说到执掌兵权，就是身居都统要职，一直到京北、京西神策各镇，都在你的统率之下，这就可以知道天子授予你的权力了；而且你又担任地位显贵的司徒一职，很荣耀的太尉，如此，如果还认为没有重用你，那怎样才算是重用呢？"又说："朕把兵权长期交付给你，你却不能扫荡消灭贼寇魁首，黄巢从天长县漏网逃脱，经过淮河时，你竟然不派一兵一卒去追击，导致他们据守并残害京城，前后达三年时间。广陵的军队没有离开过驻地，忠诚的大臣内心怀有希望，勇敢的将士时时讽谏，因此朕起用各位元老，来铲除当今贼寇。"诏书又说："你向来是有所依仗，而一旦控告申诉无门，就会斜眼注视着东南方，白白增加伤感罢了！"又说："谢玄在淝水之战大破苻坚的军队，裴度在淮西剿平吴元济的军队，这些都足以看出儒臣不一定就比不上武将啊！”又说：“先祖的宗庙被烧毁，祖先的墓园被掘开损毁，龟甲、宝玉在椟中遭破坏，这是谁的过错呢？”又说：“‘奸臣没有醒悟’这话，谁肯承认呢！‘陛下还在被迷惑’这话，朕不敢承认！”诏书责问高骈：“你尚且不能在长天县剿灭黄巢，又怎会坐着就把各位贼寇抓获！”又说：“你说刘季一类的人还会兴风作浪，不知他们的头领是谁？你把朕比作刘玄、子婴，实在是太诬蔑朕了！”又说：“何况天子还没有倾覆，朝廷的纲常还很完备，日、月、星三灵并没有昏暗无光，国家所有的法度都还存在，君臣之间的礼仪，上下之间的名分关系，是必须遵守的，不可以践踏凌越啊！朕虽然年幼不懂政事，怎么可以轻易诬蔑呢！”高骈已经丧失做臣子的节操，从此以后，进献和赋税就都断绝了。

唐僖宗李儇任命天平留后曹存实做节度使。

黄巢攻打兴平，兴平地方的各路官军撤退到奉天屯驻。

唐僖宗李儇加封河阳节度使诸葛爽同平章事。

六月，唐僖宗李儇任命泾原留后张钧为节度使。

荆南节度使段彦谟跟监军朱敬玫两人互相怨恨，朱敬玫特地精选强壮士兵三千人，号称“忠勇军”，亲自率领。段彦谟暗中谋划杀害朱敬玫。己亥日（二十八日），朱敬玫却抢先率领部众攻击段彦谟，把他杀死了，让少尹李燧做荆南留后。

蜀人罗浑擎、句胡僧、罗夫子各自聚集几千人来响应阡能，杨行迁等人跟他们交战，多次没有取胜，请求增派兵力。官府中已没有士兵，陈敬瑄就搜寻那些看管仓库、门庭的士兵来充数。这一月，双方在乾溪交战，官军大败。杨行迁等人害怕没有功劳而获罪，便抓捕村中的许多老百姓作为俘虏，押送官府，每天有几十甚至上百人，陈敬瑄不问缘由，把抓来的村民都杀了。其中，也包括年老体弱的人和一些妇女，观看的人问他们为什么被抓捕，他们都回答说：“我们正在种田绩麻，官军突然冲进村子，强行将我们抓来，我们也不清楚犯了什么罪！”

秋季，七月，己巳日（二十九日），唐僖宗李儇任命钟传为江西观察使，这是遵照高骈的要求。钟传离开抚州，南城人危全讽又占据抚州，并派遣他的弟弟危仔倡占据信州。

尚让攻打宜君寨，恰逢天下大雪，雪积了一尺多厚，有很多贼兵冻死，大约占十分之二三。

蜀人韩求聚集几千民众，响应阡能。

镇海节度使周宝向僖宗禀告，说高骈自称秉承天子之命，任命贼寇头子孙端为宣歙观察使。唐僖宗李儇颁发诏书给周宝和宣歙观察使裴虔余，命令他们发动军队阻击孙端。

南诏国呈上国书，请求僖宗早日下嫁公主，僖宗以正在商议有关的礼节仪式为由推托此事。

唐僖宗李儇任命保大留后东方逵为节度使，充任京城东面行营招讨使。

闰月，唐僖宗李儇加封魏博节度使韩简兼侍中。

八月，唐僖宗李儇任命兵部侍郎、判度支郑绍业为同平章事、兼荆南节度使。

浙东观察使刘汉宏派遣自己的弟弟刘汉宥和马步都虞候辛约率领两万军队在西陵扎营，谋划兼并浙西，杭州刺史董昌派遣都知兵马使钱镠抵挡防御他们。壬子日（十三日），钱镠在夜间趁大雾快速率军过江，偷袭刘汉宥和辛约的军营，势如破竹，敌营士兵多被斩杀，刘汉宥、辛约二人逃走。

魏博节度使韩简也有兼并的意图，亲自率领三万士兵攻打河阳，在修武打败了诸葛爽。诸葛爽放弃河阳逃走，韩简留下一部分士兵在此驻守，顺便对邢、洺两州劫掠一番后才返回。

李国昌率领其族人从鞑靼迁移到代州。

黄巢部署的同州防御使朱温屡次请求增派士兵，用来保卫防御河中，知右军事孟楷把他的请求压下，没有向上面禀告。朱温见黄巢军队形势日益窘迫，知道必将以失败终结，亲信将领胡直、谢瞳二人劝说朱温归顺大唐。九月，丙戌日（十七日），朱温杀掉监军严实，率领同州全部士兵向王重荣投降。朱温把王重荣当作舅舅来服侍。王铎遵照天子意旨，让朱温担任同华节度使，派遣谢曈恭奉表文前往僖宗行在禀告此事。谢曈是福州人。

李详由于王重荣对朱温非常优厚，也打算归顺他，却被监军告发；黄巢于是将李详杀掉，让他的弟弟黄思邺任华州刺史。

桂［邕］州的军队作乱，驱逐节度使张从训，唐僖宗李儇任命前容管经略使崔焯为岭南西道节度使。

平卢军的大将王敬武驱逐节度使安师儒，自己担任留后一职。

起初，朝廷让庞勋的降将汤群担任岚州刺史，汤群私下与沙陀沟通往来，引起朝廷的怀疑，便迁调汤群去怀州做刺史，郑从谠派遣使臣拿着表文前往传达诏令。冬季，十月，庚子朔日（初一），汤群杀死使者，占据守城作乱，与沙陀亲附。壬寅日（初三），郑从谠派遣马步都虞候张彦球率领军队前去征讨汤群。

叛贼将领韩秀升、屈行从派遣军队，拦阻截断了峡江路。癸丑日（十四日），陈敬瑄派遣押牙庄梦蝶率领两千人前去征讨，又派遣押牙胡弘略率领千人继续前去讨伐。

韩简又率领军队进攻郓州，节度使曹存实出来迎战，不幸战败而死。天平军的都将下邑人牛瑄聚集残存兵马，环绕郓州城抗拒敌人，严防死守，韩简最终没有攻下郓州。唐僖宗李儇颁诏任命牛瑄代理天平军留后。

同时任命朱温为右金吾大将军、河中行营招讨副使，赐名叫朱全忠。

李克用虽然屡次上表请求投降，然而却据守忻州、代州，常常偷袭并劫掠并州、汾州，争夺楼烦监。义武节度使王处存和李克用世代有姻亲关系，唐僖宗李儇于是诏令王处存告诫李克用："如果是诚心归顺，就应当暂且回到朔州等待朝廷的命令；如果仍像从前一样暴虐横行，朝廷就会汇集河东和大同的官军一同进行讨伐。"

唐僖宗李儇任命平卢大将王敬武担任留后的职位。这时各道军队都在关中会合，共同征讨黄巢，只有平卢的军队没来，王铎派遣都统判官、谏议大夫张濬前去劝说。王敬武已经接受了黄巢赐予的职位，抗拒而不出城迎接。张濬见到王敬武后，斥责他说："你是唐天子的臣子，却凌辱怠慢传诏的使者，你对朝廷不能恭谨侍奉，又如何能指挥部下呢！"王敬武大吃一惊，随即跪下谢罪。

张濬宣读完诏命后，所有的将士都无反应。张濬从容地告诉他们："人应该首先明白什么是叛逆，什么是顺从，其次才应该懂得什么是有利的，什么是有害的。黄巢之前只不过是卖盐的小贩而已，你们却抛弃天子而去归顺他，结果能有什么好处呢？如今，救援大唐皇帝的军队都在京畿一带聚集，可是只有你淄青的官军不前往。将来如果剿灭贼军，陛下返回京城重新统一天下的话，你们还有什么脸去见天下之人呢？现在假如不即刻前去建立功业、取得富贵荣华，将来可要后悔莫及了！"将士们听了，都转变刚才的脸色，主动谢罪，回头对王敬武说："谏议大夫所说的话是对的啊！"王敬武立刻发动军队跟随张濬前往。

刘汉宏又派遣登高镇的守将王镇率领七万士兵在西陵驻扎，钱镠又渡过江水偷袭他们，大破他们的军队，斩杀、抓获一万余人，缴获刘汉宏任命补授各位将官的伪敕书二百余件，王镇逃奔诸暨。

黄巢的兵力仍然很强盛，王重荣非常担心这件事，他告诉行营都监杨复光说："如果向贼军称臣，就是辜负了国家的期望，若要征讨贼军，力量又不充足，我们怎么办呢？"杨复光回答说："雁门李克用特别豪爽英武，有强盛的军队，他的尊翁和我的祖先曾经在一起做事，相处融洽，他也有以身殉国的远大志向，他没有前来，是因为他与河东的郑从谠有嫌隙。如果诚恳地用朝廷的旨意劝说郑从谠，从而把李克用召来，李克用必然会来的。李克用如果前来的话，那么剿平贼寇就很容易了！"东面宣慰使王徽也认为应该如此去做。这时，王铎在河中，于是用墨笔书写诏令召李克用前来，又劝说郑从谠。十一月，李克用率领沙陀士兵一万七千人，从岚州、石州奔赴河中，不敢进入太原境内，独自率领几百名骑兵经过晋阳城下向郑从谠辞别，郑从谠拿出名贵的马匹、兵器、币帛等赐予他。

李详以前的部属一起驱逐黄思邺，推举华阴镇的使者王遇为主帅，将华州献给王重荣归顺，王铎受命委任王遇为刺史。

阡能的同党日益增多，逐渐蔓延到蜀州境内。陈敬瑄因为杨行迁等人很久都没有建立功业，便改任押牙高仁厚为都招讨指挥使，率领五百士兵前去替换他。高仁厚即将出发的前一天，有个卖面人从早晨到中午，多次在军营中出入，巡逻的人怀疑他，把他抓住审讯，果然是阡能派来的间谍。高仁厚命令将捆绑他的绳子解开，很温和地问他，他回答说："我是村中的百姓，阡能把我的父母妻子囚禁在监狱中，他告诉我：'你去刺探情况回来，探听到真实的情况，我就放了你的家人；否则，就把你的家人全部杀死。'我不愿意这样做。"高仁厚说："知道你真的是这种情况，我怎么忍心杀你！今天放你回去，以便解救你的父母妻子，只要你告诉阡能，说：'高仁厚明日就发动军队，带领的士兵不过五百人，兵马不多。'可是，我救了你们一家人，你要为我对营寨的人悄悄传话说：'陈敬瑄可怜你们都是忠善之辈，受贼军操控，这么做实在是迫于无奈。高仁厚准备来救你们，为你们洗冤。高仁厚来的时候，你们要扔掉兵器出去投降，高仁厚会叫人在你们的背上写上'归顺'二字，让你们回去重操旧业。他想要杀掉的，不过是阡能、罗浑擎、句胡僧、罗夫子和韩求这五个人，一定不会连累到老百姓的。'"间谍说："这些正是百姓心中所念，尚书您全都清楚，并且赦免他们，谁不会欢呼雀跃，听从您的命令呢？如此的话，一传百，百传千，就像河水奔流，海水沸腾一般，没办法阻止。等到尚书抵达那里，百姓必定全部逃奔过来，如同婴儿见到慈母一样，阡能孤立无援，马上就会被抓住了！"

第二天，高仁厚带领士兵进发，到达双流时，把截使白文现出来迎接。高仁厚亲自检查沟堑木栅等防御工事，大怒道："阡能等人都是耕地的百姓，你们动用一府的军队，花了一年之久却没有将其抓获，如今看到这些沟堑木栅，重重叠叠，如此坚固严密，大概也可以安稳睡觉饱食终日而留养贼寇以邀功请赏了！”便命令把白文现拉出去斩首。监军竭尽全力营救，劝说了很久，白文现才被免死罪。高仁厚命令将沟堑全部填平，毁掉木栅，只留下五百士兵在这里防守，其他士兵跟随自己，又召集各寨的士兵，他们陆陆续续都聚集到这里。

阡能听说高仁厚很快来到，派遣罗浑擎在双流的西边设置五个守寨，此外在野桥箐埋伏千名士兵，用来迎击并阻拦官军。高仁厚探听到这一情况，率领军队把罗浑擎的军营包围起来，下令不要杀害，而是命他们脱掉军服偷偷进入贼寇营中传话，就像昨天对那个间谍说的一样。贼寇听后非常高兴，大叫着，争先恐后地抛弃盔甲扔掉兵器请求投降，下地跪拜势如山崩。高仁厚对这些来降的人都加以安抚劝说，并在其后背写上“归顺”二字，然后让他们回到贼寇营寨之中，告诉那些还没有投降的人。于是 营寨内剩下的人也都争着跑出去投降。罗浑擎狼狈不堪地翻过守寨逃走，手下把他抓回来，送到高仁厚那里，高仁厚说：“他是一个愚蠢的人，不值得与他说什么。”便给他戴上刑械押送到官府。命令将五个守寨和所有的战甲、兵器都烧掉，只剩下旗帜，投降的人共计四千人。

第二天早晨，高仁厚告诉投降的人说：“当初本想立刻放你们回家，可是前面各个寨子的百姓还不清楚我的意思，或许有人会忧虑和怀疑，现在凭借你们在前面走，经过穿口、新津寨等地时，让那里的百姓看到你们背上的‘归顺’二字，告诉他们投降的经过，等到达延贡，我就把你们放还归家。”然后拿过罗浑擎的旗帜倒着张挂起来，每五十个人组成一队，扛着旗子大声喊道：“罗浑擎已经被捉住，押送官府了，官军来这里了。住在寨中的百姓，迅速像我们这样出来投降，马上就可以成为朝廷的良民了。”抵达穿口，句胡僧在那里设置了十一个守寨，寨里的人争先恐后出来投降。句胡僧大惊失色，拔出佩剑，阻止他们投降，人们扔瓦片、石头攻击他，一起把他擒拿，将他献给高仁厚，句胡僧的部众五千多人都投降了。

第三天早晨，高仁厚把山寨焚毁，派遣投降的民众拿着旗帜在前面引导、开路，完全像在双流那样。到了新津，韩求设置的十三个守寨民众都出来迎接、投降。韩求自己跳入深壕中，手下把他钩上来时，他已经死去，于是砍下他的脑袋送给高仁厚。官军将士要焚毁这里的山寨，高仁厚阻止他们说："投降的人还没有吃东西呢。"让人先把资财粮食运出来，然后再焚毁营寨。刚刚投降的人争先恐后地烧火做饭，跟之前投降跑来传话的那些人一起吃饭，聊天说笑，唱歌奏乐，狂欢了一晚上。

第四天，高仁厚释放双流、穿口投降的民众先回家去，派遣新津投降的民众拿着旗帜在前面引导、开路，并且告诉他们："进入邛州境内的时候，你们就可以散开回家啦！"罗夫子在延贡设置九个营寨，他的部众前一天晚上看到新津火光冲天，彻夜难眠。等到新津投降的民众赶到这里，罗夫子便抛弃营寨逃往阡能处，他的部众投降。

第五天，罗夫子抵达阡能的寨中，与阡能谋划如何调动全部兵马进行决战。谋略还没商定，天快黑时，高仁厚率领延贡投降的民众来到，阡能、罗夫子骑上战马巡视营寨，打算派兵迎战，部属都不听从他们的命令。高仁厚带领士兵连夜逼近，第六天，各寨都知道官军已经很接近了，大声叫嚷着，争先恐后跑出来投降，有的去捉阡能，阡能在危急之时投井，被部众找到抓住，没有死成。又去捉罗夫子，罗夫子拔剑自刎，于是众人又砍下了罗夫子的首级，捆绑着阡能，向前驱赶他，迎接官军。民众看到高仁厚，便围拥过来，抱住马头，大声呼喊哭泣，擦着眼泪行礼，说："百姓们含冤忍辱已经很久了，没有地方可以申诉苦楚啊。自从您将间谍放回，老百姓就伸长脖子期盼官军到来，真是度日如年。如今见到您，就如同走出阴曹地府重见天日一般，复活了一样。"欢呼之声此起彼伏。其他地方的贼寇营寨，也分别派遣将领前来投降。高仁厚发兵一共六天，五大贼寇都被剿灭。他每攻克一个县镇，就设置镇遏使，命令他安抚百姓，整理户籍。

于是，陈敬瑄就在街市将韩求、罗夫子枭首示众，把阡能、罗浑擎、句胡僧钉在城西，七天后把他们三人凌迟处死。阡能的孔目官张荣原本是安仁的进士，多次参加科举考试都没有及第，最后投奔阡能，为阡能谋划决策，起草书信和檄文。阡能失败后，张荣写了一首诗向高仁厚苦苦哀求谢罪，高仁厚命人将他押送官府，钉在马市处死，其余的人都没有杀戮。

十二月，唐僖宗李儇任命高仁厚为眉州防御使。

陈敬瑄在邛州张贴布告，宣言凡是阡能等人的亲戚、朋党，都不再审讯治罪。没过多久，邛州刺史禀告抓住了阡能的叔叔阡行全家三十五人，囚禁在监狱中，请求按照连坐法诛杀阡能的亲族。陈敬瑄拿这件事询问孔目官唐溪，唐溪回答说："您已经张贴布告，下令对阡能的亲友不再治罪，可是邛州刺史还是逮捕其亲族，这其中一定有原因。现在如果杀掉阡行全一家，不仅会让您在百姓面前失去信义，还会导致阡能一党再次起兵作乱！"陈敬瑄依照他的建议，派遣押牙牛晕前往，在邛州门口将众人聚集，把阡行全一家人的刑具打开然后释放了他们，并顺便询问他们为何被抓，果然因为阡行全家里有肥沃的田地，刺史打算收买这些土地，阡行全不答应，刺史便心怀怨恨。陈敬瑄召来邛州刺史，要治他的罪，邛州刺史忧虑恐惧而死。后来，阡行全听说他们全家免于治罪是因为唐溪的一番话，于是暗地里给唐溪送去一百两蚀箔金。唐溪大怒说："这是陈太师仁爱廉明，跟我有什么关系呢？你送东西给我，你是在向我送祸呀！"于是，唐溪就把金子归还他，并斥责、赶走他的使者。

河东节度使郑从谠向朝廷上奏攻克了岚州，把汤群抓获然后斩杀了。

唐僖宗李儇任命忻、代等州的留后李克用为雁门节度使。

起初，朝廷任命郑绍业为荆南节度使，这时段彦谟正据守荆南，郑绍业惧怕他，过了半年，才到荆南赴任。僖宗驾临蜀地，召郑绍业回来，改任段彦谟为节度使。但是段彦谟被朱敬玫杀死，便又任命郑绍业为节度使。郑绍业害怕朱敬玫，逗留徘徊，荆南官军很长时间没有节度使。这时，朱敬玫便暂时任命押牙陈儒掌管荆南府事务。陈儒是江陵人。

唐僖宗李俨加封奉天节度使齐克俭、河中节度使王重荣一起担任同平章事。

李克用率领四万士兵抵达河中，派遣他的堂弟李克修先率领五百名士兵渡河去探察贼军。起初，李克用的弟弟李克让被南山的寺僧杀死，他的仆人浑进通归顺黄巢。自从高浔战败被杀后，各路军队都惧怕贼军，不敢进军。等到李克用的军队来到，贼军忌惮他，说："乌鸦军来了，应当躲避他们的锐气。"李克用的士兵军服都是黑色的，所以贼兵称他们是乌鸦军。黄巢于是抓捕南山寺院的僧人十余名，然后派遣使者带着诏书和丰厚的财物，通过浑进通的关系前往李克用处求和。李克用将寺僧杀死，为弟弟李克让之死悲伤痛哭，然后收下黄巢赠送的财物，分赠给手下将领，焚烧黄巢的诏书，将其使者送回，率领军队从夏阳渡河，在同州驻扎。

孟方立杀掉成麟后，带领军队返回邢州，潞州民众便请求监军吴全勖主持留后事务。这一年，王铎受命让孟方立主持邢州事务，孟方立不接受诏命，将吴全勖拘囚；给王铎写去一封书信，希望征召儒臣镇守潞州，王铎任命郑昌图掌管昭义的军事。没过多久，朝廷任命右仆射、租庸使王徽为同平章事，代理昭义节度使，因为天子流离辗转，中原混乱不安，孟方立据守山东的邢、洺、磁三个州，独断专行，王徽考虑朝廷的实力不能制裁他，因此推辞不愿前去，请求暂且将此事交付郑昌图。诏命任命王徽为大明宫留守、京畿安抚制置修奉园陵使。郑昌图抵达潞州，不到三个月就离开了，孟方立于是把昭义军调到邢州称留后，进献表章请任他的将领李殷锐为潞州刺史。

和州刺史秦彦派遣自己的儿子率领几千士兵去偷袭宣州，将观察使窦潏驱逐，并且取代了他的职位。

中和三年(癸卯,公元883年)

春季,正月,李克用的部将李存贞在沙苑打败黄揆。己巳日(初二),李克用进兵在沙苑屯驻。黄揆是黄巢的弟弟。王铎遵照天子旨意,任命李克用为东北面行营都统,杨复光为东面都统监军使,陈景思为北面都统监军使。

乙亥日(初八),唐僖宗李俨任命中书令、充诸道行营都统王铎为义成节度使,命他前往镇所。田令孜想要加重北司大权,奏称王铎征讨黄巢很长时间却没建立功劳,最终采纳杨复光的计策,召来沙陀军队才将贼军打败,所以僖宗又免除了王铎的兵权来取悦杨复光。又任命副都统崔安潜为东都留守,任命都都监西门思恭为右神策中尉,代诸道租庸兼督促诸道进军等使。田令孜自认为建议僖宗前往蜀地,收聚传国珍宝和列圣先贤的画像、散发自己的钱财来犒劳军队等事情是自己的功劳,请求宰相和藩镇共同奏请僖宗褒奖他。于是,唐僖宗李俨任命田令孜为十军兼十二卫的观军容使。

成德节度使常山忠穆王王景崇去世,军中共同拥立他的儿子节度副使王镕来管理留后的事务,这时,王镕十岁了。

唐僖宗李俨任命天平留后朱瑄为节度使。

二月,壬子日(十五日),李克用进兵乾阬,与河中、易定、忠武的军队会合。尚让等人率领十五万部众在梁田陂屯驻。第二天,双方激战,从中午一直打到傍晚,贼军惨败,俘虏斩杀几万贼兵,尸体横陈,长达三十里。黄巢的将领王璠、黄揆攻打华州,并占领了它,王遇逃离。

起初,光州刺史李罕之受到秦宗权的攻打,李罕之抛弃光州逃往项城,率领残余部众归附诸葛爽,诸葛爽让他担任怀州刺史。韩简进攻郓州,攻打了半年,还没有攻克。诸葛爽又袭击并攻取了河阳,朱瑄请求和谈,韩简于是放弃攻打郓州,率军返回进攻河阳。诸葛爽派遣李罕之在武陟迎战,结果魏州军队大败撤退,大将澶州刺史乐行达先行返回,占据了魏州,军营上下人等便共同拥立乐行达为魏州留后，韩简被部下杀死。己未日(二十二日)，唐僖宗李儇任命乐行达为魏博留后。

甲子日(二十七日)，李克用进兵围攻华州，黄思邺、黄揆环绕华州顽强死守；李克用分派部分骑兵在渭北驻守。

朝廷任命王镕为成德留后。

唐僖宗李儇任命郑绍业为太子宾客、分司，任命陈儒为荆南留后。

峡路招讨指挥使庄梦蝶被韩秀升、屈行从打败后，退兵驻守忠州，应援使胡弘略作战也不顺利。这样，江、淮一带的贡赋都被贼军拦截，朝廷百官没有俸禄可以享用。云安、涪井一带道路不畅通，民间食盐又很匮乏。陈敬瑄奏请僖宗，任命眉州防御使高仁厚为西川行军司马，率领三千士兵前往征讨韩秀升、屈行从。

唐僖宗李儇加封凤翔节度使李昌言为同平章事。

黄巢军多次战败，食物又要吃光，于是私下做逃跑打算，发动三万士兵控制了蓝田道。三月，壬申日(初六)，黄巢派遣尚让率领军队前去援救华州，李克用、王重荣率领士兵在零口迎战，将援军打败。李克用进兵渭桥，另外在渭北部署骑兵，李克用每天夜间都命令将领薛志勤、康君立偷偷进入长安城，将黄巢积聚的财物焚烧，斩杀俘虏黄巢的兵马，然后再悄悄退回，这让贼兵特别惊慌恐惧。

唐僖宗李儇任命淮南押牙合肥人杨行愍为庐州刺史。杨行愍原来是庐州的牙将，作战很勇敢，屡次立下战功，都将嫉妒惧怕他，禀告刺史郎幼复，将他遣送到郊外去戍守。杨行愍前来向他辞行，都将用甜言蜜语哄骗他，问他需要什么，杨行愍说："就需要你的人头!"于是起身把都将杀死，并统领各路军营，自称八营都知兵马使。郎幼复见已无法控制杨行愍，于是向高骈推荐他，请求让杨行愍代替自己。高骈于是任命杨行愍为淮南押牙将，管理庐州军务，朝廷因此对杨行愍加以委任。杨行愍听说庐州人王勖很贤能，将他召来，打算任用他，王勖坚决推辞。杨行愍询问他的子弟中是否有可以任用之人，王勖说："我的儿子王潜特别勤奋好学，做事严谨、周密，可以委以职务；我弟弟的儿子王稔，讲义气、重操守，可以让他担任将领。"杨行愍召王潜前来，将他安置在门下，任命王稔跟定远人季章为骑将。

起初，吕用之因为左骁雄军使俞公楚的举荐才得以拜见高骈。吕用之特别强横无礼，有时斥责俞公楚的过失，俞公楚多次告诫吕用之要稍微收敛一些，不要牵累旁人，吕用之因此心中怨恨。右骁雄军使姚归礼，性格直率，敢于直言，尤其痛恨吕用之的所作所为，时常当面数落他的罪行，多次想要亲手杀死他。癸未日（十七日）的晚上，吕用之与他的同党在娼妓家聚会，姚归礼暗中派人将吕用之的卧室焚烧，杀死好几个与他长相相似的人，吕用之因为去换衣服而免于被杀。第二天早晨，吕用之全力追查此事，抓住了纵火之人，都是骁雄军的士兵。吕用之于是日夜不断地在高骈面前诬陷俞公楚和姚归礼两位将领。没过多久，高骈派遣他们率领三千骁勇士兵到慎县去攻打贼军，吕用之偷偷告诉杨行愍说："俞公楚和姚归礼想去偷袭您的庐州。"于是杨行愍派遣士兵，偷袭他们，他们没有任何防备，全军都被杀死。杨行愍又向高骈告发俞公楚、姚归礼谋反作乱，高骈不知道这是吕用之的阴谋诡计，竟然重重赏赐杨行愍。

己丑日（二十三日），唐僖宗李俨任命河中行营招讨副使朱全忠为宣武节度使，等到攻取长安，再让他前往宣武赴任。

癸巳日（二十七日），李克用等人攻克华州，黄揆放弃守城逃走。

刘汉宏分别派遣士兵在黄岭、岩下、贞女三镇驻扎，钱镠率领八都军队从富春前往攻打他，攻占黄岭，生擒了岩下镇的守将史弁、贞女镇的守将杨元宗。刘汉宏派遣精锐的士兵在诸暨驻扎，钱镠又打败了他的军队，刘汉宏逃走。

庄梦蝶和韩秀升、屈行从交战，又战败了。庄梦蝶的败兵不断溃逃，他进行安抚劝导，也无法阻止，这些逃兵在路上与高仁厚相遇，高仁厚高声呵斥这些逃兵，逃兵马上停下脚步。高仁厚杀了一名都虞候，下令重新整顿士兵。高仁厚找来当地寿命长的老人，向他们询问这一带山川小路以及贼军营垒的情况，高兴地说："贼军的精锐兵马都在船上，而让那些年老体弱的士兵防守营寨，资财粮食都在寨中，这就是人们常说的重视打仗而轻视防守的做法，他们必然会战败的！"于是在江上部署军队，做出准备渡江的样子。贼军日夜防御准备，派遣士兵前来宣战，高仁厚不与他们作战，暗中却派遣千名勇士，手拿兵器，身背枯草，在晚上从小路去攻打他们的守寨，并且点火烧毁。贼寇远远望见守寨被烧毁，分派部分士兵前去救援，但是已经来不及了，所有的资财、粮食都被烧光，士兵的心志开始动摇。高仁厚又招募擅长游泳的人凿破贼军的船只，让它们陆续沉没，贼寇来回游走惶恐迷惑，互相之间又不能救援，高仁厚派遣军队在交通要道拦截贼军，并且招降他们，最后贼兵都投降了。韩秀升、屈行从看到士兵四散溃逃，就对他们挥剑乱砍，想阻止他们，这些人更加愤怒，一起把韩秀升、屈行从抓住送到高仁厚那里，高仁厚叱问他们说："是什么原因让你们作乱呢？"韩秀升说："从唐宣宗去世以来，天下已经没有了公理，朝纲败坏，法纪松弛。如今造反的，难道只有我韩秀升一人吗？ 成者为王败者为寇，我已是案板上的肉了，任凭你们煮杀吧！"高仁厚听后不禁感到悲怆，命令让他吃饱喝足后给他戴上刑具。夏季，四月，庚子日（初四），押送韩秀升到僖宗那里，将他斩杀了。

李克用与忠武的将领庞从、河中的将领白志迁等人带领军队先去攻打贼军，在渭南跟黄巢的军队交战，一天之内大战三次，都打胜了；义成、义武等各路军队继续进攻，寇贼惨败，溃散逃亡。甲辰日（初八），李克用等人从光泰门进入长安，黄巢拼尽力气抵抗也没能取得胜利，焚烧宫殿后逃跑。战死和投降的贼军很多，但是官军也残暴劫掠，与贼军没有区别，长安城内的房屋和百姓没剩下多少。黄巢从蓝田逃入商山，在路上扔了很多珍宝，官军争先恐后地抢夺这些东西，却不着急追击贼军，于是贼寇就逃脱了。

杨复光派遣使者向僖宗报告打了胜仗的消息，百官都入朝祝贺。唐僖宗李儇诏命留下忠武等路军队两万人，委任大明宫留守王徽和京畿制置使田从异分派部署，守卫长安。五月，唐僖宗李儇加封朱玫、李克用、东方逵为同平章事。将陕州升为节度，任命王重盈为节度使。又将延州的军队设置为保塞军，任命保大行军司马、延州刺史李孝恭为节度使。李克用当时只有二十八岁，在各位将领中是年纪最小的，可是打败黄巢，收复长安，李克用的功劳居于第一位，他的军队战斗力也最强，各位将领都很惧怕他。李克用有一只眼稍微小些，当时的人们都管他叫“独眼龙”。

唐僖宗李儇下诏斥责崔璆家族富贵又有显赫出身，却在黄巢手下担任同平章事长达三年，既没有逃跑也没有藏匿，于是在其居所将他斩杀。

黄巢派遣他的猛将孟楷率领万名士兵作为前锋，去攻打蔡州，节度使秦宗权出来迎战，不幸战败。贼寇军又攻打他的守城，秦宗权于是向黄巢俯首投降，把他的军队与黄巢的兵马合为一处。

起初，黄巢留驻长安的时候，陈州刺史宛丘人赵犨告诉将士们：“黄巢若不在长安被杀死，必定会向东逃窜，陈州会首先遭受灾难。而且黄巢一向和忠武军有仇怨，不能不及早做防范。”于是赵犨把护卫陈州城的堑壕挖整好，修治盔甲兵器，储备足够的草料粮食；在六十里之内，家有资财粮食的百姓，都迁入陈州城内。赵犨还招募了许多勇猛的士兵，让他的弟弟赵昶珝、儿子赵麓林分别率领。黄巢的骁将孟楷攻克了蔡州后，便调集军队前去攻打陈州，率军在项城屯驻；赵犨首先向孟楷展现兵力薄弱的样子，趁他不加防备之时，突然袭击他，孟楷兵马几乎全被斩杀、捉住，孟楷也被活捉斩杀了。黄巢听说孟楷被杀，非常惊恐，命令所有贼兵在溵水驻扎。六月，黄巢和秦宗权联合军队围攻陈州，挖了五重的沟堑，分兵百路，攻打陈州。陈州民众特别恐慌，赵犨对他们说：“忠武军素来以忠义勇敢著称，陈州的军队又有劲兵的称号，况且我食陈州俸禄很长时间了，我发誓与陈州共存亡。男子汉大丈夫应当在绝境中求生存，并且要敢于殉国而死，这不比向贼兵屈服苟且偷生更好吗？再有异议的话，立即斩首勿论。”赵犨多次带领精锐的军队，打开城门出去攻打贼军，打退了他们的进攻。黄巢更加愤怒，在陈州的北面建立行营，修筑宫殿设置百官，做深远的打算。当时民间没有积聚的钱粮，贼军就抓去百姓当作粮食，把活人扔到石磨中去磨，连同骨头一块吃了，称供给粮食之地为“舂磨寨”。黄巢放纵士兵四处抢掠，从河南起，许、汝、唐、邓、孟、郑、汴、曹、濮、徐、兖等几十个州都受到黄巢部队的侵害。

起初，上蔡人刘谦担任岭南小校，节度使韦宙赏识他的才能，就把哥哥的女儿嫁给他为妻。刘谦攻打各地贼军，连续立下战功，辛丑日（初七），朝廷任命刘谦为封州刺史。

唐僖宗李儇加封东川节度使杨师立为同平章事。

宣武节度使朱全忠率领其部下几百人赶赴宣武任所，秋季，七月，丁卯日（初三），朱全忠到达汴州。当时汴、宋一带连续闹饥荒，国库财物缺乏，百姓贫困不堪，内部有骄横的士兵很难掌控，外面又有强大的贼军进攻，没有一天停止战斗，很多人对此担忧恐惧，可是朱全忠却勇气倍增。唐僖宗李儇诏命：“因为黄巢贼军还未平定，加封朱全忠为东北面都招讨使。”

南诏国派遣布燮（宰相）杨奇肱来迎娶公主。唐僖宗李儇诏命陈敬瑄给他们写信，用这样的言辞来婉拒：“皇帝出外多时，公主婚嫁的礼仪物品还没有置办齐全，等唐天子返回长安后再操持公主婚事！”杨奇肱不肯答应，直接前往成都去拜见僖宗。

李克用从长安率领军队回到雁门，不久便收到诏命，任用李克用为河东节度使，并叫郑从谠前去面见僖宗。李克用向东经过榆次，到雁门去探视自己的父亲。不久之后，李克用便在河东张贴告示，安抚河东军民说：“不要再考虑过去的事情，应该各自把家口安置好，操持旧业！”

左骁卫上将军杨复光在河中病逝。杨复光为人慷慨仗义，喜欢结交忠义之人，擅长安抚士兵，军中士兵因为他去世而恸哭了好几天，八都将鹿晏弘等人各自率领部众离开。田令孜向来惧怕嫉妒杨复光，如今，听说他死去，特别高兴，趁机斥逐杨复光的哥哥枢密使杨复恭，任命他为飞龙使。田令孜大权独掌，没有人能和他抗衡，只有杨复恭多次与他争论政事之得失，因此田令孜怨恨他，杨复恭借口患病回到蓝田。

唐僖宗李儇下诏，命成德留后王镕、魏博留后乐行达、天平留后朱瑄各自担任他们本道的节度使。

司徒、门下侍郎、同平章事郑畋，虽然遭遇国家动乱，在外流亡，但是仍能严格遵守国家的法令制度。田令孜请求为判官吴圆加封郎官，郑畋没有答应。陈敬瑄想把自己的官职提到宰相之上，郑畋认为在过去的惯例中，使相的官位品秩虽然很高，但都处在真正的宰相之下，因而坚决与陈敬瑄辩论。田令孜和陈敬瑄两人于是命令凤翔节度使李昌言向僖宗报告："军中将士相互猜疑妒忌，不可以让郑畋太过跋扈、骄横啊！"郑畋也多次上表推辞宰相的职位，于是僖宗罢免了他的相职，任命他为太子太保，又任命他的儿子兵部侍郎郑凝绩为彭州刺史，以便他能就近奉养父亲。任命兵部尚书判度支裴澈为中书侍郎、同平章事。

八月，甲辰日（十一日），李克用抵达晋阳，唐僖宗李儇下诏任命前振武节度使李国昌为代北节度使，镇守代州。

朝廷升格湖南节度为钦化军，任命观察使闵勖为节度使。

九月，唐僖宗李儇加封陈敬瑄兼中书令，进爵位为颍川郡王。

感化节度使时溥在溵水扎营。唐僖宗李儇加封时溥为东面兵马都统。

唐僖宗李儇任命荆南留后陈儒为节度使。

昭义节度使孟方立因潞州地势险峻，百姓剽悍，屡次改换他们的节度使，打算逐渐削弱他们的力量，又把治所迁到邢州，大将与富豪的家室都迁到山东，这让潞人很不高兴。监军祁审诲因为民心不定，派遣武乡镇使安居受暗中通过蜡丸传递消息请求李克用派军，希望重新在潞州设置军府。冬季，十月，李克用派遣他的将领贺公雅等人奔赴潞州，结果被孟方立打败，李克用又派李克修前去攻打。辛亥日（十八日），李克修攻占潞州，杀死刺史李殷锐。从此以后，李克用每年派出军队去劫掠山东，山东邢、洺、磁三州的人有一半被俘被杀，田野连农作物都见不到了。

唐僖宗李儇诏令将宗室的女儿作为安化长公主，嫁给南诏王。

刘汉宏率领部下十几万人离开西陵，准备攻打董昌。戊午日（二十五日），钱镠渡江迎战，大破刘汉宏的军队，刘汉宏换了衣服，手拿鱼刀扮成厨师才得以逃走。己未日（二十六日），刘汉宏聚集剩下的四万士兵，再次作战，钱镠又将他打败，杀死他的弟弟刘汉容和部将辛约。

十一月，甲子朔日（初一），秦宗权围攻许州。

忠武大将鹿晏弘率领部下从河中向南劫掠襄、邓、金、洋等州，所过之处都遭到杀戮残害，鹿晏弘扬言说要向西进军，一直打到成都僖宗的行在。十二月，鹿晏弘抵达兴元，驱逐了节度使牛勖，牛勖逃到龙州的西山。鹿晏弘便据守兴元，自称为留后。

武宁节度使时溥（“武宁”当作“感化”）因为食物中毒，怀疑是判官李凝古下的毒，就把他杀了。李凝古的父亲李损此时担任右散骑常侍，身在成都。时溥奏告僖宗李凝古和其父合谋要害死他。田令孜收受时溥贿赂的财物，命令御史台对李损进行讯问。侍御史王华替李损喊冤，田令孜假借僖宗的诏令打算把李损转投入神策狱，王华拒不奉诏，没有遣送李损。萧遘上奏说：“李凝古投毒谋害时溥案本来就事实证据不明确，可是李凝古已为时溥所杀，李凝古与父亲李损分别多年，彼此不通消息，怎么能陷害他们父子是同谋呢？时溥仰仗建立功劳，搅扰法纪，凌辱、蔑视朝廷，想要杀害侍奉天子的大臣。如果按照他的想法去做的话，将来牵连到朝中的臣僚，哪里还会有朝廷呢？”因此，李损才得以免死，返归故里。当时，田令孜独揽朝政大权，群臣中没有谁敢抬头和他对视，只有萧遘多次跟他辩论，朝廷众臣全依仗他。

朝廷升浙东为义胜军，唐僖宗李儇任命刘汉宏为节度使。

赵犨派人从小径向邻道请求援救，因此，周岌、时溥、朱全忠都带领军队援救赵犨。朱全忠跟黄巢的党羽在鹿邑交战，将他们打败，杀死两千多贼兵，率领军队进入亳州，并且占据了此地。

中和四年（甲辰，公元 884 年）

春季，正月，唐僖宗李儇任命鹿晏弘为兴元留后。

唐僖宗李儇赐魏博节度使乐行达名字为乐彦祯。

东川节度使杨师立因陈敬瑄兄弟受僖宗宠爱过盛，权力太大，心中愤愤不平。去年，陈敬瑄派高仁厚去讨伐韩秀升时，告诉高仁厚说："你如果胜利回来，我自当上奏陛下，封你为东川节度使。"后来，杨师立知道此事后，气愤地说："你我都列位藩镇，竟然把我管辖的疆域私自许以他人，这实在是没有天道公理了！"田令孜担心杨师立作乱，趁他还没有派出军队进行戒备，就调任杨师立为右仆射。

黄巢的军队实力还很强大，周岌、时溥、朱全忠等人都支撑不住了，共同向河东节度使李克用请求援救。二月，李克用率领蕃人、汉兵共计五万，从天井关进发；河阳节度使诸葛爽以河阳桥还没竣工为借口，在万善驻扎军队拒绝李克用从此经过。李克用只好率军返回从陕州和河中渡过黄河向东进发。

杨师立收到僖宗的诏书后，大为愤怒，不肯接受官职的调换，将官方传送诏命的使者以及东川的监军使杀死，发动士兵，嘴里嚷着讨伐陈敬瑄的口号，劝谏的大将都让他当即杀死了，派遣军队屯驻涪城，派遣他的部将郝蠲去偷袭绵州，但没有攻克。丙午日（十五日），唐僖宗李儇任命陈敬瑄为西川、东川、山南西道都指挥、招讨、安抚、处置等使。三月，甲子日（初三），杨师立向成都僖宗那里的文武百官和各道将士官民，历数陈敬瑄的十大罪状，自己陈言聚集本道将士、八州坛丁共十五万人，长驱而进前去兴师问罪。唐僖宗李儇颁发诏令，削去杨师立的官爵，任命眉州防御使高仁厚为东川留后，率领士兵五千人前去征讨他，任命西川押牙杨茂言为行军副使。

朱全忠率军攻打黄巢的瓦子寨，并占据了此地，黄巢的部将陕人李唐宾、楚丘人王虔裕向朱全忠投降。

婺州人王镇捉拿刺史黄碣，向钱镠投降。刘汉宏派遣他的将领娄赉将王镇杀掉，取而代之，镇守浦阳的将领蒋环召集钱镠的兵马一起攻打婺州，抓获娄赉返回。黄碣是福建人。

高骈的侄儿左骁卫大将军高澞列举吕用之的罪行，写了二十几张纸，秘密地呈给高骈看，并且哭着说："吕用之在内借助神仙鬼怪，迷惑您的耳目，在外则盗用节度使的权力，残酷伤害地方百姓；将领佐官都害怕大祸临头，而不敢说什么。随着时间流转，吕用之羽翼更加丰满，翅膀快要硬了，如果不诛除此人，恐怕高家世代祖先的功业，将毁于一旦了！"说完，悲泣到无法自抑。高骈说："你喝多了吧！"命人扶他出去了。第二天，高骈拿着高澞写的状纸给吕用之看，吕用之说："四十郎（高澞）曾经跟我倾诉他家里贫困财物匮乏，我没能如他所愿来资助他，所以才有了今天的结果。"说罢，拿出几张高澞亲笔写的书信给高骈看。高骈深感羞愧，于是开始对高澞的行踪加以限制，禁止他随意出入，一个多月后，派遣高澞去管理舒州事务。

盗贼陈儒攻打舒州，高澞向庐州的杨行愍请求援救。杨行愍估计靠自己的兵力难以救援成功，便和他的将领李神福谋划对策，李神福主动请缨，说不动刀枪就可将贼兵赶跑。于是，李神福就带着很多旗帜，从小道进入舒州，没过多久，他带领舒州的士兵撑起庐州的旗帜，浩浩荡荡派出军队，查看地形，指挥谋划，就好像在部署大的作战阵容似的。群盗远远望见这种情形，倍感惊惧，连夜就逃走了。李神福是洺州人。

过了很久，群盗吴迥、李本等人又来攻打舒州，高澞没有办法防守，只好抛弃守城逃走，高骈派人就地处死了他。杨行愍派遣大将合肥人陶雅、清流人张训等人率领官军进攻吴迥、李本等贼军，将他们抓住杀死，接着任命陶雅代理舒州刺史。秦宗权派遣他的弟弟率领士兵进犯庐州，攻取了舒城，杨行愍派遣他的部将合肥人田頵去征讨他，将他赶走了。前杭州刺史路审中在黄州寄居，听说鄂州刺史崔绍死了，便招募三千士兵进攻并占据鄂州。武昌牙将杜洪也驱逐了岳州刺史，并且取而代之。

黄巢围攻陈州将近三百天，赵犨兄弟与他们交战，大小之战进行了几百次，虽然军中粮食快要吃完，但是大家抗击贼寇的决心更加坚定。李克用在陈州与许州、汴州、徐州、兖州的各路官军会合。当时，尚让在太康驻守。夏季，四月，癸巳日（初三），各路军队进兵攻打太康。黄思邺在西华屯驻，各路军队又攻打他，于是黄思邺逃跑。黄巢听到这个消息后，感到恐惧，撤军到故阳里，陈州被围的困境这才得以解除。

朱全忠听说黄巢即将来到，便带领军队返回大梁。五月，癸亥日（初三），下了一场大雨，雨水淹没地面达三尺，黄巢的军营被雨水淹没，又听说李克用将要来攻，于是率领军队往东北方向的汴州逃奔，屠掠尉氏。尚让率领五千精壮骑兵进逼大梁，到达繁台，宣武将军丰州人朱珍、南华人庞师古击败了他。朱全忠又向李克用禀告军情紧急请求支援，丙寅日（初六），李克用与忠武都监使田从异从许州出发，戊辰日（初八），在中牟北方的王满渡追赶上了黄巢，趁着他们渡河到中途，奋力去攻打他们，大破黄巢军，杀死一万多人，贼军于是溃败。尚让率领他的军队投降时溥，别将临晋人李说、曲周人霍存、甄城人葛从周、冤句人张归霸与他的（堂）弟张归厚等率领他们的军队投降了朱全忠。黄巢越过汴州，逃到北方。己巳日（初九），李克用在封丘追杀黄巢，又大破其军。庚午日（初十）晚上，天又下起大雨，贼兵惊慌恐惧，向东奔逃，李克用在后追逐，经过胙城、匡城。黄巢把剩余的兵马又聚集在一起总共近一千人，向东逃往兖州。辛未日（十一日），李克用率军追到冤句，手下的骑兵只有几百人，一天一夜行了二百余里，人马都精疲力竭，军粮也没有了，于是返回汴州，想带些粮食继续追逐黄巢。后来，李克用活捉黄巢的幼子，缴获了黄巢乘坐的车马、器具、衣服、符节和印章等物，并且解救被虏获的男女大约有一万人，将他们全部遣送回家。

癸酉日（十三日），高仁厚在德阳屯驻，杨师立派遣他的部将郑君雄、张士安据守鹿头关来抗拒他。

甲戌日（十四日），李克用抵达汴州，在城外安营扎寨。朱全忠多次邀请他入城，在上源驿为李克用建立馆舍。朱全忠为李克用安排酒宴，宴席上有歌舞音乐、丰美的菜肴，在礼节上十分恭谦。李克用趁着酒劲发牢骚，言语很是不恭，朱全忠内心不平。将近傍晚，酒宴已毕，李克用的随从都酩酊大醉，酒洒在衣服上不能自持，宣武将军杨彦洪与朱全忠商量，把马车连在一起用树木做成栅栏将主要道路堵住，然后派遣军队围攻上源驿，攻打李克用，此时呼叫打杀的声音响彻天地。李克用已经大醉，根本听不到这些，他的亲信薛志勤、史敬思等十几个人拼力厮杀，侍从官郭景铢将烛火吹灭，扶着李克用藏在床下，用冷水泼在他脸上，然后慢慢地告诉他发生的变故。李克用醉意渐消，这才睁开眼，拿起弓箭，一跃而起，竭力抗击。薛志勤用弓箭射死了几十个汴人。没过多久，火光四起，逐渐燃烧过来，适逢下起大雨，电闪雷鸣，天昏地暗，薛志勤扶着李克用率领身边几个人，翻越墙垣，向外突围，借助雷电的闪光向前奔逃。汴州军队防守渡桥，经过激烈的交战李克用才逃过去，史敬思在后面阻击掩护，最终战死。李克用登上汴州城的南门尉氏门，用绳子拴住身体向下滑，得以逃走，监军陈景思等三百余人，都被汴州士兵杀掉。杨彦洪对朱全忠说："北方胡人一旦有危急情况就骑上战马，我们见到骑马之人就射杀他。"当天晚上，正赶上杨彦洪骑着马出现在朱全忠的面前，朱全忠立刻射箭，将杨彦洪杀死。

李克用的妻子刘氏，头脑聪慧，擅长筹划，李克用的亲信先逃回来禀告汴人进攻李克用的消息，刘氏神色不变，立即将这人杀了，然后暗中召集大将，部署士兵，筹划保护军队返回一事。天刚亮，李克用返回军营，打算率军攻打朱全忠，刘氏说："你正在为朝廷征讨贼军，解救东面各路官军的危急处境，如今汴州朱全忠不讲仁道，竟然要暗中谋杀您，您应当去向朝廷申诉情况。如果擅自派遣军队相互交战，那么，天下有谁能分辨这件事的是非曲直呢？而且，那样会给朱全忠留下话柄。"李克用听从了妻子之言，率军离去，只是写了一封书信斥责朱全忠。朱全忠回信说："前天晚上的变乱，我确实不清楚，是朝廷派遣的使臣和杨彦洪一起策划的，杨彦洪已经服罪被处死了，只希望您能体察谅解我了！"

李克用的养子李嗣源十七岁，在上源山开始跟随李克用在枪林箭雨、怪石嶙峋之中征战，唯独他没受过什么伤。李嗣源本来是胡人，名叫邈佶烈，没有姓。李克用挑选军营中勇猛剽悍的士兵，将他们收为义子，有回纥人张政的儿子取名叫存信，振武人孙重进取名叫存进，许州人王贤取名叫存贤，安敬思取名叫存孝，都假充作李姓。

丙子日（十六日），李克用到原来的营寨，向周岌请求资助军粮，周岌以粮食缺乏为借口拒绝了他的请求，李克用于是从陕州渡河返回晋阳。

郑君雄、张士安坚守东川壁垒而不派兵作战，高仁厚说："如果攻打他们，他们以逸待劳，对他们是有利的，对我们却没有好处；围攻他们，那么他们会窘迫困乏，我们却能以逸待劳。"于是部署十二个守寨来围攻他们。丁丑日（十七日），晚上二更时，郑君雄等人派出骁勇的士兵趁着官兵毫无防备突袭城北副使的营寨，杨茂言无法抵抗，率领士兵丢弃营寨纷纷逃跑，旁边几个营寨的官兵看到副使逃跑，也纷纷溃散。东川人集中兵力向南攻打官军主帅所在的中军，高仁厚听到消息，下令把营寨的大门打开，设置火炬将这里照亮，亲自率领士兵在大道两旁埋伏。寇贼到达这里，看到寨门都打开了，里面灯火明亮，不敢攻打，率军返回。高仁厚率伏军冲出，两面夹击，东川士兵溃败逃亡，高仁厚的伏兵一直将他们追赶至城下，迫使他们躲藏进沟堑中，斩杀抓获的贼兵很多，胜利而归。

高仁厚想到那些抛弃守寨逃跑的士兵，明天应该有很多被诛杀，因此偷偷叫来孔目官张韶，晓谕他说："你快快派遣军营侦探带领几十人分头追赶逃跑的官兵，只是用你自己的意思告诉他们说：'检校仆射高仁厚幸好没有走出营寨，所有事情都不知晓，你们快点返回，明天早晨你们像往常一样去参见高仁厚，不要有什么担心。'"张韶素来就有忠厚长者的名声，大家都相信他，到了四鼓时都返回到守寨里，只有副使杨茂言跑到张把（把当作杷）才被追赶上，高仁厚听到各守寨更漏击鼓的情形就如之前一般，很高兴地说："他们都回来了。"第二天早晨，各将领到营中集合，认为高仁厚真的不知晓这件事！坐了很久，高仁厚对杨茂言说："昨天夜间听说你带头溃逃，竟然都逃到张把了，可有此事吗？"杨茂言回答说："昨天夜里听到贼军攻打中军，身边士兵说您已撤退了，于是我快马加鞭想追随您，后来才知道您根本没有离去，所以又返回营寨之中。"高仁厚说："我和副使都是奉了天子的诏命，率领军队来征讨贼军的，假如我先行逃跑，您副使应当怒斥我下马，就地处决才是，然后代替我掌管军中事务，再将情况呈奏天子。现在副使先行逃走，说话又不实在，按道理应当怎么处治呢？"杨茂言拱手作揖说道："应该斩首。"高仁厚说："就该这样。"命令身边士兵把他拉下去，斩首正法，其他将领吓得两腿颤抖。高仁厚于是把昨夜俘虏来的几十个人带上来，把捆绑他们的绳子松开，放他们回去。郑君雄等听到这件事后，特别恐惧，说道："高仁厚这样严格执行军法，修整军队，从现在起，咱们的兵马不能再出动。"

庚辰日（二十日），时溥派遣他的部将李师悦率领万名士兵前去追逐黄巢军。

癸未日（二十三日），高仁厚在鹿头关城下摆开军阵，郑君雄等人发动全军与之交战。高仁厚在阵列后面埋伏士兵，假装战败而逃，郑君雄等人追赶他，结果中了埋伏，战败。这天傍晚，郑君雄逃回梓州。陈敬瑄增派三千名士兵给高仁厚，命他进兵围攻梓州。

资治通鉴卷第二百五十六　唐纪七十二

起甲辰（公元884年）六月，止丁未（公元887年）三月，共两年十个月。

【题解】本卷记录了公元884年六月至887年三月的史事，共二年又九个月。正当唐僖宗李儇中和四年六月至光启三年三月。此时期全国军阀大混战，唐王朝中央完全失控。围剿黄巢时，藩镇形式上听命于朝廷。此时黄巢已经剿灭，藩镇失去了一个共同的敌人，唐僖宗被宦官田令孜控制，权威扫地，各地大小军阀恣意妄为、无所顾忌。光启元年三月十二日僖宗返回京师长安，光启二年正月初八日僖宗被田令孜挟持第二次蒙尘，出逃兴元。僖宗返回长安不到十个月，长安京师再次遭到兵灾，化为灰烬。在田令孜挟持僖宗出逃之后，李克用返回太原，邠宁节度使朱玫控制京师，拥立襄王李煴另立朝廷，称帝号。河南蔡州节度使秦宗权收揽黄巢余部，反叛朝廷，也称帝号。一时之间出现了三个皇帝鼎立的局面，全国一片混乱。

僖宗惠圣恭定孝皇帝下之上

中和四年（甲辰，公元884年）

六月，壬辰日（初三），东川留后高仁厚向朝廷奏报郑君雄已经将叛贼杨师立杀死，出城投降了。高仁厚围攻梓州，久攻不下，于是写了一封书信，射入城中，劝导城中的将士说：“我高仁厚不忍心看到城内不管好坏之人都被杀死，暂时停止攻城十天，然后让你们主动立此大功。如果十天内你们没有交出杨师立的人头，我就要把军队分为五部，各部在白天和黑夜轮流进攻，这样对于我们来说，是很闲逸的，对于你们来说就一定会精疲力竭的。五天后如果攻不下来，各部一起攻打你们，肯定会攻克城池的。你们想想吧！”过了几天，郑君雄大声告诉士兵说：“天子要诛杀的只是元凶首恶罢了，跟其他的人是没有什么关系的。”部众们高呼万岁，大声喧哗着冲入官府中，杨师立自杀，郑君雄砍下他的首级打开城门出来投降。高仁厚到僖宗李儇那里献上杨师立的人头以及他的妻妾子女们，陈敬瑄把杨师立的儿子钉在城北，陈敬瑄的三个儿子出去看，被钉的人大喊：“这种事也会轮到你的，你们以后等着领受吧！”陈敬瑄的儿子立即骑着马返回。唐僖宗李儇任命高仁厚为东川节度使。

甲辰日（十五日），武宁的将领李师悦联合尚让追击黄巢，到了瑕丘，打败黄巢军，黄巢的手下士兵死的死，伤的伤，几乎灭绝，逃到泰山东南部的狼虎谷。丙午日（十七日），黄巢的外甥林言砍下黄巢以及他的兄弟、妻子的头，正准备送到时溥那里，路上遇到沙陀的博野军，他们将黄巢等人的头抢走了，并且砍下林言的头，一起献给时溥。

蔡州节度使秦宗权放纵士兵各处抢掠，侵吞邻近各道的财物；天平节度使朱瑄拥有部众三万人，堂弟朱瑾勇猛威武，为军中之首。宣武节度使朱全忠遭到秦宗权的攻打，形势危急，向朱瑄请求援救，朱瑄派遣朱瑾带领军队前往救援，在合乡将秦宗权的军队打败。朱全忠很感激他，与朱瑄结拜为兄弟。

秋季，七月，壬午日（二十四日），时溥派遣使者向唐僖宗李儇献上黄巢和他家人的首级以及他的各位爱姬、侍妾，僖宗李儇亲临大玄楼接受使者所献。僖宗李儇对黄巢的姬妾说：“你们都是有战功、身份尊贵之家的女孩，世代感受国恩，为什么还要跟随贼寇呢？”站在最前面的女子回答说：“猖狂的贼寇凶狠暴逆，而大唐有百万军队，却不能保住宗庙，流落巴、蜀，现在陛下斥责女人不能抵抗贼寇，那么把朝中的王公大臣将帅们放在什么地位呢！”僖宗李儇于是不再审问她们，在集市里将她们全杀了。旁边的百姓争着拿酒给她们喝；其他的人都悲痛恐惧，昏昏沉沉地喝醉了，唯独站在前面的那位既不饮酒也不哭泣，一直到了行刑的时候，她的神色依然坦然镇定。

朱全忠进击秦宗权，在溵水将他打败了。

李克用抵达晋阳，花了很大精力修整铠甲兵器，派遣榆次的镇将雁门人李承嗣奉表前往僖宗李儇那里，自己奏请道："臣有击破黄巢的大功，却遭受朱全忠的暗算，仅仅能免于一死罢了，身边的将佐以下跟随的三百余人，以及他们的职官牌印都没有了，不能找回来。朱全忠还多次在东都、陕州、孟州张贴布告，说臣已死，军营中我的兵马奔逃，他命令各地拦截阻击全部斩杀，不许漏掉一个，为此臣营中将领和士兵都纷纷向臣号哭诉冤，请求报仇雪恨。臣认为朝廷是最公正的，应当等陛下颁发诏命再进攻，因此安抚部下遵守朝廷纲纪，阻止他们擅自报仇的行动，使他们返回原营地。现在恳求陛下派遣使臣审查讯问此事，派遣军队征讨朱全忠，臣派弟弟李克勤率领一万骑兵在河中府等候诏令。"当时朝廷认为最大的贼寇黄巢才刚刚剿灭，正对各方采取宽容姑息的政策，看到了李克用上奏的表文以后，非常害怕，只好派遣宫中宦官送给李克用好言好语的诏书，从中进行调解。李克用前后共呈递八次表文，称说："朱全忠妒忌有战功、有能力的人，是个阴险狡诈，四处惹祸的盗贼，以后必定成为国家的大患。只要陛下颁发诏令削去朱全忠的官职和爵位，臣亲自率领本道官兵对他进行征讨，不用朝廷提供粮食和军饷。"僖宗李儇多次派遣杨复恭等人晓谕旨意，说："朕深深了解你的冤屈，目前正处于多事之秋，姑且以国家大局为重吧！"李克用始终是抑郁难平。当时各地藩镇互相讨伐，朝廷也不再为他们明辨谁是谁非了，因此藩镇互相争夺吞并，只看对方力量的大小，都不禀命朝廷，无所畏忌。

八月，李克用向僖宗李儇上奏请割麟州隶属河东节度，又请求任命他的弟弟李克修为昭义节度使，朝廷都准许了他的请求。因此，昭义就分成两个镇。僖宗李儇进封李克用的爵位为陇西郡王。李克用奏请罢免云蔚防御使，云州、蔚州、朔州仍隶属河东节度使管辖，朝廷也答应了他的要求。

九月，己未日（初二），僖宗李儇加封朱全忠为同平章事。

僖宗李儇派右仆射、大明宫留守王徽掌管京兆尹的事务。僖宗李儇因为长安的宫殿、房屋遭受焚毁，因此留在蜀地很久没有返回长安。王徽招抚逃亡流散的百姓，各户里的人口才渐渐增多；又修缮宫殿、房屋，各官署大体上也有了些头绪。冬季，十月，关东的藩镇进呈表文请求僖宗李儇返回京师长安。

朱全忠投降唐朝的时候，义成节度使王铎担任都统，遵承僖宗李儇诏命授予朱全忠官职。朱全忠当初镇守大梁时，侍奉王铎，礼节很周到，态度非常恭敬，王铎也依仗他来当作援手。随着朱全忠兵马日渐强盛，他越来越骄横傲慢，王铎知道朱全忠此人不能依靠了，便向朝廷呈递表文请求返回京师任职，朝廷于是将王铎调任义昌节度使。

鹿晏弘离开河中时，王建、韩建、张造、晋晖、李师泰等人各率领军队跟他同行；等到攻取兴元以后，鹿晏弘任命王建等人为巡内刺史，但没有派遣他们赴任。鹿晏弘为人猜忌，大家心里不肯依附，王建、韩建二人平时相互亲近交好，鹿晏弘特别妒忌两个，多次将两人召进内室，很优厚地款待他们，王建、韩建两个人私下商量说："仆射鹿晏弘用甜言蜜语优厚地招待我们，那是对我们有怀疑啊！恐怕很快就会有灾祸啊。"田令孜秘密派人用丰厚的财物去引诱他们，十一月，王建、韩建与张造、晋晖、李师泰率领几千人马逃奔到成都僖宗李儇那里，田令孜把他们都收为义子，赏赐给他们大量财物，加封他们为诸卫将军，让他们分别率领自己的兵马，号称"随驾五都"。又派遣禁卫军征讨鹿晏弘，鹿晏弘放弃兴元城逃走了。

起初，宦官曹知悫本来是华原地区的富家子弟，有胆量，擅长谋略。黄巢攻克长安时，曹知悫返回故乡，召集英勇之士，占据嵯峨山南，建立碉堡，巩固势力，黄巢的党羽不敢靠近此地。曹知悫多次派遣强壮的勇士变换衣服，改变口音，装成黄巢手下的士兵，晚上进入长安攻打贼营，贼军大惊，都以为是鬼神在作怪。黄巢又怀疑部下叛乱，因此心神不安。朝廷得知事情真相后，特意褒奖曹知悫，授予内常侍的官职，赐给他金印紫绶。曹知悫听说僖宗李儇将要返回京师，对人说："我稍微施展小计，让各路军队取得了收复京师的战功，那些跟随天子的官员只是轻松地来去，等他们抵达大散关，我要审查应该返回长安任职的官员，才能接受他们。"僖宗李儇听到了这些话，担心他作乱；田令孜特别怨恨曹知悫，秘密地把僖宗李儇的诏令告知邠宁节度使王行瑜，命令他诛杀曹知悫。王行瑜暗中派遣大军偷偷地从嵯峨山的北面利用地势较高的便利去偷袭，曹知悫没有防备，全营都被杀死了。田令孜从此更加骄横，干涉僖宗李儇的一言一行，僖宗李儇不能有自己的主张和裁决。僖宗李儇担忧田令孜专权，时时对左右侍奉之人诉说，有时甚至伤感流泪。

鹿晏弘率领军队从襄州出发向东进军，秦宗权派遣将领秦诰、赵德諲率领军队与鹿晏弘会合，一起攻打襄州。山南东道节度使刘巨容逃奔成都；赵德諲是蔡州人。鹿晏弘率领军队转往襄、邓、均、房、庐、寿等各州劫掠，然后又返回许州；忠武节度使周岌听说他来了，丢下镇所逃走，鹿晏弘就据守许州，擅自称为留后，朝廷没有办法征讨他，因此任命他为忠武节度使。

十二月，己丑日（初三），陈敬瑄向僖宗李儇上表请求辞去三川都指挥、招讨、制置、安抚等使；僖宗李儇准许了他的请求。

起初，黄巢前往福建抢夺时，建州人陈岩聚集几千民众来保卫乡里，号称"九龙军"，福建观察使郑镒奏请僖宗李儇任命他为团练副使。泉州刺史、左厢都虞候李连犯了罪，逃到河间石洞中，聚众攻打福州，被陈岩打败。郑镒害怕陈岩的威势，便奏请让陈岩代替自己，壬寅日（十六日），朝廷任命陈岩为福建观察使。陈岩治理地方常常恩威并施，福建人心都较安定。

义昌节度使兼中书令王铎，自我供应丰厚，经过魏州时，服侍的侍妾排成行，服饰车马艳美，如同太平盛世、物阜民丰时一般；魏博节度使乐彦祯的儿子乐从训，在漳南鸡泊一带埋伏了几百名士兵，围攻并杀掉了王铎，王铎的宾客幕僚等随从三百多人也都连同杀死，然后把王铎带的财物和侍妾劫掠回去。乐彦祯向僖宗李儇奏请说："王铎他们是被贼寇劫掠杀害的。"朝廷也无法追究。

朝廷赐邠宁军号为"静难"。

这一年，馀杭镇使陈晟驱逐睦州刺史柳超，颍州都知兵马使汝阴人王敬荛驱逐颍州刺史，两人各自统管州中的事务，朝廷于是各任命他们为刺史。

均州贼寇首领孙喜聚集几千部众，谋划攻打州城，刺史吕烨不知该怎么办。当时都将武当人冯行袭在汉江南岸埋伏士兵，自己乘坐小船过江迎接孙喜，对孙喜说："均州城内的百姓听说你是贤良的长官，没有不归附的，可是你率领的士兵太多了，均州城百姓害怕被劫掠，对你还有怀疑。不如把兵马屯驻在江北，独自与亲信轻装渡过江去，我冯行袭请求在前面引导，告谕均州城内的百姓，那么就不会有人不归顺了。"孙喜同意他的说法，便跟随他前去；他们渡过汉江以后，军吏们上前迎接拜见，埋伏的士兵突然进攻，冯行袭亲手击杀孙喜，把他斩了，随从孙喜的人全部被杀，江北的军队远远望见，都溃败逃走了。山南东道节度使上疏奏报冯行袭的功劳，僖宗李儇颁诏任命冯行袭为均州刺史。有座长山在均州西面，正对从襄州、邓州进入蜀地的交通要道，很多盗贼据守长山，抢夺送往成都的贡品赋税；冯行袭将长山的盗贼剿灭，从而前去蜀地的道路畅行无阻。

凤翔节度使李昌言患病，他的表弟李昌符担任留后的职务。后来李昌言病逝，僖宗李儇任命李昌符为凤翔节度使。

当时，黄巢贼军虽然被平定了，可是秦宗权又开始作乱，命令各将领派遣军队，对邻近各道进行劫掠，陈彦进攻淮南，秦贤进攻江南，秦诰攻陷襄、唐、邓等州，孙儒攻取东都、孟、陕、虢等地，张晊攻破汝、郑，卢瑭进攻汴、宋，所到之处，杀戮、斩首、焚烧、洗劫，几乎没有活命之人，他们的残暴远远超过黄巢，行军时没有转运粮食，竟然把盐腌的尸体装在车上随军进发。北面到卫州、滑州，西面到关中、京畿一带，东面包括青州、齐州，南面直达江、淮，这些范围内的州镇能够保全的只有一座城，远远望去，千里之内没有人烟。僖宗李儇打算返回长安，害怕秦宗权作乱！

光启元年（乙巳，公元885年）是年三月方改元。

春季，正月，戊午日（初二），僖宗李儇下诏招抚秦宗权。

己卯日（二十三日），僖宗李儇从成都出发，陈敬瑄护送到汉州才返回。

荆南监军朱敬玫所招募来的忠勇军凶暴蛮横，（节度使）陈儒很忧虑。郑绍业镇守荆南的时候，派遣大将申屠琮率领五千士兵前往长安去攻打黄巢；军队返回以后，陈儒告诉申屠琮忠勇军的残暴行为，让申屠琮剿灭他们。忠勇军将领程君从得知此事，便率领他的部众逃往朗州，申屠琮追击他们，斩杀一百多人，剩下的人皆溃散了，此后申屠琮又独自掌管军政大权。

朗州的雷满多次攻打劫掠荆南，陈儒拿丰厚的财物加以贿赂让他退兵。淮南的将领张瓌、韩师德背叛高骈，据守复、岳两州，自称刺史，陈儒请张瓌代理行军司马，韩师德代理节度副使，率领军队前去进攻雷满。韩师德率领军队登上巫峡，大肆抢掠一番，才返回岳州；张瓌率军回去驱逐陈儒，取而代之。陈儒将要逃往僖宗李儇那里，被张瓌抓了回来，拘禁起来。张瓌是渭州人，生性贪婪残暴，荆南原有的将领几乎全被他杀光了。

以前，朱敬玫屡次残害大将与富商，劫掠他们的钱财来使自己富足，朝廷派遣中使杨玄晦去取代他的职位。朱敬玫留下住在荆南，他曾经晾晒衣服，被张瓌看到就有了图谋的打算，于是派遣军队在夜里前去攻打他，将朱敬玫杀死，把财物全部抢去。张瓌嫉妒牙将郭禹矫健勇猛，想要杀死他，郭禹联合同党千人逃走了，庚申日（初四），郭禹袭击归州，攻克此地，自称为刺史。郭禹原本是青州人成汭，因为杀了人逃出来，才改换姓名的。

南康郡贼寇首领卢光稠攻取虔州以后，自称为刺史，任用同乡谭全播出谋划策。

秦宗权向光州刺史王绪求取租赋，王绪没办法供给他；秦宗权大怒，发动军队前去攻打他。王绪惊恐之下，调动光州、寿州全部士兵五千人，并将这里的官吏和百姓驱赶过江，任命刘行全为前锋，先后劫掠江、洪、虔州，这一月，攻克汀、漳两州，但是都没守住这些地方。

秦宗权劫掠颍、亳两州，朱全忠在亳州的焦夷县打败他。

二月，丙申日（初十），僖宗李儇抵达凤翔。三月，丁卯日（十二日），僖宗李儇抵达京师；这时长安城内到处野草丛生，狐狸野兔到处乱跑，僖宗李儇见此情景，悲伤难过，闷闷不乐。己巳日（十四日），僖宗李儇诏令大赦天下，改年号为光启。这时，朝廷号令能够推行的，只有河西、山南、剑南、岭南几十个州而已。

秦宗权自称皇帝，设置百官。僖宗李儇下诏，命令武宁节度使时溥任蔡州四面行营兵马都统，征讨秦宗权。

卢龙节度使李可举、成德节度使王镕憎恨李克用的兵力强盛，而义武节度使王处存跟李克用很亲密，为侄子王邺迎娶李克用的女儿为妻。另外，河北各镇，只有义武节度使还隶属朝廷，李可举等人害怕义武节度使王处存暗中伺机侵占恒山以东地区，最终成为自己的祸患，于是他们一起谋划商议说："易州、定州，本来是燕国、赵国所留下来的地方。"于是相互约定一起将王处存灭掉，然后分割他的地盘；又劝说云中节度使赫连铎，让他进攻李克用的后方，李可举派遣他的部将李全忠率领六万士兵攻打易州，王镕派遣部将率领军队攻打定州的无极。王处存向李克用告急，李克用派遣他的部将康君立等人率领军队前往援救。

闰月，秦宗权派遣他的弟弟秦宗言劫掠荆南。

起初，田令孜在蜀州招募新军五十四都，每都有千人，分别隶属于左、右两神策军，组成十个军，便于统领他们，还有南牙、北司的官兵共一万余人，当时各藩镇独自占有田租赋税，河南、河北、江南、淮南各道不再向朝廷进奉贡赋，朝廷的盐铁使、度支使、户部使三司转运钱粮却没有调取征发的来源，财政上只是收取京畿、同州、华州和凤翔等地的田租赋税，根本入不敷出，因此赏赐也不能准时，军中将士很是埋怨。田令孜非常忧虑，不知道如何解决这个问题。以前，安邑、解县两地的盐池都归属盐铁使，设置官吏专门经营；从中和元年以来，河中节度使王重荣专门把持盐池的利润，每年进献三千车的盐来供给国家的需要，田令孜上奏僖宗李儇，请求恢复旧制，盐池隶属盐铁使。夏季，四月，田令孜自己兼任两盐池的榷盐使，获取盐利来供给军中所需。王重荣不断地向僖宗李儇上奏辩论申诉此事，僖宗李儇派遣中使前往劝谕，王重荣还是不罢休。当时，田令孜派遣许多亲信窥视各藩镇的实情，藩镇有不归附自己的，田令孜就暗中谋害他。田令孜的养子田匡祐被派往河中任职，王重荣以很优厚的礼节招待他，可是田匡祐特别狂傲，全军都很愤怒。王重荣于是列举田令孜的罪行，责备田匡祐不懂礼节，监军替田匡祐说情，田匡祐才能脱身离开；田匡祐返回以后，把这件事禀告给田令孜，并且劝说田令孜要好好整治王重荣。五月，田令孜把王重荣改为泰宁节度使，将泰宁节度使齐克让改为义武节度使，把义武节度使王处存调为河中节度使，多次诏令李克用动用河东军队援助王处存赴镇上任。

卢龙的军队进攻易州，副将刘仁恭从地下挖隧道攻入城中，就这样把易州攻克。刘仁恭是深州人。李克用亲自率领军队前去救援定州的无极，打败成德的军队；成德的军队退守新城，李克用又进兵攻打，大败成德军，攻克新城，成德军队败逃，李克用追击到九门，斩首一万多人。卢龙军队占据了易州，骄傲懈怠，于是王处存在夜间派遣三千士兵蒙上羊皮来到易州城下，卢龙军队以为那是羊群，争着出来抢夺，王处存率兵竭尽全力攻打，大破卢龙军，又夺回了易州，李全忠逃走。

僖宗李儇加封陕虢节度使王重盈为同平章事。

李全忠失去军队后，担心获罪，便收聚余下的兵马回去偷袭幽州；六月，李可举处境危急，全族登上城楼，自焚而死，李全忠自称为留后。

东都留守李罕之与秦宗权的部将孙儒对抗了好几个月；李罕之兵马匮乏，粮食也吃光了，最后抛弃东都城，往西退到渑池坚守，于是秦宗权攻占东都。

秋季，七月，僖宗李儇任命李全忠为卢龙留后。

乙巳日（二十三日），右补阙常浚向僖宗李儇上疏，认为："陛下无原则地宽容藩镇也太过分了，是非没有区别，功过不分辨，手脚一样，好坏相同，以致天下喧哗，纷纷作乱，可是陛下对此还不幡然醒悟，怎么不想想在骆谷时的艰难处境，难道还有西走蜀地的筹划吗！现在应该整顿朝纲法纪来让天下敬畏朝廷。"田令孜的党羽对僖宗李儇说："常浚这个奏疏的内容如果散布到各藩镇去，难道不会让他们产生猜忌和怨恨吗！"庚戌日（二十八日），僖宗李儇贬常浚为万州司户，不久又赐他自尽。

沧州发生了军士作乱，军士驱逐节度使杨全玫，拥立牙将卢彦威为留后，杨全玫逃到幽州。僖宗李儇任命保銮都将曹诚为义昌节度使，任命卢彦威为德州刺史。

孙儒据守东都一个多月，烧毁宫室、官府、寺庙以及民房，大肆掠夺一番，抢劫一空后才撤离，城中寂静无声，连鸡鸣狗叫的声音都没有。李罕之又带领兵马进入东都，在市西修建营垒驻守。

王重荣自认为有收复京城长安的功劳，却受到田令孜的打压，不肯前往兖州任职，多次上奏书说明田令孜挑拨君臣不和，历数田令孜的十大罪状；田令孜与邠宁节度使朱玫、凤翔节度使李昌符勾结，一起与王重荣对抗。王处存也上疏说："幽州、镇州的军队刚刚撤退，我不敢轻易离开易州、定州一带。而且，王重荣没有什么罪过，对国家有巨大的功劳，不应该草率地对他的官职有所变更，以动摇藩镇的忠心。"僖宗李儇诏命催促王重荣早日出发赴任。八月，王处存带领军队抵达晋州，刺史冀君武关闭城门，不让他进入，王处存只好返回。

洺州刺史马爽跟昭义行军司马奚忠信向来不和，马爽发动军队在邢州的南面屯驻，威胁孟方立，命令他诛杀奚忠信；后来，马爽的军队溃败，马爽独自逃奔魏州，奚忠信派人贿赂乐彦祯而将马爽杀死。

秦宗权攻打邻道的二十几个州，都攻克了；只有陈州距离蔡州一百多里路，兵力特别弱，刺史赵犨每天与秦宗权交战，秦宗权竟然不能让他屈服。僖宗李儇诏命赵犨为蔡州节度使。赵犨因为感激朱全忠援助之恩，与朱全忠结成姻亲，所有朱全忠调动分派的事情，赵犨立刻前往。

王绪抵达漳州，由于路途艰险，粮食匮乏，命令军中："不许年老体弱的人随行，违犯军令者斩首！"只有王潮兄弟搀扶母亲董氏在崎岖不平的道路上跟随军队前行，王绪召来王潮兄弟怒斥他们说："军队都有军法，没有无军法的军队。如果你们违犯我的军令不加诛杀，那就没有军法可言了。"王潮兄弟三人说："人都有母亲，没有无母亲的人；将军哪里能让人抛弃亲生母亲不管呢？"王绪立即大怒，命令斩杀王潮的母亲，王潮兄弟三人说："我们兄弟侍奉母亲就好比侍奉将军，既然要杀死我们的母亲，还怎能用他的儿子们呢？请让我们死在母亲的前面吧！"将士们都替他们求情，王绪这才放过他们。

有一位望云气测吉凶的人对王绪说："军队里有王者之气。"于是，王绪看到将领士兵中有胆识谋略超过自己以及气质超凡身材高大的士兵全部杀死。刘行全也被斩杀了，军营中每人都很恐惧，众人说："刘行全是王绪的亲人，而且在军中的勇猛居于第一位，他还没能免遭杀身大祸，更何况我们这些普通士卒呢！"军队进发至南安，王潮劝说王绪的前锋将领说："我们远离故土，丢下妻子儿女，漂泊异乡为盗贼，难道这就是我们想要的吗？这都是王绪威胁逼迫的缘故啊！现在，王绪无端猜忌我们，对我们又苛刻，残暴不讲仁爱，杀死许多无辜的士兵，军中表现超凡、杰出的将士，几乎都被他杀了，您的须眉样貌仿佛神仙，骑术射箭在同辈之中称冠，而且又担任前锋，我深深为您感到惊惧、焦虑啊！”前锋将领握住王潮的手激动地掉下眼泪，问该怎样办才好。王潮替他谋划，在竹林里埋伏几十名强壮士兵，等到王绪到了，让士兵拔剑大喊着跳出来，在马背上抓住他，然后把他绑着，对众宣布，军营中的将士都高声呼喊万岁。王潮推举前锋将领担任主帅，前锋将领说：“我们今天不会成为鱼和肉，被人随意宰割，都是您王先生的功劳啊！上天要授予王先生主帅之位，谁还敢抢先呢！”互相推让了多次，最终拥戴王潮为将军。王绪叹息说：“王潮这个人是我手中之物却没能杀死他，难道这不是天意吗？”

王潮带领军队将要返回光州，严格约束部属，经过的地方一点不能侵犯。行军到沙县，泉州人张延鲁等带领年高望重的老人拦住去路进献牛肉美酒，申诉刺史廖彦若贪婪残暴，请求王潮留下担任泉州刺史，王潮于是率领士兵围攻泉州。

九月，戊申日（二十七日），僖宗李儇任命陈敬瑄为三川及峡内诸州都指挥、制置等使。

蔡州的军队围攻荆南，马步使赵匡谋划拥戴前节度使陈儒复出，留后张瑰察觉此事，杀死了赵匡和陈儒。

冬季，十月，癸丑日（初二），秦宗权在汴州的八角镇打败朱全忠。

王重荣向李克用请求援助，李克用正在埋怨朝廷对朱全忠在上源驿谋害他却不予治罪之事，挑选士兵，购买马匹，聚集联合北方的各胡族部落，谋划着攻打汴州，他回复王重荣说：“等我先消灭了朱全忠，回头再对付这些鼠辈，就像秋风扫落叶一样很容易！”王重荣说：“等您从关东返回，恐怕我已成为囚犯了。不如先除掉皇帝身边的恶人，然后再退兵擒拿朱全忠就很容易了。”当时，朱玫、李昌符也暗中亲附朱全忠，于是李克用向僖宗李儇上疏说：“朱玫、李昌符与朱全忠内外勾结，要一起铲除我，我被逼无奈而自救，现已经聚集蕃兵和汉兵共计十五万大军，决定在明年过河，从渭河的北面征讨朱玫、李昌符；但不会进逼长安，保证长安不会受到侵扰。等平定那两镇之后，立即回师消灭朱全忠，以洗刷我的仇恨和耻辱。”僖宗李儇派遣使者前去告谕劝解，前后派出的使者络绎不绝。

朱玫想让朝廷征讨李克用，屡次派人暗中潜入长安，点火烧毁储藏的财物，或者刺杀近臣，放出风声说是李克用指使干的。于是长安人人震惊恐惧，每天都有谣言传出。田令孜派遣朱玫、李昌符率领自己的部队以及神策鄜、延、灵、夏等军各三万人，在沙苑屯驻，以征讨王重荣，王重荣发动军队抵抗他们，并且向李克用禀告情况危急，李克用率领军队前往救援。十一月，王重荣派兵进攻同州，刺史郭璋出来迎战，战败身亡。王重荣与朱玫、李昌符相持了一个多月，李克用的军队才抵达，与王重荣一起在沙苑安置营垒，呈递表文请求诛杀田令孜及朱玫、李昌符；僖宗李儇诏命要他们和解，李克用不听僖宗李儇的诏命。十二月，癸酉日（二十三日），两军会战，朱玫、李昌符惨败，各自逃走至原来的镇所，溃败逃跑的军队所过之处，焚烧劫掠，无所不为。李克用进逼京城，乙亥日（二十五日）夜，田令孜侍奉僖宗李儇从长安城西的开远门逃出去，逃到了凤翔。

起初，黄巢离开时，将长安宫室焚烧，各道官兵进入长安城后又大肆劫掠一番，焚烧官府、寺庙和民房的十分之六七，经王徽多年的修补，仅仅完成了十分之一二，到这时再次遭到乱军的焚烧抢掠，没有什么遗留的了。

这一年，朝廷赐河中军号称“护国”。

光启二年（丙午，公元886年）

春季，正月，镇海牙将张郁叛乱，攻克了常州。

李克用把军队带回河中，跟王重荣一起向僖宗李儇上表，请僖宗李儇返回宫中，顺便列数田令孜的罪状，请求杀死他。僖宗李儇又任命飞龙使杨复恭为枢密使。

戊子日（初八），田令孜请僖宗李儇驾临兴元，僖宗李儇不肯前往。一天晚上，田令孜带领军队冲入行宫，劫持僖宗李儇到宝鸡去，宦官和卫士跟从的只有几百人，宰相、朝中的臣子都不知道此事。翰林学士承旨杜让能当晚正在僖宗李儇行宫值宿，听说僖宗李儇被田令孜劫持离开，跑着追赶僖宗李儇的车驾，跑出凤翔城十几里，杜让能发现一匹被遗弃的马，没有笼头和缰绳，于是解下腰带绑在马脖子上，骑马独自追赶到宝鸡面见僖宗李儇。第二天，太子少保孔纬等才陆续赶到。杜让能是杜审权的儿子；孔纬是孔戣的孙子。当时，宗正官奉持太庙先帝的牌位走到鄠县时，遭遇强盗，所有太庙的神主都被抢夺丢失了。朝中官员追赶僖宗李儇的车驾到达盩厔，遭乱兵劫掠，连衣服、行装几乎都被抢走了。

庚寅日（初十），僖宗李儇任命孔纬为御史大夫，命令他返回召百官前来，僖宗李儇留在宝鸡等待他们。

这时候田令孜凭借职位滥用权力，再次导致僖宗李儇的流亡迁徙，天下人都痛恨田令孜；朱玫、李昌符也觉得受他利用深以为耻，又惧怕李克用、王重荣的兵马强盛，便改变策略与李克用、王重荣联合起来。

萧遘因为邠宁奏事判官李松年前往凤翔，于是派遣他宣召朱玫即刻来迎接僖宗李儇。癸巳日（十三日），朱玫率领五千步骑兵抵达凤翔。孔纬到达宰相那里，想宣读诏令请宰相前往宝鸡；萧遘、裴澈因为田令孜在僖宗李儇身边，不想去，以生病为由不去谒见僖宗。孔纬命令御史台的官吏催促朝中百官前去宝鸡，他们都以没有衣袍和朝笏为由拒绝前往；孔纬诏令三院的御史，悲感交集，流着泪对他们说："一般老百姓的亲戚朋友有了危难，还应当前去援救。哪里有天子忍受风沙侵袭流亡在外，身为臣子再三被召请仍不动身前往的啊！"御史请求暂缓几天去置备一下行装再前往，孔纬气得甩袖子，站起来，说："我的妻子都要病死了，我都顾不上她，你们几位就好好为自己谋划吧，我就此告辞啦！"于是去拜见李昌符，请他派遣骑兵护送他到僖宗李儇那里，李昌符被他的凛然大义感动，送给他行装和钱财，派遣骑兵送他回去。

邠宁、凤翔的军队追逐逼迫僖宗李儇的车驾，在潘氏堡打败了神策指挥使杨晟，讨伐击鼓的声音传到僖宗李儇住的行宫。田令孜侍奉僖宗李儇从宝鸡逃走，留下禁兵防守石鼻，在后抵御乱军。又在兴州、凤州设置感义军，任命杨晟为节度使，驻守散关。当时士兵和百姓混在一起，交战时刀箭横飞，僖宗李儇任命神策军使王建、晋晖为清道斩斫使。王建率领五百人手持长剑在前面奋力冲杀开路，僖宗乘坐的车驾才得以向前行进。僖宗李儇命王建背着传国宝跟随左右，登上大散岭。李昌符焚烧栈道一丈多长，栈道就要折断了，王建搀扶着僖宗从烟火中跳过去；这晚，住在临时搭建的板屋内，僖宗李儇把王建的膝盖当作枕头安歇，醒来以后，才吃些食物，僖宗李儇解下帝袍赏赐给王建说："因为这件衣服上有你的眼泪啊！"僖宗这时才进入散关，朱玫已经包围了宝鸡。石鼻的军队溃逃，朱玫长驱直入，攻打散关，但没有攻打下来。嗣襄王李熅是唐肃宗李亨的玄孙，身有疾病，跟不上僖宗，留在遵涂驿，被朱玫抓获，带到凤翔去了。

庚戌日（三十日），李克用返回太原。

二月，王重荣、朱玫、李昌符又向僖宗李儇上表请求诛杀田令孜。

僖宗李儇任命前东都留守郑从谠兼任太傅兼侍中。

朱玫、李昌符派遣山南西道节度使石君涉修建木栅，阻断险要的道路，焚毁递送邮件的驿站，僖宗李儇只得改由其他道路行进；山路崎岖难行，朱玫的邠军紧紧追赶，危急紧张的情况不时出现，在历经重重艰险后，勉强到达山南。三月，壬午日（初三），石君涉放弃镇所投奔朱玫。

癸未日（初四），在凤翔的百官萧遘等人列举田令孜跟他的党羽韦昭度的罪行，请求僖宗李儇将他们处死。起初，韦昭度因为侍奉僧澈而与宦官结交，然后才得以担任宰相。僧澈的师父知玄鄙视僧澈的做法，韦昭度每次跟同僚们到知玄那里，都行拜手礼，知玄仅行拱手礼，便让他们到僧澈那儿去喝茶。

山南西道监军冯翊人严遵美在西县迎接僖宗李儇，丙申日（十七日），僖宗李儇抵达兴元。

戊戌日（十九日），僖宗李儇任命御史大夫孔纬和翰林学士承旨、兵部尚书杜让能共同担任兵部侍郎、同平章事。

保銮都将李铤等人在凤州打败了朱玫的军队。

僖宗李儇诏命加封王重荣为应接粮料使，诏令他调集本道的谷米十五万斛以供国家之需。王重荣向僖宗李儇上表称田令孜还没有诛杀，他不接受诏命。

僖宗李儇任命尚书左丞卢渥为户部尚书，代理山南西道留后。任命严遵美为内枢密使，派遣王建率领士兵去戍守三泉，晋晖及神策军使张造率领四都的军队在黑水驻扎，修建栈道，使往来的道路能畅通无碍。任命王建兼任壁州刺史。将帅在远地兼任州镇的职务就是从这时开始的。

陈敬瑄对东川节度使高仁厚心生疑虑，打算杀掉他。遂州刺史郑君立率军夺取汉州，向成都进军。陈敬瑄派遣将领李顺之前去迎战，郑君立战败被杀。陈敬瑄又派遣维、茂两地羌族军队进攻高仁厚，杀死了高仁厚。

朱玫因为田令孜在僖宗李儇的身旁，最终没有铲除他，对萧遘说："六年来陛下流亡迁徙，中原一带的将领士兵在刀箭中出入，老百姓供给军队军粮，战死和饿死的人，十分已去了七八分，这才得以收复长安。天下官民都为陛下返回长安而高兴，陛下却把拯救皇室的大功加给宦官田令孜，交付给他朝政大权，导致朝纲法纪受践踏，各藩镇受到侵扰，也导致王重荣发兵作乱惹出祸患。我朱玫日前奉您的命令去迎接皇上，没有受到大家的信任与理解，反而有胁迫陛下的嫌疑。我们报效国家之心已经忠诚到了极点，跟寇贼作战的力气也用尽啦，怎么能够俯首帖耳，忍受那些宦官的裁断安排呢？皇室中李氏的子孙还有许多，你为什么不为国家长久安定另做谋划呢？"萧遘对他说："当今陛下即位十几年，不曾有大的过错。正是因为田令孜在陛下身边专擅大权，致使陛下难以安心，每当谈到这些，陛下都痛哭流泪不止。近几天的事，陛下起初没有逃走的意思，田令孜却仍安排士兵，胁迫陛下离开，竟然没允许等到天亮就把陛下带走。所有的罪过都在田令孜身上，人们有谁不晓得这个情况呢！你对朝廷竭尽忠诚，正应当带领军队返回镇所，恭敬地进献奏表来迎接陛下。废立君主的大事，商朝伊尹放逐商王太甲、汉朝霍光废黜昌邑王都曾很是艰难，我萧遘可不敢按您的命令去做啊！”朱玫退出后，宣布说：“我拥立李氏子孙出来做皇帝，谁敢有异议，立即斩首。”

夏季，四月，壬子日（初三），朱玫逼迫在凤翔的百官尊奉襄王李煴暂时监理军国政事，遵承君命封爵拜官，领导群臣，仍派遣大臣进入蜀地迎接僖宗李儇，在石鼻驿与百官盟誓。朱玫要求萧遘撰写诏书，萧遘以文笔生疏文思衰竭拒绝了；于是命令兵部侍郎判户部郑昌图来撰写。乙卯日（初六），李煴接受册封。朱玫自己兼任左、右神策十军使，率领百官奉送李煴返回京师；任命郑昌图为同平章事，判度支、盐铁、户部，各部门设置副使，御史大夫、中书、门下三司的事务完全委任郑昌图一人。留在河中府的朝中百官崔安潜等人向襄王李煴进呈表文，恭贺他接受册封。

田令孜内心很清楚，自己不会被天下人所宽容，于是推荐枢密使杨复恭为左神策中尉、观军容使，自己担任西川监军使，前往依附陈敬瑄。杨复恭排斥田令孜的党羽，把王建改任为利州刺史，晋晖改任为集州刺史，张造改任为万州刺史，李师泰改任为忠州刺史。

五月，朱玫任命中书侍郎、同平章事萧遘为太子太保；加封自己为侍中、诸道盐铁、转运等使；加封裴澈为判度支；任命郑昌图为判户部；任命淮南节度使高骈兼中书令，代理江淮盐铁、转运等使，诸道行营兵马都统；任命淮南右都押牙、和州刺史吕用之为岭南东道节度使；大肆地封官拜爵以取悦拉拢各藩镇。他还派遣吏部侍郎夏侯潭宣示告谕河北，派户部侍郎杨陟宣示告谕江、淮，各处藩镇接受襄王李煴命令的有十分之六七，高骈因而进呈表文劝襄王李煴称帝。

吕用之建立牙帐，设置幕府，都与高骈一样，所有能够委任的高骈亲信和各将校，都逼迫他们归顺自己，做什么事，都不再禀告高骈。高骈虽然对他很怀疑，想要暗中削夺他的权力，然而吕用之已经根深蒂固，高骈拿他无可奈何！吕用之知道高骈了解自己的作为后，非常害怕，征询他的同党前度支巡官郑杞和前知庐州事董瑾的建议，郑杞说："高骈觉察得太晚了，您无须担心。"吕用之询问现在如何应对，郑杞说："曹孟德有句话：'宁可我辜负别人，也不要别人辜负我。'"第二天，郑杞跟董瑾一起写了封信给吕用之，信中的话很机密，没有人知道信里的内容。

萧遘声称有病，返回永乐县。

起初，凤翔节度使李昌符和朱玫暗中谋划拥立襄王李煴，襄王被拥立后，朱玫自己担任宰相，把持朝廷大权；李昌符气愤不已，不肯接受官职，改变立场向兴元僖宗李儇呈递奏疏。僖宗李儇诏命加封李昌符为检校司徒。

朱玫派遣他的部将王行瑜率领邠宁、河西的军队五万人前去追讨僖宗李儇，感义节度使杨晟多次交战败退，最终放弃散关逃走，王行瑜进兵在凤州驻扎。

这时，各道进献的贡赋大多运往长安，却不送给僖宗李儇，跟随僖宗的官员和卫士粮食匮乏，僖宗痛哭流泪，不知如何应付。杜让能向僖宗进言说："杨复光与王重荣一起将黄巢打败，收复长安，他们两人关系亲密友好；杨复恭是他的哥哥。如果派遣大臣前去对他晓以大义，并且转达杨复恭的想法，他应该会同意归顺朝廷的。"僖宗李儇听从他的计谋，派遣右谏议大夫刘崇望出使河中，手持诏书告谕王重荣，王重荣马上服从诏命，派遣使者呈递奏表，进献十万匹绢，并且请求诛讨朱玫，以便借此机会赎自己的罪过。

戊戌日（二十日），襄王李煴派遣使者到晋阳赐给李克用诏书，说："陛下走到半路，六军突然作乱，皇上仓促去世，我被各藩镇拥举，如今已经接受册命了。"朱玫也写信给李克用，李克用听说这些阴谋都出自朱玫，不禁勃然大怒。大将盖寓劝李克用说："皇帝流亡迁徙，天下人都认为是我们当初进逼长安所致，现在假如不诛杀朱玫，废黜襄王李煴的话，就没有办法为自己澄清。”李克用听从了盖寓的建议，将襄王李煴的诏书烧掉，囚禁派来的使臣，然后向邻近各道发出檄文，说：“朱玫竟然敢欺骗各藩镇，胆敢公然说天子驾崩。本道已经出动蕃、汉军队三万人进发征讨叛逆的贼臣。大家应当共同来建功立业。”盖寓是蔚州人。

秦贤侵犯宋州、汴州，在尉氏的南边被朱全忠打败；癸巳日（十五日），秦贤又派遣都将郭言率领步兵、骑兵三万人进攻蔡州。

六月，僖宗李儇任命神策军五十四都之一的扈跸都将杨守亮担任金商节度、京畿制置使，率领两万士兵，从金州出发，与王重荣、李克用一起征讨朱玫。杨守亮本来姓訾，名亮，曹州人，跟弟弟杨信都是杨复光的义子，后来分别改名叫守亮、守信。

李克用派遣使者向僖宗李儇呈上表文，说：“如今，臣派军队渡过黄河，将朱玫逆党消灭，迎接陛下车驾，希望诏令各道军队与臣齐心协力征讨朱玫。”在此之前，山南的人都说李克用与朱玫勾结在一起，人心惶恐，李克用的奏疏送到以后，僖宗李儇拿给随从的官员们看，并且告谕山南各镇，从此人心才安定下来。然而李克用的奏表仍然坚持要朝廷惩治朱全忠当年谋害他的罪行，僖宗李儇便派遣杨复恭用书信晓谕他说：“等到京兆、冯翊、扶风等三辅的事情平息了，朕自会安排处置的。”

衡州刺史周岳发动军队进攻潭州，钦化节度使闵勖召来淮西将领黄皓进入城中共同防守，黄皓却将闵勖杀死。周岳攻克潭州城后，抓获黄皓，并且将他杀了。

镇海节度使周宝派遣牙将丁从实去偷袭常州，驱逐张郁；于是张郁逃到海陵，依附镇遏使南昌人高霸。高霸是高骈的部将，镇守海陵，拥有百姓五万户，士兵三万人。

秋季，七月，秦宗权攻克许州，杀死节度使鹿晏弘。

王行瑜攻打兴州，感义节度使杨晟丢弃镇所逃走，占据了文州，僖宗李儇诏令保銮都将李铤、扈跸都将李茂贞和陈珮驻扎在大唐峰来抵抗王行瑜。李茂贞是博野人，本来姓宋，名文通，因为立下战功，所以赐给这个姓名。

朝廷更改钦化军名为武安军，任命衡州刺史周岳为节度使。

八月，卢龙节度使李全忠去世，僖宗李儇任命他的儿子李匡威为留后。

王潮攻取了泉州，杀死了廖彦若。王潮听到福建观察使陈岩的威名，不敢侵犯福州的边境，派遣使者向陈岩投降，陈岩向僖宗李儇上表，僖宗李儇任命王潮为泉州刺史。王潮沉着勇敢，聪明有谋略，攻取泉州以后，他招抚和体恤流亡的百姓，平均赋税修整兵器，官吏和百姓都心悦诚服。王潮将王绪囚禁在别馆，王绪羞愧得无地自容，自杀了。

九月，朱玫的部将张行实攻打大唐峰，李铤等人打退了他。金吾将军满存与朱玫的邠宁军交战，打败了邠宁军，再次占据兴州，进兵驻守万仞寨。

李克修进攻孟方立，甲午日（十八日），在焦冈捉住了孟方立的部将吕臻，攻取了故镇、武安、临洺、邯郸、沙河等地；任命大将安金俊为邢州刺史。

在长安的百官和太子太师裴璩等人劝襄王李煴即帝位。冬季，十月，李煴即皇帝位，改年号为建贞，遥尊僖宗李儇为太上元皇帝。

董昌对钱镠说："你如果将越州攻克，我就把杭州送给你。"钱镠答道："好！如果不能攻取越州，它终究会成为后患。"于是，钱镠率领军队从诸暨奔赴平水，开掘五百里长的山路，到达曹娥埭，浙东将军鲍君福率领兵马向钱镠投降。钱镠与浙东的军队交战，多次打败他们，进发的军队在丰山驻扎。

感化军牙将张雄、冯弘铎得罪了节度使时溥，于是聚集部众三百人，渡过长江，进攻苏州，占据那里。张雄自称刺史，逐渐招募士兵五万人，拥有战船一千余艘，自称天成军。

河阳节度使诸葛爽去世，大将刘经、张全义拥立诸葛爽的儿子诸葛仲方为留后。张全义是临濮县人。

李克修进攻邢州，没有攻克，只好退兵。

十一月，丙戌日（十一日），钱镠攻取越州，刘汉宏逃奔台州。

义成节度使安师儒把处理政事的大权完全交给两厢都虞候夏侯晏、杜标两人，这两个人骄横放肆，军营将士都愤恨他们。小校张骁偷偷跑出去，召集士卒两千人攻打滑州城，安师儒将夏侯晏、杜标二人的头砍了宣告众人，军中稍微安定了些。天平节度使朱瑄谋划夺取滑州，派遣濮州刺史朱裕率领军队引诱张骁，杀死了他。朱全忠先派遣手下将领朱珍、李唐宾进攻滑州，攻入滑州境内，恰巧遇上大雪，朱珍等人一个晚上就赶到滑州城下，用百架云梯同时登城，将滑州城攻了下来，俘虏了安师儒后返回。朱全忠委任牙将江陵人胡真担任义成留后。

田令孜向僖宗李儇请求到成都去找医生看病，朝廷允许了他的请求。

十二月，戊寅日（十二月无此日），各路军队攻克凤州，朝廷任命满存为凤州防御使。

杨复恭派人传送檄文到关中，说道："谁能得到朱玫首级，就把朱玫静难节度使的官职授予他。"王行瑜作战屡次失利，害怕受到朱玫的治罪，于是跟他的部下商议，说："现在我们作战没有大功，回去也是一死；不如我们前去砍下朱玫的首级，平定京城，迎接天子返回，得到邠宁节度使的职位，怎么样呢？"部众们齐声应和，听从了他的建议。甲寅日（初十），王行瑜从凤州擅自带领军队返回长安，朱玫正在处理政事，听说此事，十分愤怒，召来王行瑜，斥责他说："你擅自返回，想要造反吗？"王行瑜答道："我不想造反，只是想要把造反的朱玫杀死而已！"于是抓住朱玫，砍下他的头，并且把其同党几百个人也杀死了。各路军队乱作一团，焚烧劫掠京城，没有衣服被冻死的士民遍地全是。裴澈、郑昌图率领百官两百多人侍奉襄王李煴逃到河中，王重荣假装迎接，捉住了襄王李煴，把他杀死了，囚禁了裴澈、郑昌图；众官被处死的将近一半。

台州刺史杜雄引诱刘汉宏，把他抓住送到董昌那里，董昌把他杀死了。董昌将镇所迁往越州，自称为浙东军府事，派遣钱镠去掌管杭州的事务。

王重荣将襄王李煴的首级装在匣内送到僖宗李儇那里，刑部请僖宗李儇驾临兴元城的南门接受进献，朝廷百官都前往庆祝。太常博士殷盈孙有不同看法，他认为："李煴是受逆贼威逼，他不能以死殉节才是罪过啊！按照礼节，公族里有人犯了死罪被处斩，国君应为他穿丧服，不能奏乐。今天李煴已经伏诛，应该废他为庶人，诏令在其所在地埋葬。至于那呈献李煴首级来庆贺的典礼，请等到朱玫的首级送来以后再举行吧！"僖宗李儇听从了他的建议。殷盈孙是殷侑的孙子。

河阳的大将刘经，害怕李罕之难以控制，便亲自带领军队镇守洛阳，在渑池偷袭李罕之，却被李罕之打败了。于是刘经放弃洛阳逃走，李罕之继续追击，把刘经的军队几乎消灭光了。李罕之在巩县屯扎，准备渡河，刘经派遣张全义率领军队抵挡他。当时诸葛仲方年幼弱小，大权都被刘经掌控，将领大多数不想亲附他，张全义于是和李罕之联合进攻河阳，被刘经打败，李罕之、张全义退守怀州。

起初，忠武决胜指挥使孙儒和龙骧指挥使朗山人刘建锋戍守蔡州，抵御黄巢，扶沟人马殷在军中，凭借才干及勇敢闻名。等到秦宗权作乱，孙儒等人都归顺秦宗权。秦宗权派遣孙儒率领军队进攻郑州，刺史李璠逃奔大梁。孙儒进兵攻克河阳，留后诸葛仲方也逃奔大梁。孙儒自称节度使，张全义据守怀州、李罕之据守泽州来抵抗孙儒。

起初，长安人张佶是宣州官府里的幕僚，因为憎恨观察使秦彦的为人，便放弃官职离开了；路过蔡州时，秦宗权挽留他，让他担任行军司马。张佶对刘建锋说："秦宗权刚强凶悍又猜疑妒忌，他的末日马上要到了，我们应该考虑如何免祸啊！"刘建锋正为自己的安危忧愁，于是与张佶亲近起来。

寿州刺史张翱派遣他的部将魏虔率领一万人进攻劫掠庐州，庐州刺史杨行愍派遣他的部将田頵、李神福、张训抵挡他们，在褚城打败了魏虔。滁州刺史许勃袭击舒州，舒州刺史陶雅逃往庐州。高骈让杨行愍改名为杨行密。

这一年，天平牙将朱瑾驱逐泰宁节度使齐克让，自称为留后。朱瑾要进攻兖州，假装向齐克让请求通婚议和，又置备华丽的车马和服装，暗中派出裹藏兵器的军队，从郓州奔赴兖州。齐克让迎接朱瑾的当天夜里，朱瑾的兵马偷偷发起攻击，驱逐齐克让取而代之。朝廷因此任命朱瑾为泰宁节度使。

安陆贼帅周通进攻鄂州，据守鄂州的路审中逃走；岳州刺史杜洪乘虚进入鄂州，自称武昌留后，朝廷便因此任命他为武昌留后。驻扎在湘阴的贼帅邓进思又趁机攻占岳州。

秦宗言围攻荆南两年，张瑰亲自率兵环城自守，城中的米价上涨到一斗四十缗，连盔甲、鼓皮都吃光了！在晚上只好击打门板报告时辰，尸体一个压着一个。可是秦宗言最终还是没有攻克荆南城，只好离去。

光启三年（丁未，公元887年）春季，正月，僖宗李儇任命邠州都将王行瑜为静难军节度使，神策军中的扈跸都头李茂贞兼管武定节度使，另一位扈跸都头杨守宗为金商节度使，右卫大将军顾彦朗为东川节度使，金商节度使杨守亮为山南西道节度使。顾彦朗是丰县人。

辛巳日（初七），僖宗李儇任命董昌为浙东观察使，钱镠为杭州刺史。

秦宗权自认为兵力是朱全忠的十倍，然而多次被他打败，深感羞耻，想要拼尽全力攻打汴州。朱全忠担心兵力少，二月，他任命诸军都指挥使朱珍为淄州刺史，到东道招募士兵，约定初夏时返回。

戊辰日（二十四日），僖宗李儇诏令削夺三川都监田令孜的官爵，永远将他流放到端州。然而田令孜依靠陈敬瑄，竟然拒不奉诏，坚决不启程上路。

代北节度使李国昌去世。

三月，癸未日（初九），僖宗李儇诏命将伪宰相萧遘、郑昌图、裴澈就在其所在地聚集民众斩首，他们都死在岐山县。当时朝中的士人接受李煴授官的人特别多，刑部要将他们全部处斩；杜让能为这些人极力辩解，免除死刑的人占十分之七八。

壬辰日（十八日），僖宗李儇抵达凤翔，节度使李昌符害怕僖宗李儇返回长安以后，就算不追究他之前与朱玫驱逐圣驾的大罪，对他的恩遇也会减少，于是以宫室还没修建好为借口，坚决请求僖宗李儇在凤翔府第留驻，僖宗李儇准许了他的要求。

太傅兼侍中郑从谠被罢免，僖宗李儇改任他为太子太保。

镇海节度使周宝招募随行卫士千人，号称“后楼兵”，供给他们的谷粮比镇海军多了一倍；镇海军的将士都很不满，而后楼兵却是越来越骄横，不能管束。周宝沉溺在歌舞和女色中，不亲自处理政务，修筑长达二十多里的罗城，兴建东边的府第，百姓都为承受繁重苦役而痛苦不堪。周宝和他的属下曾在后楼宴饮，有人说出镇海军的怨恨，周宝说：“谁敢作乱就把他杀死！”度支催勤使薛朗把周宝的话告诉与他交好的镇海军将领刘浩，劝告他要平息士兵的情绪，刘浩说：“只有作乱才可以免死！”这天晚上，周宝喝得很醉，正要睡觉，刘浩率领他的同党作乱，攻打官府院舍，并且放火焚烧。周宝从梦中惊醒，从床上爬起，光着脚去敲打芙蓉门，呼喊后楼兵，后楼兵也造反了。周宝带领全家人跑出青阳门，于是逃往常州，投靠刺史丁从实。刘浩将周宝的属下杀死，癸巳日（十九日），刘浩迎接薛朗进入府中，推举他为留后。周宝原先兼租庸副使时，城中的钱财货物堆积如山，这一天，都被乱兵抢光。

高骈听说周宝大败，将吏排列于衙外，接受大家的祝贺，并派遣使者赠送齑粉给周宝，咒骂他会像齑粉般粉身碎骨。周宝大怒，把它扔到地上，说：“有吕用之在你身边，日后如何你也无法预料啊！”扬州连续几年闹饥荒，城内饿死的人每天都有好几千，街道集市萧条，灾害频繁，高骈认为这些灾异应验了周宝的失败。

山南西道节度使杨守亮妒忌利州刺史王建的勇猛矫健，多次召令王建前往他的镇所；王建惧怕，不愿意前往。前龙州司仓周庠劝说王建："唐朝的国运就要没有了，藩镇互相攻打吞并，全都没有雄才大略，哪能平定消除这么多的灾难？你勇猛又有谋略，士兵都很拥护您，建立功业非您莫属啊！但是利州是军事要地，争战也最频繁，难以长久保持安定。阆州偏僻，百姓富足，刺史杨茂实是陈敬瑄、田令孜的亲信，不听从朝廷诏令，不缴纳赋税，如果呈递奏疏列举其罪状，派遣军队进行征讨，可以一举就把他抓获！"王建听从了他的建议，召集溪洞中的酋长豪杰，共计八千士兵，沿着嘉陵江顺流而下，袭击阆州，驱逐阆州刺史杨茂实，占据了阆州，自称防御使，招收亡命之徒，军势更加强盛，杨守亮没有能力控制他。

部将张虔裕劝告王建说："您趁天子弱小，割据地方州郡，如果唐朝皇室复兴，你就要遭受灭族大祸。你应该派遣使臣向皇帝呈递奏表，用仁德大义统率军队，没有不能取胜的道理！"部将綦毋谏又劝告王建，招募人才，爱护百姓，来静观天下形势的变化。王建接受他们的建议。周庠、张虔裕、綦毋谏都是许州人。

起初，王建和东川节度使顾彦朗都在神策军中，共同征讨贼寇；王建据守阆州以后，顾彦朗害怕他残暴侵夺，屡次派遣使者问候和馈赠礼物，又供给他军粮，王建因此没有侵犯东川顾彦朗的地盘。

起初，周宝听说淮南六合的镇遏使徐约的军队精良，便引诱他去进攻苏州。

资治通鉴卷第二百五十七　唐纪七十三

起丁未（公元887年）四月，止戊申（公元888年），共一年九个月。

【题解】本卷记录了公元887年四月至888年的史事，共一年又九个月。正当唐僖宗李儇光启三年四月至光启四年。此时期，唐僖宗返回京师长安后驾崩，其弟唐昭宗李敏即位，想要有一番作为。全国军阀混战，主战场仍在河南，其次是淮南、西川、河阳。河南中原争战，朱全忠在蔡州围困秦宗权，又大败兖州的朱瑄、郓州的朱瑾。河北魏博镇内讧，部众推举罗弘信担任留后，罗弘信诛杀前任魏博节度使乐彦祯、乐从训父子，与朱全忠交好。河南尹张全义赶走河阳节度使李罕之，李罕之逃往泽州，投靠李克用，张全义向朱全忠求救，引发朱李大战，李克用兵败。至此，朱全忠势力强盛，称雄于河南、河北，无人可敌。

僖宗惠圣恭定孝皇帝下之下

光启三年（丁未，公元887年）

夏季，四月，甲辰朔日（初一），徐约驱逐苏州刺史张雄，张雄率领他的部众逃亡海上。

高骈听说秦宗权准备劫掠淮南，派遣左厢都知兵马使毕师铎率领百名骑兵在高邮驻扎。

此时，吕用之当政，军中的老将多数被他杀死了，毕师铎因为是从黄巢那里投降过来的将领，常常为自己的安危忧虑。毕师铎有一位很漂亮的爱妾，吕用之想要看看她，毕师铎没有答应；吕用之利用毕师铎外出时机，偷偷地去看她，毕师铎知道羞愧气恼，休掉了那个小妾，为此毕师铎与吕用之结下了仇怨。

毕师铎准备去高邮，吕用之对他更加亲厚。毕师铎更加疑惑害怕，认为灾祸很快就要降临了。毕师铎的儿子迎娶高邮镇遏使张神剑的女儿为妻，毕师铎与张神剑秘密商议，张神剑认为吕用之不会加害毕师铎。张神剑本名张雄，人们因他擅长用剑，所以称他张神剑。当时州府中纷纷传言，也认为毕师铎将要被杀，毕师铎的母亲派人告诉他说："如果有这种事，你自己要想方设法逃走！不要因为有老母、弱子而受到拖累啊！"毕师铎迟疑不定。

恰巧此时，高骈的儿子四十三郎素来憎恶吕用之，想让毕师铎率领外面的镇将、官吏分条陈述吕用之的恶行，然后禀告给他的父亲，于是暗中派人欺骗毕师铎说："吕用之最近屡次报告高骈，想要以此来算计你，张尚书那里已经有机密的文件，你应该早点防备啊！"毕师铎对张神剑说："昨天晚上淮南节度使司有一封机密文书，亲家翁怎么没有告诉我呢？"张神剑不明白，说："没有啊！"毕师铎心神不安，回到军营，与亲信商议，他们都劝毕师铎发兵诛杀吕用之。毕师铎说："吕用之最近几年的作为，招致民怨沸腾，神鬼共愤，怎么知道上天不是借用我的手杀掉他呢！淮宁军使郑汉章是我的同乡，当初离开黄巢投奔高骈时是个副将，素来对吕用之无比痛恨，如果知道我讨伐吕用之，他一定会非常高兴的。"于是，毕师铎连夜与一百名骑兵偷偷抵达郑汉章那里；郑汉章听后非常高兴，把镇所的军队全部发动起来，又驱使当地百姓，共一千多人跟随毕师铎到达高邮。毕师铎向张神剑追问收到的秘密文书，张神剑惊讶地说："根本没有什么机密文书啊。"毕师铎声音脸色越来越严厉，张神剑厉声大喊："你怎么这样不明白！吕用之奸诈邪恶，天地难容，人神共愤。何况最近大肆对当权显贵进行贿赂，担任岭南节度使，又不前往赴任，有人说他谋划占据此地，如果让他如愿以偿的话，我们哪能持刀从军，侍奉这个奸恶之人呢！我们要把吕用之这几个乱臣贼子千刀万剐以对淮海百姓谢罪，还有什么可说的呢！"郑汉章听后心情很畅快，于是命令准备酒，用刀划破胳膊让血滴到酒里，两人饮血酒结盟。乙巳日（初二），众将推举毕师铎为行营使，撰写表文，祭告天地，把书信送到淮南境内，说明诛杀吕用之和张守一、诸葛殷等人的用意。任用郑汉章为行营副使，张神剑为都指挥使。

张神剑认为毕师铎的成功或失败还无法预料，因此请求将自己带领的部属留在高邮，说："一方面为您做声援，另一方面供给您粮食和军需。"毕师铎很不高兴，郑汉章说："尚书张神剑的计谋也不错，如果你们自始至终同心同德，等到事情成功那一天，美女宝玉缎帛共同享用，今天怎能再互相闹意见呢！"毕师铎这才同意张神剑的建议。戊申日（初五），毕师铎、郑汉章从高邮出发。

庚戌日（初七），毕师铎派侦察骑兵前往广陵向高骈禀告出师缘由，吕用之隐瞒了这一消息。

朱珍抵达淄青十天，前来应征当兵的有一万多人，此外又偷袭青州，得到上千匹战马；辛亥日（初八），起程返回，抵达大梁，朱全忠高兴地说："我的大业就要成功了！"

这时，蔡州的军队正在劫掠汴州，他们的都将张晊在汴州城的北郊驻扎，秦贤在板桥屯驻，各有士兵几万人，分成三十六寨，依次排列，绵延达二十里路。朱全忠对各将领说："他们养精蓄锐，先让士兵休息，再来攻打我们。但他们不知道朱珍招募士兵已经回来了，还以为我们的兵少，害怕胆怯，只求防守而已。我们应该出其不意，先去攻击他们。"于是亲自带领军队去攻打秦贤的守寨，士兵们奋勇前进，争先恐后。秦贤没有防备，被连续攻下了四个守寨，被杀掉一万多人。蔡州的军队大为吃惊，还以为是神兵天降呢。

朱全忠又派遣牙将新野人郭言到河阳、陕、虢等地去招募士兵，招募了一万多人后返回。

毕师铎的军队很快就抵达广陵城下，引起了城中的一阵骚动。壬子日（初九），吕用之带领部下的精兵，用丰厚的赏赐引诱他们，出城去奋力作战。毕师铎的军队稍微退却了一些，吕用之这时才能砍断城壕上的桥梁，堵住城门来防守。这一天，高骈登临延和阁，听到喧嚷之声，身边的人把毕师铎作乱的消息禀告给他。高骈大吃一惊，迅速叫来吕用之，问他究竟发生了什么事。吕用之缓慢地回答说：“毕师铎的军队想要回来，被看门士兵拦截了，刚才我已经随机应变，做了安排，估计没有多久他们便会撤退离去的；如果还不停息的话，只有烦劳九天玄女中的一位大力士来将他们平定啦。您放心吧，不用忧虑啊！”高骈说：“最近我感觉你虚妄不实的地方确实很多，你要好自为之！不要让我像周侍中那样。”说完，伤心丧气了好长时间；吕用之又惭愧又惶恐，退了出去。

毕师铎退兵在山光寺屯驻，因为广陵城池坚固，士兵众多，很后悔自己的作为；癸丑日（初十），毕师铎派遣他的部属孙约和他的儿子到宣州去，向观察使秦彦请求军队援助，并且私下许诺他，把城攻下来后，迎接秦彦去担任统帅。恰逢此时，毕师铎的门客毕慕颜从城中逃出来，说：“城中人心涣散，吕用之忧虑窘迫，如果你们坚决防守，用不了多久城里一定会溃败的。”毕师铎这才高兴起来。

这天，天还没亮，高骈召来吕用之，询问他事情的经过，吕用之这时才如实回答。高骈说：“我不想再出兵相互攻打，你可以挑选一位温和诚实的大将，拿我的亲笔书信去晓谕毕师铎，如果他不听从，再另做处置吧！”吕用之退出后，想到各将领都是自己的仇敌，如果让他们前往，一定会对自己不利。甲寅日（十一日），吕用之派遣他的部属讨伐副使许戡，拿着高骈的亲笔书信以及吕用之的誓状，连同酒、肉等出城去犒劳毕师铎，毕师铎开始也希望高骈旧部大将前来犒劳问候，申诉吕用之的所有奸邪罪恶之事，以坦露宣泄一下心中积压已久的愤恨，等看到前来的是许戡以后，放声大骂道：“梁缵、韩问他们在哪里？竟然派你这个污秽不堪的东西来！”许戡还没来得及开口说话，就被拉出去斩首了。乙卯日（十二日），毕师铎将一封书信射进城中，吕用之看都没看，就把它烧了。

丁巳日（十四日），吕用之派遣武装的士兵一百人前往延和阁去探望高骈。高骈大惊失色，藏在寝室里，许久以后才出来，说：“节度使居住的地方，士兵无缘无故闯入，难道要造反吗？”命令身边的人把他们赶出去。吕用之非常害怕，从内城南门逃走，举起马鞭指着南门说：“我绝不会再进此门了。”从此之后，高骈、吕用之这才分开。

这天晚上，高骈叫来他的侄儿前左金吾卫将军高杰秘密商讨军务；戊午日（十五日），任命高杰总领牢城使，流着泪伤感地鼓励他，授予他亲信五百人。

吕用之命令各部将大肆搜寻抓捕城中的壮丁，不管是朝中文官还是普通书生，都用明晃晃锋利的刀威逼他们，并且命人捆绑他们登上城墙，命令他们分别站立在城墙上，从早晨到晚上，不让他们休息；又害怕他们跟城外的贼寇暗中往来，多次变换他们戍守的地方，就算家人给他们送饭食，都不知道他们在哪里。因此，城中的人也怨恨毕师铎——为什么这么久还不攻城。

高骈派遣大将石锷送毕师铎的小儿子以及他母亲的信跟高骈亲笔书函到扬子县给毕师铎，毕师铎很快派他的儿子回去，说：“只要您斩掉吕用之、张守一让我看看，我毕师铎绝对不敢辜负您的恩德，我愿意用我的妻子、儿子做人质。”高骈担心吕用之屠杀毕师铎的家人，只得收留毕师铎的母亲、妻儿，将他们安置在使院里。

辛酉日（十八日），秦彦派遣他的大将秦稠率领三千士兵到扬子县援助毕师铎。壬戌日（十九日），宣州的军队进攻南门，攻不下来；癸亥日（二十日），又攻打大城的东南角，有好几次几乎就要攻下城了。甲子日（二十一日），大城西南角防守的人烧了防御木栅，来响应毕师铎，毕师铎派人毁掉城墙，接纳那些人。吕用之率领他的军队上千人在三桥的北边竭尽全力作战，毕师铎即将失败之时，正好高杰率领牢城的士兵从内城出来，想要抓吕用之交给毕师铎，吕用之于是打开参佐门向北逃窜。高骈叫梁缵率领昭义军一百多人守卫内城。

乙丑日（二十二日），毕师铎放纵军队大肆劫掠财物。高骈迫不得已，命令撤除防守，跟毕师铎在延和阁下会面，彼此相拜，就像宾主一般，高骈任命毕师铎担任节度副使、行军司马，仍承受制命加封左仆射，郑汉章等人各自升迁至不同等级的职位。

左莫邪都虞候申及，本来是徐州特别英勇的健将，他进去拜见高骈，禀告说：“毕师铎叛党不多，许多城门还没有人驻守，请您趁这个机会挑选之前就跟从您的三十名亲信，夜里从教场门逃出去，等到毕师铎发觉了，再追赶也来不及啦！然后派遣各镇的军队，返回攻取府城，这是转祸为福的好办法啊！您一两天内必须决定这件事，再拖延的话恐怕就很难办了，我申及也不能在您的身边侍奉您啦！”说着还流下眼泪。高骈心中犹豫，没有接受他的建议，申及恐怕自己讲的话泄露出去，于是逃走躲藏起来，遇上张雄到达扬州的东塘，申及便前去投靠他。

丙寅日（二十三日），毕师铎果然分别派遣士兵防守各城门，搜捕吕用之的亲戚、同党，把他们全都杀死。毕师铎在使院中居住，秦稠派遣宣军千人分别守卫使官的宅院以及各仓库。丁卯日（二十四日），高骈上牒文向朝廷请求辞去职务，任命毕师铎兼管府中的事务。

毕师铎派遣孙约前往宣城，催促秦彦赶快渡江。有人劝毕师铎说：“您前日发动军变，是因为吕用之奸邪残暴蛮横之故，高令公闲坐在那儿既听不见也看不到，没办法分辨是非，不能处理政务，因此请顺应大家的心意为淮南铲除祸害。现在，吕用之既然已经失败了，军中府里也都肃清了，您应该仍旧辅佐服侍高公。只要您统领兵权来发布军令，谁敢不服从您呢！吕用之只不过是淮南的一个叛将罢了，只要您送封信到他所在的地方，马上就可以把他抓获斩杀。如此，您在外有推崇侍奉高公的美名，在内有兼并的事实，即使朝廷听到了这些事，也无损您臣子的节操。如果高公明智的话，必然会心里感到羞愧；假如他仍然不改变，那么他也只是案板上可以任人随意宰割的一块肉罢了，为何要把这种功劳送给别人，怎能只受别人的牵制管束呢？恐怕到头来还是会自相残杀的！前天，秦稠派遣军队先守卫仓库，他对你的疑虑我已经看出来了。并且秦司空担任节度使，庐州、寿州哪里肯屈居在他之下呢？我认为征战攻伐的事，没有结束终了的一天，哪里只有淮南生灵涂炭、尸横满地呢，我私下担忧您的功名成败还无法预知呢。不如趁现在赶紧制止秦司空，不要让他渡江，假如他稍微感知到风吹草动，必然不敢贸然进攻的；即使以后他斥责您违反约定，您仍然不失为高氏的忠臣啊！”毕师铎对此很不以为然，第二天，毕师铎把这件事告诉郑汉章，郑汉章说：“这是一个聪慧优秀的人才啊！”分派手下到各处去寻找他，可是那个人害怕灾祸降临，竟然不再出来了。

戊辰日（二十五日），高骈从家里搬出去，住在南边的府第，毕师铎派遣武装士兵百人护送，实际上是囚禁他。这一天，宣军因为所要求的赏赐拿不到，便焚烧进奉院两座楼的几十间房屋，珍宝财物都化为灰烬。己巳日（二十六日），毕师铎在府厅中处理事务，凡是没有兵权的官吏都依照原先的职位任职，又把高骈迁到东边的府第。从府城被攻克以后，各路军队大肆劫掠，日夜不停，到这时，毕师铎才任命先锋使唐宏为静街使，禁止军队掠夺。

高骈以前担任盐铁转运使的时候，几年都没有进奉东西给朝廷，因此在扬州的钱财、货物堆积如山。高骈做郊天祭祀大典、皇帝登楼宣布大赦时六军所用的仪仗服装，以及大殿中元旦的大会、内府官署中供皇帝巡行使用的一切器具及所有陈设等，都镶嵌上金银、宝石，雕刻盘旋的龙、敛翼的凤，总共有几十万件，全都被乱兵抢夺，这些东西散入百姓家中，摆放在寝室里头。

庚午日（二十七日），抓住了诸葛殷，用木杖打死了他，把他的尸体丢弃在路旁，他的仇家挖出他的眼睛，割断他的舌头，民众拿瓦砾石头丢他，没多久，便堆积得如同坟冢一般。吕用之失败时，他的党羽郑杞首先归顺毕师铎，毕师铎任郑杞掌管海陵监事。郑杞到达海陵，暗中记录海陵镇遏使高霸的为政得失，向毕师铎禀报。高霸截获了郑杞的文书，于是用棍棒击打郑杞的后背，砍断他的手和脚，挖出眼睛割下舌头，然后将他斩杀。

蔡州的将领卢瑭在万胜镇屯兵，在汴水两岸驻扎军队，以断绝汴州运送货物的道路，朱全忠乘雾袭击他，因为趁他没防备时出击，几乎把卢瑭的士兵都杀死了。就这样，蔡州的士卒都跑到张晊那里，在赤冈驻扎；朱全忠又就地攻打他们，杀死了两万多人。蔡州人十分害怕，有时在军营内就惊慌起来，朱全忠于是返回大梁，休养整顿军队。

辛未日（二十八日），高骈偷偷赠送金子给看守他的士兵。毕师铎听说此事以后，壬午日（四月无此日），又把高骈送入道院，把高骈的子弟甥侄十几个人也一起囚禁起来。

前苏州刺史张雄率领他的军队从海上沿着长江逆流而上，在东塘驻扎，他还派遣属下将领赵晖进入上元县据守。

毕师铎进攻广陵的时候，吕用之假借高骈的名义颁布文书，暂任庐州刺史杨行密为行军司马，命他派遣军队来广陵援救。庐江人袁袭对杨行密说："高公昏庸糊涂，吕用之狡诈邪恶，毕师铎作乱犯上，这三种恶人聚集在一起，却来向我们求救，这是上天要把淮南送给你，你应当立即奔赴广陵。"杨行密于是发动庐州全部军队，另外又向和州刺史孙端调借士兵，共计率领几千人一同前往，五月，抵达天长镇。郑汉章跟随毕师铎出征的时候，把他的妻子留下来防守淮口，吕用之率领军队攻打淮口，攻打了十日，仍然没有攻下来，郑汉章率领军队救援。吕用之听到杨行密到了天长镇，便带领军队返回。

丙子日（初三），朱全忠出兵进攻张晊，大破张晊的军队。秦宗权听到这个消息后，从郑州率领精锐军队前来与张晊会合。

张神剑向毕师铎索要财物，毕师铎告诉他要等待秦彦的命令，张神剑很是恼怒，也率领他的军队投靠了杨行密；接着海陵镇遏使高霸、曲溪人刘金、盱眙人贾令威都率领本部兵马归顺杨行密，杨行密的军队增加到一万七千人，张神剑运送高邮的粮食来供给杨行密。

朱全忠向兖、郓两州请求救援，朱瑄、朱瑾都率领军队赶往援助，义成军也赶到了。辛巳日（初八），朱全忠用四镇的士兵在边孝村进攻秦宗权，大破他的军队，斩杀了两万多人；秦宗权在夜里逃走，朱全忠派人追杀他，追到郑州的阳武桥才返回。朱全忠深深感谢朱瑄，对待他就像自己的哥哥一样。蔡州防守东都、河阳、许、汝、怀、郑、陕、虢等地的军队，听说秦宗权战败，都放弃守地逃走了。秦宗权进军郑州，孙儒进军河阳，都大肆屠杀那里的百姓，焚烧当地的房屋然后离开，秦宗权的势力从这以后有所衰落。朝廷派遣扈驾都头杨守宗管理许州的事务，朱全忠派他的部众孙从益管理郑州的事务。

钱镠派东安都将杜稜、浙江都将阮结、静江都将成及率领军队讨伐薛朗。

甲午日（二十一日），秦彦率领宣歙的三万士兵，搭乘竹筏沿着江水顺流而下，赵晖在上元县截击，杀死、溺死的士兵几乎有一半。丙申日（二十三日），秦彦进入广陵，声称暂代淮南节度使，仍然任用毕师铎为行军司马，补任池州刺史赵锽为宣歙观察使。戊戌日（二十五日），杨行密率领各路军队抵达广陵城下，设置八个营寨守住广陵周围，秦彦则关闭城门坚决防守。

六月，戊申日（初六），神策五十四都中的天威都头杨守立和凤翔节度使李昌符为了抢夺道路，部下对打起来，僖宗李儇派中使劝告他们，但士兵间的冲突、互殴仍没停止。这天晚上，宫中值宿士兵严阵以待。己酉日（初七），李昌符率领士兵们焚烧了行宫，庚戌日（初八），又进攻大安门。杨守立和李昌符在通衢大路交战，李昌符战败，率领部下逃奔陇州，在陇州防守。在这期间，杜让能听说皇宫有大难，挺身而出冲进宫中护卫僖宗李儇；韦昭度则把自己的家人放在军营中当作人质，来表示他誓死斩杀谋反贼子的决心，因此军中士卒竭力苦战，终于战胜了叛兵。杨守立是杨复恭的义子。壬子日（初十），僖宗李儇任命扈驾都将、武定节度使李茂贞为陇州招讨使，前去讨伐李昌符。

甲寅日（十二日），河中牙将常行儒斩杀节度使王重荣。王重荣用法严苛，到了晚年变本加厉；常行儒曾经被惩处过，深以为羞耻，于是趁机作乱。趁夜，常行儒带人攻打官府房舍，王重荣逃进别墅；第二天早上，常行儒抓住王重荣并将他斩杀。朝廷颁诏委任王重荣的哥哥陕虢节度使王重盈为护国节度使，又任命王重盈的儿子王珙暂任陕虢留后。王重盈抵达河中，抓住了常行儒，将他杀了。

戊午日（十六日），秦彦派遣毕师铎、秦稠率领军队八千人出城，西进攻打杨行密，秦稠战败而死，战死的士兵们占十分之七八。广陵城内粮食匮乏，出外打柴的道路也断了，秦彦率领的宣州军队开始吃人来充饥。

壬戌日（二十日），亳州的将领谢殷驱逐刺史宋衮。

孙儒已经离开河阳，李罕之叫张全义前往泽州，与他收聚余下的士兵。李罕之据守河阳，张全义据守东都，共同向河东请求援助；李克用派遣他的部将安金俊为泽州刺史，率领骑兵来援助他们，并且向朝廷上表请求任命李罕之为河阳节度使，张全义为河南尹。

起初，东都洛阳经过黄巢作乱后，遗留下来的百姓聚集在三个城里相互保护，后来又经过秦宗权、孙儒的残暴烧杀劫掠，只剩下毁坏的城墙。张全义刚到这里的时候，只见白骨累累，放眼望去荒草丛生，百姓共计不足一百户，张全义的士兵才一百多人，一起守卫三城中间的中州城，四周田野都没有种地的人。张全义于是从士兵中选出十八个有才能、有器度可以任用的，发给每人一面旗子、一张榜文，称作“屯将”，命令他们分别到河南十八个县原来的村中，竖起大旗，张贴榜文，召集安抚四处流亡的百姓，劝说他们种田耕作。除杀人的处死外，其余的人只用竹板、木板来体罚罢了，没有严酷的刑罚，也没有租金税收之类的东西，来归顺的百姓就好像上市场那般地积极踊跃。此外，又选出身强力壮的人，教他们作战技能，攻守防御的阵势，用来抵御贼寇强盗的侵犯。几年之后，都城中的街坊曲巷，逐渐地恢复至昔日的规模，各县的户口，大致已经恢复到过去的水平。桑麻茂盛，田野里再也没有空地。那些能拿武器服兵役的人，大县达到七千人，小县也不少于两千人，于是，张全义向朝廷进呈奏章请求设置县令佐官治理这些地方。张全义明察秋毫，人们欺骗不了他，同时他处理政务又宽厚简明。他出巡时，看到田地里农作物长得茂盛，常常下马跟幕僚们一起观赏，找来田地的主人，用酒食犒劳他；有擅长养蚕种麦的人粮食丰收了，张全义有时就到这些人的家里，把男女老幼都叫出来，赏赐给他们茶叶、丝绸和衣物等。民间传言说："张公不喜欢音乐舞伎，看到那些不曾笑过；只有看到长得很好的麦子、结得很好的蚕茧才大笑啊！"有的人自己的田地荒芜了，张全义就召集众人当面杖责进行惩罚；有的人申诉说缺乏人手和耕牛，张全义便把他的邻居叫来责问说："这个人真的缺少人力、耕牛，你们为什么不肯帮助他呢？"民众都向张全义承认错误，请求谅解，这才释放了他们。从此以后，邻里之间就相互帮助，因此家家都有积蓄，荒年也不会有饥饿的情形出现，所以就成了物产富饶、人口众多的地方了。

杜棱等人在阳羡将薛朗的部将李君旺打败。

秋季，七月，癸未日（十二日），淮南的将领吴苗率领他的部众八千人翻越城墙向杨行密投降。

八月，壬寅朔日（初一），李茂贞向朝廷奏报，陇州刺史薛知筹献出陇州城投降，斩杀了李昌符，灭了李昌符的全族。

朱全忠率领军队经过亳州，派遣他的部将霍存袭击谢殷，把谢殷杀死了。

丙子日（八月无此日），僖宗李儇任命李茂贞为同平章事，充任凤翔节度使。

僖宗李儇任命韦昭度掌理太保、兼任侍中。

朱全忠想要兼并兖、郓两州，但是因为朱瑄兄弟对自己有功，攻打他们没有理由，于是就捏造事实，诬陷朱瑄，说他招引宣武军的士兵，送去书信责备他。朱瑄给朱全忠的回信也不恭敬，朱全忠于是派遣属下将领朱珍、葛从周袭击曹州，壬子日（十一日），攻取了曹州，杀死了刺史丘弘礼。又攻打濮州，与兖州、郓州的士兵在刘桥作战，杀死了几万人，朱瑄、朱瑾仅能免于一死。从此以后，朱全忠就与兖州的朱瑄、郓州的朱瑾结下了仇怨。

秦彦因为张雄的兵力强盛，希望张雄为他所用，便把仆射的委任状授予张雄，又将尚书的委任状三份授予副将冯弘铎等人。广陵人争着拿金银、珠宝、玉石、丝绸等物到张雄的军队里换取粮食，一条通天犀带只能够换五升米，一条丝绸的被子只能换五升米糠。张雄的军士富有之后，就不肯再作战，没过多久，又去援助杨行密。

丁卯日（二十六日），秦彦出动城中全部的一万两千士兵，派遣毕师铎、郑汉章率领他们，在广陵城西排兵布阵，绵延几里地，军势极为旺盛。杨行密却安安稳稳地躺在军帐里面说："贼寇靠近时再禀告我。"牙将李宗礼说："敌我数量悬殊，我们应当加固营垒自我坚守，再慢慢谋划把军队撤回。"李涛愤怒地说："我们顺应天道讨伐逆贼，哪管人多人少！军队已经来到这里，能撤离到哪里去！我愿意带领兵马做前锋，保证为杨公你打败贼寇。"李涛是赵州人。杨行密于是把金银、布帛、粮食等都积聚在一个寨中，命令瘦弱的士兵来守卫，又在附近埋伏了很多精锐强健的士兵，亲自率领一千多人迎击毕师铎的军阵。双方军队开始交战后，杨行密假装战败，退兵逃跑，广陵的士兵追杀他们，冲入空寨中，争着去抢夺金银、布帛、粮食。这时埋伏的士兵从四面蜂拥而入，广陵的士兵立刻乱成一团，杨行密纵兵追杀他们，几乎把他们俘虏、斩杀光了，堆积的尸体绵延了十里长，沟渠中都堆满了死尸，毕师铎、郑汉章仅能够独自骑马逃跑。从这以后，秦彦再也不提出兵的事了！

九月，僖宗李儇任命户部侍郎、判度支张濬为兵部侍郎、同平章事。

高骈在道院中居住，秦彦供给他的饮食非常少，身边的人，都没有东西吃，以至于有的人烧掉木像、煮皮带来吃，有的竟相互吃人肉充饥。秦彦与毕师铎出动军队一再战败，怀疑是高骈通过巫术诅咒他们，广陵城外的围攻又越来越急迫，秦彦担心高骈的党羽中有做内应的人。有一位叫王奉仙的妖尼告诉秦彦说："扬州位当列宿所冲，将有特别大的灾祸，必定会有一位权势很高的大人物死亡，然后这里就会安定无事了。”甲戌日（初四），秦彦命令属下将领刘匡时杀死高骈，连同高骈的子弟甥侄不论年龄大小全都处死，把他们一同埋葬在一个大坑里。乙亥日（初五），杨行密听到此事，率领士兵们穿着白色的丧服面向广陵城痛哭三天。

朱珍进攻濮州，朱瑄派遣他的弟弟朱罕率领步兵、骑兵共计约有一万人援救濮州；辛卯日（二十一日），朱全忠在范县迎击朱罕的军队，捉住了朱罕，并将他杀了。

冬季，十月，秦彦派遣郑汉章率领步兵、骑兵五千人攻打张神剑、高霸的守寨，把守寨攻克了，张神剑逃到高邮，高霸逃到海陵。

丁未日（初七），朱珍攻取濮州，刺史朱裕逃到郓州；朱珍又进军攻打郓州。朱瑄命令朱裕给朱珍写了一封欺骗他的书信，说是约好作为朱珍的内应，于是朱珍在夜间率领军队前往郓州，朱裕打开城门把汴州军队迎进来，然后关门将他们斩杀，杀死了几千人，汴州军队于是撤退了。朱瑄乘胜又攻克曹州，任命他的部属郭词为刺史。

甲寅日（十四日），僖宗李儇册立皇子李升为益王。

杜稜等人攻取了常州，丁从实逃到海陵。钱镠迎奉周宝返回杭州，佩戴盔甲弓箭，向周宝行部将的礼节，亲自到杭州郊外迎接他。

杨行密围攻广陵将近半年，与秦彦、毕师铎大大小小打了几十仗，大多战败了；城中又没有食物可吃，一斗米涨到五万钱，连草根、果子都吃光了，用黏土做成饼来吃，一大半的士兵被饿死。宣州军队劫掠百姓运到市场出卖，对他们驱赶捆绑屠杀宰割就像对待猪羊一样，一直到街上寂静无声，堆积的尸骨和流淌的鲜血，弥漫在市场周围。秦彦、毕师铎对这种情况也无计可施，只能紧皱眉头罢了。广陵城外的围攻更加急迫，秦彦、毕师铎忧愁烦恼，几乎没有活下去的念头，相对抱膝，整天愁眉苦脸。杨行密也因为围攻广陵城太久仍然攻克不了，打算率军返回庐州。己巳日（二十九日）的晚上，刮起大风，下起大雨，吕用之的部将张审威率领部下三百士兵，在凌晨埋伏在西边的壕沟里，等到防守的人换班，偷偷地登上城墙，打开城门，让外面的士兵进去，城内的守卫都没有抵抗就溃败了。在这之前，秦彦、毕师铎信赖倚重尼姑王奉仙，连发兵作战的阵容、日期、时辰以及奖励处罚的多少，都由尼姑王奉仙来裁定。到这时，秦彦、毕师铎又询问王奉仙说："怎样才能挽回败局？"王奉仙回答说："离城出走是最好的对策。"于是秦彦、毕师铎从开化门逃出，逃到东塘。杨行密率领各路军队共计一万五千人进入城中，因为梁缵不能向高骈竭尽臣节，还为秦彦、毕师铎效力，因此在戟门的外面就把他杀死了；韩问听到这个消息，跳到井里自尽。杨行密任命高骈的侄孙高愈代理副使，让他改葬高骈以及他的族人。城中剩下的百姓只有几百户，饥饿瘦弱得没了人样，杨行密用车子搬运城西守寨的米粮来救济他们。杨行密自称为淮南留后。

秦宗权派遣他的弟弟秦宗衡率领上万士兵渡过淮水，跟杨行密争夺扬州，任命孙儒为副将，张佶、刘建锋、马殷以及秦宗权的族弟秦彦晖都跟随一起去。十一月，辛未日（初二），抵达广陵城的西边，占据杨行密以前攻城时用的守寨，杨行密军队没有运入城内的器械、粮草等物，都被蔡州军队得到了。秦彦、毕师铎抵达东塘，张雄拒绝接纳他们，他们便想渡过长江逃往宣州。这时秦宗衡召请他们，于是秦彦、毕师铎率军返回，与秦宗衡联合。

没过多久，秦宗权召秦宗衡返回蔡州，抵御朱全忠。孙儒知道秦宗权的势力不会维持太长久，便推说身体有病，不能与他同行；秦宗衡多次催促他，孙儒十分恼怒。甲戌日（初五），孙儒和秦宗衡饮酒，在酒席上亲手将秦宗衡杀死，把他的首级送到朱全忠那里。秦宗衡的部将安仁义向杨行密投降。安仁义本来是沙陀的将领，杨行密把全部的骑兵委任给他率领，地位排在田頵之上。孙儒分派士兵去抢劫掠夺邻近的几个州，没多久，部众增加到几万人，因为城下食物匮乏，孙儒于是与秦彦、毕师铎去袭击高邮。

起初，宣武都指挥使朱珍和排阵斩斫使李唐宾很英勇，有智谋，两人的功劳与名位相差无几，朱全忠每次打仗，都让两人同行，所到之处没有不打胜的，可是朱珍、李唐宾二人平时却互不服气。朱珍派人到大梁迎接他的妻子，没有向朱全忠报告，朱全忠很生气，派兵去追赶，追回了他的妻子，杀死守门卫兵，派遣他的亲近官吏蒋玄晖召回朱珍，让李唐宾代替朱珍统领他的军队。馆驿巡官冯翊人敬翔劝朱全忠说："朱珍不可轻易被人取代，恐怕这样做的话，他会猜疑害怕趁机作乱的。"于是，朱全忠很后悔，派人赶紧追上蒋玄晖，停止原有的安排。朱珍果然起了疑心，丙子日（初七）的晚上，朱珍置办酒宴款待各将领。李唐宾怀疑他图谋叛乱，杀了守护城门的士兵，逃到大梁，朱珍随后也抛弃军队，独自骑马跟着到了大梁。朱全忠爱惜这两个人的才能，对他们都不加责备，派遣他们返回濮州，二人便带兵返回。

朱全忠玩弄权术，手下将领佐吏对他的所作所为都无法猜测，只有敬翔能够预先了解，往往帮助朱全忠完善他未想到的地方，朱全忠很是高兴，深为认识敬翔太晚而倍感遗憾，凡是军事机密、民政大事等都向他询问。

辛巳日（十二日），高邮镇遏使张神剑率领部下两百人逃回扬州；丙戌日（十七日），孙儒屠掠高邮。戊子日（十九日），高邮的残兵七百人冲破包围回来，杨行密害怕他们叛乱，于是将他们分别隶属于各位将领，在一个晚上，将他们全部坑杀；第二天，杨行密在府第又杀了张神剑。

杨行密惧怕孙儒乘胜攻取海陵，壬寅日（十一月无此日），命令镇遏使高霸率领他的士兵、百姓都返回扬州府城，说："违反军令，诛杀全族。"于是几万户人家丢弃财物、田产，烧掉房屋、田舍，扶老携幼迁徙到广陵。戊戌日（二十九日），高霸与胞弟高晊、部将余绕山、前任常州刺史丁从实到达广陵，杨行密到城外迎接，与高霸、高晊结拜为兄弟，把他们的将领和士兵安置在法云寺。

己亥日（三十日），秦宗权攻克郑州。

朝廷因为淮南长久以来都处在战乱中，闰月，任命朱全忠兼淮南节度使、东南面招讨使。

陈敬瑄厌恶顾彦朗和王建两人关系亲密，担心他们联合起来谋害自己，就与田令孜商议，田令孜说："王建是我的干儿子，他不为杨兴元（守亮）所容纳，因此才做贼寇罢了。今天只要我写一封信给他，召他来，马上就可以把他收到你的部下。"于是，田令孜派人给王建送去一封书信召请他。王建十分高兴，前赴梓州面见顾彦朗说："神策十军观军容使让我的义父田令孜召请我，我应当前去探望。顺便去拜见太师陈敬瑄，向他求取一个大州，如果得到了，我的愿望就实现了。"于是把他的家人留在梓州，率领部下精兵两千人，和侄儿王宗鐬、义子王宗瑶、王宗弼、王宗侃、王宗弁一同西去。王宗瑶就是燕人姜郅；王宗弼就是许人魏弘夫；王宗侃是许人田师侃；王宗弁就是鹿弁。

王建抵达鹿头关，西川参谋李乂禀告陈敬瑄说："王建是一头猛虎，为何要请他进入室内呢？他怎么肯做你的属下呢？"陈敬瑄有些后悔了，急忙派人去阻止王建西进，并且加强守备。王建听闻后很是气恼，攻取鹿头关向前进发，在绵竹打败汉州刺史张顼，于是攻克汉州，继续进军；又在成都的蚕北镇打败西川将领句惟立，接着攻克德阳。陈敬瑄派遣使者去斥责他，他回答说："我义父召我来，到了门口却又拒绝我，又加上被顾彦朗怀疑，这真让我进退两难，无所归依啊！"田令孜登上城楼安慰他，说明情况，王建和各将领在清远桥上，把头发剪掉，一个个排列参拜，说："现在我们既然已经没有归路，那么就辞别义父暂且去做贼寇了。"顾彦朗任命他的弟弟顾彦晖为汉州刺史，派遣军队去帮助王建，迅速攻打成都，打了三天，没有攻克，便撤退了，在汉州屯驻。

陈敬瑄向朝廷告急，僖宗李儇诏命派遣中使调解他们；此外，又命令李茂贞用书信晓谕他们，他们都不听从。

杨行密想要派遣高霸屯驻在天长镇以便抵御孙儒，袁袭说："高霸是高骈的旧部将，常常脚踏两条船，我们战胜，他就来归顺，我们失利，他又背叛我们。现在要让他在天长屯驻，这是自己断了退路，不如把他杀死。”己酉日（初十），杨行密设下伏兵，抓住了高霸和丁从实、余绕山，将他们都杀死了。另外，杨行密又派遣千名骑兵到法云寺去偷袭杀害他的同党，有几千人被杀。这一天，天降大雪，法云寺外几条街的地面却都被鲜血染红。高晧出逃，第二天，也被抓获杀死。

吕用之在天长镇的时候，欺骗杨行密说：“我有银子五万锭，埋在居住的地方，等到攻克广陵城时，我愿意献给你做饮酒庆功的费用。”庚戌日（十一日），杨行密检阅士兵，回过头看着吕用之说：“你承诺给他们银子，为什么言而无信呢！”于是把他拉下去，给他戴上刑具，命令田頵审问他，田頵说：“吕用之和郑杞、董瑾谋划在七月十五日的夜晚，邀请高骈到他的府第去举行黄箓大斋，趁着他入睡时，把他勒死，对外就宣称高骈升天为仙了。然后趁机命令莫邪都帅各军拥立吕用之担任节度使。”当天，吕用之被处以腰斩，与吕用之结仇的人马上把他的尸体肢解了，接着又诛杀了吕用之的家族党羽。士兵们挖开他家的中堂，发现了一个桐木雕刻的人，写着高骈的姓名，手上戴着镣铐，身上钉着钉子。

袁袭告诉杨行密说：“广陵城饥荒已经相当严重，孙儒的蔡州贼军又来攻打，老百姓一定更加贫困，不如暂且躲开他。”甲寅日（十五日），杨行密派遣和州的将领延陵宗率领两千士兵返回和州，乙卯日（十六日），又命令指挥使蔡俦率领士兵千人，运载几千辆车的军需器械、粮草等，回到庐州。

赵晖据守上元县，适逢周宝战败，浙西溃散的士兵大多投靠赵晖，他的军队达到几万人。赵晖便骄横起来，整修南朝的台城来居住，穿的衣服、使用的器物奢侈华丽超越身份。张雄占据东塘，赵晖不跟他互通问候。张雄逆江而上，赵晖派出军队在长江中流拦截张雄军队。张雄勃然大怒。戊午日（十九日），张雄攻打上元县，把它攻取了。赵晖逃往当涂，还没抵达，被其部下杀死。余下的士兵都投降张雄，张雄都把他们坑杀了。

朱全忠派遣内客将张廷范将朝廷的诏令交给杨行密，任命杨行密为淮南节度副使，又任命宣武行军司马李璠为淮南留后，派遣牙将郭言率领士兵千人护送李璠。

感化节度使时溥认为他跟朱全忠相比，自己是前辈，官职又升到都统，可是却不能统领淮南，而朱全忠却得到这一任命，心中很是怨恨不满。朱全忠写信向时溥借道，时溥没有答应。李璠到达泗州，时溥命令军队袭击他，护送的牙将郭言竭尽全力迎战才免于一死，退了回去，徐、汴两州从这时起，开始结下仇怨。

十二月，癸巳日（二十五日），秦宗权所委任的山南东道留后赵德諲攻克荆南，将节度使张瓌杀死，留下属将王建肇防守荆南城，然后离去，城中剩下的百姓只有几百家。

饶州刺史陈儒攻克衢州。

上蔡贼寇的首领冯敬章攻克蕲州。

乙未日（二十七日），周宝在杭州去世。

钱镠派杜稜担任常州制置使。命令阮结等人攻打润州，丙申日（二十八日），攻取了润州；刘浩逃走，活捉了薛朗返回。

文德元年（戊申，公元888年）是年二月方改元。

春季，正月，甲寅日（十六日），孙儒杀死秦彦、毕师铎、郑汉章。秦彦等人归顺秦宗衡的时候，他们的兵马还有两千多人，后来逐渐被孙儒所夺，秦彦的副将唐宏知道会有大的祸患，害怕一起去送死，于是诬告秦彦等人暗中将汴州军队召来。孙儒杀掉秦彦等人以后，任命唐宏为马军使。

张守一和吕用之一起归顺杨行密后，一方面替各将领配置仙丹，另一方面去干涉军府中的军政事务，杨行密一怒之下杀了张守一。

蔡州将领石璠率领一万余人进犯陈州、亳州，朱全忠派遣朱珍、葛从周率领几千骑兵攻打并活捉了石璠。癸亥日（二十五日），僖宗李儇下诏任命朱全忠为蔡州四面行营都统，代替时溥，各镇军队都受朱全忠的节制调度。

张廷范抵达广陵时，杨行密用很优厚的礼节招待他；等到听说李璠要来担任淮南留后，很不满意，露出不接受的脸色。张廷范偷偷派人禀告朱全忠，应当亲自率领大军赶赴广陵，朱全忠听从了他的意见。朱全忠到了宋州，张廷范从广陵逃回，说："还不能对杨行密谋划算计。"甲子日（二十六日），李璠到了，说时溥的徐州军在路上拦截，朱全忠这才停止前往。

丙寅日（二十八日），钱镠斩杀薛朗，将他的心挖出来祭奠周宝，任命阮结为润州制置使。

二月，朱全忠向朝廷上奏，任命杨行密为淮南留后。

乙亥日（初七），僖宗李儇生病；壬午日（十四日），僖宗李儇从凤翔出发，己丑日（二十一日），抵达长安。庚寅日（二十二日），僖宗李儇下诏大赦天下，改年号为文德；任命韦昭度兼中书令。

魏博节度使乐彦祯，骄横不守法度，征发六州的百姓，在魏州城墙外修建外城方圆八十里，人们为沉重的劳役所苦；他的儿子乐从训，特别凶狠阴险，将王铎杀死以后，魏州人都憎恨他。乐从训召集亡命之徒五百多人作为自己的亲兵，称之为子将（儿子将士），魏州牙兵对此有疑虑，喧嚷不安。乐从训十分惧怕，更换了衣服逃出魏州城，留驻在附近州县，乐彦祯于是任命乐从训为相州刺史。乐从训派人到魏州搬运铠甲、兵器、黄金、布帛等，车辆在道路上来来往往，牙兵们见了更加怀疑。乐彦祯也很恐慌，请求辞去魏博节度使的官位，隐居到龙兴寺做僧人，部众们拥戴都将赵文玣掌管留后的职务。

乐从训带领三万士兵到达魏州城下；赵文玣不出来作战，部众们又将他杀死，推举牙将贵乡人罗弘信掌管留后的职务。之前，有人说："看到一个白胡须老人，他说罗弘信应当做本地的长官。"赵文玣死了以后，众人便聚在一起喊叫说："有谁想担任节度使？"罗弘信走出来回答说："那个白胡须老人已经指定我担任了。"众人围着他，看了多时，说："可以。"于是拥立他为魏博节度使。罗弘信率领军队冲出去，与乐从训交战，把他打败了。乐从训收聚残余的士兵据守内黄县，魏州的士兵把他包围了。

之前，朱全忠要征讨蔡州，派遣押牙将雷邺带着白银一万两到魏州买粮食，魏州牙兵既然赶走了节度使乐彦祯，便在馆舍将雷邺杀死了。乐从训战败后，便向朱全忠请求救援。

起初，河阳节度使李罕之和河南尹张全义割臂结为同盟，两人意气相投，关系非常亲密友好。李罕之勇猛却缺少谋略，个性又贪婪、残暴，有瞧不起张全义之意，他听说张全义勤勉节俭重视农耕，嘲笑说："他这样不过是一个田间农夫罢了！"张全义听到这话，并没有与他计较作对。李罕之多次要稻谷、布帛，张全义都送给他；然而李罕之的索求是没有止境的，河南也无法再供给他，稍微不如他所愿，他就将河南的主管官吏抓来戴上刑具，送到河阳来鞭打，河南的将领、佐吏们都很气愤。张全义说："李太尉要求的东西，为何不给他呢？"于是尽力侍奉李罕之，好像很怕李罕之似的，李罕之便更加骄横起来。李罕之的手下士兵不耕种庄稼，专门通过抢劫搜刮他人的资财，吃人肉作为粮食，到这时，李罕之发动全部军队进攻绛州，绛州刺史王友遇投降；又进攻晋州，护国节度使王重盈秘密联合张全义来谋划除掉他。张全义暗中派遣民兵，夜里，趁着后方空虚去偷袭河阳，天亮以后，攻进河阳的北城、南城、中弹城，李罕之翻越城墙徒步逃走，张全义把他的家人都抓获了，如此一来，张全义兼领河阳节度使。李罕之逃往泽州，向李克用求救。

三月，戊戌朔日（初一），出现日食，是日全食。

己亥日（初二），僖宗李儇的病又发作了；壬寅日（初五），病情大大加重。僖宗李儇的弟弟吉王李保，年龄大又有贤明，朝中群臣都对他寄予厚望。十军观军容使杨复恭请求立僖宗李儇的弟弟寿王李杰；这一天，僖宗李儇下诏命，立李杰为皇太弟，监领军国政事。右军中尉刘季述派遣士兵前往六王宅迎接李杰，迁入少阳院居住，自宰相以下朝中大臣都到少阳院参拜李杰。癸卯日（初六），唐僖宗李儇在灵符殿驾崩。留下遗诏，皇太弟李杰改名李敏，任命韦昭度代理宰相。

昭宗李敏即皇帝位，他精明能干，有英武之气，喜好文学，因为唐僖宗李儇时皇威法令不能提振，朝廷的威望日益下降，他便有恢复以前功业的宏大志向，对朝中大臣很尊重，渴望贤能豪杰来辅佐，登基不久，朝廷内外有了一些起色。

朱全忠在宋州运送粮食，将要进攻秦宗权；恰逢此时，乐从训前来向他求援，朱全忠于是把军队派往滑州驻扎，派遣都押牙李唐宾等人率领步兵、骑兵共三万人进攻蔡州，派遣都指挥使朱珍等人分别率领军队去援救乐从训。从白马县渡河，攻克黎阳、临河、李固三个镇，进军到达内黄，打败了魏州的军队一万多人，抓获他们的将领周儒等十人。

李克用任命部将康君立为南面招讨使，率领李存孝、薛阿檀、史俨、安金俊、安休休五位将领，以及七千骑兵，援助李罕之进攻河阳。张全义环城自守，城中的食物已经吃光了，于是向朱全忠求救，让自已的妻子儿女作为人质。

王建进攻彭州，陈敬瑄去援救彭州，王建这才率军离去。王建大肆抢劫掠夺西川，西川的十二个州都遭受了他的祸害。

夏季，四月，庚午日（初三），唐昭宗李敏追尊生母王氏为恭宪皇后。

壬午日（十五日），孙儒率军去偷袭扬州，把它攻了下来；杨行密离开扬州逃走，孙儒自称淮南节度使。杨行密想要投奔海陵，袁袭劝他返回庐州，再做进攻筹划，杨行密听从了袁袭的建议。

朱全忠派遣他的部将丁会、葛从周、牛存节率领几万士兵去支援河阳。李存孝命令李罕之率领步兵攻城，自己率领骑兵在温县迎战，河东的军队战败了，安休休害怕被治罪，逃奔蔡州。朱全忠分派汴州军队想要截断河阳以北的太行路，康君立等河东将领很害怕，当即率军返回。朱全忠向朝廷上表，任命丁会为河阳留后，又任命张全义为河南尹。丁会是寿春人，牛存节是博昌人。张全义感激朱全忠营救自己，从此真心实意地归附他，朱全忠每次出去打仗，张全义主管供给粮食和兵器，从不缺少。

李罕之担任泽州刺史，兼领河阳节度使。留下他的儿子李颀侍奉李克用，他本人则返回泽州，专门做些抢劫掠夺之事，从怀、孟、晋、绛等州起，几百里之内，州里都没有刺史，县中没有县令，田里没有禾麦，邑中没有人烟，这种情况，将近有十年了。河中、绛州之间有一座摩云山，高耸入云，百姓在这座山上聚集守护，贼寇强盗都不敢靠近，李罕之攻取了摩云山，因此当时人们也叫他“李摩云”。

乐从训把军队转移到洹水驻扎，罗弘信派遣他的将领程公信攻打乐从训，把乐从训杀死了，将他和他的父亲乐彦祯的人头砍下，悬挂在军门前。癸巳日（二十六日），罗弘信派出使者带着十分丰厚的财物犒劳朱全忠的军队，请求建立友好关系，朱全忠这才命令军队返回。昭宗李敏下诏任命罗弘信暂时代理魏博留后的职务。

归州刺史郭禹攻打荆南，驱逐了王建肇，王建肇逃往黔州。昭宗李敏下诏任命郭禹为荆南留后。荆南在兵荒马乱之后，只有十七户人家，郭禹振作精神想尽办法治理此地，抚慰安定疲惫受难的百姓，疏通货物交易，注重农田耕作，到郭禹晚年时，荆南已将近一万民户。那时各藩镇把招兵买马相互残杀视作重要的事情，而不安抚百姓，只有华州刺史韩建召集安抚流散的百姓，勉励督促百姓勤于农间耕种和栽桑养蚕，并且定期检验考察，几年之内，百姓富足，军中的给养也很充足。当时的人称之为“北韩南郭”。

秦宗权的别将常厚占据夔州，郭禹和他的部将汝阳人许存攻取了夔州。过了好长时间，朝廷任命郭禹为荆南节度使，任命王建肇为武泰节度使。郭禹向朝廷上奏，请求恢复原来的姓名成汭。

昭宗李敏加封李克用兼任侍中。

五月，己亥日（初三），昭宗李敏加封朱全忠兼任侍中。

赵德諲已经丧失荆南，并且考虑秦宗权必定会失败，壬寅日（初六），便率领山南东道的军队来投降，并且依附于朱全忠。朱全忠进呈表章奏请让赵德諲为自己的副职，昭宗李敏颁发诏令，命山南东道军队为忠义军，任命赵德諲为节度使，充任蔡州四面行营副都统。

朱全忠夺取洛、孟两州以后，没有西面的顾虑了，于是大规模派遣军队攻打秦宗权，在蔡州的南面大破秦宗权的军队，攻克北关门；秦宗权退守中城，朱全忠分派各位将领设置二十八个营寨，把秦宗权包围起来。

昭宗李敏加封凤翔节度使李茂贞为检校侍中。

陈敬瑄正在和王建相互攻打，因此进献朝廷的贡品赋税就中断了。王建因为成都还很强盛，撤退没有地方可以抢劫掠夺，想要收兵，周庠、綦毋谏认为不可以，周庠说："邛州的城墙堑壕完好又坚固，粮食可供应几年，应当据守此地作为立足之地。"王建说："我率领军队很长时间了，看到率领军队的人如果不依靠天子的威望，那么部下就很容易军心涣散的；我们不如上疏陈述陈敬瑄的罪状，上表请求朝廷，任命朝中大臣为统帅，我们来辅佐他，那么大业差不多就可以成功了！"于是派周庠起草表文，请求征讨陈敬瑄来赎罪，顺便请求治理邛州。顾彦朗也向昭宗李敏上表请求赦免王建的罪过，把陈敬瑄调到其他的镇所，来安定东、西两川。

起初，黄巢叛乱的时候，昭宗李敏还是寿王，随从僖宗李儇到达蜀地。当时事情非常紧迫，各王大多在高山深谷之中徒步而行，寿王疲惫不堪，难以向前行进，躺在岩石上歇息。田令孜从后面赶上来，催促他快点赶路，寿王说："我脚疼，希望你能给我一匹马。"田令孜说："在这深山里，怎么会有马呢！"用鞭子抽打寿王，催促他起身快走，寿王回头盯了田令孜一会儿却没有说什么话，心中对他充满怨恨。等到即皇帝位后，派遣人统领西川军，田令孜拒不奉行诏令。昭宗李敏正气愤藩镇们骄横跋扈，想要用威势来制服他们。正巧此时，他得到顾彦朗、王建所上的奏表，认为田令孜有恃无恐是因为他依靠陈敬瑄罢了，六月，任命韦昭度兼中书令，充任西川节度使，兼两川招抚制置等使，征调陈敬瑄担任禁军的龙武统军。

王建在新都驻军，这时绵竹的土豪何义阳、安仁县的费师懃等人，在当地拥兵自守，部众多的达一万人，少的也有一千人；王建派遣王宗瑶劝说他们，他们都率领部众归附王建，供给王建财物粮食，王建的军队又振作强盛起来。

朝廷在河南府设置佑国军，任命张全义为节度使。

秋季，七月，李罕之率领河东的士兵劫掠河阳，丁会把李罕之击退了。

朝廷将凤州升为节度府，把兴州、利州划归其下，任命凤州防御使满存为节度使、同平章事。

昭宗李敏任命暂时代理魏博留后职位的罗弘信为节度使。

八月，戊辰日（初三），朱全忠攻占了蔡州的南城。

杨行密惧怕孙儒逼迫自己，想要率领装备轻便的士兵偷袭洪州，袁袭说："钟传平定江西已经很久了，兵力强大，粮食充足，很难谋划诛除他。赵锽新近占据宣州，据城作乱，残横暴虐，民心不服。你应当以十分谦虚的言辞和丰厚的财物，去劝说和州的孙端、上元的张雄，让他们从采石渡过长江进犯宣州境内，赵锽一定会前来迎战，你从铜官渡过长江与孙端、张雄会合，一定会打败赵锽。"杨行密依从了袁袭的建议，派遣蔡俦防守庐州，率领众将领从糁潭渡过长江。

孙端、张雄被赵锽打败，赵锽的部将苏塘、漆朗率领两万士兵在曷山屯驻。袁袭对杨行密说："您带领军队迅速奔赴曷山，加固您的壁垒，自己积极防守，他们再三请求作战，您都不要前去迎战，他们认为我们惧怕了，这时，利用他们懈怠的时机，就可以打败他们了。"杨行密依从了他的建议。结果苏塘等人惨败，杨行密便包围了宣州。赵锽的哥哥赵乾之从池州率领部众援救宣州，杨行密派他的部将陶雅在九华攻打赵乾之把他也打败了。赵乾之逃往江西，朝廷任命陶雅为池州制置使。

九月，朱全忠因为军需运输不能接续，并且秦宗权的军队已经破败，已不值得忧虑，便率领军队返回。丙申日（初二），派遣朱珍率领五千士兵护送楚州刺史刘瓒前往任所。

钱镠派遣他的堂弟钱銶率领士兵前往苏州攻打徐约。

冬季，十月，徐州的士兵在半路阻击朱珍、刘瓒，不让他们奔赴楚州，朱珍等人攻打徐州的士兵，占据沛、滕两个县，杀死和俘虏的人数以万计。

孟方立派遣他的部将奚忠信率领三万士兵偷袭辽州，李克修半路拦截，大败奚忠信的军队，抓获奚忠信押送晋阳。

辛卯日（二十七日），在靖陵埋葬了惠圣恭定孝皇帝李儇，庙号为僖宗。

陈敬瑄、田令孜听说韦昭即将到达，便整顿军备，修缮城墙来抵抗他。

十一月，时溥亲自率领步兵、骑兵七万人在吴康镇屯驻，朱珍与他交战，大破时溥的军队。朱全忠另外又派遣别将进攻宿州，宿州的刺史张友向朱全忠投降。

丙申日（初三），秦宗权的别将攻克了许州，抓住了忠武留后王蕴，再一次进兵夺取了许州。

十二月，蔡州军队将领申丛抓获秦宗权，砍断他的脚把他囚禁起来，然后向朱全忠投降，朱全忠上表请求任命申丛为蔡州留后。

起初，感义节度使杨晟失去兴州、凤州以后，逃走后占据了文、龙、成、茂四个州。王建进攻西川，田令孜因为杨晟是自己神策军的旧将，让杨晟代理威戎军节度使，命他守卫彭州。王建进攻彭州，陈敬瑄的属下眉州刺史山行章率领五万人在新繁修建营垒来救援彭州。

丁亥日（二十四日），朝廷任命韦昭度为行营招讨使，任命山南西道节度使杨守亮为他的副使，任命东川节度使顾彦朗为行军司马；分出邛、蜀、黎、雅四个州来设置永平军，任命王建为节度使，治所在邛州，充任行营诸军都指挥使。

戊子日（二十五日），朝廷削夺陈敬瑄的官爵。

山南西道节度使杨守亮攻陷了夔州。

资治通鉴卷第二百五十八　唐纪七十四

起己酉（公元889年），止辛亥（公元891年），共三年。

【题解】本卷记录了公元889年至891年的史事，共三年。正当唐昭宗李晔龙纪元年至大顺二年。昭宗精明能干，有英武之气，因为唐僖宗李儇时皇威法令不能提振，朝廷的威望日益下降，他发愿重整雄风，恢复先代的功业。他利用军阀混战，任命韦昭度征讨西川陈敬瑄，采纳宰相张濬的计谋，利用朱全忠及河北三镇为主力讨伐李克用。韦昭度昏庸懦弱，张濬行为轻浮，结果韦昭度被王建赶走，张濬大败而归。昭宗离间杨复恭与义子的感情，巧借杨复恭义子李顺节，驱逐了杨复恭，然后杀死李顺节，朝纲仍然不振。此时期，军阀混战的主战场一个是江南，另一个是西川。江南争战主要是占据扬州的孙儒与杨行密争雄。西川王建得势占据成都，是此时期最大的赢家。

昭宗圣穆景文孝皇帝上之上

龙纪元年（己酉，公元889年）

春季，正月，癸巳朔日（初一），昭宗李敏大赦天下，改年号为龙纪。

昭宗李敏任命翰林学士承旨、兵部侍郎刘崇望为同平章事。

汴州的将领庞师古攻取了洪州的宿迁，在吕梁驻军。时溥迎战，结果惨败，撤回军队防守彭城。

壬子日（二十日），蔡州的将领郭璠将申丛杀死，把秦宗权押送到汴州，郭璠对朱全忠说："申丛筹划再次拥立秦宗权。"朱全忠于是任命郭璠为淮西留后。

戊申日（二十八日），王建在新繁大破山行章的军队，斩杀、俘获的士兵将近万人，山行章仅能脱身免死罢了。杨晟恐惧极了，调转军队在三交屯驻，山行章在濛阳屯驻，与王建相对峙。

二月，朱全忠把秦宗权送往京师，在独柳处斩。京兆尹孙揆监督行刑，秦宗权在槛车中抬头对孙揆说："您看我秦宗权难道是谋反之人吗？只是竭尽忠心没有效果罢了。"围观的人听到这话都笑了。孙揆是刑部侍郎孙逖的族孙。

三月，昭宗李敏加封朱全忠兼任中书令，进爵位为东平郡王。朱全忠攻下蔡州以后，兵力更加强大了。

昭宗李敏加封奉国节度使赵德諲为中书令，加封蔡州节度使赵犨为同平章事，充任忠武节度使，把陈州作为治所。适逢赵犨生病，他把全部军府事务交给了他的弟弟赵昶，自己上表请求辞职，昭宗李敏下诏任命赵昶代理忠武节度使。不久，赵犨病逝。

丙申日（初五），钱銶攻取苏州，徐约逃亡到海上后就死了。钱镠派海昌都将沈粲暂时代理苏州的事务。

夏季，四月，赐给陕虢军号叫"保义"。

五月，甲辰日（十三日），润州制置使阮结去世，钱镠派静江都将成及代替他。

李克用大举调发军队，派遣李罕之、李存孝征讨孟方立，六月，攻取磁、洺两州。孟方立派遣大将马溉、袁奉韬率领士兵几万人抵挡他们，双方在琉璃陂交战，孟方立的军队大败，马溉、袁奉韬都被俘虏了，李克用乘胜进攻邢州。孟方立性情猜疑嫉妒，各位将领都怨恨他，到这时，都不肯为他效命，孟方立又惭愧又害怕，服药自尽了。孟方立的弟弟代理洺州刺史孟迁，一向深得士兵的拥护，于是大家拥戴他为昭义军留后，孟迁向朱全忠请求援助。朱全忠向魏博节度使罗弘信借路，罗弘信没有答应；朱全忠于是派遣大将军王虔裕率领精兵几百人，从小路进入邢州去一起防守。

杨行密包围宣州，城内粮食吃完了，人们就相互残杀，以吃人肉来充饥。指挥使周进思占据宣州城，赶走了赵锽；赵锽打算逃往广陵，被田頵追赶上抓住了。不久以后，城内的军队抓住周进思，向杨行密投降。杨行密进入宣州城，各位将领争着抢夺金银布帛，只有徐温占据粮仓，做粥给饥饿的人吃。徐温是朐山人。赵锽的部将宿松人周本，英勇在军中第一，杨行密俘获他后，又把他释放了，任命他做副将。赵锽战败以后，他身边的人都四散奔逃，只有李德诚追随赵锽，没有离开，杨行密把同宗的女儿嫁给了李德诚。李德诚是西华人。杨行密上表向朝廷奏报，昭宗李敏下诏任命杨行密为宣歙观察使。

朱全忠与赵锽有旧交，派遣使者向杨行密索要赵锽；杨行密跟袁袭商议，袁袭说："不如砍了赵锽的脑袋去送给朱全忠。"杨行密听从了袁袭的建议。不久，袁袭去世，杨行密痛哭着说："难道老天不想让我成就大的功业吗？为什么要折损我的得力助手呢？我一向宽厚待人，而袁袭常常劝我杀人，这难道就是他不能长寿的原因吗？"

孙儒派遣士兵攻打庐州，蔡俦举州向他投降。

朱珍攻下萧县，占据了此地，和时溥对抗，朱全忠想要亲自到阵前督战。朱珍命令各路军队都要修整好马厩，李唐宾的部将严郊特别懒惰懈怠，军吏斥责他，李唐宾很生气，见到朱珍，就向他诉说；朱珍也很生气，以为李唐宾没有礼貌，拔出佩剑，把李唐宾杀死了，然后派遣骑兵报告朱全忠，说李唐宾阴谋作乱。淮南左司马敬翔，担心朱全忠会趁着怒气仓促处理这件事，难免做得不妥当，于是把朱珍派来的使者扣留，到了夜晚，才把这件事禀告朱全忠，朱全忠非常吃惊。敬翔趁机为朱全忠出谋划策，假装逮捕李唐宾的妻子、孩子，将他们囚禁在监狱，然后派遣骑兵前往朱珍那里抚慰，朱全忠依从敬翔的安排，军营上下才安定下来。秋季，七月，朱全忠前往萧县，还没到达，朱珍出来迎接，朱全忠命令武士当场抓住他，责备他擅自杀死将领，将他处决。霍存等几十个将领向朱全忠磕头求情，朱全忠大怒，拿坐床砸向他们，霍存等将领才退下。丁未日（十七日），到了萧县，朱全忠任命庞师古代替朱珍为都指挥使。八月，丙子日（十七日），朱全忠进攻时溥的营垒，正逢大雨，朱全忠带领军队撤回。

冬季，十月，平卢节度使王敬武去世；他的儿子王师范，这时才十六岁，军中推举他为留后，棣州刺史张蟾不肯听从。昭宗李敏下诏任命太子少师崔安潜兼任侍中，充任平卢节度使。张蟾迎接崔安潜抵达棣州，与他一起讨伐王师范。

昭宗李敏任命给事中杜孺休为苏州刺史。钱镠很不高兴，派知州事沈粲为制置指挥使。

杨行密派遣马步都虞候田頵等人进攻常州。

十一月，昭宗李敏改名为李晔。

昭宗李晔准备在圜丘举行祭天大典。按照以前的惯例，护军中尉、枢密使都要身穿大襟分开的衣衫服侍跟随皇帝。僖宗李儇时，这些人已经穿上了上下衣相连的衣服并且手执朝笏。到这时，昭宗李晔又命令有关官吏制造礼法规定的法服，孔纬和谏官、礼官都认为此事不适宜。昭宗亲手写信晓谕他们说："你们所议论的事情很正确，但事情也有个变通，不要因为小问题而损害了大礼节。"从这时宦官开始冕服佩剑随侍祭祀。己酉日（二十一日），昭宗李晔在圜丘举行祭天大典，颁诏大赦天下。

昭宗李晔在寿王府时，一向痛恨宦官，等到即位后，杨复恭倚仗着当初拥立昭宗即位有功，所作所为大多违犯朝廷法度，昭宗心里对他很不满意。有关朝政事务，昭宗李晔大多和宰相商讨，孔纬、张濬劝昭宗按大中时旧事，抑制宦官的权力。杨复恭经常乘坐轿子到太极殿。有一天，昭宗和宰相说到了天下叛乱之人，孔纬说："在您的身边，就有将要叛乱的人，更何况是天下四方呢！"昭宗很惊异地问他是谁，孔纬指着杨复恭说："杨复恭是陛下的家奴，可是却乘坐轿子到前殿来，又养了很多壮士作为义子，让他们执掌禁军，或管理藩镇，这不是要叛乱又是做什么呢！"杨复恭辩解说："我招养壮士作为义子，是想拉拢将士的心，保卫国家，哪里是叛乱呀！"昭宗说："你想保卫国家，为什么不让这些壮士姓李却姓杨呢？"杨复恭无话可答。

杨复恭的义子天威军使杨守立，原本姓胡，名叫弘立，勇冠六军，大家都惧怕他。昭宗李晔想要征讨杨复恭，又担心杨守立作乱，于是对杨复恭说："朕想要你的胡姓义子在身边侍奉。"杨复恭向昭宗引见杨守立，昭宗赐给他姓名为李顺节，派他掌管六军屯营门的钥匙，不到一年，提拔到神策军中天武都的都头，兼领镇海节度使，没过多久，加封同平章事。等到谢恩的那一天，台省的官吏申请按班次和百官相见，孔纬裁定不用会集百官。李顺节到了中书省，脸色看上去很不高兴。有一天，孔纬在和李顺节的谈话中委婉地说到这件事，孔纬说："宰相是朝中群臣的师长，所以可以按班次和百官相见。您的官职是都头，却在政事堂中按班次和百官相见，您心里安稳吗？"李顺节不敢再说什么话了。

朱全忠向朝廷请求兼领盐铁专卖的职务，只有孔纬坚决认为不可以，对进奏昭宗李晔的官吏说："朱公请求这一职务，势必要起兵造反啊！"朱全忠这才停止请求。

田頵攻打常州，挖掘地道进入城中；在三更时，旌旗、武装士兵等从制置使杜稜的卧室中钻出，神不知鬼不觉地就把杜稜抓获了，然后派三万名士兵在常州戍守。

朱全忠派遣庞师古率领士兵从颍上奔赴淮南，攻打孙儒。

十二月，甲子日（初七），王建在广都打败了山行章和西川骑兵将领宋行能；宋行能逃奔成都，山行章退兵防守眉州。壬申日（十五日），山行章向王建请求投降。

戊寅日（二十一日），孙儒从广陵率领军队渡江，壬午日（二十五日），赶走了田頵，占领了常州，派刘建锋驻守。孙儒返回广陵以后，刘建锋又驱逐成及，占领了润州。

前山南东道节度使刘巨容在襄阳时，有个叫申屠生的人教给他烧炼药物制作黄金的方法。田令孜的弟弟路过襄阳，刘巨容拿出烧炼的黄金给他看。等到刘巨容住到成都，田令孜向他索求炼制黄金的秘方，刘巨容没有给他，因此田令孜对刘巨容充满怨恨，这一年，田令孜将刘巨容杀死，并且诛灭了他的全族。

大顺元年（庚戌，公元890年）

春季，正月，戊子朔日（初一），朝中文武群臣为昭宗李晔上尊号为圣文睿德光武弘孝皇帝，改年号为大顺。

李克用大举进攻邢州，孟迁食竭力尽，抓住了王虔裕，率领汴州军队向李克用投降。李克用任用安金俊为邢洺团练使。

壬寅日（十五日），王建攻打邛州，陈敬瑄派遣大将彭城人杨儒率领三千士兵援助刺史毛湘守城，毛湘出战，多次战败而回。杨儒登上城楼，看见王建的军队气势很盛，感慨地说："大唐气数已到头了，王建治理民众，严格却不残暴，大概可以庇护老百姓吧！"于是，杨儒率领所辖部队出城向王建投降。王建收杨儒为义子，改其姓名为王宗儒。乙巳日（十八日），王建留下永平节度判官张琳为邛南招安使，自己率领士兵返回成都。张琳是许州人。

陈敬瑄在犀浦、郫、导江等县分别安设营寨，对城内居住的百姓每户征调一个壮丁，白天让他们挖掘重重堑壕，砍伐竹木，运送砖块等，夜里就命他们登上城墙，击打木梆来巡夜，从不给他们休息时间。

韦昭度在唐桥驻扎，王建在东阊门外安营；王建侍奉韦昭度特别恭谨。

辛亥日（二十四日），简州大将杜有迁抓了刺史员虔嵩向王建投降，王建任命杜有迁管理州中的事务。

汴州将领庞师古等人的军队号称十万，渡过淮河，扬言说是要援救杨行密，攻克了天长镇；壬子日（二十五日），又攻取了高邮。

二月，己未日（初三），资州将领侯元绰抓住刺史杨戡向王建投降，王建派遣元绰管理州中事务。

乙丑日（初九），昭宗李晔加封朱全忠署理中书令。

庞师古率领士兵深入淮南，己巳日（十三日），跟孙儒在陵亭交战，庞师古的军队战败，只得撤退。

杨行密派遣属下将领马敬言率领五千士兵，乘虚进攻并占据了润州。李友率领两万军队在青城安营，要攻打常州。安仁义、刘威、田頵在武进打败刘建锋，马敬言、安仁义、刘威在润州屯驻。李友是合肥人，刘威是慎县人。

李克用率军攻打云州防御使赫连铎，攻克东城。赫连铎向卢龙节度使李匡威请求援助，李匡威率领三万士兵前往救援。丙子日（二十日），李克用的将领邢团练使安金俊在激战中被乱箭射死，河东万胜军使申信向赫连铎投降。又正好赶上幽州的军队赶到，李克用便率领军队返回。

时溥向河东求救，李克用派遣他的部将石君和率领五百名骑兵前往救援。

李克用巡视潞州，因为供奉的物品不丰盛，便对昭义节度使李克修很恼怒，将他辱骂并鞭打一顿。李克修羞愧怨愤以致身患重病，三月，便去世了。李克用向朝廷上表，任命他的弟弟决胜军使李克恭担任昭义留后。

朝廷赐宣歙军号为宁国，任命杨行密为节度使。

夏季，四月，宿州的将领张筠驱逐刺史张绍光，依附时溥；朱全忠率领各路军队征讨张筠。时溥派遣士兵去砀山劫掠，朱全忠派遣牙内都指挥使朱友裕攻打他们，杀死三千多人，活捉了石君和。朱友裕是朱全忠的儿子。

乙丑日（初十），陈敬瑄派遣蜀州刺史任从海率领两万士兵援救邛州，结果作战失败，准备以蜀州来向王建投降；陈敬瑄杀了任从海，另外派徐公鉥担任蜀州刺史。丙寅日（十一日），嘉州刺史朱实以嘉州向王建投降。丙子日（二十一日），僰道的土豪文武坚抓住戎州刺史谢承恩向王建投降。

赫连铎、李匡威向朝廷上表，请求征讨李克用。朱全忠也上表说："李克用最终会成为国家的祸患，现在趁着他战败之际，请让臣率领汴、滑、孟三镇的军队以及河北的三镇共同除掉李克用。请朝廷派大臣作为统帅。"

起初，张濬依靠杨复恭得以进用，杨复恭中途被废黜，张濬于是又去依附田令孜而疏远了杨复恭。等到杨复恭再次执掌大权，他对张濬深为痛恨。昭宗李晔清楚张濬与杨复恭有矛盾，便对张濬格外地亲近倚重；张濬也以建功扬名作为自己的责任，常常把自己比作谢安、裴度。李克用征讨黄巢，在河中安营驻扎时，张濬充任都统判官。李克用瞧不起他的为人，听说他做了宰相，私下对传达诏书的使者说："张公喜爱虚无浮夸的谈论，没有真正的才干，切实的效用，是扰乱社稷的人啊！皇上听说他的虚名就重用他，以后扰乱天下的，肯定是此人。"张濬听到以后，便在心里对李克用有了怨恨。

昭宗李晔闲暇时和张濬谈论古今治乱之事，张濬说："您这样英明睿智，可是朝廷内外却受到剽悍臣子们的挟制，这是我无时无刻不深深感到痛心疾首的事情啊！"昭宗询问当今最为紧迫的事是什么，张濬回答说："任何事情都比不上用强大的军队来使天下人服从更重要的。"昭宗于是多方招募士兵到京师里来，军队达到了十万人。

等到朱全忠等人请求征讨李克用的时候，昭宗李晔命令尚书、门下、中书三省及御史台四品以上的官吏商讨这件事情，结果认为不可以讨伐的占十分之六七，杜让能、刘崇望两位宰相也认为不可以征讨。张濬想要依靠朝廷外面的势力来排挤杨复恭，于是说："先帝第二次蒙尘巡幸山南，就是沙陀人造成的。我常常忧虑李克用与河朔地区的藩镇内外勾结，致使朝廷不能控制。现在河南的朱全忠、河北的李匡威共同请求征讨李克用，这是个千载难逢的好时机。只希望陛下授予臣统领军队的大权，一个月就可以把李克用剿除。如果错失现在的良机而不努力争取的话，那么将后悔莫及。"孔纬附和说："张濬说得很对。"杨复恭说："先皇流离迁徙，虽然说是因为藩镇剽悍强横，但也有在朝大臣举措不得当的缘故啊。今天王室刚刚稳定，不应该再起战事啊！"昭宗李晔说："李克用有打败黄巢收复长安的战功，现在趁着战败而去进攻，天下人如何想朕？"孔纬说："陛下所说的是现在一时的道理；张濬所说的是今后世代的长远利益。昨天计算调遣军队、运送物资、犒劳奖赏的费用，一两年内都不至于缺乏，希望陛下立即决断派军征讨了。”昭宗李晔由于两位宰相所说的相符合，因此勉强听从了他们的建议，说：“这件事就交给你们两位去办理了，可不要留给朕耻辱啊！”

五月，昭宗李晔诏命削夺李克用的官职、爵位，以及把他从皇族的名册中销掉，任命张濬为河东行营都招讨、制置、宣慰使，任命京兆尹孙揆为他的副使，任命镇国节度使韩建为都虞候兼供军粮料使，任命朱全忠为南面招讨使（王镕做东面招讨使），任命李匡威为北面招讨使，赫连铎则为他的副使。

张濬向昭宗李晔上奏，请求任命给事中牛徽为行营判官，牛徽说：“国家刚刚经历了先帝丧事和战乱，现在却又要有英明威武的举动，挑动强敌，使各藩镇离心，我看天下又要动荡不安了！”于是借身体衰老多病坚决地推辞。牛徽是牛僧孺的孙子。

李克用新委任的昭义留后李克恭骄横放纵不通晓打仗之事，而潞州人向来喜欢李克修的俭省，并且他不是因为自身的原因招致死罪，潞州人都同情他，因此军中的将士也不同心。起初，潞州人叛变孟氏，牙将安居受等人召来河东的军队攻陷潞州；等到孟迁以邢、洺、磁三州投降李克用后，李克用很宠爱信任孟迁，任命孟迁为军城都虞候，随从孟迁的部下都担任了重要官职，安居受等人对此都很怨恨，而且感到恐惧。

昭义拥有精锐的士兵，号称“后院将”。李克用夺取三州以后，打算图谋河朔，命令李克恭从“后院将”中挑选特别勇猛剽悍的五百士兵送到晋阳，潞州人深觉遗憾。李克恭派遣牙将李元审以及小校冯霸率领送往晋阳，队伍行进到潞州的铜县，冯霸胁迫这些人叛逃，沿着高山向南进发，到达沁水时，军队人数已达三千。李元审追击冯霸，被冯霸打伤，返回潞州。庚子日（十五日），李克恭到李元审那里看望他，安居受率领党羽作乱，进攻他们并且把房子都烧毁了，李克恭、李元审都死了。部众们推举安居受为留后，依附朱全忠。安居受派人召请冯霸，冯霸没有来。安居受恐惧，逃走，被田野的农夫杀死。冯霸率领军队进入潞州，自己担任留后。

这时朝廷开始征讨李克用，听说李克恭死了，朝臣都向昭宗李晔祝贺。朱全忠派遣河阳留后朱崇节率领军队进驻潞州，代理留后。李克用派遣康君立、李存孝率领军队包围潞州。

壬子日（二十七日），张濬率领各路军队五十二都和邠、宁、鄜、夏等地少数民族的士兵共计五万人从京师长安出发，昭宗李晔亲临安喜楼为他饯行。张濬躲开身边的人对昭宗说："等臣先诛除外忧，然后再为陛下清除内患。"杨复恭暗中偷听到他们的谈话。两军中尉在长乐坂为张濬饯行，杨复恭劝张濬喝酒，张濬推辞说喝醉了，杨复恭和他开玩笑说："你奉有陛下号令信物专门征讨李克用，现在是故意做出这种姿态吗？"张濬说："等我诛灭了贼寇返回长安，再让你见识我的姿态吧。"杨复恭对他更加嫉恨。

癸丑日（二十八日），昭宗李晔削夺了李罕之的官职、爵位；六月，任命孙揆为昭义节度使，充任招讨副使。

丁巳日（初三），茂州刺史李继昌率领军队援救成都，己未日（初五），王建击杀了李继昌。辛酉日（初七），资、简都制置应援使谢从本杀死雅州刺史张承简，将雅州全城献出向王建投降。

孙儒向朱全忠请求和好，朱全忠向朝廷上表，任命孙儒为淮南节度使。没过多久，朱全忠杀死孙儒的使者，于是他们又成了仇敌。

光启末年（末年当作"初年"），德州刺史卢彦威驱逐义昌节度使杨全玫，自称为留后，请求朝廷授予旌节，朝廷没有答应他的要求。到这时，王镕、罗弘信因为张濬已经出兵，便替卢彦威请求，于是朝廷任命卢彦威为义昌节度使。

张濬在晋州与宣武、镇国、静难、凤翔、保大、定难各路军队会合。

朝廷把义成军改为宣义军；辛未日（十七日），任命朱全忠为宣武、宣义节度使。朱全忠因为徐、扬两州正赶上战争，于是征调士兵，将他们去戍守，他管辖的疆域实在是太辽阔了，于是辞掉宣义节度使的职位，要求任命胡真为节度使，朝廷依从了他；可是宣义地方的军队调动和粮赋收支等事情，都受到朱全忠的控制，完全就像他巡视的属地。等到胡真进入长安担任统军，最终让朱全忠充任宣武、宣义两镇节度使，而不再兼任淮南节度使。

秋季，七月，官军抵达阴地关，朱全忠派遣勇将葛从周率领千名骑兵从壶关偷偷出发，在夜里抵达潞州，进犯并包围了州城，并且攻入城中。又派遣别将李谠、李重胤、邓季筠等人率领士兵到泽州攻打李罕之，另外，又派遣张全义、朱友裕在泽州的北面屯驻，以接应支援葛从周。邓季筠是下邑人。朱全忠上奏说："臣已经派遣军队守卫潞州，请命孙揆前往潞州镇所。"张濬也担心昭义军队被朱全忠的汴州军队占据，便分派士兵二千人，命令孙揆率领他们奔赴潞州。

八月，乙丑日（十二日），孙揆从晋州出发。李存孝听到了这一消息，派三百名骑兵在长子县西边的山谷中埋伏。孙揆竖立牙旗，手执节度使的仪仗，穿着宽大的衣服，头上顶着清凉伞，在队伍的簇拥下前进。李存孝的伏兵突然冲出，活捉了孙揆、赏赐旌节的中使韩归范以及五百名牙兵，追杀残余兵马，一直追到刁黄岭，将他们全部杀死。李存孝给孙揆和韩归范戴上刑具，用白绢将他们捆绑起来，在潞州城下示众说："朝廷任命尚书孙揆为潞州的节度使，派使臣韩归范赏赐旌节，葛从周你可以马上返回大梁了，好让孙揆来管理政事！"李存孝把孙揆和韩归范捆绑着献给李克用。李克用把他们囚禁起来，没有多久，派人去引诱孙揆，想让他担任河东副使。孙揆说："我是天子的大臣，如今兵败而死，是我的本分，哪里能够屈身侍奉镇使呢！"李克用很愤怒，命令用锯子将他锯死，可是锯不进去。孙揆破口大骂说："你这个该死的狗奴才！锯人应该用木板把人夹住，你哪里知道呢！"于是又用木板把孙揆夹起来，一直到死，孙揆都大骂不止。

丙寅日（十三日），孙儒进攻润州。

苏州刺史杜孺休到任就职，钱镠秘密派沈粲去杀他。适逢杨行密的将领李友攻取了苏州，沈粲便返回杭州。钱镠想要把谋害杜孺休的罪过加到沈粲的身上而杀了他，沈粲便投奔了孙儒。

王建撤兵在汉州屯驻。

陈敬瑄搜刮富有百姓的财物来供给军队所需，设置征督院来负责征调督促等事情，经常给百姓戴上镣铐鞭打他们，命令他们自报家中财物数目；凡是家中有财物却藏起来的，或者本来没财物却虚报财物的，都催促上缴，老百姓都难以活命。

李罕之向李克用告急，李克用派遣李存孝率领五千名骑兵去支援他。

九月，壬寅日（十九日），朱全忠在河阳驻扎。汴州的军队当初包围泽州的时候，向李罕之喊话："你常常依附河东节度使李克用，与汴州军队轻易断绝关系；现在宰相张濬围攻太原，仆射葛从周攻入潞州，十天之内，李克用的沙陀军便无处藏匿，你还去哪儿寻求活路呢！"等到李存孝奔赴泽州，挑选精锐骑兵五百人，绕着汴州军队的营寨呼喊："我们就是沙陀寻找藏身之地的人，现在要用你们的肉来喂饱我们的士兵，可以让胖的出来决战！"汴州的将领邓季筠也是一位勇猛大将，率领士兵出战，李存孝活捉了他。这天晚上，李谠、李重胤聚集士兵逃走了，李存孝、李罕之紧追不舍，追到马牢山，大破他们的军队，斩首、虏获的士兵数以万计，一直追杀到怀州才返回。李存孝又带领军队进攻潞州，葛从周、朱崇节放弃潞州逃回。戊申日（二十五日），朱全忠大庭广众之下斥责各将领战败的过失，斩杀李谠、李重胤后才撤了回去。

李克用任命康君立为昭义留后，李存孝为汾州刺史。李存孝认为自己活捉孙揆的功劳很大，应该去镇守昭义，然而却让康君立获得了这一职位，心中愤愤不平，好几天吃不下饭，任意用刑，滥杀无辜，开始有背叛李克用的想法。

李匡威进攻蔚州，俘虏了蔚州刺史邢善益，赫连铎率领吐蕃、黠戛斯的军队几万人攻打遮虏平，杀死了军使刘胡子。李克用派遣属下将领李存信与赫连铎作战，没能打胜，又命令李嗣源为李存信的副将，于是打败了赫连铎。李克用率领大军随后抵达，于是李匡威、赫连铎都溃败奔逃，李克用抓住了李匡威的儿子武州刺史李仁宗以及赫连铎的女婿，俘虏和斩杀的人以万计算。

李嗣源性格谨慎、沉着、廉洁、俭朴，各将领集会时，每人都夸赞自己的英勇、智谋，只有李嗣源沉默不语，缓缓说道："各位喜好耍嘴进攻贼寇，而我李嗣源只是用双手去进攻贼寇。"众将听了都觉得惭愧，便不再各自炫耀了。

杨行密任命部将张行周为常州制置使。闰月，孙儒派遣刘建锋攻克常州，杀死张行周，包围了苏州。

邛州刺史毛湘，本来是田令孜亲近的官吏，王建攻打邛州越来越急迫，城内粮食都吃完了，援军还没到达。壬戌日（初九），毛湘对都知兵马使任可知说："我不忍心辜负观军容使田令孜，可是邛州城内的老百姓有什么过错！你可以砍我的人头去向王建投降。"说完，毛湘便洗澡更衣等待他来砍自己的头。任可知遵命斩杀了毛湘和他的两个儿子向王建投降，城内的士卒百姓都为此痛哭流泪。甲戌日（二十一日），王建拿着永平军的旌节进入邛州，任命节度判官张琳担任留后。王建把邛州的城池修整完善，安抚夷、獠，营建蜀州、雅州。冬季，十月，癸未朔日（初一），王建率领军队返回成都，蜀州的将领李行周赶走了徐公鉥，献出城投降王建。

乙酉日（初三），朱全忠从河阳前往滑州处理政事，朱全忠派遣使者向魏州的罗弘信索求粮食马匹和借道经过魏州征讨河东节度使李克用等事情，罗弘信没有答应；又向镇州请求，镇州人也没有同意；朱全忠于是从黎阳渡河去进攻魏州。

昭宗李敏加封邠宁节度使王行瑜为侍中，加封佑国节度使张全义任同平章事。

张濬统领的官军从阴地关进发，游击部队抵达汾州。李克用派遣薛志勤、李承嗣带领三千骑兵在洪洞县安营扎寨，李存孝带领五千士兵在赵城县扎营。镇国节度使韩建派遣三百名壮士在晚上偷袭李存孝的军营，李存孝知道了韩建的计划，设下伏兵等待他；韩建的士兵进攻不利，静难、凤翔的士兵没有交战就逃走了，禁军自己溃散。河东的士兵乘胜追逐败军，一直追到晋州的西门；张濬出城作战，又战败了，死掉的官兵将近三千人。静难、凤翔、保大、定难的军队先渡河西去，张濬手下只有宫中的禁军和宣武的军队，共计约有万人，与韩建关闭城门坚守，从此就不敢再出战。李存孝率领士兵进攻绛州，十一月，绛州刺史张行恭弃城逃走。李存孝攻打晋州，打了三天，与他的部众谋划说："张濬身为宰相，我们抓他也没有什么好处，天子手下的禁军，我们也不应当杀死。"于是撤退五十里驻军；张濬、韩建这才从含口逃离。李存孝攻克晋、绛两个州，大肆劫掠慈、隰两州。

之前，李克用遣送韩归范返回朝廷时，让韩归范附带奏表申诉冤屈，说："我家父子三代，承蒙武宗李瀍、宣宗李忱、懿宗李漼、僖宗李儇四朝皇帝的恩宠，打败庞勋，剪灭黄巢，废黜襄王李煴，守护易州、定州，才让陛下现在头戴通天冠，佩带白玉玺，这怎能说没有我的功劳呢！如果认为攻打云州是我的罪过的话，那么拓跋思恭攻占鄜州、延州，朱全忠进犯徐、郓两州，凭什么就不征讨呢？赏赐他们却诛讨我，我怎能无话说呢？况且当朝廷危难之时，就褒扬我是当今的韩信、彭越、伊尹、吕尚；等到天下稍微安定了，就斥责我是北戎、羯族、胡人、蛮夷。这样做，现在天下手握重兵立有战功的大将，难道就不忧虑陛下将来有一天会辱骂他们吗？而且，如果我果真有大罪，朝廷派遣军队来征讨我，自然有法律刑典，为什么趁我的军队衰败之时来攻打呢？现在，张濬已经出兵，我确实很难束手就擒，我已聚集蕃人、汉人的士兵五十万，想要直接抵达蒲州、潼关，和张濬交战；如果我不能战胜的话，甘愿听从陛下削夺官爵的处置。否则，将要率领轻骑兵去打开宫门，在殿阶前叩头，到陛下宝座下揭发奸佞小人，去先帝的庙堂交还制书诏敕，然后把自己捆绑起来前往刑部官员那里，恭敬地等候刑罚。”奏表送到时，张濬已经战败，朝廷里群臣震惊、害怕。张濬和韩建越过王屋山，抵达河阳，拆除百姓的住屋，做成木筏来渡河，军中的士卒失踪、被杀的很多，几乎没有剩下。

这次战役，朝廷依靠朱全忠和河朔三个镇；等到张濬抵达晋州，朱全忠这才与徐、郓两州的军队联合，虽然派遣将领去攻打泽州，可是他并没有亲自前往。出征的官军于是向镇、魏两州请求士兵、粮食的援助，镇、魏倚赖河东做屏障，因此都没有派兵；只有华州、邠州、凤翔、鄜州（鄜当作“鄜”）、夏州的士兵与张濬会合。军队还没有交战，孙揆就被抓获了，幽州的李匡威、云州的赫连铎都打了败仗，杨复恭又从中阻挠，所以张濬的军队一战就溃败，士兵往往闻风逃窜。

十二月，乙丑日（初八），孙儒攻占了苏州，杀死李友。安仁义等人听到这个消息，便焚烧润州的屋舍，连夜逃走。孙儒派遣沈粲在苏州防守，此外又派遣部将归传道守卫润州。

辛丑日（二十日），汴州的将领丁会、葛从周去攻打魏州，渡过河，攻占了黎阳、临河两县，庞师古、霍存攻取了淇门镇、卫县，朱全忠亲自率领大军紧随其后。

这一年，朝廷在上元县设置升州，任命张雄为刺史。

大顺二年（辛亥，公元891年）

春季，正月，罗弘信在内黄驻军。丙辰日（初五），朱全忠攻打他，交战五次，都打胜了，一直打到永定桥，斩杀了一万多人。罗弘信很恐惧，派遣使者赠送很多钱财来请求和好。朱全忠于是命令停止烧杀抢掠，把俘虏遣还，退兵回到黄河边。魏博从此归附了朱全忠。

庚申日（初九），昭宗李晔任命太保、门下侍郎、同平章事孔纬为荆南节度使，任命中书侍郎、同平章事张濬为鄂岳观察使。任命翰林学士承旨、兵部侍郎崔昭纬为同平章事，任命御史中丞徐彦若为户部侍郎、同平章事。崔昭纬是崔慎由的侄儿；徐彦若是徐商的儿子。

杨复恭派人到长乐坡去劫持孔纬，砍断他的旌节，把他所有的资财、行装抢劫一空，孔纬仅能免被杀死。李克用又派遣使者向朝廷上表说："张濬拿陛下万世的基业，来获取自己一时的战功，他知道我与朱温有仇怨，便私下里跟他勾结起来。我现在没有官职爵位，又有罪人的名声，不敢再回去管理陛下的藩镇，只是想在河中一带留驻，是进是退如何举动，敬候朝廷明示。"昭宗下诏将孔纬再次贬职，降为均州刺史；张濬也再次贬职，降为连州刺史。同时，昭宗赐给李克用诏命，恢复他所有的官职爵位，命令他返回晋阳。

孙儒率领淮州、蔡州的所有士兵渡江，癸酉日（二十二日），从润州辗转南进，田頵、安仁义屡次战败撤退，杨行密的守城士卒都闻风逃命。孙儒手下将领李从立突然进逼宣州城的东溪，杨行密的守卫工作还没有做好，军中人心恐慌，夜里，杨行密派属将合肥人台濛带领五百士兵到宛溪的西侧驻扎，台濛命令士卒来回呼喊，李从立以为是杨行密的大军相继到了，立即带领军队撤退。孙儒的前军抵达溧水，杨行密派遣都指挥使李神福抵抗他。李神福假装撤退，表现出畏怯害怕的样子，孙儒的军队没有防备，李神福在夜晚率领精兵前去偷袭，俘虏和斩首的有上千人。

二月，昭宗李晔加封李克用为守中书令，恢复李罕之的官职爵位；把张濬再贬为绣州司户。

韦昭度率领各道的士兵十几万人前去讨伐陈敬瑄，攻打了三年还没有攻下，军粮的运输、供给没法接续，朝廷官员商议要停止战事。三月，乙亥日（二十五日），昭宗李晔诏命恢复陈敬瑄的官职爵位，命令顾彦朗、王建各率领部众返回镇所。

王师范派遣都指挥使卢弘攻打棣州刺史张蟾，卢弘却率军回过头攻打王师范，王师范派人赠送丰厚的财物来迎接他，说："我王师范年少愚笨，不能胜任这个官职，愿意把这职位授给你，请求保住我的人头，就是你的仁爱啊。"卢弘因为王师范年龄较小，相信了这番话，不再防备他。王师范偷偷地对小校安丘人刘鄩说："你如果能将卢弘杀死，我就任命你为大将。"卢弘进城以后，王师范事先埋伏了全副武装的士兵，然后款待他，刘鄩在筵席座上击杀了卢弘和他的几个党羽。王师范安抚晓谕士兵，并且优厚地奖赏有功之人，郑重地发誓，亲自率领大军进攻棣州，把棣州刺史张蟾捉住，将他斩杀；崔安潜逃回长安。王师范任命刘鄩为马步副都指挥使。昭宗李晔颁发诏令，任命王师范为平卢节度使。

王师范性格温和，谨慎好学，每当有本地新县令赴任，王师范就设置仪仗和卫士前往拜见；县令愧不敢当，王师范命令礼宾负责人搀扶县令，让他在厅堂上端坐，王师范自称"百姓王师范"，然后在厅堂上跪拜县令。有的属官就此事劝阻他，王师范说："我爱自己的家乡，这样做是用来教导子孙后代永远不要忘本！"

张濬到了蓝田，逃往华州去依附韩建，他和孔纬偷偷地向朱全忠求救。朱全忠向朝廷上表为孔纬、张濬申诉冤屈，朝廷无可奈何，让孔纬、张濬自便行事。孔纬到达商州后返回，也在华州留驻。

邢洺节度使安知建暗中和朱全忠互相来往，李克用向朝廷上表，请求任命李存孝代替安知建。安知建很恐惧，逃到青州，朝廷任命安知建为神武统军。安知建率领部下三千人准备到长安，路过郓州时，因为朱瑄和李克用感情很好，在黄河的岸边埋伏士兵，杀了安知建，将他的首级传送到晋阳。

夏季，四月，有彗星出现在三台的位置，然后向东移动，进入了太微星座，长达十余丈。甲申日（初五），昭宗李晔下诏大赦天下。

成都城中食物匮乏，随处可见被遗弃的婴儿。百姓中有人偷偷潜入围城的行营，贩卖粮米，巡逻的人抓住他们，报告韦昭度，韦昭度说："成都全城的人都饥饿难耐，怎能忍心不援救他们呢！"下令释放卖米人不治他们的罪。也有去报告陈敬瑄的，陈敬瑄说："我正伤心没办法救助这些饥饿之人，他们即使这样做也不要阻止了！"因此，贩卖米粮的人逐渐多了起来。然而所得到的米也不过一斗半升罢了，他们砍断竹筒，竹筒直径有一寸半，深度是五分，用这个量米来卖，每一筒米卖一百多钱，饿死的人满地都是，杂乱陈卧。军队、百姓强的欺负弱的，将领、官吏将他们杀死也没法禁止；于是改为更为严酷的惩治方式，有的被拦腰砍成两截，有的斜着被劈斩而死，被处斩的人连续不断，可是无视法度的人仍然不断涌现，人们对酷刑听的看的多了，也不再觉得惊恐。成都城内的官吏和百姓的处境日渐困窘，许多人谋划出城投降，陈敬瑄把这些人的家族党羽全部抓住斩杀，残酷狠毒，无所不至。内外都指挥使、眉州刺史成都人徐耕，本性仁善、宽容，受到他保护、救活的百姓有几千人之多。田令孜问他说："你掌握着生杀大权却没有惩治一个人，是不是有作乱的筹划？"徐耕很是恐惧，夜里，把抓获的囚犯都提出来在市街上斩杀了。

王建看到停止战事的诏令，说："大功就要告成，为什么要放弃呢！"跟周庠谋划，周庠劝王建去请韦昭度返回朝廷，独自进攻成都，攻克并据守该城。于是王建呈递奏表请求："陈敬瑄、田令孜的罪行不能赦免，臣愿意全力效命来争取胜利。"韦昭度对他无计可施，因此也不能东返长安。王建劝韦昭度说："现在关东各藩镇相互兼并，这是朝廷很大的祸患，您应当及早返回朝廷，与陛下共同谋划。陈敬瑄就如同疥疮皮癣似的，我会花一段时日来对付他，责成我王建去做，就可以成功了！"韦昭度心里犹豫迟疑，还是没有决断。庚子日（二十一日），王建暗中派遣东川将领唐友通等人在行营办公处的门口把韦昭度的亲吏骆保抓住，把他切成肉片吃掉，声称他偷盗军粮。这一来，韦昭度感到非常恐惧，立即借口身体有病，把印章、旌节交付王建，上文书任命王建担任节度使、招抚使和制置使三使的留后职务，兼行营招讨使，当天就起程东返京师。王建把韦昭度送到新都，在战马前跪拜，向韦昭度敬酒饯行，流着泪行礼送别。韦昭度刚刚出了剑门，王建就命令士兵守卫剑门，不再让东边的军队进入。韦昭度抵达京师长安，被授予东都留守一职。

王建迅速攻打成都，环城设置烽火和堑壕绵延五十里。有个叫王鹞的宰狗屠夫，向王建请求假装犯罪逃进城里游说，让城内的士兵百姓和陈敬瑄不能同心协力，于是王建就派他去了。王鹞进城后去拜见陈敬瑄、田令孜，对他们说："王建的军队筋疲力尽，食物也吃完了，大概就要逃走啦！"王鷂退出来就在街市上卖茶，暗中向官吏百姓称赞王建英明威武，军队强盛；因此，陈敬瑄等守备松弛，而城内的百姓却倍感恐惧。王建又派遣属下将领京兆人郑渥假装投降以便入城查看城内军情，陈敬瑄任命郑渥为将领，让他登城守备，不久，郑渥又通过欺诈的办法出城返回军营，王建因此能详细了解城中的虚实，派郑渥为亲从都指挥使，更改姓名为王宗渥。

昭宗李晔任命武安节度使周岳为岭南西道节度使。

李克用大举进攻赫连铎，在北河上打败了他的军队，进兵围攻云州。

杨行密派遣他的部将刘威、朱延寿率领三万士兵前往黄池镇攻打孙儒，结果刘威、朱延寿惨败。朱延寿是舒城人。孙儒率领军队在黄池镇屯驻，五月，洪水泛滥，各个营寨都被淹没了，于是返回扬州，他命令手下将领康暀据守和州，安景思据守滁州。

丙午日（五月无此日），昭宗李晔册立皇子李祐为德王。

杨行密派遣他的部将李神福进攻和州、滁州，结果康暀投降，安景思则逃走了！

秋季，七月，李克用急迫地进攻云州，赫连铎把食物吃没了，就逃到吐谷浑部落，没有多久，他又返回幽州。李克用向朝廷上表任命大将石善友为大同防御使。

朱全忠派遣使者和杨行密约定好日期一起进攻孙儒。孙儒自恃他的军队强盛，打算先将杨行密消灭，然后再抵挡朱全忠，他传送公文给各藩镇，列数杨行密、朱全忠的罪状，并且说："等平定宣州、汴州以后，自会带领军队入朝，诛除陛下身边的奸贼。"于是，孙儒把扬州城的房屋全部焚毁，驱赶所有壮年男子和妇女渡过长江，把年老体弱的人杀死充作粮食。杨行密的将领张训、李德诚偷偷进入扬州城，将余火灭掉，得到几十万斛粮谷用来救济饥民。泗州刺史张谏请求借几万斛粮食供给军队，张训以杨行密的命令向张谏赠送粮食，张谏因此对杨行密很是感激。

邢洺节度使李存孝劝李克用进攻镇州，李克用听从了他的建议。八月，李克用南巡泽州、潞州，于是进入怀州、孟州境内。

朱全忠派遣他的部将丁会进攻宿州，攻下了外城。

乙未日（十八日），孙儒从苏州进军，在广德屯驻，杨行密率领军队抵抗孙儒。孙儒包围了杨行密的守寨，杨行密的部将上蔡人李简率领一百多人竭尽全力作战，冲破守寨，把杨行密从包围中解救出来。

王建更加猛烈地进攻陈敬瑄，陈敬瑄出去交战往往大败而回，他管辖内的州县大多被王建占据了。威戎节度使杨晟时常赠送给他一些食物，王建派兵占据了新都，通往彭州的道路被截断了。陈敬瑄出来，安慰鼓励士兵，士卒都不理睬。

辛丑日（二十四日），田令孜登临城楼，对王建说："老夫我待你一向宽厚，为什么要如此围攻我呢？"王建说："身为您的养子，不敢忘记养父的恩德！可是朝廷命令我征讨不接受职务调动的人，我不得不这样做。如果太师您改变主意，我王建还要求什么呢？"这天傍晚，田令孜亲自携带西川节度使的官印符节前往王建的军营交给王建，将士们都欢呼万岁。王建感动得落泪，赶紧称谢不止，请求恢复养父子的关系，就像当初那样。

以前，王建常常引诱他的将领、士兵，对他们说："成都城富庶得繁花似锦，如果占据那里，金银、布帛、女人等随你们的心愿去拿，节度使的职位我就和大家轮流做吧！"壬寅日（二十五日），陈敬瑄打开城门迎接王建，王建任命属下将领张勍为马步斩斫使，命令他先行入城，然后对将领士兵们说："我与你们三年来打了上百次战斗，现在才得到城池，你们不要发愁不能得到荣华富贵，千万不要烧毁劫掠店铺街市。我已经任命张勍守卫成都城，对违反军令的人，他若是抓来禀告我，我或许还能赦免；如果他先行斩杀了然后再禀告我，我也不能救你们了！"没过多久，有的士兵违反了禁令，张勍抓住了一百多人，击打他们的胸膛然后处死，尸体在街市上堆积起来，军中士兵见此情形，都不敢再违犯军令。因此，当时人们称张勍是“张打胸”。

癸卯日（二十六日），王建进入城中，自称为西川留后。小校韩武几次在节度使的厅堂前上马，牙司阻止他，韩武怒气冲冲地说：“王司徒许诺与我轮流担任节度使，在厅堂前骑上战马，又算得了什么事呢！”于是王建秘密地派人把他杀了。

起初，陈敬瑄抗拒朝廷诏令的时候，田令孜想要窃取他的军政大权，田令孜对陈敬瑄说：“三哥你身份尊贵，言行庄重，军中事务又琐碎又劳苦，不如全部交托我来处理，每天将所有记录的事情呈报于您，老兄你只要高高在上自享安逸就行了。”陈敬瑄向来就没有谋略、才华，很高兴地答应了。从此之后，军中的事务都无法按照自己的意思去处理，以致最终灭亡。王建向朝廷上表任命陈敬瑄的儿子陈陶为雅州刺史，让陈敬瑄跟随陈陶到任所去；第二年，贬黜陈敬瑄返回故乡，在新津县居住，用一个县的田租赋税供养他。

癸丑日（八月无此日），王建派遣手下士兵分别前往各州就地筹粮食用，更改文武坚的姓名为王宗阮，改谢从本的姓名为王宗本。陈敬瑄的部将佐吏们有气度见识有才能的，王建都以礼相待并且重用他们。

六军十二卫观军容使、左神策军中尉杨复恭统领宿卫的军队，专断朝政，他的各位养子都担任节度使、刺史，还养了宦官义子六百人，都充任监军。杨复恭的养子龙剑节度使杨守贞、武定节度使杨守忠竟然不向朝廷进奉贡品赋税，还上表诽谤鄙薄朝廷。

昭宗李晔的舅舅王瑰请求担任节度使，昭宗问杨复恭，杨复恭认为不适宜，王瑰大怒，大骂杨复恭。王瑰在宫禁中进出，很有权力，杨复恭非常怨恨他，奏请昭宗任命他为黔南节度使，王瑰便动身赴任，到达吉柏津，杨复恭命令山南西道节度使杨守亮在江中将他的坐船掀翻，王瑰的宗族、宾客都因此丧命，杨守亮向朝廷奏报说王瑰乘船时遇难。昭宗李晔知道是杨复恭暗中杀害了王瑰，更加憎恨他。

李顺节受到尊宠，地位显贵，与杨复恭开始争夺权力，把杨复恭暗地里做的事全都禀告昭宗李晔，昭宗于是下令任命杨复恭为凤翔监军；杨复恭心中怨恨，不想启程赴任，声称有病，请求退休回家。九月，乙卯日（初八），杨复恭以上将军的官职退休归隐，昭宗把几案和手杖赏赐给他。使者送去诏命让他返回，杨复恭暗中派遣心腹张绾偷偷地把使者杀死了。

昭宗李晔加封护国节度使王重盈兼任中书令。

东川节度使顾彦朗去世，军中推举他的弟弟顾彦晖担任留后的职位。

冬季，十月，壬午日（初五），宿州刺史张筠向丁会投降。

癸未日（初六），昭宗李晔任命永平节度使王建为西川节度使；甲申日（初七），朝廷废除永平军。王建攻占西川以后，专心治理政事，接纳大家的直言劝谏，喜好施舍百姓，乐于接近招纳贤德的人，能根据他人的才能来任用他们，表现谦虚、恭谨、节俭、朴素；可是多猜忌，喜好杀人，有功劳声望的将领，他往往找借口把他们杀死。

杨复恭居住的地方靠近玉山营，义子杨守信担任玉山军使，多次前往探望他。有人向昭宗李晔告发杨复恭与杨守信筹划作乱，乙酉日（初八），昭宗亲临安喜门，调派军队列阵来防卫，命令天威都将李顺节、神策军使李守节率领兵马进攻杨复恭的府宅。张绾率领杨复恭在家中豢养的士兵进行抵抗，杨守信率领军队前往支援，李顺节、李守节没能攻占杨复恭的府宅。丙戌日（初九），禁军在含光门守卫，等门打开后，想要出去劫掠东市、西市，正巧遇到刘崇望，刘崇望把马停下来，劝他们说："陛下亲自在街东督战，你们都是宿卫的士兵，应该在楼前攻打作乱贼臣，建功立业，不能贪求小利，自己招致坏的名声啊！"众士兵说："是！"于是跟随刘崇望向东奔驰。杨守信的兵马看到宫中卫兵过来了，当即溃散奔逃。杨守信与杨复恭带着家眷从长安城东面的通化门逃出，逃奔至兴元，永安都头权安追赶他们，抓住了张绾，把他斩杀了。杨复恭到达兴元以后，杨守亮、杨守忠、杨守贞以及绵州刺史杨守厚以征讨李顺节为名义，一同率领军队与朝廷对抗。杨守厚也是杨复恭的义子。

李克用进攻王镕，在龙尾岗大破镇州的军队，斩杀和俘获的士兵数以万计，于是攻克了临城，派遣军队攻打元氏、柏乡；李匡威率领幽州的士兵前来援救王镕。李克用大肆掠夺了一番才返回，率军在邢州驻扎。

十一月，曹州都将郭铢把刺史郭词杀死，向朱全忠投降。

泰宁节度使朱瑾率领部众一万多人攻打单州。

乙丑日（十九日），时溥的将领刘知俊率领部众两千人向朱全忠投降。刘知俊是沛县人，是徐州军队的一员猛将。时溥的军队从此一蹶不振。朱全忠任命刘知俊为左右开道指挥使。

辛未日（二十五日），寿州的将领刘弘鄂怨恨孙儒的残暴蛮横，以寿州投降朱全忠。

十二月，乙酉日（初九），汴州的将领丁会、张归霸和朱瑾在金乡交战，大破朱瑾的部队，杀死、虏获的人非常多，他的人马被斩杀抓获，几乎全军覆没，朱瑾自己骑马逃走免于一死。

天威都将李顺节仰仗昭宗李晔的恩宠，骄纵蛮横，进出时经常有卫士跟随。两军中尉刘景宣、西门君遂憎恨他，向昭宗禀告，担心李顺节会作乱。戊子日（十二日），西门君遂二人假借昭宗诏令召李顺节前来，李顺节进入皇宫到达银台门，他们二人便邀请李顺节前往仪仗房舍坐下谈话，供奉官似先知从背后砍下李顺节的人头，跟随李顺节的侍卫大叫着逃走。于是神策军的天威、捧日、登封三都的士兵大肆劫掠永宁坊，到了夜里才停止。百官们都呈递表文祝贺。

孙儒对苏州、常州烧杀抢掠，率领士兵进逼宣州，钱镠又派遣士兵占据苏州。孙儒多次打败杨行密的军队，他的军队的旌旗和器械粮草等物绵延达一百余里。杨行密向钱镠请求支援，钱镠于是援助他一些军需粮食。

昭宗李晔任命顾彦晖为东川节度使，诏令中使朱道弼赐给他旌节。杨守亮派遣杨守厚囚禁朱道弼，夺取了节度使的旌旗斧钺，派遣军队进攻梓州。癸卯日（二十七日），顾彦晖向王建请求援助；甲辰日（二十八日），王建派遣他的部将华洪、李简、王宗侃、王宗弼前去支援东川。王建偷偷地告诉各将领说："你们将杨守厚打败，顾彦晖一定会来犒劳安抚士兵，你们在行营的答谢宴会上，趁机将他抓获，没必要再次起兵攻打他。"王宗侃攻破了杨守厚的七个守寨，杨守厚逃奔至绵州。顾彦晖置办了犒劳的礼物，将领也准备设宴答谢，王宗弼却将王建的阴谋告诉了顾彦晖，顾彦晖于是借口生病推辞了答谢宴。

起初，李茂贞的养子李继臻占据了金州，均州刺史冯行袭攻取了那里，昭宗李晔下诏任命冯行袭为昭信防御使，治理金州。杨守亮打算从金州、商州袭击长安，冯行袭迎击，大破他的军队。

这年，朝廷赐泾原军号为彰义，增添渭、武两个州。

福建观察使陈岩病重，派遣使者拿书信去召泉州刺史王潮前来，想要授予他军政大权，使者还没有到达泉州，陈岩就去世了。陈岩的妻弟都将范晖暗示并劝说军中将士推举自己担任留后，出兵抵抗王潮。

资治通鉴卷第二百五十九　唐纪七十五

起壬子（公元892年），止甲寅（公元894年），共三年。

【题解】本卷记录了公元892年至894年的史事，共三年。正当唐昭宗李晔景福元年至乾宁元年。此三年间各地军阀混战改变了格局，初步形成地区间的大军阀。雄踞中原的朱全忠，对兖州、郓州用兵，多次打败朱瑾、朱瑄，朱瑾、朱瑄指日可灭。朱全忠成为全国第一大军阀，占有广阔的中原，四周的各藩镇都不是他的对手。李克用稳固占有太原、河东，对河北各藩镇用兵，北破幽州，是仅次于朱全忠的第二大军阀。王建已完全占有西川，诛杀了陈敬瑄、田令孜。杨行密经过数年争战，重新占据扬州，占有淮南。钱镠占据杭州，王潮占据福州。唐昭宗不识英才，不顾大局，任命歇后诗人郑綮做宰相，让天下人笑话，又不听杜让能的劝谏，轻启战端，讨伐凤翔节度使李茂贞，结果战败使李茂贞的势力加速变强。李茂贞凌侮蔑视唐昭宗，唐王朝进一步衰弱。

昭宗圣穆景文孝皇帝上之中

景福元年（壬子，公元892年）

春季，正月，丙寅日（二十一日），昭宗李晔大赦天下，改年号为景福。

凤翔军李茂贞、静难军王行瑜、镇国军韩建、同州的王行约、秦州的李茂庄五位节度使向昭宗李晔进言说杨守亮收容并藏匿叛逆乱臣杨复恭，请求派遣军队征讨杨守亮，并请求加封李茂贞为山南西道招讨使。朝廷官员商议认为，如果李茂贞被授予山南西道招讨使的官职，就不能控制他的势力了，于是昭宗李晔颁下诏令对他们进行调停和解，结果他们都不听从诏命。

王镕、李匡威联合军队十几万人进攻尧山，李克用派遣属下将领李嗣勋进行抵抗，结果大破幽、镇两州的军队，斩杀、虏获的士兵有三万人。

杨行密对各将领说："孙儒的部众比我们多出十倍，我们与他交战，多次失利，我打算退兵驻守铜官，你们说怎么样呢？"刘威、李神福齐声说："孙儒调动全部军队远道而来，速战速决对他很有好处。我们应当占据险要的地方，坚守堡垒，将周围的人畜钱粮转走，使孙儒的军队疲惫困乏，然后我方再不时地派出轻骑兵抢夺他们运送的军粮，夺取他们俘获的物资。这样一来，他们向前没有办法作战，后退又没有了钱财、粮饷，我们就可以轻而易举地擒获他们！"戴友规说："孙儒和我们互相对峙已有好几年了，双方胜败的情况大体上相同。现在孙儒发动全部军队要置我们于死地，我们如果望风而逃丢弃城池，那就正迎合了孙儒的计谋。淮南的士子百姓跟随您渡过长江以及从孙儒的军营中前来投降的人非常多，您应该派遣将领先将他们送回淮南，让他们恢复生产；孙儒的士兵听到淮南地区的百姓都安居乐业，那么人人都想返回家乡，这样，他们的士兵军心动摇，怎么不会战败呢！"杨行密很高兴，都听从了他们的建议。戴友规是庐州人。

威戎节度使杨晟和杨守亮等人相约进攻王建，二月，丁丑日（初二），杨晟率领军队劫掠新繁、汉州等地，派遣他的部将吕尧率领士兵两千人联合杨守厚进攻梓州；王建派遣行营都指挥使李简攻打吕尧，将他杀了。

戊寅日（初三），朱全忠率领军队攻打朱瑄，派遣他的儿子朱友裕带兵先行，在濮阳县的斗门城驻扎。

李茂贞、王行瑜擅自率领军队攻打兴元。李茂贞不断地向昭宗李晔上表请求担任招讨使，写信给杜让能和西门君遂，心中蔑视朝廷。昭宗无法容忍，亲临延英殿，召集宰相、谏官商议此事。当时有一些宦官暗中与李茂贞、王行瑜勾结，因而宰相们相互观望没有人站出来发言，昭宗见这样很不高兴。给事中牛徽说："前朝多灾多难，李茂贞确实有辅佐、护卫的功劳；杨氏几人起兵作乱，李茂贞立即派军讨伐，他的心意也是痛恨杨复恭一伙奸恶之人，只是不应该不等待朝廷的诏令就擅自行动。近来，听说他率军路过山南，斩杀残害了很多人。陛下如果不把山南西道招讨使的职位授予李茂贞，使用国家法度来管束他的话，那么山南的百姓就会被杀光了！"昭宗说："你说的这些话是对的。"于是昭宗李晔任命李茂贞为山南西道招讨使。

甲申日（初九），朱全忠到达卫南。朱瑄率领步兵、骑兵上万人袭击斗门城，朱友裕丢弃营寨逃走了，朱瑄占据了他的营寨。朱全忠对此事完全不知道，乙酉日（初十），朱全忠率领士兵直奔斗门城，到达的士兵都被郓州兵杀死了。朱全忠被迫撤兵在瓠河镇驻军，丁亥日（十二日），朱瑄攻打朱全忠，大破他的军队，朱全忠逃走。张归厚在后面竭尽全力作战，朱全忠才得以免于被杀，副使李璠等人都阵亡了。

朱全忠向昭宗李晔上奏，请求贬黜河阳节度使赵克裕，任命佑国节度使张全义兼任河阳节度使。

孙儒围攻宣州。起初，刘建锋为孙儒防守常州，率领士兵跟随孙儒攻打在甘露镇的杨行密，派遣陈可言率领部下千人据守常州。杨行密的部将张训率领军队突然到达城下，陈可言在仓促之间出城迎战，张训亲手把他杀了，于是攻取了常州。杨行密的别将又攻克了润州。

朱全忠连年征讨时溥，因此徐、泗、濠三州的百姓不能耕种收获，兖州、郓州、河东的军队支援时溥，都没有取得胜利，又正赶上闹水灾，百姓死亡的占十分之六七。时溥的处境也特别窘迫，向朱全忠请求和好，朱全忠回答说："你必须迁移镇所离开徐州。"时溥同意了。朱全忠于是向朝廷奏请将时溥迁到其他的镇所，再派遣大臣来镇守徐州。昭宗李晔任命门下侍郎、同平章事刘崇望担任同平章事，充任感化节度使，任命时溥为太子太师。时溥惧怕朱全忠欺骗他，杀害自己，因此据守城池，没有接受诏命，刘崇望到了华阴后又返回长安。

忠义节度使赵德諲去世，他的儿子赵匡凝代替他的职位。

范晖骄横奢侈，得不到属下的拥护，王潮任命堂弟王彦复为都统，胞弟王审知为都监，率领军队进攻福州，百姓主动请求给王潮的军队运送粮米，平湖洞以及海边的蛮夷也用兵力和船只对王潮进行援助。

辛丑日（二十六日），王建派遣侄儿嘉州刺史王宗裕、雅州刺史王宗侃、威信都指挥使华洪、茂州刺史王宗瑶率领五万士兵攻打彭州，杨晟迎战，都战败了，王宗裕等人包围了杨晟。杨守亮派遣他的部将符昭救援杨晟，符昭直接奔赴成都，在汉州金堂县的三学山安营扎寨。王建紧急召华洪返回成都。华洪火速抵达，后面的军队还没有来得及集合，就率领几百人连夜到离符昭营寨几里以外的地方，频繁地敲打更鼓；符昭以为有大批的蜀军到达这里，便在夜里率领士兵逃走了。

三月，昭宗李晔任命户部尚书郑延昌为中书侍郎、同平章事。郑延昌是郑从谠的堂兄弟。

左神策勇胜三都都指挥使杨子实、杨子迁、杨子钊，都是杨守亮的义子，他们从渠州率领军队救援杨晟，知道杨守亮肯定会战败，壬子日（初八），他们率领军队两万人向王建投降。

李克用、王处存联合士兵进攻王镕，癸丑日（初九），他们攻取了天长镇。戊午日（十四日），王镕在新市与他们交战，大破他们的军队，杀死和掳掠的士兵有三万多；辛酉日（十七日），李克用撤退军队在栾城屯驻。昭宗李晔颁发诏令调解河东及镇州、定州、幽州四镇和好。

杨晟写信给杨守贞、杨守忠、杨守厚，让他们进攻东川以求解除彭州的围困，杨守贞等遵从他的安排。神策督将窦行实在梓州驻守，杨守厚暗中引诱他作为内应；杨守厚抵达涪城，窦行实担任内应的事情败露了，于是顾彦晖将窦行实杀死，杨守厚只好逃走了。杨守贞、杨守忠的军队赶到，找不到去处，在绵州、剑州之间逗留。王建派遣手下将领吉谏袭击杨守厚，打败了他。癸亥日（十九日），西川的将领李简在钟阳镇拦击杨守忠，斩首和俘获的士兵有三千多人。夏季，四月，李简又在铜鉡将杨守厚的军队打败，斩首和俘获的士兵有三千多人，投降的士兵有一万五千人；杨守忠、杨守厚都逃走了。

乙酉日（十二日），朝廷在杭州设置武胜军，任命钱镠为防御使。

天威军使贾德晟，因为李顺节的死，深感怨恨愤怒，西门君遂憎恶他，便向昭宗李晔上奏，把贾德晟杀死。贾德晟手下一千多名骑兵逃奔到凤翔，李茂贞由此更加强大。

李匡威派出军队前去进犯云州、代州，壬寅日（二十九日），李克用才率领军队返回晋阳。

时溥派遣士兵侵扰南方，抵达楚州，杨行密的将领张训、李德诚在寿河将时溥打败，乘胜攻占楚州，抓获楚州刺史刘瓒。

五月，朝廷加封邠宁节度使王行瑜兼任中书令。

杨行密屡次打败孙儒的军队，攻破孙儒在广德安设的营寨；张训则在安吉驻扎，将孙儒的运粮道路截断。孙儒军中粮食断绝，瘟疫流行，孙儒派遣属下将领刘建锋、马殷分别率领军队到各县劫掠财物。六月，杨行密听说孙儒得了疟疾，戊寅日（初六），派出军队攻打他。正巧遇到倾盆大雨，天地昏暗一片，孙儒的军队大败，安仁义攻占了孙儒五十多个守寨，田頵在阵前捉住了孙儒，把他杀了，命人将首级传送到京城长安，孙儒的部众大多数归附杨行密。刘建锋、马殷聚集残兵七千人，向南逃奔洪州，部众们推举刘建锋为统帅，马殷为先锋指挥使，委任张佶为主谋人，等到军队抵达江西，士兵已经有十多万人了。

丁酉日（二十五日），杨行密率领军队回到扬州；秋季，七月，丙辰日（十四日），抵达广陵，杨行密向朝廷呈递奏表，请求派遣田頵守卫宣州，安仁义守卫润州。

之前，扬州富庶居天下第一，当时人称：扬州第一、益州第二；等到经过秦彦、毕师铎、孙儒、杨行密各股军队的交战之后，江、淮之间，东西千里之内一片惨败衰落的凄凉景象。

王建围攻彭州，很久还没有攻打下来，百姓都逃跑、躲藏到山谷中；王建各个营寨的士兵每天出去抓人抢劫，并且把这种做法称作“淘虏”，他们抢夺来的百姓财物，军中将领先把好的挑走，剩下的再让士兵们去分，把这看得很平常。

有一位名叫王先成的军士，是新津人，他原本是个读书人，因为社会动荡混乱，所以去当兵服役，他私下考虑各位将领中，只有北方的守寨王宗侃是最贤明的，于是，他就前往游说王宗侃，说：“彭州本来是西川的属地，陈敬瑄、田令孜将杨晟召来，然后分割出四个州授予杨晟管理，任命杨晟为观察使，与他们一起抗拒朝廷诏命。现在陈敬瑄、田令孜已经被剿灭，而杨晟却还是据守彭州，彭州的百姓都清楚西川才是他们的军府，而检校司徒王建才是他们的官长，所以王建的大军刚到达时，当地百姓并没有进入城内归顺杨晟，而是逃往高山深谷躲避，等待着王建的召集安抚。现在大军抵达这里已经好几个月了，没有听说召集安抚的命令，军士们反而又跟着来劫掠他们，这与强盗贼寇没有什么区别。劫掠他们的钱财，赶走他们饲养的牲畜，把年老体弱的人以及妇女分给士兵作为奴婢，让这里的父子兄弟流离失所，愁苦哀怨。那些在山谷中的百姓，酷暑暴雨之下没有遮盖之物，不时遭受毒蛇猛虎的伤害，孤单又危险，饥渴难耐，却无处倾诉痛苦。他们当初认为杨晟不是他们的官长而没有听从他的命令，现在司徒对他们也不加以慰问、赈济，他们就会更加思念杨氏了。”王宗侃深感悲痛，不知不觉地多次向前移动座位，询问王先成。王先成说：“还有比这更危险的事情：现在各个营寨每天早晨派遣六七百名士兵，进入深山密林劫掠百姓的财物，天黑时才返回，士兵竟然没有守寨防范之心。这只是侥幸仰仗城中没有人罢了，万一有一位聪慧之人替杨晟出谋划策，让他趁着空虚时来突袭，事先在彭州城门内埋伏一千精壮士兵，当登上城楼看到王建营寨的士兵前去劫掠走远时，便派出弓箭手、炮手各一百人，进攻营寨的一面，紧随着派遣五百名役卒，身背柴草土石填满堑壕垫好道路，然后发动精锐军队奋勇进攻，并且烧毁守寨；又在另外三面的城下各派出炫耀兵力的军队，各个营寨都自己忙着防备抵抗，没有时间相互救援，彭州城内不断增派军队继续出击，这样一来，王建怎么能不打败仗呢？"王宗侃很吃惊地望着他，说："果真像你说的这样，那该怎么办呢？"

王先成请求一条条列举，写成奏疏，向王建禀告，王宗侃立即命令王先成撰写草稿，大意是说："今天所禀告的事情，必须四方面联合，王宗侃所管辖的只有北面的军队，如果可以依从禀告的建议，请求用节度使的名义提出实行。"事情共有七条："其一，请求召集安抚山谷中的百姓。其二，请求阻止各营寨的军中士兵和子弟，谁也不准出去劫掠百姓，在各营寨的旁边竖立石碑，方圆七里之内随意打柴放牧，有敢超越石碑者斩首。其三，请设置召集安抚百姓的守寨，最好能容纳几千人，用来安置招回来的百姓，请王宗侃选择部下将校中谨慎干练的人为招安将，命令他们带领三十人早晚拿着兵器巡逻保卫。其四，召集安抚之事必须委任一人为统领，今天榜帖已经发布出去，各寨一定各自派遣士兵进入山中召集安抚，但是百姓看到士兵没有不惊恐疑虑的，就像老鼠看见猫一般，有谁愿意前来呢！想要召集他们，必须想办法，希望发下军帖，交给王宗侃专门处理这件事。其五，请严格命令四面守寨的指挥使，把之前抢掠的彭州男女老幼全都聚集在营寨的广场上，有父亲与儿子、哥哥与弟弟、丈夫与妻子自己相互认出的，就让他们团聚，在公文上标清人数，分别送往招安寨，有胆敢私自藏匿一人的立即斩杀；再请求命令成都府中的各军营，要求他们也严格搜寻，有之前从军队前线返回的百姓，酌量送给些资财粮食，全都送回招安寨。其六，请在招安寨里设置九陇行县，任命前任南郑县令王丕代理县令，县内设置曹署，安抚治理百姓，选择那些健壮的子弟，发给他们军帖，让他们自己进入山中召集他们的亲人；他们知道司徒严格禁止侵扰劫掠，以前被士兵们俘获去的，都得到了安定的住所，一定会欢呼雀跃，相互领着下山，就像小孩回归母亲的怀抱一般，没有几天便会全部出来的。其七，彭州的土地适合种麻，这里的百姓在没有进山时把大量沤过的麻藏了起来，应当命令县令明确告诉百姓，各自返回田间故里，将沤藏的麻挖出来卖掉，换取资财粮食，这样必定会逐渐恢复家业。”王建接到状文大为欢喜，当即实行，全部遵从办理。

第二天，榜帖送达各营区，禁令非常清楚明确，没有人胆敢违反。过了三天，山中的百姓争先恐后地走出来，赶往招安寨中，就如同赶到市场去一样，招安寨容纳不了这么多人，就开辟地盘扩展寨子。逐渐地又有了集市，百姓又拿出收藏的麻来卖。招安寨的百姓看到村落没有残暴劫掠之患，逐渐辞别九陇行县县令，回到故里恢复旧业。又过了一个多月，招安寨里的百姓都走光了，返回故里。

己巳日（二十七日），李茂贞攻取了凤州，感义节度使满存逃往兴元。李茂贞又攻克兴、洋两个州，都向朝廷上表请求任命他的子弟来镇守。

八月，昭宗李晔任命杨行密为淮南节度使、同平章事，任命田頵担任宣州留后，任命安仁义为润州刺史。

从孙儒那边投降的士兵很多是蔡州人，杨行密挑选出五千特别勇敢健壮的士兵，给他们丰厚的供给和奖赏，让他们用黑色的外衣蒙着铠甲，号称“黑云都”，每当作战时，让这些人在前面冲锋陷阵，四周邻近的军队都很惧怕他们。

杨行密因为费用不足，想要用茶、盐来换取百姓的布帛，掌书记舒城人高勖说：“战乱刚刚平定，老百姓十户有九家是一贫如洗，官府却又要谋取利益让他们艰难困窘，这将会让百姓再次背叛我们啊。不如用我们拥有的东西来与邻道交换我们所没有的，这样就足以供给军队的需要了！再挑选贤明的太守和县令，勉励考察百姓的农业耕作、植桑养蚕情况，几年之间，粮仓府库自然会充足起来。”杨行密听从了他的建议。田頵听到这件事以后，说：“这是贤者说的话啊！它的好处确实是太深远了。”杨行密对于骑射武艺等，都不很擅长，然而他对人宽容仁厚，生活俭朴又有才智谋略，擅长安抚任用将士，与他们同甘共苦，待人处事也能真诚，没有任何猜疑嫉妒之心。杨行密曾经清晨外出，跟随的人砍断了马股后的革带，把上面装饰的黄金偷走，杨行密知道了这件事后，也没有去追究那个人，以后，他仍然早晨外出，就像以前一样，人人都叹服他的度量。

淮南一带遭受战乱已经连续六年了，当地士人和百姓辗转迁徙几乎走光了；杨行密刚到这里时，赏赐将领官吏的布帛不过几尺，银钱不足几百。可是，杨行密能够凭借勤劳节俭保证军中充足的给养，除非因公设置酒宴，他自己从不举办歌舞音乐。召集安抚那些流离失所的百姓，减轻徭役，减少赋税，不到几年的时间，官府、百姓富庶，几乎恢复到太平盛世时的状态。

李克用向北巡视到了天宁军时，听说李匡威、赫连铎率领士兵八万人劫掠云州，便派遣他的部将李君庆从晋阳发动军队。李克用本人却偷偷潜入新城，在神堆设下伏兵，擒获吐谷浑的巡逻骑兵三百人；李匡威等大为震惊。丙申日（二十五日），李君庆率领大军到达，李克用便迁往云州。丁酉日（二十六日），李克用出兵攻打李匡威等人，大破他们的军队。己亥日（二十八日），李匡威等人焚烧军营之后逃走了！李克用追到天成军，斩杀、虏获的士兵极多，根本没有办法计算。

辛丑日（三十日），李茂贞攻取了兴元，杨复恭、杨守亮、杨守信、杨守贞、杨守忠、满存逃往阆州。李茂贞向昭宗李晔上表，请求任命他的儿子李继密暂时担任兴元府的职务。

九月，昭宗李晔加封荆南节度使成汭为同平章事。

时溥逼迫监军向朝廷奏称军中将士挽留他，冬季，十月，昭宗李晔又任命时溥为侍中、感化节度使。朱全忠向昭宗上奏，请求追回加封给时溥的新的任命；昭宗下诏规劝朱全忠和时溥和解。

起初，邢、洺、磁三州的留后李存孝，和李存信都是李克用的义子，但两人相处不和睦。李存信在李克用那里特别得宠，李存孝在邢州，想要建立大功以此来超越李存信，于是建议夺取镇州、冀州，而李存信却从中阻挠，李克用不时地听从李存信的建议。等到王镕围攻尧山，李存孝前往救援，没能战胜。李克用便任命李存信为蕃、汉马步都指挥使，与李存孝一同进攻王镕，李存孝、李存信二人互相猜忌，彼此逗留观望都不进军；李克用改派李嗣勋等将王镕打败。李存信返回后，诬陷李存孝，说他无心攻打敌人，怀疑他与贼军私下有盟约。李存孝听到以后，自认为对李克用有大功，然而受到的信任反而比不上李存信，心中愤怒怨恨，并且害怕灾祸降临，于是暗中与王镕和朱全忠勾结，向朝廷上表以邢、洺、磁三州归附朝廷，并请求赏赐给他节度使的旌节，以及联合各道军队征讨李克用。昭宗李晔颁发诏令，任命李存孝为邢州、洺州、磁州节度使，但不同意联合军队讨伐李克用。

十一月，时溥的濠州刺史张璲、泗州刺史张谏等人以州归顺朱全忠。

乙未日（十一月无此日），朱全忠派遣他的儿子朱友裕率领十万大军攻打濮州，把它攻取了，抓住了刺史邵伦，于是，朱全忠又命令朱友裕调转军队攻打时溥。

孙儒的部将王坛攻克婺州，刺史蒋环逃到越州。

庐州刺史蔡俦将杨行密父亲和祖父的坟墓挖开，与舒州刺史倪章联合军队，派遣使者送去印信向朱全忠求救。朱全忠憎恨蔡俦反复无常，接受他送来的官印，却不派兵援助，并且给杨行密送去书信报告这些消息；杨行密对朱全忠表示感谢。杨行密派遣行营都指挥使李神福率领军队征讨蔡俦。

唐穆宗李恒时建立的《宣明历》逐渐出现误差，太子少詹事边冈完成新历改造，十二月，进献给朝廷。昭宗李晔把新历命名为《景福崇玄历》。

壬午日（十二日），王建派遣他的部将华洪在阆州攻打杨守亮，打败了杨守亮的军队。王建派遣节度押牙、延陵人郑顼出使到朱全忠那里，朱全忠询问剑阁的情况，郑顼极力陈述剑阁如何险要。朱全忠不相信他所说的，郑顼说："如果您不听我说的话，恐怕会耽误您的军机大事。"朱全忠听后哈哈大笑。

这一年，明州刺史钟文季去世，他的将领黄晟自称为明州刺史。

景福二年（癸丑，公元893年）

春季，正月，时溥派遣士兵攻打宿州，宿州刺史郭言战死。

东川留后顾彦晖与王建有矛盾，李茂贞便想安抚顾彦晖让他服从自己，于是向昭宗李晔上奏请求再次赐予顾彦晖节度使的旌节，昭宗颁诏任命顾彦晖为东川节度使。李茂贞又奏请派遣掌管兴元府事务的李继密援救梓州，不久，王建派遣军队在利州打败了东川、凤翔的军队。顾彦晖向王建求和，请求与李茂贞断绝关系；王建便答应了他。

凤翔节度使李茂贞自己请求镇守兴元，昭宗李晔下诏任命李茂贞为山南西道兼武定节度使，任命中书侍郎、同平章事徐彦若为同平章事，充任凤翔节度使，另外，又分割出果、阆两个州归属武定军。而李茂贞打算兼领凤翔，所以没有接受诏命。

二月，甲戌日（初五），昭宗李晔加封西川节度使王建为同平章事。

李克用率领军队围攻邢州，镇州的王镕派遣牙将王藏海给李克用送去书信进行解释。李克用大怒，将王藏海杀死，派军队进攻王镕，在平山县打败了镇州的军队。辛巳日（十二日），李克用攻打天长镇，打了十天还没有攻克。王镕出动三万士兵前往救援，李克用在叱日岭下迎战，大破王镕的军队，斩首一万多人，余下的士兵都溃散逃走了。李克用的河东军队没有粮食，把被杀士兵的尸体剁成肉酱吃。

时溥向朱瑾请求救援，朱全忠派遣他的部将霍存率领三千骑兵在曹州屯驻来防备朱瑾军队的进攻。朱瑾率领两万士兵救援徐州，霍存带兵赶去，和朱友裕在彭城附近的石佛山下联合攻打徐州、兖州的军队，结果徐州、兖州军队惨败，朱瑾逃回兖州。辛卯日（二十二日），徐州的士兵又发动进攻，霍存战死。

李克用进军攻下井陉，李存孝率领军队救援王镕，于是进入镇州，与王镕商议大事。王镕又向朱全忠请求出兵，朱全忠这时正在和时溥激战，没有办法去援救他，不过，他给李克用送去一封书信，说："我在邺下驻扎有十万精兵，只因为我的压制才没有让他们进军。"李克用给朱全忠回信说："倘若你在邺下确实屯驻有精兵，那么我恭候大军前来；如果一定要分出胜负，请到常山脚下决一死战。"甲午日（二十五日），李匡威率领士兵援救王镕，在元氏打败了李克用的军队，李克用率领军队返回邢州。王镕在藁城犒劳李匡威，拿出金帛二十万来酬谢他。

朱友裕包围彭城，时溥多次出动军队攻打，朱友裕关起营门不出来迎战。朱瑾在石佛山下战败，在夜间逃走，朱友裕也不追赶，都虞候朱友恭写信给朱全忠诋毁朱友裕，朱全忠看后特别生气，用驿马传送书信给都指挥使庞师古，派他代替朱友裕统率军队，并且审查信中提到的那些事。可是这封传送的书信却误送到朱友裕那里，朱友裕非常害怕，率领二千（应该是"二十"才对）名骑兵逃入山中，暗中去砀山，藏匿在伯父朱全昱那里。朱全忠的夫人张氏听说了此事，便要朱友裕独自骑马到汴州见朱全忠，朱友裕在厅堂上大哭，流着泪跪下求饶。朱全忠命令身边侍卫揪住他的头发，按住他的脖子，要把他拉出去斩首，张夫人赶紧跑过去抱住朱友裕，流着眼泪说："你离开军队，独自一人回来认罪，没有其他的图谋已经很明显了。"朱全忠听后立即明白过来，收回对朱友裕的处罚，命他暂且掌管许州事务。朱友恭是寿春人李彦威，幼年时，是朱全忠的家僮，朱全忠收养他为义子。张夫人是砀山人，很有智慧，擅长筹谋，朱全忠敬畏她，即使是军府要事，也时时与她商议、谋划；有时，率领军队出战，已经行进到半路，而张夫人认为这次出征不可取，只派遣一个人去召请朱全忠，朱全忠立即就返回。

庞师古攻打佛山寨，把它攻克了，从此徐州的军队就不敢再出来交战！

李匡威去援救王镕的时候，准备从幽州出发，家人都到使馆去为他送行，他的弟弟李匡筹的妻子很漂亮，李匡威喝醉酒之后，就把她奸淫了。二月，李匡威从镇州回来，到达博野，李匡筹占据军府，自称留后，用符节派兵追回行营的军队。李匡威的人马溃散返回，他只得与一些亲近的士兵留在深州，进退没有去处，便派遣判官李抱真向朝廷奏报，请求返回京师长安。京师屡次经历战乱，听说李匡威要来，街市上的人非常惊恐，说："金头王李匡威要来图谋大唐皇位了。"长安的士人百姓有的竟逃往山谷中躲藏起来。因为李匡威是为救援王镕而丧失幽州的，因此王镕对李匡威感恩戴德，迎接他到镇州，替他修建府第，侍奉他就如同侍奉父亲一般。

昭宗李晔任命渝州刺史柳玭为泸州刺史。柳氏从柳公绰以后，世代都以孝顺父母、尊敬兄长、重礼守法而为士大夫们所尊崇。柳玭担任御史大夫，昭宗想要任命他为宰相，宦官憎恨他，因此柳玭许久都被贬谪在外。柳玭曾告诫子弟，说："大体来说，门第高贵的人，它越使人惧怕而不可以依赖！这些人为人处世，如果一件事上出现失误，招致的罪过就会比别人严重得多，死后也没有脸在地下与祖先相见，这是说可怕的原因。门第高就容易产生骄纵之心，家族昌盛就要受人妒忌；他们的美德善行、真才实学，人们不一定会相信，而稍微有一点缺憾，大家又都会去指责他，这就是它不可以依赖的缘故。因此，富贵人家的子弟，学习应该更加勤奋，行为应该更加勤勉，这样也仅仅是能和其他人相比较罢了。"

王建屡次向朝廷请求杀死陈敬瑄、田令孜，朝廷都不准许。夏季，四月，乙亥日（初七），王建派人告发陈敬瑄暗中谋反作乱，在新津将他杀死。又派人告发田令孜与凤翔节度使李茂贞暗中往来书信，把田令孜关进监狱，最终致死。王建命令节度判官冯涓起草表文，上奏昭宗李晔，说："打开木笼把猛虎放出，孔子责备自己的弟子而不斥责别人；孙叔敖将两头蛇杀死，并不是为了他自身获得利益。在宫廷之外统兵的将领如果没有专杀独断的权力，重要的机会就要在奸臣的圈套中丧失了。"冯涓是冯宿的孙子。

汴州的军队进攻徐州，几个月都没有攻下来。通事官张涛写信禀告朱全忠说："进军的时机没有把握好，所以没有效果。"朱全忠同意他的看法。敬翔说："现在我们攻打徐州城好几个月，耗费巨大的财力、物力，徐州的百姓已经困乏极了，攻克徐州是早晚的事，如果让军中将士听到张涛的这些话，那么进攻的劲头就会松懈下来。"朱全忠于是把张涛的信烧掉了。癸未日（十五日），朱全忠亲自率领士兵前往徐州；戊子日（二十日），庞师古攻取了彭城，时溥全族的人登上燕子楼自焚而死。己丑日（二十一日），朱全忠进入彭城，任命宋州刺史张廷范担任感化留后，奏请朝廷任命文官担任节度使。

李匡威在镇州，为王镕修整城郭堑壕，修理盔甲兵器，把王镕当成儿子一样对待。李匡威因为王镕年纪小，并且喜欢镇州的风土人情，所以暗中谋划夺取镇州。李抱真从京师返回，替李匡威筹划此事，暗中施予恩惠来取悦将士们。王镕一家在镇州已经生活了很长时间，镇州人拥戴王镕，而不顺从李匡威。在李匡威父母的忌日，王镕到李匡威的寓所凭吊，李匡威身穿丧服，里面却穿着铠甲，设下伏兵将王镕劫持，王镕跑到李匡威的面前抱着他说："我王镕被河东李克用围困时，几乎要兵败而死，依靠你的救援才有今日；你想得到镇州、冀州、深州、赵州这四个州，这本来就是我所期望的，不如我和你一同回到节度使府，把节度使的职位让给你，这样军中将士就不会再反抗你了。"李匡威觉得他说得很有道理，便和王镕比肩并马，排列军队进入府中。恰逢狂风大作雷雨交加，房屋上的瓦都震动起来。李匡威走进镇州城的东偏门，王镕的镇州亲军立即把东偏门关闭，有个叫墨君和的屠夫从残破的墙壁后面跳出来，用拳头猛击李匡威的披甲士兵，把王镕从马背上夹在腋下，背着他登上房顶。镇州的士兵得到了王镕后，便攻打李匡威，杀死了他，连同他的族人和党羽也都杀了。王镕当时才十七岁，身体又瘦又高，这次被墨君和夹着跑，竟好几天脖子疼痛脑袋歪斜。李匡筹向朝廷奏报王镕将他的哥哥李匡威杀了，请求发兵报仇，昭宗李晔下诏不许他擅自行动。

幽州的将领刘仁恭率领士兵戍守蔚州，过了期限还没有人来替换他们，士兵们都想回家。适逢李匡筹即位，戍守的士兵便拥戴刘仁恭为统帅，掉转头来攻打幽州，到了居庸关，被幽州节度使的军队打败。刘仁恭逃奔河东，李克用对待他相当优厚。

李神福包围庐州；甲午日（二十六日），杨行密亲自率领军队抵达庐州，田頵从宣州率领士兵与他会合。起初，蔡州人张颢凭借骁勇善战侍奉秦宗权，后来又跟随孙儒，孙儒战败后，张颢归附杨行密，杨行密对待他也很优厚，委任他率领军队在庐州屯驻。蔡俦作乱的时候，张颢又为他效力。等到庐州城被包围后，情况紧急，张颢越过城墙去投降杨行密，杨行密将他隶属银枪都使袁稹。袁稹认为张颢为人反复无常，向杨行密进言，请求将张颢杀了，杨行密担心袁稹不能容纳张颢，便把张颢安排在亲军中。袁稹是陈州人。

王潮派遣王彦复、王审知进攻福州，很久没有攻克。范晖向威胜节度使董昌请求支援，董昌和陈岩有姻亲关系，于是派遣温州、台州、婺州士兵五千人前往救援。王彦夏、王审知因为福州城坚固，救援军队即刻赶到，军中死亡受伤的士兵已经很多，他们把这里的情况禀告王潮，想要撤兵，另外谋划攻打，王潮没有答应他们的请求。他们请王潮亲自莅临行营，王潮回复说："士兵没有了增派士兵，将领战死派遣将领，士兵、将领都战死了，我自然前来。"王彦复、王审知害怕了，亲自冒着被弓箭射、被巨石砸的危险，急速地抢攻。五月，福州城内粮食吃光了，范晖清楚不能守住城池，夜里，他把官印交给监军，然后离开福州城逃走了，前来救援的军队也纷纷返回。庚子日（初二），王彦复等人进入福州城。辛丑日（初三），范晖逃到驻守海滨的部队，被将士杀死。王潮进入福州，自称为留后，穿上丧服将陈岩安葬，把自己的女儿嫁给陈岩的儿子陈延晦，对陈岩的家属抚恤得十分优厚。汀州、建州也向王潮投降，从岭南到海滨的二十多股盗贼或者归顺王潮或者溃败逃散。

闰月，昭宗李晔任命武胜防御使钱镠为苏杭观察使。又任命扈跸都头曹诚为黔中节度使，任命耀德都头李铤为镇海军节度使，任命宣威都头孙惟晟为荆南节度使，六月，昭宗李晔任命捧日都头陈珮为岭南东道节度使，全都为同平章事。这时，李茂贞飞扬跋扈，昭宗感到武臣难以控制，打算用皇族各王代替他们，因此曹诚、李铤、孙惟晟、陈珮四人都接到昭宗的诏令，解除他们在长安的兵权，命令他们奔赴镇所。

李匡筹派遣军队攻打王镕的乐寿、武强等地，来报王镕杀害李匡威的仇。

秋季，七月，王镕派遣士兵救援邢州；李克用在平山把他打败，壬申日（初六），李克用进兵攻打镇州，王镕惧怕了，请求拿出军粮二十万来帮助李克用攻打邢州，李克用答应了王镕的请求。李克用在栾城派遣军队，联合王镕的士兵三万人进驻任县，李存信在琉璃陂驻扎军队。

丁亥日（二十一日），杨行密攻克庐州，杀死蔡俦。杨行密身边的人请求挖毁蔡俦父母的坟墓，杨行密说："蔡俦因为挖掘了我家祖坟而获罪，我怎么能去效仿他呢！"

昭宗李晔加封天雄节度使李茂庄为同平章事。

钱镠征发民夫二十万人以及十三都的军士修筑杭州的外围城，方圆有七十里。

升州刺史张雄去世，冯弘铎代替他担任刺史。

李茂贞自恃有功骄横跋扈，向昭宗李晔进呈表章以及给杜让能写信，言辞都很不恭敬。昭宗很气愤，想要讨伐李茂贞。李茂贞再次呈上奏表，大意说："陛下作为一统天下的大唐皇帝，却不能保护皇舅王瑰的性命；陛下是天下万民最尊崇的，却不能斩杀杨复恭这个奸佞之人。”又说：“现在朝廷只在乎各节度使谁强谁弱，却不计较是非曲直。”还说：“朝廷管束势力弱的人，对他们用刑法来制裁，亲附势力强盛的人，对他们施加恩宠；处事视其轻重而计较得失，看人权衡利害而仰人鼻息。”又说：“军情容易变化，征战的马匹很难拉着缰绳控制它，我只是忧虑在您国土内的百姓会因此而遭受灾祸，不知道天子在流亡迁徙，丧失居所后，从此地又要迁到哪里去呢？”昭宗更加愤怒了，决定征讨李茂贞，命令杜让能专门管理此事，杜让能劝昭宗说：“陛下刚刚即帝位，我们的社稷还没平稳，李茂贞距离国都的城门很近，我认为不应当与他结怨，一旦没有消灭他，那么悔之晚矣。”昭宗说：“国势日益衰微，诏令的推行竟然不能超出国都的城门，这是有志之士深感悲愤痛苦的时候啊！《书经》里不是说，吃药不到使眼睛昏花的程度，疾病是不会好的。朕不甘心做一个软弱的任人欺辱的皇帝，默默地在这里度日，坐在这儿看着别人来欺侮。你只管为朕调集军队和粮食，朕亲自委派各王率领军队，不论成败都不会追究你的责任。”杜让能回答说：“陛下一定要发兵征讨李茂贞，那么朝廷内外的大臣都应当同心协力帮助陛下实现宏大的心愿，而不应只任用臣一人。”昭宗李晔说：“你作为宰相，与朕休戚与共，不应该逃避这件事。”杜让能激动地流下眼泪说：“臣怎么敢逃避此事呢！何况陛下要完成的事情，也是先帝宪宗李纯的遗愿，只是从时间上讲还不到时机，就形势说也不允许罢了。只是臣恐怕将来有一天会像汉景帝刘启时的晁错那样白白遭受杀身之祸，却没能平息吴楚等七国叛乱的大祸。臣怎敢不奉行陛下的诏令，以死报答陛下呢！”昭宗李晔于是命令杜让能留在中书省，出谋划策，调度兵马，筹划了一个多月没有回家。崔昭纬暗中勾结邠州、岐州，作为他们的耳目，因此杜让能早晨说的话，邠州、岐州傍晚就一定会知晓。李茂贞指使他的党羽纠集集市中成百上千的人，围在观军容使西门君遂马前诉说：“李茂贞大帅没有罪，不应当对他讨伐，而让百姓遭受战祸。”西门君遂说：“这是宰相的事，不是我的能力所能做到的。”那些被召集的人又阻拦崔昭纬、郑延昌乘坐的轿子进行申诉，两位宰相说：“这件事皇上专门委任太尉杜让能处理，我们事先也不清楚。”那些被召集的人于是乱扔瓦砾石块，两位宰相被逼无奈下了轿，走进百姓家中躲藏，但是这样仅能免受灾祸罢了，印信跟朝服都丢失了。昭宗李晔命令抓捕那些倡导、带头的人，把他们都杀了，发动战事的想法更加坚定。京师里的百姓有的逃走躲藏到山谷中，即使对他们进行严厉的惩罚也不能阻止他们逃走。八月，昭宗诏命覃王李嗣周为京西招讨使，神策大将军李鐬担任他的副使。

丙辰日（二十一日），杨行密派遣田頵率领宣州的两万士兵征讨歙州；歙州刺史裴枢据城坚守，田頵很久没有攻下。当时各军中将领当了刺史以后大多贪婪残暴，只有池州团练使陶雅待人宽厚深得民心，歙州人说：“如果让陶雅来担任刺史，我们愿意听从他的命令。”杨行密立即任命陶雅为歙州刺史，歙州的百姓就接纳了他。陶雅用极重的礼节去拜见裴枢，恭送裴枢返回朝廷。裴枢是裴遵庆的曾孙。

朱全忠命令庞师古调动军队征讨兖州，跟朱瑾交战，屡次打败朱瑾。

九月，丁卯日（初二），昭宗李晔任命钱镠为镇海节度使。

李存孝在夜间进攻李存信的营寨，抓获了奉诚军使孙考老。李克用亲自率领军队攻打邢州，围绕邢州挖掘堑壕修建营垒。李存孝不时地派遣军队突然袭击，让李克用的堑壕营垒不能建成。河东牙将袁奉韬偷偷派人对李存孝说：“陇西郡王李克用只是等着堑壕营垒修整好就返回晋阳，尚书你所惧怕的只是李克用而已，他手下的各位将领都不是你的对手！等到大王李克用返回，那只有几尺宽的沟堑，如何能阻挡尚书您锐利的锋芒呢！”李存孝觉得他说的话很有道理，于是按兵不动。过了十天，沟堑堡垒都修筑完成了，连飞禽、走兽都无法越过，李存孝因此被困住。汴州军队原来的将领邓季筠这时也跟随李克用进攻邢州，他乘马轻装逃回汴州。朱全忠见了他特别高兴，命令他率领亲军。

乙亥日（初十），覃王李嗣周率领三万禁兵护送凤翔节度使徐彦若前往镇所，在兴平驻扎军队。李茂贞、王行瑜联合军队将近六万人，在盩厔驻军进行对抗。朝廷禁军都是刚刚从市街上征募的少年，而李茂贞、王行瑜所率领的都是边防士兵，经历过大小战斗上百次，壬午日（十七日），李茂贞等进军逼近兴平，朝廷禁军都闻风逃跑，李茂贞等乘胜进攻三桥，京师长安听说后很震恐，士民们奔走逃跑，市民又聚集在皇宫门前守候，要求诛杀首先倡议讨伐的人。崔昭纬存心要陷害太尉、门下侍郎、同平章事杜让能，于是偷偷地送信给李茂贞，说："发动战争并不是皇上的意思，都是杜太尉的想法。"甲申日（十九日），李茂贞在临皋驿陈列军队，向昭宗李晔上表列举杜让能的罪状，请求昭宗将他诛杀。杜让能向昭宗奏报说："臣早就说过了，现在就让臣承担此事的过失，从而解除陛下的危难吧！"昭宗悲伤哭泣，不能自已，说："朕与你诀别啦！"这一天，昭宗把杜让能贬为梧州刺史，诏命的大意是说："朕没能听取谋臣的深谋远虑，与藩镇们结下深深的矛盾，最后讨论时，所坚持的意见更加坚决。"接着，昭宗又将观军容使西门君遂流放到儋州，把内枢密使李周潼流放到崖州，把段诩流放到欢州。乙酉日（二十日），昭宗亲临安福门，当众斩杀了西门君遂、李周潼、段诩，把杜让能又贬为雷州司户。昭宗还派遣使者对李茂贞说："煽动、蛊惑朕来发动讨伐的就是这三位，并不是杜让能的罪过啊！"昭宗李晔任命内侍骆全瓘、刘景宣为左右军的中尉。

壬辰日（二十七日），昭宗李晔任命东都留守韦昭度为司徒、门下侍郎、同平章事，御史中丞崔胤为户部侍郎、同平章事。崔胤是崔慎由的儿子，他表面上对人宽宏大量，实际上内心却奸诈、阴险，跟崔昭纬互相勾结，交情深厚，因此能担任宰相。他的叔叔崔安潜对亲近的人说："我的父亲、兄长兢兢业业地创立家业，到头来还是被崔缁郎败坏了。"缁郎是崔胤的小名。

李茂贞统率军队，并没有撤退的意思，向昭宗李晔请求诛杀杜让能，然后才返回镇所，崔昭纬又从中排挤杜让能。冬季，十月，昭宗李晔颁布诏令，赐杜让能和他的弟弟户部侍郎杜弘徽自尽。还向朝廷内外发下诏书，说："杜让能举荐奸邪之人而不任用正直之人，对人的喜好和憎恶都只凭借一时的决定；他拿案狱官司做交易，卖官鬻爵，搜刮百姓的钱财超过亿万。"从此以后，朝廷的一举一动都要向邠州、岐州报告，南衙北司往往依附李茂贞和王行瑜获取恩赏。有两个人，名叫崔铤、王超，他们担任邠州、岐州两镇的判官，凡是昭宗对一些事情的决断，没能让某些人如愿以偿，他们就向崔铤、王超二人申诉，崔铤、王超二人便怂恿李茂贞、王行瑜呈递奏表进行论辩，朝廷对他们的决定稍微有些异议，李茂贞、王行瑜便出言不逊。

昭宗又任命李茂贞为凤翔节度使、兼山南西道节度使、代理中书令，于是李茂贞占据了凤翔、兴元、洋州、陇秦等十五个州。昭宗任命徐彦若为御史大夫。

戊戌日（初四），昭宗李晔任命泉州刺史王潮为福建观察使。

舒州刺史倪章丢弃舒州城逃走，杨行密任命李神福为舒州刺史。

邠宁节度使、代理侍中兼中书令王行瑜向昭宗李晔请求担任尚书令；韦昭度秘密向昭宗上奏，说："太宗皇帝李世民是凭借尚书令执掌政务大权，从而登基称帝的，所以从此以后没有再授职尚书令，而郭子仪一直到去世都推辞担任这一官职。王行瑜怎么可以如此贸然地请求此职呢？"十一月，昭宗李晔任命王行瑜为太师，赐号尚父，还颁赐铁券。

十二月，朱全忠向昭宗李晔请求把盐铁转运使衙署迁到汴州，以便供应军需。崔昭纬认为朱全忠刚刚打败时溥的徐州军队和朱瑾的郓州军队，军队实力倍增，如果再让他兼任盐铁转运使，朝廷就不可能再控制他了，于是朝廷颁诏劝导朱全忠。

汴州的将领葛从周攻打齐州刺史朱威，朱瑄、朱瑾率领军队援救朱威。

起初，武安节度使周岳杀死闵勖，占据潭州，邵州刺史邓处讷听到了这件事以后去哭祭闵勖，各位将领也都进去吊唁，邓处讷说："我和你们都蒙受闵仆射的恩惠，现在周岳无缘无故杀害他，我想要和你们出动邵州的全部士兵，为闵仆射报仇，怎么样呢？"所有的将领都说："好。"于是邓处讷训练士兵、把兵器磨锋利，过了八年，才联合朗州刺史雷满征讨潭州，把它攻克了，然后杀掉周岳，邓处讷自称为留后。

乾宁元年（甲寅，公元894年）

春季，正月，乙丑朔日（初一），昭宗李晔大赦天下，改年号为乾宁。

李茂贞进入京师长安，大肆部署军队自卫，几天后返回凤翔。

昭宗李晔任命李匡筹为卢龙节度使。

二月，朱全忠亲自率领士兵征讨朱瑄的军队，在鱼山驻扎军队。朱瑄和朱瑾联合士兵攻打朱全忠，兖州、郓州的军队大败，死的有一万多人。

昭宗李晔任命右散骑常侍郑綮为礼部侍郎、同平章事。郑綮喜欢开玩笑，说话幽默风趣，他写了很多歇后诗，讽刺嘲笑当时的政事；昭宗认为郑綮内藏才华，亲自把他的姓名列入在朝大臣的登记册，任命郑綮为宰相，听到这一消息的人都很震惊。中书省吏员前去告诉郑綮这一任命，郑綮笑着说："你们一定是大错特错了，即使天下如何无人才，也轮不到我郑綮担任宰相呀！"官吏们说："但这是天子的意思啊！"郑綮说："如果真是如此，那让百姓怎么笑话啊！"接着，前来祝贺的宾客来了，郑綮用手抓着头说："歇后诗人郑五充任宰相，当朝的政事就可以想见到了何等地步了！"郑綮多次推辞这一官职，都没有得到昭宗的准许，他只能赴任去视察政事！

昭宗李晔任命邵州刺史邓处讷为武安节度使。

彰义节度使张钧去世，有人呈递表章奏请任命张钧的哥哥张鐇为留后。

三月，黄州刺史吴讨以黄州向杨行密投降。

邢州城中的食物吃完了，甲申日（二十一日），李存孝登上城楼对李克用说：“儿子蒙受父亲的恩惠，才得到富贵荣华，如果不是受到奸佞、邪恶之人的逼迫，怎么肯舍弃父子亲情来听从仇人的调遣呢？我希望再见大王一面，立即死去也无遗憾！”李克用让刘夫人去看望李存孝。刘夫人带着李存孝出邢州城拜见李克用。李存孝跪拜在地上向李克用叩头认罪说：“儿子我刚立下一点战功，李存信便逼迫我，我失去了主意，落到这种地步！”李克用怒斥他说：“你给朱全忠、王镕写的书信，大肆地诬陷我，这也是李存信威逼你的吗？”于是，命人将李存孝囚禁，送回晋阳，在牙门前将李存孝车裂处死。李存孝非常英勇强悍，李克用的军中没有谁比得上他；李存孝经常率领骑兵担任先锋，不管到哪里都没有敌手；他身上穿着厚重的铠甲，腰间挂着弓箭，腿上钩着长矛，独自一人舞动带锤的铁鞭冲锋陷阵，所攻之处敌人纷纷躲避倒退，万夫莫敢挡。李存孝常常带着两匹战马跟随自己作战，骑着的马稍微疲乏了，他就在阵地上改骑另一匹战马，出入战阵像飞一般快。李克用很爱惜李存孝的才干，他猜测快到行刑前各位将领会为李存孝求情的，他就可以趁机将李存孝放了。后来，军中各位将领妒忌李存孝的本领，竟然没有一个人出来替他求情。李存孝被处死后，李克用为此悲伤而不处理政务长达十几天，在心中怨恨手下将领，可是对李存信竟然没有什么处罚。另外有一位叫薛阿檀的将领，他和李存孝一样英勇，各将领都妒忌他，经常让他心愿得不到实现，他曾经秘密跟李存孝交往；李存孝被处死以后，薛阿檀恐怕事情泄露就自尽了。从此以后，李克用的军力逐渐衰弱，而朱全忠处于兴盛时期。李克用向朝廷上表，请求任命马师素为邢洺节度使。

朱全忠派遣军中的将领张从晦慰问安抚寿州。张从晦欺凌侮辱刺史江彦温，然后和寿州各位将领整夜宴饮；江彦温怀疑张从晦要谋害自己，第二天，他把在席间饮酒的各位将领全都杀死，之后写信向朱全忠谢罪，也自尽了。军中推举他的儿子江从项来主持军中、寿州的事务，朱全忠因为这件事把张从晦腰斩。

五月，昭宗李晔加封镇海节度使钱镠为同平章事。

刘建锋、马殷率领士兵到达澧陵，邓处讷派遣邵州指挥使蒋勋、邓继崇率领步兵、骑兵三千人在龙回关驻守。马殷先到达龙回关下，派遣使者到蒋勋那里，蒋勋等人拿出牛肉、美酒来犒劳慰问士兵。马殷的使者劝说蒋勋："刘驤既有智谋又有胆识，占卜算命的人说他会在荆州、长沙这一带兴起。如今刘驤率领十万军队，装备精良，士兵强盛，无人可敌，而你率领几千名乡兵去进攻他，确实太难取胜了。你不如率先从龙回关撤兵，求取富贵荣华，返回乡里，不是也很好吗？"蒋勋等人觉得他说的话有道理，于是告诉士兵说："从东边来的军队准许我们返回啦！"士兵们都欢呼雀跃，丢掉旗帜、铠甲、武器，逃走了。刘建锋命令先锋部队穿上他们的铠甲，竖立起他们的旗帜，径直奔向潭州。潭州人认为是邵州的军队回来了，并没有做防备。所以，刘建锋直接冲入府中，邓处讷正在宴请宾客，刘建锋擒住他并把他杀死了。戊辰日（初七），刘建锋进入潭州，自称为留后。

王建攻打彭州，城中的人把食物吃光了，不得不吃死尸，彭州内外都指挥使赵章出城投降。王先成建议在彭州城外修筑像龙尾一样的登道，与城上的短墙相接，以便攻入城内。丙子日（十五日），王建的西川军队登上了彭州城墙，杨晟仍率领军队竭尽全力奋战，刀子都虞候王茂权杀了杨晟。王建抓住了彭州马步使安师建，王建打算任命他为将领，安师建流着泪拒绝说："我安师建发誓与司徒杨晟生死与共，不忍心独自活在世上，只求将我快些斩首就是您的恩惠了。"王建反复劝导他，安师建依然态度坚决，不肯答应，王建只好将他斩杀了，然后按礼节埋葬、祭奠他。王建更改赵章的姓名为王宗勉，改王茂权为王宗训，此外又更改王钊的名字为王宗谨，李绾的姓名为王宗绾。

辛卯日（三十日），中书侍郎、同平章事郑延昌被朝廷罢免官职，贬为右仆射。

朱瑄、朱瑾向河东请求援助，李克用派遣骑兵将领安福顺与他的弟弟安福庆、安福迁率领精锐骑兵五百人向魏州借路，渡过黄河前往支援。

武昌节度使杜洪攻打黄州，杨行密派遣行营都指挥使朱延寿等人去援救。

六月，甲午日（初三），昭宗李晔任命宋州刺史张廷范为武宁节度使，这是按照朱全忠的请求任命的。

蕲州刺史冯敬章迎击淮南的军队，朱延寿征讨蕲州，但没有攻下来。

戊午日（二十七日），昭宗李晔任命翰林学士承旨、礼部尚书李溪为同平章事；正在宣读诏命的时候，水部郎中知制诰刘崇鲁从大臣班次中冲出来，夺过诏书，并且大声号哭。昭宗叫来刘崇鲁，询问他是什么原因，他回答说："李溪为人奸诈邪恶，亲附杨复恭、西门君遂，才被授予翰林学士的官职，根本没有担任宰相的德行，恐怕他会危害大唐社稷啊。"李溪最终被贬为太子少傅。李溪是唐宪宗李纯时李鄘的孙子。昭宗李晔向李溪学习写文章，崔昭纬担心李溪担任宰相后，会分去他的权力，因而指派刘崇鲁冲出来阻挠此事。李溪进献十次表文去申诉这件事情，在表文中辱骂刘崇鲁，说："刘崇鲁的父亲刘符接受贿赂，违犯法纪，事情被觉察后自尽而死；他的弟弟刘崇望跟杨复恭有深厚的交情，刘崇鲁在朝堂上叩拜田令孜，为朱玫写劝说他称帝的表文，反而却诬陷我结交宦官，这跟怀抱赃物，口中却大喊抓贼有什么区别呢！况且按照惯例，戴着粗绸巾和浅色衣带等不吉利的服饰都不能进入朝堂。我如果真的没有才识，刘崇鲁自然应当上呈表章论说陈述此事，怎么能在宫中正殿大哭不止呢？这对国家来说，确实是不吉祥的，没有为人臣子的礼节，请陛下抓他来治罪。"昭宗李晔诏命停止刘崇鲁现任的职务。李溪仍然不断向昭宗上奏表文，请将刘崇鲁诛杀或流放，表文长达几千字，侮辱谩骂无所不至。

李克用大破吐谷浑，杀死了赫连铎，活捉了白义诚。

秋季，七月，李茂贞派遣士兵攻打阆州，把它攻克了，杨复恭、杨守亮、杨守信率领他们的家族、党羽突围逃走。

礼部侍郎、同平章事郑綮自己认为不能符合众人的要求、期望，再三地向昭宗李晔上表请求辞职，昭宗诏命以太子少保让他辞官归隐；任命御史大夫徐彦若为中书侍郎兼任吏部尚书、同平章事。

绵州刺史杨守厚去世，他的部将常再荣举城向王建投降。

杨复恭、杨守亮、杨守信准备从商山逃往河东，到达乾元县的时候，遭遇华州的军队，被他们抓获。八月，韩建把杨复恭父子三人献给朝廷，在独柳把他们斩杀了。李茂贞献上杨复恭送给杨守亮的书信，信上陈诉他辞官退位的原因："唐朝的江山原本是隋朝的基业，大侄你只管储备粮食训练士兵，不要向朝廷进贡。我当初在荆棘榛丛一样的艰难处境中拥立寿王继承帝位，才让他能够称帝，没想到我这个制定国家大计的元老却被罢黜免职，竟然有如此负心的门生天子啊！"

昭义节度使康君立到晋阳拜见李克用。己未日（三十日），李克用与各位将领集会饮酒、下棋，喝到酣畅时，李克用说到了李存孝，不禁悲从中来，痛哭流泪不止。康君立平时和李存信亲近交好，因为一句话说得不谨慎惹怒了李克用，李克用拔出剑砍康君立，把他拘禁在马步司。九月，庚申朔日（初一），李克用命令释放康君立，可是康君立已经死了，李克用向朝廷上表任命云州刺史薛志诚为昭义留后。

冬季，十月，丁酉日（初八），昭宗李晔下诏封儿子李祤为棣王，李禊为虔王，李禋为沂王，李祎为遂王。

刘仁恭几次通过盖寓向李克用进献计策，希望给他一万军队征讨李匡筹的幽州。李克用正在进攻邢州，于是分派出几千兵马，想让刘仁恭攻打幽州，却未能攻下那里。李匡筹更加骄纵，几次进犯李克用的河东地区，李克用非常震怒，十一月，派遣军队大举攻打李匡筹，攻克了武州，进军包围新州。

昭宗李晔任命泾原留后张鐇为彰义节度使。

朱全忠派遣使者到泗州，使者侮辱并怠慢刺史张谏，张谏便以泗州向杨行密投降。杨行密派遣押牙唐令回护送茶叶一万多斤前往汴州、宋州进行交易，朱全忠抓住了唐令回，把他的茶叶全部劫掠了。扬州、汴州从此开始有了矛盾。

十二月，李匡筹派遣大将军率领步兵、骑兵几万人援救新州。李克用挑选精壮士兵在新州东南的段庄迎战，把李匡筹军队打得惨败，斩杀一万余人，活捉了将校三百人，用绳索将他们绑起来，在新州城下示众。当天傍晚，新州士兵向李克用投降了。辛亥日（二十三日），李克用攻打妫州。壬子日（二十四日），李匡筹又派遣军队从居庸关出来，李克用派遣精锐骑兵挡在他的前面，使李匡筹的士兵疲乏，另外派遣步兵将领李存审从另外的道路绕到背后进行夹击，李匡筹的幽州军队惨败，被斩杀、擒获的士兵数以万计。甲寅日（二十六日），李匡筹带领他的族人逃往沧州，义昌节度使卢彦威贪图他的器械、军粮、妓女、美妾等，派遣士兵在景城攻打他，把李匡筹杀死了，将他的部下全部抓获。李存审原本姓苻，是宛丘人，李克用收养他做义子。丙辰日（二十八日），李克用进军幽州，幽州大将请求投降。李匡筹平时愚昧软弱，当他刚刚担任幽州节度使时，他的哥哥李匡威知道后，对各位将领说："我做哥哥的失去的，让弟弟得到了，仍然没有出我们的家门，也没有什么可遗恨的，只可惜李匡筹才能不足，不能够保住那里，能据守那里两年，就值得庆幸了。"

昭宗李晔加封匡国节度使王行约为检校侍中。

吴讨害怕杜洪的威逼，于是交纳官印请杨行密派人代替他，杨行密委任先锋指挥使瞿章暂时代理黄州刺史的职务。

这一年，黄连洞的蛮人两万人包围汀州，福建观察使王潮派遣他的部将李承勋率领士兵万人前去讨伐他们；蛮人被打得溃散离去，李承勋继续追杀他们，到了浆水口，打败了蛮人。闽地大体上被平定了。王潮派遣属下官员到各州县巡视，勉励百姓耕种纺织，制定地租赋税限额，和邻近各道友好交往，保护境内让百姓休养生息，福建民众很安宁。

封州刺史刘廉去世，他的儿子刘隐住在贺江守丧，士民一百多人暗中谋划作乱，刘隐在一夜间把他们全都杀死了。岭南节度使刘崇龟召来刘隐补授右都押牙兼任贺水镇使，不久，刘崇龟又上表朝廷请求任命刘隐为封州刺史。

义胜节度使董昌推行政令严苛残暴，在正常的赋税下，又增加了好几倍的赋税，用来作为补足贡品以及府内府外的馈赠。董昌每十天向京师长安进献一批贡品，包括黄金一万两，白银五千铤，浙江绸绢一万五千匹，其他物品也都与之差不多；派遣五百名士兵运送，有时由于遇到暴雨大雪狂风洪水而耽误行程，运送贡品的士兵就会全部被处死。董昌进献的物品是全国最多的、最好的，所以，朝廷认为他对国家最忠诚了，赐给他的恩宠接续不断，官职升到司徒、同平章事，爵位是陇西郡王。

董昌在越州修建了一座祠堂，它的规模形状完全和越州大禹庙一样，命令民间祈福求神的百姓，不准去大禹庙，必须都到他的生祠祈福。董昌向朝廷请求任命他为越王，朝廷没有答应他的要求，董昌很不高兴地说："朝廷要对不起我了，我多年来向朝廷无数次地进贡，朝廷竟然连一个越王的爵位都不舍得赐给我！"有人向他谄媚说："你做越王，还不如称越帝。"于是民间谣传世道要变了，人们争着挤满董昌的府门喧嚷呐喊，纷纷请求董昌称帝。董昌欣喜若狂，派人出去答谢那些人说："时机还不成熟，时机一到我必然称帝。"他的属僚吴瑶、都虞候李畅之等人都劝说他即帝位，于是官吏百姓纷纷进献预示大吉的隐语和祥瑞征兆，无法计算；董昌开始对进献的人赏赐几百缗钱，后来进献的人越来越多，赏钱逐渐减少到不足五百、三百文罢了。董昌说："谶语说：'兔子上了金床'，这就是说的我啊！我出生时，太岁星在卯，明年刚好太岁星又在卯，二月的卯日卯时就是我称帝的时候了。"

资治通鉴卷第二百六十　唐纪七十六

起乙卯（公元895年），止丙辰（公元896年），共两年。

【题解】本卷记录了公元895年至896年的史事，共两年。正当唐昭宗李晔乾宁二年至三年。此时期全国割据军阀远交近攻，争斗得异常激烈。北方李克用与朱全忠势不两立为主要战场。河北幽州刘仁恭助李克用，魏州罗弘信助朱全忠。南方淮南杨行密与苏杭钱镠争雄。钱镠北连朱全忠夹击杨行密，杨行密南连越州董昌夹击钱镠。关陇三镇，邠宁王行瑜、凤翔李茂贞、华州韩建联合进犯京师，想要废帝，李克用发兵救援昭宗。李克用先灭王行瑜，迎接昭宗返回京师，又打算出兵西讨李茂贞。昭宗误听权贵、近臣的话，下诏让李克用与李茂贞和解。没过多久，李茂贞以昭宗令各王统领禁军为名，再次进兵京师，昭宗被迫出幸华州，唐王室直接被藩镇掌控，已经名存实亡。

昭宗圣穆景文孝皇帝上之下

乾宁二年（乙卯，公元895年）

春季，正月，辛酉日（初三），幽州的士兵和百姓几万人手持旌旗与伞盖、敲打锣鼓、唱歌跳舞欢迎李克用进入卢龙节度使官署；李克用命令李存审、刘仁恭带领军队巡视安定卢龙节度使所属的各个州县。

癸未日（二十五日），朱全忠派遣他的部将朱友恭围攻兖州，朱瑄从郓州运送兵械、粮食援助朱瑾，朱友恭运用计谋设下伏兵，在高梧把朱瑄打败了，把他的兵械、粮食全部抢走了，还活捉了河东将领安福顺和安福庆。

己巳日（十一日），昭宗李晔任命给事中陆希声为户部侍郎、同平章事。陆希声是陆元方的第五代孙子。

壬申日（十四日），护国节度使王重盈去世，军中将士请求派遣王重荣的儿子行军司马王珂掌理留后的事务。王珂是王重盈的哥哥王重简的儿子，王重荣收养他为儿子。

杨行密向朝廷进呈表章列数朱全忠的罪状，请求联合易定、兖州、郓州、河东的军队征讨朱全忠。

董昌将要称帝，聚集将校、僚佐们来商讨这件事。节度副使黄碣说："现在大唐皇室虽然衰败，但是天道民心还没有憎恶厌弃它。春秋时代的齐桓公、晋文公都辅佐尊奉周室才成就了称霸一方的千秋功业。您的官爵达到陇西郡王，也是从田间百姓逐渐兴起的，承蒙朝廷的宽厚恩宠，一直做到节度使和宰相，荣华富贵已达到巅峰，为什么突然做出这要被诛灭九族的打算呀？我黄碣宁愿做忠臣而死，也不愿意苟且偷生做个背叛朝廷的叛贼。"董昌非常愤怒，认为这是在蛊惑、扰乱军心，于是把他杀死了，将他的头扔到厕所里，大骂说："你这个奴才贼子辜负了我，好好的圣明时代的三公职位，你不能等到，却要先自己找死！"并且杀死他的全家八十人，将他们埋葬在同一个大坑里。董昌又询问会稽令吴镣，吴镣回答说："大王您不做诸侯让子孙世袭传递，而要做假天子去招致灭亡吗？"董昌听后，把吴镣的家人也杀光了。董昌又对阴山令张逊说："你有处理政事的才能，我清楚地知道，等我称帝后，任命你掌管御史台。"张逊回答说："大王您当初从石镜镇兴起，在浙东被授予节度使的职位，享受荣华富贵将近二十年了，何苦效仿李锜、刘辟等人背叛朝廷最后遭受杀身大祸呢！浙东地方偏僻，又位于海边，管辖的虽然有台州、明州、温州、处州、婺州、衢州这六个州，但大王您如果擅自称帝，他们一定不会亲附，你白白地据守越州一座空城，只会让天下人耻笑啊。"董昌又把他杀死了，对大家说："只要没有他们，那么其他的人也都不会背叛我了。"

二月，辛卯日（初三），董昌穿上天子的礼服，戴上天子的冠冕，亲临内城的城楼，坐上皇帝的宝位；并把官吏和百姓进献的祥瑞物品全都摆放在庭堂上向众人展示。在此之前，咸通末年，浙东一带民间谣传山中有大鸟，有四只眼睛三条腿，嘴里叫着“罗平天册”，见到此鸟的人都会有灾祸降临，于是百姓纷纷画像祭祀它，一直到董昌背叛朝廷将要自称皇帝，就说：“这鸟就是我的凤凰。”于是自称大越罗平国，改年号为顺天，给越州城楼题字为“天册之楼”，命令部下称他为“圣人”。董昌任命前杭州刺史李邈、前婺州刺史蒋瑰、两浙盐铁副使杜郢、前屯田郎中李瑜为宰相。又任命吴瑶等人都为翰林学士，李畅之等人都为大将军。

董昌写信给钱镠，告诉他已暂且即罗平国皇帝位，任命钱镠为两浙都指挥使。钱镠写信给董昌说：“您关起门来称帝，让您的家族和百姓一同遭受大祸，怎么比得上打开城门担任节度使，一辈子有享不尽的荣华富贵呢！即使如今改正之前的过失，也还来得及啊！”董昌不听从钱镠的劝说，钱镠于是带领三万军队奔赴越州城下，到越州城西迎恩门与董昌见面，两次下拜，对董昌说：“大王您已经是节度使，又担任宰相，为什么要放弃安定的生活而自找灾祸呢！钱镠我带领军队前来这里，就是等着大王你改过自新。即使大王你不顾念自己，可是乡里的士人百姓有什么过错，要随着你被灭族呢？”董昌害怕了，送上二百万钱犒劳军队，抓住首先策划此事的吴瑶以及几位男巫女巫送到钱镠那里，并且向天子谢罪。钱镠率领军队返回，把这件事向朝廷禀报。

王重盈的儿子保义节度使王珙、晋州（晋字当改作绛字）刺史王瑶率领士兵攻打王珂，并且向朝廷上表说王珂不是王氏的儿子。又给朱全忠送去书信，说：“王珂原本是我家的奴仆，不应该成为继承人。”王珂呈上表章向朝廷陈述自己的情况，并且向李克用请求援助。昭宗李晔派遣中使传谕，让他们和解。

昭宗李晔器重李溪的文学才识，乙未日（初七），又任命李溪为户部侍郎、同平章事。

己酉日（二十一日），朱全忠在单父驻军，以便接应援助朱友恭。

李克用向昭宗李晔上表，任命刘仁恭为卢龙留后，留下军队驻守幽州；壬子日（二十四日），李克用从幽州返回晋阳。

妫州人高思继兄弟几人，勇猛强悍，被燕地一带百姓佩服，李克用任命他们为都将，分别掌管幽州的军队；他们手下的士兵，都是幽州山北等地的豪杰，刘仁恭很害怕他们。过了一段时间，戍守幽州的河东士兵凶残蛮横，高思继兄弟用军法惩治他们，处罚并杀死很多士兵。李克用很气愤，斥责刘仁恭，刘仁恭禀告李克用说这是高氏兄弟所为，李克用把他们全杀了。刘仁恭想笼络燕地百姓，于是又把高思继兄弟的几个儿子安置在身边，好好地安抚他们。

崔昭纬跟李茂贞、王行瑜交往，关系甚密，情谊深厚，崔昭纬把自己知道的天子过失，或者是朝廷中的机密之事，全都禀告李茂贞、王行瑜。邠宁节度副使崔铤，是崔昭纬同族人；李溪再次进入朝中担任宰相，崔昭纬派遣崔铤告诉王行瑜说："之前，尚书令的诏命已经颁布了，可是韦昭度从中阻挠，现在韦昭度又举荐李溪同为宰相，他们相互勾结迷惑陛下，恐怕又要发生太尉杜让能那样的事情了。"王行瑜于是与李茂贞上表朝廷陈述李溪奸诈阴险，韦昭度没有担任宰相的才德，应当罢免他们的宰相职位，授予闲职。昭宗李晔回答说："军队征战之事，我就与藩镇们商议；至于任命宰相的事，则应当出自朕的意思。"王行瑜等人仍然争论不休，三月，李溪又被免除相职，改为太子少师。

王珙、王瑶请求朝廷任命河中的统帅，昭宗李晔颁诏任命中书侍郎、同平章事崔胤为同平章事，充任护国节度使；任命户部侍郎、判户部王抟为中书侍郎、同平章事。

王珂是李克用的女婿。李克用向朝廷上表，说王重荣对国家有功劳，请求赏赐给他的儿子王珂节度使的旌旗节钺。王珙送上重礼与王行瑜、李茂贞、韩建三位节度使结交，他们交替着向朝廷进呈表章陈述王珂并不是王重荣的儿子，请求任命王珂为陕州刺史，王珙为河中节度使。昭宗李晔传谕说已经先准许了李克用上奏的请求，便不再准许他们的请求。

昭宗李晔加封王镕兼任侍中。

杨行密搭乘舟筏渡过淮水前往泗州，防御使台濛大肆地装饰陈设帷帐等用具，杨行密心里很不高兴。等到杨行密离开后，台濛在他的卧室内找到了一件缝补过的衣服，赶紧派遣使者把衣服送还杨行密。杨行密笑着说："我小时候家里贫寒，出身卑贱，如今我也不敢忘本啊。"台濛听后十分羞愧。

杨行密攻打濠州，把它攻占了，抓住刺史张璲。

杨行密的军中士兵抢到徐州的李姓人家的一个小孩，已经八岁了，杨行密把他收为养子，杨行密的长子杨渥讨厌这个孩子；杨行密对他的属将徐温说："这个孩子朴实而聪慧，和其他孩子很不一样，我估计杨渥一定不能容他，现在把他赐给你做养子！"徐温给他取名为知诰。徐知诰侍奉徐温，勤劳和孝顺都超过其他几个孩子。有一次，徐知诰得罪了徐温，徐温用鞭子抽打他，并将他驱逐出门；等到徐温回来时，徐知诰在门口跪拜迎接。徐温问他："你为什么还留在这里呢？"徐知诰流着眼泪回答说："做儿子的离开父母还能到何处呢！父亲盛怒时就先回到母亲的身边，这是人之常情啊！"徐温因此更加爱护他，任命他管理家中的事务，家里的人对他很顺从，没有说半句闲话的。徐知诰长大以后，喜好读书，擅长射箭，见识非凡，气度英伟。杨行密经常对徐温说："徐知诰英伟超凡，各位将领的儿子都比不上他。"

丁亥日（三十日），杨行密围攻寿州。

昭宗李晔因为长安的郊外盗贼横行，甚至有翻过城墙进入皇宫或挖掘皇陵的，便打算命令宗室各王率领军队巡查防备，又打算派他们到各地安抚藩镇节度使。这时，朝中大臣和有权的宦官都担心他们对自己不利，互相进呈奏章劝阻此事。昭宗无得已，夏季，四月，颁下诏令停止这件事。

朝廷因为董昌过去勤于进贡纳赋，把他这次称帝的叛逆之举，看作是得了疯病一般，昭宗李晔于是颁诏赦免董昌的罪过，赐他返回故里。

户部侍郎、同平章事陆希声被朝廷罢免职务，改为太子少师。

杨行密围攻寿州，没有攻下来，准备退兵返回；庚寅日（初三），他的部将朱延寿请求再次前往进攻，结果一鼓作气将寿州攻克，擒住寿州刺史江从勖。杨行密任命朱延寿暂任寿州团练使。

没过多久，汴州士兵几万人进攻寿州，寿州的士兵不多，官吏、百姓惊慌恐惧。朱延寿规定，军队每个旗帜下有二十五名骑兵。他命令黑云队长李厚率领十旗骑兵攻击汴州军队，但没办法战胜；朱延寿准备把李厚斩首，李厚申诉敌众我寡，兵力悬殊，希望能给他增派军队再次前往，如果还不能打胜情愿被处斩。都押牙将汝阳人柴再用也替李厚求情，于是朱延寿又给李厚增拨了五旗兵力。李厚竭尽全力奋战，柴再用协助他，朱延寿乘势率全部兵马攻击，汴州军队最终战败撤走。李厚是蔡州人。

杨行密又派遣士兵前去偷袭涟水县，把涟水县攻克了。

钱镠向朝廷呈递奏表，说董昌称帝又叛逆大罪，不应该赦免，请求率领本道的士兵征讨董昌。

太傅、门下侍郎、同平章事韦昭度以太保的官职辞官归隐。

戊戌日（十一日），昭宗李晔任命刘建锋为武安节度使。刘建锋任命马殷为内外马步军都指挥使。

杨行密派遣使者到钱镠那里，说董昌已经知罪改过了，应当赦免他的罪行，也派使者前去董昌那里，让他马上向朝廷进贡纳赋。

河东派遣将领史俨、李承嗣率领万名骑兵飞驰进入郓州，朱友恭退兵返回汴州。

五月，昭宗李晔诏命削夺董昌的官职爵位，任命钱镠征讨他。

起初，王行瑜谋求担任尚书令没有获得，因此对朝廷充满怨恨。京师长安所辖地区有八镇军队，归属左、右神策军。阳镇靠近华州，韩建向朝廷奏请兼管；良远镇靠近邠州，王行瑜奏请由他管理。宦官们说："这都是陛下的禁卫军，怎么能让他们统管呢！"王珂、王珙争夺河中节度使这一官职，王行瑜、韩建以及李茂贞都替王珙请求，但王珙没有获得，他们对此觉得很耻辱。王珙派人对三位统帅说："王珂在河中不接受我的替代而与河东节度使李克用结成姻亲，对你们各位一定没有好处，请求你们征讨王珂。"王行瑜派遣他的弟弟匡国节度使王行约前去征讨河中，王珂向李克用请求救援。王行瑜于是和李茂贞、韩建各自率领精锐士兵几千人进入朝廷，甲子日（初八），他们抵达京师，街坊市区中的百姓都纷纷逃窜、藏匿。昭宗李晔驾临安福门等待他们，三位统帅大规模地排列精锐的武装士兵，在安福门下行跪拜舞蹈礼。昭宗走到门楼前，责问他们说："你们不上表奏请等待朝廷诏命，就发动军队攻入京城，究竟想怎么样呢？如果你们不能侍奉朕的话，今天我就退位让给贤明的人！"王行瑜、李茂贞听后浑身出冷汗而不敢说话，只有韩建简略地陈述了前来京师的原因。昭宗与三位节度使宴饮，三位节度使向昭宗李晔奏请说："朝中大臣和宫内宦官狼狈为奸，败坏干扰朝廷政事。韦昭度征讨西川决策失误，李溪充任宰相，不符合群臣的意愿，请求陛下将李溪诛杀。"昭宗没有准许他们的请求。这一天，王行瑜等人在都亭驿将韦昭度、李溪杀死，又杀死了枢密使康尚弼以及几位宦官。他们又说："王珂和王珙嫡庶不分，请求陛下任命王珙到河中，迁移王行约去陕州，迁王珂到同州。"昭宗都准许了。开始时，王行瑜等三位节度使谋划废黜昭宗，拥立吉王李保即帝位。这时，听说李克用已经在河东起兵，王行瑜、李茂贞便分别留下两千军队守卫京师，然后与韩建一同辞别京城，返回镇所。昭宗又诏令把户部尚书杨堪贬为雅州刺史。杨堪是虞卿的儿子，也是韦昭度的舅舅。

起初，崔胤担任河中节度使的时候，河东进奏官薛志勤扬言说："崔胤虽然是重视德行之人，但是让他取代王珂的做法，比不上长安城内光德坊的刘公对我主公李克用感情深厚。"光德坊刘公就是太常卿刘崇望！等到三位统帅进入朝廷听到薛志勤的话，就将刘崇望贬为昭州司马。李克用听到三镇的士兵侵犯朝廷，当天就派遣使者十三批调发北部蕃族部落的军队，约定下个月渡过黄河进入关中。

六月，庚寅日（初四），昭宗李晔任命钱镠为浙东招讨使；钱镠又派遣士兵讨伐董昌。

辛卯日（初五），昭宗李晔任命前均州刺史孔纬、绣州司户张濬同时担任太子宾客。壬辰日（初六），昭宗任命孔纬为吏部尚书，恢复他的官职爵位。癸巳日（初七），昭宗又授予孔纬司空，兼任门下侍郎、同平章事。任命张濬为兵部尚书，各道的租庸使。当时，孔纬在华州居住，张浚在长水居住，昭宗李晔因为崔昭纬等人在外结交藩镇，朋党之间又互相倾轧排挤，很想找到刚直的贤人辅佐，因此没有按照渐进的次序就直接提拔重用孔纬、张濬。孔纬因为身体生病，抱病乘车抵达京师，他面见昭宗，流着泪坚决推辞官职；昭宗不同意他辞去官职。

李克用率领蕃、汉士兵浩浩荡荡地向南进发，向朝廷上表称王行瑜、李茂贞、韩建举兵进犯朝廷，残害大臣，请求率领军队征讨他们，又给三个镇守送去檄文，王行瑜等人非常害怕。李克用的军队到达绛州，绛州刺史王瑶紧闭城门抗拒；李克用发动进攻，十天，就将绛州攻取，在军营的大门前将王瑶斩杀，并杀死城内抗拒的一千余人。秋季，七月，丙辰朔日（初一），李克用抵达河中，王珂在路上迎接拜见他。

匡国节度使王行约在朝邑被打败，戊午日（初三），王行约放弃同州逃走，己未日（初四），他抵达京师。王行约的弟弟王行实此时担任左军指挥使，率领部众和王行约大肆地劫掠西市。王行实上奏，说同州、华州已经沦陷，李克用的沙陀军即将赶到，请陛下的车驾前往邠州避祸。庚申日（初五），枢密使骆全瓘上表奏请昭宗李晔车驾巡游凤翔。昭宗说："朕收到了李克用的奏表，他还率军在河中屯驻。就算是李克用的沙陀军抵达这里，朕也有办法对付他，你们只管安抚好自己的士兵，不要让他们动摇骚乱就行了。”

右军指挥使李继鹏是李茂贞的义子，原来的姓名叫阎珪，他跟骆全瓘暗中谋划劫持昭宗李晔到凤翔；中尉刘景宣和王行实知道此事后，想要劫持昭宗到邠州；孔纬当面斥责刘景宣，认为昭宗不能轻易离开宫廷。将到傍晚时，李继鹏连续上奏请昭宗前往凤翔，王行约见李继鹏要抢先将昭宗劫走，便率领他的左军进攻李继鹏的右军，锣鼓声喧闹声震动天地。昭宗听到外面一片大乱，登上承天楼，想下令制止他们，捧日都头李筠率领自己的军队，在承天楼前护卫昭宗。李继鹏指挥凤翔军队进攻李筠，飞箭擦过昭宗的衣服，射在承天楼的椽木上，身边的侍卫搀扶着昭宗下楼；李继鹏又放火烧毁宫门，浓烟烈火遮盖了天空。当时有盐州六都的士兵在京师屯驻，左、右两军向来就害怕他们，昭宗便紧急诏令这支军队入宫护卫；盐州六都军队到达后，左右两军都撤退离开，分别返回邠州和凤翔。长安城内混乱不堪，到处烧杀掠夺，昭宗与各王以及亲近官员到李筠的军营躲避，神策军护跸都头李居实率领军队相继到达。

有人传言王行瑜、李茂贞要亲自来迎接昭宗李晔，昭宗害怕被他们逼迫，辛酉日（初六），用李筠、李居实两都的军队来自我防卫，从启夏门逃出，一直奔向南山，晚上在莎城镇留宿。追随昭宗的士民有几十万人，等到了谷口的时候，中暑而死的有三分之一，到夜里，逃跑的百姓又遭受盗贼的抢掠，哭喊声震动山谷。当时朝廷百官大多数来不及跟从昭宗，只有户部尚书、判度支及盐铁转运使薛王李知柔首先赶到，昭宗李晔便任命他暂时掌管中书省事务及兼任置顿使。

壬戌日（初七），李克用攻入同州。崔昭纬、徐彦若、王抟抵达莎城。甲子日（初九），昭宗李晔迁到石门镇，派遣薛王李知柔和知枢密院刘光裕返回京城，部署军队守卫皇宫。丙寅日（十一日），李克用派遣节度判官王瑰呈递表文问候昭宗的起居情况。丁卯日（十二日），昭宗派遣内侍郗廷昱拿诏命前去李克用的军营，命令他和王珂各派出一万骑兵一同前往新平。又诏令彰义节度使张鐇率领泾原军队控制凤翔的李茂贞。

李克用派遣士兵攻打华州；韩建登上城墙，大声喊道：“我对李公没有什么失礼之处，为什么要攻打我呢？”李克用派人对他说：“你身为大唐臣子，却威逼驱逐皇帝，你这样如果还算有礼的话，那么天下还有谁是无礼呢？”适逢郗廷昱赶到这里，说李茂贞率领三万士兵抵达盩厔，王行瑜率领士兵抵达兴平，他们都要来迎接昭宗李晔，李克用这才解除了对华州的包围，率领士兵到渭桥安营扎寨。

昭宗李晔任命薛王李知柔为清海节度使、同平章事，仍然代理京兆尹、判度支，充任盐铁转运使，等到平定动乱后赶赴镇所。

昭宗李晔在南山十几天，跟随昭宗车驾的士人百姓每天都惊恐地说：“邠州、岐州的军队要来这里了！”昭宗派遣延王李戒丕前往河中，催促李克用下达命令进发军队。壬午日（二十七日），李克用的军队从河中出发。八月，昭宗派遣供奉官张承业前往李克用的军营。张承业是同州人，多次奉昭宗的谕令前去李克用的军营，昭宗趁此机会把他留在李克用的军营监视李克用。己丑日（初五），李克用进军渭桥，任命部将李存贞为前锋；辛卯日（初七），李克用攻克永寿，又派遣史俨率领三千骑兵到石门护卫昭宗；癸巳日（初九），李克用派遣李存信、李存审联合保大节度使李思孝攻打王行瑜的梨园寨，活捉了他的部将王令陶等人，送到昭宗那里。李思孝本姓拓跋，是李思恭的弟弟。李茂贞兵败很是害怕，于是斩杀李继鹏，把人头传送到石门镇昭宗的驻地，向朝廷呈递表文请求治罪，并且派出使者向李克用求和。昭宗李晔再次派遣延王李戒丕、丹王李允向李克用传达诏命，让他暂时将李茂贞赦免，联合军队全力征讨王行瑜，等把王行瑜剿灭了，朝廷会再与李克用商议如何惩治李茂贞。并且命令延王、丹王两位跟李克用结拜为兄弟，他们称李克用为义兄。

昭宗李晔任命前河中节度使崔胤为中书侍郎、同平章事。

戊戌日（十四日），昭宗李晔削夺了王行瑜的官职爵位。癸卯日（十九日），昭宗任用李克用为邠宁四面行营都招讨使，任用保大节度使李思孝为北面招讨使，任命定难节度使李思谏为东面招讨使，任命彰义节度使张鐇为西面招讨使。李克用派遣他的儿子李存勖到昭宗那里，这时李存勖年龄仅十一岁，昭宗惊奇他的身形容貌，抚摸着他，说："孩子，你是朝廷的栋梁，将来要对天子竭尽忠诚拼死效力呀。"李克用上表请求昭宗返回长安，昭宗赞同。命令李克用派遣三千骑兵在三桥驻扎执行警卫防御。辛亥日（二十七日），昭宗的车驾返回京师。

壬子日（二十八日），司空兼门下侍郎、同平章事崔昭纬被罢免官职，改为右仆射。

昭宗李晔任命护国军留后王珂、卢龙留后刘仁恭各为他们本镇的节度使。

当时宫殿已经被焚毁，没来得及修建整理，昭宗李晔暂时在尚书省居住，朝中官员常常连长袍笏板和仆役马匹都没有。

昭宗任命李克用为行营都统。

九月，癸亥日（初十），司空兼门下侍郎、同平章事孔纬去世。

辛未日（十八日），朱全忠亲自率领士兵攻打朱瑄，在梁山交战；朱瑄战败，逃回郓州。

李克用大举攻打梨园，王行瑜向李茂贞请求援助，李茂贞派遣士兵万人在龙泉镇屯驻，自己则率领三万士兵屯驻在咸阳附近。李克用奏请朝廷诏令李茂贞返回凤翔镇所，再削去他的官职爵位，想分派军队对李茂贞进行征讨。昭宗李晔认为李茂贞自己先诛杀了李继鹏，不久前已经免除了他的罪行，不便重新颁诏将他削夺官职进行征讨，只是诏令李茂贞返回凤翔镇所，依然诏令李克用与李茂贞和解。朝廷任命昭义节度使李罕之为检校侍中，充任邠宁四面行营副都统。史俨在云阳打败邠宁的军队，生擒云阳镇使王令诲等人，进献给朝廷。

王建派遣简州刺史王宗瑶等人率领军队解救朝廷危难；甲戌日（二十一日），王宗瑶等人在绵州驻扎。

董昌向杨行密请求援助，杨行密派遣泗州防御使台濛进攻苏州来援救他，并且向朝廷上表说董昌已经自行认错悔过，愿意修好进贡，请求恢复他的官职爵位。杨行密又给钱镠送去一封书信，信中说："董昌一时发疯而擅自称帝，在你率军劝阻他时已经很恐惧，并将蛊惑他称帝的奸恶之人捉拿交给你，这样就不应当再征讨他了。"

冬季，十月，丙戌日（初三），河东军队的将领李存贞在梨园寨北部打败王行瑜的邠宁军队，斩杀一千余人，从此以后，梨园军营关闭寨门，再也不敢出来作战。

昭宗李晔把右仆射崔昭纬贬为梧州司马。

魏国夫人陈氏，才能姿色在后宫堪数第一；戊子日（初五），昭宗李晔把她赐给李克用。

李克用命令李罕之、李存信等人大举围攻梨园；城中的粮食吃完了，王行瑜弃城逃走。李罕之等截击他们，斩杀一万余人，攻克了梨园等三个营寨，抓获王行瑜的儿子王知进以及大将李元福等。李克用进军梨园寨驻扎。庚寅日（初七），王行约、王行实焚烧宁州后逃走。李克用向朝廷上奏，请求派遣匡国节度使苏文建为静难节度使，催促他前往镇守，暂且把镇所设置在宁州，召集安抚前来投降的人。

昭宗李晔迁回皇宫居住。

朱全忠派遣都将葛从周攻打兖州，自己则率领大军随后进发。癸卯日（二十日），朱全忠包围兖州。

杨行密派遣宁国节度使田頵、润州团练使安仁义进攻驻守杭州的军队来援救董昌，董昌派湖州将领徐淑会同淮南将领魏约围攻嘉兴。钱镠派遣武勇都指挥使顾全武援救嘉兴，攻克乌墩、光福两个营寨。淮南将领柯厚攻破苏州的水上栅栏。顾全武是余姚人。

义武节度使王处存去世，军中推举他的儿子节度副使王郜为留后。

昭宗李晔任命京兆尹武邑人孙偓为兵部侍郎、同平章事。

王行瑜派遣精锐的甲兵五千人在龙泉寨防守，李克用攻打寨子；李茂贞率领五千军队救援王行瑜，在龙泉镇的西面安营扎寨。李罕之偷袭李茂贞的凤翔军，打跑了凤翔军，十一月，丁巳日（初五日），李罕之攻克龙泉寨。于是，王行瑜逃进邠州，派遣使者向李克用请求投降。

齐州刺史朱琼以州向朱全忠投降。朱琼是朱瑾的堂兄。

衢州刺史陈儒去世，他的弟弟陈岌接替他的职位。

李克用率领士兵逼近邠州，王行瑜登上城楼，大声痛哭哀号，对李克用说："我王行瑜没有什么罪过啊！逼迫威胁皇上的车驾，都是李茂贞和李继鹏做的，请你调派军队去征讨凤翔节度使李茂贞，我王行瑜愿意捆绑自己回到朝廷。"李克用说："王尚父真是太谦恭了！我受朝廷的诏令征讨你、李茂贞、韩建三个乱臣贼子，你是其中一个，你想自己捆绑入朝见天子，这不是我能擅自做主的事。"丁卯日（十五日），王行瑜携带家族弃城逃走。李克用攻入邠州，封闭所有的府库，安抚居住的百姓，任命指挥使高爽暂且掌管巡抚军城职务，又奏请朝廷催促苏文建赶赴镇所。王行瑜逃到庆州的境内，被部下杀死了，将他的首级传送到朝廷。

朱瑄派遣他的部将贺瑰、柳存以及河东的将领薛怀宝（薛字他本都作何字）率领一万多士兵袭击曹州，以求解除兖州被围困的窘迫处境。贺瑰是濮阳人。丁卯日（十五日），朱全忠从中都率领士兵在夜间追赶他们，到天亮时，在巨野的南方追赶上他们，把他们几乎杀光，活捉了贺瑰、柳存、薛怀宝，俘获士兵三千多人。这一天傍晚，天空刮起大风，沙尘弥漫，天昏地暗，朱全忠说："这是杀人还不够数的缘故啊！"于是下令把擒获的俘虏全部处死。庚午日（十八日），朱全忠捆绑贺瑰等人在兖州城下示众，告诉朱瑾说："你哥哥朱琼已经被我打败，为什么你还不早点投降呢？"

丁丑日（二十五日），雅州刺史王宗侃攻占了利州，把刺史李继颙抓获，并杀死了他。

朱瑾派出使者假装向朱全忠请求投降，朱全忠亲自前往兖州城的延寿门下与朱瑾商谈。朱瑾对朱全忠说："我打算交送符节官印给您，希望让我的堂兄齐州刺史朱琼来领取吧。”

辛巳日（二十九日），朱全忠派遣朱琼前去领取，朱瑾骑马在桥上停驻，把勇猛果敢的董怀进埋伏在桥下，朱琼到达时，董怀进突然冲出，把朱琼抓住带到兖州城内，没过多久，朱琼的脑袋就被扔到兖州城外。朱全忠没有办法，只得率领士兵返回，后来，朱全忠又派朱琼的弟弟朱玭为齐州防御使，杀死柳存、薛怀宝；朱全忠知道贺瑰的名声，不仅释放了他，而且还任用他。

李克用带军队返回，在渭北驻扎。

昭宗李晔加封静难节度使苏文建为同平章事。

蒋勋请求担任邵州刺史，刘建锋没有准许，蒋勋于是和邓继崇发动军队，联合飞山、梅山的蛮人劫掠湘潭县，占据了邵州；蒋勋还派遣他的部将申德昌屯兵在定胜镇以便阻止潭州人的进入。

十二月，甲申日（初二），阆州防御使李继雍、蓬州刺史费存、渠州刺史陈璠等分别率领部下士兵投奔王建。

乙酉日（初三），李克用在云阳驻扎军队。

王建向朝廷上奏说：“东川节度使顾彦晖没有派遣士兵赶去救援国家的危难，却抢劫掠夺军械、器材、粮食等物，又派遣泸州刺史马敬儒截断三峡水路，请求朝廷发兵征讨顾彦晖。”戊子日（初六），王建的将领华洪在楸林把东川军队打得惨败，俘获、斩杀几万人，攻克了楸林寨。

乙未日（十三日），昭宗李晔加封李克用的爵位为晋王，加封李罕之兼侍中，任命河东大将盖寓兼任容管观察使；李克用的其他将领、佐僚以及儿子、孙子都被加官封爵。李克用为人严厉又急躁，手下人稍微犯点错误就会被处死，没人敢与他对抗；只有盖寓机敏聪明，能够揣测出李克用的心思，他对李克用总是委婉劝谏加以完善，李克用总是听从他的建议。李克用有时对手下将士怪罪迁怒，盖寓一定会表面上促使他更为生气，结果往往让李克用怒气全消。盖寓劝说李克用改正错误时，一定用最近发生的事打比方，因此李克用对盖寓特别宠爱信任，所辖境内的将领官吏也没有不亲附盖寓的，他的权力几乎与李克用相等。朝廷以及相邻的各道派遣使者前往河东，他们赏赐赠送的钱物，先运送到李克用那里，然后就送到盖寓的家中。朱全忠多次派人挑拨他们两人，并扬言说盖寓已经取代了李克用，然而李克用对待他却更加亲厚了。

丙申日（十四日），王建进攻东川时，别将王宗弼被东川的士兵捉住了，顾彦晖收养他为养子。戊戌日（十六日），通州刺史李彦昭率领他的部属两千人向王建投降。

李克用派遣掌书记李袭吉入朝谢恩，偷偷地禀告昭宗李晔说："近年来，关中三辅地区动荡不安，趁着战胜之际，进攻凤翔，可以一劳永逸，不可失去良机。我现在在渭水北边驻扎，专门等候朝廷的诏令。"昭宗、朝中权贵以及近臣商量，有人说："李茂贞一旦被消灭，那么李克用的势力就会大大扩充，朝廷就危险了！"昭宗于是向李克用颁布诏书，褒奖他对朝廷的忠心，但又说："背叛朝廷的罪行，王行瑜太重了。这次朕自离开长安巡游以来，李茂贞、韩建已经知道自己的过错，没有忘记朝廷的恩德，进献的赋税贡品连续不断，暂且停止对他们的讨伐，让军队休整，百姓安宁。"李克用接到诏书立即停止了行动。没过多久，李克用私下里对传达诏令的使臣说："我观察朝廷的意思，似乎怀疑我李克用有别的企图啊！可是如果不除去李茂贞，关中将永远没有安宁的日子。"昭宗李晔另外又下诏命，免除李克用入朝拜见天子的惯例，李克用的部将佐吏中有人说："现在朝廷就在眼前，怎么能不进入长安朝见天子呢？"李克用心中犹疑，不能决断，盖寓对李克用说："之前，王行瑜放纵士兵，狂妄叛逆，导致皇上流离失所，百姓逃亡。现在天子返回京师还没有安定，人心惶惶，大王如果率领军队渡过渭水，我担心又会让人震惊、惧怕。大臣对朝廷竭尽忠心，关键是为皇室抚危解难，并不在于入朝朝见天子，希望大王能好好考虑一下。"李克用笑着说："盖寓尚且不想让我入朝，更何况是天下百姓呢！"于是上表说："我统率大军，不敢随意进入京城觐见皇上，并且忧虑率领的士兵会侵扰渭水以北的百姓。”辛亥日（二十九日），李克用率领士兵们东返晋阳。他的表文传到京师，上至朝廷下到百姓这时才感到安心。昭宗李晔诏命赏赐河东军队三十万缗钱。李克用离开以后，李茂贞的骄纵狂横依然如故，河西的州县大多数被李茂贞占领，李茂贞任命他的将领胡敬璋为河西节度使。

朱全忠离开兖州时，留下部将葛从周率领军队守卫兖州，朱瑾紧闭城门不再出城。葛从周将要返回时，扬言说：“天平和河东的救援军队已经来到，我军到西北方向去阻截他们。”半夜，葛从周把军队又悄悄带回原来的营寨。朱瑾认为葛从周的精兵都离开了，果然派遣军队进攻城外的营寨。葛从周率领军队突然杀出奋勇进攻，斩杀了一千余人，抓获朱瑾的都将孙汉筠后返回。

昭宗李晔加封镇海节度使钱镠兼任侍中。

彰义节度使张鐇去世，昭宗李晔任命他的儿子张琏代理留后。

朱瑄、朱瑾屡次遭受朱全忠的攻打，百姓放弃了农耕，军中物资人力都很匮乏，于是向河东节度使李克用告急。李克用派遣大将史俨、李承嗣率领几千骑兵借道魏州去援救他们。

安外防御使家晟与朱全忠亲近的官吏蒋玄晖有矛盾，担心灾祸降临，便和指挥使刘士政、兵马监押陈可璠率领三千士兵偷袭桂州，杀死了经略使周元静并取代他的职位。家晟在酒醉后侮辱陈可璠，陈可璠亲手把他杀死了，推举刘士政管理军府中的事务，陈可璠自己担任副使。昭宗李晔诏命任命刘士政为（桂管的）经略使。蒋玄晖是吴人。

乾宁三年（丙辰，公元896年）

春季，正月，西川将领王宗夔攻取了龙州，杀掉了刺史田昉。

丁巳日（初五），刘建锋派遣都指挥使马殷率领军队征讨蒋勋，攻打定胜寨，将蒋勋打败了。

辛未日（十九日），安仁义派遣水军前往湖州，想要渡江去接应董昌，钱镠派遣武勇都指挥使顾全武、都知兵马使许再思在西陵驻守，使安仁义无法渡江。董昌派遣属下将领汤臼守卫石城山，袁邠守卫余姚。

闰月，李克用派遣蕃、汉都指挥使李存信率领万名骑兵向魏州借路救援兖州、郓州，在莘县驻扎。朱全忠派人对罗弘信说："李克用的目的是侵占黄河以北的地盘，他的军队返回时，你那里会让人担忧。"李存信管束士兵不严格，士兵对魏州百姓残害侵扰，罗弘信特别愤怒，派遣三万军队在晚上偷袭李存信，因此李存信的军队溃散，撤退到洺州据守，损失士兵十分之二三，丢弃的资财、粮食、兵器数以万计；史俨、李承嗣的军队被阻隔，也不能返回。罗弘信从此与河东节度使李克用彻底决裂，一心一意依附汴州的朱全忠。朱全忠正在图谋兖州、郓州，惧怕罗弘信暗算他的后方，罗弘信每次向他赠送礼物，朱全忠一定当着罗弘信使者的面向北行拜手礼后接受礼物，嘴里念叨："六哥对我来说，是上一辈的长者，不是邻近各道节度使所能相比的。"罗弘信相信了朱全忠，朱全忠因此才得以全身心地攻打东边的兖州、郓州。

丁亥日（初五），果州刺史张雄向王建投降。

二月，戊辰日（十七日），顾全武、许再思在石城打败汤臼。昭宗李晔采纳杨行密的建议，赦免了董昌，恢复他的官职、爵位；钱镠坚决反对昭宗的做法，不听从昭宗的决定。

昭宗派通王李滋兼管侍卫各将领的事务。

朱全忠向朝廷推荐兵部尚书张濬，昭宗李晔打算重新任命张濬为宰相。李克用向朝廷呈递奏表请求派军队进攻朱全忠，并且说："张濬如果早晨做了宰相，我傍晚就会赶到朝廷！"京城长安上下震惊恐惧，于是，昭宗李晔颁下诏书劝李克用与朱全忠和解。

三月，昭宗李晔任命天雄留后李继徽为节度使。

保大节度使李思孝向昭宗李晔上表请求辞官归隐，举荐他的弟弟李思敬来代理他的职位；昭宗下诏任命李思孝为太师，准许辞官归隐，李思敬为保大留后。

朱全忠派遣庞师古率领军队征讨郓州，在马颊打败了郓州的军队，于是庞师古进军抵达郓州城下。

己酉日（二十八日），顾全武等人进攻余姚，明州刺史黄晟派遣军队援助他；董昌派遣他的部将徐章救援余姚，顾全武攻击徐章，并活捉了他。

夏季，四月，辛酉日（初十），河水上涨，滑州城即将被冲毁，朱全忠命人挖掘河流，清除堵塞的东西，使河水分成两路，两条河夹着滑州城向东流去，造成的灾难反而更严重了。

李克用攻打罗弘信，率领军队进攻洹水，杀掉魏州的士兵一万多人，派发军队进攻魏州。

武安节度使刘建锋占据长沙后便觉得心愿实现了，于是整天饮酒，不再处理政事。长值兵陈赡的妻子很美，刘建锋和她私通；陈赡在衣袖内藏带铁挝将刘建锋打死了。各将领又将陈赡处死，后来，迎接行军司马张佶为武安留后。张佶准备进入节度使府时，他骑的马突然狂乱踢咬，把张佶的左大腿弄伤了。当时马殷还没有攻下邵州，张佶于是辞谢各位拥立他的将领说："马殷有勇有谋，待人宽厚，与人友善，我不如他，他才是真正的将帅啊！"送给马殷公文召请他前来长沙。马殷犹豫不决没有启程，听直军将姚彦章劝说马殷："你与刘建锋、张佶都是人才，现在刘建锋遇害，张佶大腿受伤，人们的期望是上天安排的，除了你还能有谁担任呢？"马殷于是派遣亲近的侍从都指挥使李琼留下攻打邵州，自己直接前往长沙。

淮南的士兵跟镇海的士兵在皇天荡交战，结果镇海军队战败，于是，杨行密率军包围苏州。

钱镠、钟传、杜洪惧怕杨行密强盛起来，都向朱全忠请求救援；朱全忠派遣许州刺史朱友恭率领军队万人渡过淮水，让他根据情况随机应变，自主处理军务。

董昌派人侦察钱镠军队的情况，有人说钱镠军队强盛，董昌就大怒，将他斩杀；那些说钱镠军队筋疲力尽粮食吃光的人，就受到董昌的赏赐。戊寅日（二十七日），袁邠献出余姚向钱镠投降；顾全武、许再思进军抵达越州城下。五月，董昌出去交战，却打败了，环城自守，顾全武等人包围了他。董昌这时才害怕了，除去了帝号，恢复节度使的官职。

马殷抵达长沙，张佶乘坐轿子进入节度使府，坐在那里接受马殷的拜见。事情结束后，张佶让马殷登堂处理政事，把留后的职位让给马殷，自己当即走下来，率领将领官吏恭贺马殷任留后，张佶重新充任行军司马，代替马殷率领军队进攻邵州。

癸未日（初三），苏州常熟镇使陆郢以州城响应杨行密，抓获了刺史成及。杨行密查看成及家里的收藏，只有图书和药物，认为他是有德行的人，就送他回去了，并任命他为行军司马。成及跪谢杨行密并且流泪说："我整个家族有一百口人在钱镠那里，我身为刺史丧失苏州却不能以身殉职，哪还敢再谋求富贵呢？用我一个人来换取百条人命吧。"说完，他拿过佩刀就要自尽。杨行密连忙抓住他的手，阻止他，让他住在节度使的府舍中。成及的屋里也放着兵器，杨行密常常身穿单衣前去成及那里，与他一同饮酒吃饭，一点也不怀疑。

钱镠听说苏州被攻克了，急忙叫来顾全武，派遣他赶快到西陵去防备杨行密，顾全武说："越州是董昌这伙贼寇的大本营，怎么能立即就要攻克了却又放弃它呢！请让我先夺取越州，然后再去将苏州收复。"钱镠听从了顾全武的建议。

淮南的将领朱延寿迅速赶到蕲州，围攻蕲州城。蕲州大将贾公铎正在城外狩猎，不能返回，于是，贾公铎把军队埋伏在树林里，命令两个勇猛的士兵身披羊皮趁夜混入朱延寿所抢掠的羊群中，偷偷地进入城内，与城里的人约定半夜打开城门举起火把互相呼应，这两个人又身披羊皮返回贾公铎的营地，向贾公铎禀告这些情况。贾公铎如约率领军队到达城南，看到门中举起火把，便用尽全力作战，突破包围冲入城中。朱延寿大惊失色，说："我常常担心贾公铎会冲破包围逃走，现在反倒是打破包围冲进来，如此一来，蕲州城怎么可能马上攻陷呢！”朱延寿于是把这一情况禀告杨行密，请求派军中与贾公铎有旧交的人拿着盟誓书信和金银布帛前去劝说，并承诺和贾公铎结成姻亲。寿州团练副使柴再用请求前往，在靠近蕲州城的地方，柴再用与贾公铎相见，为贾公铎陈述利弊得失。过了几天，贾公铎跟刺史冯敬章请求投降。杨行密任命冯敬章为左都押牙，贾公铎为右监门卫将军。朱延寿进军攻克光州，将刺史刘存杀死。

丙戌日（初六），昭宗李晔派遣中使前往梓州，劝说西川节度使王建和东川节度使顾彦晖和解，王建虽然接收诏令返回成都，可是双方仍然交战，没有和解。

崔昭纬又向朱全忠请求援助。戊子日（初八），朝廷派遣宦官赐崔昭纬自尽，崔昭纬走到荆南，宦官追上他，杀死了他，京城内外都拍手称快。

荆南节度使成汭与属下将领许存沿着长江逆流而上侵吞土地，把长江沿岸的州县全都攻占了。武泰节度使王建肇放弃黔州，聚集残余兵马固守忠州的丰都县。许存又率领军队向西攻克了渝、涪两个州，成汭派遣他的部将赵武为黔中留后，许存为万州刺史。

成汭知道许存不得志，于是派人去刺探他的一举一动，回来禀告说："许存不处理州内的事情，每天只是出去踢球玩乐。"成汭说："许存是想要逃走，现在是首先锻炼脚力。"于是派遣军队攻打许存，许存放弃万州城逃走；许存的军队逐渐聚集，在茅坝驻扎。赵武几次进攻丰都，王建肇守不住，于是与许存一起向王建投降。王建妒忌许存的勇猛和谋略，想把他杀了，掌书记高烛说："您正在全力招揽英雄豪杰，来谋求霸业，他处境艰难的时候来归顺我们，怎么能杀死他呢？"于是王建派许存戍守蜀州，暗中派遣管理蜀州事务的王宗绾来观察他。王宗绾秘密地禀告王建，说许存忠于职守、有勇有谋、态度谦逊、做事严谨，有优秀将领的才能；王建这才放弃了之前的成见，把许存的姓名改为王宗播，认作养子，可是王宗绾却没有让王宗播得知，当初是他向王建美言从而解除了王建对王宗播的怀疑。原来跟随王宗播的孔目官柳修业，常常劝说王宗播要谨慎镇静以免除难以预知的灾祸。从此以后，王宗播作为王建的手下将领，凡遇到强敌而各位将领有所恐惧时，他就身先士卒冲锋陷阵；等到立下战功，他就声称患病，不炫耀自己的功劳，所以，王宗播能够终身保全功名。

甲午日（十四日）的晚上，顾全武大举攻打越州，乙未日（十五日）的清晨，攻占了外城，董昌仍然据守牙城来抵抗敌军。戊戌日（十八日），钱镠派遣董昌的旧部骆团欺骗董昌说："接到朝廷诏令，命令大王您辞官退职返回临安。"董昌于是交上令牌和官印，从内城迁出前往清道坊居住。己亥日（十九日），顾全武派遣武勇都监使吴璋用船只把董昌从越州送往杭州，抵达小江的南面，把董昌杀死，连同董昌家族三百余人都杀死了；董昌任用的宰相李邈、蒋瑰以下的一百多名官员，全部被杀死。董昌在被围困的城中时贪婪又吝啬，日益厉害，他按照人口数量来聚敛百姓的钱财、布帛，克扣士兵的粮食。等到越州被攻破的时候，库中有金、帛、杂货共计五百间，仓中有米粮三百万斛。钱镠把董昌的首级送达京师，散发金银布帛来奖励将官士兵，打开仓库拿出米粮来救济贫困百姓。

李克用攻打魏博，侵掠遍及魏、博、贝、卫、澶、相六个州。朱全忠从郓州召回葛从周，命令他率领军队，在洹水驻军扎营以便救援魏博，留下庞师古来进攻郓州。六月，李克用率领士兵攻打葛从周，汴州军队在阵前挖了很多陷阱，双方打得正激烈的时候，李克用的儿子铁林指挥李落落骑的马遇到陷阱被绊倒了，汴州军队把他活捉了。李克用亲自去营救李落落，战马也被绊倒了，几乎就要被汴州军队抓获，李克用这时回身发箭射中一名汴州将领，将他射死，这才免于被俘虏。李克用向朱全忠请求和好以便赎回李落落，朱全忠没有准许，将李落落送给罗弘信，命罗弘信杀死他。李克用只得率领士兵撤退返回晋阳。

朱全忠的将领葛从周从洹水率领士兵渡过黄河，在杨刘屯驻，再次攻打郓州，与兖州、郓州、河东的士兵在故乐亭交战，打败了葛从周的军队。但兖州、郓州所属的城镇都被朱全忠的汴州军队占据，兖州、郓州多次向李克用请求救援，李克用派遣军队前往支援，又受到魏博节度使罗弘信的阻拦，无法前进，兖州、郓州从此一蹶不振。

起初，李克用在渭北驻扎军队的时候，李茂贞、韩建惧怕他，侍奉朝廷的礼节特别谦恭。李克用离开以后，这两个镇所进贡的财物就逐渐减少了，对昭宗李晔上的奏表态度也很傲慢、无礼。昭宗从石门返回京师后，在左右神策军之外，又设置安圣军、捧宸军、保宁军、宣化军等军队，精选增补了几万人，命令各王率领。继任延王李戒丕和继任覃王李嗣周又自己招募部下军队几千人。李茂贞以为朝廷要征讨他，言语中有很多埋怨之词，朝廷和李茂贞之间的矛盾逐渐加深。李茂贞也部署军队扬言说要前往京师向朝廷申诉冤屈；京城长安的士民争着逃到山谷里躲藏。昭宗李晔命令通王李滋和覃王李嗣周、延王李戒丕分别率领各路军队，守卫京师长安一带，并命李戒丕前往三桥屯驻。李茂贞于是向朝廷上表说："延王无缘无故举兵来征讨我，我今天就要率领军队入朝请罪！"昭宗李晔火速派遣使者向河东告急。丙寅日（十七日），李茂贞率领军队进逼京城，覃王与他在娄馆交战，官兵大败。

秋季，七月，李茂贞进兵逼近京师。延王李戒丕说："今天关中藩镇没有一位可以依靠的人，不如从鄜州渡河前往太原，我请求先行一步去禀告河东节度使李克用。"辛卯日（十二日），昭宗李晔诏命驾临鄜州；壬辰日（十三日），昭宗离开京师抵达渭水的北面。韩建派遣他的儿子韩从允手捧表章请求昭宗前往华州，昭宗没有同意。朝廷任命韩建为京畿都指挥、安抚制置及开通四面道路、催促诸道纲运等使。然而韩建送上的表文接连不断，昭宗和随从的官吏们也怕走得太远，癸巳日（十四日），到了富平，派遣宣徽使元公讯召来韩建，当面与他商量去留。甲午日（十五日），韩建到达富平拜见昭宗，他跪下磕头流泪说："当今各藩镇大臣骄横跋扈的，并不只李茂贞一人，陛下如果离开宗庙园陵，到边远之地巡游，我忧虑陛下渡过黄河，就再也没有返回的机会了。现在华州军队虽然不强盛，但控制关中京畿一带，也还完全可以自卫。我聚集粮草，训练士兵，已经十五年了，并且华州往西距离长安也不远，希望陛下驾临华州，来谋求振兴光复社稷。”昭宗这才听从他的建议。乙未日（十六日），昭宗李晔在下邽住宿；丙申日（十七日），昭宗驾临华州，把节度使府作为行宫；韩建在龙兴寺处理政务。李茂贞便进入长安，将从僖宗李儇中和年间以来所修建的宫殿、市场、店铺等，全被焚烧了。

乙巳日（二十六日），昭宗李晔任命中书侍郎、同平章事崔胤为同平章事，充任武安节度使。昭宗李晔因为崔胤是崔昭纬的同党，因此把他调出朝廷。

丙午日（二十七日），昭宗李晔任命翰林学士承旨、尚书左丞陆扆为户部侍郎、同平章事。陆扆是陕人。

水部郎中何迎向朝廷上表推荐国子监《毛诗》博士襄阳人朱朴，声称他才华如同谢安一般；道士许岩士也举荐朱朴，说他有经国济世的才能。昭宗李晔一连数日命他来对答，朱朴很有口才，能言善辩，昭宗很赞赏他，说：“朕虽然不如太宗李世民，但得到你就像得到魏征一样啊！”赏赐给朱朴金银布帛，并且也奖赏了何迎。

昭宗李晔任命徐彦若为大明宫留守，兼任京畿安抚制置等使。

杨行密向朝廷上表请求昭宗李晔迁都到江淮，王建请求昭宗亲临成都。

宰相惧怕韩建，不敢擅自裁决政事。八月，丙辰日（初八），昭宗李晔诏令韩建入朝商议朝廷政事；韩建上呈表章坚决推辞，这才作罢。

韩建给各道传送檄文，命令他们一起运送物资粮食到华州昭宗这里。李克用听到了这一消息，感叹地说：“去年皇上若是听从了我的话，怎么会有现在的祸患！”又说：“韩建是当今世上的愚蠢之人，替乱臣贼子来削弱大唐皇室的势力，这样，他不被李茂贞抓住，就会被朱全忠俘虏。”于是向朝廷上奏说将和邻近的几个道派遣军队前去援救。

昭宗李晔加封钱镠兼任中书令。

癸丑日（初五），昭宗李晔任命王建为凤翔西面行营招讨使。

甲寅日（初六），昭宗李晔任命门下侍郎、同平章事王抟为同平章事，充任威胜节度使。

昭宗李晔愤恨天下战乱不能平息，想获得特别杰出的人才然后破格任用。国子博士朱朴自己说："我能担任宰相，只要一个多月便可以让天下太平安定。"昭宗信以为真。乙丑日（十七日），任命朱朴为左谏议大夫、同平章事。朱朴为人平庸、浅陋、迂腐、孤僻，并没有什么突出的才能。诏令颁布后，朝廷内外都大为震惊。

丙寅日（十八日），昭宗李晔加封韩建兼任中书令。

九月，庚辰日（初二），朝廷晋升福建为威武军，任命观察使王潮为节度使。

昭宗李晔任命湖南留后马殷兼管湖南军府的事务。马殷任用高郁为自己的主谋。高郁是扬州人。马殷害怕杨行密、成汭的强盛，商议用黄金、布帛来笼络他们，高郁说："成汭不足畏惧。杨行密是您的仇敌，即使拿万两金子去贿赂他，他也不肯作为我们的援手。不如一面服侍天子，一面安抚士民，训练士兵，磨光兵器，以图谋霸业，这样的话，谁能跟我们为敌呢？"马殷依从了他的建议。

崔胤被贬出京师，镇守湖南，这是韩建的主意。崔胤秘密地向朱全忠请求援助，并且叫他整修东都洛阳的宫殿，上表迎接天子。于是，朱全忠和河南尹张全义上表请昭宗李晔迁都到洛阳，朱全忠再三请求派出两万军队迎接昭宗的车驾，并且说崔胤是一位忠臣，不应当调他到外地去任职。韩建害怕了，重新上奏召请崔胤担任宰相，派遣使臣传诏朱全忠暂且应当保持安定，朱全忠这才停止行动。乙未日（十七日），朝廷又任命崔胤为中书侍郎、同平章事。任命翰林学士承旨、兵部侍郎崔远为同平章事。崔远是崔珙的弟弟崔玙的孙子。

丁酉日（十九日），将中书侍郎、同平章事陆扆贬为硖州刺史。崔胤怨恨陆扆取代自己的职位，诬陷陆扆，说他是李茂贞的党羽，所以才将他贬官的。

己亥日（二十一日），昭宗李晔任命朱朴兼管户部，凡是军旅中钱财赋税等方面的事情，昭宗全部交给他处理。任命孙偓为凤翔四面行营都统，又任命前定难节度使李思谏为静难节度使，兼任凤翔四面行营副都统。

昭宗李晔任命保大留后李思敬为节度使。

河东将领李存信征讨临清，在宗城的北面打败了汴州将领葛从周，乘胜进兵到魏州北门。

冬季，十月，壬子日（初五），昭宗李晔加封孙偓为行营节度、招讨、处置等使。丁巳日（初十），昭宗任命韩建代理京兆尹，兼任把截使。戊午日（十一日），李茂贞向朝廷上表请罪，愿意改正过失，并进献修缮长安宫殿的钱财。韩建又从中替李茂贞求情，朝廷竟然没有派出军队讨伐李茂贞。

钱镠命令两浙的官吏百姓向朝廷呈递奏表，请求任命钱镠兼管浙东；朝廷没有办法，再次任命王抟为吏部尚书、同平章事，任命钱镠为镇海、威胜两军的节度使。丙子日（二十九日），朝廷把威胜军改名为镇东军。

李克用亲自率领军队讨伐魏州的罗弘信，在白龙潭将魏州军队打败，一直追击到魏州外城的观音门。朱全忠又派遣葛从周援助魏州，率领军队抵达洹水屯驻，朱全忠率领大军也紧跟着赶到；李克用便返回晋阳。

昭宗李晔加封河中节度使王珂为同平章事。

十一月，朱全忠返回大梁，又派遣葛从周向东联合庞师古，攻打郓州。

湖州刺史李师悦向朝廷请求节度使的旌旗节钺，昭宗李晔下诏在湖州设置忠国军，任命李师悦为节度使。朝廷派出的向李师悦颁赐授职文书和旌旗节钺的使臣还没抵达湖州，戊子日（十二日），李师悦去世。杨行密呈递奏表，任命李师悦的儿子前绵州刺史李彦徽管理湖州事务。

淮南将领安仁义攻打婺州。

十二月，东川的军队焚烧劫掠汉、眉、资、简四州。

清海节度使薛王李知柔前往赴任走到湖南，广州牙将卢琚、谭弘玘据守广州抗拒他入境，派谭弘玘防守端州。于是，谭弘玘与封州刺史刘隐互相勾结，答应把自己的女儿嫁给刘隐为妻。刘隐假装应允了婚事，以娶亲为理由，把士兵兵器等埋伏在船上，然后在夜里冲入端州，杀死了谭弘玘；接着，进兵袭击广州，杀死了卢琚；刘隐整顿军容迎接李知柔进入广州治事。李知柔于是上表请求朝廷任命刘隐为行军司马。

资治通鉴卷第二百六十一　唐纪七十七

起丁巳（公元897年），止己未（公元899年），共三年。

【**题解**】本卷记录了公元897年至899年的史事，共三年，正当唐昭宗李晔乾宁四年至光化二年。这三年间，全国军阀大混战，李克用与朱全忠争夺河北仍是主战场。魏博依附朱全忠，幽州刘仁恭、潞州李罕之反叛李克用，一时间朱全忠势力大增，在争夺邢、洺、磁三个州的争斗中，李克用被汴州军队打得大败。随后刘仁恭与朱全忠关系恶化，李克用摆脱了困境。西川王建吞并东川，威服南诏，是唐末西部最大的军阀。马殷据守湖南。朱全忠助钱镠夺回苏州，杨行密站稳淮南。王审知继任哥哥王潮的职位，掌管福州的事务。东南杨行密、钱镠、王审知已经形成不可动摇的鼎立局面。此时期，唐王室被李茂贞、韩建掌控，昭宗被困华州达两年之久。之后韩建、李茂贞害怕朱全忠夺走唐昭宗，转而与李克用联手对抗朱全忠，唐昭宗才得以返回京师长安苟延残喘。

昭宗圣穆景文孝皇帝中之上

乾宁四年（丁巳，公元897年）

春季，正月，甲申日（初八），韩建向昭宗李晔上表奏称："防城将张行思等人禀告臣，睦、济、韶、通、彭、韩、仪、陈八王暗中谋划杀害臣，要劫持陛下到河中去。"韩建怨恨各王统领军队，因此暗中指使张行思等控告他们。昭宗接到韩建的表章后非常恐惧惊慌，召见韩建，想向他阐明此事，韩建以有病为借口拒绝奉诏前往。昭宗又命令各王到韩建那里自己去解释，韩建向昭宗上表说："各王如果突然来我的住所，叛乱之事难以估计。我仔细考虑这件事，觉得还是不应该和各王见面。”他又说：“诸王应该自己躲避嫌疑，不能轻举妄动。陛下如果因为兄弟手足之情想要宽容他们，请按照之前的惯例，命令诸王返回十六宅，精心挑选师父，教他们学习诗文书画，而不让他们管理军队，干预朝政。”并且说：“请陛下解散那些毫无战斗力的士兵，用来发扬光大像《诗经》中所称述的《关雎》《麟趾》那样的教化。”韩建担心昭宗不听从他的建议，于是率领手下精兵包围了昭宗的住处，然后接二连三地上奏表陈述此事。昭宗李晔被迫在晚上颁诏命诸王把所率领的军士都解散，把他们放回田间乡里，勒令诸王回到十六宅，那些铠甲、兵器全部交给韩建收管。韩建又上奏说：“陛下挑选贤德重用能人，这样足可以除掉祸患平定战乱，何必再另外设置安圣、捧宸、保宁、宣化这四支亲军呢！显然皇恩有厚薄亲疏的区别，与没有偏向不结私党这样的原则是相违背的。况且这四支亲军里，聚集的都是市镇里巷中游手好闲奸诈狡猾的无赖，他们在太平盛世时还企图惹祸作乱，当朝廷处境艰难时，他们一定不肯为陛下竭尽心力的，可是现在陛下却让这群人拉弓拔刀，紧紧地跟随陛下的车驾，我私下里为陛下担忧，请求陛下马上把亲军全部解散吧！”昭宗李晔下诏命也听从他的建议。因此，护卫昭宗的四支军队两万余人全部解散了，天子的亲军完全撤除了。捧日都头李筠，当初在石门跟随护卫昭宗，功劳可居于第一位，韩建又向朝廷奏请，在华州大云桥杀死李筠。韩建接着又向昭宗李晔奏请：“玄宗李隆基末年，永王李璘暂时被调出长安到江南赴任，立即就叛离朝廷图谋不轨。代宗李豫时，吐蕃进犯，拥立广武王李承宏。僖宗李儇光启年间，朱玫叛逆作乱，都是靠拥立宗室支属来笼络民心。今天诸王奉命到四处去，请将他们都召回来。”韩建又上奏说：“那些方士出入禁宫，迷惑扰乱陛下的听闻，应该对他们禁止，不准许他们进入宫中。”昭宗诏命全部依照他的建议去实行。韩建已经把诸王幽禁在别宅后，知道昭宗内心不高兴，于是向昭宗上奏，请求册立德王做皇太子，想以此缓解昭宗的不愉快。丁亥日（十一日），昭宗李晔诏命册立德王李祐为皇太子，更改名字叫李裕。

庞师古、葛从周联合军队攻打郓州，朱瑄的士兵很少，食物也吃光了，不再出去应战，只命人挖掘深深的壕沟，将河水引进来，用水来巩固自己的城防。辛卯日（十五日），庞师古等人在壕沟的西南方扎营，命令士兵在水面上建造桥梁。癸巳日（十七日），庞师古的士兵偷偷挖开堑壕放水。丙申日（二十日），浮桥建成，庞师古在夜里派遣中军首先越过堑壕。朱瑄得知后放弃郓州城奔往中都县，葛从周追赶朱瑄，乡下农夫抓获朱瑄和他的妻子儿子献给葛从周。

己亥日（二十三日），昭宗李晔免除孙偓凤翔四面行营节度等使的官职，任命副都统李思谏为宁塞节度使。

钱镠命令行军司马杜稜救援婺州。安仁义调派士兵进攻睦州，没有攻克便率众返回。

朱全忠进入郓州，任命庞师古担任天平军留后。

朱瑾留下大将康怀贞驻守兖州，他和河东的将领史俨、李承嗣到徐州境内劫掠，以供给军士们粮食。朱全忠听说了这件事，派遣葛从周率领士兵偷袭兖州。康怀贞听到郓州已经失守，汴州的士兵又忽然抵达就投降了！二月，戊申日（初三），葛从周进入兖州城，把朱瑾的妻子、儿子抓住。朱瑾返回兖州时，不知回到何处，便率领手下军队奔赴沂州，沂州刺史尹处宾不收纳他们，朱瑾无计可施，又奔往海州尽力防守，遭到汴州军队的攻打威逼，最后与史俨、李承嗣率领海州的百姓渡过淮水，投奔杨行密。杨行密在高邮迎接朱瑾，并向朝廷上表请求任命朱瑾遥领武宁节度使。

朱全忠收纳了朱瑾的妻子、儿子，率领士兵返回，张夫人在封丘迎接他们，朱全忠把抓获朱瑾的妻子、儿子这件事告诉张夫人。张夫人请求与她见面，朱瑾的妻子与张夫人见面后俯身跪拜，张夫人也还礼，并且哭着说："兖州、郓州和司空是同姓，约好结为兄弟，因为琐碎小事产生误会、怨恨，就率领士兵彼此攻打，让大嫂您在这里蒙受羞耻。将来有一天汴州失守了，我也将会像大嫂您如今这样啊！"朱全忠于是把朱瑾的妻子送到佛寺里去当尼姑，然后在汴桥斩杀了朱瑄。这时，郓、齐、曹、棣、兖、沂、密、徐、宿、陈、许、郑、滑、濮等州都被朱全忠占领。只有王师范保有淄青的一个道，但他也归顺了朱全忠。这时，李存信在魏州，他听说兖州、郓州都被朱全忠占据，便带领军队返回晋阳。

淮南的士兵之前擅长水战，不会骑马射箭，等到杨行密接收了河东李克用、兖州朱瑾、郓州朱瑄的士兵，军队声威大振。史俨、李承嗣都是河东节度使李克用手下的骁勇大将，李克用对他们归顺杨行密很是惋惜，派遣使者从小道去向杨行密请求将史俨、李承嗣放还；杨行密答应了他的请求，也派遣使者到李克用那里建立友好关系。

戊午日（十三日），王建派遣邛州刺史华洪、彭州刺史王宗祐率领五万士兵进攻东川，任命戎州刺史王宗谨为凤翔西面行营先锋使，在玄武打败凤翔的将领李继徽等人。李继徽本来姓杨，名字为崇本，是李茂贞的义子。

己未日（十四日），昭宗李晔下诏大赦天下。

昭宗李晔在行庙中举行飨告的祭祀典礼。

庚申日（十五日），王建任命决云都知兵马使王宗侃为应援开峡都指挥使，率领八千士兵前往渝州；任命决胜都知兵马使王宗阮为开江防送进奉使，率领七千士兵前往泸州。辛酉日（十六日），王宗侃攻取了渝州，刺史牟崇厚向他投降。癸酉日（二十八日），王宗阮攻取了泸州，斩杀刺史马敬儒，三峡水路这时才畅行无阻。

凤翔节度使李茂贞的将领李继昭救援梓州，留下属将防守剑门，西川将领王宗播击败并抓住了李继昭。

乙亥日（三十日），门下侍郎、同平章事孙偓被朝廷免去职务，仍担任本来官职，中书侍郎、同平章事朱朴被免去职务，改为秘书监。朱朴充任宰相掌管朝政后，之前许诺的事情都没有取得效果，朝外对此议论纷纷。太子詹事马道殷因为通晓天文，将作监许岩士因为懂医术而得到昭宗李晔的宠信，韩建诬陷这二人，说他们有罪，把他们都杀死了；韩建还说孙偓、朱朴与他们两人有来往，因此昭宗李晔也罢免了他们宰相的职位。

昭宗李晔下诏任命杨行密为江南诸道行营都统，前去征讨武昌节度使杜洪。

张佶攻取了邵州，擒住了蒋勋。

三月，丙子日（初一），朱全忠向朝廷上表，任命曹州刺史葛从周为泰宁留后，任命朱友裕为天平留后，任命庞师古为武宁留后。

保义节度使王珙攻打护国节度使王珂，王珂向李克用请求援救，王珙则向朱全忠请求援助。宣武的将领张存敬、杨师厚在猗氏以南打败河中军队；河东的将领李嗣昭在猗氏打败了陕州的军队，又在张店再次打败他们，于是解除了对河东的围困。杨师厚是斤沟人；李嗣昭是李克用的弟弟李克柔的义子。

昭宗李晔诏令，将感义军改名为昭武军，节度使府设在利州，任命以前的静难节度使苏文建为昭武节度使。

夏季，四月，昭宗李晔任命同州防御使李继瑭为匡国节度使。李继瑭是李茂贞的义子。

昭宗李晔任命右谏议大夫李洵为两川宣谕使，前往劝导西川节度使王建与东川节度使顾彦晖和解。

辛亥日（初六），钱镠派遣顾全武等人率领三千士兵从海路救援嘉兴，己未日（十四日），顾全武抵达嘉兴城下，攻打淮南的军队，把淮南的军队打得大败。

杜洪受到杨行密的攻打，请求朱全忠援助。于是，朱全忠派遣手下将领聂金抢掠泗州，命令朱友恭进攻黄州。杨行密则派遣右黑云都指挥使马珣等援救黄州。黄州刺史瞿章听到朱友恭来了，便放弃黄州城，率领部众向南逃奔武昌寨固守。

癸亥日（十八日），两浙的将领顾全武等人打败并占据淮南十八个军营，俘获淮南将士魏约等三千人。淮南的将领田頵在驿亭埭屯驻，两浙的士兵乘胜赶走田頵。甲戌日（二十九日），田頵从湖州逃回，两浙军队在后面紧追不舍，田頵军队惨败，死亡达一千余人。

韩建怨恨刑部尚书张祎等人，于是向朝廷上奏诬陷他们，张祎等人被贬职。

五月，昭宗李晔加封奉国节度使崔洪为同平章事。

辛巳日（初七），朱友恭在樊港建造浮桥，进攻武昌寨，壬午日（初八），朱友恭攻克了那里，活捉了瞿章，于是进取黄州；马珣等人都战败逃走。

丙戌日（十二日），西川节度使王建命令节度副使张琳留守成都，自己率领五万军队进攻东川节度使顾彦晖。王建把华洪的姓名改为王宗涤。

六月，己酉日（初五），钱镠前往越州，接受镇东节度使的符节和斧钺。

李茂贞向朝廷上表说："王建进攻东川，连年交战，都不听从陛下的诏命。"甲寅日（初十），昭宗李晔贬王建为南州刺史。乙卯日（十一日），任命李茂贞为西川节度使。任命覃王李嗣周为凤翔节度使。

癸亥日（十九日），王建攻取了梓州的南寨，抓获他们的将领李继宁。丙寅日（二十二日），宣谕使李洵抵达梓州，己巳日（二十五日），李洵在张杷砦会见王建，王建指着手拿战旗的人说："进攻东川是军中士兵的想法，我不能强行改变啊！"

覃王李嗣周前赴凤翔镇所，凤翔节度使李茂贞不接受李嗣周的代替，并在奉天将李嗣周包围起来。

朝廷在容州设置宁远军，任命李克用的大将盖寓兼任节度使。

秋季，七月，昭宗李晔加封荆南节度使成汭兼任侍中。

韩建写了一封书信给李茂贞，于是李茂贞解除对奉天的围困，覃王李嗣周返回华州。

昭宗李晔任命天雄节度使李继徽为静难节度使。

庚戌日（七月无此日），钱镠返回杭州，派遣顾全武攻打苏州；乙未日（二十二日），顾全武攻占松江；戊戌日（二十五日），攻克了无锡；辛丑日（二十八日），攻取了常熟、华亭。

起初，李克用进攻幽州时，向朝廷上表任命刘仁恭为节度使，留下戍守的士兵以及心腹部将十个人掌管军机要务，租金赋税除了供给军队的需要外，都运送到晋阳。等到昭宗李晔避难驾临华州后，李克用向刘仁恭调集军队，又给成德节度使王镕、义武节度使王部送去书信，打算与他们一起剿平关中的叛乱，奉送天子返回京师。刘仁恭以契丹人正在进犯劫掠，需要有军队防备为理由，请求等契丹人撤退后，再接受李克用的命令。李克用再三催促他，派出的使者接二连三地抵达幽州，可是几个月过去了，刘仁恭的军队还是没有发动。于是，李克用写信去斥责他，刘仁恭把书信扔到地上，大怒狂骂一番，并把使者囚禁起来，还想杀害在幽州驻守的河东将领，那些河东将领立即逃走才免遭杀身之祸。李克用大发脾气，八月，亲自率领军队讨伐刘仁恭。

昭宗李晔想要亲自到奉天征讨李茂贞，命令宰相们商讨此事，宰相们极力劝说，昭宗这才作罢。

延王李戒丕从晋阳返回华州，韩建呈递奏疏说："自从陛下登基以来，朝廷与靠近京师的藩镇关系日益恶化，这都是因为皇室各王把持兵权，逞凶作恶之徒喜好招惹祸端，让陛下不能安稳。近来，臣向朝廷奏请罢免各王的兵权，确实是忧虑会有无法估计的叛乱！现在，听说延王、覃王还在策划阴谋诡计，希望陛下圣明果断不要犹疑，在还没有叛乱的时候加以制止，那才是国家的福气啊！"昭宗李晔说："怎么会到这个地步呢！"好几天没有回答他。韩建于是与知枢密刘季述假借朝廷的诏令派遣士兵围攻各王的住所十六宅。诸王披散着头发，有的爬上墙头，有的登上屋顶，都狂呼道："皇上快来救我啊！"韩建抓住了通、沂、睦、济、韶、彭、韩、陈、覃、延、丹十一王到石堤谷，把他们全部杀死，用造反的名义向昭宗报告。

昭宗李晔把礼部尚书孙偓贬为南州司马。秘书监朱朴先被贬为夔州司马，后又被贬为郴州司户。朱朴担任宰相时，何迎突然被升任至右谏议大夫，到此时，何迎也被贬为湖州司马。

钟传想要征讨吉州刺史襄阳人周玭，周玭率领军队逃奔广陵。

王建跟顾彦晖交战五十多次，九月，癸酉朔日（初一），王建围攻梓州。蜀州刺史周德权对王建说："您与顾彦晖在东川作战已经三年了，士兵对打仗早已精疲力竭，运输接送军需的事情也使百姓穷困不堪。东川的州县大多被强盗贼寇占据，顾彦晖懦弱而无谋，想要苟且偷安，对州县属官都用丰厚的财物来引诱拉拢，凭借他们的援救，而坚守梓州不让我们攻克。现在如果您派人向贼寇的头目陈述战争的利害，对于归顺之人赏赐官职，对于抗拒之人出动军队逼迫，这样顾彦晖凭借的势力，反会被我们利用了。"王建听从了他的建议，顾彦晖的势力就日益孤立。周德权是许州人。

丁丑日（初三），李克用抵达安塞军，辛巳日（初九），发动进攻。幽州将领单可及率领骑兵赶到，李克用正在饮酒，前锋来禀告说："寇贼已经来了！"李克用喝得很醉，说："刘仁恭在哪里呢？"前锋回答道："只看到单可及那些人前来。"李克用瞪大了眼睛，说："单可及等人根本不是我的对手！"赶紧命令攻打他们。这一天，浓雾弥漫，没办法分辨人和物，幽州的将领杨师侃在木瓜涧埋伏士兵，河东的军队惨败，失踪、死亡的士兵有一大半。适逢此时刮起狂风，下起暴雨，电闪雷鸣，幽州军队于是解围离去。李克用酒醒后才知道军队打了败仗，便责怪大将李存信等人说："我因为喝醉酒才误了大事，你们为什么不竭力争辩呢？"

湖州刺史李彦徽想要以州来归附杨行密，他的部众都不肯答应；李彦徽便逃奔广陵，都指挥使沈攸以州归附钱镠。

昭宗李晔任命彰义节度使张琏为凤翔西北行营招讨使，前去征讨李茂贞。

昭宗李晔又任命王建为西川节度使、同平章事。昭宗加封义武节度使王郜为同平章事。昭宗削免新任西川节度使李茂贞的官爵，恢复他本来的姓名宋文通。

朱全忠攻占兖州、郓州之后，军队的势力更加强盛，于是大规模派遣军队攻打杨行密，他派遣庞师古率领徐州、宿州、宋州、滑州的七万军队在清口安置营垒，准备进攻扬州；葛从周率领兖、郓、曹、濮州的士兵在安丰修筑营垒，准备奔赴寿州；朱全忠亲自率领军队在宿州屯驻。淮南境内惊恐。

匡国节度使李继瑭听到朝廷要征讨李茂贞的消息，非常害怕，韩建又在旁边蛊惑他，于是，李继瑭逃往凤翔。冬季，十月，昭宗李晔任命韩建为镇国、匡国两军的节度使。

壬子日（初十），掌管遂州事务的侯绍率领两万部众，乙卯日（十三日），管理合州事务的王仁威率领一千士兵，戊午日（十六日），凤翔将领李继溥带领两千增援东川的军队，都先后向王建投降。王建进攻梓州更加急迫。庚申日（十八日），顾彦晖召集他的宗族以及义子们一同畅饮，派遣王宗弼独自返回王建那里；顾彦晖开怀畅饮之后，命令养子顾瑶把自己和他一同喝酒的人都杀死，然后顾瑶本人自尽。王建进入梓州时，城中还有七万士兵，王建命令王宗绾分派军队巡视安抚昌州、普州等地，任命王宗涤为东川留后。

刘仁恭向昭宗李晔上奏说："李克用毫无缘由地举兵征讨臣，本道在木瓜涧大破他的部众，请让臣自己担任统帅征讨李克用。"昭宗没有准许他的请求。刘仁恭又给朱全忠送去一封书信。朱全忠于是向朝廷奏请加封刘仁恭为同平章事，朝廷下诏准许。刘仁恭又派遣使者前往李克用那里谢罪，述说离开李克用后而自己内心不安的意思。李克用的回信里大意是说："现在你凭借朝廷符节掌控军队，管理百姓，制定法规，提拔人才要让他们回报你的恩德，挑选将领希望他们酬报你的恩惠；而你自己却不这样，那么对别人又怎么能够充分信任呢？我估计你会猜忌你的亲人，怀疑身边的文武官员，手持利剑却不敢授予他人，那么当你手捧盟誓之盘时在誓词里又能说什么呢！"

甲子日（二十二日），昭宗李晔册立皇子李祕为景王，李祚为辉王，李祺为祁王。

昭宗李晔加封彰义节度使张琏为同平章事。

杨行密和朱瑾率领三万士兵在楚州抵御汴州军队，别将张训从涟水率领士兵来会和，杨行密任命他为前锋。庞师古在清口安下营寨，有人说："这个营地低洼就像池塘一样，不能长久留驻这里。"庞师古没有听从。他倚仗兵马众多，轻视敌手，在驻地常常以下棋为乐。朱瑾将淮水上游的水流堵住，打算淹没庞师古的营地；有人把这一消息禀告庞师古，庞师古却认为此人是在扰乱军心，竟然把他斩杀了。十一月，癸酉日（初二），朱瑾和淮南的将领侯瓒率领五千骑兵暗中渡过淮水，使用汴州军队的旗帜，从北面直接冲入庞师古的中军，张训越过栅栏冲入营帐。庞师古的士兵仓皇抵抗，淮水奔泻而下，汴州士兵顿时惊慌失措、一片大乱。杨行密率领大军渡过淮水，与朱瑾等对庞师古两面夹击，结果汴州军队惨败，庞师古和一万余名将士被斩杀，残余的军队都溃散逃走。葛从周在寿州的西北扎营，寿州团练使朱延寿打败了他的军队，葛从周退兵在濠州屯驻，听说庞师古战败，便逃了回去。杨行密、朱瑾、朱延寿乘胜追击葛从周，在淠水追上。葛从周渡了一半河，淮南的士兵进攻他们，有的被杀，有的淹死，几乎都被消灭光了，葛从周逃走免于一死。遏后都指挥使牛存节放弃战马，步行战斗，各军才陆续渡过淮水，军中士兵连续四天没有吃东西，恰逢天降大雪，汴州士兵连冻带饿纷纷死在路上，返回的人还不到一千。朱全忠听说他的军队打了大败仗，也逃回去了。杨行密送信给朱全忠说："庞师古、葛从周，根本不是我的对手，您应该亲自到淮河边与我决战啊！"

杨行密与各位将领举行盛会，他对行军副使李承嗣说："刚开始时，我想要先攻打寿州，副使说不如先抵达清口，庞师古战败，葛从周自然会逃走。如今果然如你所料啊。"于是，赏赐李承嗣一万缗钱，上表朝廷请求任命李承嗣兼任镇海节度使。杨行密对待李承嗣和史俨特别好，房舍屋第、爱姬美妾，都挑选最好的赏赐给他们，因此两人替杨行密竭尽忠心，屡次立下大功，最后在淮南去世。杨行密因此能够据有长江、淮水之间，朱全忠不能够与他争夺。

戊寅日（初七），昭宗李晔立淑妃何氏为皇后。何皇后是东川人，生有德王和辉王。

威武节度使王潮的弟弟王审知，担任观察副使，犯了错误，王潮还对他加以鞭打棒击，王审知没有一点怨恨的神色。王潮卧病在床的时候，弃用他的儿子王延兴、王延虹、王延丰、王延休，而命令王审知掌理军府的事务。十二月，丁未日（初六），王潮去世。王审知让他的哥哥泉州刺史王审邽接替职位，王审邽认为王审知立有战功，坚决推辞而不接受职位。王审知于是自称福建留后，呈递表章上报朝廷。

壬戌日（二十一日），王建从梓州返回；戊辰日（二十七日），王建抵达成都。

这一年，南诏王舜化有上奏给昭宗李晔的书信及督爽官送给唐中书省用木板夹着的公文，上面写的年号为中兴。朝廷打算颁发诏书来答复南诏王。王建对昭宗说："南诏只不过是一个小小的蛮夷罢了，用不着赏赐他们诏书。臣在西南镇守，他们一定不敢来侵扰边塞的。"朝廷依从了他的建议。

在黎、雅之间的大山深谷处，居住的都是蛮人，比较靠近汉人领地的三王名为刘王、郝王、杨王，各有自己的部落，西川每年送给他们丝绸布帛达三千匹，派他们去监视南诏的活动，他们也接受南诏的贿赂来查探成都的虚实。每当有西川节度使赴任，这三个王就率领地方酋长到节度使府祝贺，节度使自以为是朝廷的威德使他们顺从敬畏，上表奏报朝廷。可是刘王、郝王、杨王这三个王却在暗中与节度使手下的大将勾结，串通一气，有的节度使失去大将的拥戴，大将就唆使各地蛮人搅乱生事。以前的节度使大多数是文臣，不想惹事，因此属下大将常常揣度节度使的心理而放纵怂恿蛮人作乱，而南诏也借助这点在边地多次侵扰为患。等到王建镇守西川的时候，断绝了对这三个王的赏赐，斩杀都押牙山行章来惩戒他们。在邛崃关以南，不设置要塞与内线，不驻扎任何兵卒，蛮人也不敢入侵劫掠。后来朝廷派遣王宗播攻打南诏，三王泄露了军事机密，王建就把他们召来斩杀了。

右拾遗张道古向昭宗李晔上疏，说："国家有五种危难、两种祸乱。以前，汉文帝刘恒即位不久，就已清楚熟悉国家的政事。现在陛下已经即位十年了，却还不知道作为帝王驾驭群臣的办法。唐太宗李世民对内平定中原，对外向四方开拓大唐的边界，海外的国家，没有不前往大唐来俯首称臣的。可是现在，先朝开拓留下的疆界日渐缩减，几乎丧失殆尽。臣虽然地位卑微，私下里却伤感朝廷、国家，开始的时候被奸诈的臣子们把持权力，最终也会被那些乱臣贼子篡夺了江山！"昭宗大怒，把张道古贬为施州司户。还颁下诏令列举张道古的罪状，向谏官们宣示。张道古是青州人。

光化元年（戊午，公元898年）是年八月方改年号为光化。

春季，正月，两浙、江西、武昌、淄青各派遣使者抵达朝廷，请求任命朱全忠为都统，征讨杨行密；昭宗李晔下诏不准许。

昭宗李晔加封平卢节度使王师范为同平章事。

昭宗李晔任命兵部尚书刘崇望为同平章事，充任东川节度使；任命昭信防御使冯行袭为昭信节度使。

昭宗李晔颁下诏书检讨自己的过失，下令停止战争，恢复李茂贞的姓名和官职爵位，把各道征讨凤翔李茂贞的军队全都撤回。

壬辰日（二十二日），河中节度使王珂前往晋阳迎娶李克用的女儿，李克用派遣他的部将李嗣昭在河中驻防。

李茂贞、韩建都送书信给李克用，说昭宗李晔离开长安外出巡游已经很多年了，请求能和睦相处不再对抗，共同辅佐大唐皇室，同时请求李克用派出民夫工匠帮助营建长安的宫殿，李克用都答应了。

起初，王建攻打东川的时候，顾彦晖向李茂贞请求救援，李茂贞命令部将率领士兵前去援救，而没有空闲向东迫近昭宗李晔，因此假意宣称改过自新，与韩建一起辅佐拥戴天子。等到听说朱全忠营建东都洛阳宫殿，并再三上呈表章要迎接昭宗去洛阳，李茂贞、韩建都很惊恐，请求立即修造长安的宫殿，侍奉昭宗返回长安。昭宗诏命任韩建为修宫阙使。各道都援助他钱财、工匠、木材等；韩建派遣都将蔡敬思督促营建的事务。修建完工后，二月，韩建亲自前往视察。

钱镠请求迁徙镇海军到杭州，朝廷依从了他的请求。

昭宗李晔又任命李茂贞为凤翔节度使。

三月，己丑日（二十日），昭宗李晔派遣王审知充任威武军留后。

朱全忠派遣副使万年人韦震入朝奏事，请求兼任天平节度使，朝廷没有答应他的要求，韦震却尽力争取这件事。朝廷被逼无奈，任命朱全忠为宣武、宣义、天平三镇节度使。朱全忠任命韦震为天平留后，任命前台州刺史李振为天平节度副使。李振是李抱真的曾孙。

淮南将领周本救援苏州，两浙将领顾全武打败了他。淮南将领秦裴派遣三千士兵攻克了昆山后，就在此地戍守。

昭宗李晔任命潭州刺史、判湖南军府事马殷主持武安军留后的事务。当时湖南管辖的范围有七个州，贼帅杨师远占据衡州，唐世旻占据永州，蔡结占据道州，陈彦谦占据郴州，鲁景仁占据连州，马殷所拥有的只有潭州、邵州罢了。

义昌节度使卢彦威，性情残忍暴虐，对邻近各道又都不友好。卢彦威与卢龙节度使刘仁恭争夺盐利，刘仁恭派遣他的儿子刘守文率领军队偷袭沧州，于是，卢彦威丢弃沧州城，带着家眷逃往魏州；魏州的罗弘信拒不收容他们，卢彦威便投奔汴州。刘仁恭于是攻克沧州、景州、德州，任命刘守文为义昌留后。刘仁恭兵势更加强盛，自以为得到了上天的帮助，产生了吞并河朔的想法，向朝廷为刘守文请求节度使的仪仗符节，朝廷没有答应。适逢宦官抵达范阳，刘仁恭对宦官说："节度使的仪仗符节我自己就有，只是想得到京师长安颁发的真品而已，为什么我再三上呈表章请求却始终遭拒绝呢？您替我去求求情吧。"刘仁恭的违逆、狂妄竟然到了如此地步。

朱全忠和刘仁恭友好亲善，正逢魏博的军队去进攻李克用。夏季，四月，丁未日（初八），朱全忠抵达巨鹿城下，打败河东军队的一万多人，追赶逃跑的士兵，一直到青山口。

昭宗李晔任命护国节度使王珂兼任侍中。

丁卯日（二十八日），朱全忠派遣葛从周分别派发士兵进攻洺州，戊辰日（二十九日），把洺州攻克了，杀死了刺史邢善益。

五月，己巳朔日（初一），昭宗李晔下诏大赦天下。

葛从周进攻邢州，刺史马师素弃城逃走。辛未日（初三），磁州刺史袁奉滔自尽。朱全忠任命葛从周为昭义留后，驻守邢、洺、磁三个州，然后自己返回汴州。

朝廷任命武定节度使李继密为山南西道节度使。

朝廷听说王建已经任命王宗涤为东川留后，于是召回刘崇望，任命他为兵部尚书，仍任命王宗涤为东川留后。

湖南将领姚彦章向马殷进言，请求攻打衡、永、道、连、郴五个州，仍然举荐李琼为将领。马殷任命李琼和秦彦晖为岭北七州游弈使，张图英、李唐为副使，率领士兵进攻衡州，杀死了杨师远，又率领士兵直接奔赴永州，围攻了一个多月，唐世旻逃走后死去。马殷任命李唐为永州刺史。

六月，昭宗李晔任命濠州刺史赵珝为忠武节度使。赵珝是赵犨的弟弟。

秋季，七月，昭宗李晔加封武贞节度使雷满为同平章事，加封镇南节度使钟传兼任侍中。

山南东道的忠义节度使赵匡凝听说朱全忠的军队在清口打了败仗，暗中亲附淮南的杨行密。朱全忠派遣宿州刺史尉氏人氏叔琮率领军队征讨赵匡凝，丙申日（二十八日），攻克了唐州，活捉了随州刺史赵匡璘，在邓城打败了襄州的军队。

八月，庚戌日（十三日），朝廷改华州为兴德府。

戊午日（二十一日），汴州军队将领康怀贞袭击邓州，最终攻占了邓州，抓获邓州刺史国湘。赵匡凝十分恐惧，派出使者请求向朱全忠投降，朱全忠答应他的请求。

己未日（二十二日），昭宗李晔从华州出发；壬戌日（二十五日），到达京城长安；甲子日（二十七日），昭宗下诏大赦天下，改年号为光化。

昭宗李晔打算使藩镇们友好和睦相处，任命太子宾客张有孚为河东、汴州的宣慰使，赐予李克用、朱全忠诏书，又命令宰相送信给李克用、朱全忠，让他们和解。李克用打算奉诏令与朱全忠和解，可是又为自己先屈服而觉得耻辱，于是他给王镕写去一封书信，让王镕先和朱全忠沟通；朱全忠不肯听从。

九月，乙亥日（初八），昭宗李晔加封韩建暂时代理太傅、兴德尹；加封王镕兼任中书令，罗弘信暂时代理侍中。

己丑日（二十二日），东川留后王宗涤对王建说，东川的疆域达五千里，公文往返送投，常常超过几个月，请分出遂、合、泸、渝、昌五个州另外设置一个镇；王建上表向昭宗李晔报告此事。

顾全武进攻苏州；城里以及援军的粮食都吃光了，甲申日（十七日），淮南杨行密所任命的苏州刺史台濛抛弃苏州城逃走，援军也逃走了。顾全武攻克苏州城后，又追击攻打周本，在望亭镇将他打败。只有由秦裴据守的昆山城没有被攻克，顾全武率领一万余人展开进攻；秦裴多次出战，派遣病弱的士兵穿着铠甲，手拿长矛，强壮的士兵拉开弓弩射箭，如此一来，顾全武的军队常常因此而退却。于是，顾全武送檄文给秦裴，想让他投降。因为顾全武曾经做过和尚，秦裴便封上给顾全武的信函命人送去表示投降，顾全武很高兴，召来各位将领当众打开信函，里面竟然是一卷佛经，顾全武恼羞成怒，说："秦裴死到临头都不惧怕，还有空闲戏弄我吗！"于是，增派军队攻打昆山城，导河水灌城，城墙被毁坏了，食物也吃光了，秦裴才投降。钱镠准备了一千人的食物来等待他率众出城，秦裴走出来，只有不足一百名瘦弱不堪的士兵。钱镠愤怒地对秦裴说："你势单力薄到了如此地步，怎么还敢顽固抵抗呢！"秦裴回答说："我秦裴有义气，决不辜负杨行密，现在不过是因为兵力衰竭而投降罢了，并不是心里就归顺你。"钱镠对秦裴说的话特别赞赏。顾全武也劝说钱镠宽恕秦裴，钱镠听从了他的建议。当时的人称赞顾全武是忠厚长者。

魏博节度使罗弘信去世，军中推举他的儿子节度副使罗绍威担任留后。

汴州大将朱友恭率领军队从江、淮返回，经过安州，有人向朱友恭告发说安州刺史武瑜暗中与淮南的杨行密勾结，打算攻打汴州的军队。冬季，十月，己亥日（初三），朱友恭率领军队进攻安州，将武瑜斩杀。

李克用派遣他的部将李嗣昭、周德威率领两万步兵、骑兵从青山出发，准备收复山东的邢、洺、磁三个州。壬寅日（初六），周德威攻打邢州；葛从周出城迎战，打败了他们的军队。李嗣昭等人率领军队退入青山，葛从周追赶他们，打算将河东军队的退路截断；河东军队的步兵自行溃败，李嗣昭没办法控制。适逢此时，横冲都将李嗣源率领部下军队赶到，他对李嗣昭说："我们这些人如果也退走，那么形势就支撑不住了，让我试着为你进攻葛从周的邢州军队吧。"李嗣昭说："好极了！我紧随其后。"李嗣源于是将马鞍解下，把箭头磨锋利，登上高处去部署战阵，左右来回比画，邢州军队猜测不出李嗣源的想法。李嗣源径直向前奋力进攻，李嗣昭也紧跟其后冲杀，于是葛从周的军队撤退。周德威是马邑人。

癸卯日（初七），昭宗李晔任命威武留后王审知为节度使。

昭宗李晔任命罗绍威担任魏博留后。

丁巳日（二十一日），昭宗李晔任命东川留后王宗涤为节度使。

昭宗李晔加封佑国节度使张全义兼任侍中。

王珙率领汴州的士兵前往河中劫掠，王珂向李克用告急；于是，李克用派遣李嗣昭去救援，在胡壁镇打败了汴州的军队，汴州军队都逃走了。

前常州刺史王柷，性格刚强正直，当时的威望很高；昭宗李晔下诏征调他，当时人都以为他要担任宰相了。经过陕州的时候，王珙侍奉招待王柷非常周到，请求用子侄的礼节行礼跪拜，王柷坚决推辞而没有接受。王珙转而大怒，指使送行的人将王柷杀死，连同王柷的家人全被扔进黄河，又将王柷的资财行装全都抢掠，然后向朝廷禀告说王柷船翻而死。朝廷不敢追查此事。

闰月，钱镠任命他的部将曹圭为苏州制置使，派遣王球进攻婺州。

十一月，甲寅日（十九日），昭宗李晔册立皇子李祯为雅王，李祥为琼王。

昭宗李晔任命魏博留后罗绍威为节度使。

衢州刺史陈岌打算向杨行密投降，钱镠派遣顾全武去征讨陈岌。

朱全忠因为奉国节度使崔洪与杨行密互相勾结，便派遣他的部将张存敬攻打崔洪；崔洪很恐惧，请求让弟弟都指挥使崔贤作为人质，并且说："我手下将士顽固凶悍，不接受我的指挥调遣，请准许派遣两千人到你的部下跟随讨伐。"朱全忠准许了他的请求，召张存敬返回。张存敬是曹州人。

十二月，昭义节度使薛志勤去世。

李克用平定王行瑜时，李罕之向李克用请求出任邠宁节度使。李克用说："王行瑜依仗功劳胁迫皇上，因此我和您征讨诛杀他。前几天，王行瑜这一贼寇被打败时，我首先上奏朝廷催促苏文建担任邠宁节度使。现在这一奏请刚刚送到朝廷，我们又反悔，朝廷内外一定哗然，斥责我们的所作所为与王行瑜无异。我和你情谊深厚如同手足，本来就没有什么吝惜的，等到返回镇所，我会再为你论功行赏的。"李罕之很不高兴地退出去，私下对盖寓说："我李罕之自从河阳沦陷以后，依靠您的庇护，已经有很长的时间了。近来，我逐渐衰老，厌倦行军打仗的生活，如果承蒙大王和太傅的同情，赏赐我一个小镇，使我能在几年之间让士兵休息，保养身体，然后辞官，回乡终老，那是最幸运的了。"盖寓为李罕之求情，李克用仍然没有答应他。每当有藩镇官缺时，商议人选时总是不去考虑李罕之，李罕之心里很愤愤不平。盖寓恐怕李罕之有其他的想法，再三地为李罕之说话，李克用对盖寓说："我对于李罕之怎么是舍不得一个镇呢？只是因为李罕之是一只雄鹰啊！饥饿的时候，为你效力，被你所用，等到吃饱了，就抛弃你，远走高飞啦。"

等到薛志勤去世，潞州十天没有将帅，李罕之擅自率领泽州的士兵夜间攻入潞州，占据了潞州城，用牒文告诉李克用，说："薛铁山去世，州民没有将帅，我担心不得志的人会作乱，因此没有向您请示就擅自攻入潞州城镇守抚慰，请大王裁夺。"李克用十分恼怒，派人前去斥责李罕之。李罕之派遣他的儿子向朱全忠请求投降，擒住了河东将领马溉等人以及沁州刺史傅瑶押送到汴州。李克用派遣李嗣昭率领军队征讨李罕之，李嗣昭先攻克泽州，拘押李罕之的家属送到晋阳李克用那里。

杨行密把以前擒获的两浙将领成及遣回两浙，以换回被两浙钱镠抓获的淮南将领魏约等人，钱镠答应了。

韶州刺史曾衮派遣士兵进攻广州，广州将领王璙率领战舰接应他们；清海行军司马刘隐一战就打败了曾衮的军队。韶州将领刘潼又占据浈阳、浛洭两县，刘隐征讨刘潼，并将刘潼杀死了。

光化二年（己未，公元899年）

春季，正月，丁未日（十三日），中书侍郎兼吏部尚书（同平章事）崔胤被免除相职，只担任本来职位；任命兵部尚书陆扆为同平章事。

朱全忠上表请求任命李罕之为昭义节度使，又上表派代理河阳留后的丁会、武宁留后的王敬荛、彰义留后的张珂都担任节度使。

杨行密和朱瑾率领几万士兵攻打徐州，在吕梁驻扎军队，朱全忠派遣骑兵将领张归厚救援徐州。

刘仁恭派遣幽、沧等十二州的十万士兵，打算兼并河朔；进攻贝州，攻了下来，城中有一万多户居民，全部被屠杀，尸体被丢弃到清河水中。从此各城都顽强坚守没有投降。刘仁恭进军征讨魏州，在城北扎营，魏博节度使罗绍威向朱全忠请求救援。

朱全忠遣送崔贤返回蔡州，征发蔡州军队两千人到大梁。二月，蔡州将领崔景思等杀死崔贤，劫持了崔洪，驱赶蔡州的全部士兵和百姓渡过淮水投奔杨行密。士兵和百姓渐渐地逃回蔡州，到达广陵的士兵和百姓不到两千名。朱全忠命令许州刺史朱友裕守卫蔡州。

朱全忠亲自率领军队救援徐州，杨行密听说了这件事，率领士兵离去；汴州军队在下邳县追上他们，杀死了一千多人。朱全忠行进到辉州时，听说淮南的军队已经撤退，这才返回汴州。

三月，朱全忠派遣他的部将李思安、张存敬率领军队援救魏博，在内黄屯驻；癸卯日（初十），朱全忠率中军驻扎在滑州。刘仁恭对他的儿子刘守文说："你的勇猛是李思安的十倍，你应当首先抓获这些鼠辈，然后再生擒罗绍威！"刘仁恭于是派遣刘守文和他的妹夫单可及率领五万精兵在内黄攻打李思安。丁未日（十四日），李思安派遣他的部将袁象先在清河水的右边设下埋伏，他自己在繁阳迎战，假装打不赢撤退的样子；刘守文追赶他，一直追到内黄的北边，李思安率领军队反攻，埋伏的士兵发动进攻，两面夹击刘守文。结果刘仁恭的幽州军队打了大败仗，单可及被斩杀，杀死、俘虏了三万士兵，刘守文本人只是免于一死罢了。单可及是幽州的一员猛将，号称"单无敌"，刘仁恭的军队失去单可及后元气大伤。李思安是陈留人。

这时，葛从周从邢州率领精锐的骑兵八百人进入魏州。戊申日（十五日），刘仁恭攻打上水关、馆陶门，葛从周和宣义牙将贺德伦出去迎战，回头对守护城门的士兵说："前方有强劲的敌军，不能让作战的将士有返回的想法。"下令把城门关死。葛从周等率军拼死激战，刘仁恭的军队又一次惨败，他的部下将领薛突厥、王郐郎被擒获。第二天，汴州、魏州乘胜联合士兵攻打刘仁恭，攻破他八个守寨，刘仁恭父子烧毁营寨逃走。汴州、魏州的士兵长驱直入，一直向前追杀，到了临清，把刘仁恭的军队逼到永济渠里，被斩杀和溺死的士兵不计其数。镇州的王镕也派遣军队在东边的深州、冀州一带截击刘仁恭。从魏州到沧州五百里内，死尸一个压着一个。刘仁恭从此以后便没有再振作起来，而朱全忠却更加强盛！贺德伦是河西的胡人。

刘仁恭攻打魏州的时候，罗绍威派遣使者到河东重新建立友好关系，并且向李克用请求援助。壬午日（三月无此日），李克用派遣李嗣昭率领军队援救罗绍威，刘仁恭已经被汴州的士兵打败了，罗绍威于是又与河东李克用断绝交往，李嗣昭率领军队返回。

葛从周趁着打败幽州刘仁恭的声势，从土门进攻河东军队，攻克承天军。汴州军队的另一将领氏叔琮从马岭进攻，攻克了辽州乐平县，进军到榆次县。李克用派遣内牙军副周德威去迎击他们。

氏叔琮有一位猛将叫陈章，外号称“陈夜叉”，担任前锋，他向氏叔琮请求说：“河东所依仗的是周杨五，就让我去抓住他，然后赏赐给我一个州吧！”李克用得知这一消息，告诉周德威让他做好防备，周德威说：“陈章只不过是吹牛罢了。”双方在洞涡展开激战，周德威身穿便服前去挑战，并对属下将领说：“你们看见陈夜叉就跑。”陈章果然追赶周德威，周德威奋力挥舞铁槌将陈章打落马下，将他活捉进献给李克用。周德威又趁势进攻氏叔琮，将氏叔琮打得惨败，斩杀三千人。氏叔琮放弃军营逃走，周德威继续追赶，出了石会关，又斩杀敌人一千多个首级。葛从周只得率领军队退了回去！

丁巳日（二十四日），朱全忠派遣河阳节度使丁会攻打泽州，把它攻占了。

婺州刺史王檀被两浙军队围攻，向宣歙观察使田頵请求援救，夏季，四月，田頵派遣行营都指挥使康儒等人前去援救他。

五月，甲午日（初二），朝廷在遂州设置武信军，划分出遂、合等五个州隶属它。

李克用派遣蕃、汉马步都指挥使李君庆率领士兵攻打李罕之，己亥日（初七），李君庆围攻潞州。朱全忠派出军队在河阳屯驻。辛丑日（初九），朱全忠派遣属下将领张存敬援救潞州的李罕之，壬寅日（初十），朱全忠又派遣丁会率领军队相继增援，把河东军队打得惨败，李君庆被迫解除潞州的包围撤退。李克用把败将李君庆及其副将伊审、李弘袭都斩杀了；任命李嗣昭为蕃、汉马步都指挥使，代替李君庆进攻潞州。

庚戌日（十八日），康儒等人在龙丘打败了两浙的军队，活捉了他们的将领王球，于是占领了婺州。

六月，乙丑日（初三），李罕之病重。丁卯日（初五），朱全忠向朝廷上表，任命李罕之为河阳节度使，任命丁会为昭义节度使；没过多久，朱全忠又委派他的部将张归霸守卫邢州，派遣葛从周代替丁会在潞州守卫。

昭宗李晔任命西川大将王宗佶为武信节度使。王宗佶，原本姓甘，是洪州人。

丁丑日（十五日），李罕之在怀州去世。

保义节度使王珙，生性猜忌残忍，即使是妻子儿子这样的骨肉至亲，也常常为他们的安危忧虑。这时军中士兵叛乱，王珙被手下士兵杀死，大家推举都将李璠为保义留后。

秋季，七月，朱全忠在海州戍守的部将陈汉宾向杨行密请求投降。淮海游弈使张训认为陈汉宾真正的意图没有了解，于是跟涟水防遏使庐江人王绾率领士兵两千人直接前往海州，就这样占据了海州城。

昭宗李晔加封荆南节度使成汭兼任中书令。

马殷派遣他的部将李唐攻打道州，蔡结聚集众多蛮人，埋伏军队在险要地带来攻打李唐，大破李唐的军队。李唐说："蛮人所凭借的不过是山林罢了，如果在平地作战，他们怎么会将我打败呢！"于是下令借助风势放火烧毁山林，顿时天地间火海一片，蛮人立即慌乱逃走了，李唐就趁势攻占了道州，生擒了蔡结，将他杀死了。

朱全忠召回在潞州的葛从周，命令贺德伦前去守卫潞州。八月，丙寅日（初五），李嗣昭率领军队抵达潞州城下，分别派遣士兵进攻泽州。己巳日（初八），汴州将领刘玘放弃泽州逃走，河东军队进兵攻取了天井关，任命李孝璋（孝字当作存字）为泽州刺史。贺德伦紧闭城门不出战，李嗣昭每天派出骑兵围绕潞州城巡行，抓捕割草放牧的人，把靠近潞州城方圆三十里的田禾稻谷都割光了。乙酉日（二十四日），贺德伦等人弃城在夜里逃走，一直逃到了壶关，河东将领李存审埋伏士兵截击他们，杀死、俘获的人很多。葛从周率领援兵到达后，听到贺德伦等人战败，于是率众返回。

九月，癸卯日（十二日），昭宗李晔任命凤翔节度使李茂贞为凤翔、彰义节度使。

李克用向朝廷上表，任命汾州刺史孟迁为昭义留后。

淄青节度使王师范因为沂州、密州发生了内部士兵作乱，向杨行密请求军队的援助。冬季，十月，杨行密派遣海州刺史台濛、副使王绾率领军队去援助他，攻取密州，归还王师范；接着要进攻沂州，先派人去刺探情况，这些人回来说："城内偃旗息鼓，一点动静也没有。"王绾说："沂州城内一定是有了防备，而援军距离又很近了，因此我们不能前去攻打。"各位将领却说："密州都已攻克了，沂州还能如何呢！"王绾没有办法阻止属下的将领，于是在树林里埋伏军队等待他们。各位将领进攻沂州没有攻克，沂州的援兵又赶到了，只得率军后退。沂州的军队趁势攻击，王绾发动埋伏的士兵打败了他们。

十一月，陕州都将朱简杀死李璠，自称为留后，归附朱全忠，请求更改名字为朱友谦，列入朱全忠子侄的行列。

昭宗李晔加封忠义节度使赵匡凝兼任中书令。

马殷派遣属下将领李琼进攻郴州，擒获了陈彦谦，并将他斩杀；又进军攻打连州，鲁景仁自杀身亡，湖南各州全部被剿平。

十二月，昭宗李晔加封魏博节度使罗绍威为同平章事。

资治通鉴卷第二百六十二　唐纪七十八

起庚申（公元900年），止辛酉（公元901年），共两年。

【题解】本卷记录了公元900年至901年的史事，共二年，正当唐昭宗李晔光化三年至天复元年。两年间京师长安再次发生政治地震，唐昭宗先是被宦官废为太上皇，复位后又被宦官挟持到凤翔，皇帝成为权臣、藩镇诸侯手中的玩物，纲纪荡然无存。此时期朱全忠出兵收服河北诸镇，身兼宣武、宣义、天平、护国四镇节度使，无人能敌。朱全忠与李茂贞都想挟天子以令诸侯，朝中南司崔胤、北衙韩全诲分别是他们在朝中的代言人，水火不容。昭宗既没有识人的智慧，又没有独断朝纲的才能，优柔寡断，不接受宰相韩偓的建议，苟且度日，等到朱全忠发兵西行，韩全诲劫持昭宗临幸凤翔。朱全忠进入长安，挟持百官送到华州。朝廷分裂不全，标志唐王朝实际已经灭亡，只缺一个禅位的仪式而已。

昭宗圣穆景文孝皇帝中之中

光化三年（庚申，公元900年）

春季，正月，宣州将领康儒进攻睦州；钱镠派他的堂弟钱銶去抵御他。

二月，庚申日（初二），昭宗李晔任命西川节度使王建兼任中书令。

壬申日（十四日），昭宗李晔加封威武节度使王审知为同平章事。

壬午日（二十四日），昭宗李晔任命吏部尚书崔胤为同平章事，充任清海节度使。

李克用大举征调军士百姓修筑晋阳城的城墙壕沟，押牙刘延业劝谏说：“大王的声威震动华夏和四夷，应该分派军队整肃四方边境，不应修筑这些城墙壕沟，既有损您自己的威望，又将挑起敌人的侵扰之心啊！”李克用很感激他，拿金子、布帛赏赐他。

夏季，四月，昭宗李晔加封定难军节度使李承庆为同平章事。

朱全忠派遣葛从周率领兖、郓、滑、魏四个镇守的士兵十万人攻打刘仁恭，五月，庚寅日（初四），攻占了德州，将刺史傅公和杀死；己亥日（十三日），在沧州围攻刘守文。刘仁恭派遣使者用谦恭的言辞、丰厚的礼物到河东请求援救。于是，李克用派遣周德威率领五千骑兵出黄泽关，攻打邢州、洺州来救援刘仁恭。

邕州的军队作乱，驱逐了节度使李鐬；于是，李鐬向邻道借兵来征讨平定他们。

六月，癸亥日（初七），昭宗李晔加封东川节度使王宗涤为同平章事。

司空、门下侍郎、同平章事王抟，为人通达，宽宏大量，当时被称为良相。昭宗李晔一向痛恨宦官枢密使朱道弼、景务修专断强横，崔胤每天与昭宗商议摒除宦官，宦官也清楚他们的举动。因此，南司和北司更加相互憎恶嫉恨，各自交结藩镇来作为自己的支援，互相倾轧，争权夺利。王抟担心这样会导致叛乱，闲暇时向昭宗李晔进言说：“作为百姓的君王，应当竭尽全力认清大局，不可以偏袒一方。宦官们专擅朝廷大权的弊端，谁不知道呢？只不过他们的势力还不能够立刻被摒除干净，应该等待时机，从多次的作乱灾难中逐渐来剿灭他们，伸张正道，以消除平息他们的势力。希望陛下说过的话不要轻易泄露出来，以免加速奸邪之人的叛乱。”崔胤听到了这些话，就向昭宗李晔进谗言诋毁王抟，说：“王抟奸诈邪恶，已经成为朱道弼等的外应了。”昭宗怀疑他的话是否真实。等到崔胤被罢免相位，他就认为这是王抟在排挤自己，所以更加痛恨王抟。等到崔胤奉命离京师去镇守广州，他就送了一封书信给朱全忠，原原本本地把王抟说过的话禀告给他，让朱全忠呈递表章来辩论是非曲直。朱全忠于是向朝廷呈递奏表说："崔胤不能离开辅佐陛下的宰相之位，王抟和宦官互为表里，互相勾结，危害国家。"表文接连不断地送给昭宗。昭宗虽然察觉其中实情，可是迫于朱全忠的势力，把已到湖南的崔胤又召回京师。丁卯日（十一日），昭宗任命崔胤为司空、门下侍郎、同平章事，王抟被罢免宰相的职位，担任工部侍郎。昭宗任命朱道弼为荆南监军，任命景务修为青州监军。戊辰日（十二日），昭宗把王抟贬为溪州刺史；己巳日（十三日），又把王抟贬为崖州司户；朱道弼被长途流放到欢州，景务修被长途流放到爱州；当天，三人都被赐自尽。王抟死在蓝田驿，朱道弼、景务修死在霸桥驿。于是崔胤掌控了朝政大权，势力威震朝野，宦官们都侧目而视，对他怨恨不已。

刘仁恭率领幽州的五万士兵援救沧州，在乾宁军安营扎寨。葛从周留下张存敬、氏叔琮驻守沧州寨，然后亲自率领精兵在老鸦堤迎战，大破刘仁恭的军队，斩杀敌人三万多个首级，刘仁恭逃走退守瓦桥。秋季，七月，李克用又派遣都指挥使李嗣昭率领士兵五万人进攻邢州、洺州，以便营救刘仁恭，在内丘打败了汴州的军队。王镕派遣使者在幽州刘仁恭、汴州朱全忠之间进行调解，正赶上长时间下雨，朱全忠召回葛从周。

庚戌日（二十五日），昭宗李晔任命昭义留后孟迁为节度使。

甲寅日（二十九日），昭宗李晔任命西川节度使王建兼任东川、信武军（信武当作"武信"）两道的都指挥、制置等使。

八月，李嗣昭又在沙门河将汴州的军队打败，进兵攻打洺州。乙丑日（初十），朱全忠率兵援救洺州，还没有抵达那里，李嗣昭已攻克了洺州，抓获洺州刺史朱绍宗。朱全忠命令葛从周率领军队进攻李嗣昭。

宣州将领康儒因为军粮已经吃光了，于是从清溪逃回宣州。

九月，葛从周从邺县渡过漳水，在黄龙镇扎营；朱全忠亲自率领中军三万人渡过洺水设置军营。李嗣昭放弃洺州城退走，葛从周在青山口设下埋伏，阻击他，大破他的军队。

崔胤因为太保、门下侍郎、同平章事徐彦若的职位在自己之上，所以嫉恨他；徐彦若也自己请求引退辞官。当时各藩镇都被强臣据守，只有嗣薛王李知柔在广州担任清海节度使，于是徐彦若请求去替代李知柔。乙巳日（二十日），昭宗李晔任命徐彦若为同平章事，充任清海节度使。起初，荆南节度使成汭由于澧州、朗州本来是他的属地，被雷满占据，成汭多次要求把它分割出来归属荆南，朝廷都没有准许，成汭心中非常怨恨。等到徐彦若经过荆南的时候，成汭摆设酒席，渐渐地与徐彦若谈到这件事。徐彦若说："令公是一方长官，地位高贵，可以与齐桓公、晋文公相比，雷满只是一个小小的强盗罢了，您都不能攻克他，还要埋怨朝廷什么呢？"成汭听后，感到非常惭愧。

丙午日（二十一日），中书侍郎兼吏部尚书、同平章事崔远被朝廷免去职务，保留本来的官职，任命刑部尚书裴贽为中书侍郎、同平章事。裴贽是裴坦弟弟的儿子。

朝廷把桂管升为静江军，任命经略使刘士政为节度使。

朱全忠因为王镕和李克用互相往来，于是率领军队去征讨王镕，攻克临城，越过滹沱河，进攻镇州南门，烧毁它的关卡、城墙。朱全忠亲自抵达元氏县，王镕惧怕了，派遣判官周式到朱全忠那里请求讲和。朱全忠非常气愤，告诉周式说："我多次送书信去劝导王公，他竟然全都不听！现在我率领军队已经到此，决不能放过镇州的一切！"周式说："镇州紧挨着太原，处在被侵犯损害的困境，四邻各求自保，都不相互救援谅解，而王公与李克用和好往来，是为了让百姓免受灾难。现在您如果能够为百姓除去祸害，那么天下人谁不听从您的命令，哪里只是一个镇州呢！您将成为唐代的齐桓公、晋文公，自然应该崇尚礼义，来完成称霸天下的大业；如果只是喜好武力用事，镇州虽然不大，但是城墙坚固，粮食充足，您虽然拥有十万军队，也不是很容易就可以攻取的啊！更何况王氏已经五代在这里执掌兵权，时人推崇他们为人忠孝，人人都愿为他们竭力效死，怎么可以图谋取得镇州呢？”朱全忠笑着拉着周式的衣袖，将他请进营帐之中，说：“我和您开玩笑哩！”于是，朱全忠派遣客将开封人刘捍进入镇州城内拜见王镕，王镕把他的儿子节度副使王昭祚和大将子弟作为人质，用花绢二十万来犒劳朱全忠的军队。朱全忠率领军队返回，并将女儿嫁给王昭祚为妻。

成德判官张泽对王镕说：“河东是强劲有力的对手，今天虽然有朱氏的援助，但是就好像家里着了火一样，怎么能够等待远方的水呢？幽州、沧州、易定还都依附河东，不如劝说朱公乘胜去吞并他们，让他们也归属朱公，这样河北各镇联合起来，就可以抗拒牵制河东了。”于是，王镕又派遣周式前去劝说朱全忠。朱全忠听后非常高兴，派遣张存敬联合魏博军队进攻刘仁恭。甲寅日（二十九日），张存敬等攻占了瀛州；冬季，十月，丙辰日（初二），攻克景州，活捉了景州刺史刘仁霸；辛酉日（初七），又攻取了莫州。

静江节度使刘士政听说马殷将岭北都平定了，非常恐惧，派遣副使陈可璠率领军队驻扎在全义岭防备马殷进犯。马殷派遣使者向刘士政请求和解，陈可璠拒绝了他。于是，马殷派遣他的部将秦彦晖、李琼等率领七千士兵，前去征讨刘士政。马殷的湖南军队抵达全义岭，刘士政又派遣指挥使王建武在秦城驻守。陈可璠劫掠县中农民的耕牛来慰劳军中将士，县民很恨他，向秦彦晖请求担任湖南军队的向导，说：“这里的西南方有一条小路，距离秦城才五十里罢了，仅仅能容一名骑兵经过，不能两名并排走。”秦彦晖便派遣李琼率领六十名骑兵、三百步兵前去偷袭秦城，半夜里越过城墙而入，捉住了王建武，等到天明又返回来，用布带将王建武绑起来，带到陈可璠的军营下给他看。陈可璠看见后还不相信那是王建武，李琼又下令砍下王建武的人头，扔到陈可璠的营垒之中，桂州军队一片震惊恐慌。李琼趁此机会率领士兵攻打桂州军队，抓住了陈可璠，他的部将、士兵两千人投降，都被杀了。接着，李琼率领士兵直奔桂州，从秦城以南的二十几个营垒，都望风逃散，于是进兵围攻桂州；过了几天，刘士政出来投降，桂、宜、岩、柳、象五个州都投降了湖南。马殷任命李琼为桂州刺史；没过多久，马殷又上表任命他为静江节度使。

张存敬攻打刘仁恭，攻占了二十座城，准备从瓦桥驿奔赴幽州，因为道路泥泞不能行进，于是率领军队向西攻打易州；辛巳日（二十七日），张存敬攻克了祁州，杀死刺史杨约。

癸未日（二十九日），朝廷任命保义留后朱友谦为保义节度使。

张存敬进攻定州，义武节度使王郜派遣后院都知兵马使王处直率兵数万进行抵抗。王处直请求背依城墙修建栅栏，等到张存敬的军队疲惫倦怠时，再发起进攻。孔目官梁汶说："从前幽州、镇州的三十万军队进攻我军，当时我军不满五千人，可是一交战就打败了他们。现在，张存敬的士兵只不过三万人罢了，我们的军队比之前却超过十倍，为何要表现怯弱，想要凭借城墙来求得固守呢？"王郜于是派遣王处直在沙河迎战敌军，结果易定的士兵大败，死掉的士兵超过了一大半，剩下的部众簇拥着王处直逃回来。甲申日（三十日），王郜放弃守城逃往晋阳，军中推举王处直为留后。张存敬进兵围攻定州。丙申日（十月无此日），朱全忠抵达城下；王处直登上城墙，大声喊道："本道侍奉朝廷最是忠诚顺从，对于您也未曾背叛、进犯，为何要进攻我们呢？"朱全忠说："依附河东是因为什么？"王处直回答说："我哥哥与晋王一起讨平黄巢建立功业，辖地疆界临近，并且是儿女亲家，谋求交好，相互来往，是人之常情；请从此以后改变这种关系。"于是，朱全忠答应与他和好。接着，王处直把罪责推在梁汶身上并斩杀他的全族，用来向朱全忠谢罪，又拿出绢帛十万犒劳朱全忠的军队；朱全忠这才率军返回，仍然替王处直呈递奏表，向朝廷请求旌节和斧钺。王处直是王处存同母的弟弟。

刘仁恭派遣他的儿子刘守光率领士兵援救定州，在易水之上驻扎军队；朱全忠派遣张存敬袭击他们，杀死六万多人。因此河北各镇都归顺了朱全忠。

之前，王郜向河东告急，李克用派遣李嗣昭率领步兵、骑兵三万军队，直接奔赴太行，攻打并占领怀州，进而攻打河阳。河阳留后侯言没想到河东军队突然抵达，狼狈不堪，进退失据，李嗣昭毁坏了河阳城外的羊马城。正赶上佑国军将领阎宝率领军队赶来援救，在壕堑外竭尽全力作战，河东军队才撤退了。阎宝是郓州人。

起初，崔胤和昭宗李晔偷偷谋划把宦官全部杀掉，等到朱道弼、景务修死后，宦官们更加惧怕了。昭宗从华州回来，一直精神恍惚，抑郁不乐，常常纵情饮酒，喜怒无常，左右的人更加害怕。于是，左军中尉刘季述、右军中尉王仲先、枢密使王彦范、薛齐偓等暗中商议说："陛下轻浮浅薄，多变奸诈，很难侍奉；并且凡事专听任宰相去处理，我等最终要遭受他的残害。不如服侍太子，立其为皇帝，尊称皇上为太上皇，招引岐州、华州的军队作为外援，控制各藩镇，这样还有谁能残害我们呢？"

十一月，昭宗李晔到禁苑中打猎，顺便设置酒宴，到了晚上，醉醺醺地返回，亲手杀死好几个宦官、侍女。第二天早晨，已经到辰时、巳时了，宫门仍然没有打开。刘季述到中书省禀告崔胤说："宫里一定有什么变故，我们是朝廷的臣子，必须权宜从事，请进入宫内看个究竟吧！"于是率领朝廷的禁兵千人破门而入，查访探问后，了解了详细的情况。走出宫后，刘季述对崔胤说："陛下像这样做事，怎么可以治理国家！废黜昏君，册立明主，自古如此，为了国家大计，这样做不是叛乱。"崔胤惧怕被杀死，不敢违抗他们的决定。庚寅日（初六），刘季述召集文武百官，在宫殿庭院部署军队，起草崔胤等请太子代管国事的联名状，展示给文武官员观看，让他们签上名字。崔胤及文武百官逼不得已，都签了自己的名字。昭宗李晔在乞巧楼，刘季述、王仲先在宣化门外埋伏武装士兵千人，跟宣武进奏官程岩等十几个人进入宫殿中请求奏对。刘季述、王仲先刚刚登上宫殿，将领、士卒们大声喊叫，突然冲入宣化门，到了思政殿的前面，见到宫里的人，就杀死他们。昭宗看到军队进来，在震惊中掉到床下，爬起来，想逃走躲藏；刘季述、王仲先架住昭宗，要他坐好。宫里的人跑去禀告皇后，皇后赶过来，对刘季述等人拜请说："军容使不要惊吓了天子，有事情听你们商量就是了。"刘季述等人于是拿出文武百官的联名状，向昭宗禀告说："陛下对帝位厌倦了，朝廷内外希望太子监理国事，请陛下在东宫颐养天年。"昭宗说："昨天与卿等玩乐宴饮，不觉喝得太多了。怎么竟然弄到这种地步！"刘季述等回答说："这联名状不是我等拟定的，都是南司百官的意见，无法阻止啊！请陛下暂且前往东宫，等到事情稍微安定下来，再迎陛下回到皇宫。"皇后说："陛下快听军容使的话吧！"昭宗立即拿出传国玉玺交给刘季述；宦官扶着昭宗和皇后同乘一部辇车，宫中侍女跟从昭宗去的才十几个人，前往少阳院。刘季述拿着银挝在地上指画，指责昭宗说："某月某日某一件事，你没有听我的话，这是你的第一件罪状。"如此责备、数落昭宗，一直算到几十件仍然没有停止。接着，他亲手锁上少阳院的大门，熔化铁锁来监禁他们，派遣左军副使李师虔率领士兵包围少阳院，昭宗一有什么动静，就赶紧去禀告刘季述，在围墙上凿了个洞，饭菜就从这里送进去。凡是兵器针刀都不能带入，昭宗要些钱帛都不行，要些纸笔也不会给他。当时天气十分寒冷，嫔御公主都没有衣被，哭号之声传到墙外。刘季述等假传昭宗的诏书，令太子监管国事，迎太子进宫。辛卯日（初七），刘季述等又假传昭宗的诏书，诏令太子继承皇位，更改名字为李缜。于是，以昭宗李晔为太上皇，何皇后为太上皇后。甲午日（初十），太子即皇帝位，把少阳院改名为问安宫。

刘季述加封百官们的爵位和俸禄，所有的将士都受到优厚的封赏，想要以此来取悦众人的欢心。杀死睦王李倚，凡被昭宗李晔宠信的宫人、侍臣、方士、僧侣、道人等，都用木棍打死。每夜杀死的人，白天用十辆车装着尸体运送出去，一车有时只有一两具尸体，想要以此来树立威势。刘季述等想要杀死司天监胡秀林，胡秀林说："军容使囚禁皇上，还想要滥杀无辜吗！"刘季述忌惮他的话刚正不阿，没有杀他。刘季述想要杀崔胤，但惧怕朱全忠，于是只解除了崔胤的度支盐铁转运使罢了。崔胤秘密写信给朱全忠，要他起兵谋求昭宗复位。

以左仆射辞官归隐的张濬，住在长水，在洛阳拜见张全义，劝他匡复昭宗皇位；另外又写信给各藩镇劝说他们。

进士无棣人李愚寄居华州，给韩建呈上书表，大意说："我每次读书时，看见父子君臣之间，有损伤教化礼义的，恨不得将他杀死并在集市上陈尸。韩公守卫临近潼关的重镇，皇上被幽禁遭受屈辱一月有余，坐视恶人叛乱而不出兵援救王室，我实在无法理解这件事。我私下考虑，朝中的辅佐之臣，虽然有远大志向，却没有实际的大权；京外的藩镇强臣，虽然有实际的大权，却没有远大志向。只有韩公是忠贞仁义之士，是国家的支柱。以前，天子流离失所，您悲号哭泣，迎接皇上，好几年供应吃穿用度，再度恢复宗庙、朝廷，您的大义感动人心，到现在大家仍在颂扬此事。现在的形势，尤其与往日情形大不同：您处在要位重镇，兼有节度使、宰相的职位。自从宫中发生变故以来，已经过了十天，如果再不发号施令，率领士兵，首先谋划，让天子复位，仍然犹疑不决，一旦山东的藩镇诸侯倡议联合，发兵西进，韩公想要求得自己平安，难道能够做到吗！这是必然的形势。不如迅速传檄四方，让他们明白逆顺之别，这样，军队声威大振，首恶吓得丧胆，十天左右，刘季述、王仲先两个内宫小臣的脑袋将传送于天下，没有比这更为便利的计谋了。"韩建虽然没有采用他的建议，却很优厚地招待他。李愚坚决推辞离去。

朱全忠在定州巡视军营，得知宫中叛乱，丁未日（二十三日），南下返回；十二月，戊辰日（十四日），抵达大梁。刘季述派遣义子刘希度到朱全忠那里，答应把大唐社稷献给他；又派供奉官李奉本拿着太上皇昭宗李晔的诰命给朱全忠看。朱全忠犹豫不决，召集僚佐商议，有的说："朝廷大事，不是藩镇应该干预的事。"只有天平节度副使李振说："王室有难，这正是成就霸业的资本！今天您是唐代的齐桓公、晋文公，国家安危所托付的人。刘季述只不过是一个宦官小子而已，竟然胆敢拘禁、废除天子，您不能去征讨他，如何再号令诸侯呢？并且幼主的帝位如果确定的话，那么天下的大权全部落到宦官之手了，这是把太阿宝剑的剑柄交给他们啊！”朱全忠猛然醒悟，立即把刘希度、李奉本囚禁，派李振到京师去查探情况。

清海节度使薛王李知柔去世。

这一年，昭宗李晔加封杨行密兼任侍中。

睦州刺史陈晟去世，他的弟弟陈询自称为刺史。

太子即位已有几十天了，各藩镇按惯例应该报送的笺表大多没有送到。右军中尉王仲先性情苛刻，一向知道左右军积聚的弊端很多，等到担任中尉后，查考核实军中的钱谷，查找到隐匿吞没作奸的人，痛加鞭打，紧急征讨他们所贪占的钱谷；将士心里很不安。有盐州雄毅军使孙德昭，担任左神策指挥使，自刘季述废黜昭宗李晔、强立太子之后，经常愤恨不平。崔胤听到这些之后，派遣判官石戬与他交往。孙德昭每次在酒酣耳热的时候，一定会感伤落泪，石戬知道他忠诚，于是偷偷把崔胤的心思告诉他，说："自从陛下被幽禁以来，上自朝廷内外的大臣，下至军队的士卒，哪一个不咬牙切齿呢！现在，造反的人只有刘季述和王仲先而已，您如果真能杀掉这两人，迎接太上皇复位，那么荣华富贵可以在这时尽情享用，而忠肝义胆的行为又足以传颂千古；如果迟疑不决的话，那么功劳就会落在别人的手中了。"孙德昭叩谢说："德昭只不过是个小军官，国家大事，怎么敢擅自做主呢！假如相公有令，德昭万死不辞。"石戬把孙德昭的情况禀报了崔胤。崔胤割下衣带，然后亲笔书写命令，交给孙德昭。孙德昭又结交右军清远都将董彦弼、周承诲，商量如何在除夕夜里埋伏军队在安福门外，以等待时机行事。

天复元年（辛酉，公元901年）是年四月方改年号为天复。

春季，正月，乙酉朔日（初二，朔日为甲申日），王仲先入宫朝见，抵达安福门，孙德昭把他抓住，杀死了他，随即快马前往少阳院，敲门大喊道："叛逆的贼寇已经被杀死了，请陛下出来犒劳将士们吧！"何后不相信这些话，说："如果真的像你说的这样，拿他的首级来！"孙德昭献上王仲先的首级，昭宗和皇后才破门出来。崔胤迎接昭宗前往长乐门楼，率领百官来庆贺。周承诲抓住刘季述、王彦范随后到达，昭宗李晔刚要斥责他们的谋逆罪行，他们已经被乱棍打死。薛齐投井而死，被捞出来斩了首级。诛杀王仲先、刘季述、王彦范、薛齐四人的宗族，并把他们的党羽二十余人处死。宦官侍奉太子藏在左军中，把传国宝玺进献出来。昭宗说："李裕年幼怯懦，被凶恶小人拥立为皇帝，这不是他的过错。"昭宗诏令李裕返回东宫，贬黜他为德王，恢复名字为裕。丙戌日（初三），昭宗任命孙德昭为同平章事，充任静海节度使，赐给他姓名为李继昭。

丁亥日（初四），崔胤进位为司徒，崔胤坚决推辞；昭宗李晔对他更加宠信。

己丑日（初六），朱全忠听说刘季述等人已经被杀死了，便折断程岩的双脚，给他戴上刑具，押送到京师；连同刘希度、李奉本等人，都在闹市上被处死，朱全忠因此越发看重李振。

庚寅日（初七），昭宗李晔任命周承诲为岭南西道节度使，赐给他姓名为李继诲，任命董彦弼为宁远节度使，赐姓李，都为同平章事；这两人和李继昭都留在宫中守卫，十天后才出宫回家一次，昭宗倾尽府库中的财物赏赐给他们，时人称他们为"三使相"。

癸巳日（初十），昭宗李晔进封朱全忠的爵位为东平王。

丙午日（二十三日），昭宗李晔敕令说："近年以来，宰相在延英殿里奏事，枢密使在旁侍立，争论不停；出来后，又说皇上的旨意还没有准许，又有更改变动，篡权乱政。自此以后，按照大中年间的惯例，等到宰相奏事结束，枢密使才能进殿接受公事。"赐左右两军的副使李师虔、徐彦孙自尽，他们都是刘季述的党羽。

凤翔、彰义节度使李茂贞来朝见昭宗李晔；昭宗加封李茂贞守尚书令，兼任侍中，进爵位为岐王。

刘季述、王仲先死后，崔胤、陆扆对昭宗李晔说："叛乱的兴起，都是由于宦官掌管兵权的缘故。请命令崔胤掌管左军，陆扆掌管右军，那么藩镇诸侯就不敢侵犯欺辱，王室自然就受到尊崇啦！"昭宗犹豫了两天，没有做出决定。李茂贞听说这件事后，非常生气地说："崔胤还没有没有得到军权，已经想要剿灭藩镇了！"昭宗召集李继昭、李继诲、李彦弼商议，都说："我等数代在军队中任职，没有听说过书生担任军队将帅的事情，如果把军队归属南司，一定会有很多改变，不如把军队归北司掌管，这样较为便利。"昭宗于是告诉崔胤、陆扆说："将士们的意思是不希望归属文臣，你们就不要竭力强求了吧！"于是昭宗李晔任命枢密使韩全诲、凤翔监军使张彦弘为左右军的中尉。韩全诲也是之前的凤翔监军。此外，又征调以前以枢密使辞官归隐的严遵美为两军中尉、观军容处置使。严遵美说："一军尚且不能管理，更何况是两军呢！"坚决辞谢不肯出任。朝廷任命袁易简、周敬容为枢密使。

李茂贞辞别昭宗李晔，返回镇所。崔胤认为宦官掌握兵权，终究会成为祸患，想要用藩镇的军队来牵制他们，于是暗中示意李茂贞在京师留下三千名士兵，充任宿卫，派李茂贞的义子李继筠来率领他们。左谏议大夫万年人韩偓认为不合适，崔胤说："士兵自己不肯回去，不是我强留他们。"韩偓说："开始为什么召李茂贞前来京师呢？"崔胤无法回答。韩偓说："把这些士兵留下来，对于家、国两方面都是很危险的；不留下他们对家、国都很安全。"崔胤还是不听从他的建议。

朱全忠让河北臣服以后，打算先攻取河中来掌控河东，己亥日（十五日），召集属下诸将说："王珂是个才能平庸之辈，仰赖太原李克用是他岳丈，骄纵豪奢。我现在准备攻打河中，砍断长蛇的腰，诸位替我用一根绳索把它绑起来吧！"庚子日（十六日），朱全忠派遣张存敬率领三万大军，从汜水渡过黄河，从含山路进发攻打河中，朱全忠统率中军紧随其后。戊申日（二十五日），张存敬到达绛州。晋州、绛州没料到他们会突然到来，都没有防守戒备。庚戌日（二十七日），绛州刺史陶建钊投降；壬子日（二十九日），晋州刺史张汉瑜也投降了朱全忠。朱全忠派遣他的部将侯言防守晋州，何絪防守绛州，屯驻两万士兵用来控制河东援军的通道。朝廷惧怕朱全忠向西攻入关中，紧急颁下诏书要他们和解；但是朱全忠不听诏命。

王珂派遣使者由小路去向李克用告急，先后派出的使者在道路上接连不断，李克用因为汴州的士兵先攻占了晋州、绛州，因此军队没有办法行进。王珂的妻子李氏送信给李克用说："女儿很快就要成为俘虏了，父亲大人哪能不来援救呢！"李克用回信说："如今贼兵已经堵塞晋州、绛州，我军寡不敌众，行进的话就要与你一同被抓，不如你与王郎率领全族回归朝廷！"王珂又写信给李茂贞，说："天子刚刚复位，诏命各藩镇不要相互进攻，共同来辅佐王室。现在朱公不顾诏命，率先起兵来征讨我，他的意图是可以明白的了。河中如果被消灭，那么同州、华州、邠州、岐州都无法自求保全了。这样，天子的权力拱手送给朱全忠，就是肯定的了。您应当快速率领关中各藩镇的军队，坚决防守潼关，前来救援河中。在下自知不够英勇，情愿在您的西边得到一个小镇居住，此地希望归你管辖。关中的安危、国运的长短，全依赖您此举了，希望仔细考虑！"李茂贞素来没有长远的谋划，没有答应他的请求。

二月，甲寅朔日（初一），河东的部将李嗣昭进攻泽州，把它占领了。

乙卯日（初二），张存敬率领军队从晋州出发；己未日（初六），到达河中，于是包围了河中。王珂处境很危险，打算逃往京师，但是军心离散，正巧浮桥又毁坏了，流水堵塞了黄河，行船特别困难。王珂携带亲族几百人，想要连夜上船渡河逃跑，亲自告诉守城的将士，他们都没有答应此事。牙将刘训说："现在军心骚动，如果我们在夜里出城渡河的话，将士一定争抢着上船，必然会出现一片混乱的局面，如果其中有作乱之人的话，事情就难以估计了。不如暂且向张存敬投降，再慢慢考虑顺从还是抵抗。"王珂听从了他的建议。壬戌日（初九），王珂在城角竖起白旗，派遣使者拿着牌印向张存敬请求投降。张存敬要求打开城门，王珂说："我与朱公有亲谊情分，请您暂且退到一旁，等到朱公前来，我自然会把守城交给他的。”张存敬听从了他的要求并且派遣使者跑去向朱全忠禀告。

乙丑日（十二日），朱全忠抵达洛阳，听到了这一消息以后非常高兴，骑着马飞驰奔赴河中；戊辰日（十五日），到了虞乡，朱全忠先到王珂父亲王重荣的墓前哭祭，特别哀伤，河中人见此情景都很高兴。王珂想要反绑双手牵羊出城迎接，朱全忠连忙派人阻止他，说：“太师舅父的恩情如何能忘！公子您这样做，让我日后在九泉之下怎么拜见舅父呢？”于是，王珂用一般的礼节出来迎接朱全忠。两人双手紧握，悲伤叹气，然后马挨着马进入城中。朱全忠向朝廷上表，任命张存敬为护国军留后，让王珂全族人迁往大梁；后来朱全忠派遣王珂进京朝见，又派人在华州把他杀死了。朱全忠听到张夫人病得很严重，急忙从河中东归汴州。

李克用派遣使者，拿了很丰厚的财货向朱全忠请求重新和好；朱全忠虽然派遣使者答复了他，但是因为他的书信里词语很傲慢无礼，所以决定去进攻他。

昭宗李晔任命翰林学士、户部侍郎王溥为中书侍郎、同平章事。任命吏部侍郎裴枢为户部侍郎、同平章事。王溥是王正雅的从孙，经常出入崔胤的幕府，因此崔胤推荐他。

朝廷给被宦官杀害的睦王李倚追赠谥号，称为恭哀太子。

朝廷加封幽州节度使刘仁恭、魏博节度使罗绍威都兼任侍中。

三月，癸未朔日（初一），朱全忠抵达大梁。癸卯日（二十一日），派遣氏叔琮等人率领士兵五万进攻李克用，从太行进军，魏博都将张文恭从磁州的新口进发，葛从周率领兖州、郓州的士兵联合成德的军队从土门进军，洺州刺史张归厚从马岭进军，义武节度使王处直从飞狐进军，代理晋州刺史的侯言率领慈州、隰州、晋州、绛州的士兵从阴地进军。氏叔琮进入天井关后，进军昂车关。辛亥日（二十九日），沁州刺史蔡训以守城投降。河东都将盖璋到侯言那里投降，侯言立即任命他暂时代理沁州刺史。壬子日（三十日），氏叔琮攻取了泽州，刺史李存璋放弃守城逃走。氏叔琮又进攻潞州，昭义节度使孟迁投降。河东驻军将领李审建、王周率领一万步军、二千骑兵向氏叔琮投降，氏叔琮率领大军进发晋阳。夏季，四月，乙卯日（初三），氏叔琮率军出石会关，在洞涡驿安营扎寨。刺史张归厚率领军队抵达辽州，丁巳日（初五），辽州刺史张鄂投降。别将白奉国联合成德军队自井陉进入，己未日（初七），攻克承天军，与氏叔琮的军队点燃烽火遥相呼应。

甲戌日（二十二日），昭宗李晔到太庙拜谒；丁丑日（二十五日），昭宗下诏大赦天下，改年号为天复。朝廷为文宗李昂时被杀的王涯等十七家平反昭雪。

起初，杨复恭担任中尉的时候，凭借度支的官职，把卖酒曲一年所获的利润拿来供养左右两神策军，从此以后，就不愿意把度支专卖的权利归还。到这时，崔胤起草赦免文书，想要裁减抑制宦官，任凭卖酒人自己酿造酒曲，只是每月缴纳卖酒税；左右两军之前所酿造的酒曲，催促他们减价卖掉，过了七月就不能再卖了。

东川节度使王宗涤因为身体有疾病，请求派人替代他；王建向朝廷上表，请求任命马步使王宗裕为东川留后。

氏叔琮等人率领军队抵达晋阳城下，多次挑战，城里的人非常恐惧。李克用登上城墙准备防御，连吃饭、喝水的时间都没有。这时，大雨一连下了几十天，城墙有许多地方倒塌毁坏了，李克用命令随时加以垒砌修补。河东将领李嗣昭、李嗣源从城内开凿暗门密道，连夜进攻袭击氏叔琮军队的营垒，多次偷袭都有杀伤和俘获。同时，李存进也在洞涡驿打败汴州军队。当时，进攻晋阳的汴军众多，粮草供给不充足，又长时间大雨不止，兵士患上疟疾和痢疾，朱全忠于是召回军队。五月，氏叔琮等人从石会关返回，各路军队也相继撤退。河东将领周德威、李嗣昭率领五千精锐的骑兵跟踪追击，斩杀俘获很多。之前，汾州刺史李瑭以州依附汴州的军队，李克用派遣他的部将李存审去进攻李瑭，打了三天，攻克了汾州，捉住了李瑭，将他杀死。氏叔琮经过上党，孟迁带领族人跟随他向南迁徙。朱全忠任命丁会代孟迁守潞州。

朱全忠向朝廷上奏，请求任命河中节度使，同时暗示官吏百姓请他们让自己担任主帅。癸卯日（二十二日），朝廷任命朱全忠为宣武、宣义、天平、护国四镇节度使。

己酉日（二十八日），昭宗李晔加封镇海、镇东节度使钱镠代理侍中。

崔胤禁止左右两神策军卖酒曲，连同附近各藩镇的专卖权利也被禁止。凤翔、彰义节度使李茂贞舍不得放弃卖酒曲的利益，上表请求入朝奏请此事。左军中尉韩全诲请求昭宗李晔允许他入京朝见。李茂贞抵达京师，韩全诲与他深深结交。这时，崔胤才感到害怕，暗中对朱全忠更加厚待，这就与李茂贞结成仇敌。

昭宗李晔任命佑国节度使张全义兼任中书令。

六月，癸亥日（十三日），朱全忠前往河中。

昭宗李晔恢复皇位，中书舍人令狐涣、给事中韩偓都曾参与谋划，因此被提拔为翰林学士，屡次召他们入宫对答，询问他们关于国家的机密大事。令狐涣是令狐绹的儿子。这时，昭宗把军事、国政委托崔胤去处理，每次崔胤陈奏政事时，昭宗与他从容商议，有时一直谈到天黑点燃蜡烛时。宦官都惧怕崔胤，不敢正视他，凡事都先询问过崔胤以后，再去处理。崔胤立志要将宦官全部诛除，韩偓屡次直言劝谏，说："事情忌讳做得太过分。宦官也不可能完全没有，恐怕他们一党被逼迫太紧的话，会导致其他的变故啊！"崔胤不听从他的建议。丁卯日（十七日），昭宗只召来韩偓，询问他说："宦官之中做坏事的人特别多，怎么来惩治他们呢？"韩偓回答说："东宫里的叛乱，宦官中谁不是一起为恶呢！惩治他们应当在元旦诛杀刘季述等人的时候，现在已经错过惩治他们的时机了。"昭宗说："当时，爱卿为什么不向崔胤说这些呢？"韩偓答道："臣见陛下的诏书说：'除了刘季述等四家之外，其余人一个也不予治罪。'对陛下来说，最重要的莫大于信誉，既然陛下已经颁布这样的诏令，就应该坚决执行；如果再杀的话，就人人自危了。不过，后来又杀死的人已经不少了，这就是他们会感到恐惧不安的缘故啊！陛下您不如挑选几个作恶多端、特别奸猾的人，清楚明白地宣布他们的罪行，依法将他们处决，然后再安抚劝导其他人，告诉他们说：'朕恐怕你们说朕怀恨在心，从现在起不要再有疑虑了。'然后挑选那些忠诚实在的人担任他们的首领。其余人有善行的就奖赏，有罪过的就处治，这样就全都相安无事了。如今宦官在官府和私家的数以万计，怎么能将他们全部处死呢！按照帝王之道，就该用优厚的待遇安定他们，用公正的态度驾驭他们，至于那些琐碎细小的权术，这一个机巧产生，另一个机巧立即与它应和，最终不能成就大的功业，这就是所说的整理丝反而让丝更加纷乱的道理。况且现在朝廷的大权，分布在各地藩镇之手；如果能够先将这些大权收回，那么就没有不能做的事情了。"昭宗认为他说的话很有道理，说："这件事到头来还是要交付你啊！"

李克用派遣他的部将李嗣昭、周德威率领士兵从阴地关出发，进攻隰州，刺史唐礼投降；进攻慈州，刺史张瑰也投降了。

闰月，昭宗李晔任命河阳节度使丁会为昭义节度使，任命孟迁为河阳节度使，这是按照朱全忠的请求授予的。

道士杜从法通过妖法胡言引诱昌州、普州、合州的百姓叛乱，西川节度使王建派遣行营兵马使王宗黯率领三万军队联合东川、武信的兵马前去讨伐。王宗黯就是王吉谏。

崔胤请求昭宗李晔把宦官全部杀死，只用宫人管理各司的事务，宦官窃听，得知了很多消息。于是韩全诲等人流泪悲泣，哀求昭宗，昭宗于是诏令崔胤说："有事你写成奏疏，密封起来送给朕看，不要再用口头禀告的形式了。"接着，宦官又搜罗了一些识字的美女把她们送进内宫，暗中叫她们侦察探听此事，把崔胤的秘密计划全部掌握了，昭宗却一点儿也没有察觉。韩全诲等人听到崔胤等人的计划后，大感震恐，每次宴会相聚时，就流泪哭泣着互相道别，夜以继日地积极策划除掉崔胤的办法。崔胤当时统领三司使，韩全诲等教唆禁军向昭宗喧哗吵嚷，控诉崔胤裁减了将士的冬衣。昭宗不得已，只得解除崔胤的盐铁使职务。

这时，朱全忠、李茂贞都有挟天子以令诸侯的想法，朱全忠想要昭宗李晔到东都洛阳去，李茂贞想要昭宗到凤翔去。崔胤知道自己谋划之事已经泄露，情况非常紧急，赶紧送了一封书信给朱全忠，谎称奉有密诏，令朱全忠派遣军队迎接昭宗，并且说："之前皇上能复位都是您朱公的巧妙计策，可是李茂贞率先进京夺取大功劳。这次您如果不即刻来京，必定成为罪人，哪里只是功劳被他人占去，而且还要被讨伐呢！"朱全忠接到书信，秋季，七月，甲寅日（初五），急忙返回大梁去调遣军队。

西川的龙台镇使王宗侃等人征讨杜从法，平定了他的叛乱。

八月，甲申日（初五），昭宗李晔询问韩偓说："听说陆扆很不高兴我复位，元旦那一天他改换衣服，骑着小马从启夏门出去了，有这事吗？"韩偓回答说："让陛下复位的谋划，只有臣和崔胤几人知道，陆扆根本不知这件事。仓促之间听说宫中发生了变故，从人情上来说哪里能够不感到震惊呢？陆扆改换服装逃避变故，这是人之常情，有什么妨害呢？陛下斥责他担任宰相没有以死赴难的心志是可以的，至于说他不愿意陛下恢复君位，恐怕此言是从奸邪之人口中传出的，希望陛下明察此事！"昭宗这才停止查究此事。

韩全诲等人惧怕被杀，暗中谋划用武力来胁迫昭宗李晔，于是与李继昭、李继诲、李彦弼、李继筠等人互相勾结在一起；只有李继昭不肯依从他们的谋划。有一天，昭宗问韩偓说："外边有什么传闻呢？"韩偓回答道："只听到宦官们忧虑害怕，和有功的臣子以及李继筠他们互相勾结，将会出现不安定的局面，也不知道他们是否真的如此呢。"昭宗说："如此看来，这件事是不会假了。近日，李继诲、李彦弼等进谏之言逐渐固执强横，令朕无法忍耐。令狐涣打算让朕在内殿召见崔胤及韩全诲等人，摆设酒宴让他们和解，卿说如何呢？"韩偓答道："如果这样做，韩全诲等人就更加凶残狂横了。"昭宗说："那应该如何对付他们呢？"韩偓答道："陛下只有公开惩治几个人，迅速把他们放逐出去，其他人准许他们改正错误，也许还可以平息此事吧。如果陛下一个也不处治，韩全诲他们一定了解陛下心怀怨恨，更加不能心里安定，事情终究无法了结啊！"昭宗说："好！"没过多久，宦官们借助党羽的援助形势已经形成了，逐渐出现有不遵循诏命的情形。昭宗或者把他派出去担任监军，或者把他贬斥去守皇家陵寝，宦官都不听从，昭宗也毫无办法。

有人禀告杨行密说："钱镠被盗贼杀死了。"杨行密派遣步军都指挥使李神福等人率领士兵攻打杭州，两浙将领顾全武等人排列部署了八个守寨来抵抗他们。

九月，癸丑日（初五），昭宗李晔紧急将韩偓召来，告诉他说："听说朱全忠打算前往京师清除朕身边的奸邪之人，确实特别忠心，但是必须叫他与李茂贞一同建此功业。如果他们二帅相互争斗，那么情势就危急了。卿替我转告崔胤，火速送信给朱全忠与李茂贞，让他们共同谋划，那就太好了。"壬戌日（十四日），昭宗又对韩偓说："李继诲、李彦弼他们骄纵蛮横，越来越厉害了，几天前，他们跟李继筠一同入宫，就在宫殿的东边，命令宫中杂役唱歌劝酒，真让人惊骇。"韩偓回答："臣知道他们必定会如此；这件事情当初就做错了。在元旦陛下您复位，他们建立大功劳的时候，只应拿官职爵位、田地住宅、金玉布帛来酬报他们，而不应该听任他们随意出入宫禁。这帮人素来没有学识，多次请求入朝奏对，有的僭越权力更改举荐人选，其他人稍有一点不顺从，他们就怀恨在心；而且他们只知道一味贪求财物，被宦官通过丰厚的财货收买，导致他们成了现在这样。崔胤原本留下卫兵，是打算用来控制宦官们的，如今，宦官跟卫兵反而相互勾结在一起，那该如何对付才好呢？朱全忠的汴州军队如果抵达长安，一定会与李茂贞的岐州军队在宫前争斗，我私下失望痛心啊。"昭宗无可奈何，也只能忧愁沮丧而已。

冬季，十月，戊戌日（二十日），朱全忠从大梁大举发动军队。

李神福和顾全武两军相持很久，有一天，李神福抓获杭州的俘虏，让他能随意进出自己的卧室。李神福告诉各位将领说：“杭州的军队还很强盛，我军暂且在今晚退去。”杭州俘虏逃跑后，前去禀告顾全武此事，李神福命令不要追击。傍晚，李神福派遣老弱残兵首先撤退，自己最后撤退，并命令行营都尉吕师造率领精锐部队在青山下埋伏。顾全武一向轻视李神福，率军追击他；李神福、吕师造两军前后夹攻，将顾全武的军队打得惨败，斩杀五千人，生擒了顾全武。钱镠听到这个消息时，大为震惊，流着眼泪说：“我损失了一员优秀的大将啊！”李神福进攻临安；两浙将领秦昶率领士兵三千人向他投降。

韩全诲听说朱全忠即将抵达京师，丁酉日（十九日），命令李继筠、李彦弼等人率领军队劫持昭宗李晔，前往凤翔，皇宫各门都增派士兵守卫，人和文书出入都严格地搜查检阅。昭宗派人偷偷地给崔胤送去亲笔书信，言语都很凄惨悲伤，信的末尾说：“朕为了宗庙、为了国家大计，照这个形势看来，必须去一趟凤翔，众卿只管向东走好了。说来真是惆怅啊！真是惆怅啊！”

戊戌日（二十日），昭宗李晔派遣赵国夫人出宫告诉韩偓，说：“清晨，李彦弼这些人无礼到了极点，陛下想要叫卿等入宫答对，可情势上却不可能了。”并且说：“皇上和皇后只是哀伤流泪，面对面地相互哭泣而已。”从此以后，翰林学士就不能再进宫答对了。

癸卯日（二十五日），韩全诲等命令昭宗李晔到内殿召见百官，追废正月丙午日（二十三日）那天所下的诏书，全面恢复咸通以来“宰臣奏事，枢密使侍侧”的惯例。当天，在延英殿召开会议，韩全诲等在旁侍立，商议朝政。

丁未日（二十九日），神策都指挥使李继筠派遣部下士兵抢掠内库中的宝物、帷帐，以及天子外出时所使用的仪仗、旌旗等；韩全诲派人偷偷地送各王及宫里的人前往凤翔。

戊申日（三十日），朱全忠抵达河中，上表请昭宗李晔到东都洛阳去，京城里的人大为震惊恐惧，士民们纷纷逃走躲藏到山谷里。这一天，百官都没有入朝谒见天子，宫门前静寂无声。

十一月，己酉朔日（初一），李继筠等人在宫门前率领军队守卫，禁止任何人出入，各路军队大肆抢夺劫掠。士民们单薄的衣服和布制的短衣，扔得满大街都是。韩建派遣幕僚司马邺担任匡国留后。朱全忠率领四镇的七万军队，赶往同州，司马邺开城投降。

韩全诲等人因为李继昭不与他们合作，就阻止甚至断绝他与昭宗李晔的来往。当时崔胤的府宅在开化坊，李继昭率领他的士兵六十（当作“六千”）多人以及留在京师的关东各道士兵，共同守卫这里；百官及避乱的士民都前往依附。庚戌日（初二），昭宗遣供奉官张绍孙将文武百官召集起来，崔胤等都上表推辞不肯入朝。

壬子日（初四），韩全诲等人在宫殿前排列士兵，向昭宗李晔禀告说：“朱全忠率领大军进逼京师，想要胁迫陛下到洛阳去，要求把帝位让给他；我们恭请陛下到凤翔去，调遣士兵来对抗他。”昭宗没有答应他们的请求，拿着剑登上乞巧楼。韩全诲等人逼迫昭宗下楼，昭宗刚走到寿春殿，李彦弼已经在后院点起大火。这天正好是冬至，昭宗独自端坐于思政殿，跷着一只脚，另一只脚踩着栏杆，殿庭上没有文武官员，旁边没有服侍的人。过了一会儿，迫不得已，昭宗只得和皇后、嫔妃、各王共计一百多人都上了马，哀号恸哭之声不绝于耳，昭宗走出宫门，回过头来望望宫殿，火势已经非常大了。这天晚上，昭宗留宿在鄠县。

朱全忠派遣司马邺进入华州，告诉韩建说：“您不能早些明白过错，自己率军投降，又要烦劳军队稍许停留城下了。”这天，朱全忠自故市率领军队南渡渭水，韩建派遣节度副使李巨川请求归降，献上三万两白银资助军队，朱全忠于是率领军队向西南前往赤水。

癸丑日（初五），李茂贞在田家硙迎接昭宗李晔，昭宗亲自下马来慰问他。甲寅日（初六），昭宗的车驾到了盩厔；乙卯日（初七），昭宗在盩厔停留一天。

朱全忠抵达零口镇西边，听说昭宗李晔已经离开长安西行，于是和幕僚佐吏们商议，又率领军队返回赤水。退休居家的左仆射张濬劝说朱全忠："韩建是李茂贞的同党，如果不先进攻他，一定会成为大患的。"朱全忠听说韩建献上奏疏劝谏昭宗驾临凤翔，于是率军进逼华州。韩建单骑迎接拜见，朱全忠叱问他。韩建回答道："我韩建目不识丁，凡是表文、奏疏、书信、檄文等都是李巨川所写。"朱全忠因为李巨川经常替韩建谋划，便在军门前将李巨川斩杀了。朱全忠对韩建说："您是许州人，可以立即衣锦还乡了。"丁巳日（初九），朱全忠任命韩建为忠武节度使，管理陈州，调派士兵护送韩建赴任。任命前商州刺史李存权管理华州事务，更改忠武节度使赵珝为匡国节度使。乾宁三年、四年昭宗李晔在华州的时候商贾云集，韩建征收很重的赋税，两年获得九百万缗钱。到现在，朱全忠全部据为己有。

这时，京师没有了天子，昭宗李晔所在的地方也没有宰相，崔胤命令太子太师卢渥等两百多人依次在公文上写上名字，请求朱全忠到西边去迎接天子，又派遣王溥到赤水去见朱全忠商议迎驾的事情。朱全忠回信说："向前怕有威逼君王的谤毁，后退又怀辜负朝廷的羞愧。但是，我不敢不努力去做啊！"戊午日（初十），朱全忠从赤水出发。

辛酉日（十三日），昭宗李晔任命兵部侍郎卢光启管理中书省的事务。昭宗在岐山停留了三天，壬戌日（十四日），昭宗抵达凤翔。

朱全忠抵达长安，宰相率领百官在长乐坡按照班次排列来迎接他；第二天朱全忠西去，宰相率领百官又按照班次排列在临皋驿送行。朱全忠赏识李继昭保卫崔胤及文武百官的大功，开始让他暂时担任匡国留后，然后又留为两街制置使，赏赐给他的财物很丰厚；李继昭献出他部下的所有八千士兵。

朱全忠派判官李择、裴铸到凤翔向昭宗李晔奏事，说："臣奉陛下的密诏以及得到崔胤的书信，命令我率领军队前来拜见。"韩全诲等假传诏令回答说："朕到这里避祸，不是被宦官胁迫。密诏都是崔胤假托朕之名义而为，卿应该撤军返回，保卫属地的田宅疆土。”李茂贞派遣他的部将符道昭驻守武功，抗拒朱全忠，癸亥日（十五日），朱全忠的部将康怀贞击败符道昭的军队。

丁卯日（十九日），昭宗李晔任命卢光启为右谏议大夫，参与管理机要事务。

戊辰日（二十日），朱全忠抵达凤翔，在城东驻军。李茂贞登上城墙对他说：“天子来此避祸，并不是臣下无礼胁迫而来，而是假托旨意的人召你前来。”朱全忠回复说：“韩全诲挟持并迁移天子，我现在前来问罪，迎接护送天子返回皇宫。岐王如果没有参预谋划此事，何必申诉表白呢？”昭宗李晔屡次诏命朱全忠返回镇所，朱全忠于是恭敬上表告辞。辛未日（二十三日），朱全忠转移士兵，向北直奔邠州。

甲戌日（二十六日），昭宗李晔敕令：守司空兼门下侍郎、同平章事崔胤受责，改任工部尚书；户部侍郎、同平章事裴枢被罢免官职，仍守本来官位。

乙亥日（二十七日），朱全忠攻打邠州；丁丑日（二十九日），静难节度使李继徽向朱全忠请求投降，恢复他的姓名为杨崇本。朱全忠把他的妻子当作人质迁居河中，命令杨崇本依然镇守邠州。

朱全忠西入潼关时，韩全诲、李茂贞用天子的诏命向河东调集军队，李茂贞还写书信向李克用请求援助。李克用派遣李嗣昭率领五千骑兵从沁州奔赴晋州，与汴州军队在平阳北边交战，打败汴州军队。

乙亥日（二十七日），朱全忠从邠州出发；戊寅日（三十日），朱全忠在三原驻扎。十二月，癸未日（初五），崔胤抵达三原会见朱全忠，督促他去迎接天子。己丑日（十一日），朱全忠派遣朱友宁攻打盩厔，没能攻下。戊戌日（二十日），朱全忠亲自前往督战，盩厔也投降了，朱全忠命人把城中的人全部屠杀。随后，朱全忠命令崔胤率领文武百官以及京城中的百姓全部迁移到华州居住。

昭宗李晔下诏任命裴贽充任大明宫留守。

清海节度使徐彦若去世，临终前所作表章推举行军司马刘隐代理留后。

李神福知道钱镠一定没有死，而临安的守城非常坚固，攻打了很久仍然没有攻克，李神福想要率军返回，担心被钱镠截击，于是派人守卫钱镠祖先的坟墓，禁止在那里砍伐柴草，又命令顾全武通报家信。钱镠派遣使者向他表示感谢。李神福在要道上悬挂许多旗帜，把那里假装作为营寨，钱镠以为淮南士兵大批前来，就请求和好相处。李神福接受了他犒赏慰劳的财物后才返回。

朱全忠进入潼关时，戎昭节度使冯行袭派遣副使鲁崇矩听从朱全忠的指挥。韩全诲派遣二十多名宦官，分道征召江、淮的军队在金州驻扎，以便威逼朱全忠；冯行袭把宦官都杀死了，并收缴他们携带的诏令和敕书，将这些送给朱全忠。韩全诲又派遣使者向王建征调兵马，朱全忠也派遣使者向王建请求调派军队援助。王建表面上与朱全忠修好，斥责李茂贞的罪行，可是暗中又劝说李茂贞坚守，并答应援助他；王建又任命武信节度使王宗佶、前东川节度使王宗涤等人为扈驾指挥使，率领五万士兵，扬言说要去迎接天子，实际上却是去偷袭李茂贞在山南的各个州。

江西节度使钟传率领士兵围困抚州刺史危全讽，恰巧此时，天降大火将抚州城烧毁，士民喧嚷震惊。各将领请求紧急攻城，钟传说："乘人之危是不仁德的。"于是祈祷说："这都是危全讽的罪过，不要祸及无辜的百姓。"大火很快就熄灭了。危全讽听说此事后，向钟传谢罪，表示听从他的指挥，并把女儿嫁给钟传的儿子钟匡时为妻。

钟传年少的时候，曾经出去打猎，喝醉后遇到一只老虎，与它搏斗，老虎抓住了他的肩膀，钟传也抱住虎腰不撒手，旁人一起把老虎杀死，钟传才免于大难。钟传地位显贵之后，对这件事很后悔，经常告诫几个孩子说："士人在社会上立身处世，贵在运用才智计谋，不要效法我空手与老虎搏斗啊！"

武贞节度使雷满去世，他的儿子雷彦威自称为留后。

资治通鉴卷第二百六十三　唐纪七十九

起壬戌（公元902年），止癸亥（公元903年）正月，共一年一个月。

【题解】本卷记录了公元902年至903年正月的史事，共一年又一个月。正当唐昭宗李晔天复二年至天复三年正月。这一年的大事主要有两个：一是汴州的朱全忠、凤翔的李茂贞两藩镇争夺天子控制权；二是唐王室宦官被全部诛杀。汴、晋两军晋阳大战，李克用大败，好几年都不敢与朱全忠争战。朱全忠势力强盛，想要挟持天子迁往东都洛阳。杨行密进爵为吴王，钱镠进爵为越王，唐昭宗下诏各道讨伐朱全忠。岐王李茂贞与吴王杨行密夹击朱全忠，没有成功，王师范举义旗讨逆失败，困守凤翔孤城的李茂贞请求向朱全忠投降，诛杀了韩全诲等七十二个宦官，朱全忠解除对凤翔的包围，昭宗返回京师长安，崔胤大诛宦官，昭宗下诏各藩镇杀尽监军。

昭宗圣穆景文孝皇帝中之下

天复二年（壬戌，公元902年）

春季，正月，癸丑日（初六），朱全忠率领军队再次在三原驻扎，不久又转移在武功驻扎。河东将领李嗣昭、周德威进攻慈州、隰州，以此来分散朱全忠的兵力。

丁卯日（二十日），昭宗李晔任命给事中韦贻范为工部侍郎、同平章事。

丙子日（二十九日），昭宗李晔任命给事中严龟充任岐州、汴州和协使，赐朱全忠姓李，与李茂贞结拜为兄弟；朱全忠不肯听从诏命。

当时，李茂贞没有出城迎战。朱全忠听说河东军队进攻慈州等地，二月，戊寅朔日（初一），率军返回河中。

李嗣昭等人进攻慈州、隰州，把它们攻克了，进兵逼近晋州、绛州。己丑日（十二日），朱全忠派遣他的侄儿朱友宁率领军队联合晋州刺史氏叔琮攻打河北军。李嗣昭偷袭、攻取了绛州，汴州将领康怀英又夺回了绛州。李嗣昭等人在蒲县屯驻军队；乙未日（十八日），汴州军队十万人在蒲南扎营，氏叔琮趁夜率军截断李嗣昭等人的退路，并攻打他们的营垒，将河东军队打得惨败，杀死、抓获的士兵有一万多人。己亥日（二十二日），朱全忠从河中赶赴这里，乙巳日（二十八日），抵达晋州。

盗贼挖掘唐懿宗李漼的简陵。

西川军队抵达利州，昭武节度使李继忠弃城，逃往凤翔；王建任命剑州刺史王宗伟为利州制置使。

三月，庚戌日（初四），昭宗李晔和李茂贞以及宰相、学士、中尉、枢密等人宴饮集会，喝酒喝到酣畅之时，李茂贞和韩全诲离开宴席。昭宗问韦贻范："朕为什么巡幸到此地呢？"韦贻范回答说："臣在外地不清楚此事。"昭宗一再追问他，韦贻范不敢回答。昭宗李晔说："你怎么能够在朕面前撒谎说不清楚呢？"又说："你已经用不正当的手段获得宰相的职位，凡是公事都要按照国法处理；如果有处理不得当的，朕一定会按照惯例废黜。"说完，怒气冲冲地瞪着他，然后又小声说："这个贼子再另外打他二十大板。"回头看着韩偓说："这种人也担任了宰相。哼！"韦贻范多次拿大酒杯献酒给昭宗喝，昭宗没有立即来拿，韦贻范就把酒杯直接送到昭宗的嘴边。

戊午日（十二日），氏叔琮、朱友宁进兵征讨李嗣昭、周德威。这时，汴州的军阵横向排列，绵延了十里路之远，而河东的军队不过几万人罢了，深入敌人境内，众人心中害怕。周德威出战失败，暗中命令李嗣昭率领后军先行撤退，周德威马上率领骑兵也后退。氏叔琮、朱友宁率领军队长驱追击，生擒了李克用的儿子李廷鸾，河东军队惊慌溃逃，兵器粮草等物几乎全部丢弃。朱全忠命令氏叔琮、朱友宁乘胜进兵攻打河东。

李克用听说李嗣昭等人战败，派遣李存信率领亲兵去与汴军交战，到了清源，与汴军相遇，李存信逃回晋阳；汴军占据了慈州、隰州、汾州三地。辛酉日（十五日），汴军包围晋阳，在晋祠安营扎寨，攻打晋阳的西门。周德威、李嗣昭聚集余众，沿着西山才得以返回晋阳。晋阳城中的军队还没有集合在一起，氏叔琮攻城特别急迫，每次巡视围城的军队，总是宽袍大带，借以展示悠闲的姿态。

李克用从早到晚登城守卫，没有工夫吃饭、睡觉。召集各将领商议退保云州，李嗣昭、李嗣源、周德威说："儿子在此，一定能坚决防守。您不要做退守云州的打算让军心动摇！"李存信说："关东、河北都受到朱温控制，我们兵力匮乏，地方狭小，据守此孤城，他们绕着城修筑营垒，挖掘壕沟，用长期围攻的办法控制我们，我们上天没有路，坐等被困死罢了！今天形势已经非常紧急了，我们不如暂且前往北方，慢慢地来谋划收复的方法。"李嗣昭极力辩论此事，李克用不能决断。刘夫人对李克用说："李存信不过是北川的一个放羊娃罢了，哪里知道什么长远之计呢！您常嘲笑王行瑜草率弃城而逃，最终死在了敌人之手，现在反而要效法他吗？况且大王以前在鞑靼居住，几乎不能幸免于难，依仗朝廷里正值多事之秋，才能够再回来。现在，只要我们一离开守城，就会有难以估计到的灾祸变乱，哪里能够到达塞外呢！"李克用这才打消了退守的念头。过了几天，溃散的士兵又聚集起来，军府才逐渐安定下来。李克用的弟弟李克宁担任忻州刺史，听说汴州军队来到，途中又返回晋阳，说："此城是我战死之地，离开了此城，我要到哪里去呢！"军心这才安定下来。

壬戌日（十六日），朱全忠返回河中，派遣朱友宁率领军队向西攻打李茂贞，在兴平、武功驻扎军队。李嗣昭、李嗣源多次率领视死如归的壮士，在夜里进入氏叔琮的军营，杀死士兵，擒住俘虏，汴州士兵惊慌吵嚷，防备抵御没有多余的时间。又遇上当地发生严重的瘟疫，丁卯日（二十一日），氏叔琮率领军队撤走。李嗣昭与周德威率兵追击，追到石会关时，氏叔琮在高坡顶上留下了几匹马以及旌旗。李嗣昭等以为有埋伏的士兵，于是领兵撤退。再次攻取慈、隰、汾三个州。从此，李克用好几年不敢再与朱全忠相争。

李克用以节度使文书向幕府僚佐咨询，说："不储备军粮，如何召集士兵呢？不购置兵器、铠甲，如何攻克敌人呢？不修筑城池，如何防御抵抗呢？在利和害之间，请商讨权衡此事！"掌书记李袭吉进献计策，大意是说："国家富裕不在仓库储备有多少，兵力强大不在士兵数目有多少，百姓归附有德行的君主，鬼神本来会降灾给骄傲自满的人。与其有聚财搜刮的官吏，不如有盗窃国家钱财的臣子，残酷的政治就好像吃人的猛虎一般，所以散发鹿台的钱财，周武王从此兴盛起来；齐国的仓库被大火焚烧，晏婴入朝祝贺！"又说："说到要改变治国的策略，不如培养人才，要改变作风，哪里能遵照原先的旧例？韩建蓄积的钱财，无法计数，但却都拿去侍奉朱温；王珂改变旧法也很繁多，却突然就投降了贼寇；中山的城墙不是不险峻难攻，蔡上的士兵不是不够充足；以前发生的事情是清楚明了的，可以作为警戒啊！况且，称霸诸侯的国家没有穷困的国君，强将的手下没有胆小的士兵。希望大王您崇尚德政，爱护万民；摒弃骄奢，减省徭役；设置要冲，稳固边防；训练军队，致力农业生产。平定动乱可选任武官，治理政事可选任文吏，钱谷出纳都要有登记在簿册上，判刑执法要有律法依据。生杀赏罚大权由自己控制，那么下边的将领就没有作威作福的弊端了；身边亲近的人多是正人君子，那么人们就没有遭受诬陷诋毁的担忧。依顺天道的运行而断绝欺诈、污蔑，敬事鬼神却禁止不正当的祭祀，那么，虽然不祈求富足，国家也自然会很富庶，不祈求安定，国家也自然会安定下来啊！对外可以打败元凶祸首，对内可以振兴颓废习俗，名声超过春秋五霸，道义冠于上古八元，至于计算里巷人口数目，规定房产税收，增加酒税，检查田地，这些对于开创国家，恐怕不是急迫的事情吧！"

李克用的亲兵都是沙陀部族里的胡人，喜欢侵犯残害平民百姓，河东的百姓感到特别痛苦。他的儿子李存勖把此事禀告了李克用，李克用说："这些人跟随我攻打、征讨数十年，最近库房里的财货都用尽了，各路军队都靠卖马匹来维持供给；今天四方的诸侯都用丰厚的奖赏来招募士兵，我如果逼急了他们，那么他们都要逃散，我怎么和他们共同保卫这一个基业呢！等到天下逐渐安定了，应该再肃清治理罢了。"李存勖幼年的时候非常机灵聪敏，很勇猛，有谋略，李克用被朱全忠围困，受封的疆域日益缩小，忧虑浮现在脸上。李存勖进言说："事物没有发展到极点就不会走向它的反面，坏人没有到极点就不会灭亡。朱全忠依仗奸诈和武力，穷凶极恶，吞并灭掉四邻，百姓怨恨无比，天神共愤。今又进攻逼迫皇上，窥视帝位，这就说明他走到极点了，将要灭亡了！我们家世代忠贞相继，今天虽然形势艰难，力量也比不上他，但是我们无愧于心。父王应该率领百姓，暂时隐居，来等待他衰弱疲惫之时；为何要轻易地失望灰心，让部众们也失望呢？"李克用听了很高兴，立即命令人摆设酒宴，演奏音乐，然后才休息。

刘夫人没有生下儿子；李克用的宠姬曹氏生下李存勖，刘夫人对待曹氏更加优厚。李克用因此越发敬重刘夫人，各个姬妾有了孩子，就吩咐刘夫人做他们的母亲；刘夫人教养他们，都像对待亲生儿子一般。

昭宗李晔任命左金吾将军李俨为江、淮宣谕使，亲笔写字在衣服上赐给杨行密，任命杨行密为东面行营都统、中书令、吴王，以便征讨朱全忠。任命朱瑾为平卢节度使，任命冯弘铎为武宁节度使，任命朱延寿为奉国节度使。加封武安节度使马殷为同平章事。淮南、宣歙、湖南等道立功的将士们，听任杨行密用行营都统牒文，以秉承皇帝旨意的名义来迁升补官，然后再上表奏请此事。李俨是张濬的儿子，赐姓李。

夏季，四月，丁酉日（二十一日），崔胤从华州到河中去，向朱全忠悲泣哭诉，担心李茂贞胁迫昭宗李晔到西蜀去，应该及时迎驾东归，情势已经不许再延缓了。朱全忠与崔胤畅饮，崔胤亲自拿着拍板，为朱全忠唱歌劝酒。

辛丑日（二十五日），回鹘派遣使者入朝进贡，请求派遣军队来救援国难；昭宗李晔命令翰林学士承旨韩偓回信准许他们的请求。乙巳日（二十九日），韩偓向昭宗报告说："戎狄有野兽一般的心思，是不可以依靠信赖的。当他看到我们国家的百姓过着骄奢华丽的生活，但是城邑荒废残破，铠甲士兵如残花般地凋零破败，必定有轻视国家之心，从而引起他们贪得无厌的念头。况且自会昌年间以来，回鹘被朝廷打败，恐怕他们会趁此危难报复旧仇。赐给回鹘可汗的书信，应该劝导他们，小小的贼寇闹事，不需要他们前来救援，表面上感谢他们的好意，实际上是阻止他们的图谋啊！"昭宗听从了他的建议。

兵部侍郎参知机务卢光启被罢免职务，改任太子太保。

杨行密遣送顾全武返回杭州，以便交换秦裴；钱镠大为喜悦，把秦裴送了回去。

汴州将领康怀贞在莫谷进攻凤翔将领李继昭，大破凤翔军队。李继昭是蔡州人，本来姓苻，名为道昭。

五月，庚戌日（初五），温州刺史朱褒去世，他的哥哥朱敖自称为刺史。

凤翔人听说朱全忠要来进攻，都很恐惧；癸丑日（初八），城外居民都迁往城中。己未日（十四日），朱全忠率领五万精锐士兵从河中进发，到达东渭桥，正赶上连绵大雨，留驻了十天。

庚午日（二十五日），工部侍郎、（同）平章事韦贻范的母亲去世，宦官推荐翰林学士姚洎担任宰相。姚洎跟韩偓商议谋划此事，韩偓说："如果考虑长远的利益，那么不如推辞不要去赴任；如果是出自陛下的主意，本来没有什么不行的。况且汴州军队早晚就要围攻，孤城难以守卫，你的家族都居住在东边，怎么可以不考虑呢！"姚洎于是移交职位称病归家，结果昭宗李晔也没有同意姚洎担任宰相。

镇海、镇东节度使彭城王钱镠，被进封爵位为越王。

六月，丙子日（初二），昭宗李晔任命中书舍人苏检为工部侍郎、同平章事。这时，韦贻范仍然在居丧期间，向李茂贞举荐苏检和姚洎。昭宗没有任用姚洎，李茂贞及宦官担心昭宗自己任用人才，齐心协力推举苏检，于是朝廷任用了苏检。

丁丑日（初三），朱全忠在虢县驻扎军队。

武宁节度使冯弘铎在宣州和扬州之间居住，经常有不安全的感觉；然而依仗自己有强大的楼船战舰，因此不服侍宣州、扬州两道。宁国节度使田頵想要图谋冯弘铎，招募冯弘铎的工人来制造战舰，工人说："冯公在远处找来坚实的木料，所以他的战船能够保持长久，现在这里也没有那些木料啊！"田頵说："你只管去修造好了，我只需要用一次就够啦！"冯弘铎的部将冯晖、颜建劝说冯弘铎先去进攻田頵，冯弘铎听从了他们的建议，率领部众南进，扬言说进攻洪州，实际上却去偷袭宣州。杨行密派人阻止他，冯弘铎没有听从。辛巳日（初七），田頵率领水军在葛山迎击，把冯弘铎的军队打得惨败。

甲申日（初十），李茂贞大举发动军队，亲自统率，与朱全忠在虢县的北边交战，结果惨败而归，死了一万多人。丙戌日（十二日），朱全忠派遣他的部将孔勍从散关出发，进攻凤州，把它攻克了。丁亥日（十三日），朱全忠进兵到凤翔城下。朱全忠穿着朝服对着凤翔城落泪，说："我只想迎接皇上车驾回宫，没想与岐王较量胜负啊！"于是，围绕凤翔城安设五座营寨。

冯弘铎聚集残余的兵马，沿江顺流而下，打算入海，杨行密担心他会成为自己的后患，派遣使者慰劳军队，并且告诉他说："您的军队还很强大，为什么要把自己弃置在海中呢！我的府舍虽然不算大，但足够容纳您的军队，让将士们各得其所，怎么样呢？"冯弘铎身边的将士全都大哭，听从命令。冯弘铎到达东塘，杨行密亲自乘轻便小船迎接他，有十几个人跟随他，穿着便服，没有带兵器，登上冯弘铎的船，安慰劝导他，全军激动欢喜。杨行密任命冯弘铎为淮南节度副使，供给他的食宿等条件都非常优厚。

起初，冯弘铎派遣牙将丹徒人尚公乃到杨行密那里求取润州时，杨行密没有答应他的请求。尚公乃大声叫嚷道："您如果不肯听从的话，恐怕会抵挡不住我们的楼船战舰！"到了这时，杨行密对尚公乃说："你还记得当初请求润州时的情形吗？"尚公乃谢罪说："将吏各为其主，只是遗憾事情没有成功罢了。"杨行密大笑说："你对待我如果能像侍奉冯公一样，就没有什么忧虑的了。"

杨行密任命李神福为升州刺史。

杨行密派遣士兵征讨朱全忠，任命副使李承嗣代理淮南节度使府中的事务。军中的官吏想要用大船运送粮食，都知兵马使徐温说："水路已经很长时间不通行了，蒹葭、芦苇将航道堵住了，请使用小船运输，或许比较容易通过！"军队抵达宿州，正遇上下雨不停，装载的大船不能行进，兵士都面黄肌瘦，然而小艇先到达了。杨行密因此很欣赏徐温，开始与他商议军事。杨行密攻打宿州，没有攻克，最终因为粮食运送跟不上而撤军。

秋季，七月，孔勍占据了成、陇两个州，士兵没有经过作战就占领了。到了秦州，州人据守城池，于是孔勍从故关返回。

韦贻范担任宰相的时候，收受了很多人的贿赂，许诺人家担任官职；没有多久，因为母亲去世，辞去官职回家，每天讨债的人都来喧嚷骚扰。亲吏刘延美，负债特别多，所以对韦贻范的起任再用特别急切，每天命人拜见两中尉、枢密及李茂贞，向他们请求。甲戌日（疑误），昭宗李晔命令韩偓草拟起用韦贻范的诏书，韩偓说："我的手腕可以断，这诏书不能草拟！"然后，韩偓马上上疏辩论，说韦贻范为母守丧没有几个月，突然起用他，确实让人震惊，有损国体啊。左军中尉韩全诲等派往监视学士院的两个中使气愤地说："韩学士不能拿死来开玩笑啊。"韩偓把论疏交给他们，脱下衣服，睡觉去了；两个中使不得已才把奏疏进呈昭宗。昭宗立即命令停止起草诏令，并赐给韩偓敕令，褒扬赏赐他。八月，乙亥朔日（初二，八月朔日为甲戌日），百官排列在朝，没有诏书可以宣布，宦官喧嚷说是韩侍郎不肯草拟诏书，听到的人都特别震惊。李茂贞入内面见昭宗，说："陛下任命宰相而学士不肯草拟诏书，这与叛乱有什么区别呢！"昭宗说："你们举荐韦贻范，朕没有违背你们的意思；学士不草拟诏书，朕也不能违背他的意思。况且他所陈述的情况，事理清楚，怎么能不依从他呢？"李茂贞很不高兴地退下了，到了中书省，看到苏检，说："奸恶邪佞的人结成朋党，依然像以前一样。"之后扼腕叹息。韦贻范仍然筹划图谋不止，李茂贞对人说："我实在不知道读书人的礼仪制度，才会被韦贻范所误，应该在邠州另外安置他。"韦贻范这才停止了活动。刘延美投井自杀。

保大节度使李茂勋率领士兵在三原屯驻，以便援助李茂贞；朱全忠派遣他的将领康怀贞、孔勍攻打他，李茂勋逃走。李茂勋是李茂贞的堂弟。

起初，孙儒死的时候，他的士兵大多数逃到浙西，钱镠欣赏他们的英勇剽悍，让他们担任中军，号称武勇都。行军司马杜棱劝谏钱镠说："他们就如同野狼一般，极具野心，以后一定会成为大患的，请用浙西的本地士兵代替他们吧！"钱镠没有听从他的建议。

钱镠前往衣锦军，命令武勇右都指挥使徐绾率领士兵治理护城河道，镇海节度副使成及听到士兵的怨言，禀告钱镠，请求停止徭役，钱镠没有听从他的建议。甲戌日（初一），钱镠亲自宴请各位将领，徐绾暗中谋划在座位上击杀钱镠，没有成功，他声称有病先从宴席上退了下来。钱镠感到很奇怪，丁亥日（十四日），命令徐绾率领他的军队先返回杭州。徐绾抵达杭州外城，纵容士兵烧杀抢掠。武勇左都指挥使许再思率领迎候的军队，与徐绾会和，进逼节度使所居的牙城。钱镠的儿子钱传瑛与三城都指挥使马绰等闭门抗拒，牙将潘长攻击徐绾，徐绾撤退在龙兴寺驻扎军队。钱镠返回杭州，抵达龙泉，听说军队作乱，上马奔驰到杭州城北，派成及竖起钱镠的旗鼓与徐绾交战；

钱镠改穿平民的衣服，乘小舟在夜里潜入牙城的东北角，翻越城墙进入城内。打更的士兵靠着鼓休息，钱镠亲自把他杀死，城中的人才知道钱镠已经来了。武安都指挥使杜建徽从新城前来救援，徐绾聚集了很多木头准备烧毁北门，杜建徽把这些木头都焚烧一空。杜建徽是杜稜的儿子。湖州刺史高彦听说徐绾等叛乱，派遣他的儿子高渭率兵来杭州援助，到了灵隐山，徐绾埋伏的军队把他杀死。

起初，钱镠修建杭州的罗城时，告诉幕僚佐吏，说："城墙上每十步就设有一个可以瞭望的敌楼，这样来看，可以算得上坚固了吧！"掌书记余杭人罗隐说："罗城的敌楼不全都向内修筑。"到这时，人们都认为罗隐说的话应验了。

庚戌日（八月无此日），李茂贞在夜晚率领军队偷袭奉天，俘获汴州将领倪章、邵棠。乙未日（二十二日），李茂贞大举出动军队，跟朱全忠交战，没有战胜；到了晚上，士兵才退回，汴州军队追击他们，差点儿攻取凤翔城的西门。

己亥日（二十六日），朝廷再次起用前户部侍郎、同平章事韦贻范，任命姚洎草拟诏书。韦贻范也没有推辞，立即上表谢恩，第二天就到职处理公务。

西川的军队向兴元请求借路，以便努力去做朝廷命令的事情，山南西道节度使李继密派遣士兵戍守三泉进行抵御；辛丑日（二十八日），西川的前锋将领王宗播攻打三泉，没有攻克，退守山上的营寨。亲吏柳修业对王宗播说："您全族都归降了王建，不为他死命效力，用什么保全自己呢？"王宗播命令他的军队说："我与你们一起与敌人决一死战，取得功名；否则，就会死在这里！"于是，王宗播很快攻取了金牛、黑水、西县、褒城西寨。军校秦承厚进攻西县，敌人的箭穿过他的左眼，直到右耳，箭头拔不出来。王建亲自用舌头为他舔伤口，脓血四流，箭头随即掉出。王宗播又率军进攻马盘寨，李继密战败，逃返汉中。西川的军队乘胜到达汉中城下，王宗涤率领军队首先登城，于是攻克了汉中，李继密请求投降，王宗播将他迁往成都；西川获得三万士兵，五千骑兵，王宗涤率军入驻汉中城。王建说："李继密残害京畿三辅地区，但因为他已经投降，不忍心将他处死。"于是恢复李继密原来的姓名为王万弘，随时召见他，西川诸将都欺辱、看不起他。王万弘整天放纵喝酒，连戏子艺人都嘲笑、戏弄他；王万弘心里十分忧愁郁闷，不久，酒醉后掉进水池淹死了。

昭宗李晔下诏任命王宗涤为山南西道节度使。王宗涤非常勇猛、有谋略，深受部众拥护，王建嫉妒他。王建建造节度使府的大门时，用朱丹染绘大门，蜀人管它叫"画红楼"，王建认为这与王宗涤的原名"华洪"相应和；王宗佶等妒忌王宗涤的战功，又制造一些流言蜚语来诋毁他。于是，王建召王宗涤来成都，斥责他。王宗涤说："三蜀大致被剿平了，大王听信奸诈小人的谗言，可以杀功臣了。"王建命令亲随马军都指挥使唐道袭在晚上与王宗涤喝酒，然后用绳子勒死了他，成都商民为此罢市，全军士兵伤心落泪，就像自己的亲戚死了一样。王建派指挥使王宗贺代理兴元留后。唐道袭是阆州人，最初，是以舞童的身份服侍王建，后来逐渐参与军事谋划。

九月，乙巳日（初二），朱全忠因为长时间下雨，士兵又生病，召集各位将领商议准备率领军队返回河中。河中的亲近随从指挥使高季昌、左开道指挥使刘知俊说："天下的英雄，眼睁睁地盼望我们征讨李茂贞已经一年了；现在李茂贞已经困窘不堪，为什么要放弃这里返回河中！"朱全忠担心李茂贞坚决守城不出来应战，高季昌请求用欺骗的方法引诱他出兵。于是招募能够潜入城中担任间谍的人，骑士马景请求前去，说："此去我毫无疑问会死，希望大王能收养照顾我的妻子儿女。"朱全忠感到伤心哀痛，阻止他去，马景没有同意。当时，朱全忠派遣朱友伦从大梁调发军队，第二天将会抵达，应当派遣士兵去迎接他们。马景请求借此时机给他一匹骏马，在众骑兵里头混杂着跑出去，朱全忠听从了他的请求，命令各路军队把马匹喂饱，士兵们吃饱了饭，等待命令。丁未日（初四）的早晨，朱全忠命令将士将大旗放倒，秘密设下埋伏，营中寂静得好像没人一样。马景和众骑兵都从营中出来，突然他跃马向西奔驰，假装逃走的样子，进入凤翔城内向李茂贞禀告说：“朱全忠全军都逃跑了，只留下将近一万名受伤生病的士兵在防守军营，今晚也要逃走，请您迅速攻打他们！”于是，李茂贞打开城门，率领所有的部众去进攻朱全忠的军营；朱全忠在中军敲打战鼓，所有的士兵都出动，纵兵攻打他们，又派遣几百名骑兵攻占凤翔的城门，凤翔的军队进退不得，自相踩踏，有的被杀，有的受伤，几乎全军覆没。李茂贞从此灰心丧气，开始商议与朱全忠讲和，送天子返回京师，不再用诏书命令朱全忠返回藩镇了。朱全忠上表奏请任命高季昌为宋州团练使。高季昌是硖石人，他原本是服侍朱友恭的仆人。

戊申日（初五），武定节度使李思敬以洋州向王建投降。

辛亥日（初八），李茂贞派出全部的骑兵前往相邻的各州去寻觅草料和粮食。壬子日（初九），朱全忠挖掘像蚰蜒爬地形状的堑壕来包围凤翔，设置由猎狗守卫的犬铺、挂着铃铛的铃架，以断绝城内外的联络。

癸亥日（二十日），昭宗李晔任命李茂贞为凤翔、静难、武定、昭武四镇的节度使。

有人劝说钱镠渡过钱塘江，东去守护越州，以躲避徐绾、许再思大军的进攻。杜建徽用手按住剑柄，大声斥责那人道：“事情如果不能成功，大家就一起死在这里，怎么能东渡呢？”

钱镠惧怕徐绾等人攻取越州，派遣大将顾全武率领士兵去那里防守。顾全武说：“越州不值得驻守，不如前去广陵。”钱镠问道：“这是什么缘故呢？”顾全武回答说：“听说徐绾等人谋划召唤田頵；田頵一到，淮南军队再援助他，就不可抵挡了。”杜建徽说：“孙儒发难的时候，您曾经对杨公施予恩德，现在前去求他应当会报答您。”钱镠派遣顾全武前往广陵向杨行密告急，顾全武说：“两手空空前去没有用，请求把大王的儿子当作人质。”钱镠让他的儿子钱传璙扮作顾全武的奴仆，一起前往广陵，并且向杨行密请求结为婚姻。经过润州时，团练使安仁义见钱传璙的面貌清秀很是喜欢，打算用十个仆人来交换他；顾全武在半夜贿赂守门人逃走了。

徐绾等人果然召来田頵，田頵率领士兵前往，首先派遣亲近的小吏何饶告诉钱镠说："请大王东去越州，让出节度使府来等待我们，我不会屠杀士兵！"钱镠答复他说："军队作乱，哪里没有这种事呢！您作为节度使，却助贼叛乱。要打就赶快打一仗，又何必说这些大话呢！"于是，田頵修筑堡垒，阻断来往的道路，钱镠为此很担忧，招募能够夺取田頵营垒的人，奖赏给他一个州。衢州制置使陈璋率领士兵三百人出城奋力攻打，就这样夺取了田頵修筑的营垒，钱镠立即任命他为衢州刺史。

顾全武抵达广陵，劝告杨行密说："如果田頵能实现心愿的话，必定会成为您的祸患。大王应该召回田頵，钱镠请求用他的儿子钱传璙作为人质，并且向您请求结为婚姻。"杨行密应允了，把女儿嫁给钱传璙。

冬季，十月，李俨抵达扬州，杨行密开始修建昭宗李晔诏命的制敕院，每当进行封爵授官时，就通知李俨，在紫极宫玄宗皇帝李隆基像前陈列制书，跪拜两次，然后才下达正式封授文告。

王建攻取兴州，任命军使王宗浩为兴州刺史。

戊寅日（初六）的晚上，李茂贞的义子李彦询率领三团步兵投奔汴州军队。己卯日（初七），李彦韬也随其后投奔汴州军队。

庚辰日（初八），朱全忠派遣他的幕僚司马邺奉表进入城中；甲申日（十二日），又派遣使者进献熊白；从此之后，进献食物、丝绸绢帛等连续不断。昭宗李晔都先交给李茂贞，要他打开看看，李茂贞也不敢打开看。丙戌日（十四日），朱全忠又派遣使者请求和李茂贞商议讲和，出城去砍伐柴草的百姓，他们的东西都不会被没收或掠夺。丁亥日（十五日），朱全忠向朝廷上表，请求修建宫殿以及恭迎昭宗回京。己丑日（十七日），昭宗李晔派遣国子司业薛昌祚、内使王延绩奉持诏书赐予朱全忠。

癸巳日（二十一日），李茂贞又率军攻打汴州军队在城西的营寨，结果战败而回。朱全忠命投降的人穿上绛红色长袍，让他们召唤城中的人，凤翔城内士兵在夜里用绳子坠下城逃走和趁着出城打柴去而不返的人特别多。此后，李茂贞有时派兵出城进攻汴州军队，但是大多士兵不按他的命令行事，纷纷逃散回城。李茂贞怀疑昭宗与朱全忠有密约，壬寅日（三十日），另外又在昭宗住处的北边墙外增派士兵防卫。

十一月，癸卯朔日（初一），保大节度使李茂勋率领他的一万士兵援助凤翔，在城北的山坡屯驻，跟城中举烽火互相呼应。

甲辰日（初二），昭宗李晔派赵国夫人探明学士院中的二位中使都不在，便紧急召见翰林学士韩偓、姚洎，在土门外暗中见面，拉着他们的手相对落泪。姚洎请昭宗赶快回去，恐怕被人发现；昭宗匆忙离去。

朱全忠派遣他的将领孔勍、李晖率领士兵乘虚袭击鄜州、坊州；壬子日（初十），攻占了坊州。甲寅日（十二日），天降大雪，汴州的军队冒着大雪在夜间行军，五更天时，抵达鄜州城下。鄜州士兵没有防备，汴州的士兵冲入城中，城中士兵还有八千人，一直激战到午时，鄜州人才被打败，生擒了留守（守字或作后字）李继璙。孔勍安抚慰问李茂勋以及将领士兵们的家属，安定无扰，命令李晖暂且代理军府中的事务。李茂勋听到这个消息，率领军队逃走了。

汴州的士兵每天晚上都敲打战鼓，鸣奏号角，城中土地就像地震一般在颤动。攻城的人骂城上的人是“劫天子贼”，城上的人骂城下的人是“夺天子贼”。这年的冬天下起大雪，城中食物吃光了，冻饿而死的人不计其数；有的躺下还没死就被人把肉割下来。市场上卖人肉，一斤价值一百钱，狗肉一斤价值五百钱。李茂贞积蓄的财物也用完了，拿狗肉、猪肉来供给昭宗李晔食用。昭宗在市场里变卖他和小皇子的衣服来供给日常所需，削松木片用水浸泡后来饲养乘坐的马匹。

丙子日（十一月无此日），户部侍郎、同平章事韦贻范去世。

癸亥日（二十一日），朱全忠命人把城外的杂草割除干净，以此使城里的人更加窘迫。甲子日（二十二日），李茂贞增派士兵防守行宫的大门，宦官们自己考虑不能免除灾祸，因而埋怨指责。

苏检多次为韩偓谋划担任宰相，对李茂贞及中尉、枢密谈论此事，并且派亲吏禀告韩偓，韩偓听后很是生气，说："您和韦公从被贬的地方召回后，一个月就当上宰相，到现在也没能有什么作为；现在朝廷朝夕不保，还想要用这个宰相职位来玷辱我吗？"

田頵急速攻打杭州，并且准备船只将要自西陵渡江；钱镠派遣他的将领盛造、朱郁来抵抗他，并且大破他的军队。

十二月，李茂勋派遣使者向朱全忠请求投降，改名字为李周彝。于是李茂贞在山南的各州、镇都归入王建手中，关中的各州、镇都归入朱全忠的掌控，李茂贞空守孤城；于是偷偷地谋划诛杀宦官以求赎自己的罪，送信给朱全忠说："祸乱的发生，都是因韩全诲而起啊；我迎驾到凤翔，是为了防备其他贼寇。您既然有志匡复社稷，请您迎接护送陛下返回宫中，我率领残败的军队，追随您效命。"朱全忠回复一封信说："我率领军队前来，正是因为陛下流离迁转；您能够努力配合，原本就是我期望的啊！"

杨行密派人召回田頵，说："如果你不返回，我将派人代理镇守宣州。"庚辰日（初八），田頵准备回去时，向钱镠讨要犒劳军士的二十万缗钱，并且要求让钱镠的儿子当作人质，把自己的女儿嫁给他。钱镠对几个儿子说："谁愿意做田氏的女婿呢？"没有人回答。钱镠想要派他的小儿子钱传球去，钱传球也不愿意。钱镠立即大怒，想要杀了他。次子钱传瓘请求前往，吴夫人哭着说："为何要把儿子放入虎口呢？"钱传瓘说："要消除国家的大难，怎么敢爱惜自己的性命呢！"拜了两拜之后，走出门去；钱镠老泪纵横，送他离开。钱传瓘随从几个人从守城的北门用绳子从城墙上缒下。田頵和徐绾、许再思一同返回宣州。钱镠收回钱传球掌管内牙兵权的印信。

越州客军指挥使张洪因是徐绾的党羽而心里不安宁，率领三百步兵投奔衢州，衢州刺史陈璋收留了他。温州将领丁章驱逐刺史朱敖，于是，朱敖投奔福州。丁章据守温州，田頵派遣使者去拉拢丁章，取道衢州，陈璋任凭他们往来，钱镠因此怨恨陈璋。

丁酉日（二十五日），昭宗李晔召集李茂贞、苏检、李继诲、李彦弼、李继岌、李继远、李继忠等人入朝，商议与朱全忠和解，昭宗说："十六宅诸王以下，每天冻死饿死的有好几个人；这里的诸王及公主、妃嫔，一天吃粥，一天吃汤饼，现在也就要吃光了。卿等心里怎么打算？"李茂贞等都没有回答。昭宗说："应该立即和解了！"

凤翔的十多个士兵在左银台门拦住韩全诲，喧嚷大骂说："全境生灵涂炭，全城的人受饿而死，就只因为少数几个宦官罢了！"韩全诲向李茂贞磕头，申诉自己的冤屈，李茂贞说："士兵们哪里知道这些呢！"命令侍者倒了两杯酒，与韩全诲对饮后离开。韩全诲又向昭宗李晔申诉此事，昭宗也进行劝解。李继昭对韩全诲说："以前杨军容杀死杨守亮一族，现在你韩军容也想杀掉继昭一族吗？"说完尽情谩骂，然后就出城向朱全忠投降了，朱全忠恢复他的姓为苻，名字为道昭。

这一年，虔州刺史卢光稠进攻岭南，攻占了韶州，然后派遣他的儿子卢延昌守城，进兵围攻潮州。清海留后刘隐派遣军队把卢光稠赶走，乘胜攻打韶州。刘隐的弟弟刘陟认为卢延昌有虔州军队的援助，不能草率攻打；刘隐不听劝阻，包围了韶州。正赶上江水上涨，粮草运输接续不上，卢光稠从虔州率军援救韶州；卢光稠的部将谭全播在山谷中埋伏一万精锐士兵，让瘦弱的士兵挑战，在韶州城南大败刘隐的军队，刘隐逃回广州。谭全播把全部的功劳让给各位将领，卢光稠更认为谭全播贤能。

岳州刺史邓进思去世，他的弟弟邓进忠自称为刺史。

天复三年（癸亥，公元903年）

春季，正月，甲辰日（初二），昭宗李晔派遣殿中侍御史崔构、供奉官郭遵诲前往朱全忠的军营；丙午日（初四），李茂贞也派遣牙将郭启期前去商议和解。

平卢节度使王师范，非常好学，用忠诚正义勉励自己，治理政事既有声誉又有业绩。朱全忠攻打凤翔，韩全诲用昭宗李晔的诏书征召各藩镇军队前来援救，王师范看见诏书，不禁潸然泪下，泪湿衣衫，说："我们作为朝廷的屏障，怎么可以坐看天子受如此的困窘和羞辱呢？各自拥有精锐军队，就只为自我保全吗？"恰好此时，张濬从长水送信给他，劝他出动正义之师。王师范说："张先生所说的话正符合我的心意，这还有什么可疑虑的呢，虽然我的力量不够强大，也应当不顾惜生命地前往啊！"

这时，关东的士兵大多数在凤翔追随朱全忠，王师范分别派遣各个将领假装是进献贡品的使者及商贩，包捆好兵器，用小车运载，潜入汴、徐、兖、郓、齐、沂、河南、孟、滑、河中、陕、虢、华等州，约定在同日一齐派遣军队，征讨朱全忠。恰巧前往各州的人，大多数都因事情泄露被抓住了，只有行军司马刘鄩取得兖州。这时泰宁节度使葛从周率领他全部的士兵在邢州屯驻，刘鄩先派人伪装成卖油的潜入城中，探察他们的虚实以及士兵进入的路线；丙午日（初四），刘鄩率领五百精兵在夜里从水洞进入城中，等到天亮，这个有防守的兖州城就全被平定了，城里的百姓都还不知道怎么回事。刘鄩占据了葛从周的府第官署，拜见葛从周的母亲，每天早晨都去探望；对待葛从周的妻子儿女很仁慈，有礼貌；以至于葛从周子弟掌理的职务、供给的物资也都和过去一样。

这一天，青州牙将张居厚率领两百名壮士推着小车抵达华州的东城，管理州务的娄敬思觉得很奇怪，对他们产生怀疑，就让他们打开小车查看。接着，张居厚的军队大声呼喊，杀死娄敬思，攻打西城。崔胤在华州，率领军队进行抵抗，张居厚没有攻克西城，逃到商州，被追上抓获。

朱全忠将节度判官裴迪留下来守卫大梁，王师范派遣差役拿着一封书信送到大梁，裴迪询问差役东方的情况，差役有些惊慌失措。裴迪察觉差役脸色有变化，就让身边的人退下后询问，差役把实情禀告给他。裴迪没来得及禀告朱全忠，就火速请马步都指挥使朱友宁率领一万多士兵向东巡视兖州、郓州。朱友宁召葛从周从邢州返回，一起进攻王师范。朱全忠得知了变乱，也分派士兵先行返回，命令朱友宁一起统率他们。

戊申日（初六），李茂贞独自觐见昭宗李晔，中尉韩全诲、张彦弘、枢密使袁易简、周敬容都不能到昭宗面前答对。李茂贞请求将韩全诲等人诛杀，然后与朱全忠和解，侍奉天子返回京师长安。昭宗感到很高兴，立即派遣内侍率领凤翔的四十名士兵抓捕韩全诲等人，随后把他们都斩首了。昭宗李晔任命御食使第五可范为左军中尉，任命宣徽南院使仇承坦为右军中尉，任命王知古为上院枢密使，任命杨虔朗为下院枢密使。这天晚上，又斩杀了李继筠、李继诲、李彦弼以及内诸司使韦处廷等十六人。己酉日（初七），昭宗派遣韩偓以及赵国夫人前往朱全忠的军营；另外又派遣使者把韩全诲等二十几人的首级装在口袋里，拿给朱全忠看，说："以前胁迫扣留天子，害怕获罪而挑拨离间，不愿和睦相处的都是这些人。现在朕与李茂贞决心把他们诛杀，卿可清楚明白地告诉各军来平息众怒！"辛亥日（初九），朱全忠派遣观察判官李振敬持表文前往行宫中表达谢意。

韩全诲等人已经都被斩杀了，可是朱全忠的包围仍然没有解除。李茂贞怀疑是崔胤叫朱全忠一定要夺取凤翔，于是禀告昭宗李晔紧急召见崔胤，命令他率领百官赶赴凤翔。共颁发了四次诏令，三次赐给朱笔御札，言语非常诚恳，全部恢复之前的官爵，崔胤竟然还是称病没有前来。李茂贞很害怕，也亲自写信给崔胤，措辞特别恭敬谦逊。朱全忠也写信召崔胤前来，并且开玩笑地对他说："我不认识天子，必须您来辨别真假啊！"崔胤这才来到凤翔。

甲寅日（十二日），凤翔才打开城门。丙辰日（十四日），朱全忠巡视各守寨，抵达城北时，有凤翔的士兵从北山上面冲下来，朱全忠怀疑他们是来威逼自己的，派遣军队攻击他们，捉住了他们的将领李继钦。昭宗李晔派遣赵国夫人、冯翊夫人前往朱全忠的营中查问事情的原因。朱全忠派遣亲吏蒋玄晖奉上表章进城奏明此事。

李茂贞请求让他的儿子李侃娶平原公主为妻，又请求让苏检的女儿做景王李秘的妃子，以此来巩固自己的地位。平原公主是何后的女儿，何后感到很难过，昭宗李晔说："只要能让朕出去，那么你的女儿又有什么可担忧的呢！"何后这才依从了这个建议。壬戌日（二十日），平原公主嫁给宋侃为妻；景王娶苏氏为妃。宋侃就是李侃，因避讳同姓嫁娶之嫌疑，所以恢复了本姓。

这时，在凤翔被诛杀的宦官已经有七十二人了，朱全忠又偷偷命令在京兆地区搜寻抓捕辞官归隐、没有跟随昭宗到凤翔来的宦官，杀死了九十人。

甲子日（二十二日），昭宗李晔离开凤翔，前往朱全忠的军营。朱全忠穿着白色的衣服，等待处罚；昭宗诏令客省使宣布免除朱全忠的罪责，撤去亲、勋、翊三卫立仗，只留下左右金吾将军呈报平安，让朱全忠穿公服入内叩谢。朱全忠面见昭宗，磕头流泪，昭宗命韩偓将他扶起。昭宗也流下泪，说："宗庙社稷，多仰仗卿再次安定；朕与宗族，倚赖你再次逢生啊。"说完，亲自解下玉带赐给朱全忠。稍微休息了一会儿，就启程前往京城长安。朱全忠独自骑马在前面引导了十几里路，昭宗向他辞行；朱全忠于是派朱友伦率领军队护送，自己留下部署后面的士兵，焚烧并撤毁各个营寨。朱友伦是朱存的儿子。

这天晚上，昭宗在岐山住宿；丁卯日（二十五日），昭宗抵达兴平，崔胤这才率领百官来迎接谒见，昭宗李晔又任命崔胤为司空、门下侍郎、同平章事，兼管三司，如同之前一样；己巳日（二十七日），昭宗抵达长安。

庚午日（二十八日），朱全忠、崔胤一同进宫奏对。崔胤上奏说："建国初年天下太平的时候，宦官没有掌管军权、参与朝政。天宝以来，宦官势力逐渐强盛。贞元末年，分羽林卫为左、右神策军是为了随从护卫，开始任命宦官掌管，以两千人作为定制。从此之后，宦官参与管理机密事务，削夺百司的权力，上下勾结，一起干些不法之事，大到勾结蛊惑藩镇，倾覆危害国家；小到以官爵诉讼来做交易，败坏朝政。朝廷衰微受到侵扰，正是因为这个，如果不铲除它的根源，祸患最终不能停止。请求陛下罢免所有的诸司使，把他们管理的事务全部归属省寺管理，各道监军全都召还京城。”昭宗李晔依从了他的建议。这天，朱全忠率领军队把宦官第五可范等几百人驱赶到内侍省，然后把他们全杀死了，喊冤号叫的声音，震彻宫廷内外。那些出使到外地去的宦官，昭宗下诏就在他们的所在地收押抓捕，然后将他们斩杀，只留下地位低贱、年幼体弱的宦官三十人以备洒水扫地之用。另外，昭宗又诏命成德节度使王镕挑选五十个人进宫充当宦官，因为那里的民风淳厚，人性厚道朴实。昭宗哀怜第五可范等人有的无罪也被诛杀了，于是写文章吊唁他们。自此以后，昭宗宣布传达诏命，全让宫人进出办理；左、右神策两军所统辖的内外八镇军队，也都归属于左右龙武、羽林、神策等六军，任命崔胤兼领六军十二卫的事务。

◆臣司马光说：宦官专权，成为国家的祸患，它的由来已经很久远了。大体说来，因为他们在宫廷中进出，君主从小到大，与他们亲近、熟悉了，不同于三公、六卿，进入宫殿中见面都要有规定的时间，有敬畏的感觉。宦官之中，又有天生就能明识利害，言语谈吐善辩机敏的，擅长察言观色，奉承迎合他人的心意兴趣，这样，接受命令就没有违背抵触的担忧，使唤差遣就有称心满意的功效。如果不是圣明的君主，洞察事物的情理，考虑祸患的深远，除了服侍以外，不任命宦官管理国家事务，那么，近在内宫的宦官就会日益得到君主的亲近信任，远在外朝的百官就会日益被君主疏远，君主就会时常准许甜言卑辞的请求，听从逐渐渗透的申诉。于是政治上的罢黜、升迁、惩罚、奖励，便暗中转移到亲近信任的人的手中，而君主却觉察不了，就好比人在喝陈年的美酒，喜欢它的味道却忘了那会使人沉醉啊！像这样的话，对官吏们的罢黜、升迁、惩罚、奖励的大权转移到宦官的手中，而国家不陷入危险混乱的局面的，还不曾有过啊！

东汉衰微时，宦官的骄纵强横最为有名了，然而他们都是假托君主的权力，凭借君主的势力，来扰乱天下，从来没有能够劫持、威逼天子，如同控制婴儿一般，废弃、拥立，掌控在他们的手中，往东还是往西，全凭宦官的意愿，这使得君主惧怕他们如同骑着猛虎恶狼而腋下夹着毒蛇一样。所以，如此情况没有其他的原因，是东汉宦官没有掌握兵权，唐代宦官掌握兵权的缘故啊。

唐太宗李世民察看到前朝的弊端，强烈地压制宦官，命令不让他们超过四品的官职。到了唐玄宗李隆基时才毁坏废弃了原有的规定，一方面尊崇他们，另一方面助长他们，晚年让高力士审阅批复奏折，甚至让他任免将军、宰相的职位，也常常和他商议军国政事，连太子王公都提心吊胆地侍奉他，宦官的势力自此旺盛起来。等到中原动荡不安，肃宗李亨在灵武即皇帝位，撤回军队，李辅国以东宫太子的旧属身份参预军事谋划。过分的宠信使他骄纵狂横，天子不能对他控制，最终连爱子慈父都不能保护，终因担忧恐惧而死。代宗李豫即位以后，仍然遵照其父肃宗李亨的制度行事，程元振、鱼朝恩前后相继，管理国家大事，私下擅自刑罚或奖赏，堵塞蒙蔽皇帝的耳目，看待天子就如同对待被抛弃的裘衣一般，欺凌辱骂宰相就像对待自己的奴仆俘虏一样。因此来瑱对唐室尽忠，入朝为宰相，竟然因为程元振的毁谤，而被赐死；吐蕃进犯中原，深入京畿近郊，宦官隐瞒事实，不向天子奏报，以至于天子在仓促之间狼狈逃奔陕州；一代名将李光弼身处在程、鱼两宦官的妒忌谋害之中，心中忧虑郁积，甚至病死；与李光弼齐名的将领郭子仪，因为被排斥而免官，赋闲家居，却连坟墓都不能保住；仆固怀恩被冤枉压制，无处申诉，于是舍弃大功，转而作乱。唐德宗李适初即位时，就大力整顿法纪，宦官的势力逐渐被抑制。但从兴元返京之后，猜忌诸将，认为李晟、浑瑊不值得信任，削夺了他们的全部兵权，而任命窦文场、霍仙鸣为中尉，让他们掌管宫禁的值宿警卫，从此军权落入宦官之手。到了宪宗李纯末年，惠昭太子去世的时候（元和七年，812），吐突承璀想要废掉遂王李恒（本名宥），拥立沣王李恽为太子，因此导致了晚年（元和十五年，820）陈洪志（洪字当作弘字）杀害宪宗的叛乱。敬宗李湛宝历年间（825—826），由于过分亲近、宠溺那些宦官，才会造成刘克明和苏佐明的宦官叛乱。从此以后，绛王李悟以及文宗李昂、武宗李炎、宣宗李忱、懿宗李漼、僖宗李儇、昭宗李晔六位皇帝，都是被宦官拥立的，宦官更加骄横霸道。王守澄、仇士良、田令孜、杨复恭、刘季述、韩全诲都是宦官中的首领，以至于自称“定策国老”，把天子看作自己的门生，这种局面已是不可扭转了！唐文宗李昂非常怨恨宦官如此，立志要诛除他们，凭借宋申锡那样贤德的人，尚且没有能够有什么作为，反而遭受灾祸，更何况李训、郑注这些翻云覆雨的小人，妄想要用一个早晨的奸诈谋划，来铲除数代胶黏固结的朋党，最终导致鲜血流满宫廷的道路，尸体堆积在台省门前，公卿大臣接连不断被杀害，满门全族被处斩，天子表面上不闻不问，纵情饮酒，私下里含泪吞声，把自己比作周赧王姬延、汉献帝刘协，这不是很悲哀的事情吗！以宣宗的严厉、果断，明察秋毫，尚且要睁一只眼、闭一只眼，无可奈何地叹气，自以为惧怕他们，更何况懿宗、僖宗这两位骄奢淫逸的天子呢？如果音乐、美色、击球、狩猎足以满足他们欲望的话，那么即使政事全部交给宦官们，甚至称他们为“阿父”，也本来就没什么感到奇怪的。贼寇玷污宫殿，天子两次驾临梁州、益州，都是田令孜导致的。昭宗无法忍受这样的耻辱，想要极力清洗，但是所任用的官员不适宜，使用的方法也不明智。起初是张濬在平阳全军覆没，助长了李克用专横残暴的气势；杨复恭向山南逃跑，激起了宋文通不守臣节的念头；最终则是军队在宫殿里激战，弓箭射中了昭宗的衣服，使得昭宗到莎城流亡迁徙，在华阴漂泊寄居，在东宫幽囚被辱，被劫持胁迫到岐阳。崔昌遐（崔胤字昌遐）也无计可施，只好改召朱全忠发兵征讨。战事相连，包围了凤翔城，昭宗再次蒙受严寒、酷暑的侵袭，昭宗的膳食连干粮都不能接续供给，王侯在饥寒交迫中倒地而死，然后韩全诲才受到惩治被诛杀，昭宗圣驾东行，铲除韩全诲的党羽，一个没有剩下，然而唐朝的宗庙社稷因此也成了一片废墟啊！如此看来，宦官的祸乱，开始于玄宗，兴盛于肃宗、代宗，大成于德宗，到昭宗时达到极点。《易经》说："行于霜上而知道严寒冰冻将要到来。"（比喻人一遇到小的祸难，就知大灾难即将到来，须早日谨慎防患。）侍奉国君的人，必须在祸患细微的时候就预先加以控制，以免它再逐渐增长，怎能不小心谨慎它的起始呢？以上这些是宦官所造成的灾祸中，特别清楚明显的事例。其余残害贤能、招致祸乱、出卖官爵、收贿减刑、颓丧士气、折损将士、危害百姓等事情，不可能一一列举出来。

说到宦官的设置，从三王的时候，就详细地记载在《诗经》《礼记》之中，是用来谨慎遵守宫廷门户的禁令，宣达宫廷内外的意见，怎么能够没有这些人呢？比如，巷伯的憎恶邪恶之人，寺人披的忠诚侍奉君主的事情，郑众的谢绝赏赐的故事，吕强的直言劝谏的美德，曹日升的解救危难的英勇，马存亮的消除祸患的大功，杨复光的怒讨逆贼的胆魄，严遵美的避让权位的美德，张承业的竭尽忠诚的德行，他们中间难道就没有贤才吗？只是国君不应该与他们商议谋划政事，以及提拔、贬黜官吏，从而让他们可以作威作福，足以驱使控制其他的人而已。倘若宦官之中有人犯罪，小罪就惩治他，大罪就处死他，不予宽恕赦免；这样，即使让他专权、骄横，又有谁敢胡作非为呢？怎么可以不明察好坏，不选择是非，就像割草、杀禽鸟一般地全部摒弃掉，这怎能不造成叛乱呢？袁绍实行屠杀在前而董卓削弱汉室，崔胤重复杀戮在后而朱全忠篡夺大唐，虽然畅快宣泄了一时的怨恨，但国家也随着灭亡了。这就好像是讨厌衣服上面的污垢就把整件衣服给烧毁，也如同担心树木里头长了蠹虫就把整棵树给砍掉一样，这样所造成的灾害难道不是更多了吗？孔子说："一个人如果不仁爱，憎恶得过分，也是造成祸乱的根源啊！"说的就是这个意思啊！◆

王师范派遣使者告诉李克用说他已经发兵了，李克用写信褒奖他，赞赏他的义行。河东监军张承业也劝说李克用派遣军队救援凤翔，于是，李克用率领军队攻击晋州，听说昭宗李晔已经东归京城长安，这才作罢。

杨行密秉承诏命，加封朱瑾为东面诸道行营副都统、同平章事，任命升州刺史李神福为淮南行军司马、鄂岳行营招讨使，任命舒州团练使刘存为他的副使，率领军队攻打杜洪。杜洪的部将骆殷驻守永兴，弃城逃走，县民方诏占据永兴城投降。李神福说："永兴是大县，是运输军用物资和粮食都要依仗的地方，这样看来，我们已经得到鄂州的一半了！"

资治通鉴卷第二百六十四　唐纪八十

起癸亥（公元903年）二月，止甲子（公元904年）闰四月，共一年四个月。

【题解】 本卷记录了公元903年二月至904年闰四月的史事，共一年又四个月。正当唐昭宗李晔天复三年二月至天祐元年闰四月，此时期最重大的政治事件是朱全忠向东打败王师范，向西收服李茂贞，完全控制住了唐王室。山东王师范奉诏命讨伐朱全忠，杨行密派遣将领王茂章援助王师范。王茂章、王师范二人联合兵力大败汴州军队，杀死了朱全忠的大将朱友宁。朱全忠返回洛阳率领二十万大军征讨王师范，大破王师范的军队。至此，长江、淮河以北，黄河以南，西起关陇，东至大海，广阔的中原地区都落入朱全忠之手，天下没有人可以与之抗衡。朱全忠向昭宗秘密上表崔胤专权乱国，离间君臣，杀死崔胤，随后又称李茂贞进逼京畿地区，逼迫昭宗迁往洛阳。昭宗左右亲信随从，甚至击球供奉、内园小儿二百多人，全被朱全忠杀害。从此以后，昭宗左右掌理事务、供给使唤的，全都是朱全忠的人，昭宗孤立无援。

昭宗圣穆景文孝皇帝下之上

天复三年（癸亥，公元903年）

二月，壬申朔日（初一），昭宗李晔下诏说："最近在凤翔府所任命的官员，全部都停官免职。"

这时，宦官都被杀死，只有河东监军张承业、幽州监军张居翰、清海监军程匡柔、西川监军鱼全禋以及辞官归隐的严遵美，分别被李克用、刘仁恭、杨行密、王建等人藏匿，斩杀了其他囚犯来应付诏令，才各自保全了性命。

甲戌日（初三），门下侍郎、同平章事陆扆受责被贬为沂王李礼傅、分司。昭宗李晔返回京师，赐给各道诏书，只有凤翔没有赐予。陆扆说："李茂贞的罪行虽然重，但朝廷并没有与他决裂；现在唯独不颁赐给他诏书，这会向人显示朝廷行事没有宽大的胸怀。"崔胤立即大怒，奏请昭宗，将陆扆贬斥。韩全诲进献入宫的宫人宋柔等十一人，还有僧人、道士和被昭宗喜爱厚待的宦官二十多人，全部被押送到京兆，都用木杖打杀。

昭宗李晔对韩偓说："崔胤虽然竭尽忠诚，但比你擅用心机权术。"韩偓回答道："凡是为天下、朝廷服务的人，全国的耳目都注视着朝廷，哪里能够运用心机谋略来欺瞒百姓呢？不如用诚意来对待他人，用正直诚心来处理事务，虽然，现在我们按日计算，会感到时间不充足，但是如果以年来计算的话，却有很多剩余啊！"

丙子日（初五），工部侍郎、同平章事苏检，吏部侍郎卢光启，都被昭宗李晔赐令自尽；丁丑日（初六），中书侍郎、同平章事王溥被降为太子宾客、分司，这些人都是崔胤所厌恶的。

戊寅日（初七），昭宗李晔赐朱全忠名号为回天再造竭忠守正功臣，赐给他的幕僚佐吏敬翔等人名号为迎銮协赞功臣，各将领朱友宁等人名号为迎銮果毅功臣，都头以下名号为四镇静难功臣。

昭宗李晔与群臣商议褒奖尊崇朱全忠，打算任命皇子担任诸道兵马元帅，让朱全忠担任副职。崔胤请求让辉王李祚担任诸道兵马元帅，昭宗说："濮王年纪长些。"崔胤遵照朱全忠的秘密授意，认为李祚年幼对自己执掌大权有利，坚决请求任命李祚为元帅。己卯日（初八），昭宗任命李祚为诸道兵马元帅。庚辰日（初九），昭宗加封朱全忠摄理太尉，充任副元帅，进爵位为梁王。任命崔胤为司徒兼侍中。

崔胤仰仗朱全忠的权势，专擅朝政大权，任意而为，昭宗的行止举动都要向他禀告。跟从昭宗前往凤翔的大臣，被贬职和放逐外地的共计三十余人。对朝臣的惩罚、奖赏完全看他的喜好与憎恶，这让朝廷内外的人士都惧怕他到了极点，裹足不敢向前。

昭宗任命敬翔摄理太府卿，任命朱友宁兼任宁远节度使。朱全忠向昭宗上表，任命苻道昭为同平章事，充任天雄节度使，派遣军队护送他去秦州上任，由于岐州的军队堵塞了道路，没有到达就返回了。

起初，翰林学士承旨韩偓考中进士时，御史大夫赵崇担任主考官。昭宗李晔从凤翔返回后，想要任用韩偓为宰相，韩偓推荐赵崇以及兵部侍郎王赞来替代自己。昭宗想听从他的建议，崔胤怨恨他们分夺自己的权力，于是让朱全忠入宫争辩此事。朱全忠觐见昭宗，说："赵崇是轻薄之人中的魁首，王赞根本没有什么可用的才干，韩偓怎们可以胡乱地举荐他们为宰相呢？"昭宗看到朱全忠非常生气，迫不得已，癸未日（十二日），将韩偓贬为濮州司马。昭宗偷偷地跟韩偓垂泪告别，韩偓说："朱全忠这个人与从前那些不能相比了，我能够被贬往远离京师的地方任职到死就是幸运了，只是不忍心看见他篡位杀君的耻辱啊！"

己丑日（十八日），昭宗李晔诏令朱全忠写信给李茂贞，要求接回平原公主。李茂贞不敢抗旨，立即将平原公主送回。

壬辰日（二十一日），昭宗李晔任命朱友裕为镇国节度使。

乙未日（二十四日），朱全忠向朝廷上奏，在之前左右神策军的营署里留下步兵、骑兵万人，任命朱友伦为左军宿卫都指挥使；又任命汴州将领张廷范为宫苑使，王殷为皇城使，蒋玄晖充任左右两街使。就这样，朱全忠的党羽遍布宫禁宿防及京辅各处了。

戊戌日（二十七日），朱全忠辞别昭宗李晔，返回镇所，昭宗在寿春殿里宴请他，又在延喜楼为他饯别送行。昭宗走到殿堂前的台阶与朱全忠挥泪告别，诏令他在楼前上马。昭宗又赐诗给朱全忠，朱全忠也和诗进献给昭宗，又献上五首《杨柳枝词》。文武官员在长乐驿按班次列队送别朱全忠。崔胤独自将他送到霸桥，从摆酒席饯行，一直到晚上二更时，崔胤才返回城中；昭宗又召他来奏对，询问朱全忠平安与否，并且安排酒席，演奏音乐，一直到四鼓时才休息。

昭宗李晔任命清海节度使裴枢为门下侍郎，同平章事（这是朱全忠举荐的）。

李克用的使者自京师返回晋阳，陈述崔胤专横的情况，李克用说："崔胤身为臣子，在外倚赖朱全忠的势力，在内又胁迫皇帝，一方面掌控朝中的政事，另一方面又专擅军权。权重就会结怨多，势均力敌就要衍生事端，破家亡国，就在眼前了！"

朱全忠要动身时，向昭宗上奏道："李克用与臣，本来就没有什么大的矛盾，恳请陛下对他多施予恩宠，派遣大臣去抚慰他，劝导他，让他知晓我的心意。"河东的进奏吏把此事禀告给李克用，李克用笑着说："这强贼想要攻打淄青，担心我在后面牵制他罢了！"

三月，戊午日（十七日），朱全忠抵达大梁。王师范的弟弟王师鲁围攻齐州，朱友宁率领士兵把他赶走了。王师范派遣军队援助刘鄩的军队，朱友宁击败了这些援军。因此，兖州的外援被断绝，葛从周率军包围了兖州。朱友宁攻打青州；戊辰日（二十七日），朱全忠率领四镇以及魏博的十万士兵随后开赴青州。

淮南将领李神福围攻鄂州，望见城中堆积了很多荻草，对监军尹建峰说："今天晚上我为您把那些荻草烧掉。"尹建峰不相信他说的话。当时，杜洪向朱全忠请求救援，李神福派遣部将秦皋乘轻舟抵达滠口，在树林上竖起火把，杜洪以为救兵到了，果然焚烧荻草来响应。

夏季，四月，己卯日（初九），昭宗李晔任命朱全忠主持元帅府的事务。

主持温州事务的丁章被木工李彦杀死，丁章的部下将领张惠占据了温州。

王师范向淮南请求援助，乙未日（二十五日），杨行密派遣他的部将王茂章率领步兵、骑兵七千人前去援救他，另外又派遣其他将领率领几万名士兵进攻宿州。朱全忠派遣他的部将康怀英（英字当作贞字）救援宿州，淮南军队逃走了。

杨行密派遣使者去见马殷，说朱全忠骄横跋扈，请马殷与他断绝往来，然后他们两人结盟，约为兄弟。湖南大将许德勋说："朱全忠虽然蛮横跋扈，但是他挟天子以令诸侯，您明达事理，向来尊奉王室，不可以轻易与他断绝啊！"马殷听从了他的进言。

杜洪向朱全忠请求援助，于是，朱全忠派遣他的部将韩勍率领一万名士兵在滠口驻扎，另外又派遣使者告诉荆南节度使成汭、武安节度使马殷、武贞节度使雷彦威，命令他们率领军队援救杜洪。成汭畏惧朱全忠的势力强大，并且他也打算侵占江、淮的土地用来扩充自己的地盘，因此，他派遣十万水师，沿着江水东下进攻。成汭建造巨大的战舰，花了三年的时间建成，舰身的尺寸、舰上建筑的规模，就好比官府房舍一样，称为"和州载"，其余称为"齐山""截海""劈浪"等，种类名目非常多。掌书记李珽劝谏说："现在每舰载甲士一千人，稻米又多了一倍，如果情况危急的话，战舰难以移动。吴兵剽悍轻捷，很难和他们较量；武陵雷彦威、长沙马殷都是我们的敌人，怎么能不考虑后顾之忧呢？不如派遣勇将在巴陵驻扎，大军与他们隔岸相对，我们坚守军营，不要交战，不超过一个月，吴王的士兵就会把粮食吃完了，那时，他们自然会逃走，鄂州的包围自然就解除了。"成汭不听从他的建议。李珽是李憕的第五代孙子。

王建发动军队进攻秦州、陇州，是趁着李茂贞势力削弱的时候去的；他派遣判官韦庄入朝进献财物，同时也是向朱全忠表示友好。朱全忠派遣押牙王殷到成都回访，王建宴请他。王殷说："蜀地的武装士兵确实很多，就只是马匹匮乏而已。"王建脸色大变说："蜀地路途艰险，山河相阻，骑兵没有施展的地方。但是马匹并不缺乏，押牙稍微停留几日，当一起检阅一番。"于是将各州的马匹聚集起来，在星宿山大阅兵马，共计有八千匹官家的马、四千匹私人的马，军队非常严肃整齐。王殷看了赞叹钦佩不已。王建本来是骑兵将领，因此在攻占蜀地之后，在文州、黎州、维州、茂州一带购买胡地出产的马匹，十年之间，就达到了这个规模。

五月，丁未日（初七），李克用属下云州都将王敬晖杀死刺史刘再立，叛变投降刘仁恭；李克用派遣李嗣昭、李存审率领士兵征讨他。刘仁恭派遣部将率领五万士兵援助王敬晖，李嗣昭退守乐安，王敬晖率众弃城逃走。在此以前，振武将领契苾让赶走驻守的将领石善友，据城叛变，李嗣昭等率领军队征讨，契苾让自焚而死；李嗣昭等又夺回振武城，杀死吐谷浑叛乱的两千名士兵。李克用气恼李嗣昭、李存审让王敬晖逃走了，都处以杖刑，并削去他们的官职。

成汭还没抵达鄂州，马殷派遣大将许德勋率领水师一万多人，雷彦威派遣他的部将欧阳思率领水师三千多人在荆江口会合，乘虚偷袭江陵，庚戌日（初十），把江陵攻克了，将江陵的百姓和财物全都抢掠一空。成汭的将士家亡财空，都失去了斗志。

李神福听到成汭即将抵达，亲自搭乘轻快的小舟前去探察，对各位将领说："他们的战舰虽然很多，但是都不相互连接，很容易对付的，应当急速攻打他们！"壬子日（十二日），李神福派遣他的将领秦裴、杨戎率领几千士兵在君山进击成汭，大破他的军队，然后顺着风向点火，将他的战舰烧毁，士兵们都溃散奔逃，成汭投水自尽，李神福缴获他的两百多艘战舰。韩勍听到这个消息后，也率领士兵退走了。

许德勋返回途中经过岳州，刺史邓进忠打开城门，准备牛酒慰劳将士，许德勋对他陈述祸福利害，邓进忠于是带着全族人迁往长沙。马殷任命许德勋为岳州刺史，邓进忠为衡州刺史。

雷彦威天生狡猾残忍，有他父亲雷满的遗风，他常常划船去烧杀劫掠邻近的地方，因此在荆州、鄂州之间几乎到了没有人烟的地步。

李茂贞惧怕朱全忠，自认为担任尚书令，官位在朱全忠之上，所以多次上表请求辞去尚书令的职位。昭宗李晔下诏又任命李茂贞为中书令。

崔胤向昭宗李晔上奏道："左右龙武、羽林、神策等军，名字虽然还存在，但实际上已经没有了，宫禁中的侍卫力量确实单薄；请求陛下每一个军再招募步兵四将，每将有二百五十人，骑兵一将，领一百人，六军共计有士兵六千六百人，挑选那些身体健壮的人，分批轮换侍奉护卫。"昭宗听从了他的建议。诏令六军各侍卫的副使、京兆尹郑元规拟写公告，在街市中招募侍卫。

朱全忠向昭宗李晔上表，任命颍州刺史朱友恭为武宁节度使。

朱友宁攻打博昌，攻打了一个多月还没有攻克；朱全忠大怒，派遣客将刘捍前往督战。刘捍抵达那里以后，朱友宁驱赶十几万民夫，背着木头，扛着石头，牵着牛、驴，到博昌城南修筑土山；土山建好了以后，把人畜木石排列在一起填土捣实，喊冤号哭之声传出几十里远。不久都昌城陷落，把城内男女老少全部斩杀。之后进兵攻取了临淄，到达青州城下，派遣别将率兵进攻登州、莱州。

淮南将领王茂章联合王师范的弟弟莱州刺史王师诲攻打密州，把它攻克了，杀死了刺史刘康义，任命淮海都游弈使张训为刺史。

六月，乙亥日（初六），汴州的士兵攻占了登州。王师范率领登州、莱州的士兵在石楼抵御朱友宁，修筑了两道木栅。丙子日（初七）的晚上，朱友宁进攻登州城外的木栅，木栅中告急，王师范催促王茂章出战，王茂章却按兵不动。朱友宁攻破了登州城外的木栅，进军攻击莱州的木栅。等到天亮时，王茂章估计着他们的士兵已经疲惫不堪，于是与王师范联合力量发动士兵交战，大破他们的军队。朱友宁凭借高峻的土山，骑着马奔驰向前杀敌，结果战马摔倒在地，青州将领张士英勇作战，将朱友宁斩杀，将首级传送到淮南示众。平卢、淮南两镇军队追杀败退的敌军，一直追到米河，俘获斩杀的敌人数以万计，魏博军队几乎覆没。

朱全忠听到朱友宁战死的消息，亲自率领二十万士兵不分白天黑夜，连续赶往救援，秋季，七月，壬子日（十四日），抵达临朐，命令各将领攻打青州。王师范率兵迎战，被汴州军打得惨败。王茂章紧闭城垒，表现出害怕的样子，观察到汴州的士兵稍微松懈时，率兵毁坏栅栏猛然冲出，飞驰向前，急速作战，打到尽兴之时，又退了回去，召集诸将畅饮；不久又冲出来奋战。朱全忠登高眺望，看到这种情况，就询问投降的人，知晓此人就是王茂章，赞叹说："如果我得到这个人当将领的话，那么天下就不值得再劳烦我去平定了！"等到下午，汴州的士兵才撤退。王茂章私下考虑敌我力量悬殊，寡不敌众，当天晚上，他就率领军队返回淮南。朱全忠派遣曹州刺史杨师厚率兵追击，一直追到辅唐。王茂章命令先锋指挥使李虔裕率领五百骑兵殿后，与追兵拼死激战，杨师厚将李虔裕抓住并杀死了。杨师厚是颍州人。

张训听说王茂章已经返回，对各位将领说："汴州军队将要抵达这里，怎么来防御呢？"诸将请求将城池烧毁，劫掠财物回到淮南。张训说："我们不能这样做。"接着，张训命令封闭府库，在城上竖起大旗，然后让老弱士兵先走，自己率领精兵殿后离去。朱全忠派遣左踏白指挥使王檀攻打密州，军队到达后，远远望见旗帜，过了好几天才敢进入城中；看见府库、城邑都完好无损，这才不再追赶。张训全军回到淮南。朱全忠任命王檀为密州刺史。

丁卯日（二十九日），昭宗李晔任命山南西道留后王宗贺为节度使。

睦州刺史陈询背叛钱镠，率领军队进攻兰溪，钱镠派遣指挥使方永珍攻打他。武安都指挥使杜建徽和陈询是姻亲，钱镠怀疑杜建徽，杜建徽也不辩解。恰巧此时，陈询的亲信属吏来投奔钱镠，钱镠得到杜建微给陈询的书信，内容都是劝说陈询改过自新的话，钱镠这才高兴。杜建徽的堂兄杜建思向钱镠进谗言诋毁杜建徽，说他私藏兵器，暗中谋划作乱；于是，钱镠派人去搜查，当时，杜建徽正在吃饭，使者直接冲入他的卧室，杜建徽看都没看他，钱镠因此更加亲近、重用杜建徽。

八月，戊辰朔日（初一），朱全忠留下齐州刺史杨师厚进攻青州，自己返回大梁。

庚辰日（十三日），昭宗李晔加封西川节度使西平王王建摄理司徒，进爵位为蜀王。

前渝州刺史王宗本向王建进言，请求出兵攻打荆南。王建听从了他的建议，任命王宗本为开道都指挥使，率兵进发三峡。

起初，宁国节度使田頵打败冯弘铎的军队时，田頵亲自到广陵向杨行密表示感谢，顺便向杨行密请求把池州、歙州划为他统属的地盘，杨行密没有答应。杨行密左右的亲信，下到狱吏，都向田頵索取财物，田頵勃然大怒说："你狱吏清楚我将要被关入大狱吗！"等到回去时，田頵指着广陵的南门说："我不能再进入此城了。"田頵兵力强盛，钱财又充足，喜好抢夺劫掠；杨行密平定淮南之后，打算固守疆土，让百姓休养生息，因此常常打压阻止他，田頵不听从他的调遣。等到杨行密解除对钱镠的包围，田頵特别痛恨杨行密，私下已有叛变的意思。李神福对杨行密说："田頵一定会作乱，应该早一点谋划对策才是。"杨行密说："田頵立有大功，作乱的迹象还没显露出来，现在如果杀死他的话，各位将领个个都会感到恐惧难安的！"田頵手下有一位良将，叫康儒，他和田頵在谋划商议事情时经常意见不一致，杨行密得知这个情况后，提升康儒为庐州刺史。田頵认为康儒对自己有二心，将他全族杀死。康儒说："我如果死了，田公你灭亡的日子也就没有几天了！"于是田頵与润州团练使安仁义一起起兵，安仁义将杨行密停在扬州东塘的全部战舰都烧毁了。

田頵派遣两名使者假扮成商人，到寿州与奉国节度使朱延寿联络，杨行密的部将尚公乃遇到他们，说："他们不是商人。"于是杀死一人，搜到田頵给朱延寿的书信，马上将这一情况禀告给杨行密。杨行密从鄂州将李神福召回，李神福恐怕杜洪拦截他，宣言是奉命讨伐荆南，准备武器船只；等到日落时，就沿长江顺流东下，这才告诉将士们是去征讨田頵。

己丑日（二十二日），安仁义袭击常州，常州刺史李遇迎战，破口大骂安仁义，安仁义说："他敢如此辱骂我，一定是有所防备的。"于是就率领军队离开了。壬辰日（二十五日），杨行密任命王茂章为润州行营招讨使，前去攻打安仁义，没有攻克，又命令徐温率领士兵与王茂章会合。徐温改换军队的衣服、旗帜，都像王茂章的士兵一样，安仁义不知道增派了士兵，又去交战，徐温竭尽全力攻击，大破安仁义。

杨行密的夫人是朱延寿的姐姐。杨行密轻慢侮辱朱延寿，朱延寿怨恨气恼，私下与田頵勾结策划叛乱。田頵派遣前进士杜荀鹤前往寿州，与朱延寿相交结；又派遣杜荀鹤到大梁禀告朱全忠，朱全忠很是欣喜，于是立即派遣军队在宿州屯驻，来接应他们。杜荀鹤是池州人。

杨师厚在临朐驻扎军队，扬言即将前往密州，把器械、财物留在临朐。九月，癸卯日（初六），王师范派遣军队攻打临朐，杨师厚埋伏军队奋力攻打，大破王师范的军队，杀死一万多人，生擒了王师范的弟弟王师克。次日，莱州的五千士兵来救援青州，杨师厚迎击他们，几乎把他们都杀死、俘获了，杨师厚于是把守寨迁移到青州城下。

朱延寿串通田頵的叛乱计划泄露了不少，杨行密知道后假装患了眼病，面对朱延寿的使者，他或者认错人，或者撞上柱子倒在地上。杨行密对夫人朱氏说："我不幸双眼失明，诸子还很小，军府的事情应当都交予三舅掌管了。"朱夫人多次给朱延寿写信告诉他这些情况。杨行密又亲自派人召朱延寿到广陵来，暗中却命令徐温做好准备工作。朱延寿抵达广陵后，杨行密迎接他，等到了内室门口，把他抓住杀死了；朱延寿属下的士兵惊慌大乱，然后，徐温劝导他们，他们都听从了命令，于是杨行密杀死了朱延寿的兄弟，废黜了朱夫人。

起初，朱延寿受杨行密的召请前往广陵，他的妻子王氏对他说："您此行的吉凶难以预料，希望每天派一个使者来给我报平安！"有一天，使者没有回来禀告，王氏说："事情的结果已经很清楚了！"便分派安置仆从，发给他们武器，紧闭大门，当抓捕他们的骑兵到达时，王氏就召集家人，把财宝、货物堆积在一起，点燃上百支的火把烧毁府舍，她说："我发誓不让清白的身体被仇敌玷辱。"说完就投火自焚而死。

朱延寿执法特别严厉，喜欢以少击多，曾经派二百人与朱全忠的汴州军队交战，有一个应该留下的士兵，请求前去作战，朱延寿认为他有意违抗军令，将他马上斩杀了。

田頵袭击升州，抓获李神福的妻子儿女，对待他们很好。李神福从鄂州东下，田頵派遣使者去对他说："如果您能见机行事，我与您分地称王，否则，您的妻儿将难以活命啊！"李神福说："我以小小士兵的身份服侍吴王，如今担任上将，在道义上不能因为妻儿而改变我的志向。田頵上有老母，却丝毫不顾念而作乱，连君为臣纲、父为子纲、夫为妻纲尚且都不了解，哪里值得与他说什么呢？"说罢，便将使者斩杀，继续进兵攻打，士兵全都很感动，精神振作。田頵派遣他的部将王坛、汪建率领水军迎战。丁未日（初十），李神福抵达吉阳矶，和王坛、汪建相遇，王坛、汪建抓住他的孩子李承鼎给他看，李神福命令左右发箭射杀他们。李神福告诉各位将领说："他们士兵多，我们士兵少，我们应该使用出其不意的战术来取得胜利啊！"等到黄昏时，两军会合激战，李神福假装战败，率领战船逆流而逃，王坛、汪建追击，李神福又调转船头，顺流而下进行攻击。王坛、汪建的楼船排列着大量火炬，李神福命令军中士兵说："一望见火炬就开始进攻。"王坛、汪建的军队全都将火炬熄灭，旗帜都交杂错乱了，李神福趁着风势放了一把大火，将敌舰烧毁，王坛、汪建惨败，烧死淹死的士兵非常多。戊申日（十一日），两军又在皖口激战，王坛、汪建仅能幸免于死罢了。李神福俘获徐绾，杨行密用囚车押着徐绾，把他送到钱镠那里；钱镠挖出他的心来祭奠高渭。

田頵听说王坛、汪建战败，亲自率领水军迎战。李神福说："寇贼放弃守城来攻打我们，这是上天要将他们灭亡了！"李神福临江坚守营垒，不出来迎战，派遣使者报告杨行密，请他发动步兵阻拦田頵军队的退路；杨行密派遣涟水制置使台濛率领军队接应李神福。王茂章进攻润州，攻打了很久还没有攻克，于是，杨行密命令王茂章率领军队与台濛会合，一同攻打田頵。

辛亥日（十四日），汴州将领刘重霸攻占了棣州，擒住刺史邵播，把他杀死了。

甲寅日（十七日），朱全忠前往洛阳，恰在此时患病，又返回大梁。

戊午日（二十一日），王师范派遣副使李嗣业与弟弟王师悦向杨师厚请求投降，说："师范不敢违背恩德，韩全诲、李茂贞用皇上朱笔写的御札命令我发动军队，师范不敢违反军令。"并请求把他的弟弟王师鲁当作人质。当时，朱全忠听说李茂贞、杨崇本打算起兵逼近京畿，恐怕他们再次胁迫昭宗李晔西去凤翔，想要迎接昭宗在洛阳建都，于是接受了王师范的投降，挑选各位将领，派遣他们驻守登、莱、淄、棣等州，并且即刻任命王师范代理淄青留后。王师范趁此机会说明先前派遣行军司马刘鄩率领五千士兵据守兖州，不是他自作主张，希望宽容赦免他的罪过；此外也派遣使者去告知刘鄩。

田頵听说台濛即将抵达，亲自率领步兵、骑兵迎战，留下他的部将郭行悰率领两万精兵和王坛、汪建的水军在芜湖驻扎，用来抵御李神福。侦察敌情的士兵回来禀告说："台濛的营寨狭小，仅能容纳两千人。"田頵开始轻视台濛，没有召集外地的军队。接着台濛进入田頵的地盘，把军队分为几部轮番排列行进，军中有人讥笑他胆小懦弱，台濛说："田頵是沙场老将，阴谋诡计非常多，对他不能不防备啊！"冬季，十月，戊辰日（初二），台濛和田頵在广德相遇，台濛先拿杨行密的书信遍赐田頵的各位部将，他们都从马上下来，恭敬地领受；台濛趁着他们的士气受到挫折，放纵军队攻打他们，田頵的军队于是战败！他们又在黄池交战，军队刚一交战，台濛假装逃走，田頵率兵追击，结果遭遇埋伏，被打得惨败，逃回宣州，关闭城门防守，台濛率领军队围攻宣州。田頵紧急召回驻守芜湖的军队，但无法入城。

郭行悰、王坛、汪建以及当涂、广德等地的驻防将领都率军队投降了。杨行密因为台濛已经打败田頵，命令王茂章再次率领军队攻打润州。

起初，夔州刺史侯矩跟随成汭救援鄂州，结果成汭阵亡，侯矩逃回。正赶上王宗本的军队到达，甲戌日（初八），侯矩以夔州向王宗本投降，王宗本因此将夔、忠、万、施四个州都平定了。王建仍然任命侯矩为夔州刺史，改换他的姓名为王宗矩。王宗矩是易州人。议事的蜀人，都认为瞿塘峡是蜀地险峻的要冲，于是放弃归州、峡州，把军队驻扎在夔州。

王建任命王宗本为武泰留后。武泰军原来的治所在黔州，王宗本因为当地潮湿，多瘴气瘟疫，请求将治所迁移到涪州，王建答应了他的请求。

葛从周紧急进攻兖州，刘鄩让葛从周的母亲乘坐板车登上城楼，对葛从周说："刘将军服侍我不比你差，你的妻子儿女等也都安好，人都为自己的主帅奋战，你要明白这个道理！"葛从周悲伤哽咽，撤退了，攻城也就因此缓和下来。刘鄩挑选妇人和年老生病不能抗敌的百姓，让他们全都出去，只与年轻力壮的士兵同甘共苦，分享衣食，坚守城池，以此来抗拒敌军。他们的号令整齐、严肃，士兵不做残暴的事，百姓都能安居乐业。过了很久，外面的救援也断绝了，节度副使王彦温翻越城墙，出去投降，城上的很多士兵也跟着他去投降，没有办法阻止。刘鄩派人从容地对王彦温说："不是你之前差遣的士兵，就不要让他们与你一起去。"又派人在城上巡视说："不是之前跟随节度副使而胆敢擅自前往的士兵，把他的全族都处死。"士兵们都惶惑恐惧，不敢再逃出城了。敌人果然对王彦温起了疑心，在城下把他斩首了，因此士兵防守的心志也就更加坚定了。等到王师范兵力衰竭，葛从周拿祸、福得失来劝导他，刘鄩说："我受王公的命令防守此城，如果看见他失势，不等他的命令就主动投降，这不是用来侍奉王公的态度。"等到王师范的使者赶到后，丁丑日（十一日），刘鄩才出城投降。

葛从周替刘鄩置办行李，送他到大梁。刘鄩说：“降将没有得到梁王宽容释放的命令，哪里敢骑着战马穿着裘衣呢？”于是穿着素衣，骑着驴子抵达大梁。朱全忠又赐给他衣冠腰带，刘鄩都拒绝了；请求穿着囚犯的衣服入府拜见，朱全忠没有答应他。朱全忠慰劳刘鄩时，拿酒给他喝，刘鄩推辞说自己的酒量很小。朱全忠说：“你攻打兖州，胃口怎么就那么大呢？”于是，朱全忠任命刘鄩为元从都押牙。这时，四镇的将领官吏都是朱全忠的功臣、旧部，刘鄩以降将身份一下子地位在他们之上，各位将领都要在公堂上行军礼拜见他，刘鄩坐着接受他们的拜见，神态自若，朱全忠越发赏识他；没有多久，朱全忠向朝廷上表任命他为保大留后。

因为葛从周病了很长时间，朱全忠任命康怀英（英字当作贞字）为泰宁节度使来代替他。

辛巳日（十五日），宿卫都指挥使朱友伦与客人在左军玩打球的游戏，掉下马来摔死了。朱全忠又悲痛又愤怒，怀疑是崔胤故意安排的，所有与朱友伦一同游戏的这十几人全被杀死，派遣他哥哥的儿子朱友谅代替朱友伦管理宿卫的职务。

山南东道节度使赵匡凝派遣军队袭击荆南，朗州军队（雷彦威的士兵）弃城逃走，赵匡凝向朝廷上表，任命他的弟弟赵匡明为荆南留后。这时昭宗李晔的势力微弱，各道的贡品、赋税大多不向朝廷上供，只有赵匡凝兄弟向京师运输财货，没有间断。

淮南节度使杨行密向镇海节度使钱镠请求派遣军队支援，钱镠派遣方永珍率军在润州驻扎，堂弟钱镒率军在宣州驻扎，又派遣指挥使杨习率军进攻睦州。

凤翔、邠州多次派出军队进逼京畿，朱全忠怀疑他们又有胁迫昭宗李晔迁往凤翔的阴谋，十一月，发动骑兵在河中屯驻。

十二月，乙亥日（十二月无此日），田頵率领几百名敢死队士兵出战，台濛假装战败而逃，表现出兵力衰弱的样子。田頵的军队越过护城河作战，台濛迅速反击。田頵没有办法取得胜利，转身逃进城去，结果桥梁坍塌，田頵掉下马，被台濛斩首。田頵的军队仍然在激战，台濛拿田頵的首级展示给他们看，敌兵这才溃散逃走，台濛于是攻克宣州。

起初，杨行密和田頵同乡里，少年时两人关系非常好，结拜为兄弟，等到田頵的首级送到广陵，杨行密看了不禁潸然泪下。于是，杨行密赦免了田頵的母亲殷氏，并与自己的儿子们一起以儿孙的礼节侍奉她。

杨行密任命李神福为宁国节度使；李神福因为还没有剿灭杜洪，坚决推辞，不肯接受这一职位。宣州长史（合肥人）骆知祥擅长管理钱财及布帛、谷粮的事务。观察牙推沈文昌写文章精妙快捷，曾经为田頵起草檄文痛骂杨行密，杨行密任命骆知祥为淮南支计官，沈文昌为节度分推。沈文昌是湖州人。

起初，田頵多次进攻都没办法取胜，就想把钱传瓘杀死，他的母亲和宣州都虞候郭师从经常保护钱传瓘。郭师从是合肥人，他是田頵的妻弟。田頵战败以后，钱传瓘返回杭州，钱镠任命郭师从为镇东都虞候。

辛巳日（十一月无此日），昭宗李晔任命礼部尚书独孤损为兵部侍郎、同平章事。独孤损是独孤及的从曾孙。中书侍郎兼户部尚书、同平章事裴贽被免去官职，改为左仆射。

以左仆射辞官归隐的张濬在长水居住，王师范起兵时，张濬参与策划。朱全忠打算暗中谋划篡位，担心张濬煽动藩镇反对，就暗示佑国节度使张全义设法将他除掉。丙申日（三十日），张全义派遣牙将杨麟率领军队假扮盗贼，围攻张濬的住宅，将他杀死。永宁县吏叶彦一向受张濬优待，他知道杨麟即将到来，偷偷地告诉张濬的儿子张格，说："张相公的灾祸是无法免除的，你应该自己谋求一条活路。"张濬对张格说："你留下来就要一起受死，逃走的话还可以留下子嗣后代啊。"张格放声痛哭，跪拜以后才离开，叶彦率领三十个义士送他渡过汉水才返回，张格于是从荆南进入蜀地。

卢龙节度使刘仁恭熟知契丹的情况虚实，经常挑选将领、训练士兵，趁着秋季深入敌境，越过摘星岭去攻打他们，契丹十分惧怕他。霜降时，刘仁恭往往派人焚烧边塞的野草，契丹的马大多数都被饿死了，因此契丹人经常用优良的战马贿赂刘仁恭，以此来购买牧地放马。契丹王耶律阿保机派遣他的妻兄述律阿钵率领一万骑兵进犯渝关，刘仁恭派遣他的儿子刘守光在平州驻守。刘守光假装与述律阿钵交好，在城外安设帐篷，犒劳款待他；酒喝到酣畅时，埋伏的士兵把述律阿钵抓入城中，契丹部众都大哭不止。后来，契丹带着很贵重的财物来贿赂，请刘仁恭放了述律阿钵，刘仁恭这才将述律阿钵放回去。

起初，崔胤依靠朱全忠的势力来诛杀宦官，朱全忠打败李茂贞的军队后，吞并关中，声威震动天下，于是有篡位称帝的志向。崔胤非常恐惧，表面上虽然跟朱全忠关系很亲密，内心里却逐渐有了背离，于是对朱全忠说："长安靠近李茂贞，不可不做好防守的准备。六军十二卫，只有空名却没有兵力，请招募士兵补足，让您没有西顾的担忧。"朱全忠明白他的意图，表面上答应他的请求，暗中却派遣手下士兵去应征，打入内部来窥探他的变化。崔胤没有觉察出来，与郑元规等人修缮、增置兵甲、器械，日夜工作，没有休息。等到朱友伦摔死，朱全忠对崔胤更加怀疑，并且想胁迫昭宗李晔迁都洛阳，担心崔胤提出不同的意见。

天祐元年（甲子，公元904年，这年闰四月才改年号为天祐）春季，正月，朱全忠暗中向昭宗李晔上表，陈述司徒兼侍中、判六军十二卫事、充盐铁转运使、判度支崔胤专擅朝政大权，扰乱朝纲，挑拨君臣关系，连同他的党羽刑部尚书兼京兆尹、六军诸卫副使郑元规、威远军使陈班等人，请求将他们全部诛杀。乙巳日（初九），昭宗诏命贬崔胤为太子少傅、分司，贬郑元规为循州司户，陈班为溱州司户。丙午日（初十），昭宗下诏公布崔胤等人的罪状；任命裴枢判左三军事、充盐铁转运使，任命独孤损判右三军事、兼判度支事；崔胤招募来的士兵都释放他们回家。任命兵部尚书崔远为中书侍郎，翰林学士、左拾遗柳璨为右谏议大夫，都为同平章事。柳璨是柳公绰的从孙。戊申日（十二日），朱全忠偷偷命令宿卫都指挥使朱友谅率兵包围崔胤的府宅，杀死了崔胤、郑元规、陈班以及崔胤的几个亲信。

起初，昭宗李晔在华州时，朱全忠多次向昭宗上表，请求昭宗迁都洛阳，昭宗虽然没有准许，朱全忠却经常命令东都留守、佑国军节度使张全义修整宫室。

朱全忠攻克邠州时，把静难军节度使杨崇本的妻子作为人质扣留在河中。杨崇本的妻子长得美丽，朱全忠与她私通，没过多久，又把她归还给杨崇本。杨崇本特别愤怒，派人告诉李茂贞说："唐室天下就要完了，义父怎么忍心坐看唐室灭亡呢？"于是与李茂贞联合军队，进兵逼近京畿，恢复姓名为李继徽。

己酉日（十三日），朱全忠率领军队在河中屯驻。丁巳日（二十一日），昭宗李晔亲临延喜楼，朱全忠派遣牙将寇彦卿呈递表文，称道：邠州、岐州的士兵逼近京畿的郊外，请陛下迁都洛阳；等到昭宗下楼的时候，裴枢已经拿到朱全忠移交过来的公文书信，催促群臣东去洛阳。戊午日（二十二日），被驱赶迁移的士人百姓，痛哭满路，大声痛骂："贼臣崔胤召朱温来倾覆社稷，让我们颠沛流离到如此地步啊！"扶老携幼一个个向前走，一个多月还没有走完。

壬戌日（二十六日），昭宗从长安出发，朱全忠任命他的部将张廷范为御营使，将长安的宫室、官署及民间房舍毁坏，取出木材，把它们抛入渭河，沿着黄河漂浮而下，京师从此成为一片废墟。

朱全忠征发河南、河北各镇的工匠几万人，命令张全义修建东都的宫室，江、浙、湖、岭依附朱全忠的各镇，都运送货物、钱财来协助他。

甲子日（二十八日），昭宗李晔抵达华州，百姓夹道迎接，欢呼万岁，昭宗悲伤流泪，说："不要欢呼万岁了，朕不再是你们的君主了！"

昭宗在兴德宫居住，对侍奉的臣子说："俗语道：'终年积雪的纥干山头冻得要死的山雀，为什么不飞到能活的地方去快乐呢？'朕今日颠沛流离，不知道最终要流落到哪里呀？"说完，就开始哭泣，泪水打湿了衣襟，左右侍奉的人哭泣不能仰视。

二月，乙亥日（初十），昭宗抵达陕州，因为东都的宫室还没修建好，于是停留在陕州。丙子日（十一日），朱全忠从河中来朝见昭宗，昭宗请朱全忠进入寝室觐见何后，何后悲伤地落泪说："从此以后，我们夫妇要把性命托付给全忠了！"

甲申日（十九日），昭宗李晔立皇子李祯为端王，李祈为丰王，李福为和王，李禧为登王，李祐为嘉王。

昭宗李晔派遣密使携带亲笔书信向西川节度使王建告知危难。王建任命邛州刺史王宗祐为北路行营指挥使，率领军队联合凤翔的军队迎接昭宗，到达兴平后，遭遇汴州军队，不能前进就返回去了。王建开始自己使用墨制任命官吏，说："等陛下返回长安，再另外上表向陛下奏告。"

三月，丁未日（十二日），昭宗李晔任命朱全忠兼领左、右神策及六军诸卫的事务。癸丑日（十八日），朱全忠在私人府第里设置酒宴，邀请昭宗驾临。乙卯日（二十日），朱全忠辞别昭宗，先赶赴洛阳督促宫室营建之事。随后，昭宗与他一起宴请群臣，宴会散后，昭宗只留下朱全忠和忠武节度使韩建饮酒，之后，何皇后出来，亲自捧着玉杯给朱全忠敬酒，晋国夫人可证附在昭宗的耳边小声讲话。韩建踩了踩朱全忠的脚，朱全忠以为昭宗想要暗害自己，不肯喝酒，假装已经喝醉而离开。朱全忠向昭宗上奏，将长安改为佑国军，任命韩建为佑国节度使，任命郑州刺史刘知俊为匡国节度使。

丁巳日（二十二日），昭宗李晔又派遣密使用绢写下诏令向王建、杨行密、李克用等告急，命令他们汇集并率领藩镇军队想方设法匡复朝廷，说："朕一抵达洛阳，就会被幽禁的，诏命敕书都出自朱全忠之手，朕的意愿就不能再传达给你们了！"

杨行密遣送钱传璙和他的妻子，连同顾全武等人返回钱塘。

任命淮南行军司马李神福为鄂岳招讨使，再次率领军队征讨杜洪。朱全忠派遣使者拜见杨行密，请求他放弃鄂岳，恢复之前的友好关系。杨行密回复说："等天子返回长安，我才会停止征讨，重修旧好！"

夏季，四月，辛巳日（十六日），朱全忠向昭宗李晔上奏：洛阳的宫室已经竣工，请陛下早日出发。奏章连续不断，一再催促前往。昭宗多次派遣宫人告诉朱全忠说，皇后刚刚生产，不能赶路，请等到十月再东去洛阳。朱全忠怀疑昭宗故意逗留在此不前行是等待世态变化，极为生气，对牙将寇彦卿说："你立即赶往陕州，当天就催促天子出发前来！"闰月，丁酉日（初三），昭宗从陕州出发；壬寅日（初八），朱全忠在新安迎接昭宗。昭宗在陕州时，司天监曾经向昭宗上奏说："星气有了变化，日期应该在今年秋季，向东行是不吉利的。"因此昭宗打算十月才前往洛阳。这时，朱全忠命令医官许昭远告发医官使阎祐之、司天监王墀、内都知韦周、晋国夫人可证等人暗中谋划杀害元帅朱全忠，将他们全部逮捕处死。

癸卯日（初九），昭宗李晔在谷水休息。自从崔胤被杀以后，六军全都逃散了，余下的击球供奉、内园小儿共计二百余人，跟随昭宗东行。朱全忠还是憎恶他们，在帷幕中为他们安排食物，然后将他们都勒死了。他又事先挑选了两百多人，体型与他们相似，让这些人穿上他们的衣服，代替他们侍奉、护卫昭宗。昭宗开始没有觉察，过了好几天才明白过来。从此以后，昭宗左右掌理事务、供给驱遣使唤的，全都是朱全忠的人了。

甲辰日（初十），昭宗从谷水出发，进入宫中，驾临正殿，接受群臣朝贺，乙巳日（十一日），昭宗亲临光政门，下诏大赦天下，改年号为天祐；把陕州改称为兴唐府。昭宗诏命征讨李茂贞、杨崇本。

戊申日（十四日），昭宗李晔诏令宫内各司除了留下宣徽等九使外，其余的都停用废止，依然不用内夫人充任各司使。任命蒋玄晖为宣徽南院使兼枢密使，任命王殷为宣徽北院使兼皇城使，任命张廷范为金吾将军、充街使，任命韦震为河南尹兼六军诸卫副使，又征调武宁留后朱友恭为左龙武统军，保大节度使氏叔琮为右龙武统军，掌管宫中值宿警卫。这些人都是朱全忠的亲信。

癸丑日（十九日），朝廷任命张全义为天平节度使。

乙卯日（二十一日），昭宗李晔任命朱全忠为护国、宣武、宣义、忠武四镇节度使。

镇海、镇东节度使越王钱镠向朝廷请求加封为吴越王；朝廷没有答应。朱全忠在执政大臣面前为钱镠说情，于是改封钱镠为吴王。

朝廷把魏博军改名为天雄军。癸亥日（二十九日），昭宗李晔加封天雄节度使长沙郡王罗绍威为邺王。

资治通鉴卷第二百六十五　唐纪八十一

起甲子（公元904年）五月，止丙寅（公元906年），共两年八个月。

【题解】 本卷记录了公元904年五月至906年的史事，共二年又八个月。正当唐昭宗李晔天祐元年五月至昭宣帝李柷天祐三年。此时期朱全忠加紧逼宫，为接受禅位称帝扫清道路。朱全忠的扫清道路工作，在政治上分为三个步骤：第一步，弑杀昭宗，扶立幼帝，以便利于控制。天祐元年八月，朱全忠弑杀昭宗，立昭宗第九子辉王李祚为帝，改名为李柷，当年才十三岁。第二步，大杀朝中官员。第三步，加封为兵马元帅。名义上拥护唐王室的各个藩镇，李茂贞与王建结为姻亲，联络杨崇本、李克用、刘仁恭、杨行密、赵匡凝以复兴唐王室为托词，共同出兵讨伐朱全忠，但各镇力量弱小，又没有统一领导，没有形成实质性地武力讨伐，反而朱全忠攻克山南东道，扩张了势力。其他各藩镇，都因为各种原因无法牵制朱全忠。朱全忠篡夺帝位的条件，完全成熟。

昭宗圣穆景文孝皇帝下之下

天祐元年（甲子，公元904年）

五月，丙寅日（初二），昭宗李晔加封河阳节度使张汉瑜为同平章事。

昭宗李晔在崇勋殿宴请朱全忠与群臣，宴会结束后，又在内殿宴请朱全忠；朱全忠怀疑昭宗要谋害自己，不肯进去。昭宗说："朱全忠不想来，可以让敬翔来。"朱全忠指使敬翔离去，说："敬翔也喝醉了。"辛未日（初七），朱全忠向东返回大梁；乙亥日（十一日），抵达大梁。

忠义节度使赵匡凝派遣水军逆流而上，经三峡，到夔州去攻打王建，知渝州事王宗阮等人把他打败了。万州刺史张武制作粗铁绳来截断长江中央的航道，在两端设立栅栏，称为“锁峡”。

六月，李茂贞、王建、李继徽传递檄文，联合士兵来征讨朱全忠；朱全忠任命镇国节度使朱友裕为行营都统，率领步兵、骑兵数万人攻打他们；命令保大节度使刘鄩放弃鄜州，率领士兵在同州屯驻。癸丑日（二十日），朱全忠率领军队从大梁向西讨伐李茂贞等人；秋季，七月，甲子日（初二），朱全忠路过东都洛阳，入城朝见昭宗李晔；壬申日（初十），抵达河中。

西川各将领劝谏王建趁着李茂贞衰弱的机会，攻取凤翔。王建为此询问节度判官冯涓，冯涓说：“军队是凶器，最能残害百姓，耗损钱财，所以，不应该穷兵黩武。现在大梁朱全忠、晋阳李克用两虎互相争斗，势不两立，如果朱全忠、李克用的两支军队合而为一，发兵攻打蜀地，即使诸葛亮活过来，也是不能抵御的。凤翔是蜀地的屏障，不如与李茂贞交好亲近，结为儿女亲家，无事时就专门致力于农事，训练士兵，固守边界，有事时就探察机密事务，发现破绽，然后才伺机行动，这样就可万无一失了。”王建说：“好！李茂贞虽然是个平庸之辈，然而有强悍的名声，远近都害怕他，他与朱全忠竭力对抗虽然力量不够，但自我防卫却还是足够的，如果让他作为我的屏障的话，会有很大好处啊！”于是，王建与李茂贞修好。丙子日（十四日），李茂贞派遣判官赵锽前往西川，为他的侄子天雄节度使李继勋求婚；王建把女儿嫁给李继勋为妻。李茂贞多次向王建索要财物以及铠甲武器，王建都送给他。

王建征收很重的赋税，但是没人敢谈论此事。冯涓借着王建生日的机会，呈献颂词，首先赞颂他的战功和德行，然后谈到百姓的疾苦。王建看了之后非常惭愧，对他表示感谢说：“向您这样忠诚，直言进谏，那我成就功业又有什么担忧呢！”于是，把金帛赏赐给冯涓。从此征收的赋税稍微减少了些。

起初，朱全忠从凤翔迎接昭宗李晔返回时，见德王李裕生得眉目俊秀，并且已经长大成人，很厌恶他，私下对崔胤说："德王曾经篡夺帝位，怎么能够把他留下呢？您为什么不与陛下谈论此事呢！"于是，崔胤向昭宗禀告这件事。昭宗询问朱全忠，朱全忠说："陛下父子间的事，臣怎么敢私下谈论，这是崔胤在诋毁臣啊！"昭宗自从离开长安后，每天都在担忧，担心有难以预料的事情发生，与皇后整日饮酒，有时相对流泪。朱全忠派枢密使蒋玄晖暗中观察昭宗，因此昭宗的言行举动他都知晓。昭宗闲谈间对蒋玄晖说："德王是朕的爱子，朱全忠是因为什么坚决要杀他呢？"说完悲伤流泪，咬破中指，血流不止。蒋玄晖把这些情况全部禀告朱全忠，朱全忠心里更加不安。

这时，李茂贞、杨崇本、李克用、刘仁恭、王建、杨行密、赵匡凝等人往来传递檄文，都把振兴皇室当作托词。朱全忠正率领军队向西讨伐，因为昭宗李晔有英武之气，担心宫中有变乱发生，打算另外拥立幼君，以便图谋禅让取代的事情。于是朱全忠派遣判官李振前往洛阳，与蒋玄晖以及左龙武统军朱友恭、右龙武统军氏叔琮等人谋划此事。

八月，壬寅日（十一日），昭宗李晔在何皇后居住的椒殿，蒋玄晖选出龙武牙官史太等一百人在夜晚敲打宫门，说前线有紧急事情奏报皇上，要觐见昭宗。夫人裴贞打开门，看见有士兵，说："有急事奏报，让士兵来做什么呢？"史太立即上前杀死了她。蒋玄晖问："陛下在什么地方？"昭仪李渐荣对着窗户大喊道："宁愿把我们杀死，也不能伤害陛下啊！"昭宗正巧喝醉，急忙起身，穿着单衣绕着柱子逃跑躲避，史太追上来就把他杀死了。李渐荣用身体遮挡昭宗，史太上前把她也杀死了。史太又要杀死何后，何后向蒋玄晖哀求，史太这才饶了她的性命。

癸卯日（十二日），蒋玄晖假托诏书，宣称李渐荣、裴贞一图谋杀死昭宗，应该拥立辉王李祚为皇太子，把李祚改名为李柷，监理军国政事。又假借皇后的命令，让太子在灵柩前即皇帝位。宫里头的人惊慌恐惧，都不敢哭出声来。丙午日（十五日），昭宣帝李柷即皇帝位，这时他只有十三岁。

李克用又任命张承业为监军。

淮南将领李神福攻打鄂州，但是还没攻取就生病了，于是返回广陵，杨行密派舒州团练使泌阳人刘存代替他担任招讨使；李神福不久去世。宣州观察使台濛也去世，杨行密任命自己的儿子牙内诸军使杨渥为宣州观察使，右牙都指挥使徐温对杨渥说："我们大王卧病在床，而嫡长子却被派到外地镇守，这一定是奸诈之人的诡计。他日如果召请您返回，不是我派遣的使者以及大王的令书，您要谨慎小心，千万不要马上返回！"杨渥哭着道谢，然后就上路了。

九月，己巳日（初八），昭宣帝李柷尊何皇后为皇太后。

朱全忠率领士兵在北方的永寿县屯驻，南边抵达骆谷，凤翔、邠宁的军队竟然不出战。辛未日（初十），朱全忠向东返回。

冬季，十月，辛卯朔日（初一），出现日食。

朱全忠听说朱友恭等人杀死昭宗李晔，假装很震惊，哀号痛哭，扑倒在地，喊道："这些奴才背弃了我，让我千秋万代背负恶名啊。"癸巳日（初三），朱全忠返回东都，趴在昭宗李晔的棺材上痛哭流泪，又觐见昭宣帝李柷，他申诉说这不是自己的意思，请求诛讨叛贼。之前，护驾的士兵有的在市场上掠夺他人的米粮，甲午日（初四），朱全忠向朝廷上奏：朱友恭、氏叔琮不能管制手下的士兵，侵犯扰乱了街市店铺。于是昭宣帝李柷将朱友恭贬为崖州司户，恢复其姓名为李彦威，将氏叔琮贬为白州司户，不久又都赐他们自尽。李彦威临刑时大声呼喊道："出卖我来堵住天下人的指责，但是你能蒙蔽得了鬼神吗？如此行事，你还指望有子孙后代吗？"

丙申日（初六），天平节度使张全义觐见昭宣帝李柷。丁酉日（初七），昭宣帝又任命朱全忠为宣武、护国、宣义、天平四镇节度使；任命张全义为河南尹，兼忠武节度使、判六军诸卫事。乙巳日（十五日），朱全忠向昭宣帝告辞，返回镇所，庚戌日（二十日），朱全忠抵达大梁。

镇国节度使朱友裕在梨园行营去世。

光州背叛杨行密，投降了朱全忠，杨行密派遣军队围攻光州，光州和鄂州都向朱全忠告急。十一月，戊辰日（初八），朱全忠亲自率领五万军队从颍州渡过淮水，在霍丘驻军，分派军队救援鄂州。淮南的士兵放弃对光州的围攻，返回广陵，按兵不动，不再出来应战，朱全忠分别命令各将领大肆劫掠淮南，让广陵处于困境之中。

钱镠暗中派遣衢州罗城使叶让杀害刺史陈璋，事情泄露；十二月，陈璋杀死叶让后叛变，向杨行密投降。

起初，马殷的弟弟马賨，个性沉稳勇敢，侍奉孙儒，担任百胜指挥使；孙儒死后，侍奉杨行密，屡次立下战功，升迁为黑云指挥使。杨行密曾经无意中询问他的兄弟，这才知道他是马殷的弟弟，杨行密非常震惊，说：“我常常感觉你的器度奇异，果然不是平庸之辈。应当准许你返回。”马賨流着泪推辞说：“我是淮西的败将，大王没有杀了我却对我如此宠信任用。湖南距离此地不远，曾经得到过哥哥的问讯，并且我服侍大王已经很久了，不愿意再回去了！”杨行密坚决地遣送他返回。这一年，马賨返回长沙，杨行密亲自在郊外为他饯行。

马賨抵达长沙，马殷向朝廷上表任命马賨为节度副使。有一天，马殷与他商议向皇上进贡的事，马賨说：“杨王疆域辽阔，军队强大，又与我们疆界相连接，不如与他结盟和好，从大局讲可以让他作为我们紧急时的援助，从小处讲可以有商旅往来的利益。”马殷脸色大变说：“杨王不侍奉天子，如果朝廷要征讨他的话，罪过将会牵连到我的。你快打消这个念头，不要给我招致灾祸啊！”

起初，清海节度使徐彦若临终上表推荐副使刘隐代理清海留后，朝廷任命兵部尚书崔远为清海节度使。崔远抵达江陵，听说岭南的盗贼横行，并且担心刘隐不接受替代的诏令，不敢前往，于是朝廷召崔远返回京师。刘隐派遣使者用贵重的财物结交朱全忠，朱全忠于是向朝廷上奏，任命刘隐为清海节度使。

昭宣光烈孝皇帝

天祐二年（乙丑，公元905年）

春季，正月，朱全忠派遣各位将领进逼寿州。

润州团练使安仁义勇猛果敢，深受士兵的拥戴，因此，淮南将领王茂章攻打润州，过了一年还没有攻下来。杨行密派人告诉安仁义说：“你的战功我不会忘记，只要你能把自己捆上，前来归顺，一定让你担任行军副使，只是不能掌握兵权罢了。”安仁义没有听从。王茂章挖地道攻入城中，于是攻克润州。安仁义带全族登上城楼，众人不敢逼近。此前，攻城各将领望见安仁义就大声痛骂他，只有李德诚没有这样做，到此时，安仁义叫李德诚上楼来，告诉他说：“你很有礼貌，我今天就把这个功劳授给你吧。”然后将自己的爱妾赠送给他。之后，把弓箭扔在地上，李德诚扶着他下楼，安仁义和他的儿子都在广陵街市被斩首。

两浙的士兵在睦州围攻陈询，杨行密派遣西南招讨使陶雅率领士兵救援陈询。陶雅的军营中在夜里受到侵扰，许多士兵翻越营垒逃走，左右及副将韩球跑来报告陶雅，陶雅依然很安稳地睡觉，没有理会此事，没有多久，军营就自行安定了，逃走的士兵都回来了。钱镠派遣他的堂弟钱镒以及指挥使顾全武、王球进行抵御，却被陶雅打败，陶雅抓获钱镒和王球返回广陵。

庚午日（十一日），朱全忠命令李振管理青州的事务，代替王师范。

朱全忠围攻寿州，寿州人关闭营垒不出来应战。于是，朱全忠率军从霍丘返回，二月，辛卯日（初二），朱全忠抵达大梁。

李振抵达青州，王师范全族向西迁移，到达濮阳后，换上素服继续骑着驴向前行进；等到了大梁后，朱全忠用招待宾客的礼节款待他。朱全忠向昭宣帝李柷上表任命李振为青州留后。

戊戌日（初九），昭宣帝李柷任命安南节度使、同平章事朱全昱为太师，让他辞官退休。朱全昱是朱全忠的哥哥，他愚憨直率，没有才华，之前兼管安南，朱全忠自己请求罢免他。

这一天是社日，朱全忠派遣蒋玄晖邀请昭宗李晔的几个儿子：德王李裕、棣王李祤、虔王李禊、沂王李禋、遂王李祎、景王李祕、祁王李琪（琪一作祺）、雅王李禛、琼王李祥，在九曲池备办酒席，酒喝到酣畅时，朱全忠命人用绳子将他们全部勒死，把他们的尸体扔到九曲池里。

朱全忠派遣他的将领曹延祚率领士兵和杜洪一起防守鄂州，庚子日（十一日），淮南将领刘存攻取鄂州，生擒了杜洪、曹延祚以及汴州士兵一千余人，将他们押送广陵，然后把他们全部杀死。杨行密任命刘存为鄂岳观察使。

己酉日（二十日），将圣穆景文孝皇帝李晔葬在和陵，庙号为昭宗。

三月，庚午日（十一日），昭宣帝李柷任命王师范为河阳节度使。

戊寅日（十九日），昭宣帝李柷任命门下侍郎、同平章事独孤损为同平章事，充任静海节度使；任命礼部侍郎河间人张文蔚为同平章事。甲申日（二十五日），任命门下侍郎、同平章事裴枢为左仆射，任命崔远为右仆射，都罢免同平章事的职务。

起初，柳璨考中进士，不到四年就当上宰相，他性情狡诈灵巧。当时昭宣帝李柷身边都是朱全忠的心腹，柳璨对他们阿谀奉承去。在同列官员中，裴枢、崔远、独孤损都是朝廷中老成稳重、德高望重的官员，都有些瞧不起他，柳璨因此对他们很怨恨。和王李福的师傅张廷范，原本是一个优伶，受到朱全忠的宠爱，于是朱全忠向朝廷上奏，任命张廷范为太常卿。裴枢说：“张廷范如果是有功劳的大臣，应该交由方镇来安置他，为什么授予他掌管礼乐的太常卿之职来增加荣耀呢？这该不会是朱元帅的意思吧！”拿着诏书不愿意颁布诏命。朱全忠听到这些话，对宾客僚佐们说："我常认为裴十四的气度见识真诚纯朴，不在轻浮浅薄之流内，听到他这番议论，他的本来面目就显露出来了。"柳璨借此在朱全忠面前诋毁裴枢以及崔远、独孤损，所以，他们都被罢免官职。

昭宣帝李柷任命吏部侍郎杨涉为同平章事。杨涉是杨收的孙子。他为人平和中厚、谦恭谨慎，听说要他担任宰相，杨涉与家人相对哭泣，对他的儿子杨凝式说："这是我们家门最不幸的事，一定会连累你。"

昭宣帝李柷加封清海节度使刘隐为同平章事。

壬辰日（三月无此日），河东都押牙盖寓去世，遗书中劝说李克用要减少修建工程，减免赋税，广纳贤才。

夏季，四月，庚子日（十二日），有彗星在西北方出现。

淮南将领陶雅联合衢州、睦州的士兵攻打婺州，钱镠派遣他的弟弟钱镖率领士兵救援婺州。

五月，礼院奏请，昭宣帝李柷即位应该到南郊祭祀；敕令在十月甲午日（初九）举行祭祀典礼。

乙丑日（初七），彗星的尾长横贯天空。

柳璨仰仗朱全忠的势力，肆无忌惮地作威作福。正赶上此时天空出现彗星，占卜的人说："君臣都有祸患，应该诛杀一些人来顺应天意。"柳璨因此向朱全忠进言列举他平日所不满意的人说："这些人都聚集同伙对朝政妄加非议，怨恨不满，心怀诽谤，应该拿他们来免除灾祸。"李振也向朱全忠进言说："朝廷之所以治理不好，确实是因为官吏中浮躁轻薄的人扰乱国家的法度；况且大王想要筹谋大事，这些人都是朝廷中很难控制的，不如把他们全都诛除。"朱全忠认为他们说的很对。癸酉日（十五日），昭宣帝李柷诏令贬独孤损为棣州刺史，贬裴枢为登州刺史，贬崔远为莱州刺史。乙亥日（十七日），贬吏部尚书陆扆为濮州司户，贬工部尚书王溥为淄州司户。庚辰日（二十二日），贬太子太保辞官归隐的赵崇为曹州司户，贬兵部侍郎王赞为潍州司户。其余或者是豪门贵胄，或者是科举及第，在三省台阁任职，注重自己的名节，声誉政绩稍稍显著一些的官员，都被认为是轻浮浅薄之人，将他们贬官驱逐连日不断，朝中官员因此几乎没有了。辛巳日（二十三日），昭宣帝李柷再贬裴枢为泷州司户，贬独孤损为琼州司户，贬崔远为白州司户。

甲申日（二十六日），忠义节度使赵匡凝派遣使者与王建建立友好关系。

六月，戊子朔日（初一），昭宣帝李柷诏令裴枢、独孤损、崔远、陆扆、王溥、赵崇、王赞等人，都在所在地自尽。

这时，朱全忠在白马驿召集裴枢等人以及被贬官的朝中士人三十多位，一晚上把他们全部杀死，将尸体都扔到河里。起初，李振多次参加进士考试，结果都没有考中，所以很嫉妒科举出身的官员，对朱全忠说："这些人常常自认为是德行高尚的清流人士，应该把他们都扔到黄河里，让他们成为浊流士人！"朱全忠笑着采纳了他的意见。

李振每次从汴州前往洛阳，朝中官员一定会有被贬逐到外地的，当时的人将他称为"鸱枭"。看见朝中官员，他都是颐指气使，旁若无人。

朱全忠曾经跟幕僚佐吏以及宾客坐在大柳树下闲聊，朱全忠自言自语说："这棵大柳树适合做成车毂。"众人都没有说话。有几位宾客站起来附和说："它适合做成车毂。"朱全忠突然厉声说："书生之辈喜好随声附和来戏弄别人，都如同你们一样！车毂必须使用榆木来制作，柳木怎么能制作呢！"回头看看身边的人说："你们还等什么呢？"身边的几十个人，抓住那几位说"适合做成车毂"的人全部打死。

己丑日（初二），昭宣帝李柷将以司空辞官归隐的裴贽贬为青州司户，不久又赐他自尽。

柳璨余怒之下所关注的人，还不止这十多人，张文蔚极力劝解，他这才作罢。

这时，士大夫为了逃避灾祸，大多数都不愿意到朝廷里来。壬辰日（初五），昭宣帝李柷诏令各州县督促遣送他们抵达洛阳，不得滞留。前司勋员外郎李延古是李德裕的孙子，辞去官职在河南府的平泉庄居住，诏令下达后没有前往洛阳。戊申日（二十一日），昭宣帝责罚他担任卫尉寺主簿。

秋季，七月，癸亥日（初六），昭宣帝李柷将以太子宾客辞官归隐的柳逊贬为曹州司马。

庚午日（十三日）的晚上，天雄牙将李公佺和牙军谋划作乱，罗绍威察觉了此事；于是，李公佺烧毁官府房舍，抢劫掳掠一番后，逃往沧州。

八月，王建派遣前山南西道节度使王宗贺等人率领军队到金州去攻打昭信节度使冯行袭。

朱全忠因为赵匡凝东边与杨行密往来，西边与王建有姻亲关系，乙未日（初九），派遣武宁节度使杨师厚率领军队攻打他；己亥日（十三日），朱全忠率领大军随后前往。

处州刺史卢约派遣他的弟弟卢佶夺取了温州，张惠逃奔福州。

钱镠派遣方永珍救援婺州。

起初，礼部员外郎知制诰司空图放弃官职，在虞乡县王官谷居住，昭宗李晔多次征召他，他都不肯出来任职。柳璨拿诏书征召他，司空图很恐惧，到达洛阳后，入朝觐见，假装衰老又粗野的样子，朝笏掉落在地，仪态尽失。柳璨于是又颁下诏书，大意是说："司空图虽自命清高瞧不起世人，却好像夸口移山的人一样沽名钓誉。"又说："司空图既不是伯夷，也不是柳下惠，很难在公平公正的朝廷里担任职位，可以将他放逐回山。"司空图是临淮人。

杨师厚攻克唐、邓、复、郢、随、均、房等七个州，朱全忠在汉北驻扎军队。九月，辛酉日（初五），朱全忠命令杨师厚在阴谷口修建浮桥，癸亥日（初七），朱全忠率领士兵渡过汉水。甲子日（初八），赵匡凝率领两万士兵在汉水边部署战阵，杨师厚与他交战，把赵匡凝打得惨败，于是进逼襄阳城下。当天晚上，赵匡凝烧毁府城襄阳，率领他的族人以及部下将士沿着汉水逃往广陵。乙丑日（初九），杨师厚进驻襄阳；丙寅日（初十），朱全忠相继到达。

赵匡凝到达广陵后，杨行密跟他开玩笑说："您在藩镇，每年拿金帛献给朱全忠，现在被他打败，这才来归附我吗？"赵匡凝说："诸侯服侍天子，每年运送贡品、赋税，这是他应该尽到的职责啊，怎么说是给贼寇朱全忠送去的呢？如今我归附您，正是因为不想依附贼寇。"杨行密用厚礼接待他。

丙寅日（初十），昭宣帝李柷敕封皇弟李禔为颍王，李祐为蔡王。

丁卯日（十一日），荆南节度使赵匡明率领士兵两万人，放弃守城，逃往成都。戊辰日（十二日），朱全忠任命杨师厚为山南东道留后，率领军队攻打江陵；到达乐乡镇，荆南牙将王建武派遣使者迎接，向杨师厚投降。朱全忠任命都将贺瑰为荆南留后。没过多久，朱全忠又向朝廷上表任命杨师厚为山南东道节度使。

王宗贺等人攻打冯行袭，每战都打胜仗，所向披靡。丙子日（二十日），冯行袭放弃金州，逃往均州。他的部将全师朗献城投降。王建将全师朗姓名改为王宗朗，补授金州观察使，分割渠、巴、开三州交由他统管。

乙酉日（二十九日），昭宣帝李柷诏命改在十一月癸酉日（十九日）亲自举行郊祀典礼。

淮南将领陶雅、陈璋攻下婺州，活捉刺史沈夏返回。杨行密任命陶雅为江南都招讨使，歙、婺、衢、睦观察使；任命陈璋为衢、婺副招讨使。陈璋攻打暨阳，两浙将领方习打败了他。方习进兵攻打婺州。

濠州团练使刘金去世，杨行密任命刘金的儿子刘仁规管理濠州的事务。

杨行密的长子宣州观察使杨渥，一向没有好名声，军府中的将吏都轻视他。杨行密卧病在床时，命令节度判官周隐将杨渥召回。周隐性格朴实、憨厚，他回答说：“宣州司徒杨渥轻易听信他人的谗言，喜好击球喝酒，不是能保全家业的人主，其他的儿子都年纪幼小，不能掌控各位将领。庐州刺史刘威，从地位低贱时就追随您，他一定不会辜负您，不如让他暂时管理军府事务，等到诸子长大再将权力交还他们。”杨行密没有回答他说的话。左右牙指挥使徐温、张颢对杨行密说：“大王一生出生入死，冒着遭受矢石的危险，为子孙后代建立基业，这基业怎么能让他人占有呢？”杨行密说：“我即使死也可以瞑目了。”周隐是舒州人。

有一天，部将佐吏来询问病情，杨行密用眼睛示意留下幕僚严可求。众人退出以后，严可求说：“您如果有什么不测，那军府怎么办呢？”杨行密说：“我命周隐召回杨渥，现在我苟延残喘，就是要等待杨渥到来啊。”严可求与徐温到周隐住的地方，周隐没有出来见面，文书还摆放在桌上，严可求立即和徐温拿过公文，派遣使者到宣州去召杨渥。严可求是同州人。杨行密任命润州团练使王茂章为宣州观察使。

冬季，十月，丙戌朔日（初一），昭宣帝李柷任命朱全忠为诸道兵马元帅，另外开设元帅府。

这一天，朱全忠部署将士，打算返回大梁，突然他又变更了计划，打算乘胜攻打淮南。敬翔直言劝谏说：“现在出兵还不够一个月，就把荆州、襄阳两大藩镇平定了，开辟了几千里的领地，远近藩镇听到此事，没有不震惊恐慌的。这个威望要珍惜，不如暂且返回大梁，让士兵休整，等待时机，然后再出动军队攻击！”朱全忠没有听从他的建议。

朝廷将昭信军改为戎昭军。（仍然分割出均州隶属于它。）

辛卯日（初六），朱全忠从襄州出发；壬辰日（初七），抵达枣阳，正赶上天降大雨。从申州到达光州，道路艰险狭窄，到处积水，兵马疲惫不堪，士兵还没有穿上冬衣，许多人逃走了。朱全忠派人对光州刺史柴再用说："如果你投降我的话，我任命你为蔡州刺史；如果不投降的话，我将屠杀整个城的人！"柴再用严加防守戒备，身穿铠甲登上城楼，看见朱全忠，跪拜在地，特别谦恭，说："光州城地方狭小士兵孤弱，不足惹大王动怒发威。大王如果先攻打寿州的话，怎能不听从您的命令呢？"朱全忠在城东驻扎军队，留驻十天才离去。

起居郎苏楷是礼部尚书苏循的儿子，向来无才无德，昭宗李晔乾宁年间考中进士，昭宗复试后将他废黜，永远不准他再入科场考试。甲午日（初九），苏楷率领同僚进言："谥号好还是不好，臣子不能私下裁定。先帝的谥号大多数是溢美的言辞，请求再仔细商议。"这件事交给太常办理，丁酉日（十二日），张廷范向昭宣帝李柷上奏，更改昭宗的谥号为恭灵庄愍孝皇帝，庙号为襄宗，昭宣帝诏命依从他的意见。

杨渥抵达广陵。辛丑日（十六日），杨行密借皇帝名义任命杨渥为淮南留后。

戊申日（二十三日），朱全忠从光州出发，迷失道路一百多里，又赶上大雨，等到了寿州后，寿州的军民已经坚壁清野来等待他。朱全忠打算包围寿州，却没有树木可以修建栅栏，被迫退兵在正阳驻扎。

癸丑日（二十八日），朝廷把成德军改名为武顺军。

十一月，丙辰日（初二），朱全忠渡过淮水向北进发，光州刺史柴再用绕道去偷袭他的后军，斩杀了三千个首级，获得的器械、粮食数以万计。朱全忠特别后悔不听敬翔的话，变得更加暴躁、易怒。丁卯日（十三日），朱全忠抵达大梁。

之前，朱全忠着急想取代帝位，偷偷命令蒋玄晖等人筹划此事。蒋玄晖和柳璨等人商议：因为魏、晋以来，都是先封大国，然后加赐九锡，给予特殊的礼遇，然后再接受禅让，这些都应当按照次序进行。于是，先授予朱全忠为诸道元帅，以表示循序渐进，并任命刑部尚书裴迪担任送官告使，朱全忠勃然大怒。宣徽副使王殷、赵殷衡妒忌蒋玄晖等专擅大权，深受宠幸，想要让他们被贬逐，因此向朱全忠进谗言诋毁他们，说："蒋玄晖、柳璨等想要延续大唐政权，所以拖延此事，来等待叛乱的发生。"蒋玄晖听说之后很恐惧，亲自到寿春，向朱全忠详细陈述这件事的情况。朱全忠说："你们花言巧语申诉无关紧要的事情来阻挠我，假如我没有接受九锡之礼，难道就不能称皇帝吗？"蒋玄晖说："大唐的气数已尽，大王是天命所定的天子，这是众人都清楚的。我蒋玄晖与柳璨等人不敢违背大王的恩德，只是因为今天晋（李克用）、燕（刘仁恭）、岐（李茂贞）、蜀（王建）诸王都是我们强而有力的敌人，大王突然接受禅让帝位，他们心里不服气，必须想方设法尽理尽义，然后才能登上帝位，这样做只是想替大王创建万代基业而已。"朱全忠厉声斥责他说："你这个奴才果真造反了！"蒋玄晖惊惧惶恐，马上辞别返回洛阳，与柳璨商议行九锡之礼。此时，昭宣帝李柷将举行郊祀大典，百官已经在学习礼仪，裴迪从大梁返回洛阳，传达朱全忠生气时说的话："柳璨、蒋玄晖等想要延长大唐的福运，才郊祀祭天。"柳璨等很恐惧，庚午日（十六日），诏令改用明年正月上旬的辛日举行郊祀大典。赵殷衡原本姓孔名循，是朱全忠家奶妈的养子，因此冒充赵姓，后来逐渐地位显贵，才恢复原来的姓名。

壬申日（十八日），赵匡明抵达成都，王建用对待宾客的礼节来招待他。

昭宗李晔发丧，朝廷派遣哀使司马卿到成都宣谕王建，到此时才进入蜀境。西川掌书记韦庄为王建谋划，派遣武定节度使王宗绾告诉司马卿说："蜀地的将士，世代蒙受唐朝的恩遇，去年，听说昭宗东迁洛阳，一共呈递了二十个表文，可是都没有答复。没过多久，就有逃亡的士兵从汴州回来，听说先帝已经被朱全忠杀害。蜀地的将士此时日夜枕戈待旦，想为先帝复仇。不知现在使者到此地，宣告些什么事情呢？您作为中书舍人应该为自己筹划一下该怎么办啊！"听完这些话，司马卿返回洛阳。

庚辰日（二十六日），吴武忠王杨行密去世。淮南将佐共同向宣谕使李俨请求以皇帝名义任命杨渥为淮南节度使、东南诸道行营都统，兼侍中、弘农郡王。

柳璨、蒋玄晖等人商讨加封朱全忠九锡之礼，朝中官吏大多心怀怨恨，抑郁不平，唯独礼部尚书苏循扬言说："梁王的功绩显著盛大，这是天命所归，朝廷应该快速把帝位禅让给梁王。"朝廷官吏没有斗胆违抗的。辛巳日（二十七日），昭宣帝李柷任命朱全忠为相国，统揽朝廷政务。以宣武、宣义、天平、护国、天雄、武顺、佑国、河阳、义武、昭义、保义、戎昭、武定、泰宁、平庐、忠武、匡国、镇国、武宁、忠义、荆南等二十一道为魏国，进封朱全忠爵位为魏王，并且给他加封九锡。朱全忠怨恨他们拖延迟缓，所以推辞不肯接受诏令。十二月，戊子日（初四），昭宣帝李柷命令枢密使蒋玄晖奉持天子的手诏到朱全忠那里宣旨。癸巳日（初九），蒋玄晖从大梁返回洛阳，说朱全忠的愤怒未消。甲午日（初十），柳璨向昭宣帝奏报："梁王是众望所归，陛下应该放弃沉重的负担，如今正是时候。"当天，派遣柳璨到大梁传达昭宣帝禅让帝位的意思，朱全忠却拒绝接受。

起初，柳璨陷害了很多朝廷官员，朱全忠也怨恨他。柳璨和蒋玄晖、张廷范日夜宴饮聚会，深相结交，为朱全忠筹划禅让帝位之事。何太后痛哭着命宫人阿秋、阿虔向蒋玄晖转达想法，告诉他将来禅让帝位之后，请求保全他们母子性命。王殷、赵殷衡诋毁蒋玄晖说："他与柳璨、张廷范在积善堂夜宴，与何太后焚香发誓，相约要恢复并振兴唐朝的福运。"朱全忠相信了他们的话，乙未日（十一日），抓捕蒋玄晖及丰德库使应顼、御厨使朱建武，把他们关押在河南府的监狱中；任命王殷暂时掌管枢密院，赵殷衡暂时代理宣徽院的事务。朱全忠三次呈递奏表辞让有关魏王、九锡的诏命；丁酉日（十三日），昭宣帝李柷诏命准许他的辞请，改任他为天下兵马元帅，然而朱全忠已经将大梁府舍改为宫殿了。这天，蒋玄晖被杀死，又用木杖打杀了应顼、朱建武。庚子日（十六日），裁减枢密使和宣徽南院使，只设置宣徽使一人，任命王殷出任，赵殷衡为副使。辛丑日（十七日），诏令停止由宫人传达诏命以及陪同晋见天子临朝视政。追削蒋玄晖的官职，让他成为作恶叛乱的百姓，命令河南府在都门外将他的尸体架起，聚集民众，把他的尸体当众焚烧。

蒋玄晖死后，王殷、赵殷衡又诋毁蒋玄晖与何太后私通，让宫人阿秋、阿虔沟通消息往来。己酉日（二十五日），朱全忠偷偷地命令王殷、赵殷衡在积善宫将何太后杀死，诏令追废太后为庶人，阿秋、阿虔都在殿前打杀。庚戌日（二十六日），因为皇太后去世，停止上朝三天。

辛亥日（二十七日），昭宣帝李柷颁布诏令，因为宫廷内乱，来年正月上旬辛日祭祀天地和祖宗的典礼暂时停止。

癸丑日（二十九日），守司空兼门下侍郎、同平章事柳璨被贬为登州刺史，太常卿张廷范被贬为莱州司户。甲寅日（三十日），在上东门外将柳璨斩首，在京城市场将张廷范处以车裂的酷刑。柳璨在行刑时大叫着："负国贼柳璨，被处死是应该的啊！"

西州将领王宗朗没办法防守金州，于是焚毁城邑，逃往成都。戎昭节度使冯行袭又攻占了金州，奏称："金州荒凉残破，请求将军府迁往均州。"朝廷听从了他的请求。改任冯行袭兼管武安军（安字当作定字）。

陈询不能守卫睦州，逃往广陵。淮南招讨使陶雅进城占据了睦州。

杨渥离开宣州时，想要带着他的帐幕和亲兵跟随，观察使王茂章没有准许，杨渥很是怨恨愤怒。等到他承袭父位以后，派遣马步都指挥使李简等率军袭击王茂章。

湖南的士兵抢夺劫掠淮南，淮南牙内指挥使杨彪将他们击退。

天祐三年（丙寅，公元906年）

春季，正月，壬戌日（初八），灵武节度使韩逊向朝廷奏报吐蕃七千余骑兵在宗高谷安营扎寨，将要进攻嗢末，攻取凉州。

李简的军队很快就来到宣州，王茂章估计不能据守，因此率领军队逃到两浙。他的亲兵上蔡人刁彦能因为母亲年老，不跟随王茂章同行，他登上城墙对士兵说："王府命我召集晓谕你们，大批兵马随后赶到。"众人于是安定下来。陶雅惧怕王茂章阻断他的退路，率领军队返回歙州，钱镠又攻克了睦州。钱镠任命王茂章为镇东节度副使，改名为王景仁。

乙丑日（十一日），昭宣帝李柷加封静海节度使曲承裕为同平章事。

起初，田承嗣镇守魏博的时候，挑选、招募六州英勇无比的壮士五千人组成牙军，供给赏赐丰厚，用他们来自我防卫，作为亲信。从此以后，牙军父子相继承袭，亲戚党羽如胶似漆般地牢固，时间一长，他们更加骄纵专横，稍微不顺心意，就杀死原来的主帅然后更换他人，自史宪诚以来的节度使都是被他们拥立的。天雄节度使罗绍威憎恶他们，但力量微薄不能制服他们。朱全忠围攻凤翔时，罗绍威派遣军将杨利言偷偷地把情况禀告朱全忠，想凭借他的军队将牙军诛除。朱全忠因为情况处于紧急状态，没有闲暇满足他的请求，但暗中许诺了他的要求。等到李公佺作乱时，罗绍威越发恐惧了，又派遣牙将臧延范督促朱全忠。于是，朱全忠派遣河南各镇的十万士兵，派遣他的大将李思安率领，联合魏博、镇冀两镇的士兵在深州的乐城屯驻，扬言要攻打沧州，征讨刘守文接纳叛将李公佺的罪过。正赶上朱全忠嫁给罗绍威儿子罗廷规的女儿去世，朱全忠派遣客将马嗣勋把铠甲兵器装满袋子，选择长年警卫的一千名士兵假扮成挑夫，率领他们进入魏州，欺骗说是来会葬的；朱全忠亲自率领大军紧随其后，宣言说要赶赴行营；牙军都对他们没有怀疑。庚午日（十六日），罗绍威暗中派遣士兵进入库房，将弓箭的弦线、铠甲上纽扣的圈套剪断。这一晚，罗绍威率领他的仆役宾客几百人，和马嗣勋联合攻击牙军，牙军想要应战，可是弓箭、铠甲都不能使用，所以全营都被杀死，共计有八千家，连婴儿小孩都没有留下。第二天早晨，朱全忠率领军队进入魏州城。

辛未日（十七日），朝廷任命代理宁远留后的庞巨昭、岭南西道留后叶广略都为节度使。

庚辰日（二十六日），钱镠来到睦州。

西川将领王宗阮攻打归州，俘获归州将领韩从实。

陈璋听说陶雅返回歙州，便从婺州撤退守卫衢州。两浙将领方永珍等人攻取婺州，进兵攻打衢州。

杨渥派遣先锋指挥使陈知新进攻湖南。三月，乙丑日（十二日），陈知新攻取岳州，赶走刺史许德勋，杨渥任命陈知新为岳州刺史。

戊寅日（二十五日），昭宣帝李柷任命朱全忠为盐铁、度支、户部三司都制置使。三司的名称便是从这时开始出现的。朱全忠推辞，不肯接受诏命。

夏季，四月，癸未朔日（初一），出现日食。

罗绍威诛杀了牙军之后，魏博各路军队都很恐惧，罗绍威虽然多次安抚晓谕他们，但是猜忌怨恨越加严重。朱全忠在魏州城东安营扎寨了几十天，将要北上巡视行营，适逢天雄牙将史仁遇叛乱，聚集几万兵众据守高唐，自称天雄军留后，天雄镇属下各州大多响应他。朱全忠把军队调入魏州城内，派遣使者召行营士兵返回攻打高唐；行营士兵到达历亭，其中的魏州士兵叛乱，与史仁遇相互呼应。元帅府左司马李周彝、右司马苻道昭进攻叛乱的魏兵，杀死几乎一半的士兵，然后派兵攻打高唐，把它攻取了，城中的士兵、百姓，无论年少、年长都被杀死；活捉了史仁遇，把他锯死了。

起先，史仁遇向河东和沧州求救，李克用派遣他的将领李嗣昭率领三千名骑兵进攻邢州，用来救援史仁遇。当时，邢州军队只有两百人，团练使牛存节在此防守，李嗣昭率军攻打了七天，没有攻取下来。朱全忠派遣右长直都将张筠率领几千名骑兵援助牛存节守城，张筠在马岭埋伏军队，攻打李嗣昭，打败了他，李嗣昭逃走。

义昌节度使刘守文派遣万名士兵前去攻打贝州，又进攻冀州，攻取了蓨县，派遣军队攻打冀州的阜城。当时，镇州大将王钊在宗城进攻魏州叛将李重霸。朱全忠召他返回去救援冀州，沧州军队撤离。丙午日（二十四日），李重霸放弃守城逃走，汴州将领胡规追击，然后把他杀死了。

镇南节度使钟传任命养子钟延规为江州刺史。钟传去世，军中拥立他的儿子钟匡时为留后，钟延规怨恨没有拥立自己为留后，派遣使者投降淮南。

五月，丁巳日（初五），朱全忠抵达洺州，于是，巡视北边地区，察看兵器装备，然后返回，进入魏州。

丙子日（二十四日），朝廷废除戎昭军，连同均州、房州都隶属忠义军；任命武定节度使冯行袭为匡国节度使。

杨渥任命升州刺史秦裴为西南行营都招讨使，率领军队在江西攻打钟匡时。

六月，甲申日（初二），再次改忠义军为山南东道。

朱全忠因为长安邻近邠州、岐州，多次发生战事，上奏将佑国节度使韩建调往淄青，任命淄青节度使长社人王师重为佑国节度使。

秋季，七月，朱全忠攻克相州。这时魏博叛乱的士兵分别占据贝、博、澶、相、卫等州（以及魏州的各县邑），朱全忠分别命令各将领进兵征讨，到此时，把他们全部平定，朱全忠才率领军队南返。

朱全忠在魏州留驻了半年，罗绍威按需供应，杀死的牛、羊、猪将近七十万头，物资粮草也与此差不多，用来贿赂赠送的财货又将近百万钱，等到朱全忠离开时，积蓄储备的物资全用完了。虽然罗绍威消灭了威胁自己的牙军，但是魏博军队从此实力也衰弱下来。罗绍威非常后悔，对人说："聚集六个州四十三县的铁，也没有办法铸造出这样的大错（错即"镱"，锉刀，磋治骨角铜铁的工具）啊！"

壬申日（二十一日），朱全忠抵达大梁。

秦裴抵达洪州，在蓼州驻扎军队。众将领请求依水安设营寨，秦裴没有听从他们的意见；钟匡时果然派遣部将刘楚攻占这个地方。各将领埋怨秦裴，秦裴说：“钟匡时的勇将只有刘楚一个人而已，如果他率领军队坚决守城，是没有办法马上攻取成功的，所以，我故意以要害的地方引诱他出来。”不久，秦裴攻破营寨，抓获刘楚，接着围攻洪州，饶州刺史唐宝请求投降。

八月，乙酉日（初四），李茂贞派遣他的儿子李侃前往西川做人质；王建任命李侃管理彭州的事务。

朱全忠因为幽州的刘仁恭、沧州的刘守文父子首尾相连，是魏州罗绍威的最大威胁，想要首先夺取沧州，甲辰日（二十三日），朱全忠率领军队从大梁出发。

两浙包围衢州时，衢州刺史陈璋向淮南告急，杨渥派遣左厢马步都虞候周本率领军队迎接陈璋。周本抵达衢州，浙人解除包围，在城下部署战阵，陈璋率领军队归顺周本，两浙的士兵占据衢州。吕师造说：“浙人离我们很近却不派遣军队攻打，这显然是蔑视我们，请攻打他们吧！”周本说：“我奉命来迎接陈使君，现在他已经到了，为什么还要交战呢？他们肯定有对付我们的办法。”于是率领军队返回。周本为军队殿后，两浙的士兵尾随在他们后面，周本中途设下伏兵，结果大破两浙军。

九月，辛亥朔日（初一），朱全忠从白马渡河，丁卯日（十七日），抵达沧州，在长芦县驻扎军队；沧州人没有出来迎战。罗绍威运送供给，从魏州到长芦五百里，前后连绵不断；又在魏州建造元帅府舍，经过的驿站、凉亭都供给他们酒食、帐幕以及各种器具，由上到下，几十万人，没有一样不准备周全。

秦裴攻克洪州，俘获钟匡时等五千人返回。杨渥自己兼任镇南节度使，任命秦裴为洪州制置使。

静难节度使杨崇本派遣凤翔、保塞、彰义、保义（义字当作大字）的军队攻打夏州，匡国节度使刘知俊截击保大的巡属坊州的军队，斩下三千多个首级，抓获了坊州刺史刘彦晖。

刘仁恭前往救援沧州，但是多次交战都战败了。于是他对境内军队下达命令说："男子十五岁以上，七十岁以下，全部自备兵器、粮食前往行营，军队出动之后，如果还有人在乡里出现，立即诛杀决不宽赦！"有人劝他说："如今老弱全部出发，妇女不能运输粮饷，这命令如果要执行的话，被滥杀的人太多了。"于是刘仁恭命令可以拿动兵器的人全部出发，在他们的脸上刺上三个字："定霸都"（意思是戡定霸业的军旅），读书人就在他们的手腕或者胳膊上刺上四个字："全心事主"，于是境内的士人和百姓，除婴儿小孩以外，身上没有不被刺字的。刘仁恭共计获得士兵十万人，在瓦桥驻扎军队。

这时，汴州军队修建营垒围攻沧州，即使是飞鸟、老鼠都无法通过。刘仁恭惧怕他们的强大，不敢与他们交战。城中的食物都吃完了，便揉搓泥土做成丸子来吃，有的甚至互相掠夺人来吃。朱全忠派人到城下劝刘守文说："你们的援兵势必没办法等来了，为什么你不早些出来投降呢！"刘守文登上城楼回答说："我与幽州是父子关系，梁王正在用大义让天下归服，假如此时儿子背叛父亲前来，将如何任用他呢？"朱全忠因为他讲的话义正词严，感到非常惭愧，因此，进攻速度也就缓慢了下来。

冬季，十月，丙戌日（初六），王建开始在蜀地建造行台，王建面向东方，舞蹈拜谒，悲号恸哭，说："自从先帝迁往东都洛阳，诏命不能传达，臣请求暂且建造行台，用李晟、郑畋的旧例，以皇帝的名义授予官职封予爵位。"然后，用榜帖告知所部属的各藩镇州县。

刘仁恭向河东请求援助，前后派遣出去的使者有一百多人；李克用怨恨刘仁恭的反复无常，最终没有答应他的请求，李克用的儿子李存勖劝谏说："现在天下的形势，归顺依附朱温的有十分之七八，像魏博、镇州、定州那样强大的藩镇都没有不归顺依附朱全忠的。从黄河以北，能让朱全忠忧患的军队，只有我们河东与幽州、沧州了；现在，幽州、沧州被朱全忠包围，我们不与他们同心协力抵抗朱全忠，这是对我们没有好处的做法啊！治理天下的人是不应该顾虑小的私怨的，况且他们曾经让我们陷入困境而我们却化解了他们的危难，用恩德安抚他们，这样的举动才可以招致名声和实利啊。这是我们振兴崛起的最好机会啊！千万不要丧失掉啊。”李克用认为他说的很对，就和部将、佐吏们商议，召请幽州的军队与他们一起进攻潞州，说：“如此一来，对他们来说，可以解除被围困的窘迫处境，对我们来说，可以拓展我们的疆域。”于是，李克用答应了与刘仁恭和好，召请他的军队前来。刘仁恭派遣都指挥使李溥率领三万士兵奔赴晋阳，李克用派遣他的将领周德威、李嗣昭率领士兵与李溥一起进兵征讨潞州。

夏州向朱全忠告急；戊戌日（十八日），朱全忠派遣刘知俊与他的将领康怀英前去夏州援救。杨崇本率领六镇的五万士兵，在美原驻扎军队。刘知俊等人进兵攻打他们，杨崇本惨败，返回邠州。

武贞节度使雷彦威多次进攻荆南，荆南留后贺瑰关闭城门防守；朱全忠认为他胆怯，于是任命颍州防御使高季昌取代他的职位，另外又派遣驾前指挥使倪可福率领五千士兵戍守荆南，来防备吴、蜀的侵犯。雷彦威的士兵这才撤退了。

十一月，刘知俊、康怀贞乘胜继续攻打鄜、延等五个州，把它们全部攻克了；加封刘知俊为同平章事，康怀贞被任命为保义节度使。邠州、岐州的军队从此一蹶不振。

湖州刺史高彦去世，他的儿子高澧接替他的职位。

十二月，乙酉日（初七），钱镠向朝廷上表举荐行军司马王景仁；昭宣帝李柷诏命王景仁为宁国节度使。

朱全忠分出步、骑兵几万人，派遣行军司马李周彝率领这些士兵，从河阳进发援救潞州。

闰月，乙丑日（十七日），废除镇国军兴德府，恢复为华州，归属匡国节度使，将金州、商州分割出去隶属佑国军。

起初，昭宗李晔被害的噩耗传到潞州后，昭义节度使丁会率领将士身穿白色丧服痛哭了很长时间。等到李嗣昭攻打潞州时，丁会率领全军向河东投降。李克用任命李嗣昭为昭义留后。丁会拜见李克用，悲伤落泪，说："我丁会不是没有能力防守潞州。梁王朱全忠欺侮残害唐王室，丁会我虽然蒙受他举荐提拔的恩遇，可是，我也的确无法容忍他的所作所为，所以才前来归附听命于您的！"李克用对待他特别优厚，地位在各位将领之上。

己巳日（二十一日），朱全忠命令各路军队修整作战的器具，准备攻打沧州。壬申日（二十四日），朱全忠听说潞州失守，于甲戌日（二十六日），率领军队返回。

起先，朱全忠征调黄河南北的粮草，由水陆两路运输到军中，各营的粮草堆积得像山一样。朱全忠将要撤回时，命令把它们全部烧毁，烟雾弥漫，照亮了几里远的道路，储存在船中的粮草，就命人把船凿出大洞，让船连带粮草一起沉入水中。刘守文派人送信给朱全忠说："大王因为百姓赦免我所犯的罪行，解除包围，离开此地，这是大王对我的恩惠。城中的几万口人，已经好几个月没东西吃了，与其把那些粮食烧成灰烬，沉入水底化为淤泥，乞求您不如将剩余的粮草运来救济百姓。"于是，朱全忠留下几个仓库的粮食送给刘守文，沧州百姓依靠他的粮食才得以活命。

河东的士兵攻打泽州，没有攻克，就撤退了。

吉州刺史彭玕派遣使者向湖南请求投降。彭玕本来是赤石洞蛮人的酋长，钟传任命他为吉州刺史。

资治通鉴卷第二百六十六　后梁纪一

起丁卯（公元907年），止戊辰（公元908年）七月，共一年七个月。

【题解】本卷记录了公元907年至908年七月的史事，共一年又七个月，正当后梁太祖朱晃开平元年至开平二年二月。此时期，历史发生了剧变，中原改朝换代，朱全忠受禅篡唐，建立后梁。朱全忠改名朱晃，史称梁太祖。太原晋王李克用辞世，其子李存勖继位，发生李克宁篡权未遂政变。淮南兵变，张颢杀害弘农王杨渥，徐温尊奉杨隆演为弘农王。蜀王王建称帝，杀死跋扈大臣太师王宗佶，巩固根基。凤翔岐王李茂贞统辖的地方狭小且兵力衰弱，自顾不暇。其余各藩镇都臣服于后梁。后梁太祖朱晃杀害唐哀帝李柷，灭了王师范一门二百多口。晋王李存勖整顿纲纪，罢黜贪婪残暴的官吏，减轻百姓的赋税，亲自率兵援救潞州，大破梁兵，初露头角。

太祖神武元圣孝皇帝上

开平元年（丁卯，公元907年）是年四月即位始改年号为开平。

春季，正月，辛巳日（初四），梁王朱全忠在贝州休整军队。

淮南节度使兼侍中、东面诸道行营都统弘农郡王杨渥夺取江西以后，更加骄横奢侈，对节度判官周隐说："您出卖我们的国家，有什么脸面和我再相见！"于是杀了周隐。因此属下将佐都自感不安。

黑云都指挥使吕师周与副指挥使綦章率领军队驻扎上高。吕师周和湖南马殷作战，屡立战功，杨渥嫉恨他；吕师周觉得害怕，和綦章商量说："马公待人宽厚，我想逃命去归附他，你认为怎样？"綦章说："这件事您自己考虑，我的舌头可以割掉，但绝不敢泄露！"吕师周于是投奔湖南马殷，綦章放走吕师周的妻子儿女让他们逃走。吕师周是扬州人。

杨渥服丧期间日夜饮酒，点燃粗达十围的蜡烛来击球，一支蜡烛花费数万钱。有时单独骑马外出游玩，随从的人在路上奔跑寻找，不知他到哪里去了。左、右牙指挥使张颢、徐温哭着向他进谏，他反而发怒，说："你们如果认为我不成才，何不干脆把我杀了自己当节度使？"张、徐二人听了心里都害怕。杨渥又挑选了一批壮士，号称"东院马军"，又任命了很多亲信心腹为将领官吏，这些人靠着他的信任，都非常骄横，常常欺凌轻视旧有的功臣。张颢、徐温二人密谋造反。杨渥的父亲杨行密在世的时候，有亲军数千人驻扎在牙城之内，杨渥都把他们迁到城外，用他们的营地作为射场，因此，张颢、徐温二人更觉得无所忌惮。

杨渥镇守宣州的时候，命令指挥使朱思勍、范思从、陈璠率领亲兵三千人；等到继位以后，把他们召回广陵。张颢、徐温让、朱思勍三位将领跟随秦裴攻打江西，趁机让他们戍守洪州，又诬陷三将图谋叛变，派别将陈祐前去杀死他们。陈祐从偏僻小路日夜兼程，六日就到了洪州，穿着平民衣服、怀揣短兵器直接进入秦裴帐中。秦裴大吃一惊；陈祐把前来的任务告诉他，便召来朱思勍等人饮酒，酒席中，陈祐列数他们三人的罪行，就下令押下去处斩了。杨渥听说三将被杀，更加忌恨张颢和徐温两人，想要除掉他们。丙戌日（初九）这一天，杨渥早晨处理政事，张颢和徐温两人带领两百名牙兵，拔出刀来直入内庭，杨渥问他们："你们真的要杀我吗？"张颢、徐温回答说："不敢，我们只是想清除大王您左右那些扰乱政事的奸臣而已。"于是数说杨渥身边亲信十多人的罪状，拖下去，用铁鞭打死了他们，对外宣称这件事是"兵谏"。其他将领有不愿意和他们合作的，二人逐渐假借军法把他们处死，从此军权都归二人掌握，杨渥不能控制。

起初，梁王朱全忠因河北各藩镇全都归服，只有幽州、沧州不肯降服，所以大举讨伐，想以此来坚定各藩镇归顺之心。潞州内部叛变，梁王把军营中囤积的物资全部烧光，班师返回，他的威望因此大受影响。朱全忠害怕内外因此离心离德，所以想赶快接受唐昭宣帝李柷的禅位，以此来震慑各藩镇。丁亥日（初十），朱全忠进入魏州，生了病，在魏博节度使府中休养，魏博节度使罗绍威怕梁王久住魏博，说不定就发兵把他击灭了，因此想劝他回大梁。觐见朱全忠说："现在四方举兵造反让大王头痛的，都是假借扶持唐室的名义，您不如先灭唐室来断绝人们的希望。"梁王虽没答应他，心里却很感激他的建议，于是急忙起程返回。壬寅日（二十五日），回到大梁。

甲辰日（二十七日），唐昭宣帝李柷派遣御史大夫薛贻矩到大梁慰劳朱全忠，薛贻矩请求以臣子的礼节来觐见梁王，朱全忠拱手作揖让他登上台阶，薛贻矩说："殿下的功德都在人们心理，天、地、人三灵都选择了您，皇上正想要像舜、禹一样行禅让之事，我怎么敢违抗！"于是在庭中朝北面行叩拜舞蹈之礼。这是人臣朝见天子之礼，朱全忠侧身避开。薛贻矩回去复命，对唐昭宣帝李柷说："元帅有接受禅让帝位的意思了！"唐昭宣帝于是下诏书声明要在二月份把帝位禅让给梁王，又派遣宰相拿着书信告诉朱全忠；梁王推辞不受。

河东的军队还驻扎在长子，想要进犯泽州。梁王朱全忠命令保平节度使康怀贞征调所有京兆、同州、华州的军队屯驻晋州以防备河东军队。

二月，唐大臣共同奏请昭宣帝李柷退位。壬子日（初五），唐昭宣帝李柷下诏书命令宰相张文蔚率领百官到梁王的元帅府去劝请梁王即帝位；朱全忠派遣使者到洛阳推辞不受。此后，朝廷百官、各地藩镇节度使，乃至于湖南的马殷、岭南呈进奏笺劝朱全忠即帝位的接连不断。

三月，癸未日（初六），梁王朱全忠任命亳州刺史李思安为北路行军都统，率领军队攻打幽州。

庚寅日（十三日），唐昭宣帝李柷诏命薛贻矩再往大梁向梁王朱全忠说明禅让帝位的意愿，又命令礼部尚书苏循带着百官劝请梁王受禅的章表前往大梁。

镇海、镇东节度使吴王钱镠派遣他的儿子钱传镣、钱传瓘到温州讨伐卢佶。

甲辰日（二十七日），唐昭宣帝李柷颁下诏书让位给梁王朱全忠。任命摄中书令张文蔚为册礼使，礼部尚书苏循为副使，摄侍中杨涉为押传国宝使，翰林学士张策为他的副使；御史大夫薛贻矩为押金宝使、尚书左丞赵光逢为他的副使；率领文武百官准备皇帝车驾仪仗前往大梁。

杨涉的儿子直史馆杨凝式对杨涉说："大人身为唐朝的宰相，国家到了这步田地，不能说没有过错。更何况要手拿着天子的玉玺送给别人；就算一时能保住荣华富贵，千年以后人们会怎么说？何不推辞掉这个差事？"杨涉听了大惊说："你这个想法足以让我们全家都被杀头。"因此心神不宁了好几天。

张策是燉煌人。赵光逢是赵隐的儿子。

卢龙节度使刘仁恭，骄横奢侈，贪婪凶残，常觉得幽州城不够坚固，于是在城西的大安山另筑别馆，说："这山四面悬崖绝壁，防守的时候能以寡击众。"他所建的别馆极为壮丽，可与皇帝的宫殿相媲美。里面又安置了许多从民间选来的美女，并且和方士在里头炼丹药，寻求长生不死。又把四境之内的钱统统搜刮来，埋在大安山的山顶，让民间用黏土做钱使用，又禁止江南的茶商入境买卖，自采山中草木做茶，卖给百姓。

刘仁恭有个爱妾叫罗氏，他的儿子刘守光与她私通。被刘仁恭发现后，一顿棒打赶走了他，刘仁恭不再承认他这个儿子。李思安率兵进入刘仁恭的幽州境内，所经之处，烧杀焚掠一空。夏季，四月，己酉日（初三），直抵幽州城下。这时，刘仁恭还在大安山的别馆，城中没有守备，几乎失守。刘守光从外面率兵进入城中防守，又出兵与李思安作战，李思安兵败撤退，刘守光便自立为节度使，命令部将李小喜、元行钦率兵攻打大安山。刘仁恭派兵抵抗，被李小喜打败，李小喜俘虏了刘仁恭把他带回幽州，囚禁在侧房中。刘仁恭过去的部将及左右亲信，凡是刘守光厌恶的全都杀死。

银胡簶都指挥使王思同率领所部士兵三千，山后八安巡检使李承约率领部属二千人，都投奔河东；刘守光的弟弟刘守奇投奔契丹，不久也投奔了河东。河东节度使晋王李克用任命李承约为匡霸指挥使，王思同任飞腾指挥使。王思同的母亲是刘仁恭的女儿。

庚戌日（初四），梁王朱全忠初次登上金祥殿，所颁下的文书称为“教令”，自称“寡人”。辛亥日（初五），命令各种笺、表、簿、籍都去掉唐朝年号，只书写月、日。丙辰日（初十），张文蔚等到了大梁。

卢佶听说钱传镣的部队即将到达温州，率领水军在青澳抵抗。钱传瓘说：“卢佶的精锐部队都在这里，不能与他们作战。”于是从安固放弃船只，抄小路袭击温州。戊午日（十二日），温州军队溃败，捉住卢佶斩首。吴王钱镠任命都监使吴璋为温州处置使，命令钱传瓘等率领军队转移到处州讨伐卢约。

壬戌日（十六日），梁王朱全忠更名为晃。朱全忠的哥哥朱全昱听说朱全忠即将即位为皇帝，对他说：“朱三，你可以做天子吗？”

甲子日（十八日），张文蔚、杨涉从上源驿乘辂车带着禅位册书和传国玉玺，各司已备好仪仗卫队在前面开道，唐朝的百官等随从在后，到金祥殿前排列成队。朱晃身穿衮服，头戴皇冠，即皇帝位。张文蔚、苏循等捧着禅位的册书上殿宣读，杨涉、张策、薛贻矩、赵光逢依次捧着传国玉玺登殿，读完册书，一起下殿，率领百官在殿前朝拜祝贺。后梁太祖朱晃于是同张文蔚等在玄德殿宴饮。后梁太祖举杯说：“朕辅佐国政并不久，今天能受禅，这都是诸公推举拥戴之力。”张文蔚等听了心里又惭愧又害怕，低着头不能回答；只有苏循、薛贻矩及刑部尚书张祎盛赞后梁太祖的功德，理当应该回应上天顺从人意。

后梁太祖朱晃又与同宗亲戚在宫中宴饮博戏，喝到酒酣耳热时，朱全昱忽然拿起骰子，摔到盆中，摔得骰子满地滚，斜眼瞪着后梁太祖说:“朱三!你本来只是砀山的一个小老百姓,跟随黄巢做强盗,天子后来任命你为四镇的节度使,富贵极了,为什么一个早晨灭了唐朝三百年江山,自称帝王呢!恐怕不久全族都要因此被杀头,你还玩什么博戏呢?”后梁太祖朱晃不高兴而散场。

乙丑日(十九日),后梁太祖朱晃命有关官吏祭告天地、宗庙、社稷。丁卯日(二十一日),派遣使臣到各州、各藩镇宣告已接受唐朝的禅位登基。戊辰日(二十二日),大赦天下,改年号为开平,国号为大梁。尊奉唐昭宣帝李柷为济阴王,都和前代受禅的往事一样。唐朝廷内外原有的旧臣,官职、爵位都照旧。以汴州为开封府,命名为东都;废去以前的西京长安,以京兆府为大安府,在大安府设置佑国军,把魏博改名为天雄军,迁济阴王李柷到曹州,住的地方用棘木围绕起来,并且选派穿戴甲胄的士兵守卫。

辛未日(二十五日),后梁太祖朱晃封武安节度使马殷为楚王。

后梁太祖朱晃以宣武掌书记、太府卿敬翔主管崇政院事务,作为后梁太祖的参谋顾问,在宫中接受后梁太祖的旨意,传达给宰相执行。宰相除非后梁太祖召见或有事须当面启奏,其他事情都以奏章送请崇政院转呈,崇政院请示后梁太祖的旨意后再传达给宰相。敬翔为人深沉,有才智谋略,在后梁太祖的手下前后有三十年,军事谋划、民政事务,后梁太祖一切都委任他办理。敬翔也能尽忠职守,很少睡觉,自称只有骑在马上才能稍微休息。后梁太祖朱晃性情残暴乖戾,难以接近,也无法揣摩他的心意,只有敬翔知道他心里想什么。有时有不能办的事情,敬翔也不明白指出,只略微表示有疑问,后梁太祖已经理解,大多做了改变。后梁太祖接受唐禅位时,多是敬翔替他拿的主意。

后梁太祖朱晃追尊高祖父、祖母以后各代祖先都为帝、后;父亲朱诚为烈祖文穆皇帝,母亲王氏为文惠皇后。

起初,后梁太祖朱晃任四镇节度使,凡是仓库里的账目,都由建昌院掌理,到这时候,以养子宣武节度副使朱友文担任开封尹,兼管建昌院的事务，掌管全国的钱财粮食。朱友文本是康姓人家的子弟。

乙亥日（二十九日），下令削夺李克用的官职爵位。当时，只有河东、凤翔、淮南三镇用唐“天祐”年号，西川称“天复”年号，其余各镇都奉梁朝新颁的历法“开平”年号，向后梁称臣纳贡。

蜀王王建与弘农王杨渥传送檄文给各道，说要与岐王李茂贞、晋王李克用共同出兵兴复唐朝，但终究没人响应。王建于是计划称帝，颁布文书告诉辖区内的官吏百姓，又写了封信告诉晋王李克用说：“我建议我们各据一方称帝和朱温对抗，等到朱温平定以后，我们再寻访唐朝的宗室立为皇帝，然后我们再退归为藩镇。”晋王李克用回信不赞成，说：“我发誓有生之年绝不敢丧失臣子的节操。”

唐末诛杀宦官的时候，诏书到了河东，晋王李克用把在河东监军的宦官张承业藏在斛律寺，斩了一个罪犯来应付诏命。到这时候，又以张承业为监军，待他更加优厚，张承业也为李克用竭尽全力。

岐王李茂贞治军很宽松，对待士卒也平易近人。有人告诉他部将苻昭要造反，岐王李茂贞直接到苻昭家里，让左右侍卫全部离开，然后自己一个人在苻昭家熟睡了一晚才离去。所以众人心悦诚服。但是管理军队却毫无纪律。听说唐室灭亡，由于兵士衰弱，辖地又贫瘠，不敢自立为皇帝，只开设了岐王府，设置文武百官，把居住的房屋全称为宫殿，他的妻子称皇后，属下向他上书称笺表，鸣鞭、持扇、号令多数模仿皇帝的规格。

镇海节度使判官罗隐劝说吴王钱镠讨伐梁朝，说：“就算不成功，也可退保杭州、越州，自己在东边称帝，怎么能拱手侍奉盗贼，成为千古的耻辱呢？”钱镠起先以为罗隐在唐朝廷不得志，一定心有怨恨，等到听了他的话，虽然没有采用，心里倒是很赞许他的为人。

五月，丁丑朔日（初一），后梁太祖朱晃任御史大夫薛贻矩为中书侍郎、同平章事。

后梁太祖朱晃加授武顺节度使赵王王镕守太师，天雄节度使邺王罗绍威守太傅，义武节度使王处直兼任侍中。

契丹派遣使臣梅老穿戴朝服手持笏板前来互通友好，后梁太祖朱晃派遣太府少卿高颀到契丹回访。

起初，契丹有八部，每个部落各有一个大人（族长）。他们之间互相约定：推举一人为王，设置旗鼓用来号令各部落，每三年轮流担任。唐懿宗李漼咸通末年，有个叫习尔的，轮到他当王，在他的任期内，疆土开始扩大。其后钦德为王，趁着中原一带时有战乱，常常入侵，在边境一带掠夺。等到阿保机为王，他尤其威武勇敢，五姓奚、七姓室韦以及鞑靼都归他役使。阿保机姓耶律氏，依仗自己强大势力，不肯在三年任满的时候接受替代。过了很长一段时间，阿保机去讨伐黄头室韦，回来的时候，其他七部在边境上胁迫他，要求他遵守三年一换王的约定。阿保机不得已，把旗鼓传送给别人，并且说："我为王九年，得到汉人很多，我请求允许我率领部属住到古汉城去，和汉人共同防守，另外自立一部。"其他七个部落答应了他的请求。汉城，是以前后魏的滑盐县，那里土地适宜种植五谷，而且有盐池可以煮盐获利。后来阿保机逐渐发兵灭掉了其他七部，把契丹又合并成一国；又向北攻击室韦、女真；西取突厥旧地，攻打、消灭了奚部落，再选立新的奚王，而由契丹监督它的军队。东北各夷族都敬畏服从他。

这一年，阿保机率领部众三十万侵犯云州，晋王李克用和他订立友好同盟，在云州的东城会面，互相约为兄弟，李克用把阿保机请到帐中，纵情饮酒，握手尽欢，并约定在这一年的冬天共同出兵讨伐梁朝。有人劝晋王说："趁着阿保机前来，可以擒住他。"晋王说："我们最重要的敌人还在，应该联合夷狄的力量；如果失信于人，是自取灭亡之道啊。"阿保机在云州停留十天才回去，晋王赠送给他金银绸缎有好几万。阿保机也留下三千匹马和万余头的各种牲畜来作为答礼。阿保机回去以后就背叛了盟约，归附于梁朝。晋王因此非常恨他。

己卯日（初三），封河南尹兼河阳节度使张全义为魏王，封镇海、镇东节度使吴王钱镠为吴越王；加授清海节度使刘隐、威武节度使王审知兼侍中；仍封刘隐为大彭王。

癸未日（初七），后梁太祖朱晃任命暂时代理荆南留后的高季昌为荆南节度使。荆南过去统辖荆、归、硖、夔、忠、万、澧、朗八个州，唐僖宗李儇李儇乾符年间以来，外寇内乱相继，原统辖的各州都被邻近各道占据，只剩下江陵。高季昌到任时，城邑残破，人口凋零。高季昌尽力地召集安置流亡的百姓，百姓全都恢复了生业。

乙酉日（初九），后梁太祖朱晃封立他的哥哥朱全昱为广王，他的儿子朱友文为博王，朱友珪为郢王，朱友璋为福王，朱友贞为均王，朱友雍为贺王，朱友徽为建王。

辛卯日（十五日），把东都的旧宅改称为建昌宫，将判建昌院事改为建昌宫使。

壬辰日（十六日），后梁太祖朱晃命令保平节度使康怀贞率领八万大军，会同魏博军队攻打潞州。

甲午日（十八日），后梁太祖朱晃诏令撤销枢密院，原来掌管的事务统统归崇政院掌理，任命知院事敬翔为院使。

礼部尚书苏循及他的儿子起居郎苏楷自认为有功于后梁，应当获得破格提升任用。苏循日夜盼着做宰相，后梁太祖朱晃很看不起他的为人；敬翔及殿中监李振也瞧不起他。敬翔向后梁太祖建议说：“苏循，简直可以说是残害唐朝的害鸟鸱枭，出卖国家，贪求私利，这种人实在不应该让他立足于新的朝廷。”戊戌日（二十二日），诏令苏循及刑部尚书张祎等十五人一起退休，苏循被驱逐回乡；苏循父子便到河中依附朱友谦。

卢约以处州投降吴越王钱镠。

弘农王杨渥任用鄂岳观察使刘存为西南面都招讨使，岳州刺史陈知新为岳州团练使，庐州观察使刘威为应援使，别将许玄应为监军，率领三万水军攻打楚王马殷。楚王马殷很害怕，静江军使杨定真向楚王祝贺说：“我军胜利了！”马殷问是什么缘故，杨定真说：“两方作战，知道恐惧的一方一定能胜，反之，骄傲的就会失败。现在淮南军队直奔我们城下，这是骄傲轻敌；而您有恐惧的脸色，我因此知道您一定会胜利。”

马殷命令城都指挥使秦彦晖率领水军三万人顺江而下，水军副指挥使黄璠率战舰三百条驻守浏阳口。六月，刘存等碰上大雨，带兵回到越堤北边，秦彦晖追击他们。刘存打了几仗都打败了，于是写了一封信给马殷，假装要投降。秦彦晖派人报告马殷说：“这一定是诈降，不要接受！”刘存和秦彦晖隔着水布阵，刘存在河那边远远地呼叫说：“杀投降的人是一件不祥的事，您难道不为子孙考虑吗！”秦彦晖回答他说：“贼寇侵入我境却不还击，还顾及什么子孙？”擂鼓呐喊着前进，刘存等人逃走，黄璠从浏阳带兵横渡湘江，和秦彦晖合力攻击，大败刘存的军队，生擒刘存及陈知新，杀死裨将一百余人，士兵也死伤数万人，缴获战舰八百艘。刘威带着剩下的兵众逃回，秦彦晖于是攻下了岳州。马殷解开捆绑刘存、陈知新二人的绳索，安慰劝说他们。二人都大骂说：“大丈夫应当一死以报答主公，怎么能侍奉贼寇！”马殷于是下令把他们斩首。许玄应是弘农王杨渥的心腹亲信，常参与政事；张颢、徐温趁他战败，把他拘捕后杀了。

楚王马殷派遣军队会同吉州刺史彭玕攻打洪州，没有攻下。

保平节度使康怀贞率兵到达潞州，晋昭义节度使李嗣昭及副使李嗣弼关起城门来抵抗；康怀贞日夜攻打，半月没有攻下，于是四面筑起堡垒，并挖了蜿蜒相通的壕沟，准备长期围城，潞州城内外隔绝。晋王李克用任命蕃、汉都指挥使周德威为行营都指挥使，率领马军都指挥使李嗣本、马步都虞候李存璋、先锋指挥使史建瑭、铁林都指挥使安元信、横冲指挥使李嗣源、骑将安金全等将领前往潞州救援。李嗣弼是李克修的儿子；李嗣本，本姓张；史建瑭是史敬思的儿子；安金全是代北人。

晋王李克用的军队进攻泽州，后梁太祖朱晃派遣左神勇军使范居实率兵救援。

甲寅日（初九），后梁太祖朱晃任命平卢节度使韩建守为司徒、同平章事。

武贞节度使雷彦恭会同楚国的军队进攻江陵，荆南节度使高季昌率军驻扎公安，断绝敌军运粮通道。雷彦恭大败，楚兵也撤走了。

刘守光囚禁他的父亲后，自称卢龙留后，派遣使者请求后梁太祖朱晃任命。秋季，七月，甲午日（十九日），后梁太祖朱晃任命刘守光为卢龙节度使、同平章事。

静海节度使曲裕去世。丙申日（二十一日），任命他的儿子权知留后曲颢为静海节度使。

雷彦恭进攻楚国的岳州，没有攻克。

八月，丙午日（初一），后梁太祖朱晃赐河南尹张全义名字叫宗奭。

辛亥日（初六），任命吴越王钱镠兼任淮南节度使，楚王马殷兼任武昌节度使，各担任本道的招讨制置使。

晋周德威在高河扎营，康怀贞派遣亲骑都头秦武率领军队攻打他，秦武兵败。

丁巳日（十二日），后梁太祖朱晃任命亳州刺史李思安代替康怀贞担任潞州行营都统，把康怀贞贬为行营都虞候。李思安率领河北军队西上，到达潞州城下，又修筑了双重城墙：内层是为了防止城内的军队突围出去，外层则是为了防止援兵进入，这种城墙被称为“夹寨”。李思安又调遣山东的老百姓运送军粮，周德威天天派遣轻骑兵截击。李思安于是从东南山口修筑了一条甬道，一直通到夹寨；周德威与各位将领交替前去攻击，推倒城墙，把壕沟填平，破坏他们的守备，一日夜之间往往骚扰数十次。梁国的军队为了做好防备，实在是疲于奔命。夹寨中有出来割草放牧的，周德威就抄掠他们，于是梁朝的军队紧闭寨门，不敢出来。

九月，武贞节度使雷彦恭进攻涔阳、公安，被高季昌打败。雷彦恭贪婪残暴，像他的父亲，专门干烧杀抢夺的勾当，荆、湖之间经常受他祸害；他又依附于淮南。丙申日（二十二日），后梁太祖朱晃下诏削夺雷彦恭的官职爵位，并且命令高季昌和楚王马殷讨伐他。

蜀王王建召集部将僚佐商议称帝，大家都说："大王虽然一心效忠唐朝，但是唐朝已经灭亡了，这正是古人所说的'天与不取'（老天要赐给你的，你如果不接受，不但可惜，恐怕还会触怒了上天），正是自立为皇帝的好时机。"唯独冯涓建议王建以蜀王的名义发布诏令，他说："这样做，如果唐朝能复兴，则我们并没有违背做臣子的礼节；而今天逆贼存在，我们也不会与他们同流合污。"王建没有听从，冯涓便闭门不出。蜀王采用了安抚副使、掌书记韦庄的谋划，率领官吏百姓为唐朝哭了三天，己亥日（二十五日），正式登皇帝位，国号大蜀。辛丑日（二十七日），任命前东川节度使兼侍中王宗佶为中书令，韦庄为左散骑常侍、判中书门下事，阆州防御使唐道袭为枢密副使。韦庄是天宝末年宰相韦见素的孙子。

前蜀国主王建虽然目不识字，但喜欢与读书人谈论，也略微能通晓其中的道理。当时唐朝的官宦大族大多跑到蜀地躲避战乱，王建对他们以礼相待，让他们整理恢复唐朝旧例，所以蜀国的典章制度很有唐朝的遗风。

蜀主的长子校书郎王宗仁年幼的时候因病残废，蜀主立他的次子秘书少监王宗懿为遂王。

冬季，十月，高季昌派遣他的将领倪可福会同楚将秦彦晖进攻朗州。雷彦恭派遣使臣到淮南弘农王杨渥那儿请求投降，并且向他告急，请求救援。弘农王杨渥派遣将领泠业率领水军驻扎平江，李饶率领步骑进驻浏阳来救援他，楚王马殷派遣岳州刺史许德勋率兵抵抗。泠业进驻朗口，许德勋命令善于游泳的军士五十人，用木枝树叶盖着头部，携带长刀在长江漂流而下，夜里袭击泠业军营，并且放火，泠业军中惊恐混乱。许德勋又率领大军进攻，于是大破泠业的军队，一直追到鹿角镇，并且生擒了泠业。又攻破浏阳寨，生擒了李饶，并且攻击了上高、唐年等地才收兵回去。在长沙街市上，把泠业、李饶斩首。

十一月，甲申日（十一日），后梁夹马指挥使尹皓攻打晋王李克用的江猪岭寨，攻取了寨子。

义昌节度使刘守文听说他的弟弟刘守光囚禁了他的父亲刘仁恭，于是召集诸将领，大哭说："没想到我家竟生了这种不孝的禽兽，我生不如死，发誓与你们一起讨伐他！"于是发动军队进攻刘守光，两方互有胜负。

天雄节度使邺王罗绍威对他的属下说："刘守光因为困窘危急归附我们梁朝，刘守文孤立无援，我想沧州可不费一兵一卒就使他们降服。"于是写了封信给刘守文，向他分析祸福的关系。刘守文也怕梁朝乘机偷袭他的后方，戊子日（十五日），派遣使者请求归降，以儿子刘延祐作为人质。后梁太祖朱晃拍着手说："罗绍威一封招降书，胜过十万军队。"加授刘守文中书令，加以抚慰，接纳了他。

起初，后梁太祖朱晃在藩镇的时候，执法非常严厉：假定一个部队的将领阵亡了，他底下的士兵通通要被斩首，这叫作"跋队斩"。士卒损失主将的，大多逃跑不敢回来。后梁太祖于是命令所有的士兵都要在脸上刺上部队的番号，如果有人想家而逃亡，往往在路上关卡就被捉住，送回所属部队后，没有不被处死的，他们的乡里也不敢收容。因此逃亡的人都集结到深山沼泽等地去当强盗，成为各地州县的大害。壬寅日（二十九日），后梁太祖下诏赦免这些人的罪，从今日起即使脸部刺字也允许返回乡里。强盗因此减少了十之七八。

淮南右都押牙米志诚等率兵渡过淮河袭击颍州，攻克颍州外城。颍州刺史张实死守内城进行抵抗。

晋王李克用命令李存璋进攻晋州，以此牵制梁朝进攻上党的兵力。十二月壬戌日（十九日），后梁太祖朱晃诏令河中、陕州发兵救援晋州。

甲子日（二十一日），后梁太祖朱晃诏令派遣五千步兵骑兵救援颍州，米志诚等人率领部队撤离。

丁卯日（二十四日），晋兵侵犯洺州。

淮南的军队进攻信州，信州刺史危仔倡向吴越王钱镠请求救援。

开平二年（戊辰，公元908年）

春季，正月，癸酉朔日（初一），前蜀主王建登上兴义楼。有一个和尚挖了自己一只眼睛进献给他，蜀主下令要以招待一万名和尚吃饭来回报他。翰林学士张格进谏说："小人无缘无故地自己残害身体，想求取主上的恩宠，这种人主上如赦免他的罪已算是他的运气了，不应该再加以推崇奖赏而败坏风俗。"王建这才作罢。

丁丑日（初五），前蜀主王建任命韦庄为门下侍郎、同平章事。

辛巳日（初九），蜀主王建到南郊祭天。壬午日（初十），下令大赦境内，改年号为武成。

晋王李克用头上长了毒疮，病得很厉害。周德威等退到乱柳驻守。晋王李克用命他的弟弟内外蕃汉都知兵马使、振武节度使李克宁，监军张承来，大将李存璋、吴珙、掌书记卢质等人拥立他的儿子晋州刺史李存勖为嗣王，并且说："我这个儿子志向非常远大，将来一定能完成我的事业，你们要好好教导他。"辛卯日（十九日），晋王对李存勖说："李嗣昭被围困在潞州，我来不及和他见面了，等我的丧事办完，你要和周德威等赶快尽力去救他。"又对李克宁等人说："我把亚子托付给你们。"亚子是李存勖的小名。说完就去世了，享年五十三岁。李克宁治理军府，内外没有人敢于喧哗。

李克宁长期总揽兵权，有兄死弟立之势，当时上党的包围还没有解除，情势急迫，军中的将领大都认为李存勖年纪太轻，私下都在议论，人心浮动。李存勖看到这种情形，心里害怕，就要把王位让给叔叔李克宁，李克宁说："你是嫡长子，况且有先王的遗命，谁敢违抗！"将领们要来参见李存勖，李存勖正因父丧在里头哭，过了很久没有出来。张承业进去对他说："最大的孝顺是能够继承父亲的基业，不使它毁坏，多哭又有什么用呢？"于是扶他出来，继位为河东节度使、晋王，李克宁首先率领诸将拜贺，晋王李存勖于是把军府中的事都委托给李克宁。

晋王李存勖任命李存璋为河东军城使、马步都虞候。先王李克用的时候，对于胡人和军士都比较宠信，因此他们常常侵犯骚扰市集商铺。李存璋任职后，逮捕其中尤其残暴蛮横的杀死，十多天后，城中立刻秩序井然，没人敢再闹事。

吴越王钱镠派遣军队进攻淮南的甘露镇，以此来救援信州。

前蜀中书令王宗佶在蜀主王建的养子中居长，而且仗恃着功劳大，非常专权，又骄奢狂妄。唐道袭已经做到枢密使，王宗佶仍然直呼其名，唐道袭心怀不满但表面上对他却更加恭敬。王宗佶又广结党羽，连蜀主也觉得厌恶。二月，甲辰日（二月无此日），蜀主任命王宗佶为太师，但是从此不让他过问国家的政事。

前蜀任命户部侍郎张格为中书侍郎、同平章事。张格当宰相，大多迎合主上的意思，朝臣中如有能力比他行的，他一定千方百计排挤走。

起初，晋王李克用收养了很多军中的壮士当儿子，并且宠信他们，就跟亲生的儿子一样。等到晋王李存勖继位，各养子都年长并掌握军权，心里郁闷不服，或者托病不出，或者觐见新王不叩拜。李克宁位高权重，人心多归向他。李克用的养子李存颢私下劝李克宁说："哥哥死了，弟弟继位，自古以来就有这种情况。叔叔叩拜侄子，在道理上稳妥吗！老天给你机会，你却不好好把握，将来一定会后悔莫及。"李克宁说："我们李家世世代代以慈孝闻名于天下，先王的事业如果有人继承，我还有什么好乞求的？你别再胡言乱语，小心我砍了你的脑袋。"李克宁的妻子孟氏，向来刚强蛮横，养子们各派遣自己的妻子去劝说孟氏，孟氏觉得可行，又怕话传出去会惹来灾祸，屡次逼迫李克宁。李克宁性格怯懦，早晚被众人的话蛊惑，不能不动心；他又与张承业、李存璋等人不和，一再责骂他们。又借故擅自杀了都虞候李存质，又要求兼任大同节度使，以蔚、朔、应三州为辖地，晋王李存勖都听从了他。

李存颢等为李克宁出谋划策，乘晋王李存勖到他家探望时杀了张承业及李存璋，大家尊奉李克宁为河东节度使，以河东九个州归顺梁朝，并且捉拿晋王李存勖及太夫人曹氏送往大梁。太原人史敬镕，年轻时侍奉晋王李克用，任职于李克用帐下，受到信任，李克宁想知道晋王府中的秘密事情，就把史敬镕叫来，偷偷地把计划告诉他。史敬镕表面上假装要和他合作，回头却跑到晋王府一五一十地禀告了太夫人。太夫人大惊，把张承业找来，指着晋王李存勖对他说："先王抓着这个孩子的胳膊把他托付给您等，如果听到外边图谋想要背叛他，我只请求您让我们母子有块立足之地，不要被押送到大梁，此外不敢劳烦您。"张承业很惊恐地说："老奴就算死了也要遵奉先王的遗命，太夫人您怎么这样说？"晋王李存勖把李克宁的阴谋告诉他，并且说："至亲不可以自相残杀，我如果让位，祸乱就不会发生了。"张承业说："李克宁要把大王母子投入虎口，这种人不除去，难道还有天理吗？"于是把李存璋、吴珙和先王的养子李存敬、长直军使朱守殷等找来，让他们私下部署准备。壬戌日（二十一日），在王府中设置酒宴招待诸将领，埋伏了甲士，在酒席中捉拿了李克宁及李存颢。晋王李存勖流着泪数落李克宁说："侄儿以前要把王位让给叔父，叔父不肯，现在事情已成定局，你为什么又设下这个阴谋，忍心要把我们母子交给仇人呢？"李克宁说："这都是说坏话的奸邪小人挑拨离间，我还有什么话好说！"当天，杀了李克宁及李存颢。

癸亥日（二十二日），后梁太祖朱晃在曹州用毒酒害死了济阴王李柷，追谥他为唐哀皇帝。

甲子日（二十三日），蜀兵攻入归州，抓住归州刺史张瑭。辛未日（三十日），后梁太祖朱晃任命韩建为侍中，并兼任建昌宫使。

后梁行营都统李思安等攻打潞州，久攻不下，士兵们疲惫不堪，很多人逃亡了。晋兵还驻守在潞州西北的余吾寨，后梁太祖怀疑李克用是假死，想把军队召回来，又怕晋兵从后头追击，于是商议亲自到泽州接应召回的军队，并且叫匡国节度使刘知俊率兵赶往泽州。三月，壬申朔日（初一），后梁太祖从大梁出发；丁丑日（初六），到了泽州；辛巳日

（初十），刘知俊的兵马也到了；壬午日（十一日），后梁太祖任命刘知俊为潞州行营招讨使。

癸巳日（二十二日），门下侍郎、同平章事张文蔚去世。

后梁太祖朱晃因李思安长期没有功绩，逃跑将校四十余人，士卒以万计，又关起堡垒门采取守势，于是派遣使者把李思安召到行营来。甲午日（二十三日），免去李思安的官职爵位，下令他回本籍充当民役；杀了监押杨敏贞。

晋李嗣昭固守潞州一年多，城中物资用品将要用完，李嗣昭故意到城楼上和各将领饮酒作乐。有支流矢射中了他的脚，李嗣昭偷偷地拔掉，这事酒席上的其他人都没发现。后梁太祖朱晃几次派遣使者下诏书给李嗣昭，劝说他投降；李嗣昭烧毁诏书，斩杀了使者。

后梁太祖朱晃在泽州停留了十几天，想要召回上党的军队，派遣使者与各将领商量。各将领都认为李克用已经死了，余吾寨的晋兵即将撤退，上党就会成为孤立无援的一个城，请求再留个十天半个月以等待机会；后梁太祖朱晃准许了，下令加运粮草来支援前线的军队。刘知俊率领精锐部队万余人攻打晋军，斩杀俘获了不少士兵。于是上表给后梁太祖，请求让他留下攻打上党，请后梁太祖返回京师大梁。后梁太祖朱晃因关中空虚，担心岐州李茂贞侵犯同州、华州，于是下令刘知俊让军队在长子休息十天，然后撤退到晋州驻扎，等五月以后返回镇所。

蜀太师王宗佶被免除宰相职务后，心里非常怨恨，暗中豢养勇猛敢死之徒，图谋作乱。他向蜀主王建上了封奏章，说："我官列大臣，论骨肉之亲又是长子，所以国事的祸福就是我的祸福。现在继位的储君还没有决定，这将会成为动乱的原因。陛下如果认为王宗懿的才能足以继承大业，那么就应早日举行册封典礼，然后任命臣为元帅，并掌管全国的军队；倘若以为时势正处在艰难时期，王宗懿年幼，那么臣又怎么敢自持谦逊而不肯肩负国家的大任呢？陛下已经南面称帝，军队事务可以委任予臣。臣请求开设元帅府，并且铸造指挥六军的印信，征讨戍守，征集调发，统统由臣来施行。太子早晚侍奉饮食，我掌握军队护卫宫禁，此是万世的基业，以上所陈述的，请陛下考虑决定。”蜀主王建看了奏章后大怒，不过暂时忍了下来，没有发作；又拿这事问唐道袭，唐道袭回答说：“王宗佶的威望，内外畏惧顺从，足以驾驭诸将。”蜀主听了这话，心里对王宗佶更加猜疑。己亥日（二十八日），王宗佶入宫朝见，对蜀主态度非常傲慢，蜀主向他说明，王宗佶仍不听，蜀主不能按捺自己的愤怒，命令左右卫士当场就把王宗佶打死。又把他的党羽御史中丞郑骞贬为维州司户，卫尉少卿李钢贬为汶川尉，在就任的路上又赐他们自杀。

起初，晋王李克用去世，周德威在外面掌握重兵，朝臣对他都有点猜疑。晋王李存勖下令召周德威率领军队回来。夏季，四月，辛丑朔日（初一），周德威到了晋阳，把军队留在城外，独自步行入城，伏在先王李克用的灵柩上哭得极为悲伤；致祭完毕后，又拜见嗣位的晋王李存勖，态度非常恭敬，大家这才放下心来。

癸卯日（初三），后梁门下侍郎、同平章事杨涉被免职降为右仆射；另外又任命吏部侍郎于兢为中书侍郎，翰林学士承旨张策为刑部侍郎，两人都任同平章事。于兢是于琮哥哥的儿子。

潞州夹寨的后梁将领奏报余吾寨的晋兵已经退走，后梁太祖朱晃认为晋国的援军无法再来，潞州一定可以攻下，于是在丙午日（四月无此日）从泽州南返，壬子日（十二日），回到大梁。梁朝留在夹寨的军队也不再设防。晋王李存勖与诸将商议说：“上党是河东的屏障，没有上党，也就没有河东。而朱温所怕的只有先王，现在听说我刚继位，一定认为小毛孩子不懂得带兵打仗，一定会骄傲懈怠。如果选派精锐部队兼程追赶他们，出其不意，打败梁兵是一定的了。如果要成就霸业，就全看这一次了；这机会真是不可失去。”张承业也劝他亲征。于是派遣张承业及判官王缄到凤翔去请求派兵援助；又派遣使者以金银财宝赠送给契丹王阿保机，请求借用他的骑兵。岐王李茂贞已经衰老，军队衰弱，财政也很困难，最终没有答应。晋王李存勖检阅了所有部队，任命前昭义节度使丁会为都招讨使；甲子日（二十四日），率领周德威等由晋阳出发。

淮南弘农王杨渥派遣军队侵犯石首，襄州军队在瀺港打败了淮南军；淮南又派遣将领李厚率领水军一万五千人进逼荆南，高季昌立刻反击，在马头打败了他们。

己巳日（二十九日），晋王李存勖驻扎在黄碾，距离上党四十五里。五月，辛未朔日（初一），晋王把军队埋伏在三垂冈下，第二天一早，起了大雾，于是率军进击，一直攻到夹寨。梁朝的军队没有侦察兵，没料到晋兵一下子就来了，将士们都还没起床，营中惊慌骚动。晋王李存勖命令周德威、李嗣源分兵两路，周德威攻西北角，李嗣源攻东北角。晋兵填平壕沟，并放火烧寨，擂鼓呐喊着冲了进来。梁兵崩溃，向南逃去；招讨使苻道昭所骑的马跌倒了，被晋军杀死。逃失死亡的将领士卒有数万人；丢弃的物资、粮草、器械堆积如山。

周德威等到了潞州城下，向李嗣昭呼叫说："先王已经去世，当今的晋王亲自前来，攻破了梁贼夹寨。贼人已经逃走了，可以开门了。"李嗣昭不相信，说："这一定是被贼人抓住了，派来骗我的。"于是拉弓就要射杀他，左右连忙劝住。李嗣昭说："晋王果然来了，可以相见吗？"晋王李存勖于是亲自到城下呼唤。李嗣昭看到晋王穿着素色孝服，知道先王已经过世，当场悲恸得几乎要气绝，城中的晋军也都哭了，这才开了城门。起初，周德威与李嗣昭有仇怨，晋王李克用临死时对晋王李存勖说："李进通生性忠孝，我深深地疼爱他。现在他困在重围中，难道是周德威忘不了旧怨而不肯尽力援救他吗？你替我告诉他：如果潞州不能解围，我死也不能瞑目。"进通是李嗣昭的小名。晋王李存勖把这话告诉了周德威，周德威感动得哭泣，于是进攻夹寨时就特别卖力。在与李嗣昭相见后，两人重新和好。

后梁潞州行营都虞候康怀贞率领骑兵一百余人从天井关逃回大梁。后梁太祖朱晃听说夹寨失守，大吃一惊，过了一会又叹气说："生儿子要生像李亚子这样的，李克用不会消亡了；至于我的儿子，简直就像猪狗一样没用。”诏令当地安抚召集逃散的士卒。

周德威、李存璋乘胜进兵奔赴泽州，泽州刺史王班一向失去人心，众人不肯听他差遣。龙虎统军牛存节从西都率领军队来接应夹寨溃败的士卒，到了天井关，对他的部属说：“泽州是要害之地，不能丧失，就算没有后梁太祖朱晃的诏旨，我们也应该前往救援。”他的部属都不愿意，说：“晋军胜利的气势正旺盛，况且敌众我寡，不能对抗。”牛存节说：“见人有危难而不救，这不是义的做法；害怕强敌而躲避他们，这也算不得是勇敢的行为。”于是挥起马鞭率领部众向前。到了泽州，城中的人已经纵火骚动，想要响应晋王李存勖。王班关闭牙城坚守，牛存节到了以后，这才安定下来。晋兵随即到达，立刻沿着城墙挖地道攻城。牛存节日夜抵抗，一共十三日。刘知俊从晋州率领军队救援，周德威烧毁攻城器具，退守高平。

晋王李存勖回到晋阳，休整军队，进行赏赐。任命周德威为振武节度使、同平章事。命令各州县推荐有才德的人，罢黜贪婪残暴的官吏，减轻百姓的赋税，抚恤孤苦穷困的人，为冤屈不平的人主持公道，并且严禁作奸犯科，于是境内百姓安居太平。因为河东地狭兵少，于是训练士卒，命骑兵看不见敌人不准骑马。各路军队部署已定，不可以互相超越以及停留躲避险隘；如果分兵数路前进的话，必须依照原定的时间到达会师地点，时间相差不得超过一刻（一天的百分之一），有违反者，一定斩首不赦。所以晋王李存勖能兼并山东、攻取河南，都是士卒训练非常精锐严整的缘故。

起初，晋王李克用平定了难军节度使王行瑜，唐昭宗李敏李晔准许他承皇帝旨意任命官职、封授爵位。当时各地的藩镇多用墨制自行任命官吏，晋王李克用耻于和他们相同，每次任官一定上表请求皇帝的核准。到这时候，唐朝已经亡了，晋王李存勖才开始承制任命官吏。

晋王李存勖感激张承业的恩德，把他当作兄长来侍奉，每次到张承业的家中，一定进入内堂拜见他的母亲，赐给的物品非常丰厚。

潞州困守超过了一年，士兵百姓连冻带饿死了一大半，街市里巷萧条冷落。李嗣昭鼓励督促老百姓耕地纺织，并且减轻赋税，放宽刑罚，数年间，城池恢复了原来的面貌。

静江节度使、同平章事李琼去世，楚王马殷任命他的弟弟永州刺史马存治理桂州的事务。

壬申日（初二），梁朝把许州忠武军改称匡国军，同州匡国军改称忠武军，陕州保义军改称镇国军。

乙亥日（初五），楚王马殷的军队进攻鄂州，淮南所署知州秦裴把楚兵打败。

淮南左牙指挥使张颢、右牙指挥使徐温独揽军政大权，弘农威王杨渥心中非常气愤，常想除去他们二人，但是一直没有机会。两人心里也有数，觉得很不安，于是共同谋划杀了杨渥，然后瓜分淮南的土地，称臣于梁朝。戊寅日（初八），张颢派遣他的党羽纪祥等人在寝室里杀死了杨渥，欺骗人们说杨渥是得急病突然去世。

己卯日（初九），张颢召集将领、官吏到节度使府庭院，夹道及庭院、大堂上都排列着持刀卫士，并且下令各将领都要把随从的侍卫留在外头，然后才能进入庭院。张颢很凶狠地大声问："嗣王已经去世，军府应该由谁来当家？"问了三次，都没人回答，张颢更生气。幕僚严可求向前小声地开导他说："节度使府至关重要，四方边境问题很多，非您主持不可。可是要在今日做决定，恐怕太急了些。"张颢说："怎么说叫太急？"严可求说："刘威、陶雅、李遇、李简这些将领镇守在各地，他们过去和先王都是平起平坐的，主公你今天如果自立为王，这些人肯当您的属下吗？不如立先王的幼子，然后由主公来辅佐他，这样将领们有谁敢不听从？"张颢听了，沉默了好一会儿。严可求于是屏退左右，很快写了一张纸放在袖子里，然后指挥同僚们一起到节度使官邸去祝贺，大家都猜不透他到底想干什么。到了官邸，严可求把那张纸拿出来，跪着宣读，原来是杨渥的母亲史太夫人的教谕。大意是说："先王杨行密创业艰难，嗣王杨渥不幸早逝，杨隆演是他的弟弟，依照顺序应当他继位，希望各位将领不要背叛杨氏，要好好教导他。”文辞和意思都非常明白恳切，张颢一听就泄了气，由于教谕理直义正，张颢不敢违背，只好尊奉弘农威王杨渥的弟弟杨隆演继位，称淮南留后、东面诸道行营都统。这事情完了以后，副都统朱瑾前往严可求的住所，对他说：“我十六七岁就横戈跃马，面对大敌冲锋陷阵，也没怕过什么，但是今天面对张颢，却私下里吓得汗流浃背。我看您当面挫败他，就像没有他这个人一样。我到今天才知道我不过是一个武夫，仅能逞匹夫之勇，跟您比起来差得太远了。”于是，把严可求作为哥哥侍奉。

张颢委任徐温为浙西观察使，镇守润州。严可求对徐温说：“您放弃统率牙兵而到外面去镇守州县，我看张颢一定会把弑杀君王的罪名赖到你一个人头上。”徐温大吃一惊，说：“既然这样，该怎么办？”严可求说：“张颢这个人刚愎自用又不明事理，您如果肯听我的话，我愿意为您谋划。”当时副使李承嗣也参与军府中的政务，严可求又对李承嗣说：“张颢凶狠威风到这种地步，现在将徐温调到外地，意图不仅如此而已，恐怕对您也不利。”李承嗣觉得他说得很有道理。严可求又去见张颢说：“您让徐公到外头去镇守州县，大家都传说您是要夺取他的兵权，然后再把他杀掉。很多人这样说那是很可怕的。”张颢说：“这是徐温他自己想出去，本来就不是我的意思。而且这事已经决定了，现在能怎么办呢？”严可求说：“要阻止它很容易。”第二天，严可求邀请张颢和李承嗣一起去看徐温。严可求发怒瞪着徐温，责备他说：“古人不忘记一顿饭的恩德，何况您是杨氏的老将！现在幼主刚刚继位，正是多事的时候，你倒想到外头去逍遥，这样做可以吗？”徐温赔罪说：“如果你们能宽容我，我徐温哪里敢擅自做主！”因此这件事就作罢了。张颢后来知道了严可求暗地依附徐温，于是晚上派遣刺客刺杀他。严可求知道逃不掉，就请求让他写一封信和主公杨隆演诀别。刺客拿着刀就站在旁边看着，严可求振笔直书，丝毫没有恐惧的样子。刺客能认得字，看到他所写的，文辞非常忠诚壮烈，对他说：“您是年高有德的人，我不忍心杀您。”于是抢了一些财物回去交差，报告张颢说：“到处搜遍了，都找不到人。”张颢大发脾气，说：“我要的是严可求的脑袋，要财物做什么！”

徐温和严可求计划杀死张颢，严可求说：“这事非钟泰章不可。”钟泰章是合肥人，当时担任左监门卫将军。徐温派他的心腹部将彭城人翟虔去告诉钟泰章，钟泰章听了非常高兴，秘密联络了三十个壮士，在晚上，刺血互饮，作为盟誓。丁亥日（十七日）早晨，钟泰章等直接进入左右牙指挥使厅把张颢及其亲近的人斩首。徐温于是公布了张颢弑杀君主的罪名，并且把凶手纪祥等人在街市上车裂。然后徐温到西宫去禀告太夫人。太夫人听了心里害怕，大哭说：“我的儿子年纪还小，遭遇这样的祸难，我只希望能保全一家百口的性命，如果让我们回故乡庐州去，就算是您对我们的大恩大德了。”徐温说：“张颢叛逆杀主，不能不杀，夫人应该放心！”起初，徐温与张颢共同谋划杀害弘农威王杨渥，徐温说：“如果混合使用左、右牙兵，一定不会同心，不如单用我手下的士兵。”张颢不答应。徐温说：“那么就单用你手下的兵士。”张颢答应了。到这时候，追查起叛党来，竟然都是张颢左牙的兵士，因此，大家都以为徐温实在是不知情。杨隆演任命徐温为左右牙都指挥使，军府事务都由他决定。任命严可求为扬州司马。

徐温性格沉稳坚毅，生活简朴，虽然不识字，但是让人读诉讼文书而亲自判决，却都合情合理。起初，张颢掌权的时候，实施严刑酷罚，又放纵亲信士兵随意掠夺街市。徐温对严可求说：“现在大事已定，我和您应该努力实行善政，使老百姓晚上都能安心地脱掉衣服睡觉。”于是，制定法律，禁止强暴，提出为政要领，士兵和民众安定下来。徐温把军队事务委任严可求掌理，把财政赋税事务委任骆知祥掌理，两人都非常称职，淮南人把他们并称作“严、骆”。

己丑日（十九日），契丹王阿保机派遣使臣随梁使高颀到京城进贡，并且请求册封为王。后梁太祖朱晃又派遣司农卿浑特赐给阿保机亲笔诏书，并且约定共同消灭沙陀（晋国），再给契丹王阿保机举行册封典礼。

壬辰日（二十二日），潞州夹寨的将领们到皇宫外请罪，后梁太祖朱晃都赦免了他们。后梁太祖赏赐牛存节保全泽州的功劳，任命他为六军马步都指挥使。

雷彦恭引沅江的水环绕朗州来加强防卫，楚将秦彦晖停了一个多月不进攻，雷彦恭的守备渐渐松懈下来。秦彦晖于是派遣副将曹德昌率领壮士在晚上从水洞潜入城内，内外点火相应，城中惊乱，秦彦晖擂鼓呐喊毁坏城门，进入城中，雷彦恭坐了一只小船投奔广陵。秦彦晖俘虏了雷彦恭的弟弟雷彦雄，送到大梁。淮南任命雷彦恭为节度副使。先前，澧州刺史向瑰和雷彦恭互相倚靠呼应，到这时也投降了楚王，楚王马殷这才得到了澧、朗二州。

前蜀主王建派遣将领率兵会同岐王李茂贞的五万军队攻打雍州，晋监军张承业也率领军队响应他们。六月，壬寅日（初三），梁朝任命刘知俊为西路行营都招讨使进行抵抗。

金吾上将军王师范家在洛阳，朱友宁的妻子在后梁太祖朱晃面前哭诉说："陛下您化家为国，我们宗族里的人都蒙受荣耀恩宠，唯独我的丈夫不幸，因为王师范的叛逆而死于战场。现在仇人还在，我实在痛心。"后梁太祖说："朕几乎忘了这个逆贼。"己酉日（初十），派遣使者到洛阳处死了王氏全族。使者先在王师范家旁挖了坑，然后宣读后梁太祖的诏书。王师范大摆酒席，和宗族的人依次就座，然后对使者说："死是每个人所不能免的，何况还是有罪的呢？我不愿意让死尸胡乱堆积，长幼无序。"于是，依次饮酒之后，命宗族的人自年幼到年长，依次带到坑中杀死，被杀死的总共二百人。

丙辰日（十七日），刘知俊和佑国节度使王重师在幕谷大破岐王李茂贞的军队，晋和蜀的军队都撤退回去。

前蜀立遂王王宗懿为太子。

后梁太祖朱晃要亲自率领军队进攻潞州，丁卯日（二十八日），诏令会合各道的军队。

湖南判官高郁请求允许百姓自己采茶卖给北方的客商，征收他们的赋税来供给军队，楚王马殷听从了他的建议。秋季，七月，马殷向后梁太祖朱晃奏请在汴州、荆州、襄州、唐州、郢州、复州等地设置回图务，运送茶叶到黄河南、北各地出售，并交易丝绵、战马回来，仍然每年进贡茶叶二十五万斤，后梁太祖下诏准许。湖南从此富足起来。

壬申日（初三），淮南的将领、官吏向江淮宣谕使李俨请求，承制授予杨隆演为淮南节度使、东面诸道行营都统、同平章事、弘农王。

钟泰章得到的奖赏很少，钟泰章也不说。过了一年多，有一回醉酒，和各将领们争论谈到这件事。有人向徐温密告，认为钟泰章怨恨长官，应该杀头治罪。徐温说："这是我的过错。"于是提拔钟泰章为滁州刺史。

资治通鉴卷第二百六十七　后梁纪二

起戊辰（公元908年）八月，止辛未（公元911年）二月，共二年七个月。

【题解】 本卷记录了公元908年八月至911年二月的史事，共两年又七个月，正当后梁太祖朱晃开平二年八月至开平五年二月。此时期后梁太祖已步入晚年，猜忌心日益增加，先是枉杀佑国节度使王师重，逼反忠武节度使刘知俊，举同洲反叛归降岐王李茂贞，向北联络晋王李存勖共同讨伐梁朝。再有诛杀赵王王镕所属深州守城的所有士兵，逼反王镕与梁朝断交，依附晋王李存勖，导致梁、晋两军在赵州大战，晋王大胜梁军，乘胜向北攻取河北所属梁朝的各州县。之后晋王决心先北后南，铲除燕王刘守光之后再专心南下讨伐梁朝，舒缓了梁朝受攻的压力。此时期，地区混战，刘守光统一卢龙旧境，吴王杨隆演占领江西地区，吴越王钱镠攻破湖州，楚王马殷的势力远到岭南。

太祖神武元圣孝皇帝中

开平二年（戊辰，公元908年）

八月，吴越王钱镠派遣宁国节度使王景仁带着奏表前往大梁，向后梁太祖朱晃进献平定淮南的策略。王景仁就是王茂章，因为避梁朝的讳而改名（梁太祖的曾祖父名叫朱茂琳）。

淮南派遣步军都指挥使周本、南面统军使吕师造进攻吴越，九月，包围苏州。吴越将领张仁保攻打常州的东洲，并把东洲攻克。淮南的军队死了万余人。淮南任命池州团练使陈璋为水陆行营都招讨使，率领柴再用等将领救援东洲，在鱼荡大破张仁保的军队，又收复了东洲。柴再用正在交战，所乘的战舰坏了，他靠长矛浮托才上了岸。家人因此要为他招待一千个和尚吃饭，柴再用把这些食物通通拿来犒赏他的部属，并说：“士兵救我上岸，僧人出了什么力呢！”

丙子日（初八），蜀主王建册立皇后周氏。周皇后是许州人。

晋周德威、李嗣昭率兵三万出阴地关，进攻晋州，晋州刺史徐怀玉抵御防守；后梁太祖朱晃亲自率兵前往救援。丁丑日（初九），由大梁出发，乙酉日（十七日），到了陕州。戊子日（二十日），岐王李茂贞所任命的延州节度使胡敬璋侵犯上平关，刘知俊把岐军打败。周德威等听说后梁太祖率兵快要到了，乙未日（二十七日），撤退到隰州驻防。

荆南节度使高季昌派遣军队在汉口驻扎，断绝楚向梁入朝进贡的道路；楚王马殷派遣部将许德勋率领水军前去攻打；部队到了沙头，高季昌害怕了，请求讲和。马殷又派遣步军都指挥使吕师周率领军队攻打岭南，和清海节度使刘隐打了十几仗，取得了昭州、贺州、梧州、蒙州、龚州、富州共六个州。马殷在疆域扩大之后，就让兵民休养生息，湖南终于安定。

冬季，十月，蜀主王建册立后宫张氏为贵妃；又册立徐氏为贤妃，徐氏的妹妹为德妃。张氏是郪县人，太子王宗懿的母亲。两位徐妃是徐耕的女儿。

华原的盗贼首领温韬在嵯峨山聚众为盗，并且在雍州各县四处抢夺，唐朝皇帝的陵墓几乎都被他挖遍了。

庚戌日（十二日），蜀主王建在星宿山讲习武事，参加的步兵、骑兵有三十万人。

丁巳日（十九日），后梁太祖朱晃回到大梁。

辛酉日（二十三日），后梁太祖朱晃任命刘隐为清海、静海节度使，派膳部郎中赵光裔、右补阙李殷衡两人为官告使。两人到了岭南，刘隐把他们都留下来。赵光裔是赵光逢的弟弟；李殷衡是李德裕的孙子。

依政县的进士梁震在唐朝末年考上功名，到这时想回蜀地，经过江陵，高季昌欣赏他的才识，把他留下来，想奏请后梁太祖朱晃任命他为判官。梁震认为高季昌出身奴仆，当他的属下是一种耻辱，想离开，又怕遭到祸害，于是说："梁震向来不羡慕荣耀的官职，如果您不认为我愚昧无知，一定要让我帮您参谋出主意，只要让我以平民的身份在您身边侍奉就行了，何必一定要征召我到幕府任职呢？"高季昌答应了他。梁震于是终身只自称前进士，不肯接受高氏所委派的官职。高季昌很器重他，把他当作出谋划策的主要人物，称他为"先辈"。

后梁太祖朱晃依从吴越王钱镠的请求，任命亳州团练使寇彦卿为东南面行营都指挥使，进击淮南。十一月，寇彦卿率领部队二千人进攻霍丘，被当地的土豪朱景打败；又另外攻打庐州、寿州，也都不胜。淮南派遣滁州刺史史俨抵御寇彦卿，寇彦卿带兵退回。

定难节度使李思谏去世，甲戌日（初六），他的儿子李彝昌自立为留后。

刘守文发动沧州、德州军队进攻幽州，刘守光向晋王李存勖请求救援，晋王派遣五千军队去救援。丁亥日（十九日），刘守文的军队到了卢台军，被刘守光打败；又大战于玉田，刘守文还是战败，他这才退了回去。

癸巳日（二十五日），中书侍郎、同平章事张策以刑部尚书的职位告老退休，后梁太祖朱晃任命左仆射杨涉为同平章事。

保塞节度使胡敬璋去世，静难节度使李继徽委任他的部将刘万子代为镇守延州。

这一年，弘农王杨隆演派遣军将万全感带着书信，从小路前往晋王和岐王那儿，把自己继承王位的事告诉了他们。

后梁太祖朱晃将要把国都迁到洛阳。

开平三年（己巳，公元909年）

春季，正月，己巳日（初三），后梁太祖朱晃把太庙的祖宗牌位迁到洛阳。甲戌日（初七），后梁太祖由大梁出发。壬申日（初五），任命博王朱友文为东都留守。己卯日（十二日），后梁太祖到了洛阳。庚寅日（二十三日），在太庙祭祀祖先。辛巳日（十四日），在圜丘祭天，大赦天下。

丙申日（二十九日），后梁由于费用开支逐渐充裕，开始发给百官足额俸禄。

二月，丁酉朔日（初一），发生日食。

保塞节度使刘万子暴虐，失去众心，并且图谋投降大梁，李继徽派遣延州牙将李延实除去他。李延实利用刘万子安葬胡敬璋的机会把他杀了，于是占据了延州。马军都指挥使高万兴和他的弟弟高万金听说发生变乱，率领他们的部属几千人投降梁朝的刘知俊。岐王李茂贞在鄜城设置翟州，守城的将领也投降了梁朝。

三月，甲戌日（初九），后梁太祖朱晃自洛阳出发。任命山南东道节度使杨师厚兼潞州四面行营招讨使。

庚辰日（十五日），后梁太祖朱晃到了河中，派出步兵、骑兵会同高万兴的军队攻取丹州、延州。

丙戌日（二十一日），封朔方节度使兼中书令韩逊为颍川王。韩逊本是灵州牙校，唐末占据灵州，后梁因此授给他符节斧钺。

辛卯日（二十六日），丹州刺史崔公实请求归降。

徐温认为金陵地势优越，战船聚集，于是自己以淮南行军副使兼领升州刺史，留驻广陵，而任命他的义子元从指挥使徐知诰为升州防遏兼楼船副使，前往治理升州。

夏季，四月，丙申朔日（初一），刘知俊调遣军队进攻延州，李延实利用四周城墙进行防守。刘知俊派遣白水镇使刘儒分兵包围坊州。

庚子日（初五），后梁太祖朱晃封王审知为闽王，封刘隐为南平王。

刘知俊攻陷延州，李延实投降。

淮南军队包围苏州，推着用木架支撑、覆罩牛皮、形状如洞的洞屋攻城，吴越将领临海人孙琰在竹竿头绑个滑轮，垂下绳子，然后在绳子头绑上利锥，这样一下子就把洞屋上覆盖的牛皮掀开了，底下攻城的人全部暴露在弓箭的威胁之下。炮石打来就张网拦阻，淮南军队不能攻下苏州。吴越王钱镠派遣牙内指挥使钱镖和行军副使杜建徽率领军队前往救援。

苏州有水道通到城中，淮南军队张网挂铃悬在水中，鱼鳖通过都能知道。吴越游弈都虞候司马福想潜入城中，故意用竹竿去触网子，淮南军队听到铃声响了，立刻把网子拉上来看，司马福就趁机通过。他在水里一共躲藏了三天，才进到苏州城内，从此城中的号令和援兵就能互相配合，淮南军队以为他们似有神助。

吴越王钱镠曾经到府园游玩，看见园丁陆仁章种植花草树木有智谋，就记在心里。到了苏州城被围的时候，钱镠派遣陆仁章到城里去通消息，果然能成功地回来复命。钱镠把他当作孙子辈看待，几次升迁后做到两府军粮都监使，终于让他发挥了作用。陆仁章是睦州人。

辛亥日（十六日），吴越的军队内外联合攻击淮南兵，把淮南兵彻底打垮，并且生擒了淮南将领何朗等三十多人，夺得战船两百艘。周本靠着夜色的掩护逃走了，吴越军从后追击，在皇天荡又把周本打败了。淮南将领钟泰章率领两百名精兵断后，在菰草中竖立很多旗帜迷惑对方，吴越的追兵不敢前进而返回。

岐王李茂贞任命的保大节度使李彦博、坊州刺史李彦昱都弃城逃往凤翔，鄜州都将严弘倚把整个城池献出投降梁朝。己未日（二十四日），后梁太祖朱晃任命高万兴为保塞节度使，任命绛州刺史牛存节为保大节度使。

淮南开始实施选举人才的制度，任命骆知祥掌理这件事。

五月，丁卯日（初三），后梁太祖朱晃命令刘知俊乘胜攻取邠州。刘知俊觉得很难成功，就推说粮食不足，后梁太祖于是把他召回去。

佑国节度使王重师镇守长安好多年，后梁太祖朱晃在河中时，气愤他不按时进贡，己巳日（初五），召王重师入朝，委任左龙虎统军刘捍为佑国留后。

癸酉日（初九），后梁太祖朱晃从河中出发；己卯日（十五日），回到洛阳。

刘捍到了长安，王重师不肯礼遇他，刘捍就向后梁太祖朱晃进谗言，说王重师和邠州、岐国暗中有来往。甲申日（二十日），后梁太祖把王重师贬为溪州刺史，不久赐令自尽，诛杀他的全族。

刘守文连年攻打刘守光不能攻下，于是大力发兵，并且用重金招请契丹和吐谷浑的部众，一共集合了四万人屯聚在蓟州。刘守光在鸡苏迎战，被刘守文打败。刘守文单枪匹马立在阵前，哭着对他的部众说："不要杀死我的弟弟。"刘守光的部将元行钦认识刘守文，于是冲上前去，把他活捉了，沧德的军队全部溃散了。刘守光把刘守文囚禁在别室，并用一丛丛的荆棘环绕屋子。刘守光的部队乘胜进攻沧州，沧州节度判官吕兖和孙鹤共同推举刘守文的儿子刘延祚为统帅，登城抵御。吕兖是安次人。

忠武节度使兼侍中刘知俊，功劳名声越来越大，由于后梁太祖朱晃对他日渐猜疑，内心觉得很不安。到了王重师被杀后，刘知俊心里更是害怕。后梁太祖将要讨伐河东晋王，急征刘知俊入朝，想任命他为河东西面行营都统；并且由于他有取得丹州、延州的功劳，想要厚厚地赏赐他。刘知俊的弟弟右保胜指挥使刘知浣跟随后梁太祖在洛阳，秘密派人告诉刘知俊说："入朝一定死。"又向后梁太祖奏请率领弟侄们前往迎接刘知俊，后梁太祖允许了。六月，乙未朔日（初一），刘知俊上奏说："被军队百姓挽留。"于是献出同州归降岐王，并且把监军及不听话的将领们都收押起来，让他们戴上手铐脚镣，全部送到凤翔。又派遣军队袭击华州，赶走了刺史蔡敬思，然后派兵把守潼关。又派人秘密地以重利收买长安的将领，把刘捍捉起来，送到凤翔杀掉。刘知俊派遣使者向岐王李茂贞请求增援部队，又派遣使者请求晋王李存勖出兵进攻晋州、绛州。刘知俊写给晋王李存勖的信中说："不过十天，可以攻取两京，恢复唐朝社稷。"

丁未日（十三日），朔方节度使韩逊奏报攻克盐州，并且斩杀了岐王李茂贞所任命的盐州刺史李继直。

后梁太祖朱晃派遣近臣去对刘知俊说："我对你一向很好，为什么你却忽然背叛我？"刘知俊回答说："我并不是要背弃恩德，只是怕像王重师一样无缘无故地被灭族。"后梁太祖又派使者对他说："这是因为刘捍造谣说王重师偷偷地勾结邠州、岐国，我现在后悔也来不及了；刘捍虽死也不足以抵偿他的罪责。"刘知俊没有回复。庚戌日（十六日），后梁太祖下诏削去刘知俊的官职爵位，任命山南东道节度使杨师厚为西路行营招讨使，率领侍卫马步军都指挥使刘鄩等讨伐刘知俊。

辛亥日（十七日），后梁太祖从洛阳出发。

刘鄩到达潼关东边，俘获刘知俊埋伏在路上侦察的士兵蔺如诲等三十人，于是释放了他们，让他们做向导。刘知浣迷了路，瞎绕了好几天才到潼关，关内的军吏开门迎接他们。这时恰好蔺如诲等人也到了，军吏们不知道他们已被刘鄩俘虏了，也开门放他们进去。刘鄩的部队趁着开门的时候就径直冲了进去，于是攻下了潼关，又追上刘知浣，把他活捉了。癸丑日（十九日），后梁太祖朱晃到达陕州。

丹州马军都头王行思等人作乱，刺史宋知海逃了回来。

后梁太祖朱晃派遣刘知俊的侄子刘嗣业拿着诏书前往同州招抚晓谕刘知俊；刘知俊本来想轻骑前往后梁太祖的驻地请罪，被他的弟弟刘知偃阻止了。杨师厚等到了华州，刘知俊的部将聂赏打开城门投降。刘知俊听说潼关失守，梁朝的军队随时就要到了，慌张得不知所措。乙卯日（二十一日），干脆率领全族的人投奔岐州。杨师厚到了长安，岐王李茂贞的军队已先占据了长安城。杨师厚出其不意地派出军队，沿着南山快速前进，从长安西门攻入，于是攻下了长安。庚申日（二十六日），后梁太祖任命刘鄩暂时代理佑国留后。岐王李茂贞非常厚待刘知俊，任命他为中书令。岐州地域狭窄，没有藩镇安置他，只是给予优厚的俸禄罢了。

刘守光派遣使者向后梁太祖朱晃上表报捷，并且说："等沧州、德州这边的事了结后，再替皇上扫平并州的贼人。"又写信给晋王李存勖，却说要和他一同消灭不合正统的梁朝。

抚州刺史危全讽自称镇南节度使，率领抚、信、袁、吉四州的军队号称十万进攻洪州。洪州的淮南守军才一千人，将吏们都非常害怕。洪州节度使刘威一方面秘密地派遣使者向广陵告急请求援兵，一方面天天召集属下若无其事地饮酒作乐。危全讽听到这一情况后，把军队驻扎在象牙潭，不敢进攻，于是向楚王请求增援；楚王马殷派遣指挥使苑玫会同袁州刺史彭彦章围攻高安以援助危全讽。苑玫是蔡州人。彭彦章是彭玕哥哥的儿子。

徐温向严可求询问将领人选，严可求举荐周本。于是徐温任命周本为西南面行营招讨应援使，让他率领七千名军士前往高安救援。周本因为前次进攻苏州无功而回，就推说生病，不肯出来。严可求跑到他的卧室硬把他拉出来，周本说："上回攻打苏州，本来敌人是打不过我们的，不过因为我方主帅权力太小，无法全盘指挥，所以失败；今天一定要用我，希望不要设置副职才可以。"严可求答应了他。周本又说："楚国人完全是声援危全讽，并不是真的要攻取高安；我如果打败危全讽，楚国的军队也一定会撤回去。"于是快速奔赴象牙潭。经过洪州的时候，刘威想留住他好犒赏军队，周本不肯停留。有人劝他说："危全讽的军队很强大，您最好先观察一下形势，观察妥当后再进攻。"周本说："贼众比我们多十倍，我军听说这情况一定畏惧，不如乘大家锐气旺盛使用他们。"

秋季，七月，甲子日（初一），后梁太祖朱晃封授刘守光为燕王。

梁朝的军队攻下丹州，活捉了王行思。

商州刺史李稠驱赶士人和百姓要往西投靠蜀国，被他的部将追赶上去杀了，推举商州都押牙李玫主持商州事务。

庚午日（初七），把佑国军改称为永平。

河东的军队进犯晋州，一直骚扰劫掠到尧祠才退回去。

癸酉日（初十），后梁太祖朱晃从陕州出发；乙亥日（十二日），到达洛阳，得病卧床。

起初，后梁太祖朱晃召来山南东道节度使杨师厚，想要让他督率诸将攻打潞州，于是任命前兖海节度使王班为留后，镇守襄州。杨师厚曾提醒王班说牙兵王求等个性凶悍，应该对他们加强防备。王班自恃左右有壮士保护，并不在意，并且常常当众辱骂王求。戊寅日（十五日），王班下令把王求贬谪到西方边境去戍守，不料当晚王求等干脆造反，杀了王班，并尊奉都指挥使雍丘人刘玘为留后。刘玘假装听从他的安排，第二天，与指挥使王延顺逃到后梁太祖那里。乱兵拥奉平淮指挥使李洪为留后，归附前蜀主王建。不久，房州刺史杨虔也叛变，投降蜀国。

危全讽在象牙潭，临溪营建栅栏，连绵数十里。庚辰日（十七日），周本隔着溪边布阵，并且先派些老弱残兵来试探；危全讽的部队渡河要追击，周本乘着他们渡河渡到一半时发动总攻击，危全讽的部队大败，自相践踏，很多都溺水而死。周本又分出一部分军队阻断他们的退路，于是活捉了危全讽和他的部将军士们共有五千人之多。周本率兵乘胜攻克袁州，抓住袁州刺史彭彦章，进攻吉州。歙州刺史陶雅派他的儿子陶敬昭和都指挥使徐章率领军队进攻饶州和信州，信州刺史危仔倡请求投降，饶州刺史唐宝则弃城逃走。行营都指挥使米志诚、都尉吕师造等人在上高把苑玫打败了。吉州刺史彭玕率领几千人投奔楚王，楚王马殷上表后梁太祖朱晃，任命彭玕为郴州刺史，并且为他的儿子马希范娶了彭玕的女儿为妻。淮南任命左先锋指挥使张景思掌理信州，并派了行营都虞候骨言率领五千军队护送张景思。危仔倡听说淮南军队到了，逃奔吴越，吴越王钱镠任命危仔倡为淮南节度副使，将他的姓改为元氏。危全讽被押到广陵，弘农王杨隆演因为他过去帮助过先王杨行密，于是把他释放了，并且送给他丰厚的财物。八月，虔州刺史卢光稠献出虔州归附淮南，于是江西之地通通归入淮南杨氏手中。卢光稠也派遣使者向后梁称臣归附。

甲寅日（二十一日），后梁太祖朱晃的病稍微好了点，于是又开始上朝。

任命镇国节度使康怀贞为西路行营副招讨使。

蜀主王建命令太子王宗懿掌理六军，并且设立永和府（太子府），精选朝中官吏担任属官。

辛酉日（二十八日），均州刺史张敬方上奏说攻克房州。

岐王李茂贞想要派遣刘知俊率领军队进攻灵州、夏州，并且约请晋王李存勖进攻晋州、绛州。晋王李存勖率军南下，先派周德威等率兵出阴地关进攻晋州。晋州刺史边继威全力防守，晋兵挖掘地道，城墙攻陷二十多步，城中守军浴血奋战抵抗，一夜之间又把城池修补好。后梁太祖朱晃下诏书要杨师厚率军救援晋州，周德威派骑兵扼守蒙坑天险，杨师厚把他们打败，进军抵达晋州，晋兵解除包围逃走。

李洪进攻荆南，高季昌派遣部将倪可福把他打败。后梁太祖朱晃诏令马步都指挥使陈晖率领军队会同荆南兵讨伐李洪。

蜀主王建任命御史中丞王锴为中书侍郎、同平章事。

陈晖的军队到了襄州，李洪出来迎战，被打得大败，王求等战死。九月，丁酉日（初五），陈晖攻克襄州，斩叛兵一千人，生擒李洪、杨虔等押送洛阳，把他们斩首。

丁未日（十五日），梁朝任命保义节度使王檀为潞州东面行营招讨使。

刘守光启奏要派遣他的儿子中军兵马使刘继威安抚沧州的军民，戊申日（十六日），梁朝任命刘继威为义昌留后。

辛亥日（十九日），侍中韩建被罢免宰相职务而拜太保，左仆射、同平章事杨涉被罢免宰相职务而任本官。任命太常卿赵光逢为中书侍郎，任命翰林奉旨工部侍郎杜晓为户部侍郎；两人都加同平章事职衔。杜晓是杜让能的儿子。

淮南派遣使者张知远到福建建立友好关系。张知远骄横傲慢，闽王王审知把他杀了，并且把淮南的书信呈送给后梁太祖朱晃，于是福建和淮南从此绝交。王审知生性俭约，常常只穿着麻鞋，房舍低矮简陋，也从不下令营建。他统治人民，刑罚宽松，赋税又轻，所以官府和人民都很富裕充实，境内因此非常安定。每年从海路经登州、莱州到梁朝进贡，因为海上风浪很大，有十之四五的人在海上淹没溺死。

冬季，十月，甲子日（初二），蜀国的司天监胡秀林呈献《永昌历》，在前蜀通行。

湖州刺史高澧性情凶狠残忍，曾经召集州吏商议说："我想把老百姓通通都杀了，可行吗？"州吏们建议说："要真这样，那要到哪里去收取租税呢？应当挑选一些可杀的才杀。"当时高澧纠集百姓当兵，有人说这些人叹息抱怨，于是高澧把民兵通通集合在开元寺，骗他们说里面在犒赏军队；民兵一进去，立刻就被杀掉，死了一大半。还在外头的人发觉异常，于是放火作乱。高澧下令关起城门来大肆搜捕，共杀了三千人。吴越王钱镠听说这件事，就想把他除掉。戊辰日（初六），高澧率州叛变归附淮南，发兵焚烧义和县临平镇，钱镠命令指挥使钱镖前去讨伐他。

十一月，甲午日（初二），后梁太祖朱晃在圜丘告谢上天；戊戌日（初六），大赦天下。

邺王罗绍威得了风痹病，上表称："魏博是大镇，四面又有强敌环伺，希望能派个有功劳的重臣来镇守；臣乞求能让我这把老骨头回家去养病。"后梁太祖朱晃听了这些话，手按着桌案，大为感动。己亥日（初七），后梁太祖任命罗绍威的儿子罗周翰为天雄节度副使，掌理府事。又对使者说："赶快回去告诉你的主公说：'替我多吃两口饭，好好保重身体，就算真有不测，我也会世世代代重用你的子孙来报答你。现在先让罗周翰掌理军府，是希望你的身体能好起来。'"

岐王李茂贞想要攻取灵州来安置刘知俊，并且把灵州作为放牧马匹的地方，让刘知俊亲自带兵去攻打灵州。朔方节度使韩逊向梁朝告急；后梁太祖朱晃命令镇国节度使康怀贞、感化节度使寇彦卿率兵进攻邠宁，以牵制刘知俊的军队来解救灵州。康怀贞等所到之处连打胜仗，克复了宁州、衍州，并且攻下庆州的南城，刺史李彦广出城投降，梁朝的游击部队一直骚扰到泾州境内。刘知俊听到后，十二月，己丑日（二十八日），解除对灵州的包围，带兵回去了。后梁太祖急忙召康怀贞等回去，并派军队在三原县的青谷镇去接应他们；康怀贞等回到三水县，刘知俊派兵扼守险要的地方伏击他们；最后靠梁朝的左龙骧军使寿张人王彦章奋勇冲锋，康怀贞等才得以通过。康怀贞和副将李德遇、许从实、王审权等分路前进，都没有和援兵相遇，到了升平，刘知俊的军队埋伏在山口，康怀贞的部队大败，只他自己一个人逃了回去，李德遇等的部队则全军覆没。岐王李茂贞委任刘知俊为彰义节度使，镇守泾州。

王彦章打起仗来，非常骁勇，每次上阵，都带着两支铁枪，每支重一百斤，一支放在马鞍上，一支拿在手上；所向无敌，当时人们称他为“王铁枪”。

蜀国的蜀州刺史王宗弁推说生病，辞官回到成都，闭门隐居。蜀主王建怀疑他居功自负而心怀怨恨，于是下令加封他为检校太保。王宗弁很坚决地推辞，对人说：“廉洁的人知道知足而没有忧虑，只有贪得无厌的人才会天天忧心忡忡而不知道满足。我本是一个小人，做到这么高的官位，也该满足了，怎能一味地贪求高位而不知道停止呢？”蜀主赞赏他的志向并应允了他，给了他很多赏赐。

刘守光围攻沧州很久没有攻下，把刘守文绑到城下威胁他们，还是不肯投降。城内粮食吃完了，老百姓只好吃黏土，军士则吃人，驴马互相吃鬃毛尾巴。吕兖挑选一批瘦弱的男女，喂他们吃麹面，然后杀了煮熟，来供给部队食用，把这称作“宰杀务”。

开平四年（庚午，公元910年）

春季，正月，乙未日（初四），刘延祚力量用尽，出城投降。当时刘守光的儿子刘继威还小，于是刘守光任命大将张万进、周知裕两人辅佐他镇守沧州，把刘延祚和他的部将们带回幽州，杀了吕兖全族的人而释放了孙鹤。

吕兖的儿子吕琦，年龄十五岁，门下客赵玉欺骗监督行刑的人说："这是我的弟弟，你可别乱杀。"监督行刑的人居然相信了，于是赵玉带着吕琦逃走。吕琦脚痛不能走路，赵玉背着他，改名换姓，沿路乞讨，终于逃过了大难。吕琦深感家破人亡之痛，努力学习自立，晋王李存勖听说他的名字，任命他为代州判官。

辛丑日（初十），梁朝任命卢光稠为镇南留后。

卢龙节度使刘守光为他的父亲刘仁恭请求退休，丙午日（十五日），后梁太祖朱晃任命刘仁恭为太师，准他退休。刘守光不久又派人偷偷地杀了他的哥哥刘守文，又嫁罪给暗杀的人，并把他也杀了。

二月，万全感从岐国回到广陵，岐王李茂贞秉承皇帝的旨意，加封弘农王杨隆演兼任中书令，并且嗣位为吴王，于是吴王杨隆演在境内实行大赦。

湖州刺史高澧向吴王杨隆演求救，吴常州刺史李简等率兵前去接应，湖州将领盛师友、沈行思关闭城门不肯接纳援军；高澧只好率领部下五千人投奔吴王。三月，癸巳日（初三），吴越王钱镠巡视湖州，任命钱镖为刺史。

前蜀太子王宗懿骄横凶狠，喜好凌辱轻慢旧臣。内枢密使唐道袭是蜀主王建的宠臣，太子却老是在朝廷上当众戏谑他，因此二人有了过节，互相向蜀主告状。蜀主怕他们起争执，就任命唐道袭为山南西道节度使、同平章事。唐道袭原本推荐宣徽北院使郑顼接任内枢密使，可是郑顼接受任命的第一天，就要调查唐道袭兄弟们盗用内库的金帛。唐道袭害怕，赶快又向蜀主报告说郑顼气量狭小，性情急躁，不能让他担当大任。丙午日（十六日），蜀主调郑顼出任果州刺史，任命宣徽南院使潘炕为内枢密使。

夏州的都指挥使高宗益作乱，杀死了节度使李彝昌。李彝昌的部属们一起杀了高宗益，另外推举李彝昌同族父辈的蕃汉都指挥使李仁福作为他们的统帅。癸丑日（二十三日），李仁福向梁朝上表奏报。夏季，四月，甲子日（初五），后梁太祖朱晃任命李仁福为定难节度使。

丁卯日（初八），宋州节度使衡王朱友谅呈献瑞麦，每一根麦茎上长了三枝麦穗，后梁太祖朱晃说："如果在丰年，这是上等吉兆。现在宋州发大水，这有什么用呢？"于是下令除去这个县出产瑞麦的好名声，又派遣使者去责问朱友谅，另外让兖海留后惠王朱友能代理宋州留后。朱友谅、朱友能，都是后梁太祖哥哥广王朱全昱的儿子。

后梁太祖朱晃因为晋州刺史下邑人华温琪抵抗晋兵有功，想要赏赐他，刚好护国节度使冀王朱友谦启奏说晋州、绛州与河东交界，请求另外设立节镇，壬申日（十三日），后梁太祖下令以晋州、绛州、沁州三个州划分为定昌军，并且任命温琪为节度使。

后梁左金吾大将军寇彦卿进京朝见，走到天津桥，有百姓没有躲避让路，便被扔到桥栏外摔死了。寇彦卿向后梁太祖朱晃报告此事认罪，后梁太祖念在寇彦卿既有才干，又为国家立过功劳，而且常在自己左右，可以说是亲信大臣，命令他自行向死者家属理赔作为赎罪。御史司宪崔沂弹劾他说："寇彦卿在皇宫前杀人，应该照法律论罪。"后梁太祖命寇彦卿进行分辩。寇彦卿回答说："我让随从把他举起放到桥栏外，没想到误伤死去。"后梁太祖想以过失论他的罪，崔沂启奏说："以法律而言，仗着权势下命令的人是首犯，遵命动手去做的人只是从犯，不可以把罪过都归到从犯的身上；不是因为互相打斗而伤害人，这还应该罪加一等，怎么可以算过失呢？"辛巳日（二十二日），后梁太祖下令寇彦卿因罪贬为游击将军、左卫中郎将。寇彦卿扬言说："有谁能砍下崔沂脑袋的，我赏一万缗钱。"崔沂向后梁太祖报告，后梁太祖于是派人警告寇彦卿说："崔沂如果有毫发的伤害，当心我灭你全族。"当时功臣们骄横，从此稍微收敛。崔沂是崔沆的弟弟。

五月，吴徐温的母亲周氏过世，部将、属吏们都前往吊祭，做了一个木偶人，高有好几尺，并且替它穿上罗锦的衣服。徐温说："这些衣服都出于百姓之力，怎么能将它穿在这里烧掉呢，应当解下来给贫苦的人穿。"不久，虽然还在守丧期间，徐温又被起用为内外马步军都军使，并且兼任润州观察使的职务。

岐王李茂贞老是向蜀国要财物，蜀主王建有求必应。有一次岐王要求把蜀国的巴州、剑州割让给他，蜀主说："我对待李茂贞，可说仁至义尽了，如果再割地给他，这不是遗弃我自己的百姓吗？我宁可多给他点财物。"又送给李茂贞丝、茶、布、帛七万。

己亥日（十一日），任命刘继威为义昌节度使。

癸丑日（二十五日），天雄节度使兼中书令邺贞庄王罗绍威去世，梁朝任命他的儿子罗周翰为天雄留后。

匡国节度使长乐忠敬王冯行袭病重，上表请求任命代替自己的人。他的驻地许州有两千牙兵，都是秦宗权的余党，后梁太祖朱晃对此非常担心。六月，庚戌日（六月无此日），命令崇政院直学士李珽赶去探望冯行袭的病情，后梁太祖朱晃说："好好地晓谕朕的心意，不要乱了我的邻近藩镇。"李珽到了许州，对将吏们说："天子拥有百万的雄兵，离这儿才几百里；冯公一向对朝廷忠诚，你们可不要让皇上对此地的驻军有所怀疑。只要大家赤心报效国家，还怕没荣华富贵可享吗？"因此大家再也不敢提出其他的意见。冯行袭想让人代替他接受后梁太祖的诏书，李珽说："按照礼制，只要躺在床上，头向东边，另外在身上披上朝服就可以了。"于是就在冯行袭的卧室内宣读诏书，对冯行袭说："您好好保养身体，不要忙着处理公事，这样也算是替子孙们积点福吧！"冯行袭感动得一边流泪一边致谢，于是马上就把节度使和观察使的印绶交给李珽，让他代为掌理军府。后梁太祖朱晃听到这个消息，说："我本来就知道李珽能办事，冯行袭的宗族也能够不灭亡了。"庚辰日（二十二日），冯行袭过世。甲申日（二十六日），后梁太祖委任李珽暂时主持匡国留后事务，把冯行袭的军队全部归属各部队，冒冯姓的养子全部恢复原姓回归本宗。

楚王马殷请求任天策上将，后梁太祖朱晃下诏加封他为天策上将军。于是马殷开始设立天策府，任命他的弟弟马宾为左相，马存为右相。马殷又派遣将领率兵进攻荆南，驻军在油口；高季昌把楚兵打败，斩下首级五千个，追赶逃兵到白田才返回。

吴水军指挥使敖骈在赤石洞围攻吉州刺史彭玕的弟弟彭瑊，楚军前往救援，俘获了敖骈才撤军回去。

秋季，七月，戊子朔日（初一），蜀国的门下侍郎兼吏部尚书、同平章事韦庄去世。

吴越王钱镠上表称："宦官周延诰等二十五人，唐末避祸来到这里，并不是刘季述、韩令诲等人的党羽，请求赦免他们。"后梁太祖朱晃说："这些人我知道并没犯什么罪过，不过现今我正开始革除唐朝宦官专权的弊病，不愿再把他们安置在宫里，可暂且让他们留在那里，把这个意思告诉他们。"

岐王李茂贞和邠州、泾州的守帅都派遣使者通告晋王李存勖，请求共同派兵进攻定难节度使李仁福；晋王李存勖于是派遣振武节度使周德威率兵和他们会师，合兵五万包围夏州，李仁福据城抵御防守。

八月，任命刘守光兼任义昌节度使。

镇州、定州自后梁太祖朱晃即位以来，虽然没有输送日常的租税，但是却进贡得很勤。有一回刚好赵王王镕的母亲何氏去世，庚申日（初三），后梁太祖派遣使者前往吊唁，并且在王镕守丧期间恢复他原来的官职。当时邻近各道前往吊唁的使者都住在馆舍，朝廷的使者见到了晋王李存勖派去的使者，回朝后，向后梁太祖报告说："王镕偷偷地和晋王往来，镇州和定州的力量又强大，将来恐怕没有办法控制。"后梁太祖深以为是。

壬戌日（初五），定难节度使李仁福前来告急。甲子日（初七），任命河南尹兼中书令张宗奭为西京留守。后梁太祖朱晃怕晋王李存勖的军队进攻西京洛阳，于是任命宣化留后李思安为东北面行营都指挥使，率领一万军队驻守在河阳。丙寅日（初九），后梁太祖从洛阳出发；己巳日（十二日），到了陕州。辛未日（十四日），任命镇国节度使杨师厚为西路行营招讨使，会同感化节度使康怀贞率领军队三万人驻守三原。后梁太祖本来担心晋王李存勖的军队会出泽州进逼怀州，后来听说他们还在绥州、银州的沙漠中，于是说："这样没什么可以担心了。"甲申日（二十七日），后梁太祖派遣夹马指挥使李遇、刘绾自鄜州、延州奔赴银州、夏州，拦截晋兵的归路。

吴越王钱镠下令建筑防止海潮的石头塘堤，扩大杭州的范围，并且大规模修建楼台馆舍。从此钱塘在东南一带最为富庶。

九月，己丑日（初三），后梁太祖朱晃从陕州出发；甲午日（初八），到达洛阳，疾病复发。

李遇等人率军到了夏州，岐王和晋王的军队都解围而去。

冬季，十月，后梁派遣镇国节度使杨师厚、相州刺史李思安率兵驻扎泽州来谋取上党。

吴越王钱镠巡视湖州的时候，留下沈行思为巡检使，自己带着盛师友回去。沈行思对他的同僚陈瑰说："大王如果以盛师友为刺史，用什么来安置我？"当时陈瑰已经得到钱镠的密令，要派沈行思到镇海军府去，就故意骗沈行思说："你何不自己到吴越王那里去说明呢？"沈行思听从了他的话。可是到达军府后几日，陈瑰把他的家人也送了回来，沈行思因此极为怨恨，认为陈瑰出卖了他。钱镠自家乡衣锦军回来，将吏前去迎接谒见，这时，沈行思取出打铁的槌击打陈瑰，当场就把陈瑰打死了，又跑到钱镠面前，和盛师友争论谁的功劳大，并且夺下左右侍从手中的长矛，要刺杀盛师友，大家赶快抓住他。钱镠杀了沈行思，任命盛师友为婺州刺史。

十一月，己丑日（初三），后梁太祖朱晃任命宁国节度使、同平章事王景仁为北面行营都指挥招讨使，以潞州副招讨使韩勍为他的副帅，以李思安担任先锋将，奔赴上党。随即派遣王景仁等驻扎魏州，杨师厚返回陕州。

前蜀主王建把太子王宗懿的名字改为王元坦。庚戌日（二十四日），封义子王宗裕为通王，王宗范为夔王，王宗鐬为昌王，王宗寿为嘉王，王宗翰为集王；并封他的儿子王宗仁为普王，王宗辂为雅王，王宗纪为褒王，王宗智为荣王，王宗泽为兴王，王宗鼎为彭王，王宗杰为信王，王宗衍为郑王。

起初，唐朝末年，凡是宦官掌领军队的大多收养军中的壮士当作儿子来壮大力量，因此各地的将领也争相仿效。而前蜀主王建的养子尤其多，只有王宗懿等九人及王宗特、王宗平是他的亲儿子；其他像王宗裕、王宗鐬、王宗寿都是族人；王宗翰原姓孟，是蜀主姐姐的儿子；王宗范姓张，他的母亲周氏是蜀主的妾；其余的养子有一百二十个人都是功臣，虽然也冒称王姓，但不禁止相互结为婚姻。

后梁太祖朱晃的病稍微好了一些，辛亥日（二十五日），到伊水、洛水之间设围打猎。

后梁太祖朱晃怀疑赵王王镕有二心，私自结交晋王李存勖，并且想趁邺王罗绍威去世的机会而调动镇、定两个藩镇节度使。刚好燕王刘守光调兵驻扎在涞水，正准备入侵定州，于是后梁太祖派遣供奉官杜廷隐、丁延徽两人监督魏博的三千军队分别驻守在深州、冀州，声称担心燕兵南侵，特别派来帮助赵王防守的；又说是要分派部分军队来接受当地的粮食后勤补给。赵王的将领石公立戍守深州城，向赵王报告，请求拒绝他们屯驻。王镕却立即下令打开城门接纳朝廷的军队，并且把石公立调到城外，避免与梁军碰头。石公立出深州的城门时，指着城哭着说："姓朱的把唐朝的社稷都灭了，连三尺高的小孩子都知道他的为人。我们大王却还仗着和他有姻亲关系，把他当长者看待，这真是俗话所说的开门请强盗进来。可惜啊，这城内的人现在要成为俘虏了！"

梁人有逃奔到真定的，把后梁太祖朱晃想要移调镇、定节度使的图谋告诉了王镕，王镕非常害怕，又不敢先主动和梁朝断绝关系；只是派遣使者到洛阳，向后梁太祖启奏说："燕兵已经退回去了，现在已和定州讲和，双方和好如初，而深州、冀州的老百姓看到忽然间来了那么多魏博的军队，都四处惊慌奔逃，所以请求皇上把魏博的军队召回去。”后梁太祖派遣使者到真定慰抚宣谕。不久，杜廷隐关起城门把深州城内戍守的赵兵通通杀光，并登城防守。赵王王镕这才命令石公立攻打，可是攻不下，于是派遣使者向燕王、晋王求援。

赵王王镕的使者到了晋阳，恰好义武节度使王处直的使者也到了，想要共同推举晋王李存勖为盟主，会兵进攻梁朝。晋王会同将佐商议对策，都说：“王镕长久以来臣服于朱温，年年进贡大批财货，又缔结婚姻，他们之间的交情相当深厚；这件事恐怕有诈，还是暂时不要轻举妄动，慢慢再观察看看。”晋王李存勖说：“他也是衡量利害后才这么做的。王氏在唐朝时都有时归顺，有时叛变，更何况现在是朱温僭称皇帝，他难道肯永远臣服吗？王镕的曾祖曾娶唐朝的寿安公主，朱温的女儿难道比得上公主吗？现在他救死都怕来不及了，哪里会顾到什么婚姻关系！我们如果猜疑而不肯去救他，那正中了朱温的诡计，现在应该赶紧派兵去，如果晋、赵同心协力，一定可以打败梁军。”于是发兵，派遣周德威率领，出井陉，驻扎于赵州。

王镕的使者到达幽州，燕王刘守光正在打猎，幕僚孙鹤跑到野外去找他，向他报告说：“赵王派人来讨救兵，这正是老天有意要成就大王您的功业啊！”刘守光说：“怎么说？”孙鹤回答说：“近来我们不是老担心王镕和朱温的交情深厚吗？朱温这个人野心太大，他不吞并完整个河朔是绝不会罢休的，现在他们自己成为仇敌，大王您如果和他协力打败梁军，还怕镇州、定州敢不恭恭敬敬地归顺我们吗？大王如果不赶快出兵，我怕晋王会抢先争取这个机会。”刘守光说：“王镕屡次背弃盟约，现在让他与梁相斗消耗受损，我可以坐收其利，救他做什么呢！”赵王王镕的使者往来交错于道路，刘守光最终还是没有为他出兵。自此以后，镇州、定州又恢复使用唐朝天祐的年号，并且把武顺军又改称成德军，也不再避梁的庙讳了。

后梁司天监说：“下个月有月蚀，不利于派兵到外头去。”后梁太祖朱晃于是把王景仁等召回洛阳。十二月，己未日（初三），后梁太祖听说赵王和晋王联合，晋王李存勖的军队已屯驻在赵州，于是下令王景仁等率兵进击。庚申日（初四），王景仁等自河阳渡过黄河，会同天雄留后罗周翰的军队，合兵四万，在邢州、洺州扎营。

虔州刺史卢光稠病重，想把职位交给谭全播，谭全播不肯接受。卢光稠去世以后，他的儿子韶州刺史卢延昌回来奔丧，谭全播就立他为刺史并侍奉他。吴王杨隆演派遣使者任命卢延昌为虔州刺史，卢延昌接受了，但又通过楚王马殷的关系秘密地向梁朝上表启奏说："我接受淮南的官职，是为了破坏他们的图谋罢了，我一定会为朝廷治理好江西。"丙寅日（初十），任命卢延昌为镇南留后。卢延昌又上表奏请任命他的部将廖爽为韶州刺史，廖爽是赣州人。吴淮南节度判官严可求请求在新淦县设置制置使，并派遣军队驻守，准备进击虔州。每次部队换防时，常偷偷地增调兵马进驻，虔州的人都没有察觉。

庚午日（十四日），蜀主王建任命御史中丞周庠和户部侍郎判度支庾传素同为中书侍郎、同平章事。

太常卿李燕等人研讨制定了《梁律令格式》，癸酉日（十七日）颁行。

丁丑日（二十一日），王景仁等进军柏乡。

辛巳日（二十五日），蜀国大赦境内，改明年年号为永平。

赵王王镕再次向晋王告急，晋王李存勖任命蕃汉副总管李存审守卫晋阳，亲自率领部队自赞皇东下，定州的王处直命令部将率军五千跟从。辛巳日（二十五日），晋王李存勖到了赵州，和周德威的部队会合，并捕获了梁军出来割草砍柴的军士二百人，审问他们说："你们刚从洛阳出发的时候，梁主对你们有什么命令？"俘虏们回答说："后梁太祖朱晃告诫大将们说：'镇州反复无常，将来终究要成为后世子孙的祸患。现在我挑选精锐部队全部交给你们，镇州就算是铁打的城池，也要替我拿下来。'"晋王李存勖命令把俘获的后梁兵送到赵王王镕那里去。

壬午日（二十六日），晋王李存勖率军前进，距离柏乡三十里，派遣周德威等率领胡人的骑兵部队逼近梁军军营挑战，梁兵不出来应战。癸未日（二十七日），晋王又向前推进，距离柏乡只有五里了，在野河的北面扎营，又派遣胡人骑兵逼近梁营纵马射箭，又大声辱骂梁军。梁将韩勍等率领步兵、骑兵共有三万人，分三路出来追击晋军，梁兵的铠甲头盔上都披着丝绸，并且用雕镂的金银装饰，非常光彩耀目，晋军远远地望见，未交战就先丧了气。周德威对李存璋说："梁人的目的不在交战，只是显示兵威罢了。不挫伤他们的锐气，我军就不能振作。"于是通告全军说："敌方来的都是汴州的天武军，原来都是杀猪卖酒做买卖的，衣甲看起来漂亮，实际打起仗来十个也不能抵挡你们一个。逮到一个以后，就足够让你们发财了，这些都是奇货呀！大家可别轻易丧失机会！"周德威自己带领千余个精锐骑兵攻击梁军的两端，左右冲刺，进出敌阵好几次，虏获了一百多人，又一边战一边退，一直退到野河才停止。后梁兵也撤退了。

周德威向晋王李存勖说："贼人的声势很盛，我们应该按兵不动，等待敌人的士气衰退了再说。"晋王说："我们孤军老远地跑来救人之急，镇州、定州和我们又是三方面临时的组合，利于速战速决，你现在却要按兵不动，是何道理？"周德威说："镇州、定州的军队，擅长于据城防守，却不擅长在郊野作战。而且我们所依仗的主力部队是骑兵，骑兵适于在广大的原野纵横冲刺。现在就算冲到敌人营寨门口，骑兵也没有办法伸展手脚发挥威力；而且敌我的兵力相差悬殊，假使让敌人知道了我们的虚实，我看这事情就危险了。"晋王李存勖听了很不高兴，进入帐中卧床休息，将领们也没有人敢再说什么。周德威前去见监军张承业，说："大王因突然胜利而轻敌，不量力就追求速战。现在我们和贼人只有咫尺之远，中间所隔的只是一水而已，假定他们造桥过来，我们马上就完了，还不如退守高邑，引诱敌人离开营寨，他们出兵我们就退回去，他们退兵我们就出来，另外再派游击部队掠夺他们的粮饷，不出一个月，一定能击破贼人。"张承业进入晋王的帐中，拉起帐子推推晋王说：“现在哪是大王安稳睡觉的时候，周德威是老将领，又通晓军事，他的话不能忽视。”晋王吃了一惊就坐起来说：“我也正在考虑这件事。”当时梁兵紧闭营寨不肯出来，有投降到晋军这边来的，一问，回答说：“王景仁正在赶工造浮桥。”晋王对周德威说：“果然如你所说。”当天，撤营退守高邑。

辰州蛮的首领宋邺，溆州蛮的首领潘金盛，依仗他们的住处在深山险要之处，屡次骚扰楚的边境。这时，宋邺入侵湘乡，金盛入侵武冈。楚王马殷派遣昭州刺史吕师周率领衡山的军队五千人去讨伐他们。

宁远节度使庞巨昭、高州防御使刘昌鲁，都是唐朝的官员。黄巢侵扰岭南时，庞巨昭正担任容管观察使，刘昌鲁则是高州刺史，率领各蛮族占据险要地形抵抗，黄巢的部众始终不敢进入他们的辖境。唐朝嘉奖他们的功劳，在容州设置宁远军，任命庞巨昭为节度使，又任命刘昌鲁为高州防御使。到了刘隐占据岭南自立时，独独这两州不肯服从他；刘隐于是派遣他的弟弟刘岩进攻高州，被刘昌鲁打得大败，刘岩又进攻容州，也攻不下来。刘昌鲁自己估计终究不是刘隐的对手，于是在这年，写信给楚王马殷请求归附。楚王大喜，立刻派遣横州刺史姚彦章率兵去迎接他。姚彦章到了容州，庞巨昭的副将莫彦昭劝庞巨昭说：“湖南的军队老远赶来，一定疲惫不堪，我们最好撤走储积的物资，放弃城池，埋伏在山中等待他们。他们来了一定会入城，然后我们再全部出来把城团团围住，他们外面又没有后援，一定可以将他们生擒活捉。”庞巨昭说：“马氏的势力正在兴起，现在就算打败了他，将来又怎么办？还不如准备牛、酒迎接他们。”莫彦昭不肯听从庞巨昭，庞巨昭就把他杀了，然后率领全州军民迎接姚彦章的军队，向他们归降。姚彦章率兵到达高州，派军队护送庞巨昭和刘昌鲁的族人和士兵共一千多人回长沙。楚王马殷任命姚彦章主持容州事务，任命刘昌鲁为永顺节度副使。刘昌鲁，是邺县人。

乾化元年（辛未，公元911年）是年五月，甲申朔日，大赦改年号为乾化。

春季，正月，丙戌朔日（初一），发生日食。

柏乡近来没有储备草料，后梁兵只能割草自给，晋军每天用游击部队抢劫他们，梁兵只好坚守营垒，不敢出来。周德威派出胡人骑兵部队围着梁营驰马射箭并辱骂他们，梁军怀疑有埋伏，更不敢出来，只好割房屋上的茅草和坐的席垫来喂马，马有很多饿死了。丁亥日（初二），周德威和别将史建瑭、李嗣源等率领精锐骑兵三千人到梁军的营垒门口叫骂，王景仁和韩勍气不过，就发动所有的部队出战。周德威等一边战一边退，一直退到高邑的南边；李存璋率领步兵在野河岸边布阵防御，梁朝的军队前后展开有数里长，都奋勇向前想夺取桥梁，镇州、定州的步兵抵御他们，从势头上看快支撑不住了。晋王李存勖对匡卫都指挥使李建及说："梁贼过了桥就不能再遏制他们了。"李建及于是挑选了二百名精壮将士，手持长枪大吼着冲锋，奋勇地把梁军打退。李建及是许州人，本来姓王，后来成为李罕之的义子。晋王登上高丘观察战况后说："梁国的部队争先恐后又吵吵闹闹，我们的部队纪律严整又沉静，我们一定能获胜。"战斗从巳时（上午九至十一时）一直进行到午时（十一时至下午一时），还没有办法分出胜负。晋王对周德威说："两方军队会战，其势不可再分开，我们的兴亡，就全看这一战了，我替你打前锋，你可随后来支援。"周德威抓住晋王的马缰，劝告说："我看梁兵的态势，可以以逸待劳去制服他们，恐怕不容易拼死力去打败他。他们现在离开自己的军营有三十里，就算随身带着干粮，也没有时间吃，过午以后，一方面饥渴交迫，一方面刀林箭雨，士兵们一定倦怠，他们就会有退兵的打算。这时，我用精锐骑兵乘机袭杀过去，一定大胜，现在不可攻击啊！"李存勖这才止住。

当时梁国的军队是以魏州、滑州的部队部署在东边，宋州、汴州的部队部署在西边。到了午后申时（三至五时），梁军还没有办法吃午饭，士兵们没有斗志，王景仁就把部队稍微往后撤退。周德威一看，立刻大叫说："梁兵跑了！"晋兵大声呼喊，争相前进，魏州、滑州军队先退，李嗣源率众在西边阵前大声呼叫："东边的部队都战败撤走了，你们还留着干什么？"梁兵一听，都惊慌失措，于是整个部队就溃散了。李存璋率领步兵从后追击，大声呼叫："梁国人说起来也算我们的人，父兄子弟给军队运送粮饷的不杀他。"于是梁国的士兵都把盔甲、兵器一起扔掉，吵乱得简直闹翻了天。赵人因深州、冀州两城的守军被梁朝所杀而怀恨在心，所以也顾不得收捡战利品，只一味地提着刀一路追杀梁军，因此梁朝的龙骧、神捷等精锐部队几乎全部被灭，从野河一直到柏乡，横尸遍野。王景仁、韩勍、李思安等将领仅仅率领数十名骑兵逃走。晋兵在当夜追到梁营所在的柏乡，梁国的部队已经全部逃走，丢下的粮食、资财、器械等数都数不清，总共斩杀梁军二万人。李嗣源等一直追击到一百五十余里外的邢州，河朔一带大为震动。保义节度使王檀立刻下令严加戒备，然后打开城门收容败退下来的梁兵，给他们路费粮食，命令他们各回原来的驻地。晋王李存勖收兵驻扎于赵州。

杜廷隐听说梁军的部队吃了败仗，立刻抛下深州、冀州两城撤了回去，驱赶二州的全部丁壮作为奴仆，老弱的全部活埋，两城所余留下来的只有一些断垣残壁而已。

癸巳日（初八），后梁太祖朱晃再任命杨师厚为北面都招讨使，率兵驻扎河阳，收集失散的士卒，十多天，总共收得一万人左右。己亥日（十四日），晋王李存勖派遣周德威、史建瑭率领三千名骑兵进攻澶州、魏州，命令张承业、李存璋率领步兵进攻邢州，并亲自率领大军殿后，发布公告晓示河北各州县，向他们分析利害关系。后梁太祖派遣别将徐仁溥率领军队一千人，自西山在夜里进入邢州，协助保义节度使王檀守卫邢州城。己酉日（二十四日），免去王景仁招讨使的职务，并且连原来平章事的职位也一并削去。

蜀主王建的女儿普慈公主嫁给岐王李茂贞的侄子秦州节度使李

继崇，公主派遣宦官宋光嗣带着绢书送到蜀主那里，说李继崇骄傲自大，又喜欢酗酒，请求接她回成都；蜀主于是召公主回娘家省亲。辛亥日（二十六日），普慈公主到达成都，王建让她留下居住，任命宋光嗣为阁门南院使。岐王知道了大怒，从此就和蜀国绝交，不相往来。宋光嗣是福州人。

吕师周率领部队攀着藤条，从山崖进入飞山洞袭击潘金盛，把他擒住押送到武冈斩首。调动军队攻打宋邺。

二月，己未日（初四），晋王李存勖到达魏州，开始攻城，没有攻下。后梁太祖朱晃认为天雄留后罗周翰年纪轻，并且不信任他父亲时的将领僚佐，庚申日（初五），任命户部尚书李振为天雄节度副使，又命令杜廷隐率领一千名士兵护送他，从杨刘渡过黄河，赶小路乘夜间进入魏州城，帮助罗周翰守城。癸亥日（初八），晋王在黎阳观看黄河，梁国的部队有一万多人本来预备要渡河，听说晋王李存勖到来，都抛下船只逃走了。

后梁太祖朱晃召蔡州刺史张慎思到洛阳，长期没有派人接替他的职位。蔡州右厢指挥使刘行琮乘机作乱，放纵他的部队烧杀抢夺，准备归降淮南；顺化指挥使王存俨杀了刘行琮，安抚他的部众，并自行掌管蔡州的事务，又以受众人拥护为借口向朝廷飞速奏报。当时东京留守博王朱友文没有先请示朝廷，就立刻发兵讨伐王存俨，进兵到鄢陵。后梁太祖朱晃说："王存俨心里正害怕，假使用武力威胁他，恐怕马上就叛离而去了。"于是派遣使者飞驰前去把朱友文召回。甲子日（初九日），任命王存俨暂时掌管蔡州事务。

乙丑日（初十），周德威从临清攻打贝州，夺取夏津、高唐；又进攻博州，攻下东武、朝城等地。进攻澶州的时候，刺史张可臻丢下城池逃走了，后梁太祖朱晃下令把张可臻斩首。周德威进攻黎阳，攻下了临河、淇门等地；进逼卫州，抢掠新乡、共城。庚午日（十五日），后梁太祖亲自率领军队驻扎白司马阪来防备晋军。

卢龙、义昌节度使兼中书令燕王刘守光攻克沧州之后，自认为得到上天佑助，荒淫暴虐更加厉害。每次对人行刑，一定把人犯关在铁笼子里，然后用火来烧；又做铁刷子拿来刷人的脸。他听到梁朝的军队在柏乡战败，派人去对赵王王镕和王处直说："我听说你们两镇和晋王联合打败了梁国的军队，现在准备率军南下继续乘胜追击，我这里也有精锐骑兵三万人，我正想亲自率领他们替各位打先锋，但是四镇的部队联合，一定要有一个盟主来统一指挥，假定我也前去参加的话，你们怎么安排我呢？"赵王王镕很担忧，派使者前去告诉晋王李存勖，晋王笑道："赵人告急求援，刘守光不能出一兵一卒救助。等到我们成功了，却又想要用军队的威势来离间二镇和我们，真是愚蠢到极点了！"将领们说："云州、代州和燕交界，他如果侵扰我们的边境，也足以动摇人心，我们千里出征，缓急之间还真没有办法应付他，这真可说是腹心之患了。不如我们先灭了刘守光，然后才能专心地南征。"晋王说："计划很好！"刚好杨师厚从磁州、相州率军前来救援邢州、魏州，壬申日（十七日），晋军解除包围，撤兵离去；杨师厚从后头追击，一直越过了漳水才返回，邢州的包围也解除了，杨师厚留在魏州驻扎。

赵王王镕亲自到赵州谒见晋王李存勖，对将士大加犒劳，从此以后，派遣他的养子王德明率领三十七都（藩镇的亲军称都）时时跟随晋王出征讨伐。王德明本来姓张，名叫文礼，是燕人。

壬午日（二十七日），晋王李存勖从赵州出发，返回晋阳，留周德威等率领三千人戍守赵州。

资治通鉴卷第二百六十八　后梁纪三

起辛未（公元911年）三月，止癸酉（公元913年）十一月，共二年九个月。

【题解】本卷记录了公元911年三月至913年十一月的史事，共两年又九个月，正当后梁太祖朱晃开平四年三月至梁末帝朱友贞乾化三年十一月。此时期后梁国势急剧衰落。后梁太祖朱晃晚年凶暴荒淫，声威下跌，人心离散。朱晃两次北讨，梁军大败，朱晃愧恨交加，疾病加重。其子朱友珪害怕朱晃传位给朱友文而弑父自立。护国军节度使朱友谦不服朱友珪，反叛归附晋王李存勖。均王朱友贞联合禁军杀死朱友珪，在大梁称帝，史称梁末帝，大权落入武臣杨师厚之手。后梁一年之间发生两次宫廷政变，朝政大乱。晋王趁机灭了燕王刘守光，势力大振，已有问鼎中原、取梁而代之的志向。南方割据格局没有大的变故。荆南高季昌兴起，后梁加爵为渤海王。

太祖神武元圣孝皇帝下

乾化元年（辛未，公元911年）

三月，乙酉朔日（初一），后梁任命天雄留后罗周翰为天雄节度使。

清海、静海节度使兼中书令南平襄王刘隐病重，上表奏请以他的弟弟节度副使刘岩代理留后；丁亥日（初三），刘隐病故，刘岩继位。

岐王李茂贞在蜀国的东部边界聚集军队，蜀主王建对群臣说：“自从李茂贞受困于朱温之后，我每回都帮他的忙，现在他却忘恩负义，反而要来攻打我，你们谁替我去教训教训他？”兼中书令王宗侃请求出征。蜀主王建任命王宗侃为北路行营都统。司天少监赵温珪劝谏说："李茂贞现在并没有攻击我们的边境，将领们却贪求立功的机会，想要率军深入敌境，我们的粮草补给路途艰险又遥远，这样下去，恐怕不是对国家有利的事。"蜀主王建不听他的劝告，任命兼侍中王宗祐、太子少师王宗贺、山南节度使唐道袭等五人为三路兵马的招讨使，又任命左金吾大将军王宗绍为王宗祐的副帅，率领步兵、骑兵总共十二万人进兵讨伐岐王李茂贞。壬辰日（初八），王宗侃等从成都出发，旌旗前后连绵数百里。

岐王李茂贞招募华原的贼头温韬作为义子，在华原设置耀州，在美原设置鼎州。又设立义胜军，任命温韬为义胜节度使，派他率领邠州、岐州的军队侵犯长安。后梁太祖朱晃下诏命令感化节度使康怀贞和忠武节度使牛存节率领同华、河中等地的军队讨伐他们。己酉日（二十五日），康怀贞等启奏说在车度把温韬等击退了。

夏季，四月，乙卯朔日（初一），岐王李茂贞的军队进攻蜀国的兴元，唐道袭把岐兵击退了。

后梁太祖朱晃因为长期生病不能康复，五月，甲申朔日（初一），大赦天下。

甲辰日（二十一日），任命清海留后刘岩为节度使。刘岩聘请了中原地区不少读书人安置在幕府里，也有派出去担任刺史的，岭南的刺史中没有武人。

蜀主王建前往利州，命令太子监国；六月，癸丑朔日（初一），到达利州。

燕王刘守光曾经穿着唐代皇帝所穿的赤褐色袍服，看着将吏们说："现天下大乱，四方英雄争霸，我的军队强大，所占的地势又险要，我也想当皇帝，你们看怎么样？"孙鹤说："我们现在内部的危难才刚平定，官府和百姓的财力物力都很困乏，太原的晋王李存勖窥伺我们的西部，契丹王阿保机窥伺我们的北部，如果急于当皇帝，恐怕不行。大王只要培养士人，爱恤老百姓，训练军队，积贮粮食，修行德政，四方自然归服了。”刘守光不高兴。

刘守光又派人去暗示镇州王镕、定州王处直，要求他们尊奉自己为“尚父”。赵王王镕派人把这事告诉晋王李存勖，晋王大怒，准备讨伐刘守光，将领们都说：“这种做法真是可恶到极点了，马上就要遭到灭族之祸了，假装推尊他来加深他的恶行。”晋王于是和赵王王镕，以及义武的王处直、昭义的李嗣昭、振武的周德威、天德的宋瑶六个节度使，共同奉上册文推尊刘守光为尚书令、尚父。

刘守光不醒悟，以为六镇节度使确实畏惧自己，更加骄横，于是向后梁太祖朱晃上表报告说：“晋王等共同要推尊我，我蒙陛下的厚恩，不敢接受。我想最适宜的办法是：由陛下任命我为河北都统，那么这样一来并州、镇州都不必劳烦您派一兵一卒去平定了。”后梁太祖朱晃也知道刘守光过分狂妄愚昧，于是也顺水推舟地任命他为河北道采访使，派遣阁门使王瞳、崇政院受旨史彦群前去颁赐册命。

刘守光命令属官草拟接受册封尚父、采访使的礼仪。乙卯日（初三），属僚拿唐朝册封太尉的仪式程序进献，刘守光看了以后，问怎么能不列上祭天、改年号这些仪式呢？属僚回答：“尚父的地位虽然极尊贵，但是毕竟还是人臣，哪能祭天、改年号呢？”刘守光一听大发脾气，把礼仪册扔到地上，说：“我控制的土地方圆两千里，手下拥有强兵三十万，就算做河北的天子，又有谁能禁止我，尚父还有什么值得去做！”命令赶快准备即皇帝位的礼仪，把阁门使王瞳、崇政院受旨史彦群及各道的使者用刑具拘禁，投入狱中，不久又把他们都释放了。

后梁太祖朱晃命令杨师厚率领军队三万屯驻在邢州。

蜀国的将领攻击岐王李茂贞的军队，屡次把他们打败了。秋季，七月，前蜀主王建向西返回成都，留下御营使昌王王宗鏻在利州驻扎。

辛丑日（二十日），后梁太祖朱晃到张宗奭的宅第里避暑，把张家的妇女几乎都奸淫遍了。张宗奭的儿子张继祚气不过，觉得是奇耻大辱，准备弑杀后梁太祖。张宗奭阻止他说：“我们家过去在河阳的时候，被李罕之所围困，只靠吃木屑勉强支撑度日，后来好在靠他的解救，我们才能有今日，这个恩情绝不能忘记。”张继祚这才作罢。甲辰日（二十三日），后梁太祖回宫。

赵王王镕因杨师厚在邢州，非常害怕，就到承天军会见晋王李存勖。晋王认为王镕是他父亲李克用的朋友，对他非常恭敬。王镕一直担心梁朝会入侵，晋王说：“朱温罪大恶极，老天马上就要惩罚他了，就算杨师厚也救不了他。假使他来犯的话，我立刻亲自率军对付他，叔父不必担心。”赵王捧起酒杯向晋王敬酒，祝他长寿，并称他为四十六舅。王镕的小儿子王昭诲正好随行在侧，晋王于是截断衣襟，立为盟誓，答应把女儿嫁给他。从此，晋、赵的关系就更加稳固了。

八月，庚申日（初九），蜀主王建回到成都。

燕王刘守光将要称帝，将佐大多私下议论以为不可，刘守光于是在大厅里摆置刀斧、砧板，说：“有哪个敢再进谏的就斩杀他！”孙鹤说：“沧州城破的时候，我照说就该死了，承蒙大王的恩德让我活到今天，我怎么敢因爱惜生命而忘了报答你的大恩呢！我认为在今天称帝绝对是不对的。”刘守光发怒，下令把他按在砧板上，让士兵们割他的肉来吃。孙鹤大叫说：“不出百日，一定大军压境！”刘守光命令军士用土塞住他的嘴，把他一寸寸地斩杀。

甲子日（十三日），刘守光即皇帝位，国号大燕，改年号为应天。任命梁朝的使臣王瞳为左相，卢龙判官齐涉为右相，史彦群为御史大夫。登基那一天，北方的契丹攻陷了平州，燕国人都惊慌骚动。

岐王李茂贞派刘知俊、李继崇率兵攻打前蜀，乙亥日（二十四日），王宗侃、王宗贺、唐道袭、王宗绍等和他们在青泥岭大战，蜀兵大败，马步使王宗浩往兴州逃命，溺死在嘉陵江中，唐道袭则逃往兴元。起先，步军都指挥使王宗绾在西县筑城驻防，号称安远军，这时王宗侃、王宗贺等人收集逃散的士兵逃到城内防守，刘知俊和李继崇等随后也率兵前来围攻。将领们商议要放弃兴元，唐道袭说：“没有兴元就没有安远，利州就会成为敌人的地方了。我们一定要拼死来守卫它。”蜀主王建任命昌王王宗鐬为应援招讨使，定戎团练使王宗播为四面招讨马步都指挥使，率兵前往安远军救援，在廉水、让水之间修筑军垒，并和唐道袭会合袭击岐王李茂贞的军队，在明珠曲把他们打得大败。第二天，又在凫口交战，斩杀岐王的成州刺史李彦琛。

九月，后梁太祖朱晃的病稍微好一些，听说晋、赵图谋进犯，亲自统率军队前往抵御。戊戌日（十八日），任命张宗奭为西都留守。庚子日（二十日），后梁太祖从洛阳出发。甲辰日（二十四日），到达卫州，正在吃饭的时候，先头部队启奏说晋军已出井陉关，后梁太祖立刻下令急速赶往邢州、洺州，日夜加速赶路。丙午日（二十六日），到达相州，听说晋兵没出来，这才停止前进。相州刺史李思安没有料到后梁太祖突然到来，慌忙之间，什么都没有准备，因此被削去官职爵位。

湖州刺史钱镖酒醉逞凶杀人，担心吴越王钱镠治罪，冬季，十月，辛亥朔日（初一），杀了都监潘长、推官钟安德等，逃到吴王杨隆演那里。

晋王李存勖听说燕王刘守光称帝，放声大笑说：“等他卜算了能传国几年，我再去问他鼎的轻重（鼎是传国的宝器，这句话的意思是说要灭掉他）。”张承业建议派个使臣去致贺，让他更骄横，晋王于是派遣太原少尹李承勋前往。李承勋到了幽州，用的是相邻藩镇互通使臣的礼仪。燕国的礼宾官员说：“我们大王已经登基为皇帝了，你应该用臣子的礼节觐见。”李承勋说：“我是受唐朝册命的太原少尹，燕主要当皇帝，自己把辖境之内的老百姓当臣子好了，怎么可以把别国来的使臣也当作臣子呢？”刘守光大怒，把李承勋关了好几天。几天后再放出来，又问他：“肯当我的臣下吗？”李承勋说：“燕王如果能够让我们晋王称臣，那么我就请求称臣；不然，唯有一死而已！”刘守光最终也不能让他屈服。

前蜀主王建前往利州，命太子王元坦监国。决云军都虞候王琮打败了岐王李茂贞的军队，活捉了他的将领李彦太，并且俘虏斩杀岐兵三千五百人。乙卯日（初五），捉生将彭君集攻破了岐军的两个营寨，并且俘虏斩杀岐兵三千人。王宗侃派遣他的副将林思谔从中巴绕小路到达泥溪，觐见蜀主王建，向他告急，蜀主命令开道都指挥使王宗弼率领军队前往安远救援，与刘知俊在斜谷交战，把刘知俊打败。

甲寅日（初四）晚上，后梁太祖朱晃从相州出发，乙卯日（初五），到达洹水。当夜，边境上的官吏报告晋、赵的军队已经南下，后梁太祖立刻下令进军，丙辰日（初六），到达魏县。有人报告说："沙陀军队到了！"士兵们都惊慌恐惧，很多人逃跑了，下令严刑惩罚也不能禁止。不久又有报告说敌人并没有来，上上下下这才稍微安定下来。戊午日（初八），贝州启奏说晋兵入侵东武，不久又撤走。后梁太祖因为上次在潞州夹寨和柏乡两次战役都失利，所以勉强撑着病体北巡亲征，希望能一雪此前的耻辱，他的内心非常抑闷，时常暴躁发怒，功臣和老将往往因为小过失而被诛杀，大家的心里更加害怕。不久，晋、赵的军队一直没有出来。十一月，壬午日（初二），后梁太祖朱晃南下返回。

燕主刘守光召集将领官吏们商议要进攻易州、定州，幽州参军景城人冯道认为不行；刘守光大怒，把他关进监狱，后来因为有人求情营救，才免治他的罪。冯道于是逃到晋，张承业将他推荐给晋王李存勖，任命他为掌书记。丁亥日（初七），王处直向晋王告急求救。

怀州刺史开封人段明远的妹妹是宫中被封的美人。戊子日（初八），后梁太祖朱晃到了获嘉，段明远所呈献的物品非常丰盛完备，后梁太祖大为高兴。

庚寅日（初十），保塞节度使高万兴启奏说派都指挥使高万金率领军队进攻盐州，盐州刺史高行存投降。

壬辰日（十二日），后梁太祖朱晃到了洛阳，病又发作了。

前蜀将王宗弼在金牛打败岐兵，攻取十六寨，俘获斩杀六千余人，擒获岐将郭存等。丙申日（十六日），王宗鐬、王宗播等在黄牛川击败岐兵，并且生擒了将领苏厚等人。丁酉日（十七日），蜀主王建从利州前往兴元；救援的军队已经集结，安远军望见援军的旗帜，王宗侃等人击鼓叫喊着往外冲，与援军夹攻岐军，把他们打得大败，攻克了二十一个营寨，斩杀岐军将领李廷志等。己亥日（十九日），岐兵解除对安远军的包围逃走。唐道袭事先在斜谷埋伏兵马截击他们，又把他们打得大败。庚子日（二十日），王建西行返回成都。

岐王李茂贞的左右近臣石简颙向岐王进谗言毁谤刘知俊，岐王于是夺去刘知俊的兵权。李继崇对岐王说："刘知俊是一位壮士，处境困窘来归顺我们，我们不应该因为谗言就废弃他不用。"岐王为此杀了石简颙来安抚刘知俊。李继崇召请刘知俊率全族到秦州居住。

戊申日（二十八日），燕主刘守光率领二万军队入侵易州、定州，进攻容城。王处直向晋王李存勖告急。

十二月，乙卯日（初五），后梁任命朗州留后马賨为永顺节度使、同平章事。

镇南留后卢延昌沉溺于出游打猎，被百胜军指挥使黎球杀死了，黎球自立为留后；又要杀谭全播，谭全播就诿称有病请求告老，这才免去杀身之祸。丙辰日（初六），后梁太祖朱晃任命黎球为虔州防御使。不久，黎球去世，牙将李彦图代为掌理州中的事务，谭全播更声称病得很严重。刘岩听说谭全播病重，发动军队进攻韶州，攻破了韶州，韶州刺史廖爽逃到楚王那里，楚王马殷上表任命廖爽为永州刺史。

丁巳日（初七），蜀主王建到达成都。

戊午日（初八），梁朝任命静海留后曲美为节度使。

癸亥日（十三日），后梁任命静江行军司马姚彦章为宁远节度副使，暂时主持容州事务，这是依从楚王马殷的请求。刘岩派兵进攻容州，马殷派遣都指挥使许德勋率领桂州的军队前往救援；姚彦章守不住，于是把州中的士民和府库中的财货通通迁移回长沙，刘岩于是攻取了容管和高州。

甲子日（十四日），晋王李存勖派遣蕃汉马步总管周德威率领三万军队进攻燕国，以此来救援易州、定州。

这一年，蜀主王建任命内枢密使潘炕为武泰节度使，潘炕的堂弟宣徽南院使潘峭为内枢密使。

乾化二年（壬申，公元912年）

春季，正月，周德威自代州东出飞狐口，与赵王王镕的部将王德明、义武将领程岩在易水会合。丙戌日（初七），三镇军队进攻燕国的祁沟关，攻下了它；戊子日（初九），又进围涿州。刺史刘知温据城防守，刘守奇的门下客刘去非到城墙下大声呼喊，对刘知温说："河东的刘守奇现在回来为他的父亲讨伐贼人，和你有什么关系，你为什么要替贼人坚守呢？"刘守奇脱下头盔慰问刘知温，刘知温在城上叩拜，于是投降了。周德威妒忌刘守奇的功劳，于是就向晋王李存勖进谗言毁谤他，晋王召见刘守奇；刘守奇担心回去会被治罪，和刘去非及进士赵凤投奔梁朝，后梁太祖朱晃任命刘守奇为博州刺史。刘去非和赵凤都是幽州人。起先，燕主刘守光登记境内的壮丁，在他们脸上刺字编入军队，就算是士人也不能免，赵凤假装是僧人逃奔晋地，刘守奇收他为门客。

丁酉日（十八日），周德威率军到达幽州城下，刘守光向梁朝求救。二月，后梁太祖朱晃的病稍有起色，商议亲自率领军队前去攻击镇州、定州来救援刘守光。

后梁太祖朱晃听说岐王李茂贞、蜀主王建互相攻打，辛酉日（十二日），派遣光禄卿卢玭等出使蜀国，给蜀主王建的国书称呼对方为兄。

甲子日（十五日），后梁太祖朱晃从洛阳出发。随从的官员因后梁太祖随意杀戮，捉摸不定，大家都害怕跟着去，后梁太祖听到这件事，更加愤怒。当天，到达白马顿，赏赐随行的官吏们进食，官吏们却大多还没到达，于是派遣骑兵到路口去催促他们。左散骑常侍孙骘、右谏议大夫张衍、兵部郎中张俊最后才到达，后梁太祖下令把他们杀死。张衍是张宗奭的侄子。

丙寅日（十七日），后梁太祖朱晃到达武陟，段明远供奉的物品比以前更加丰盛。丁卯日（十八日），到达获嘉，后梁太祖回想去年李思安供奉不完备，把他贬为柳州司户，诏书中称赞段明远的能干说：“看到段明远这么忠诚勤勉，更可以知道李思安是如何违逆怠慢了！”不久又把李思安长期流放到崖州，并赐他自尽。段明远后来改名段凝。

乙亥日（二十六日），后梁太祖朱晃到达魏州，命令都招讨使宣义节度使杨师厚、招讨副使前河阳节度使李周彝包围枣强，招讨应接使及平卢节度使贺德伦、副使及天平留后袁象先包围蓨县。贺德伦是河西胡人，袁象先是下邑人。

戊寅日（二十九日），后梁太祖朱晃到达贝州。

辰州蛮首领宋邺、昌师益都率众降楚，楚王马殷任命宋邺为辰州刺史，任命昌师益为溆州刺史。

后梁太祖朱晃日夜兼程，三月，辛巳日（初二），到达下博县南面，登上观津冢。这时赵王王镕的部将符习正率领几百名骑兵巡逻经过，不知是后梁太祖，急速向前逼近。有人启奏说：“晋军的大队人马到了！”后梁太祖把出行使用的帷帐也丢了，立刻率军赶往枣强，和杨师厚的军队会合。符习是赵州人。

枣强城小而坚固，赵人聚集精锐军队数千人据城防守，杨师厚紧急攻打，数日没有攻下，城墙坏了，立刻又被修好，攻城的士卒死伤的以万计。城中防守的箭、石等物都将用光了，原计划要出来投降，有一个士兵跳起来说：“贼人自从柏乡失败以来，见到我们镇州人恨得眼眶都要裂开。现在去投降他们，如同自己投入虎狼口中一样。局势艰难窘迫到了这个地步，我还爱惜生命做什么！我请求独自前去试试。”夜里，用绳子缒出城外，到梁军那儿假装投降，李周彝召唤他来问城中守备的情形，回答说：“没有半个月恐怕不容易攻下。”于是请求说：“我既来归顺你们了，希望能得到一把剑，拼死效力去抢先登城，好斩取守城将领的脑袋。”李周彝没有答应他，只让他担个担子随从部队。后来这人终于得到一个机会抓起扁担攻击李周彝的脑袋，李周彝摔到地上，还好左右的人赶快来救他，才免被击死。后梁太祖朱晃听到这件事更加愤怒，下令杨师厚日夜猛攻，丙戌日（初七），把城攻克，不管老幼全部杀死，鲜血流满全城。

起初，后梁太祖朱晃率领军队渡过黄河，声称有五十万人。晋忻州刺史李存审屯驻在赵州，担心守军人数太少，副将赵行实建议退入土门以避开梁军的攻击，李存审没答应。等到贺德伦进攻蓨县，李存审对史建瑭、李嗣肱说：“我们大王正在应付幽州、蓟州那儿的事，分不出兵马来，南方的战事委任给我们几人。现在蓨县正告急，我们怎能坐视！如果让贼兵攻下蓨县，那么他们一定会继续往西侵扰深州、冀州，这一来灾祸就严重了。我想现在应该和各位想个好计策来击退敌人。”李存审于是率军扼守下博桥，另外派遣史建瑭和李嗣肱分路去捉拿梁军俘虏。史建瑭把他手下部队分为五队，每队各有一百人，一队派往衡水，一队派往南宫，一队派往信都，一队派往阜城，另外亲自率领一队深入敌境，和李嗣肱一遇到梁军出来砍柴割草的通通抓起来，俘获了几百人。第二天在下博桥会合，把他们都杀死，只留下几个人砍断手臂后放他们走，说：“回去替我告诉姓朱的，晋王的大军到了！”当时蓨县还没有被攻下，后梁太祖朱晃率领杨师厚的部队五万人，会同贺德伦一起攻城。丁亥日（初八），才刚到蓨县的西边，都还没有来得及安营，史建瑭和李嗣肱各率领三百名骑兵，冒用梁军的旗帜、衣服，和砍柴割草的部队混杂进入营中，快到傍晚的时候，走到贺德伦的营门，杀了门口的卫士，并到处放火起哄，弓箭乱射，并且左右冲驰，到了天黑后，各斩下敌人首级割去左耳并劫走俘虏后离去了。梁营中大乱，不知发生了什么事。这时，那批被斩断手臂的俘虏又跑回来报告说：“晋王的大军来了！”后梁太祖朱晃大为惊惧，烧毁营垒，连夜逃跑，迷失道路，曲折行走了一百五十里，戊子日（初九）黎明才到达冀州。蓨县耕田的老百姓当时都一起抓起锄头扁担追杀梁军，梁国军队所抛弃的军用物资器械多到数不清。不久，后梁太祖又派遣骑兵窥探，回去报告说："晋王的大军其实还没来，这只不过是史建瑭的游击部队而已。"后梁太祖一听，既羞愧，又气愤，从此病就更加重了，甚至连轿子都不能坐。后梁太祖在贝州停留了十几天，各路军队才聚集到了一起。

义昌节度使刘继威年纪轻，却像他父亲刘守光一样荒淫暴虐，曾跑到都指挥使张万进家中奸淫女人，张万进大怒，把刘继威杀了。第二天早晨，张万进召请大将周知裕，告诉他杀死刘继威的缘故。张万进自称义昌留后，任命周知裕为左都押牙。庚子日（二十一日），派遣使者上表向后梁太祖朱晃请求归降，又另外派遣使者向晋王李存勖投降；晋王命令周德威去安抚他。周知裕心里越想越觉得不安，于是就投奔到梁朝，后梁太祖特别为他设置了归化军，任命周知裕为指挥使，凡是从河朔来归顺的军士都编入这个部队。辛丑日（二十二日），任命张万进为义昌留后。甲辰日（二十五日），改义昌为顺化军，任命张万进为顺化节度使。

乙巳日（二十六日），后梁太祖朱晃从贝州出发；丁未日（二十八日），到达魏州。

戊申日（二十九日），周德威派遣副将李存晖等进攻瓦桥关，关内的将领官吏以及莫州刺史李严都投降了。李严是幽州人，广泛阅读过各种著作和传述。晋王李存勖让他教儿子李继岌，李严坚决推辞。晋王很生气，本来要将他问斩，后来教练使孟知祥赤着脚跑到王府劝谏说："我们强大的敌人还没能够消灭，大王怎能因为一气就杀了来归顺的义士呢？"孟知祥是孟迁弟弟的儿子，晋王李克用之弟李克让的女婿。

吴镇南节度使刘威、歙州观察使陶雅、宣州观察使李遇、常州刺史李简等人都是吴武忠王杨行密的旧属部将，又都立过大功劳，因为徐温是由牙将篡升而主持国政的，他们内心都愤愤不平；李遇尤其生气，常常对人说："徐温是什么人，我不曾见过面，一日之间竟当政了！”

馆驿使徐玠出使吴越，路过宣州，徐温让徐玠劝说李遇到广陵朝见新王杨隆演，李遇一开始答应了。徐玠说：“您不这样做，别人会说您谋反的。”李遇一听大怒，说：“你说我造反，难道杀死侍中的人就不算造反吗？”侍中，指的是吴威王杨渥。徐温听到了以后也大为生气，任命淮南节度副使王檀为宣州制置使，并且责备李遇久久不肯入朝的罪状，派遣都指挥使柴再用率领升州、润州、池州、歙州等各路的兵马强行护送王檀到宣州上任，并派升州副使徐知诰为他的副帅。李遇不接受替代，柴再用攻打宣州，过了一个月没有攻克。

夏季，四月，癸丑日（初五），后梁太祖朱晃任命楚王马殷为武安、武昌、静江、宁远节度使，洪、鄂四面行营都统。

乙卯日（初七），博王朱友文来朝见，请后梁太祖朱晃返回东都。丁巳日（初九），后梁太祖从魏州出发；己未日（十一日），到达黎阳，因为生病停留了几天；乙丑日（十七日），到达滑州。

维州羌胡董琢反叛，前蜀主王建派遣保銮军使赵绰前往讨伐平定。

己巳日（二十一日），后梁太祖朱晃到达大梁。

后梁太祖朱晃听说岭南和楚王马殷互相攻伐，甲戌日（二十六日），任命右散骑常侍韦戬等为潭、广和叶使，前往进行调解。

戊寅日（三十日），后梁太祖朱晃从大梁出发。

周德威向晋王李存勖报告说兵力太少，没办法进攻幽州城，晋王于是派遣李存审率领吐谷浑、契苾的骑兵前来会合。李嗣源攻打瀛州，刺史赵敬投降。

五月，甲申日（初六），后梁太祖朱晃到达洛阳，病得很严重。

司空、门下侍郎、同平章事薛贻矩去世。

燕主刘守光派遣他的部将单廷珪率领精锐军队一万人出城迎战，在龙头冈与周德威相遇，单廷珪说：“今天非活捉周杨五回去献捷不可。”杨五是周德威的小名。两军交战以后，单廷珪在阵前看见了周德威，于是单枪匹马就追了过来，一枪刺向周德威背部，被周德威一侧身躲开了，周德威顺势就挥起马鞭一鞭把单廷珪打下马来，于是把他生擒，放置在营门前。燕兵向后撤退，周德威立刻率领骑兵乘胜追击，燕兵大败，总共斩杀了三千人。单廷珪是燕国的勇将，燕人失去他以后，大丧士气。

己丑日（十一日），蜀国大赦境内。

吴宣州刺使李遇的小儿子提任淮南牙将，李遇最喜欢他，徐温把他捉到宣州城下给李遇看，李遇的小儿子大声痛哭求父亲救他，李遇因此不忍心再战。徐温派典客何荛进入宣州城内，用吴王杨隆演的命令劝告他，说："您如果本意就要造反，那么不要客气，请把我杀了昭告部队；如果不是这样，那么请随我出城归顺。"李遇于是打开城门请求投降。徐温命令柴再用把李遇斩首，并且灭了他全族。于是各个将领开始畏惧徐温，没有人敢违抗他的命令。

徐知诰因功升任升州刺史。徐知诰事奉徐温非常恭谨，任劳任怨，有时候整夜都不解衣休息，徐温因此特别喜爱他，经常对儿子们说："你们侍奉我能像徐知诰那样吗？"当时各州长官大多是武夫，只以征战为职责，不体恤老百姓的疾苦。徐知诰在升州，独独特别注意选用清廉的官吏，修明政治教化，并招揽各地的贤士大夫，就算倾尽家财也毫不吝惜。洪州进士宋齐丘，喜好纵横之术，来拜谒徐知诰，徐知诰很看重他，举用他为推官，和判官王令谋、参军王翃等专门负责替他出主意，又以牙吏马仁裕、周宗、曹悰等人为心腹。马仁裕是彭城人；周宗是涟水人。

闰月，壬戌日（十五日），后梁太祖朱晃的病更加严重了，对亲近的大臣们说："我经营天下有三十年之久了，没料到太原的余孽竟然猖獗到这个程度！我看他的志向不小，老天又要夺去我的年寿，我死后，我的儿子们绝非他的敌手，我看我会死无葬身之地！"于是哽咽失声，一度气绝后才苏醒过来。

荆南节度使高季昌暗中有盘踞荆南的志向，于是启奏说要修筑江陵的外城，并扩大城的范围。

丙寅日（十九日），蜀国的门下侍郎、同平章事王锴被罢去本官，降为兵部尚书。

后梁太祖朱晃的长子郴王朱友裕早死，其次是养子博王朱友文，特别受后梁太祖喜爱，常命他留守东都，并兼任建昌宫使。其次是郢王朱友珪，他的母亲是亳州的营妓，朱友珪担任左右控鹤都指挥使，不受宠爱。再其次是均王朱友贞，担任东都马步都指挥使。

起初，元贞张皇后严肃端正，聪明多智，后梁太祖朱晃对她又敬重又畏惧。皇后去世以后，后梁太祖纵情于歌舞女色，他的儿子们虽然都在外地，却常常把他们的妻子召进宫里来服侍他，往往就发生了淫乱的事。朱友文的妻子王氏容貌美丽，后梁太祖尤其宠爱她；虽然没有立朱友文为太子，心里却特别中意他。朱友珪心中愤愤不平。朱友珪曾经有过失，后梁太祖用鞭子打了他，朱友珪更加不安。后梁太祖朱晃的病越来越严重，下令王氏把朱友文从东都召回来，想要和他见最后一面，并且托付后事。朱友珪的媳妇张氏平日早晚都随侍在后梁太祖身边，知道了这件事，秘密地告诉朱友珪说："皇上已经把传国宝交给王氏带入东都了，我们马上就要被杀头了。"夫妇两个于是相对而泣。左右有的人建议说："事急生计，何不另作打算，时机不可错过！"

六月，丁丑朔日（初一），后梁太祖朱晃命令敬翔把朱友珪贬到莱州当刺史，命他立刻去上任。已经宣布后梁太祖的旨意了，但是正式的诏令还没发下。当时贬官者大多追命赐死，朱友珪越发恐慌。

戊寅日（初二），朱友珪改换服装隐藏身份，进入左龙虎军，会见左龙虎统军韩勍，把实情告诉他。韩勍平日也看见功臣旧将们往往因小过失就被杀，害怕自己也保不住，于是和朱友珪共谋造反。韩勍调来五百名牙兵，跟着朱友珪混杂在控鹤军士中进入皇宫，埋伏在宫内，等到夜半，斩开门栓，冲进后梁太祖的寝殿，当时服侍护理病人的人都四散逃走。后梁太祖惊起，问："谋反的是谁？"朱友珪说："不是别人，是我。”后梁太祖说：“我原来就怀疑你这个贼，只恨没有早把你杀了。你如此抗命作乱，天地还会容你吗？”朱友珪说：“老贼你早该被碎尸万段了！”朱友珪的仆人冯廷谔一刀刺向后梁太祖的腹部，刀刃从背部穿出。朱友珪拿了条破毯子把后梁太祖包裹起来，埋在寝殿里；并对外封锁消息，不发布丧讯。派遣供奉官丁昭溥快马赶往东都大梁，命令均王朱友贞杀死朱友文。

己卯日（初三），朱友珪假下诏书说：“博王朱友文谋反，派兵突入殿中，靠郢王朱友珪忠孝，率军把叛逆诛杀了，才保全朕的生命。然而朕的病也因受到惊吓，更加严重，现在我暂且命令朱友珪代我主持军国大事。”韩勍替朱友珪谋划，取出府库内的大量金帛赐给各军及百官以博取他们的欢心。

辛巳日（初五），丁昭溥回来，朱友珪听说朱友文已死，才发布丧讯，并宣告后梁太祖朱晃的遗诏，朱友珪登上帝位。

当时朝廷刚出现内部的变故，内外人心骚动不安。许州的军士们轮番报告发生变乱，匡国节度使韩建都不去了解，也不加以防备；丙申日（二十日），马步都指挥使张厚起来作乱，杀掉韩建，朱友珪也不敢责问他；甲辰日（二十八日），任命张厚为陈州刺史。

秋季，七月，丁未日（初二），大赦天下。

天雄节度使罗周翰年幼懦弱，军府事务都由牙内都指挥使潘晏决定。北面都招讨使、宣义节度使杨师厚驻军在魏州，很早就想谋取天雄，只因害怕后梁太祖皇帝朱晃的威严，不敢发动而已。到了这时，杨师厚驻扎在铜台驿，潘晏来晋见，于是杨师厚把潘晏抓起来杀了，率兵进入牙城，霸据天雄节度使的职位主持事务。壬子日（初七），颁布制书，任命杨师厚为天雄节度使，调任罗周翰为宣义节度使。

任命侍卫诸军使韩勍兼领匡国节度使。

甲寅日（初九），加封吴越王钱镠为尚父。

甲子日（十九日），任命均王朱友贞为开封尹、东都留守。

蜀国的太子王元坦改名叫元膺。

丙寅日（二十一日），后梁撤销建昌宫使，任命河南尹张宗奭为国计使，凡是天下金银钱谷等过去属建昌宫管的通通归张宗奭掌管。

八月，驻防怀州的龙骧军三千人，溃散作乱后向东逃跑，对经过的地方抄抢掠夺。戊子日（十三日），派遣东京马步军都指挥使霍彦威和左耀武指挥使杜晏球等前往讨伐，庚寅日（十五日），击破了乱军，在鄢陵抓到他们的都将刘重遇，甲午日（十九日），把刘重遇斩首。

郢王朱友珪篡夺帝位以后，众位老将大多愤怒，虽然朱友珪极力增加恩赏礼遇，但他们终究不高兴。告哀使到了河中，护国节度使冀王朱友谦哭着说："先帝经过几十年才开创了这个基业，前些日子宫中发生变乱，外面传说很不好听，我位居藩镇，内心感到耻辱。"朱友珪加封朱友谦为侍中、中书令，用诏书替自己辩解，并且召他入朝。朱友谦对使者说："继位的是谁啊？先帝驾崩的时候，很多事情都不合常理，我还正想上洛阳去问问他呢！他还征召我干什么！"戊戌日（二十三日），朱友珪任命侍卫诸军使韩勍为西面行营招讨使，督导各路兵马讨伐朱友谦。朱友谦以河中归附晋王李存勖以求救援，九月，丁未日（初三），朱友珪任命感化节度使康怀贞为河中招讨使，改命韩勍做他的副手。

朱友珪因兵部尚书、知崇政院事敬翔是后梁太祖朱晃的心腹，害怕他对自己不利，想解除他知崇政院事的职务，又怕因此而引起众人失望，庚午日（二十六日），任命敬翔为中书侍郎、同平章事；壬申日（二十八日），另外任命户部尚书李振充任崇政院使。敬翔便常声称有病，不参与政事。

康怀贞等和忠武节度使牛存节会师，有五万人，屯驻在河中的城西，并且猛烈地攻城。晋王李存勖派遣他的部将李存审、李嗣肱、李嗣恩等率军前来救援朱友谦，在胡壁把梁兵打败了。李嗣恩原是吐谷浑部骆氏的儿子。

吴武忠王杨行密病重的时候，周隐请求召回刘威，刘威因此被淮南帅府的人所忌恨。有人向徐温进谗言，徐温于是准备讨伐刘威。刘威的幕客黄讷劝刘威说："您虽然受到很多谗言的毁谤，但是本来也没有什么具体的造反事实，如果能只以轻舟入京觐见的话，此前的嫌疑自然就可以洗刷干净了。"刘威听从了他的建议。陶雅听说李遇败亡，也很惧怕，与刘威一起前往广陵。徐温待他们很恭敬，礼节如同侍奉武忠王杨行密一样，并且优厚地赏赐他们官职爵位；陶雅等心悦诚服，因此众人都推崇徐温。黄讷是苏州人。徐温和刘威、陶雅等率领将领官吏们向李俨请求，请他秉承天子的旨意加封吴王继承人杨隆演为太师、吴王，又任命徐温兼领镇海节度使、同平章事，淮南行军司马的职务如旧。徐温派遣刘威、陶雅各回本镇。

辛巳日（九月无此日），蜀国把剑南、东川改称为武德军。

朱友谦又向晋王李存勖告急，冬季，十月，晋王亲自率兵从泽潞往西，在解县和康怀贞遇上了，将康怀贞打得大败，并斩杀了一千人，一直追到白径岭才回去。梁兵只好解除对河中的包围，撤退回陕州。朱友谦亲自到猗氏拜谢晋王，随从者只有几十人，并且撤除武装，到晋王的帐中，拜他为舅父。晋王在晚上陈设酒宴演奏音乐加以招待，朱友谦喝得大醉。晋王留他睡在帐中，朱友谦睡得很安稳，鼾声自在得很。第二天早晨晋王又摆酒宴饮，尽兴才散。

杨师厚得到魏博的军队后，又因兼任都招讨使，精锐的宿卫部队都归他管，各镇的兵马也有权调遣，威势显赫，所以内心有点轻视郢王朱友珪，遇到事情往往独断专行。朱友珪对他很担忧，下诏书召他进京，声称："有关北边的军事机要，想要与您当面商议。"杨师厚正准备出发，他的心腹们都劝谏说："这一去恐怕会遭到意外的灾祸。"杨师厚说："这个人我清楚得很，就算我去了，他又能奈我何！"于是率领精锐部队一万多人，渡过黄河赶往洛阳，朱友珪大为恐惧。丁亥日（十三日），杨师厚到达洛阳外城的城门，把部队留在城外，只带着十几人入城觐见，朱友珪很高兴，用甜蜜恭顺的言辞讨杨师厚高兴，赏赐的财物上万。癸巳日（十九日），朱友珪遣送杨师厚返回。

十一月，赵王王镕的将领王德明率领三万人侵扰武城，一直攻到临清，又进攻宗城，把它攻下了。癸丑日（初九），杨师厚在唐店埋伏，进行截击，大败赵兵，斩杀五千余人。

甲寅日（初十），梁朝安葬神武元圣孝皇帝朱晃于宣陵，庙号太祖。

吴淮南节度副使陈璋等率领水军袭击楚岳州，捉住岳州刺史苑玫；楚王马殷派遣水军都指挥使杨定真前往岳州救援。陈璋等进攻荆南，高季昌派遣他的部将倪可福防御。吴国担心楚人救援荆南，派遣抚州刺史刘信率领江、抚、袁、吉、信五州的军队驻防吉州，作为陈璋的声援。

十二月，戊寅日（初五），蜀国行营都指挥使王宗汾进攻岐王李茂贞的文州，把它攻下了，守将李继夔逃走。

这一年，隰州的都将刘训杀了刺史，以隰州归降晋王李存勖，晋王任命他为瀛州刺史。刘训是永和人。

虔州防御使李彦图去世，州人尊奉谭全播主持州中事务；派遣使者向梁朝请求归附，朱友珪下诏任命谭全播为百胜防御使、虔韶二州节度开通使。

高季昌出兵，声称要帮助梁朝讨伐晋王李存勖，于是进攻襄州，山南东道节度使孔勍把他击败，从此，荆南高季昌入后梁进贡的道路断绝。孔勍是兖州人。

均王上上

乾化三年（癸酉，公元913年）

春季，正月，丁巳日（十四日），晋周德威攻下了燕国的顺州。

癸亥日（十二日），郢王朱友珪祭祀太庙。甲子日（二十一日），在圜丘祭天，大赦天下，改年号为凤历。

吴国的陈璋进攻荆南，没攻下就撤退回去，荆南的军队和楚王马殷的军队会师准备在荆江口进行截击；陈璋得知了这一情况，于是把二百艘船连成一起，夜间过江，荆南、楚二镇军队急忙冲出追赶，没能追上。

晋周德威攻下燕国的安远军，蓟州的守将成行言等人投降晋王李存勖。

二月，壬午日（初九），蜀国大赦境内。

郢王朱友珪得志以后，马上变得荒淫无度，引起朝内外愤怒，朱友珪虽用金帛引诱，但始终没有人依附他。驸马都尉赵岩，是赵犨的儿子，也是后梁太祖朱晃的女婿；而左龙虎统军、侍卫亲军都指挥使袁象先则是后梁太祖朱晃的外甥。赵岩奉派出使大梁，均王朱友贞和他秘密商量要诛杀朱友珪，赵岩说："这件事的成败，就在于都招讨使杨师厚的态度，只要他一句话晓谕禁军，我们的事马上就可以成功。"均王于是派遣了心腹马慎交到魏州去劝说杨师厚，说："郢王杀父篡位，天下的人望都归属于大梁的均王，您如果顺应人心助成这件事情，可以说是非凡的大功劳呀！"并且答应事成之日赏赐给他犒劳将士的钱五十万缗。杨师厚与将佐商议这件事，说："当郢王弑君反叛的时候，我不能立即讨伐他；现在君臣的名分都已经定了，再改变主意好吗？"有人说："郢王亲自杀死君王父亲，这是贼人；均王发兵复仇，这是义士。尊奉正义、归从义士去讨伐贼人，还计较什么君臣的名分呢！他们一旦打败贼人，您将怎样安顿自己呢？"杨师厚说："对！我差一点失策。"于是派遣他的部将王舜贤到洛阳，秘密地和袁象先谋划，又派遣马步都虞候谯人朱汉宾率兵屯驻在滑州作为外应。驸马都尉赵岩返回洛阳，也与袁象先秘密制定计策。

朱友珪惩治龙骧军溃散作乱的人，到处搜捕他们的同党，抓到后就杀灭他们全族的人，这件事喧腾了一年多还没停止。当时龙骧军有一部分戍守在大梁，朱友珪下令征调他们进京，均王朱友贞故意派人去激怒军士们说："天子因为怀州的驻军反叛，准备追捕你们龙骧军所有的人都抓去坑杀。"军士们都十分害怕，不知该怎么办。丙戌日（十三日），均王奏报大梁的龙骧军怀疑恐惧，不肯起程。戊子日（十五日），龙骧军的将领们去觐见均王，哭着请求指示他们一条生路，均王说："先帝和你们经历三十余年的征战，才经营出这一番王业。现在连先帝都被人所杀，你们还想逃过这一死劫吗？"于是拿出后梁太祖朱晃的画像给他们看，哭着说："你们如果能前往洛阳为先帝复仇雪耻，就能够转祸为福。"龙骧军兵众跳跃高呼万岁，请求发给兵器。均王发给了他们。

庚寅日（十七日）一早，袁象先等率领禁兵数千人冲入宫中。朱友珪听说兵变，与妻子张氏及冯廷谔跑到北垣墙楼下，准备越过城墙出去，朱友珪估计自己终究不能免死，于是命令冯廷谔先杀他的妻子，然后再杀他，冯廷谔后来也刎颈自杀。各路兵马有十余万人乘机到街上大抢大杀，百官都逃散了，中书侍郎、同平章事杜晓和侍讲学士李珽都被乱兵杀死，门下侍郎、同平章事于兢和宣政使李振都受了伤。一直乱到午后快黄昏时才稍微安定下来。

袁象先和赵岩带着传国宝玺前往大梁迎接均王朱友贞，均王说："大梁是我们国家创业发迹的地方，何必一定要定都在洛阳呢？"于是在大梁登基，还称当年为乾化三年，并追废朱友珪为庶人，恢复博王朱友文的官职爵位。

丙申日（二十三日），晋将李存晖率兵攻打燕国的檀州，檀州刺史陈确献城投降。

蜀国的唐道袭从兴元班师回朝后，又担任枢密使。太子王元膺在朝廷中当场数说唐道袭的过失罪恶，认为不应该又让他掌理机要事务，蜀主王建听了非常不高兴。庚子日（二十七日），任命唐道袭为太子太保。

三月，甲辰朔日（初一），晋周德威攻下了燕国的卢台军。

丁未日（初四），梁帝朱友贞改名为锽；过了很久，又改名为瑱。

庚戌日（初七），后梁加官杨师厚兼中书令，赐爵邺王，下诏书给他时不直呼他的名字以示尊重，无论大小事情都一定要问过他的意见以后才施行。

梁帝朱瑱派遣使者前往招抚朱友谦；朱友谦重新归属为梁朝的藩镇，并奉行梁超的年号。

丙辰日（十三日），后梁帝朱瑱立皇弟朱友敬为康王。

乙丑日（二十二日），晋将刘光濬攻下古北口，燕国的居庸关使胡令圭等人投奔晋王李存勖。

戊辰日（二十五日），后梁帝朱瑱任命保义留后戴思远为保义节度使，镇守邢州。

燕主刘守光命大将元行钦率领七千骑兵，在山北牧马，招募山北军队来接应契丹的援军；又任命骑兵将领高行珪为武州刺史，作为外援。晋将李嗣源分出一部分兵力进攻山后的八军，都攻了下来；晋王李存勖于是任命他的弟弟李存矩为新州刺史来管理山后的八军。委任燕纳降军使卢文进为副将。李嗣源进攻武州，高行珪献出武州城投降。元行钦听到高行珪投降，率领军队攻打高行珪。高行珪派他的弟弟高行周到晋军中做人质，请求晋军救援。李嗣源率军前来救援，元行钦解除包围撤退回去。李嗣源和高行周一路追赶，一直追到广边军，经过八次大战，元行钦实在无力再战了，只好投降；李嗣源喜爱他作战非常勇猛，于是收他为养子。李嗣源进攻儒州，攻了下来，任命高行珪为代州刺史。高行周留下事奉李嗣源，常常和李嗣源的义子李从珂分别率领牙兵随从出征。李从珂的母亲魏氏是镇州人，原先嫁给王氏，生下李从珂，李嗣源随从晋王李克用到河北作战，得到魏氏，于是收她为妾，因此李从珂就成了李嗣源的儿子，李从珂长大以后，以勇健善战而闻名，李嗣源非常喜欢他。

吴国行营招讨使李涛率领两万人的军队出千秋岭，进攻吴越的衣锦军。吴越王钱镠任命他的儿子湖州刺史钱传瓘为北面应援都指挥使前往救援，又任命睦州刺史钱传璙为招讨收复都指挥使，率领水军进攻吴国的东洲以分散吴军的兵力。

夏季，四月，癸未日（十一日），任命袁象先兼领镇南节度使、同平章事。

晋周德威率领大军进逼幽州南门。壬辰日（二十日），燕主刘守光派遣使者送信给周德威，请求讲和，非常谦卑地哀求。周德威说："大燕皇帝还没祭天吗？怎么这么窝囊相呢！我奉令来讨伐罪人，至于要结盟修好，那不关我的事。"也不回信。刘守光畏惧，又派人前去祈求怜悯，周德威这才把此事向晋王李存勖报告。

千秋岭道路险峻狭窄，钱传瓘派人砍伐大树截断吴军的退路，然后发动攻击，吴军大败，钱传瓘俘虏了李涛和三千多名士兵返回。

己亥日（二十七日），晋将刘光濬攻下了燕国的平州，活捉了刺史张在吉。五月，刘光濬率兵进攻营州，营州刺史杨靖投降。

乙巳日（初四），蜀主王建任命兵部尚书王锴为中书侍郎、同平章事。

杨师厚与刘守奇率领汴州、滑州、徐州、兖州、魏州、博州、邢州、洺州的十万军队大肆掳掠赵地，杨师厚自柏乡入攻土门，进逼赵州。刘守奇从贝州进逼冀州，所过之处，烧杀抢夺，无所不为。庚戌日（初九），杨师厚到达镇州，在南门外扎营，并放火把城烧了。壬子日（十一日），杨师厚从九门撤退到下博，刘守奇带领军队与杨师厚会合进攻下博，把它攻了下来。晋将李存审、史建瑭戍守赵州，兵力少，赵王王镕于是向周德威告急。周德威派遣骑兵将领李绍衡会同赵将王德明一起抵御梁军。杨师厚和刘守奇从弓高渡过御河，往东逼近沧州，张万进害怕了，请求把他调往河南；杨师厚于是上表请求把张万进迁去镇守青州，任命刘守奇为顺化节度使。

吴国派遣宣州副指挥使花虔率军会同广德镇遏使涡信屯驻在广德，准备再次进攻吴越的衣锦军。吴越的钱传瓘知道了就率兵前去攻打。

六月，壬申朔日（初一），晋王李存勖派遣张承业到幽州，与周德威商议军事。

丙子日（初五），蜀主王建任命道士杜光庭为金紫光禄大夫、左谏议大夫，并封为蔡国公，进号广成先生。杜光庭学识渊博，善写文章，王建很看重他，常与他商议政事。

吴越的钱传瓘攻下广德，俘虏了花虔、涡信返回。

戊子日（十七日），梁朝任命张万进为平卢节度使。

辛卯日（二十日），燕主刘守光派遣使者劝说张承业，请求献城投降；张承业认为他过去常常言而无信，没答应他。

蜀国的太子王元膺，生了一张公猪嘴，牙齿外露，眼睛斜视，但是机警敏捷，又有学识，擅长骑马射箭，性情急躁，多疑而狠毒。蜀主王建命令杜光庭挑选性情醇厚而有品德的人去东宫侍奉太子，杜光庭推荐了儒者许寂、徐简夫，但是太子理都不理他们，每天与乐工下人嬉戏玩耍，没有节制，属官没有人敢劝谏。

秋季，七月，蜀主王建将要在七夕出游。丙午日（初六），太子召集诸王大臣宴饮，集王王宗翰、内枢密使潘峭和翰林学士承旨高阳人毛文锡没到，太子很生气地说："集王王宗翰不来，一定是潘峭和毛文锡在挑拨离间。"大昌军使徐瑶、常谦，一向被太子亲信，饮酒的时候，几次盯着少保唐道袭，唐道袭心里害怕，赶快起身告退。丁未日（初七），早上，太子进宫向蜀主王建启奏说："潘峭、毛文锡两人离间我们兄弟之间的感情。"王建大怒，命令将潘峭、毛文锡贬官放逐出去，任命前武泰节度使兼侍中潘炕为内枢密使。

太子出宫以后，唐道袭入宫进见，蜀主把这件事告诉他，唐道袭说："太子阴谋作乱，计划要召集诸将诸王，派兵把他们都监禁起来，然后发动叛乱。"蜀主听了，心里不免疑惧，七夕就不出游了；唐道袭建议召集屯营兵入宫守卫，蜀主答应了，成都城内外戒备森严。

太子王元膺起初没有什么防备，听说唐道袭召集军队，于是用天武甲士进行自卫，又把潘峭、毛文锡两人抓来，把他们几乎打死，然后囚禁在东宫；又把成都尹潘峤抓起来，囚禁在得贤门。戊申日（初八），徐瑶、常谦和怀胜军使严璘等各率领所属部队随从太子攻打唐道袭，到了清风楼，唐道袭率领屯营兵出来迎战；唐道袭被乱箭射中。太子等一直追他到城西，把唐道袭杀死，并杀死很多屯营兵，成都城内外惊慌骚乱。

内枢密使潘炕向前蜀主王建进言说：“太子是为了和唐道袭争权而已，并没有其他的意思，陛下应该当面晓谕大臣们，以安定社稷。”蜀主于是召唤兼中书令王宗侃、王宗贺、前利州团练使王宗鲁等人，让他们调兵讨伐作乱的徐瑶、常谦等人。王宗侃等在西球场门列阵，兼侍中王宗黯从大安门搭梯翻过城墙进入城中，和徐瑶、常谦等在会同殿前交战，杀了几十人，余下众人溃逃。徐瑶战死，常谦和太子逃到龙跃池，藏身在船中。到傍晚才稍微安定下来。己酉日（初九）早上，太子从船中出来向船夫乞讨食物，船夫把这事报告蜀主王建。王建急忙派遣集王王宗翰前往慰问安抚，等到了那里，太子已经被身边的卫士杀死。蜀主王建怀疑太子是被王宗翰所杀，悲恸大哭不已。左右的官员恐怕又生变乱，刚好这时张格把拟好的安抚军民的告示呈献上来，当读到“不行斧钺之诛，将误社稷之计”（意思是说如果不惩罚这些乱党的话，将会误了国家的大事）时，蜀主才擦干眼泪说：“朕怎能因私情危害公事！”于是，颁布诏书，废黜太子王元膺为平民。王宗翰奏请把亲手杀死太子的人斩首，结果王元膺左右侍从有几十个人被杀，被降职流放的人很多。

庚戌日（初十），蜀主王建追赠唐道袭为太师，谥号忠壮；又任命潘峭为枢密使。

甲子日（二十四日），晋五院军使李信攻下莫州，并且生擒了燕国的将领毕元福。八月，乙亥日（初六），李信攻克瀛州。

梁朝赐高季昌渤海王的爵位。

晋王李存勖与赵王王镕在天长会面。

楚宁远节度使姚彦章率领水军进攻吴国的鄂州，吴国任命池州团练使吕师造为水陆行营应援使，吴援军还没有到达，楚兵就退走了。

九月，甲辰日（初五），梁朝任命御史大夫姚洎为中书侍郎、同平章事。

燕主刘守光带领军队在夜里出击，向晋夺回顺州。

吴越王钱镠派遣他的儿子钱传瓘、钱传璙及大同节度使钱传瑛进攻吴国的常州，扎营在潘葑。徐温说：“浙人轻浮又胆怯。”率领诸将兼程赶去迎战。到了无锡，黑云都将陈祐向徐温建议说：“他们一定认为我们远路赶来疲惫不堪，不能马上决战，我请求让我率领部属趁他们疏忽防备的时候前往突击。”于是从别的道路绕到敌人后面，徐温带领大军挡在吴越军队的前面，前后夹攻，把吴越军打得大败，杀死俘获的吴越兵很多。

荆南节度使高季昌制造战船五百艘，又修筑城墙沟堑，打造兵器，准备进攻和防守的器具，招揽四方的亡命之徒，并且和吴国、蜀国互相往来，梁朝渐渐地没法节制他了。

冬季，十月，己巳朔日（初一），燕主刘守光率领五千兵众在夜里出发，将要进入檀州；庚午日（初二），周德威从涿州率领部队截击他，把他打得大败，刘守光仅带领一百多名骑兵逃回幽州城，他手下的部将士卒都相继向晋军投降。

前蜀潘炕屡次请求立太子。蜀主王建认为雅王王宗辂很像自己，而信王王宗杰则才思敏捷，想要在两人中挑选一人立为太子。郑王王宗衍最小，他的母亲徐贤妃受到蜀主的宠爱，想立她的儿子，于是让飞龙使唐文扆暗示张格向蜀主上奏请册立王宗衍为太子。张格在夜里把写好的奏表给功臣王宗侃等人看，欺骗他们说是接受了蜀主的密旨要他这样做，王宗侃等人都在表上署了名。蜀主让相面的替儿子们看面相，相面的也迎合着说郑王王宗衍的相貌最尊贵。蜀主王建以为大家都希望能够立王宗衍，只好答应了，但是还说：“王宗衍年纪小又个性懦弱，真能承担这个大任吗？”甲午日（二十六日），立王宗衍为太子。册命完毕了以后，潘炕认为朝廷已没有什么重要大事要他效力了，就向蜀主报告身体多病，请求告老还乡；蜀主原先不答应，后来潘炕哭哭啼啼地坚决请求，蜀主这才答应他。不过以后凡是国家有疑难大事，常派遣使者到他家里征询他的意见。

岭南节度使刘岩向楚王马殷请求联婚，楚王答应把女儿嫁给他。

卢龙节度使的管辖州县都被晋占有，燕主刘守光独自据守幽州城，向契丹请求救援。契丹认为他一向无信，终究没能前来救援。刘守光屡次向晋王李存勖请求投降，晋人怀疑他有诈，一直没有答应。到这时候，刘守光登上城楼对周德威说："等晋王亲自来了，我就开门俯首听命。"周德威派人向晋王报告。十一月，甲辰日（初六），晋王李存勖让监军张承业暂时代理军府的事务，亲自赶到幽州，辛酉日（二十三日），晋王单骑到达幽州城下，对刘守光说："朱温叛逆篡位，我本来要与你会合河朔五镇的兵马来复兴唐朝。可是你图谋不轨，竟然也像朱温一样狂妄僭越。镇州王镕、定州王处直二帅都很恭敬地侍奉你，而你从来也不体恤他们，所以才有了今天这一场战斗。大丈夫能成能败，要看他决定的去向，你现在打算怎么办？"刘守光说："今天我可以说是块砧板上的肉罢了，完全看大王的裁决。"晋王李存勖怜悯他，和他折断弓箭立誓保证，说："只要你出城相见，我保证你没有别的事情。"刘守光用改日来推托。

在这以前，刘守光的爱将李小喜多佐助促成刘守光的恶行，刘守光对他是言听计从，所以李小喜的权势在燕国凌越其他人。到这时候，刘守光准备出城投降，李小喜却阻止他。当晚，李小喜翻城出来到晋军那里投降，并且透露说城中已经再无力抵抗。壬戌日（二十四日），晋王李存勖督率各路兵马四面攻城，攻下了幽州城，活捉了刘仁恭和他的妻妾，刘守光则带着他的妻儿逃跑了。癸亥日（二十五日），晋王进入幽州城。

后梁任命宁国节度使王景仁为淮南西北行营招讨应接使，率领万余人的军队进攻庐州、寿州。